La France des années noires

AUTEURS

Jean-Pierre Azéma
François Bédarida

Claire Andrieu
Christian Bachelier
Pierre Barral
Philippe Burrin
Jean-Louis Crémieux-Brilhac
Étienne Dejonghe
Yves Durand
Robert Frank
Stanley Hoffmann
Jacques Marseille
Robert O. Paxton
Denis Peschanski
Jean-Pierre Rioux
Henry Rousso
Dominique Veillon

Sous la direction de Jean-Pierre Azéma
et de François Bédarida

La France des années noires

1

De la défaite à Vichy

Édition revue et mise à jour

Éditions du Seuil

COLLECTION « POINTS HISTOIRE »
FONDÉE PAR MICHEL WINOCK,
DIRIGÉE PAR RICHARD FIGUIER

La première édition de cet ouvrage a été publiée avec des illustrations dans la collection L'UNIVERS HISTORIQUE

ISBN 2-02-018306-4
ISBN 2-02-018310-2, édition complète
(ISBN 2-02-010392-3, t. 1, 1re publication)

www.seuil.com

Tome 1

De la défaite à Vichy

Introduction

Jean-Pierre Azéma et François Bédarida

En présentant un livre sur la France des années 1939-1945, nous mesurons aisément l'ambition de l'entreprise. D'abord en raison de sa difficulté et des pièges qu'elle recèle. Période controversée s'il en est, et dont les blessures demeurent à vif dans la conscience nationale. Du moins espérons-nous faire ainsi litière du slogan « les Français ont peur de leur histoire », ce leitmotiv dont on nous rebat les oreilles, en particulier par le canal des médias.

Par ailleurs, l'objet est bien le destin de la France de l'été de 1939 à la victoire de 1945, c'est-à-dire l'histoire des Français et des Françaises durant les années noires, étudiée depuis les sommets de l'État jusqu'aux réalités vécues à la base, et cela à travers toute l'étendue du territoire. C'est pourquoi nous avons fait appel à la collaboration de quelque vingt-cinq des meilleurs spécialistes, français et étrangers, l'objectif étant de publier un ouvrage d'une grande exigence scientifique, faisant le point sur la période et combinant le sérieux dans l'investigation, les acquis les plus récents de l'historiographie et une bonne lisibilité. Au lecteur de se prononcer pour savoir si nous y sommes parvenus.

Sans prétendre « dire le droit », et en récusant tout dessein de proposer une somme – et *a fortiori* une vulgate – pour les années à venir, nous espérons offrir par ces deux volumes une synthèse raisonnée et argumentée des connaissances auxquelles sont parvenus aujourd'hui les historiens. C'est ce qui explique le caractère volumineux et quelque peu compact de l'ouvrage, d'autant que, dès le point de départ, notre intention a été de traiter de la France sous tous ses aspects : la politique et la société, les mentalités et l'économie, la culture et la vie quotidienne, l'évolution de la mémoire collective et les étapes de la mémoire savante. Simultanément, nous avons souhaité apporter des réponses aux questions que se pose un large public dont la curiosité et parfois l'anxiété sont fouettées par les ressauts de la mémoire, les assauts des médias et le discours ambivalent des commémorations.

On pourra être surpris par l'économie des deux volumes, qui traduit notre volonté d'associer l'approche thématique et l'approche chronologique. D'un côté, le parti adopté est délibérément diachronique, puisque le découpage global s'articule *grosso modo* année par année, de façon à s'appuyer sur un solide ancrage chronologique. Et tout naturellement la bissectrice de la guerre, à la fin de l'année 1942, passe entre les deux volumes. Mais, d'un autre côté, sans vouloir ruser avec la chronologie, il convenait de concilier les temporalités courtes et la durée sur un espace de trois à quatre années, si l'on voulait éviter soit les hachures soit les redites d'un chapitre à l'autre, d'un tome à l'autre. Aussi chacune des strates chronologiques est-elle focalisée sur un thème transversal traité en général une fois pour toutes : ainsi les prisonniers ont trouvé place dans l'année 1940, les problèmes de la famille et de la démographie ont été rattachés à l'année 1941, les persécutions contre les Juifs à l'année 1942, tandis que l'étude de la déportation était réservée à l'année 1945.

Même si l'on peut discuter les choix opérés (qui, nous le reconnaissons, ne sauraient échapper totalement à un certain arbitraire), on comprendra sans peine les raisons – et les justifications – de la plupart. De surcroît, nous pensons avoir évité par là tant la chronique que le film événementiel dans la mesure où notre volonté était de dégager le sens de certains phénomènes s'étalant sur une durée de quelques années tout en respectant les contraintes du temps court, et même extrêmement court, puisque chaque mois, presque chaque jour, apporte alors, avec sa nouveauté et son imprévu, sa pression sur le cours des choses.

Autre dimension : le régional. En effet, nous avons cherché à échapper à une approche uniquement nationale. D'où les chapitres consacrés à de grands ensembles géographiques : le Nord, l'Ouest, le Sud-Est, l'Alsace-Lorraine, sans oublier l'Empire. Pour ces études régionales, nous avons adopté le même parti que pour les chapitres thématiques, c'est-à-dire que chacune d'entre elles a été assignée à une année choisie pour des raisons faciles à deviner.

Enfin notre souci constant a été d'aider nos contemporains à comprendre comment et pourquoi ces années noires ont tant marqué et continuent de tant marquer la conscience française et la mémoire nationale. On retrouvera ici tour à tour, à travers la « drôle de guerre » et le désastre de 1940, les interrogations sur la désintégration du tissu de la société et de la nation, puis les éléments du débat sur les années Vichy, les responsabilités des Français, acteurs passifs ou actifs (la France coupable ?), le dilemme parenthèse ou continuité, enfin les bouleversements et les soubresauts d'un pays dont le destin passe du rang de grande puissance à celui de puissance moyenne.

Dans un univers où les braises des polémiques sont loin d'être éteintes et où les références aux années noires demeurent constantes, ce livre est un livre de bonne foi : produit d'études patientes et documentées, il traduit – avec le concours de quelques historiens étrangers qui ont été des pionniers – l'état des recherches de l'école historique française dans un champ aujourd'hui de mieux en mieux défriché.

Un dernier mot avant de livrer ces deux volumes au lecteur. Si le nombre des collaborateurs atteste du pluralisme qui a présidé à la rédaction de l'ouvrage, il est juste d'indiquer le rôle d'animateur qu'a joué l'Institut d'histoire du temps présent dans sa genèse et son élaboration.

1939

De la drôle de paix à la drôle de guerre

1. La France de Daladier
2. Huit mois d'attente et d'illusion : la « drôle de guerre »
3. L'armée française entre la victoire et la défaite

La France de Daladier

Jean-Pierre Azéma

Le sens commun, encouragé par un discours idéologique fortement orienté, allait interpréter la défaite de 1940 comme le résultat d'une nécessité. La France avait perdu la guerre à cause de défaillances militaires qui auraient été dues avant tout à la faiblesse d'une République parlementaire incapable d'assurer la sécurité extérieure du pays. Il faut résister à cette version banale des faits et, par un effort d'analyse, se replacer avant les semaines de la débâcle, pour comprendre que rien n'était joué en 1939. Les contemporains, pour leur part, ne tombèrent dans aucune simplification abusive. Car, aux yeux de beaucoup, le régime s'était passablement raffermi sous la présidence du Conseil d'Édouard Daladier, après la conférence de Munich, devenue depuis symbole des lâchetés diplomatiques des Français et des Anglais face à l'Allemagne hitlérienne. Cette séquence d'histoire française, qui va de septembre 1938 (les accords de Munich sont signés dans la nuit du 29 au 30 septembre) à l'entrée en guerre au début de septembre 1939, a été longtemps négligée par une historiographie plus soucieuse de ce qui précédait – la période du Front populaire – et de ce qui suivait – la France de Vichy. Or les recherches des vingt dernières années ont tendu à faire état d'un « moment Daladier », doté d'une autonomie spécifique dans la continuité[1]. Certains

1. Se reporter nécessairement aux actes du colloque, tenu en 1975, sur « La France sous le gouvernement Daladier d'avril 1938 à septembre 1939 », publiés en deux volumes : *Édouard Daladier chef de gouvernement* et *La France et les Français 1938-1939*, Presses de la Fondation nationale des sciences politiques, 1977 et 1978.

historiens portent, il est vrai, un jugement globalement négatif, ou pessimiste, sur cette veillée d'armes. Ainsi Pierre Laborie estime-t-il que ce qu'il appelle la crise d'identité nationale qui saisit la France sous le choc de l'été de 1940 est incompréhensible si l'on ne se réfère pas à l'évolution des esprits au temps du gouvernement Daladier, et spécialement pendant la drôle de guerre[2]. D'un autre côté, tout le monde s'accordera sur le fait que cette France ne sortait pas indemne de la grande crise des années trente. Il faut en tenir compte pour évaluer les sentiments de ceux qui furent d'abord, en très grand nombre, munichois ; mais s'il y eut incontestablement à la fin de septembre 1938 un « lâche soulagement », les mois qui précédèrent immédiatement l'entrée en guerre furent traversés par d'autres logiques que celle de la résignation.

Une France munichoise ?

Longtemps après l'événement, la mémoire est encore lourde du « Sedan diplomatique », cette capitulation franco-britannique devant Hitler, que fut la conférence de Munich, les 29 et 30 septembre 1938. Il n'est pas dans notre propos de refaire l'historique de cette reculade sans précédent[3]. Rappelons seulement que le chancelier Hitler, qui exigeait le rattachement au Reich du territoire des Sudètes, où vivaient la plupart des Allemands de Tchécoslovaquie, triomphait sur toute la ligne. Daladier, pour la France, et Chamberlain, pour l'Angleterre, n'avaient obtenu qu'un sursis d'une dizaine de jours pour l'achèvement du transfert. Une fois de plus, les Français, encouragés par les Anglais, avaient capitulé face à Hitler : après avoir rétabli le service militaire obligatoire puis remilitarisé la Rhénanie en dépit du traité de

2. Cf. Pierre Laborie, *L'Opinion française sous Vichy,* Le Seuil, 1990.
3. Se reporter aux analyses pertinentes de Jean-Baptiste Duroselle, *La Décadence 1932-1939,* Le Seuil, 1983.

Locarno, après avoir prêté main-forte aux insurgés espagnols contre la République en place, le dictateur allemand entreprenait de dépecer la Tchécoslovaquie, l'alliée de la France. Hubert Beuve-Méry écrivait avec lucidité : « La France vient de manquer, à la face du monde, à des promesses mille fois répétées et répétées par tous. Elle l'a fait pour sauver la paix [...]. Si, demain, des millions de Tchèques retombent en servitude, si le maintien de la paix apparaît plus difficile et plus dangereux encore qu'il n'était hier, la France aura trahi purement et simplement. Et l'échec politique s'aggravera du déshonneur[4]. » La capitulation de Munich correspondait, il est vrai, au moins, à deux attitudes différentes : il y avait l'immense courant pacifiste, ceux qui l'accueillaient avec satisfaction, car, pour eux, tout valait mieux qu'une nouvelle guerre et son cortège de massacres ou de bouleversements ; mais pour d'autres, plus politiques, c'était une reculade largement tactique, qui ne pouvait alimenter les illusions : elle permettait de gagner du temps, d'accélérer le réarmement, d'être prêt pour un choc frontal qu'il fallait considérer comme difficilement évitable au vu des ambitions démesurées du chancelier allemand.

Cela dit, l'enthousiasme d'une grande partie de la presse au lendemain des accords signés à Munich, l'accueil plus que chaleureux que reçut le président du Conseil à son atterrissage à l'aérodrome du Bourget, puis dans les avenues de la capitale, l'idée répandue selon laquelle la paix était préservée pour longtemps (« Victoire ! Victoire ! Victoire ! » titrait *Le Matin*, « La Paix ! La Paix ! La Paix ! » lui répondait *Paris Soir* en écho), ce mélange de candeur et de soulagement étaient le produit d'une conjonction de peurs, de calculs et d'intérêts provenant de la gauche et encore plus de la droite. Il y eut bien un « esprit de Munich[5] » dans cette France de la fin des années trente, qui traduit non seulement

4. Cité par Élisabeth du Réau, *Édouard Daladier*, Fayard, 1993, p. 234.

5. Se reporter à Michel Winock, « L'Esprit de Munich », in *Les Années trente*, Le Seuil, 1990.

l'état de l'opinion au moment de la trop fameuse conférence, mais, d'une manière globale, l'attitude d'une grande partie des Français face au danger que l'Allemagne devenue hitlérienne faisait peser sur la paix.

Les bases de l'« esprit de Munich »

Dans l'étiologie de cette carence de fermeté dont la majorité des Français firent montre alors, on ne saurait sous-estimer la peur endémique viscérale, contagieuse, d'un nouveau conflit armé. La France avait trop souffert de la Grande Guerre, qui lui avait pris 1 400 000 de ses enfants. Le bilan des souffrances et leurs séquelles dans la vie des survivants restait lourd. Un Louis Marin, un nationaliste de droite pur et dur, pouvait déclarer au lendemain de Munich : « Le 28 septembre, un coup de frein était donné aux affreux bellicistes [...]. Nous ne pouvions à nos frais offrir au monde une bataille de la Marne tous les vingt ans. » Les grandes associations d'anciens combattants s'étaient juré de ne revoir « Plus jamais ça ! » La littérature sortie des tranchées avait moins salué l'héroïsme que le courage de l'endurance et elle avait surtout dénoncé l'horreur des charniers. Les hommes du gouvernement – Édouard Daladier en tête – étaient pour la plupart, eux aussi, des anciens combattants qui rejetaient tout bellicisme. Cette disposition des esprits en faveur de la paix pour la paix fut, de surcroît, encouragée par la convergence de deux courants pacifistes politisés, respectivement de gauche et de droite[6]. Si la gauche avait réussi à s'unir en 1935-1936 (ce qui ne lui était plus arrivé depuis que le Bloc au début du siècle s'était constitué sur les retombées de l'affaire Dreyfus), c'était que l'antifascisme avait rassemblé ses trois principales composantes, radicale, socialiste et communiste. La journée du 6 février 1934 et la prise de conscience par Staline du danger que représentait l'expansionnisme hitlérien avaient été les causes, intérieure et exté-

6. Cf. Maurice Vaïsse, « Le pacifisme français dans les années trente », *Relations internationales*, printemps 1988.

rieure, du Rassemblement populaire, victorieux aux élections législatives du printemps de 1936. Mais il sembla très vite, cependant, à nombre de militants et d'électeurs du Front populaire que le danger « fasciste » provenait plus des ligues et des autres organisations de la droite extrême française que des ambitions conquérantes du nazisme. Les communistes, qui ne furent pas « munichois », étaient presque les seuls à avoir une vision vraiment internationale du fascisme, d'autant que le Komintern leur faisait pour premier devoir de défendre l'Union soviétique dorénavant directement menacée. La majorité de la SFIO, derrière le secrétaire général Paul Faure, imprégnée d'un pacifisme doctrinal, ne pouvait se résoudre à des révisions déchirantes – celles que réclamait notamment Léon Blum – et à abandonner la priorité absolue donnée à la défense de la paix pour accepter une politique de fermeté, et donc se résigner à risquer la guerre si cela devenait nécessaire. Pour beaucoup d'antifascistes de renom, tels le philosophe Alain ou l'écrivain Jean Giono, telle encore la majorité du Comité de vigilance des intellectuels antifascistes, tout renforcement de l'appareil militaire équivalait à la fascisation de l'État et de la société. Puisque le fascisme c'était la guerre, il fallait d'abord faire la guerre à la guerre. Certains – tel Félicien Challaye – en arrivaient à prôner le « pacifisme intégral », défini comme suit : « À mal absolu, remède absolu, pacifisme intégral, sans aucune réserve », et allèrent jusqu'à lancer comme mot d'ordre « Plutôt la servitude que la guerre[7]. » Voilà qui illustrait les dérives d'une sensibilité antifasciste, égarée par un pacifisme complètement gallocentrique et aveugle à l'accroissement du danger de guerre que représentaient les capitulations successives devant les exigences de Hitler.

Cette défaillance fut notablement renforcée par les campagnes menées par le gros des bataillons de la droite nationaliste, professant, depuis 1935, un néopacifisme sélectif par

7. Cf. Patrice de Villepin, « Le pacifisme intégral », *Relations internationales, op. cit.*

obsession du communisme. Se défendre contre l'Allemagne nazie, c'était, aux yeux de ses leaders d'opinion nourris de maurrassisme, pétris d'admiration pour Mussolini, voire fascinés par le Reich et, en tout cas, pleins de haine pour les hommes du Front populaire, faire le jeu des communistes, en s'attaquant au seul rempart solide en Europe contre les ambitions staliniennes. C'est ce qu'exprimait parfaitement, en novembre 1938, Thierry Maulnier : « Les partis de droite avaient l'impression qu'en cas de guerre non seulement une défaite ou dévastation de la France était possible, mais encore qu'une défaite de l'Allemagne signifiait l'ébranlement des systèmes totalitaires qui constituent le principal rempart à la révolution communiste [...]. Il est regrettable que les hommes et les partis qui, en France, avaient cette pensée ne l'aient pas en général avancée. Car elle n'avait rien d'inadmissible. J'estime même qu'elle était une des principales raisons, sinon la plus solide, de ne pas faire la guerre en septembre 1938[8]. » Les éditorialistes « nationaux », en tout cas, dénonçaient à l'envi toute politique de résistance à Hitler comme le premier acte d'une croisade idéologique et notamment d'une guerre « juive », guerre de revanche voulue et préparée par les Juifs persécutés par le IIIe Reich. Refuser la guerre « judéo-bolchevique » était, à leurs yeux, un impératif d'autant plus fort que le régime parlementaire en place était dans une incapacité congénitale d'armer la nation pour sa défense. De sorte que les plus imaginatifs des tenants du néopacifisme de droite exigeaient qu'avant toute politique de défense nationale on se débarrassât de la République parlementaire, cette « Gueuse », corrompue et « enjuivée ». Par conservatisme, peur du communisme, désir de revanche sur les lois de 1936, une partie notable de l'opinion de droite se laissa influencer par les vociférations et les condamnations du néopacifisme d'extrême droite. La formule par laquelle on a résumé leur attitude : « Plutôt Hitler que Blum » est excessive par la réfé-

8. *Combat*, novembre 1938.

rence faite à Hitler, mais correspond bien à la pensée de pans entiers de la droite contaminée par les thèses de la droite extrême : la perspective d'une guerre civile était mieux assumée que celle d'une guerre avec l'étranger. C'est ce que René Rémond a nommé le « grand schisme » de la droite extrême des années trente.

Se refuser à pavoiser

« Au moins, président Daladier, découragez les initiatives des fols qui veulent changer la victoire allemande en victoire française. » Cette objurgation du journaliste antimunichois Émile Buré[9] exprimait tout de même l'opinion d'une forte minorité de Français. Sans doute 553 députés allaient-ils approuver de fait les accords de Munich, alors que 75 seulement s'y opposèrent (les 73 communistes auxquels se joignirent le nationaliste Henri de Kerillis et le socialiste Jean Bouhey, qui avait enfreint la discipline de vote de son parti). Reste que le sondage d'opinion auquel se livra, en octobre, l'IFOP témoigne d'un certain décalage entre les citoyens et la classe politique, puisque les Français sondés furent 37 % (contre 12 % des députés) à s'opposer aux accords de Munich. D'autres indications confirment que ce n'était pas la France entière qui était munichoise. Rappelons d'abord que les communistes étaient antimunichois, de même qu'une minorité de nationalistes conséquents ; ajoutons que nombre de munichois d'un jour (ou d'une semaine), passé le soulagement immédiat de voir la guerre s'éloigner, allaient se ranger quasi immédiatement dans le camp de la fermeté à l'égard de Hitler et qu'il faut enfin tenir compte de ceux qui avaient considéré que ce recul accepté par réalisme politique permettrait de se donner les moyens d'action nécessaires.

---

9. *L'Ordre,* 4 octobre 1938.

Un sursaut « daladiériste »

C'est que cette crise de Munich, qui a été une commotion nationale, dans son intensité même, a été pour bien des dirigeants et des simples citoyens l'occasion d'un ressaisissement. Maint observateur s'appliquait à distinguer le ministre des Affaires étrangères, Bonnet, jugé complaisant à l'endroit des dictatures, du président du Conseil, ce « taureau du Vaucluse », qu'on imaginait mal dans le rôle du capitulard. Sous son autorité, sous sa direction, la France allait remonter la pente, l'idée en était largement partagée. Pendant les onze mois qui séparèrent Munich de la déclaration de guerre, il y eut une certaine osmose entre l'opinion et le chef du gouvernement. Agrégé d'histoire, Daladier était, à l'instar d'Herriot, un pur produit de la méritocratie républicaine. D'origine modeste, fils d'un boulanger provençal, il peut représenter une France profonde, provinciale, dont l'ascension sociale était le fruit de la reconnaissance par la République d'un travail assidu et d'une intelligence confirmée par les diplômes [10]. Il était de cette France des boursiers, que jadis Thibaudet avait opposée à la France des héritiers ; de cette France des professeurs, moquée par la droite, mais appréciée par le tiers état des receveurs et des percepteurs, des cultivateurs et des boutiquiers, qui avaient confondu si longtemps le parti radical et la République. Son air renfrogné lui avait fait une légende d'intransigeant, de dur entre les durs, et c'était sans doute un malentendu, car l'homme était plus velléitaire qu'il ne le paraissait. Du moins était-il honnête, étranger au demi-monde corrompu de la République selon Stavisky. Jusqu'à la conférence de Munich, sa fermeté avait paru dans la manière dont il avait démissionné de la présidence du Conseil, dans la nuit du 6 au 7 février 1934,

10. Se reporter à la biographie précise et nuancée d'Élisabeth du Réau, *op. cit.*

après avoir été investi de la confiance d'une très large majorité de députés, puis dans son attitude au cours des journées fiévreuses de la crise munichoise. Il n'y avait rien là, objectivement, qui encourageât une confiance sans bornes à son égard. Pourtant, au lendemain de la conférence de Munich, dont les conclusions ne l'avaient pas transporté de joie, et sur lesquelles il ne se faisait apparemment aucune illusion, il devint le recours, l'homme d'État capable de surmonter la crise, de porter le pays au-delà de ses contradictions, de ses confusions, de ses angoisses.

Le recentrage parlementaire

Il lui apparut nécessaire, à lui, l'ancien champion du Front populaire, de mettre fin au Rassemblement populaire, brisé par la crise de Munich, pour prendre toutes ses distances à l'égard du PCF. Exploitant politiquement Munich[11], il s'appuya délibérément sur les « néoradicaux », l'aile droite de son parti, qui avaient toujours combattu l'union de la gauche. Ce recentrage n'était pas fortuit. Il se nourrissait du désir, qu'il affirmera devant le comité exécutif de son parti, le 15 janvier 1939, de reconsidérer l'« alliance du prolétariat et du tiers état ». Car, disait-il, « si le tiers état peut avoir, à un moment donné [en juin 1936], l'impression qu'il est sacrifié et qu'en réalité on ne respecte ni ses idées ni son effort, le divorce se produit alors, inévitablement[12] ». Et il se donnait pour tâche d'enrayer le « découragement » de « ces classes moyennes, armature de la démocratie ». En novembre 1938, les radicaux s'étaient officiellement retirés du Comité de rassemblement populaire ; en décembre, à la Chambre, Daladier trouvait à droite les voix qu'il avait perdues à gauche ; tout au long du printemps suivant, il croisait le fer avec les socialistes, tandis qu'une bonne partie de la droite se ralliait, d'abord discrètement, puis ouvertement,

11. Consulter l'ouvrage exhaustif de Serge Berstein, *Histoire du parti radical,* Presses de la Fondation nationale des sciences politiques, 1982, t. II.

12. Serge Berstein, *op. cit.,* p. 197.

en le créditant d'avoir écarté tout danger « marxiste[13] ». Daladier enterrait effectivement le Front populaire, mais tout en se gardant de provoquer une cassure par trop brutale qui, après les espoirs suscités par 1936, aurait risqué de provoquer des tensions périlleuses. C'était ce dont le félicitait *L'Ère nouvelle,* un des journaux contrôlés par les néoradicaux, en date du 1er décembre 1938 : « La révolution de juin est finie et bien terminée ; il n'a pas été besoin pour y mettre fin d'un coup d'État ou d'un mouvement fasciste ; le plus simple exercice de la responsabilité gouvernementale a suffi : le président Daladier a bien mérité de la République et de la patrie[14]. » Bien plus, le parti radical retrouvait adhérents et militants ; et les élections partielles démontraient que Daladier et les radicaux tendaient à supplanter La Rocque et *a fortiori* les chefs des ligues factieuses, dans la faveur de bon nombre de Français qui avaient naguère été tentés par l'opposition boudeuse ou violente. Il est significatif que le PSF de La Rocque marque le pas, que l'Action française régresse, que le PPF de Jacques Doriot, qui devait être le grand mouvement « fasciste » – attendu ou redouté –, soit désorganisé[15]. Ces succès incitent le chef du gouvernement à faire modifier, en juin 1939, contre ses convictions antérieures, la loi électorale, en se ralliant à la proportionnelle, ce qui permettrait d'éviter aux radicaux d'être tributaires des voix des socialistes et des communistes, au second tour, comme c'était le cas dans le scrutin d'arrondissement. Ajoutons que la politique économique, délibérément libérale, menée par Paul Reynaud (ministre des Finances depuis le 1er novembre 1938), obtenait des résul-

---

13. L'évolution partisane est bien analysée par Antoine Prost, « L'éclatement du Front populaire, analyse factorielle des scrutins de la Chambre des députés, juin 1936-juin 1939 », *Édouard Daladier chef de gouvernement, op. cit.*

14. Cité par Serge Berstein, « Le parti radical-socialiste arbitre du jeu politique français », *La France et les Français en 1938-1939, op. cit.,* p. 294.

15. Cf. Philippe Burrin, *La Dérive fasciste, Doriot, Déat, Bergery 1933-1945,* Le Seuil, 1986.

tats relativement satisfaisants. Les atteintes portées à la loi des 40 heures (un symbole !), le fait d'avoir pu briser la tentative de grève générale lancée par la CGT le 30 novembre 1938, avaient ramené la confiance de possédants qui avaient rapatrié une bonne partie de leurs capitaux (les entrées d'or auraient, de novembre 1938 à août 1939, représenté quelque 26 milliards de francs) et assuré le succès de deux emprunts lancés en mai et juillet 1939. L'indice de la production industrielle, d'ailleurs, se redressait et le franc s'était raffermi. Bref, même si la reprise était encore modeste, l'impression prévalait que c'en était fini du marasme [16].

La « dictature » de Daladier

Cette relative maîtrise du jeu parlementaire et politique donnait au président du Conseil le loisir d'exercer ce que ses adversaires, à l'intérieur du parti radical et ailleurs, nommaient sa « dictature ». De fait, il gouverne volontiers à la hussarde, ou du moins il n'hésite pas à passer par-dessus certains usages chers à la classe parlementaire. Les instances du parti radical sont réunies le moins possible. Les conseils des ministres sont menés tambour battant [17] et les Chambres se retrouvent en vacances plus souvent qu'il n'était de coutume. Pour museler la grogne qui surgit çà et là, il use, voire abuse, des pouvoirs spéciaux (il les réclame une nouvelle fois, sans limitation d'aucune sorte, et les obtient le 18 mars 1939) et des décrets-lois, se permettant même dans un train de 40 décrets-lois pris le 29 juillet 1939 de proroger la Chambre des députés jusqu'au 1er juin 1942 [18]. Cette manière forte plaît, semble-t-il, à bon nombre de Français, non seu-

---

16. Un bilan nuancé dans Charles Asselain, *Histoire économique de la France,* Le Seuil, 1984, t. II.

17. « Comme toujours, personne ne bouge », écrit Jean Zay, *Carnets secrets,* Les Éditions de France, p. 47.

18. Gilles Le Béguec commente : c'était « une mesure sans précédent véritable », « L'évolution de la politique gouvernementale et les problèmes institutionnels », in *Édouard Daladier chef de gouvernement, op. cit.,* p. 63.

lement aux bataillons habituels des antiparlementaristes de principe, mais aussi à ceux qui s'inquiètent de voir les jeux parlementaires aggraver ce que le philosophe Emmanuel Mounier avait appelé le « désordre établi ». Et ce style de gouvernement fut probablement une des raisons qui firent de Daladier, dans l'immédiat avant-guerre, un homme politique incontestablement populaire. Car dans le même temps, une autre fraction de ses compatriotes se retrouvait dans le portrait jacobin qu'il dressait de lui-même à la Chambre des députés le 9 décembre 1938 : « Je suis un fils de France, un peu brutal mais libre et qui entend le demeurer [...], un homme qui est d'abord un patriote sincère, patriote comme ceux qu'on appelait autrefois les "maîtres d'école" lui ont appris à l'être [...], un républicain qui peut entendre le langage du fils de l'ouvrier mineur [...] parce que lui-même est un fils d'ouvrier fidèle à ses origines. » Ce « fils de France », un certain nombre de ses contemporains se sont persuadés qu'il serait en mesure de colmater les brèches ouvertes par les crises des années trente. C'était – sans doute – sous-estimer un arriéré de comptes entre des familles politiques profondément divisées – divisions que les élections gauche-droite de 1936 et la crise de Munich n'avaient fait qu'aviver. L'heure du consensus n'avait pas encore sonné, loin de là.

Des plaies non cicatrisées

La société française de l'avant-guerre reste profondément marquée par ses divisions, les unes séculaires, les autres plus récentes. La nouveauté est sans doute la mise en sommeil de la querelle religieuse et de la guerre scolaire dans les années trente. La vieille coupure des deux France, l'une laïque et l'autre catholique, réactualisée par la victoire du Cartel des gauches en 1924, semble effacée : l'union de la gauche victorieuse en 1936 n'a pas eu besoin du ciment anticlérical pour reformer ses rangs et le Front populaire ne fut pas un nouvel épisode de la guerre des religions en France. En revanche, l'exacerbation des passions entre « bellicistes » et « pacifistes » allait se surajouter à l'exaspération des affrontements entre la droite et la gauche provoquée par la victoire du Front populaire. À la base de ce retour en force de la guerre franco-française, on trouve le plus souvent un violent anticommunisme. L'extrême droite en faisait sa pâture ordinaire, réclamant au moins une fois par semaine la dissolution du PCF[19], encore plus impérieusement après la conclusion du pacte germano-soviétique. Volontiers excessif, Robert Brasillach écrivait dans *Je suis partout* du 25 août : « S'il y avait un gouvernement, monsieur Aragon aurait été fusillé mercredi matin. » Cet anticommunisme était presque aussi vivace dans la presse de droite classique. C'est ainsi que Léon Bailby écrivait, le 19 juilllet 1939, dans *Le Jour* : « Il y a l'or allemand, il y a l'or russe » et de s'en prendre beaucoup plus au second qu'au premier[20]. Une violence quasi identique se retrouve dans certains groupes de la gauche non communiste, à l'intérieur de la SFIO, et encore plus à la CGT, devenue, depuis sa réunification de 1936, un champ de luttes d'influence entre les militants communistes ou communisants de l'ex-CGTU et ceux qui étaient demeurés en 1921 à la CGT. Parmi ceux-ci, des anticommunistes résolus avaient lancé un hebdomadaire, *Syndicats* ; le ton en est donné par un article de Froideval qui s'en prenait, le 26 juillet 1939, au « rédacteur du quotidien russe *L'Humanité de Paris* ». Quant au numéro du même journal daté du 30 août, il portait en manchette : « Nouveau slogan communiste : *Heil* Staline, Hitler avec nous ? » et René Belin, membre du bureau confédéral, y formulait ce jugement : « Les maîtres du Kremlin ont été durs pour leurs moujiks français. » Si manifeste soit-il, cet anticommunisme, débordant les rangs de la droite, ne doit pas faire oublier le fossé presque aussi profond qui séparait les droites de la gauche non communiste restée fidèle à l'esprit du Front populaire.

---

19. Cf. Serge Berstein et Jean-Jacques Becker, *Histoire de l'anticommunisme*, Olivier Orban, 1987, t. I ; en décembre 1938, 432 quotidiens ou hebdomadaires avaient mené campagne pour l'interdiction du PCF.

20. Otto Abetz, le futur ambassadeur, venait d'être déclaré *persona non grata*.

Les passes d'armes demeuraient très vives, en matière de politique économique et sociale, entre les « marxistes » – entendons les tenants d'une économie dirigiste – et les « libéraux ». Globalement, deux camps s'excommuniaient et, de manière significative, *Le Temps* se refusait à établir une différence qualitative entre les différents partis ou mouvements « marxistes » car, disait-il, « l'orthodoxie est la même dans le camp de M. Léon Blum et dans le camp de M. Staline ». *L'Action française* du 29 août allait plus loin : « Le parti de Léon Blum est beaucoup plus dangereux que le parti de Thorez. » Quant à Robert Brasillach, il avait, pour sa part, déjà écrit : « Mais le petit matin frais où l'on conduira Blum à Vincennes sera un jour de fête dans les familles françaises, et l'on pourra boire du champagne à l'occasion[21]. » Tout se passe bien comme si campaient face à face deux armées irréductiblement hostiles, comme l'avait affirmé, dans *L'Ère nouvelle* du 15 décembre 1938, Gaston Jèze : « Au point où nous en sommes, il ne doit y avoir en France que deux partis : les antimarxistes et les marxistes (SFIO et communistes). Il n'y a entre eux aucune conciliation possible. Les démocrates français doivent unir leurs efforts pour combattre l'ennemi national : le marxisme. La restauration du pays ne pourra être obtenue que par la défaite complète du marxisme, doctrine révolutionnaire de guerre sociale et de dictature démagogique. »

La victoire du Front populaire, qui avait ravivé la guerre franco-française, avait été interprétée par une bonne partie de la droite comme une rupture par rapport à l'alternance classique et tolérée entre le centre droit et le centre gauche. Ceux que Stanley Hoffmann nomme les « conservateurs brouillés avec la République[22] » souhaitaient dorénavant la naissance d'un nouveau régime, sinon fasciste, à tout le moins autoritaire et réactionnaire, tel que le Portugal de Salazar pouvait

---

21. « Pas d'union sacrée avec la canaille », *Je suis partout*, 24 mars 1939.

22. Stanley Hoffmann, « La droite à Vichy », *Revue française de science politique*, janvier-mars 1956.

en offrir un modèle. Sans doute, Vichy est-il né du choc brutal et profond de la défaite, mais il n'est pas douteux que l'État français était en germe dans bon nombre de professions de foi datant d'avant le désastre. On peut en avoir confirmation avec *Le Petit Journal,* organe du lieutenant-colonel François de La Rocque, qui, par trois fois, pendant l'été de 1939, les 3 et 25 août et le 2 septembre, déclarait en manchette : « L'ordre français a toujours reposé sur trois éléments : Travail, Famille, Patrie. » Ces profondes dissensions politiques, la France en avait déjà connu. À dire vrai, elles n'avaient jamais cessé depuis 1789. La victoire du Front populaire était déjà en elle-même explosive, mais à l'affrontement entre la gauche et la droite se superposait celui qui mettait aux prises « pacifistes » et « bellicistes ». Le mélange pouvait être détonant. Même si, comme nous le verrons, un nombre non négligeable de munichois allaient évoluer à compter du printemps de 1939, cet esprit de Munich allait continuer à peser. Gabriel Péri le constatait dans *L'Humanité* du 8 juillet : « Le bacille de Munich n'a[vait] pas perdu de sa virulence. » On le perçoit dans la gauche non communiste, pour peu que le pacifisme doctrinal d'essence social-démocrate se double d'un anticommunisme déclaré. Ainsi, un assez bon nombre de militants de la SFIO estimaient, à l'image du secrétaire général Paul Faure, que, contrairement à ce qu'affirmaient Zyromski et Blum (défendre la paix passe par la lutte contre le fascisme), que la paix seule pourrait mettre à bas le fascisme ; que, en tout cas, pas même Hitler ne saurait justifier qu'on en revienne aux erreurs commises lors de la Première Guerre mondiale. Et Paul Faure affirmait avec force le 7 avril 1939 que Dantzig ne valait pas la « mort d'un seul vigneron mâconnais ». Ces « pacifistes » avaient acquis suffisamment d'audience dans le parti pour que, au congrès de Nantes, en mai 1939, Blum ait dû composer avec Paul Faure et ses camarades. Et, tout à fait logiquement, la tendance *Syndicats* qui s'était organisée à la CGT contre la « colonisation » communiste, multipliait les affirmations pacifistes ; Froideval, le 5 juillet, constatant qu'ils « avaient été munichois en septembre et qu'ils se félicitaient d'avoir gagné dix mois de vie », s'élevait vigoureusement contre les « professeurs de patriotisme douteux ». Certaines fédérations gardaient une sensibilité pacifiste marquée, tel le Syndicat national des instituteurs (SNI) qui, à son congrès de Montrouge en juillet 1939, votait aux deux tiers des mandats une motion à la tonalité très pacifiste. Quant aux intellectuels antifascistes, leur Comité de vigilance se déchirait ; les partisans de la fermeté antimunichoise se retiraient petit à petit de l'organisation, laissant la place à une majorité pacifiste qui entendait poursuivre la lutte antifasciste en combattant jusqu'à la veille de la guerre la politique de réarmement du gouvernement Daladier[23].

Ces clivages profonds minaient donc de l'intérieur la gauche non communiste et allaient la réduire à l'impuissance à compter de 1939. Elle sera à peu près inexistante lors des choix décisifs de l'été de 1940. Ces pesanteurs munichoises se retrouvent tout autant – sinon plus – à droite et encore plus dans les rangs de la droite extrême. L'expliquent un antisoviétisme viscéral, la conviction qu'il faut impérieusement reconstruire un axe Paris-Rome, l'espoir que l'on peut ouvrir des négociations avec le Reich. C'est ce qu'affirmait de manière explicite La Rocque, le 30 juillet, dans un éditorial du *Petit Journal* : « Dix-huit ans de sommeil et deux ans de trahison nous ont conduits aux accords de septembre [...]. Nulle paix durable ne peut se concevoir sur le Vieux Continent avant l'établissement d'une entente, d'un équilibre entre la France et l'Allemagne. L'hostilité entre Paris et Rome est contraire à la nature des choses. La Russie, empire asiatique aux mains des ennemis déclarés de la tradition chrétienne, forme l'antithèse de notre civilisation[24]. » Alfred Fabre-Luce, qui est assez représentatif de l'intelligentsia de droite, exprimait encore en août 1939,

23. Cf. Nicole Racine-Furlaud, « Le Comité de vigilance des intellectuels antifascistes (1934-1939), antifascisme et pacifisme », *Le Mouvement social*, octobre-décembre 1977.

24. Non sans contradiction, La Rocque affirmait que « la frontière de notre sécurité et de notre honneur » passait par Dantzig.

dans *Politique étrangère,* les sentiments de ces munichois à peine repentis dans leur for intérieur : « Il y a, en réalité, beaucoup moins de chances d'écarter durablement la guerre en "encerclant" l'Allemagne qu'en s'accordant avec elle pour un partage de zones d'influence. » Et la majeure part de la droite extrême n'avait pas désarmé à la veille du déclenchement du conflit. Elle dénonçait continûment le péril extrême d'une croisade idéologique et d'une alliance avec l'Union soviétique, tout en gardant la thèse du dégagement de toutes les alliances et du repli sur le Rhin de la « seule France ». Maurras traduit bien ces sentiments en faisant tout au long de l'été un distinguo entre la guerre licite (à l'Ouest), car « défensive », et la guerre illicite et suicidaire (à l'Est), car « offensive ». Et le 29 août, dans un article suffisamment explicite pour être abondamment censuré, le chef de l'Action française donnait à ses lecteurs une singulière leçon d'obstétrique : « La Pologne, après trois partages, est morte une fois. Elle est ressuscitée. Elle ressuscitera encore tant que survivrait une France [...] ; dans les cas difficiles : sauvez la mère. Eh bien, sauvons d'abord la France si l'on veut sauver l'avenir polonais. »

De la résignation à la guerre

C'est dans cette situation, qu'on peut présenter comme partagée, que les Français furent à nouveau confrontés au choix dramatique de la paix ou de la guerre. Le gouvernement opta pour une politique de fermeté envers le Reich, avant de tenter des efforts désespérés pour essayer d'éviter la guerre. L'opinion publique approuva globalement cette démarche. Au début de septembre, elle vit – vingt-cinq ans après – repartir les hommes aux frontières, sans enthousiasme, dans l'angoisse, mais sans le défaitisme dont on fit état, une fois la défaite venue.

L'infléchissement de la politique extérieure française

Deux données sont – on le sait – à prendre en compte pour expliquer le durcissement incontestable du gouvernement français à l'égard de l'Axe : l'entrée de la Wehrmacht dans Prague le 15 mars et la proclamation le lendemain de l'établissement d'un « protectorat de Bohême-Moravie » signifiaient que la boulimie territoriale du Reich ne se limiterait pas aux minorités de langue allemande mais viserait bien l'Europe de l'Est tout entière.

Britanniques et Français allaient interpréter l'événement comme une montée en puissance du pangermanisme dorénavant intolérable. Mais les Français étaient au moins autant – sinon plus – exaspérés par les rodomontades de Mussolini : la Chambre des Faisceaux avait osé, en novembre 1938 considérer comme terres italiennes Nice, la Savoie, la Corse et la Tunisie ; et le 26 mars 1939, le *duce* en personne, dans un discours d'une rare violence, était revenu à la charge à propos de la Tunisie.

Après l'attaque, le 7 avril, de l'Albanie par l'Italie mussolinienne qui consacrait la faillite du système de Munich, le gouvernement français adoptait une attitude beaucoup plus résolue. Les partisans du répit (notamment Daladier) qui avaient, lors de Munich, arbitré en faveur de la reculade, rejoignaient le camp de ceux qui prônaient la fermeté à l'égard des dictatures expansionnistes. Peu après avoir effectué un voyage en Afrique du Nord, pour signifier que la France y était chez elle, le président du Conseil déclarait le 29 mars à l'adresse de Mussolini : « J'ai dit et je maintiens que nous ne céderions ni un arpent de nos terres ni un seul de nos droits » ; le 4 mai, il disait clairement à Hitler : « Non au prétendu espace vital. » Pour affirmer sa détermination, Paris n'hésite pas à prendre ses distances à l'égard de Londres. Notamment dans l'attitude adoptée à l'endroit de l'Italie, que les Britanniques veulent ménager. Et encore plus dans le dessein clairement affiché par Daladier de conclure une alliance militaire en bonne et due forme avec l'Union soviétique, pour compléter le pacte bilatéral d'assistance mutuelle franco-soviétique ratifié le 27 février 1936. Car, aux yeux de Daladier, il y avait urgence : à la fin d'avril, Hitler, en effet, déclenchait une violente offensive diplomatique axée sur Dantzig et son « corridor » (les archives nous apprendront qu'il avait décidé d'en « finir avec la Pologne » et que le déclenchement de l'invasion devrait se faire au plus tard dans les derniers jours du mois d'août). Le président du Conseil français estimait que, sans l'alliance soviétique, le « Front de la paix » que les démocraties libérales s'efforçaient de mettre en place risquait de ne pas faire le poids. Il était prêt à forcer la main au gouvernement de Londres violemment opposé au régime soviétique et déclarait, le 20 mai, au chef du Foreign Office : « Si le front est continu, il y aura un facteur de paix ; c'est une question dans laquelle le bolchevisme n'a rien à voir. » Il était, lui, convaincu que Hitler hésiterait à s'engager dans une guerre sur deux fronts. Mais les méthodes dilatoires britanniques comme les méfiances soviétiques allaient faire traîner en longueur les négociations jusqu'à la fin de juillet, où l'on finit par convenir que pourraient s'ouvrir à Moscou des conversations militaires tripartites, qui débutèrent le 12 août. Dûment mandaté à la tête de la délégation française, le général Doumenc avait reçu une double mission de Daladier : tirer au clair la position soviétique (des bruits couraient que des conversations s'étaient engagées entre Berlin et Moscou) et surtout rapporter un accord. Mais la bonne volonté française se heurta à la « question cardinale » rapidement posée par Vorochilov : les Polonais accepteraient-ils de laisser les troupes soviétiques traverser la Pologne ? La délégation française força même, avec l'accord de Daladier, la main du gouvernement du colonel Beck. Mais, entre-temps – comme on le sait – Staline avait accepté les offres de Berlin et opté pour la carte allemande[25].

---

25. Se reporter à Jean-Baptiste Duroselle, *op. cit.*

Les échéances de l'été

Le 23 août était signé le premier des deux pactes de non-agression doublé d'un protocole secret qui répartissait des zones d'influence et délimitait des zones d'intérêt en cas de conflit germano-polonais. L'accord germano-soviétique allait permettre à l'Union soviétique de récupérer une partie des territoires perdus au début des années vingt et la plaçait « au balcon », en spectateur intéressé du conflit à venir. Le pacte, qui laissait stupéfaites chancelleries et opinions publiques, allait faciliter les desseins expansionnistes et guerriers de Hitler, débarrassé de la menace d'un second front renforcé. Il n'exclua pas que les démocraties, qui avaient bradé un an plus tôt la Tchécoslovaquie, autrement importante stratégiquement, ne consentent à un nouveau Munich ; à défaut, il escomptait séparer la France de la Grande-Bretagne, qui venait pourtant de conclure un traité d'alliance – fait plutôt rare – avec la Pologne ; c'est pourquoi il s'efforça d'apprivoiser Londres par des conversations directes ou indirectes. Mais c'était sous-estimer la détermination britannique. Le 1er septembre à 4 h 45, la Wehrmacht se ruait sur la Pologne.

La France entre en guerre à pas comptés

Pourtant, pendant cette ultime semaine de la paix, le gouvernement français donnait, lui, l'impression d'hésiter, voire de tergiverser. Et pourtant les responsables militaires avaient, cette fois, répondu quasi affirmativement à la question de confiance qui leur avait été posée, le 23 août, lors du comité permanent de la Défense nationale : l'armée est-elle prête ? La conclusion avait été que « la France n'a pas le choix : la seule solution à envisager est de tenir nos engagements vis-à-vis de la Pologne, engagements qui étaient d'ailleurs antérieurs à l'ouverture des relations avec l'Union soviétique » ; et le ministre de l'Aviation, Guy La Chambre, avait souligné : « La situation de notre aviation ne doit plus peser sur les décisions du gouvernement comme elle l'avait fait en 1938[26]. »

---

26. Cité par Élisabeth du Réau, *Édouard Daladier, op. cit.*, p. 361.

Or, le 26, Daladier envoyait une lettre[27] à Hitler, faisant appel à ses sentiments d'ancien combattant pour souligner que « la victoire la plus certaine ser[ait] celle de la destruction et de la barbarie » ; il répétait que la France tiendrait ses engagements à l'égard de la Pologne, tout en laissant ouverte la question de Dantzig qui devrait être résolue par des méthodes pacifiques « en vue d'un règlement amiable et équitable ». L'ancien combattant Hitler répondait le lendemain pour dire son souhait de voir s'instaurer une entente franco-allemande, lui qui avait renoncé à toute prétention sur l'Alsace-Lorraine ; mais c'était pour mieux marteler : « Le diktat de Versailles est intolérable » et affirmer que les Polonais faisaient régner à Dantzig et dans le corridor une « terreur intolérable ». Bref, la démarche française avait été un coup d'épée dans l'eau, interprétée plutôt comme un signe de faiblesse, et rompant en partie la solidarité franco-britannique. Daladier s'y était finalement résolu pour prouver à son opinion publique qu'il n'était pas l'homme de la rupture ; car, à la différence de ce qui s'était passé en 1914, c'est la France qui serait amenée à déclarer la guerre, voire à envahir le territoire allemand. De surcroît, il devait tenir compte des manœuvres du lobby qui se voulait antibelliciste, autour de Georges Bonnet, toujours ministre des Affaires étrangères, et d'Anatole de Monzie. Le 31 août, Bonnet reprenait au vol une suggestion de Mussolini de tenir une conférence qui statuerait sur « les clauses du traité de Versailles qui sont la cause des troubles actuels ». Le lendemain, donc après l'attaque allemande, Bonnet, de son propre chef, fait dire à Ciano que le gouvernement français soutient l'initiative du duce, avant de réclamer un « retrait symbolique » de la Wehrmacht. Ce même 1er septembre, Daladier, tenant l'offre de Mussolini pour une manœuvre de diversion, faisait décider en Conseil des ministres la mobilisation générale. Le lendemain, les deux Chambres étaient convoquées en séance extraordinaire pour voter des « crédits supplémentaires pour faire face aux obli-

27. Le texte en est cité dans *Le Livre jaune français* (documents diplomatiques 1938-1939), Imprimerie nationale, 1939.

gations de la situation internationale ». Le président du Conseil souligna bien que « ce sont les actes de M. Hitler qui comptent et non pas sa parole » et, prenant soin de dire que le conflit n'était en rien une croisade idéologique, déclara qu'il s'agissait d'une « phase nouvelle dans la marche de la dictature hitlérienne vers la domination de l'Europe et du monde ». Les commissions des Finances de la Chambre et du Sénat lui accordèrent sans barguigner les 70 milliards de crédits supplémentaires demandés. Mais le lendemain, le gouvernement devait déclarer la guerre sans avoir rappelé le Parlement pour en délibérer. Il fait peu de doute que, pour les contemporains (il en ira différemment une fois la défaite venue), le vote de ces crédits équivalait à l'approbation de l'entrée en guerre. Reste que ne pas avoir déclaré la guerre devant le Parlement était une demi-dérobade. Elle peut s'interpréter par la volonté de ne pas fermer totalement la porte à une médiation, même si elle était biaisée. Il est certain que Daladier a cherché à gagner quelques jours pour faciliter la mobilisation. Il n'est pas à exclure que s'est alors manifestée une tendance à l'irrésolution qu'Anatole de Monzie analysera avec une certaine pertinence : « Même quand il parle, surtout quand il délibère, Daladier écoute deux voix [...] ; il traduit les hésitations de l'âme française[28]. » Le 3 septembre, un peu après midi, Robert Coulondre, ambassadeur de France à Berlin, signifiait à Ribbentrop que seraient remplis à partir de 17 heures « les engagements que la France avait contractés à l'égard de la Pologne ». À Ribbentrop qui s'exclamait « Eh bien, la France sera l'agresseur », Coulondre répliquait : « L'Histoire jugera. » Les contemporains, eux, avaient pu constater que l'ambassadeur britannique avait fait une démarche similaire trois heures auraparavant et que Londres se déclarait en guerre six heures avant Paris. Voilà qui faisait désordre. Sans entrer dans la guerre à reculons, la France y entrait à pas comptés.

---

28. Anatole de Monzie, *Ci-devant*, Flammarion, 1941, p. 100.

Les Français entre résolution et résignation

L'entrée en guerre ne suscita aucune opposition déterminée. Daladier contournait aisément, avec l'accord de la classe politique, l'opposition parlementaire, puisque, le 2 septembre, Bergery à la Chambre et Laval au Sénat furent réduits au silence ; et il fait peu de doute que, à la différence de ce qui s'était passé dans la dernière semaine de septembre 1938, le lobby pacifiste ou néopacifiste a éprouvé beaucoup de difficultés à se déployer. On sait que le PCF allait opérer trois semaines plus tard un virage à 180 degrés. Mais, pour l'heure, tout en justifiant la diplomatie soviétique (« C'est un succès de la politique de paix de l'Union soviétique » titre *Ce soir* à propos de la signature du pacte germano-soviétique[29]), le 25 août, le groupe parlementaire avait voté, sous la présidence de Maurice Thorez, une résolution parfaitement explicite : « Si Hitler malgré tout déclenche la guerre, alors qu'il sache bien qu'il trouvera devant lui le peuple de France uni, les communistes au premier rang, pour défendre la sécurité du pays, la liberté et l'indépendance des peuples » ; les députés communistes allaient voter, le 2 septembre, les crédits demandés par Daladier pour ce qui reste encore à leurs yeux à ce moment-là une guerre antifasciste. On ne s'étonnera pas de la faiblesse des réactions immédiates des adversaires du « bellicisme ». Car globalement l'opinion avait notablement évolué après les provocations italiennes, puis à la suite du coup de Prague. L'expansionnisme de l'Axe avait conforté les antifascistes dans la nécessité de donner un coup d'arrêt que l'on voulait définitif ; les communistes côtoyaient ceux des socialistes qui suivaient la ligne de Zyromski et de Blum et ceux qui, à la CGT, épousaient les thèses de Léon Jouhaux. Les nationalistes conséquents avec eux-mêmes dénonçaient, eux, le retour en force du pangermanisme agressif et se refusaient à céder à la tentation d'inverser l'ordre des priorités entre

29. *Ce soir*, 23 août 1939.

l'ennemi numéro un (celui de l'extérieur) et le numéro un *bis* (celui de l'intérieur) ce qu'affirmait avec force un des leurs, Henri de Kerillis, en janvier 1939 devant la Chambre : « Le régime des soviets, je vous l'assure, mes chers collègues de droite, me répugne autant qu'à vous tous. Mais quand il s'agit d'apprécier les bases fondamentales de la politique étrangère de mon pays, je ne laisse pas le bourgeois parler plus fort en moi que le patriote. » Ce qui était nouveau, c'est que la manière forte employée par Hitler avait fait évoluer ceux que Charles Micaud[30] nomme les « nationalistes conditionnels », qui, lors de la crise de Munich, avaient pour partie oublié que – si l'on se veut nationaliste – la lutte contre l'ennemi extérieur doit passer avant toute autre considération. Les partis de la droite classique, aussi bien l'Alliance démocratique que la Fédération républicaine, en appelaient à la fermeté[31]. *Le Temps* – qui est un bon révélateur – se met à prôner la conclusion rapide d'une alliance avec l'Union soviétique. Et l'article rétrospectivement fameux de Déat, publié dans *L'Œuvre* du 4 mai, intitulé « Mourir pour Dantzig ? » et où il affirmait que « flanquer la guerre en Europe à cause de Dantzig, c'est y aller un peu fort, et les paysans français n'ont aucune envie de mourir pour les Poldèves », tombait totalement à plat et suscita dans la presse une large désapprobation. On comprend alors dans quel état d'esprit les mobilisés de septembre 1939 sont partis rejoindre leurs unités. Par une simplification abusive, on continue communément d'opposer les Français de 1914 s'embarquant « la fleur au fusil » à ceux de 1939 traînant désespérément les pieds. Les travaux de Jean-Jacques Becker ont mis à mal la première image d'Épinal. En septembre 1939, le préfet de Lyon, Émile Bollaert, portait ce diagnostic : « Quelque chose d'intermédiaire entre la réso-

30. Bonne analyse dans Charles Micaud, *La Droite devant l'Allemagne*, Calmann-Lévy, 1945.

31. Notons, par exemple, que Philippe Henriot (*Gringoire* du 31 août) estimait que le gouvernement français ne pouvait céder sur Dantzig.

lution et la résignation[32]. » La formule nous paraît pertinente. Jules Jeanneney, le président du Sénat, notait, pour sa part, dans son Journal[33] : « le calme, résigné, mais résolu, du pays » et Monzie, peu suspect de bellicisme, faisait le constat, tout en soulignant la « résignation », que n'apparaissait « nulle discorde[34] ». Car les Français étaient désireux d'en finir avec ces provocations répétées du Reich qui déboucheraient inévitablement sur un conflit. Les sondages dont nous disposons montrent que trois Français sur quatre s'attendaient à une guerre et souhaitaient que la France honore ses engagements à l'égard de la Pologne. La résignation est évidemment omniprésente pour cette raison qu'exprimera admirablement Julien Gracq : « Pour la dernière fois peut-être en 1914 les hommes étaient partis avec l'idée de rentrer pour les vendanges ; en 1939 [...] ils savaient au fond d'eux-mêmes qu'ils ne reverraient qu'une terre où serait passé le feu[35]. »

---

32. Se reporter nécessairement à l'analyse fouillée de Jean-Louis Crémieux-Brilhac, *Les Français de l'an 40,* t. I, Gallimard, 1990.

33. Cf. Jules Jeanneney, *Journal politique, septembre 1939-juillet 1942,* édition établie, présentée et annotée par Jean-Noël Jeanneney, Colin, 1972, p. 7.

34. Anatole de Monzie, *Ci-devant, op. cit.,* p. 142.

35. Julien Gracq, *Un balcon en forêt,* Corti, 1958.

Huit mois d'attente et d'illusion : la « drôle de guerre »

François Bédarida

Le 3 septembre 1939 à 17 heures, la France se trouve, selon la formulation officielle, en état de guerre avec l'Allemagne. Pour elle commencent soixante-huit mois d'une crise sans pareille dans son histoire : une crise où se mêlent guerre étrangère et guerre civile après quelques mois d'un calme trompeur abruptement terminé par une catastrophique défaite militaire.

En l'espace d'un demi-siècle, on a épilogué à satiété sur le drame de mai-juin 1940 resté pour beaucoup une énigme. Tout naturellement, on a cherché des clefs dans la période l'ayant immédiatement précédée, cette « drôle de guerre » qui dure du 3 septembre 1939 au 10 mai 1940 et qui a été chargée de manière facile – et abusive – de tous les péchés. Légende, mémoire, réalité s'interpellent donc dans une histoire dont il importe de démêler les fils, d'éclairer les composantes et de dégager une vue raisonnée. Comment les pouvoirs publics, comment les « soldats-citoyens », comment le pays tout entier, comment la démocratie républicaine, ont-ils fait face au défi du totalitarisme nazi, incarné de surcroît dans la nation ennemie héréditaire ? Comment les Français ont-ils réagi au choc de l'entrée en guerre ? Quelle a été l'interaction entre le militaire et le politique, la stratégie et le moral, les buts de guerre et les comportements quotidiens ?

La France entre en guerre

Contrairement à une légende tenace, celle d'une démoralisation généralisée (« la France est entrée en guerre à reculons »), ce qui prévaut chez les Français en septembre 1939, c'est la détermination et la volonté d'en finir. Des multiples documents – rapports de préfets, rapports de police, contrôle postal – ressort l'image d'un pays convaincu de son bon droit, dont le moral est plutôt élevé et qui croit à la victoire. Les remarquables travaux de Jean-Louis Crémieux-Brilhac viennent d'ailleurs de faire justice des clichés habituels, pulvérisant du même coup une vision téléologique qui cherchait les racines de la débâcle de 1940 dans un défaitisme et une aboulie prétendument majoritaires depuis l'été de 1939.

De fait, la ligne de la fermeté adoptée par Daladier reçoit l'adhésion de la nation dans son ensemble, et Herriot exprime bien les vues de la majorité de ses concitoyens lorsqu'il s'exclame à la Chambre des députés avec sa rhétorique coutumière : « La France aborde le péril la tête haute, la conscience pure. » Au spectacle de l'enchaînement des agressions hitlériennes l'idée générale prévaut que la France est obligée d'intervenir, car on ne peut pas laisser les « Boches » faire n'importe quoi. Dans un rapport, le préfet du Rhône, Émile Bollaert, parle très justement de « quelque chose d'intermédiaire entre la résolution et la résignation », et le délégué à l'Information du Vaucluse commente : « Le sentiment de la fatalité, mais aussi celui de la nécessité est général. » Ailleurs dans le Midi Henry Miller observe les paysans : « Ils prenaient la guerre comme une tâche à accomplir, note-t-il, une corvée dont ils s'acquittaient sans discussion parce qu'ils étaient citoyens français. En vérité, ce qui comptait à leurs yeux, c'était le retour au foyer[1]. » En somme, Déat s'était trompé : les Français étaient prêts, plus

1. Cité par Jean Chauvel, *Commentaire : De Vienne à Alger*, Paris, Fayard, 1971, p. 60.

qu'on l'eût cru, à « mourir pour les Poldèves ». D'ailleurs, ce consentement de la nation à l'inévitable correspond à ce qu'annonçaient régulièrement les sondages de l'Institut français d'opinion publique qui tous, des lendemains de Munich à l'été de 1939, marquaient une progression de la volonté de résistance à l'Allemagne hitlérienne.

La situation, à vrai dire, est bien différente et de 1914 et de 1938. Nulle manifestation cocardière et tapageuse, nulle fleur au fusil à la manière de certains nationalistes en août 1914. Certes, on constate partout tristesse, parfois amertume, le plus souvent résignation, mais en même temps – à part la petite minorité qui désapprouve la guerre – on se montre décidé à abattre l'hitlérisme, enfant monstrueux du germanisme. Alors qu'en 1938 le pacifisme était majoritaire, proclamé au grand jour, appuyé par le gouvernement, en 1939 il est devenu minoritaire, antigouvernemental, plus ou moins souterrain. Sa principale manifestation publique, un tract intitulé *Paix immédiate*, lancé par le militant anarchiste Louis Lecoin, n'obtient qu'un faible écho, d'autant que, parmi la poignée de signataires – intellectuels comme Giono ou Alain, syndicalistes ou journalistes, tel Marcel Déat –, beaucoup retirent très vite leur signature. Complication supplémentaire pour le camp pacifiste : le soutien embarrassant apporté par le parti communiste à partir de la fin de septembre. Bref, la peur de la guerre, omniprésente au temps de Munich, a fait place à une résolution nouvelle. Malgré les doutes, les anxiétés et les divisions, les facteurs de cohésion l'emportent à travers le pays. Et les Français confortent leurs poussées d'optimisme à la fois fugaces et tenaces en contemplant les affiches de propagande placardées sur les murs où sur une grande carte du monde sont représentés en rouge les vastes territoires sous souveraineté française et britannique tandis que l'Allemagne n'occupe qu'un tout petit espace coloré en noir, avec pour légende : « Nous vaincrons parce que nous sommes les plus forts »...

Le résultat, c'est que, dans l'ensemble, la mobilisation s'effectue sans trop d'accrocs. Quatre millions et demi de Français sous l'uniforme (dont, à vrai dire, 700 000 servent en Afrique du Nord, au Levant ou dans les colonies et dont il convient de défalquer plus d'un million d'affectés spéciaux), cela représentait 29 classes d'âge, de 1909 à 1938, soit une ponction massive sur la population masculine (9 classes, s'échelonnant de 1909 à 1917, étaient ainsi composées en majorité d'anciens combattants de 1914-1918). Preuve de la faiblesse de l'opposition à la guerre : le nombre minime des déserteurs et des insoumis. On compte en effet aussi peu de manquements aux obligations militaires qu'à la mobilisation en 1914 : en tout 3 000 cas de désertion en métropole et 700 insoumis (encore, dans bon nombre de cas, la cause n'était-elle pas le refus de servir).

Mais si le conflit qui commence paraît le fruit d'une cruelle nécessité, sa véritable nature est loin d'être perçue. La guerre en effet débute comme une guerre classique : un affrontement entre nations, autrement dit une guerre « antiboche ». N'est-ce pas l'équilibre européen qu'il s'agit de préserver contre les ambitions hégémoniques de l'Allemagne ? Ni dimension idéologique ni croisade antifasciste : l'objectif n'est nullement de détruire le nazisme, mais comme en 1914 d'empêcher l'Allemagne de dominer l'Europe. De là le recours inéluctable à la force. Mais de là aussi l'ambiguïté des buts de guerre. On le voit bien à la manière dont on ménage l'Italie mussolinienne, incarnation même du fascisme, mais non belligérante, et dont il faut éviter à tout prix l'entrée en guerre aux côtés de l'Allemagne. Vis-à-vis de Rome comme vis-à-vis de Madrid, le discours antifasciste se trouve donc remisé au placard.

Il faut dire aussi que, dans un pays qui a connu les crises, les frustrations et les divisions de l'entre-deux-guerres, en particulier les virulentes batailles civiles qui ont culminé entre 1934 et 1938 – ce que Pierre Brossolette nommera le « grand trouble des esprits et des cœurs de l'avant-guerre[2] » –, la sagesse paraît être de mettre en sourdine la

2. Allocution à la BBC du 22 septembre 1942, citée par Pierre Laborie, *L'Opinion française sous Vichy,* Paris, Le Seuil, 1990, p. 74.

corde idéologique au profit de la corde nationale au nom du commun danger. D'autant que, s'ajoutant au flot des rancunes et des rancœurs accumulées, la hantise du déclin et la question de la survie taraudent en profondeur depuis des années la conscience nationale.

Autre élément clef pour comprendre le comportement des Français au moment du déclenchement des hostilités et durant toute la drôle de guerre : le souvenir obsédant de 1914-1918. Voilà que tout juste vingt ans après la « der des der » le pays se trouve derechef jeté dans la tourmente, le conflit opposant les mêmes combattants sur les mêmes champs de bataille ! Dans la population masculine les survivants de la Grande Guerre représentent 40 % de l'effectif, soit deux hommes sur cinq. Parmi les mobilisés, bien des officiers d'active ou de réserve, parfois même des sous-officiers, et tous les généraux sont des anciens combattants. À côté d'eux, une nouvelle génération : les fils des poilus, élevés avec une mémoire omniprésente et indélébile, celle des tranchées, relayée et répercutée par les récits héroïques, par la tradition orale dans les familles, par l'école, le cinéma, les journaux et les livres. Comment échapper d'ailleurs au souvenir quand, dans chaque village et chaque ville, on doit contempler les longues listes de noms gravés sur les monuments aux morts, quand on rencontre tant de veuves, tant de mutilés ? Il n'est pas jusqu'au souvenir de la victoire de 1918 qui n'accrédite l'idée que, cette fois encore, le conflit se terminera par la défaite de l'Allemagne. D'où une confiance bien assurée dans l'issue de la guerre, confiance où la présomption le dispute à la naïveté et aux illusions.

Ainsi le poids du passé, avec son héritage d'images et d'imaginaire, s'avère écrasant. D'autant plus que si, d'un côté, on se figure la guerre qui débute sous la forme d'une répétition de 1914-1918, d'un autre côté, les anticipations des années trente sur les conflits futurs alimentent les peurs et les projections fantasmatiques. Toutefois, il existe deux grandes différences entre septembre 1939 et août 1914. La première a trait à la préparation des esprits : alors qu'en 1914 la guerre éclate comme un coup de tonnerre, prenant les

Français complètement par surprise, en 1939 on a tant prédit le conflit qu'on s'y attend comme le produit d'un enchaînement inéluctable. En second lieu, la représentation de la guerre a changé. En 1914, on ignorait ce que signifiait une guerre moderne, on vivait dans l'illusion d'une guerre courte et peu coûteuse. En 1939, toutes ces illusions sont tombées, et le traumatisme enduré naguère par une nation saignée à blanc fait que l'on appréhende avec angoisse le retour de pareille boucherie. De là l'idée bien ancrée qu'il faut s'en tenir dorénavant à la défensive afin d'épargner, selon le mot de Daladier, le « précieux sang français ». Et le président du Conseil de se féliciter au bout de quelques mois de guerre, devant la Chambre des députés, de l'état des pertes par rapport à la Grande Guerre. « En décembre 1914, s'écrie-t-il sous les applaudissements, il y avait 450 000 tués [...]. À la date du 30 novembre, armées de terre : 1 136 tués ; forces navales : 256 tués ; forces aériennes : 42 tués. Je continue à préférer la situation de décembre 1939 à celle de 1914[3]. »

Malgré tout, cette nouvelle forme de guerre, immobile, sans combats, sans morts, ne laisse pas d'étonner, voire d'inquiéter, par-delà son étrangeté rassurante. Pour la désigner, on imagine un nouveau vocable : c'est la « drôle de guerre », ou comme on traduit de l'autre côté de la Manche la *phoney war*. Le terme a été forgé par Roland Dorgelès au cours d'un reportage aux avant-postes publié dans *Gringoire* en octobre 1939 (« Non, la guerre n'est pas drôle, écrit-il, mais c'est tout de même une drôle de guerre »), et la formule fait florès tant elle exprime le sentiment diffus des Français : le sentiment, à l'avant comme à l'arrière, d'une guerre bizarre ne ressemblant à rien, surtout par comparaison avec les tranchées sanglantes de 1914-1918. Écoutons, par exemple, Paul Léautaud confiant à son *Journal littéraire* le 29 octobre 1939 : « Cette guerre est une curieuse guerre. Pleine de procédés, de façons, nouveaux – et quelque peu

3. *Journal officiel*, Chambre des députés, 22 décembre 1939, p. 2 315.

mystérieux. » Sartre, pour sa part, tentant un distinguo subtil entre « paix-guerre » et « guerre-paix », s'interroge brutalement : « La guerre n'a jamais été plus insaisissable que ces jours-ci. Elle me manque, car enfin, si elle n'existe pas, qu'est-ce que je fous ici[4] ? »

Ce qui aggrave les illusions sur cette guerre stagnante, feutrée, que beaucoup se flattent de pouvoir gagner au rabais, c'est la méconnaissance générale des données militaires, des réalités internationales et du national-socialisme dans les milieux dirigeants aussi bien que chez la plupart des Français. Ignorance à vrai dire plus qu'aveuglement dans la mesure où la conscience du péril hitlérien demeure abstraite et la vision du totalitarisme nazi défaillante – ce qui expliquera pour une bonne part l'armistice et Vichy : ce que Pierre Laborie a appelé la « myopie hexagonale » et Michel Winock l'« illusion gallocentrique ». Dans le confort de leurs stéréotypes, les Français, note Charles Rist, jugent tout d'après leurs petits désirs. Aussi dans cette nation troublée et inquiète existe-t-il des risques de désintégration nationale au cas d'un grand choc. Et l'on doit se demander : par-delà le consensus entourant Daladier, qu'y a-t-il de vraiment solide ? Force est de conclure, sinon à une fausse union sacrée, du moins à un ersatz d'union sacrée.

Stratégie et diplomatie : incohérences et flottements

Toute guerre est synonyme d'action. Or ce qui fait le paradoxe de la « drôle de guerre », c'est qu'elle se réduit à une attente. Attente de l'ennemi et attente de la bataille : tous attendent que le destin tranche. Dès la première réunion du Conseil suprême interallié le 9 septembre, Daladier l'affirme sans ambages : « Notre intérêt est d'attendre[5]. »

Si la thèse du *wait and see* et le paradigme de la défensive emportent autant l'adhésion générale, c'est avant tout pour

---

4. Jean-Paul Sartre, *Les Carnets de la drôle de guerre*, Paris, Gallimard, 1983, p. 35-36, notation du 20 novembre 1939.
5. François Bédarida, *La Stratégie secrète de la drôle de guerre*, Paris, Presses de la FNSP et Éd. du CNRS, 1979, p. 94.

trois raisons : la doctrine militaire française, l'interface entre le rapport des forces et le calendrier, les données géopolitiques[6]. Au sein de l'état-major, dominé encore par le « magistère bleu horizon », prévaut la croyance aux fronts continus et au primat de la fortification, tandis que l'on n'accorde guère d'importance à l'arme blindée ni à l'utilisation de l'aviation en accompagnement des troupes au sol. La formule de Pétain « L'artillerie conquiert, l'infanterie occupe » reste la règle d'or. C'est sur cette doctrine qu'est toujours fondée l'*Instruction sur l'emploi des grandes unités* de 1936, tandis que les rédacteurs en 1938 du règlement d'infanterie – la « reine des batailles » – escomptent le succès grâce aux souffrances du fantassin : « Couvert de sueur, de poussière ou de boue, souvent sanglant, c'est lui qui atteint l'objectif, c'est lui qui voit l'ennemi en fuite ou se rendant à sa merci. »

Nul épisode ne démontre mieux cette sclérose mentale – durement dénoncée par Marc Bloch dans *L'Étrange Défaite* – qu'un exercice de défense dirigé par le général Gamelin en 1936-1937. Il s'agissait de faire face à une invasion inopinée de la Belgique et de la Hollande, et le général Dufieux à la tête du « parti bleu » (les armées allemandes) avait imaginé une opération sur la Meuse et Sedan (là même où Guderian franchira le fleuve en mai 1940) avec une progression rapide à travers l'Ardenne, mais cette préfiguration de la campagne de France lui avait valu une sévère critique par Gamelin qui avait qualifié l'exercice de « roman[7] ». Quelle différence avec Hitler qui avait intuitivement saisi l'innovation révolutionnaire constituée par l'emploi des blindés et de l'aviation, comme il l'avait expliqué dès 1932 à Rauschning : « La prochaine guerre, prophétisait-il, ne res-

---

6. Sur la doctrine de l'état-major, cf. Pierre Rocolle, *La Guerre de 1940*, t. I : *Les Illusions 1918-1940*, Paris, A. Colin, 1990, chap. IV, V et VI.

7. Jean Delmas, « Les exercices du Conseil supérieur de la guerre 1936-1937 et 1937-1938 », *Revue historique des armées*, 1979, p. 29-56.

semblera en rien à celle de 1914. Plus d'attaques d'infanterie, plus d'assauts en masses compactes. Tout cela, c'est périmé. Quant au grignotement du front, s'éternisant pendant des années, je vous affirme qu'on ne reverra plus jamais cela. C'était une déliquescence de la guerre. La dernière guerre avait fini par dégénérer[8]. » C'est pourtant cette conception dégénérée et obsolète de la guerre qui continue de dominer la pensée militaire française, tandis que les enseignements de la campagne de Pologne sont balayés abruptement par le slogan : « La France n'est pas la Pologne. »

Une deuxième raison du primat de la défensive, outre le traumatisme causé par l'hécatombe dans un pays saigné à blanc, tient à l'entrecroisement de deux contraintes : le rapport des forces supposé entre les adversaires ; le calendrier à observer avant de pouvoir engager de grandes opérations. Une conviction bien enracinée commande les choix du côté allié : la conviction de l'infériorité franco-britannique en effectifs et en matériel. Le réarmement commencé trop tard de part et d'autre de la Manche, les faiblesses de la démographie française, la lenteur des effets de la conscription en Angleterre, les déficiences des deux aviations, autant de facteurs qui interdisent toute opération offensive dans l'immédiat et commandent d'attendre que l'on parvienne à une balance favorable des forces – objectif qui devrait être atteint vers 1941. « Le temps travaille pour la coalition alliée », ne cesse de répéter Chamberlain, entièrement en accord sur ce point-là avec les dirigeants français.

En fait, les Français comme les Anglais se trompent sur les moyens de l'adversaire qu'ils surestiment constamment, les déséquilibres au bénéfice de l'Allemagne en moyens opérationnels et en matériel de guerre étant loin de correspondre aux calculs alliés. Ainsi si la Wehrmacht dispose de 2 500 tanks, on en compte 3 000 du côté franco-britannique.

---

8. Hermann Rauschning, *Hitler m'a dit*, Paris, Somogy, 1939, p. 17.

Quant à la supériorité numérique des Allemands dans l'air, elle est nettement moindre qu'on ne l'affirme, puisque aux 1 800 avions franco-britanniques (dont la moitié de chasseurs) la Luftwaffe oppose 1 200 chasseurs, 400 bombardiers en piqué (les célèbres Stukas qui répandront la panique durant la campagne de France) et 1 000 bombardiers. Il est vrai que le matériel aéronautique allemand est en général plus performant et comporte en outre un millier d'appareils de transport et de reconnaissance. Malgré tout, ce qui compte, c'est le sentiment unanimement partagé du côté allié de l'impréparation et de l'infériorité. De là une stratégie à long terme, qui compte sur le temps, en différant la bataille le plus tard possible.

Enfin les données géopolitiques pèsent lourdement sur la conduite de la guerre. Première de ces données : l'alliance anglaise. Toute décision importante, tout plan de guerre doivent recueillir l'assentiment des deux pays. À cet effet a été établi un Conseil suprême interallié, chargé de coordonner étroitement la stratégie alliée (il se réunit à huit reprises entre septembre 1939 et avril 1940) et où siègent les deux chefs de gouvernement entourés des ministres compétents et des chefs de l'armée, de la marine et de l'air. Il s'ensuit inévitablement une multitude de divergences, d'atermoiements et de blocages, qui se traduisent par une diplomatie flottante et une stratégie incohérente. D'autres données géopolitiques viennent compliquer et les problèmes et la prise de décision : sur le théâtre méditerranéen, la non-belligérance italienne, l'effondrement des positions alliées dans le Sud-Est européen depuis Munich, puis bientôt au Nord la guerre de Finlande.

Par ailleurs, comme dès les premiers jours de septembre Daladier et Gamelin savent la Pologne perdue et l'armée française impuissante à lui porter secours, le choix qui semble s'imposer consiste à exploiter contre le Reich, étant donné sa situation géostratégique, l'arme économique. Le talon d'Achille de l'Allemagne, pays vulnérable pour ses approvisionnements, n'est-il pas de ne pouvoir soutenir une guerre longue ? Puisqu'on part de l'hypothèse que Hitler ne frappera pas de sitôt à l'Ouest, le salut apparaît dans le blocus. Asphyxier économiquement le Reich, couper sa machine de guerre des matières premières vitales pour elle – au premier chef le fer suédois et le pétrole roumain et soviétique –, voilà qui permettra aux Alliés avec le temps de porter leurs moyens militaires au niveau nécessaire tout en acculant l'ennemi aux abois, et qui sait peut-être ? en provoquant le renversement du régime nazi de l'intérieur.

Si, avec le recul et dans notre vision contemporaine, on est porté à juger avec sévérité pareil amas d'illusions et pareilles erreurs d'optique, il faut *primo* se souvenir qu'il est plus facile de déchiffrer l'événement après qu'avant, *secundo* apporter un correctif de taille. Ce correctif, c'est que la stratégie officiellement définie trouve un large écho dans le pays et une adhésion générale de l'opinion dont elle traduit l'aspiration profonde.

Prenons, par exemple, le cas de Marc Bloch, témoin lucide s'il en est. Mobilisé comme officier, l'ancien combattant de 1914-1918, dans ses lettres à son fils adolescent pressé d'en découdre et qui voudrait qu'on attaque, lui explique qu'au lieu de se précipiter au secours des Polonais il faut d'abord achever la mobilisation et concentrer ses forces. Sans hésitation, il approuve la tactique défensive et prudente suivie par le haut commandement : « Quand on a vu les massacres de 1915, écrit-il, on n'est pas porté à [les] regretter. » Lui-même croit à la puissance du feu et à l'avantage que celui-ci donne à la défense, même contre les blindés, et à diverses reprises il se félicite de voir l'état-major « beaucoup plus raisonnablement ménager du sang des hommes qu'en 1914[9] ». Autre témoignage d'un esprit pourtant perspicace, celui de l'économiste Charles Rist, à propos de l'efficacité du blocus, cette fois. À la date du 8 septembre, il note dans son Journal : « La guerre sera sans doute plus courte qu'on

9. « *Marc Bloch à Étienne Bloch : lettres de la "drôle de guerre"* », éd. F. Bédarida et D. Peschanski, *Cahiers de l'IHTP*, n° 19, décembre 1991, p. 13.

ne le pense en général – si l'on arrive à un blocus réel » et il précise : « La question de l'essence sera primordiale, et celle des graisses et du coton[10] »…

Dans les premiers jours des hostilités, il a fallu à la hâte bouleverser les plans d'état-major échafaudés au printemps de 1939 de concert avec les Britanniques, plans qui reposaient, d'une part, sur un projet d'attaque contre l'Italie (considérée comme le maillon faible de l'Axe), d'autre part, sur l'existence d'un front oriental grâce à l'alliance avec l'Union soviétique. Maintenant que l'Italie a déclaré sa non-belligérance et que la Pologne s'est effondrée, la stratégie de remplacement se définit en trois points qui sont autant de postulats aventurés : premièrement, le temps travaille pour nous ; deuxièmement, le blocus est une arme décisive entre les mains des Alliés et la guerre économique épargne les vies humaines ; troisièmement, il n'est pas déraisonnable de spéculer sur un effondrement du moral allemand. Dans l'immédiat, la France peut donc continuer de vivre à l'abri grâce au rempart de la ligne Maginot, ce puissant système fortifié très supérieur à la ligne Siegfried, construite à la hâte et à peine achevée à l'automne de 1939. On peut remarquer toutefois que le *Westwall* a fort bien rempli sa mission de dissuasion en septembre 1939, comme il l'avait fait au temps de Munich, car tenter une attaque de rupture contre lui eût été une opération coûteuse et hasardeuse, guère possible au demeurant avant que soit achevée la mobilisation.

Pendant des mois sur le front occidental, où règne l'inactivité puisque le mot d'ordre est de n'entamer à aucun prix les hostilités (« J'espère que vous ne commettrez pas la folie de prendre l'offensive contre l'armée allemande », avait écrit en septembre 1939 le maréchal Pétain au général Gamelin[11]), on enregistre des communiqués journaliers du grand quartier général du style « Journée calme dans

---

10. Charles Rist, *Une saison gâtée : Journal de la guerre et de l'Occupation (1939-1945)*, Paris, Fayard, 1983, p. 37.

11. Marc Ferro, *Pétain*, Paris, Fayard, 1987, p. 13.

l'ensemble » ou « Activité réduite, à part quelques rencontres de patrouilles ».

Toutefois le haut commandement élabore en même temps deux séries de plans d'action : d'un côté, en vue d'une exécution immédiate, une stratégie périphérique centrée sur les Balkans ; d'un autre côté, pour l'avenir, une bataille de rencontre en Belgique. Dans le premier cas, il s'agit de faire quelque chose pour répondre au reproche d'immobilisme, en profitant du facteur inespéré que constitue la non-belligérance italienne. Du coup, à grands renforts de souvenirs de 1917-1918, on imagine une expédition balkanique avec débarquement à Salonique, avec le concours des armées grecques, yougoslaves, roumaines et peut-être turques, généreusement évaluées en les additionnant toutes ensemble à un total d'une centaine de divisions. Le malheur, c'est que ces pays, terrorisés par l'Allemagne, n'ont aucune envie d'entrer en guerre et se cramponnent fiévreusement à leur neutralité. Les Anglais, du reste, s'opposent fermement au projet, mais à Paris le mirage salonicien persistera, dans les esprits comme dans les cartons, durant de longs mois.

Toutefois, ce sont les plans d'opérations sur le front occidental qui apparaissent primordiaux et qui, à juste titre, accaparent les labeurs de l'état-major. Depuis longtemps, parmi les hypothèses sur lesquelles travaillait celui-ci, la plus plausible paraissait être une offensive de la Wehrmacht à travers la Belgique et la Hollande, mais ni l'un ni l'autre de ces pays n'était prêt préventivement à appeler à l'aide l'armée française. Dans un premier temps, en septembre, compte tenu du déploiement du gros des forces mobilisées en Lorraine, Alsace et Champagne, on envisage seulement une bataille d'arrêt sur les frontières du nord entre Dunkerque et Mézières.

Bientôt cependant, l'idée d'une bataille de rencontre dans les plaines belges l'emporte, car elle a la préférence du commandant en chef, le général Gamelin. D'où la mise au point d'un plan consistant à avancer hardiment en Belgique et à livrer bataille à l'envahisseur sur ce terrain. Le généralissime s'arrête d'abord au « plan E » qui prévoit de pousser jusqu'à l'Escaut, mais celui-ci est rapidement abandonné et remplacé, selon l'instruction personnelle et secrète n° 8, datée du 16 novembre, par le « plan D » ou « plan Dyle » (auquel on ajoute une manœuvre supplémentaire, la « variante Breda », par laquelle la gauche de l'armée française doit pivoter jusqu'en Hollande et atteindre la ville de Breda). Tel qu'il est, ce plan, adopté sans problème par le Conseil suprême interallié, a été l'objet d'innombrables polémiques après la défaite, mais force est de reconnaître que, sur le moment, le général Gamelin, bien qu'enfermé dans son poste de commandement – la « thébaïde de Vincennes » –, n'a guère rencontré d'opposition, sauf sur la « variante Breda » qui suscite quelques critiques. Désormais, le plan ne changera plus jusqu'au 10 mai, et d'ailleurs il recueille l'entière adhésion des Britanniques, dont le corps expéditionnaire, la British Expeditionary Force, est appelé à jouer un rôle majeur dans le dispositif adopté.

En revanche, à Paris, on ne veut entendre parler à aucun prix des projets britanniques de bombardement de la Ruhr, cœur industriel du Reich, pas plus que du plan churchillien baptisé *Royal Marine* et consistant à lancer des mines fluviales dans le Rhin et dans les canaux allemands en vue de paralyser le trafic par eau de l'adversaire. Motif invoqué par les autorités de Paris pour bloquer les propositions de Londres (les discussions occupent une partie des séances du Conseil suprême interallié) : la peur des représailles sur les villes françaises, car celles-ci seraient hors d'état de se défendre contre des raids aériens massifs. Depuis le début des hostilités d'ailleurs, de part et d'autre de la Manche, on prend la menace aérienne très au sérieux, comme le montrent l'aménagement systématique d'abris dans les grandes cités, les exercices d'alerte, le port régulier par les civils de masques à gaz depuis les lieux de travail jusqu'aux écoles et aux hôpitaux.

Pendant ce temps, de l'autre côté du Rhin, même si l'opinion allemande a accueilli l'entrée en guerre dans une atmosphère morne, le Führer, fort du succès éclatant du Blitzkrieg en Pologne, prépare activement la même guerre de style nouveau à l'Ouest. Une fois son offre de paix du 6 octobre rejetée par les Alliés, il donne l'ordre à l'état-major dès le 9 octobre d'élaborer un plan d'offensive sur le front occidental comportant la conquête de la Belgique et de la Hollande et l'invasion de la France. Objectif : remporter une victoire décisive sur l'ennemie héréditaire. Calendrier : début de l'assaut fixé au 12 novembre. C'est dire à quel point les dirigeants français se faisaient illusion quand ils imaginaient que Hitler n'attaquerait pas avant le printemps !

Néanmoins, le premier plan de campagne produit par l'OKH – une médiocre réplique du plan Schlieffen de 1914 – reste marqué par le respect que les chefs de la Wehrmacht continuaient d'éprouver pour l'armée française. Peu satisfait par ce plan, mais passant outre aux objections des chefs de l'armée et de l'aviation, Hitler maintient la décision de l'attaque, encore que cette dernière doive être remise une vingtaine de fois, jusqu'au jour où l'« incident de Mechelen » – un avion transportant les plans de l'offensive obligé de faire un atterrissage forcé en Belgique le 16 janvier 1940 – provoque l'abandon de cette première version du plan Jaune *(Fall Gelb)*. Tout est remis en chantier, et c'est alors que von Manstein fait adopter par le Führer son audacieuse manœuvre de percée à travers l'Ardenne, avec exploitation en « coup de faucille » *(Sichelschnitt)* jusqu'à l'embouchure de la Somme, l'idée étant que le coup porté à l'armée française suffirait à décider de l'issue de la campagne. Ainsi, par une ironie de l'histoire, si Hitler avait pu mettre à exécution ses projets de campagne, comme il le voulait, à l'automne de 1939, la stratégie choisie pour ce Blitzkrieg aurait été très inférieure à celle qui a prévalu au printemps de 1940 et qui lui a permis de triompher dans l'une des campagnes les plus brillantes, les plus courtes et les plus décisives des temps modernes.

Du côté français, on est loin de pareilles audaces, même s'il convient de souligner à quel point la pente naturelle dans un pays démocratique et pacifique est de préférer la défensive à l'offensive, synonyme, en apparence, de conquête ou d'agression. Le malheur, c'est que de la logique de la défensive on glisse très vite à la logique de l'immobilité, puis de la logique de l'immobilité à la logique de l'inertie et de la passivité. Après quelques semaines de guerre, l'un des chefs français, le général Weygand, lucide à cette occasion, dresse un impitoyable réquisitoire de l'impasse dans laquelle se trouve la stratégie française : « Je crains, Dieu veuille que je me trompe, que l'on soit entré en campagne sans plan d'action dans la conduite de la guerre. [...] Impression : nous ne voulons pas faire la guerre. On n'est pas encore prêts, ni l'Angleterre, ni nous. Plans d'ensemble = 0. [...] Si on continue la guerre, c'est pour vaincre, et vaincre à un point qui nous permette de dicter la paix. Comment donc compte-t-on y arriver ? Attend-on tout du blocus, de la révolution intérieure allemande ? Dans ce cas, nous sommes vaincus d'avance. Se rend-on compte de la difficulté de maintenir des millions d'hommes sous les armes en ne leur faisant rien faire, et continuer à les avoir en bon moral[12] ? »

Tout change à partir de décembre avec l'attaque lancée par l'Union soviétique contre la Finlande. Voilà que soudain s'ouvrent de nouvelles perspectives militaires et de nouveaux enjeux stratégiques. Les verrous qui bloquaient l'action alliée vont-ils sauter ? Désormais, toute l'attention se polarise sur le nord, et il en sera ainsi jusqu'au 10 mai 1940. Tandis que l'opinion s'enflamme pour la « vaillante petite Finlande », les hommes politiques, les généraux, les diplomates échafaudent projets sur projets, le plus souvent confus et chimériques. C'est qu'à Paris non seulement on voit là le moyen de porter secours à la victime de l'agression, mais surtout l'occurrence apparaît grosse d'une conjonction inespérée : n'est-ce point l'occasion tout à la fois de couper à l'Allemagne la route du fer et de porter un coup mortel à l'Union soviétique, alliée de Hitler et citadelle du communisme ?

12. Note du 6 octobre 1939, SHAT, Fonds Weygand : citée par François Delpla, *Les Papiers secrets du général Doumenc (1939-1940)*, Paris, Olivier Orban, 1992, p. 143-144.

En réalité, on observe très vite une dérive. On était parti de plans d'expédition principalement destinés, sous couleur de soulager la Finlande, à occuper la Laponie suédoise afin de s'y emparer des gisements de fer, de façon à couper les approvisionnements du Reich. Mais l'idée s'impose bientôt qu'il faut considérer l'Allemagne et l'Union soviétique comme un tout à abattre, avec en outre l'espoir secret de voir éclater l'axe Rome-Berlin et le pacte anti-Komintern. Ainsi s'effectue de manière hypocrite un complet détournement d'objectif. De la guerre contre l'Allemagne on glisse à la guerre contre l'Union soviétique. Curieuse évolution pour des dirigeants qui s'étaient refusés depuis septembre 1939 à toute guerre idéologique ! Non moins surprenant : c'étaient les tenants de l'attentisme qui deviennent du jour au lendemain les partisans les plus résolus d'une ligne offensive contre le pays des Soviets. Témoin le slogan martelé chaque jour par *Gringoire* : « Battre l'Allemagne, c'est battre l'URSS. Battre l'URSS, c'est battre l'Allemagne. » Quant à Maurras, il parle de la « haute occasion à saisir », ajoutant : « Il faut sauter dessus [13]. » De fait, pour les tenants d'un anticommunisme obsessionnel – nourri au demeurant par les prises de position défaitistes du parti communiste français –, comment ne pas trouver là le moyen providentiel de se débarrasser du « virus » communiste en réglant son compte à l'hydre bolchevik ?

Il est vrai qu'au Quai d'Orsay certains esprits rassis, loin de partager l'emballement général, prêchent la prudence : si la France se trouve en conflit ouvert avec la Russie, ne sera-ce pas tout bénéfice pour l'Allemagne ? Mais, au fur et à mesure que les semaines passent, la ligne dure gagne du terrain. Le 21 février, Weygand n'hésite pas à écrire à Gamelin : « Pour ma part, j'estime capital de casser les reins à l'URSS, en Finlande et ailleurs [14]. » Contre les Soviets, les plans se multiplient comme par enchantement, tous plus chi-

---

13. *L'Action française*, 22 février 1940.
14. Cf. François Delpla, *op. cit.*, p. 150.

mériques les uns que les autres. La principale opération envisagée consiste à monter des attaques aériennes à partir de la Syrie et de l'Irak contre les puits de pétrole du Caucase auxquels on mettrait le feu, de façon à détruire les centres de production de l'Union soviétique, à interdire toute livraison à l'Allemagne et à paralyser l'économie des deux pays. Mais chez d'autres l'imagination se donne libre cours. Pour le directeur du *Temps,* loin de chercher à dissocier l'Allemagne et l'Union soviétique, il faut au contraire les souder plus étroitement, car une alliée faible est un grand boulet *(sic)*. En intervenant pour aider la Finlande, on crée, avec les neutres et l'Italie, un bloc total. On pourrait offrir à l'Italie la Crimée et utiliser les Ukrainiens et les Transcaucasiens, ce qui permettrait de tout balayer jusqu'au Caucase[15] ! Chez certains militaires, on nourrit des plans non moins abracadabrants, en imaginant un gigantesque mouvement en tenaille, à partir de la Finlande, au nord, et du Caucase, au sud, qui se refermerait sur Moscou : tel est, par exemple, le schéma préconisé par le général Bergeret, aide-major général de l'armée de l'air et brillant professeur à l'École de guerre (que l'on retrouvera d'ailleurs après la défaite à Vichy)[16].

C'est au milieu de ces calculs aberrants – que n'interrompt même pas la défaite finlandaise – qu'éclate le 9 avril comme un coup de tonnerre l'affaire de Norvège. En France comme en Angleterre, le gouvernement et le commandement se trouvent pris de court : une fois de plus, l'adversaire, saisissant l'initiative, les a gagnés de vitesse. Grâce à une manœuvre audacieuse, 10 000 hommes de la Wehrmacht ont réussi en vingt-quatre heures à prendre possession des principales villes de la Norvège, depuis Oslo jusqu'à Narvik, exploit remarquable accompli à plus de 2 000 kilomètres des côtes allemandes. Alors que les Alliés ont la maîtrise de la mer, les Allemands, jouant de l'effet de surprise, ont monté

15. Selon le témoignage de Jacques Bardoux, *Journal d'un témoin de la Troisième,* Paris, Fayard, 1957, p. 159.

16. Paul Stehlin, *Témoignage pour l'histoire*, Paris, Laffont, 1964, p. 215.

avec plein succès une opération amphibie (il est vrai que les Franco-Britanniques vont bientôt s'apercevoir à leurs dépens que la maîtrise du ciel appartient à la Luftwaffe).

À Paris, le premier effet de choc passé (Paul Baudouin a raconté comment au petit matin du 9 avril, dans le bureau du président du Conseil, Reynaud et ses collaborateurs, après avoir attendu avec fébrilité l'arrivée des atlas, se sont mis à chercher laborieusement sur les cartes l'emplacement des villes norvégiennes mentionnées dans les télégrammes [17]), le commandement se ressaisit péniblement. Il est décidé de répliquer sur le terrain scandinave, mais l'improvisation, les atermoiements, les incohérences paralysent les deux alliés, à quoi s'ajoutent, du côté français, l'opposition ouverte Reynaud-Gamelin et la guerre privée que se livrent le président du Conseil et le ministre de la Guerre, Daladier.

Le vent d'optimisme qui souffle durant quelques jours ne dure guère, quoiqu'il ait contribué à entretenir les illusions (« la route du fer est et restera coupée », annonce Paul Reynaud). Du reste, alors que la bataille fait rage en Norvège, on continue de caresser le rêve de débarquement à Salonique ou de bombardements de Bakou. À Paris, l'atmosphère délétère régnant dans les milieux dirigeants est encore renforcée par le fait que la responsabilité première de la campagne de Norvège incombe aux Anglais, qui assurent le commandement, les transports et le gros des moyens.

Au total, à part un ou deux succès épisodiques, l'affaire de Norvège se solde par une succession de déboires, et moins d'un mois après le début de la campagne il faut rembarquer le petit corps expéditionnaire péniblement envoyé dans la hâte et dans le désordre (la seule action d'éclat sera la prise de Narvik le 28 mai, mais à cette date la bataille de France est déjà perdue). Au bout du compte, Français et Britanniques ont fait la pénible découverte que non seulement ils ont été continuellement surclassés par l'adversaire, mais

17. Paul Baudouin, *Neuf Mois au gouvernement*, Paris, La Table ronde, 1948, p. 22.

que rien ne peut prévaloir contre un ennemi disposant de la supériorité aérienne.

Pour en finir avec les choix stratégiques de la drôle de guerre, il convient de faire deux remarques. Face à la vulgate toujours en vigueur qui oppose une stratégie Daladier, prudente, hésitante et défensive, à une stratégie Reynaud, décidée, pleine d'allant et offensive, on doit, au contraire, souligner la continuité dans la direction de la guerre et dans la politique française de septembre 1939 à mai 1940. Certes le discours et le style diffèrent considérablement lorsque l'on passe de Daladier à Reynaud, mais le contenu reste le même. L'après-guerre a nourri la légende ; il est grand temps de la reléguer au magasin des idées reçues.

Par ailleurs, en ce qui concerne les relations entre Paris et Londres, elles se détériorent au fil des mois. Des accords sur une stratégie d'attente on passe aux esquives polies, puis aux échanges défiants, voire aux remarques acrimonieuses, bref au dialogue de sourds. Du côté français, ces discordances nourrissent dans certains milieux une anglophobie tantôt latente, tantôt ouverte, dont la progression explique non seulement la rupture de mai-juin 1940, mais plus encore les remugles et les vomissures de Vichy à l'encontre de l'ancienne alliée.

Psychologie des Français en guerre

À la suite de l'implosion de juin 1940, on a cultivé les affirmations péremptoires sur l'état d'esprit des Français durant la drôle de guerre. Non seulement les affabulations ont fleuri à l'envi pour dénoncer l'état d'amollissement et de démoralisation du pays (ainsi Gide après la défaite écrivait dans son Journal le 19 juillet 1940 que la France ne méritait pas la victoire et un peu plus tard, le 12 janvier 1941, il s'indignait du « point de relâchement moral et de décomposition » où la France était tombée !), mais elles ont aussi trouvé largement créance dans la mémoire collective.

C'est pourquoi de sévères révisions s'imposaient, et c'est le travail auquel s'est livré avec persévérance et sagacité Jean-Louis Crémieux-Brilhac dans son livre *Les Français de l'an 40*. Au terme d'une étude très fouillée, fondée en particulier sur les documents de la censure et du contrôle postal et sur les rapports de l'administration civile et militaire – ce qui lui a permis de dissiper nombre de légendes et de mythes et de restituer le véritable visage de la France en guerre –, il conclut à une conscience nationale moins anémiée qu'il ne paraissait et à un pays moins malade dans ses assises profondes qu'on ne l'a prétendu au temps de Vichy (y compris dans les rangs de la Résistance). Bien que les convergences abondent avec l'ouvrage remarquable de Pierre Laborie, *L'Opinion française sous Vichy*, Jean-Louis Crémieux-Brilhac donne une version moins pessimiste que ce dernier de l'état du pays et de la crise d'identité nationale. Certes, on voit bien les logiques anesthésiantes à l'œuvre, ainsi que les pathologies qui en découlent, mais à l'encontre des idées reçues et des affirmations hasardeuses il démontre que l'esprit de résolution et la faculté de sacrifice restent bien vivants, évaluant à plus du tiers la proportion des Français motivés, décidés et convaincus (rappelons qu'à la même époque en Allemagne le moral de la population était plutôt bas). À quoi l'on peut ajouter que, dans un pays majoritairement catholique, l'ensemble des évêques se sont prononcés publiquement et avec une belle unanimité sur le caractère juste de la guerre en bénissant le combat mené contre un régime qualifié à la fois d'inhumain et d'antichrétien.

Aux armées durant l'automne et une partie de l'hiver la masse des mobilisés, sans avoir le goût de la guerre, se montre indubitablement disposée à la faire. Nizan dans ses lettres apprécie l'atmosphère de « fraternité virile » régnant dans son bataillon : celui-ci, malgré l'« affreuse monotonie, écrit-il, tourne parfaitement rond, autant dire qu'il ne se passe rien. Les bataillons heureux n'ont pas d'histoire [18] ». À la même époque, dans la zone des armées, dans le Nord, dans les Ardennes, en Lorraine, il arrive souvent que les soldats participent aux travaux de la campagne, aidant à la

18. *Paul Nizan intellectuel communiste : Écrits et correspondance 1926-1940*, Paris, Maspero, 1967, p. 262 (lettre du 28 octobre 1939).

récolte des betteraves, soignant le bétail, poussant la charrue pour les semailles d'automne. De leur côté, les pouvoirs publics s'ingénient à distraire les poilus et à encourager leur entraînement sportif. Ainsi Daladier leur fait distribuer 10 000 ballons de football et leur accorde la franchise fiscale pour les jeux de cartes…

Mais avec l'inaction (les mobilisés passent de monotones travaux de fortification à de molles séances d'entraînement), la longueur de l'hiver, l'inconfort de nombreux cantonnements qu'aggravent les rigueurs d'un froid très vif, l'ennui gagne inexorablement. De son état-major à la frontière belge, le capitaine Marc Bloch en proie au « cafard de l'attente » peste contre les « stupidités de la bureaucratie militaire ». Comme le note joliment Guy Rossi-Landi, si contre le froid il y a le vin chaud, l'ennui est un ennemi autrement tenace[19]. C'est que la distribution de pinard aux armées fait l'objet des soins les plus attentifs. Il existe même une œuvre, celle du « vin chaud au soldat », créée sous les auspices du Comité national de propagande en faveur du vin et à la tête de laquelle se trouve, comme il se doit, le président de la Commission des boissons à la Chambre, lui-même député de l'Hérault. Seule réussite notable : dans le domaine culturel, le théâtre aux armées.

Rien d'étonnant, dès lors, que l'on observe un fléchissement très net du moral des troupes en février-mars. Mais dès les premiers jours d'avril se produit une remontée, et à la veille de l'offensive du 10 mai on peut, dans l'ensemble, considérer le moral comme correct.

À l'arrière, chez les civils, on constate la même évolution. D'une part, on s'est fié entièrement à la sécurité du bouclier Maginot, croyance trompeuse dont on se bercera jusqu'au désastre. D'autre part, la mémoire de 1914-1918, non contente de conforter la certitude en la victoire finale, encourage l'idée que la France ne saurait être vaincue : une assurance

---

19. Guy Rossi-Landi, *La Drôle de guerre*, Paris, Presses de la FNSP, 1971, p. 175.

qui aura la vie dure puisque, en plein exode, le 10 juin 1940, quatre jours avant la prise de Paris, l'écrivain Léon Werth professera encore avec un bel optimisme : « Paris, c'est Paris, et il n'est pas possible que les Allemands y entrent[20]. »

Certes, on a fait aujourd'hui justice des légendes sur la pénétration sournoise du défaitisme par les ondes de Radio-Stuttgart, sur l'auto-intoxication par la cinquième colonne – autre mythe à ranger au magasin des accessoires –, et il est admis que les tracts de propagande allemande lancés par avion ou accrochés à des ballonnets n'ont recueilli que la plus complète indifférence. Malgré tout, les rumeurs vont alors bon train, et dans une opinion désemparée par l'oisiveté des armées et la confusion sur les buts de guerre, l'atonie gagne. Nul danger visible d'invasion : pour le moment, le territoire national n'est pas menacé, ni celui des petites nations voisines (le souvenir de la Belgique de 1914 est très présent). Rien n'excite donc l'esprit de combat : « Ce pays est foutu si on ne lui trouve pas de vraies raisons de se battre », prévient Saint-Exupéry dans ses *Lettres à un ami*.

Par ailleurs, les sujets de mécontentement ne manquent pas. On crie au scandale devant le retour dans leurs foyers des affectés spéciaux, ces « planqués », ces « pistonnés », qui illustrent les inégalités et les injustices dans la répartition des charges et de l'impôt du sang (entre septembre 1939 et avril 1940, 500 000 soldats ont été en effet renvoyés de l'armée pour les besoins de l'industrie de guerre). De surcroît, les prix augmentent à bon rythme et la vie chère nourrit le mécontentement de la population. Au fur et à mesure que passent les mois, le marais attentiste augmente, favorisant le repli sur les attitudes passives : que faire sinon le gros dos tout en s'en remettant au système D ?

En ce qui concerne l'organisation de la propagande, on a beaucoup glosé sur les avatars du commissariat général à l'Information et daubé sur la personnalité de son chef, le subtil Giraudoux, si peu accordé à la gestion administrative

20. Léon Werth, *33 Jours*, Paris, Viviane Hamy, 1992, p. 11.

des cerveaux. Les ambitions étaient élevées : aider le pays à gagner la guerre morale et psychologique sans que soit altéré l'esprit démocratique. Mais les réalisations se sont avérées piètres et décevantes. De manière générale, la propagande de guerre ne s'est guère montrée à la hauteur. Si Daladier passe bien à la radio, les actualités cinématographiques souffrent d'une extrême médiocrité, et les autres médias oscillent entre la jactance et l'insignifiance. Tantôt les ciseaux de la censure – cette Anastasie qui a tout de Bécassine, la méchanceté en plus – taillent sans pitié dans les nouvelles et les spectacles (c'est ainsi que dans le film de Jean Delannoy *Macao,* où figurait Eric von Stroheim, l'acteur est remplacé par Pierre Renoir et la nouvelle version intitulée *L'Enfer du jeu*). Tantôt la chanson contribue à coups de rengaines à entretenir les Français dans une fausse quiétude, depuis *On ira pendre notre linge sur la ligne Siegfried* de Ray Ventura à *Paris sera toujours Paris* et *Tout ça fait d'excellents Français* de Maurice Chevalier. Ni le commerce ni la mode ne perdent leurs droits : tandis que Lanvin propose des sacs dessinés pour pouvoir y enfiler un masque à gaz, les couturiers créent le modèle de manteau « tank » ou le déshabillé « permission de détente ».

En somme, sans conclure le moins du monde à un régime obéré de tares congénitales, force est de constater une indéniable dégradation de l'esprit public tout au long de la drôle de guerre, faute de confiance dans des responsables politiques et militaires incapables d'imprimer l'élan voulu, faute aussi de cohésion, étant donné que le processus à l'œuvre de désintégration du tissu national contribue à faire resurgir les lignes de fracture de la société française de l'entre-deux-guerres. C'est pourquoi dans l'opinion on s'interroge, on se met à douter, on tombe dans le scepticisme. Comme l'a écrit Gamelin avec justesse après la guerre, « au fond l'opinion ne savait pas exactement ce qu'elle voulait, mais elle voulait autre chose et surtout que l'on fît quelque chose[21] ».

---

21. Maurice Gamelin, *Servir*, Paris, Plon, 1947, t. III, p. 204.

Il est cependant un secteur qui bénéficie d'un incontestable dynamisme : c'est celui de la production de guerre. Ici la France rattrape son retard à grandes enjambées. La création du ministère de l'Armement en septembre 1939, chargé de mobiliser l'économie et confié à une personnalité de premier plan, Raoul Dautry, y est pour beaucoup. Le ministère joue un rôle déterminant dans l'extraordinaire effort de guerre qui est alors réalisé sur le front des usines tant par le patronat que par les salariés. Au demeurant, la perspective d'une guerre longue, dans laquelle on retarderait le plus possible les grandes opérations, contraint, elle aussi, à organiser de près le front financier et monétaire. Et Paul Reynaud s'attache à préserver un trésor de guerre susceptible de financer les coûteuses importations de matériel de guerre, notamment les fournitures américaines d'avions et de machines-outils.

En même temps se met en place une réelle politique industrielle, la drôle de guerre servant ici de laboratoire pour l'après-guerre. À l'opposé des clichés sur une fibre nationale minée par les congés payés et la « semaine des deux dimanches », les ouvriers travaillent jusqu'à 60 heures et plus dans les usines servant la Défense nationale. Certes, beaucoup de patrons et de hauts fonctionnaires, englués dans la routine et la passivité, rechignent et traînent les pieds. Mais les résultats obtenus par la mobilisation industrielle se comparent sans démériter avec ceux que l'on enregistre simultanément en Allemagne ou en Grande-Bretagne.

Des vents politiques mauvais

De l'opinion publique et de ses fluctuations on en vient tout naturellement aux avatars de la politique et du pouvoir. Ceux-ci sont à considérer sous trois angles : la marche du gouvernement, les courants pacifistes, le problème communiste. Durant les huit mois de la drôle de guerre un trait commun caractérise la vie politique française – une vie d'ailleurs anémiée, qu'il s'agisse du Parlement, des partis ou des syndicats : c'est la progression d'une atmosphère délétère qui, peu à peu, envahit tout. Devant pareil miroir d'inquiétude comment, en effet, ne pas ressentir l'inadéquation des vieux discours aux réalités et aux contraintes nouvelles, l'impuissance des élites, elles-mêmes en crise, face à une conjoncture inattendue qu'elles s'avèrent incapables de gérer ? Comment échapper à la remise en cause des institutions et des hiérarchies ?

Au gouvernement, Daladier a eu beau remanier son équipe après l'entrée en guerre, il n'a réussi à galvaniser ni les forces politiques ni l'opinion. Contrairement à ce que les uns et les autres attendaient, à savoir un cabinet de guerre énergique composé d'hommes d'appartenances diverses et d'experts à la compétence reconnue, on enregistre un simple replâtrage. La gauche est absente puisque la SFIO reste en dehors et surtout, comme le déplore le président du Sénat Jeanneney, « le cabinet retrouve sa faiblesse de 1938. Il compte trop de membres [...] hostiles à la guerre[22] ». Signe du climat régnant en haut lieu : alors que Daladier offre au maréchal Pétain d'entrer dans le gouvernement, il essuie une rebuffade, le Maréchal lui expliquant avec brutalité que le gouvernement en projet ne correspond nullement aux exigences de la situation et donc sera inapte à assurer la direction de la guerre[23].

À la tête de l'État la position du président du Conseil, toute en ambiguïtés, reste difficile à déchiffrer. Être taciturne, nature renfermée, Daladier ne s'est guère livré. Dépité de sentir qu'il n'est pas Clemenceau, il est très partagé sur la conduite à tenir : tantôt il parle à ses proches de tout arrêter, tantôt il proclame une mâle résolution. En fait, comme l'a subtilement perçu Pertinax, « la principale valeur de cet homme faible était de représenter assez exactement le Français moyen de son temps. Point d'autre explication de

22. Jules Jeanneney, *Journal politique (septembre 1939-décembre 1942)*, éd. J.-N. Jeanneney, Paris, A. Colin, 1972, p. 8.

23. Marc Ferro, *Pétain*, *op. cit.*, p. 22. Un des amis du Maréchal, le sénateur Lémery, l'avertira en octobre : « Si les choses tournent mal, attendez-vous à être appelé au gouvernement » : Henry Lémery, *D'une République à l'autre*, Paris, La Table ronde, 1964, p. 213.

sa fortune extraordinaire[24] ». Effectivement, le drame de Daladier, c'est de manquer en son for intérieur de l'énergie qu'il affiche en surface. « Taureau aux cornes d'escargot », l'a qualifié quelque peu méchamment l'un de ses interlocuteurs britanniques, mais il est vrai que ce velléitaire est obligé sans arrêt de jouer à l'homme déterminé. Malgré tout, son honnêteté foncière rassure dans un univers peuplé de politiciens troubles jouant double jeu. Ainsi François de Wendel, comparant Daladier à la « bande » radicale des Bonnet et des Monzie, se prononce sans hésitation en faveur du premier : « Ils sont peut-être plus malins, mais certainement moins patriotes. Entre les profiteurs du régime et les jacobins, je crois que j'aime encore mieux les jacobins[25]. »

Mais dans la classe politique les intrigues se donnent libre cours. Jeux et manœuvres parlementaires, dictés avant tout par les appétits, les calculs mesquins et les règlements de comptes et souvent menés de main de maître, empoisonnent un climat déjà lourd de doutes et de soupçons. De surcroît, le régime parlementaire, démonétisé auprès de larges couches de la population, fonctionne mal. Le résultat, c'est que le personnel politique, députés, sénateurs, ministres, au lieu de figurer comme des symboles de l'esprit patriotique, sont de plus en plus impopulaires.

Au fil des mois, l'autorité du gouvernement Daladier s'effrite, et son chef apparaît de moins en moins comme l'homme de la situation. Sous l'action de sape conduite avec persévérance par les manœuvriers du camp pacifiste, en butte aux intrigues sournoises d'adversaires qui, faute d'avoir pu empêcher la France d'entrer en guerre, cultivent le défaitisme, Daladier vacille, oscillant au gré des influences entre la fermeté et le laxisme, déstabilisé en outre par l'absence de cohésion d'un cabinet où sont toujours là les ministres favorables naguère à la politique d'apaisement

---

24. Pertinax [André Géraud], *Les Fossoyeurs,* New York, Maison française, 1943, t. I, p. 111.

25. Jean-Noël Jeanneney, *François de Wendel en République : l'argent et le pouvoir 1914-1940,* Paris, Le Seuil, 1976, p. 591-592.

et maintenant à une paix blanche. Autour de lui la classe politique s'agite, bruisse de mille rumeurs alarmantes, distille à doses calculées le venin de la démoralisation.

Durant l'hiver, Daladier a bien tenté d'utiliser la répression conduite contre le parti communiste pour briser les offensives pacifistes, mais, loin de parvenir à rétablir la confiance, il a vu son autorité s'affaiblir en raison à la fois de la conjoncture internationale et de de la conjoncture intérieure. En effet, prisonnier, d'une part, du mirage finlandais, d'autre part, de la stratégie adoptée sur le front occidental, il s'est retrouvé coincé entre les « durs » qui lui reprochent sa passivité et son immobilisme et les « mous », attentistes plus ou moins mâtinés de pacifistes. En fait, plus encore que d'inaction laissant les soldats l'arme au pied, on l'accuse de mollesse à l'endroit des communistes et de l'Union soviétique. C'est pourquoi l'échec de Finlande précipite sa chute sous les coups d'une coalition de circonstance.

Son successeur Paul Reynaud, aussitôt devenu chef du gouvernement, se met en devoir de galvaniser le pays. Il entend montrer qu'il y a désormais une direction ferme de la guerre, et pour cela il lui faut à tout prix faire quelque chose – un observateur contemporain ajoutera cruellement « fût-ce une bêtise ». À coup sûr, l'homme est séduisant, servi par une intelligence éblouissante, un art des formules bien frappées, des intuitions stratégiques peu communes. Mais sous la pression des circonstances – l'affaire de Norvège d'abord, puis l'offensive du 10 mai –, ce sont ses défauts, impulsivité, nervosité, irrésolution, qui vont ressortir. De plus, sa position politique est très vacillante (son cabinet n'a reçu l'aval de la Chambre qu'avec une voix de majorité) et lui-même a eu l'imprudence de confier des responsabilités aux affaires à des défaitistes, tandis que son entourage se scinde en deux camps opposés qui s'affronteront jusqu'à l'armistice et entre lesquels lui-même sera en permanence ballotté : d'un côté, les partisans d'une guerre sans compromission, de l'autre, les adeptes d'un compromis avec l'adversaire.

Deuxième donnée de la vie politique : les miasmes pacifistes, qui prospèrent sur un terreau éminemment favorable. Encore que, lorsque l'on parle de pacifisme, il faille s'entendre, car le terme, naguère si honorable, sert maintenant avant tout à dissimuler sous son pavillon les diverses espèces de défaitisme. Déjà avant la guerre, le pacifisme se présentait comme un phénomène ambivalent, un courant protéiforme aux innombrables variantes, dans la mesure où l'imprégnation par l'esprit pacifique (plutôt que pacifiste) était sincère et profonde dans un pays qui ne s'était pas remis de la saignée de 1914-1918.

De là, à partir de septembre 1939, la conjonction entre des courants mi-pacifistes mi-défaitistes aux sources et aux motivations diverses, bien que, comme on l'a vu, la majorité des Français se montrent au même moment résolus à faire la guerre. Dans ces conditions, il n'a pas fallu longtemps pour que ce pacifisme – qu'il fût fondé sur la peur ou sur des principes élevés, produit de l'opportunisme ou d'une réaction de défense, viscéral ou idéologique, issu de la gauche ou de la droite – soit en proie aux contradictions et aux dérives. Au demeurant, l'esprit de Munich est loin d'avoir disparu, et l'on peut distinguer plusieurs minorités opposées à la guerre.

À gauche, où la tradition pacifiste fait partie du bagage du socialisme français et international, mais imprègne aussi de larges couches de la mouvance radicale, des groupes agissants, de Déat à Bergery, prêchent pour une paix blanche. Sur cette ligne ils sont rejoints par un certain nombre de syndicalistes de la CGT, fidèles en cela à leurs convictions proclamées avec éclat au temps du Front populaire et de Munich. N'était-ce pas le responsable du syndicat des postiers qui avait prononcé en 1936 la phrase fameuse : « Plutôt la servitude que la guerre, car de la servitude, on en sort, et de la guerre, on ne revient pas » – formule bientôt condensée en un laconique « Plutôt la servitude que la mort » ?

À droite, mieux vaut parler de néopacifistes, car la plupart d'entre eux sont issus d'une tradition militariste. Maintenant, tantôt par calcul défaitiste, tantôt par anticommunisme et haine obsessionnelle du « bolchevisme asiatique », tantôt au nom de la *Realpolitik,* et bien souvent pour plusieurs de ces raisons ensemble, ils soutiennent que mieux vaut arrêter les hostilités tout de suite afin de trouver un arrangement à l'amiable avec le chancelier du Reich (c'est le point de vue d'hommes comme Scapini ou Tixier-Vignancourt). D'autres à l'extrême droite se retrouvent sur les mêmes positions, mais plutôt à cause des sympathies qu'ils affichent pour les régimes fascistes à la Mussolini, à la Salazar ou à la Franco. En revanche, les complaisances pour l'Allemagne nazie sont rares et l'on a sans nul doute abusé de la formule « Plutôt Hitler que le Front populaire » (ainsi que de sa variante « Plutôt Hitler que Blum »).

Cependant, le parti de la paix le plus agissant et le plus efficace, mi-souterrain, mi-déclaré, on le trouve dans les marais du centre droit et du centre gauche autour de deux chefs de file, Laval au Sénat et Flandin à la Chambre. Tous deux, avec un art consommé des chuchotements et de l'intrigue, distillent, mois après mois, le défaitisme avec pour objectif de faire sortir au plus vite la France de la guerre, en tout cas avant que ne s'engagent de grandes opérations militaires. Ici aussi l'antisoviétisme joue un grand rôle, l'idée bien arrêtée étant que la France devrait rester « au balcon » pendant que Slaves et Germains se combattraient jusqu'à épuisement.

En vérité, on ne saurait séparer l'antisoviétisme à l'extérieur de l'anticommunisme à l'intérieur. C'est même l'amalgame opéré entre eux qui sert d'arrière-plan au troisième volet du triptyque : le parti communiste entre la France et le Komintern. Au point de départ, il y a le pacte germano-soviétique. Éclatant comme un coup de tonnerre, il sert de révélateur. D'un côté, il est accueilli avec stupeur et indignation par l'immense majorité, de l'autre, il jette le trouble parmi les militants communistes. À coup sûr, depuis Munich, le PCF se trouvait isolé, l'anticommunisme faisant abondamment recette. Maintenant, il se déchaîne avec une virulence décuplée. À droite, *Le Matin* énonce doctement : « Les lois naturelles jouent toujours : de même que le cheval galope […], le bolchevik russe trahit. » À gauche, *Le Pays socialiste* dénonce « les deux dictateurs sanglants, Hitler et Staline, le coupable et le complice ».

À partir de là s'enchaîne un processus d'exclusion réciproque : tandis que les communistes sont exclus de la vie publique, ils s'excluent eux-mêmes de la communauté nationale. Toutefois, l'évolution n'est pas immédiate. Dans les jours qui suivent l'annonce du pacte, le PCF adopte une position assez confuse, mais qui, pour l'essentiel, demeure sur la ligne antifasciste. Ainsi Maurice Thorez déclare le 25 août que les communistes seront au premier rang pour défendre « la sécurité du pays, la liberté et l'indépendance des peuples » et, le 2 septembre, les députés communistes votent les crédits de guerre. C'est dans la troisième décade de septembre que se produit le tournant, en exécution des directives venues de l'Internationale communiste. La nouvelle stratégie du Komintern se résume en une seule consigne : la condamnation de la guerre, une guerre « impérialiste » et donc « injuste ». En un tournemain, on est passé du mot d'ordre de résistance aux agressions du fascisme hitlérien à une ligne d'opposition à la guerre antihitlérienne.

C'est la fin du front unique prolétarien et populaire. L'heure est à la lutte pour une « paix immédiate » avec pour perspective le « renversement de la domination du capital », comme l'expliquent les *Cahiers du bolchevisme* de janvier 1940. Déjà *L'Humanité* devenue clandestine avait, dès son deuxième numéro en novembre 1939, clairement dénoncé le conflit comme une « guerre de brigands capitalistes qui se disputent les territoires et les profits en faisant massacrer les peuples ». Et le numéro suivant reproduit le discours prononcé à Moscou par Molotov le 31 octobre où le ministre soviétique des Affaires étrangères déclarait : « Le but de guerre des puissances occidentales, à savoir l'anéantissement de l'hitlérisme, poursuivi, qui plus est, sous la bannière des démocraties, est tout bonnement criminel. » Bientôt à la thèse des deux impérialismes antagonistes s'ajoutera, surtout à partir de l'affaire de Finlande, la bataille contre la constitution d'un front antisoviétique avec pour objectif le renforcement du bastion révolutionnaire qu'est l'Union soviétique.

Rien d'étonnant dès lors à ce que la répression s'abatte sur le parti communiste. Après la saisie de ses journaux, qui a commencé dès le 25 août, le 26 septembre le parti est dissous ainsi que les autres organisations communistes et paracommunistes. En janvier 1940 est prononcée la déchéance des députés communistes au cours d'une séance houleuse à la Chambre, puis en avril le décret Sérol punit de peines sévères les individus reconnus coupables de démoralisation de l'armée, tandis que les pouvoirs publics reçoivent le droit d'interner administrativement dans des centres surveillés des « individus dangereux pour la Défense nationale ». Pour donner une idée de la sévérité de la répression, qu'il suffise de citer le nombre des communistes – français et étrangers – arrêtés : en mai 1940 le total dépasse 6 000. Bref, il ne s'agit pas seulement de bâillonner le PCF, il s'agit de désintégrer son appareil, condition première de sa disparition.

C'est la première fois en effet dans son histoire que le parti, interdit, soumis aux interventions de la police et de la justice, en butte à une répression massive et brutale, doit plonger dans la clandestinité. Rien n'est prévu dans ce sens puisque, depuis une dizaine d'années, il s'était installé dans la légalité. Mais, pour lui, il y a encore pis : isolé, coupé des forces vives de la nation, subissant les assauts d'une vague anticommuniste sans précédent, il perd simultanément par dizaines de milliers ses élus, ses militants, ses adhérents, ses sympathisants, scandalisés, voire écœurés par la nouvelle ligne. C'est le « grand passage à vide[26] ». Il ne subsiste plus qu'une force politique marginalisée, réduite à un fantôme de parti, qui lutte pour la survie. Devant l'ampleur des défections, Thorez lui-même – qui s'est réfugié à Moscou – reconnaît dans ses notes personnelles : « Surprise et trouble assez profonds. »

Ce qui, en fait, sauve le parti dans cette terrible crise interne, c'est que le noyau dur, l'appareil, constitué de cadres confirmés et solidement formés à la discipline, résiste et tient bon :

---

26. Jean-Pierre Azéma, Antoine Prost, Jean-Pierre Rioux, *Le Parti communiste français des années sombres 1938-1941*, Paris, Le Seuil, 1986, p. 18.

belle illustration de la formule célèbre de Staline : « L'organisation décide de tout. » La ligne officielle va même en se durcissant au fil des mois. Pour bien montrer que cette guerre est une guerre non pour la liberté, mais pour la servitude, déclenchée « dans l'intérêt exclusif de la mafia de capitalistes qui rançonnent le pays[27] » par un gouvernement français aux ordres de la City, les invectives pleuvent sur tous les « agents de la guerre impérialiste », les « laquais », les « social-chauvins », au premier rang le « sinistre Léon Blum, dont les mains sont rouges du sang des républicains espagnols ».

À tour de rôle, devant la campagne de Norvège, puis devant l'invasion de la Hollande et de la Belgique, *L'Humanité* renvoie dos à dos les belligérants, allant jusqu'à écrire sous le titre *Il faut mater les brigands capitalistes* : « Quand deux gangsters se battent entre eux, les honnêtes gens n'ont pas à soutenir l'un d'eux, sous prétexte que l'autre lui porte un coup irrégulier[28]. » Cependant pareilles outrances et pareil sectarisme mettent mal à l'aise nombre de militants restés fidèles à la ligne antifasciste, et c'est parmi ces éléments que se recruteront après l'armistice les premiers noyaux de résistants communistes.

En fin de compte, à la veille de la grande offensive allemande du 10 mai, le pays a le sentiment d'une situation insaisissable, que ses dirigeants n'arrivent nullement à maîtriser. Ni paix ni guerre : comment ne pas être dérouté et inquiet ? D'autant que les Français en viennent en même temps à se demander à bon droit : où sont les chefs de guerre ? Où sont les Gambetta, les Clemenceau, les Foch de 1940 ? Pour eux, la tragédie viendra de ce que le seul chef vacant s'appellera Philippe Pétain et que son premier geste sera de leur dire qu'il faut cesser le combat.

Pourtant nombreux sont ceux qui continuent de partager l'analyse lucide et courageuse que faisait Charles Rist à l'automne de 1939 : « La lutte actuelle est étrange, exaltante

27. *L'Humanité*, 14 janvier 1940.
28. *Ibid.*, 16 mai 1940.

et obscure. Nous assistons à une mêlée des peuples, d'où sortira un monde différent de celui que nous aimions. On est pris dans un tourbillon sans voir aucune lumière. Et pourtant, même si nous succombons, on sent avec une netteté *absolue* que le devoir absolu, sans réserve, était de lutter. C'est quelque chose comme l'invasion des Arabes, ou plus tard celle des Turcs. L'Europe a fini par s'affranchir. Combien de temps mettra-t-elle pour s'affranchir de l'affreuse poussée allemande[29] ? »

---

29. C. Rist, *op. cit.*, p. 47. La notation est du 5 octobre 1939.

L'armée française entre la victoire et la défaite

Christian Bachelier

De l'illusion de puissance à la défaite

« La Patrie triomphe. Le peuple de France a follement acclamé l'armée de son Empire, expression de sa puissance et de sa résolution », s'enthousiasme *Le Petit Parisien* exaltant la formidable démonstration de l'armée française sur les Champs-Élysées à l'occasion du 14 juillet 1939, à la fois cent cinquantième anniversaire de la prise de la Bastille et vingtième anniversaire du défilé de la Victoire [1].

Le pacifisme et l'antimilitarisme qui régnaient dans les années vingt ont fait place, sous la pression d'une situation internationale menaçante, à un certain regain d'intérêt pour l'armée française : les démissions d'officiers cessent, les candidatures aux grandes écoles militaires se multiplient. Mais ce renouveau est trop récent et donc limité, car la plupart des cadres demeurent conformes au modèle du « soldat-fonctionnaire », certes faisant preuve d'abnégation et respectueux des autorités, mais craignant les initiatives et les responsabilités. En 1938, on ne compte qu'un peu plus d'un tiers des officiers issus des grandes écoles (contre plus de la moitié en 1913) et 30,3 % d'officiers d'active sortant des écoles de sous-officiers élèves officiers (au lieu de

1. Cf. Jean-Pierre Azéma, *1940. L'Année terrible*, Paris, Le Seuil, 1990, p. 17, *sq*.

43,9 %) tandis que près d'un quart du corps des officiers est sorti du rang (contre 4 %) et qu'apparaît une nouvelle catégorie constituée par les anciens officiers de réserve ayant choisi de rester dans l'active et formant près d'un dixième des effectifs[2].

La mobilisation de tous les hommes de vingt à quarante-huit ans, décrétée le 1er septembre 1939, s'effectue sans incident significatif, dans le calme et dans un climat de « résolution empreinte de gravité » et de « résignation devant l'inévitable » selon un rapport du contrôle postal[3]. 2 776 000 hommes sont disposés dans la zone des armées et 2 224 000 à l'intérieur – ces chiffres seront à peu près ceux de mai 1940 compte tenu des nouveaux appelés, du rappel à l'arrière des affectés spéciaux et de la démobilisation des classes 1909 et 1910 dès octobre, puis des classes 1911, 1912 et 1913.

L'encadrement est assuré par 400 officiers généraux, 35 000 officiers d'active et 80 000 officiers de réserve. Dans la zone des armées en mai 1940, on compte 30000 officiers d'active et 45000 officiers de réserve. Les faiblesses rencontrées dans l'active paraissent accentuées dans la réserve : peu d'éléments jeunes par rapport au poids des officiers anciens combattants de l'autre guerre ; formation militaire et technique insuffisante et dépassée. Quant aux sous-officiers, maillon essentiel de la chaîne hiérarchique, ils manquent souvent d'autorité, le service militaire qui durait un an avant 1935 étant insuffisant pour les révéler et les aguerrir[4]. Ce ne sont pas là les « mainteneurs de moral[5] » que recherchera le général Gamelin au printemps de 1940. En effet, face à la

---

2. Cf. Raoul Girardet, *La Société militaire dans la France contemporaine*, Paris, Plon, 1953, p. 312 *sq.*, et Raoul Girardet (dir.), *La Crise militaire française 1945-1962. Aspects sociologiques et idéologiques*, Paris, Armand Colin, 1964, p. 18.

3. Cité dans Jean-Louis Crémieux-Brilhac, *Les Français de l'an 40*, Paris, Gallimard, 1990, t. I, p. 59.

4. *Ibid*, t. II, p. 498-517.

5. Cité dans Pierre Le Goyet, *Le Mystère Gamelin*, Paris, Presses de la Cité, 1975, p. 244-245.

dégradation progressive du moral des troupes, l'encadrement se révèle ignorant et démuni, malgré diverses initiatives prises pour tuer l'ennui : vin chaud ; distribution de ballons de football ; théâtre aux armées ; création d'un service de lecture, arts et loisirs aux armées ; défiscalisation des jeux de cartes destinés aux troupes en campagne ; foyers du soldat[6]...

L'immobilité imposée par la stratégie défensive suscite chez certains cadres de l'armée des réactions d'ordre intellectuel. Ainsi, après avoir transmis en novembre 1939 un mémorandum intitulé « L'avènement de la force mécanique » à ses supérieurs hiérarchiques qui rejettent ses suggestions, le colonel de Gaulle, commandant des chars de la Ve armée, en communique le texte à 80 personnalités, le 26 janvier 1940, les avertissant que « l'activité étant la condition de la victoire et la force mécanique constituant désormais, dans l'ensemble des moyens, l'élément actif, c'est cette force qu'il faut, avant tout, créer, organiser, employer ».

Au sein de la troupe, les réactions sont surtout psychologiques. Six mois après la mobilisation, la « guerre des nerfs » est à un tournant ; février est un moment de profonde dépression, accrue par les retours des premières permissions au cours desquelles les soldats perçoivent la distance les séparant de l'arrière : « J'imagine que c'est la lente et fatale transformation du soldat en incompris qui commence[7] », constate le soldat Sartre, affecté à une station de sondage météorologique en Basse-Alsace, à l'écoute des propos de ses camarades de retour à la caserne. Les mobilisés, même les plus mûrs comme le vétéran capitaine Bloch, commencent à supporter difficilement « le cafard de l'attente », « la mentalité de garnison » et « les multiples stupidités de la

---

6. Cf. Guy Rossi-Landi, *La Drôle de guerre*, Paris, FNSP, 1971, p. 175-177, et Jean-Louis Crémieux-Brilhac, *op. cit.*, t. II, p. 426, *sq.*
7. Jean-Paul Sartre, *Carnets de la drôle de guerre, septembre 1939-mars 1940*, Paris, Gallimard, 1983, p. 250 (17 février 1940) et aussi p. 292.

bureaucratie militaire[8] ». La guerre de Finlande, qui avait suscité quelque velléité chez certains officiers, s'achève à la mi-mars et marque une nouvelle déception. En avril, c'est l'invasion du Danemark et de la Norvège : « Les événements de Norvège m'ont laissé très soucieux. L'échec est patent et rien n'est plus stupide ni plus inquiétant, à sa façon, que la prétention de le camoufler en succès[9] », note Marc Bloch. Les faiblesses de ces opérations mettent aux prises Gamelin et Reynaud, qui menace de démissionner le 9 mai.

Le 10 mai, au petit matin, la Wehrmacht passe à l'offensive. Les troupes françaises sont alors lancées au contact à travers la Belgique. Le moral des troupes est excellent malgré les premiers accrochages et les premiers bombardements. Le 13, la Meuse est franchie par l'avant-garde des divisions blindées allemandes précédée par des attaques en piqué des bombardiers, par le pilonnage de l'artillerie et par l'action des commandos de fantassins. Stukas et panzers frappent la troupe de stupeur. À Sedan, la 55e division d'infanterie s'effondre immédiatement. Bientôt l'aile gauche de la IIe armée est enfoncée[10]. Dans le secteur de Dinant, sous le choc et prise dans la rapidité de l'offensive des blindés allemands, la IXe armée se disloque. Le commandement, accablé par l'événement, contrarié dans ses certitudes stratégiques, ne parvient pas à réagir[11]. Précipitées en Belgique, les meilleures troupes françaises sont encerclées par le « coup de faux » des divisions blindées allemandes attei-

---

8. Lettre de Marc Bloch à Étienne Bloch, 28 mars 1940, *Cahiers de l'IHTP*, n° 19, décembre 1991, p. 79.

9. *Ibid,* 5 mai 1940, p. 98. Cf. également la lettre de De Gaulle à Reynaud, 3 mai 1940, citée dans Arthur C. Robertson, *La Doctrine du général de Gaulle,* Paris, Fayard, 1959, p. 147.

10. Cf. les divergences de Jean-Louis Crémieux-Brilhac, *op. cit.,* t. II, p. 544-548, 565 et 575-590, et de Paul-André Lesort, *Quelques Jours de mai-juin 1940. Mémoire, témoignage, histoire,* Paris, Le Seuil, 1992.

11. Cf. André Beaufre, *Le Drame de 1940,* Paris, Plon, 1965, et Ladislas Mysyrowicz, *Autopsie d'une défaite,* Lausanne, L'Âge d'homme, 1973.

gnant la Manche à l'estuaire de la Somme, le 20 mai au soir. Ce même jour, le général Giraud, nouvellement commandant de la IXe armée, est capturé. Cinq des six officiers généraux tués entre les 10 et 18 mai étaient affectés à la IXe armée (au total, treize officiers généraux trouveront la mort durant la campagne de mai-juin 1940).

Le 18 mai, Reynaud, qui prend en charge le portefeuille de la Défense nationale outre la présidence du Conseil, remplace Gamelin par Weygand et nomme Pétain vice-président du Conseil. Le 23, une charretée de généraux est publiquement limogée par Reynaud, mais cela déplaît fort à Weygand et à Pétain, qui lui adresse, le 26, une lettre particulièrement vive : « La publicité donnée aux "limogeages" de généraux alors que nous sommes en plein péril atteint l'armée, qu'on le veuille ou non. Il ne s'agit pas de blâmer des mesures parfaitement justifiées et qui ont toujours marqué le passage de l'état de paix à l'état de guerre. Il s'agit de remettre à plus tard la discussion des responsabilités, car [...] le pays, tout naturellement, oublie les fautes qu'il a et que nous avons tous commises pendant vingt-deux ans, ce goût de la vie tranquille, cet abandon de l'effort, qui nous ont menés là où nous sommes, bien plus que les défaillances individuelles. C'est pourtant le *mea culpa* que nous devons faire si nous voulons être sauvés. L'armée doit rester en dehors des polémiques [12]. »

Les jours suivants, le moral des troupes connaît un sursaut, notamment parmi celles de l'avant : la 4e division cuirassée commandée par le général de Gaulle qui, après ses attaques lancées en direction d'Abbeville entre le 27 et le 30 mai, ne compte plus que 24 chars sur 87, a un moral « véritablement excellent », selon les extraits du contrôle postal. Le 28 mai, la Belgique capitule. Repliés sur le périmètre défensif de Dunkerque, 235 000 Britanniques et 115 000 Français seront évacués sur l'Angleterre tandis que 35 000 soldats seront

---

12. Cité dans général Laure, *Pétain*, Paris, Berger-Levrault, 1941, p. 430-431.

capturés. Le 4 juin, sur un front Somme-Aisne s'engage la bataille ; malgré une forte résistance, les Allemands percent vers Rouen et Reims. Le 5 juin, de Gaulle est nommé sous-secrétaire d'État à la Défense nationale.

Le 10 juin, tandis que l'Italie déclare la guerre à la France, le gouvernement quitte Paris : « Un gouvernement, une fois qu'il a déménagé, ne constitue plus un gouvernement. Que peuvent-ils, ceux qui nous gouvernent, connaître de la guerre ? Quel bruit un gouvernant peut-il recevoir de ce pays qui se désentripaille [13] ? », constate le capitaine Saint-Exupéry assistant au repliement du ministère de l'Air. Les chaînes de commandement sont rompues. Le 11, le front établi sur Seine, Oise et Marne est percé. Le lendemain, Weygand donne l'ordre de retraite générale. Les armées se désorganisent, le repli se transforme en débâcle. Le 14, les troupes allemandes pénètrent dans Paris. Malgré cela, des unités résistent : les cadets de Saumur ainsi que les aspirants de Saint-Maixent et des troupes coloniales font preuve d'héroïsme en défendant les ponts de la Loire ; certains secteurs de la ligne Maginot résistent aussi ; adossées à cette dernière, les armées de l'Est livrent bataille en Lorraine le 18 juin ; au Sud-Est, les 80 000 hommes de l'armée des Alpes contiennent 550 000 Italiens ; dans les airs, les pilotes, au prix de 1 900 avions français et britanniques perdus, ont abattu 1 389 appareils de la Luftwaffe au cours des mois de mai et juin [14].

Le 17 juin, l'appel à cesser le combat lancé de Bordeaux par Pétain, nouveau président du Conseil, suivi le lendemain par la déclaration gouvernementale faisant des agglomérations de plus de 20 000 habitants des « villes ouvertes », accélère la démoralisation. Pour beaucoup, se battre n'a plus de sens, particulièrement pour les civils qui se dressent souvent contre les derniers combattants : ainsi la plupart des

---

13. Antoine de Saint-Exupéry, *Pilote de guerre*, Paris, Gallimard, 1942, p. 126-127.

14. Cf. Jean-Louis Crémieux-Brilhac, *op. cit.*, t. II, p. 620 *sq.*, et Pierre Le Goyet, *La Défaite. 10 mai-25 juin 1940*, Paris, Economica, 1990, p. 117, *sq.*

municipalités au sud de la Loire s'opposent aux tentatives de défense. Des unités se rendent spontanément. Le 24, les troupes allemandes atteignent l'estuaire de la Gironde, Angoulême, Saint-Étienne et Romans. La résistance de l'armée des Alpes empêche la jonction des forces allemandes et italiennes. Le haut commandement français impose la reddition des 28 000 défenseurs de la ligne Maginot invaincus à la date de l'armistice ; le commandant du secteur de Haguenau indique sur cet ordre de l'état-major : « Nous ne déposons les armes que sur l'ordre du commandement français et non sous la contrainte des troupes ennemies qui nous entourent[15]. »

Entre le 10 mai et le 25 juin 1940, l'armée française a subi le plus grand désastre de son histoire : une centaine de milliers de morts, 200 000 blessés, 1 500 000 prisonniers, l'invasion des deux tiers du territoire, le discrédit du commandement.

De la France libre à la France combattante

L'appel lancé de Londres le 18 juin à 22 heures par de Gaulle s'adresse d'abord aux officiers et aux soldats français, les contraignant implicitement à opter entre deux autorités. L'attitude traditionnelle, formulée notamment par le règlement militaire de 1924, dont l'article premier leur dicte « une obéissance entière et une soumission de tous les instants », désigne « le plus ancien dans le grade le plus élevé ». Mais, au regard d'une situation pareille à celle du radeau de *La Méduse*, une autre attitude avait été évoquée dans un commentaire de ce règlement émis par l'un des mentors du jeune capitaine de Gaulle, le lieutenant-colonel Émile Mayer : « À côté de l'autorité régulière, réglementée, surgit parfois une autorité qui s'improvise et qui est dominatrice, bien que résultant de la seule force des choses[16]. » Pour les

15. Cité dans P. Le Goyet, *La Défaite, op. cit.*, p. 128. Cf. Roger Bruge, *Histoire de la ligne Maginot*, Paris, Fayard, 1973-1983, 4 vol.
16. Lieutenant-colonel Émile Mayer, *La Psychologie du commandement*, Paris, Flammarion, 1924, p. 240. Cf. Pierre Messmer et

officiers, répondre à l'appel du 18 juin, c'est donc « rompre le charme de la chaîne hiérarchique » (selon de Gaulle), « entrer en dissidence » (selon Pétain). Et c'est là leur trait commun, qu'ils se soient évadés, comme Thierry d'Argenlieu, Leclerc, Billotte, ou rebellés contre l'armistice, comme Larminat ou Muselier. Le nombre d'officiers supérieurs est donc modeste : à la fin d'août 1940, la France libre compte deux généraux, un amiral, un capitaine de vaisseau et sept colonels ou lieutenants-colonels.

L'acceptation de la légitimité gaullienne s'impose aux officiers ralliant la France libre. Le général Catroux, plus âgé et plus étoilé que de Gaulle, reconnaît sans réserve l'autorité du chef de la France libre. Dans le même cas, l'amiral Muselier, esprit fort et officier de réputation républicaine, accepte d'autant plus mal cette subordination qu'il est à l'origine et à la tête des Forces navales de la France libre (FNFL). Les relations vont s'envenimant, avec, au départ, une ténébreuse affaire impliquant des agents du Bureau central de renseignements et d'action militaire (BCRA) et provoquant l'emprisonnement de Muselier durant quelques jours. Ce premier incident laisse quelque amertume chez Muselier qui estime avoir à réduire la « dictature militaire » de De Gaulle, son « bonapartisme », partageant ainsi le point de vue d'hommes de gauche réfugiés à Londres et le sentiment d'une partie de l'opinion publique anglaise[17]. Le 20 septembre 1941, Muselier, poussé par une faction de l'Amirauté britannique, propose la formation d'un comité qu'il présiderait et qui serait sous l'autorité théorique de De Gaulle, lequel rejette cette proposition. L'ordonnance

---

Alain Larcan, *Les Écrits militaires de Charles de Gaulle*, Paris, PUF, 1985, p. 28-30.

17. Des travaux récents permettent d'appréhender l'influence des Français non gaullistes de Londres et leurs liens avec la politique et l'opinion britanniques. Cf. l'analyse faite par Robert Frank sur les enquêtes de l'institut Mass Observation ; Nicholas Atkin, « De Gaulle et la presse anglaise 1940-1943 », *Espoir*, n° 71, juin 1990, p. 39-45 ; François Kersaudy, *De Gaulle et Churchill*, Paris, Plon, 1981.

du 24 septembre crée le Comité national français (CNF) où les compétences de Muselier sont maintenues sur le Commissariat à la marine et à la marine marchande. Sur ordre de De Gaulle, Muselier prend possession de Saint-Pierre-et-Miquelon le 25 décembre 1941. Étant en désaccord sur le fait que cette opération ait été menée sans l'assentiment des Alliés et après avoir tenté de placer les FNFL sous commandement de la Royal Navy, Muselier est contraint, en mars 1942, de démissionner du CNF. Le différend de Gaulle-Muselier prenant une tournure publique provoque de l'agitation parmi les marins. Cette espèce de mutinerie scandalise l'Amirauté britannique qui retire alors son soutien à Muselier.

En juin 1940 se trouvent en Angleterre des équipages de bâtiments français, les troupes évacuées de Dunkerque et le corps expéditionnaire de Norvège. Ces deux derniers groupes représentent environ 115 000 hommes. Le général Béthouart, commandant les troupes de Norvège, préfère rentrer en France, mais laisse libre choix à ses officiers : 9 d'entre eux, dont le capitaine Kœnig, choisissent de rallier la France libre. La plupart des soldats de la 13e demi-brigade de la Légion étrangère et environ 200 chasseurs alpins font de même. Si la France libre obtient encore moins de succès auprès des rescapés de Dunkerque, les réactions des marins sont plus partagées, mais le bilan est somme toute décevant, la majorité des internés demandant leur rapatriement[18]. Le 3 juillet, la saisie des bâtiments français par la Royal Navy dans les ports anglais et la tragédie de Mers el-Kébir, avec la mort de 1 297 marins, entravent le mouvement de ralliement sans pour autant l'arrêter. Mais se répand aussi une sorte de résignation. Les grands chefs militaires d'outre-mer dont le ralliement était escompté par de Gaulle font défaut à la France libre. Toutefois, à la fin de juin 1940, nombre de jeunes volontaires parviennent en Angleterre grâce à des

18. Cf. Amiral Georges Thierry d'Argenlieu, *Souvenirs de guerre. Juin 1940-janvier 1941*, Paris, Plon, 1973.

moyens de fortune[19]. Plus tard, en septembre 1941, arrivera un groupe de 186 évadés (dont 15 officiers) des camps de prisonniers allemands ayant transité par l'Union soviétique et conduit par le capitaine Pierre Billotte.

Avec 7 000 hommes en juillet 1940 (50 000 en juillet 1943), les Forces françaises libres (FFL) ne représentent finalement que l'équivalent de 2 % des effectifs de l'armée de terre en juin 1940. Les trois grands « pics » du recrutement FFL sont l'été de 1940, l'été de 1941 à la suite de la conquête du Levant et après l'hiver de 1942. Un peu plus de la moitié des volontaires français provient de métropole (41 % de l'Empire et 8,5 % de l'étranger). En ce qui concerne la métropole, ils viennent de la façade atlantique (un tiers de Bretagne et 16 % d'Aquitaine) et de la région parisienne (13 %). Près des trois quarts ont moins de trente ans (21 % ont entre vingt-cinq et trente ans ; 33 % entre vingt et vingt-cinq ans ; 18 % ont moins de vingt ans) et plus des deux tiers sont célibataires. 26 % sont lycéens et étudiants, 26,2 % viennent du commerce et de l'industrie, 22,8 % sont militaires. Les plus jeunes, les moins de vingt ans, se rallient surtout en 1940 et en 1943, venant de métropole – principalement de Bretagne –, d'Afrique-Équatoriale française, d'Amérique ou du Pacifique ; généralement célibataires, appartenant à des milieux modestes ou au monde scolaire, ils s'engagent comme simples soldats. Les plus âgés se rallient avec leur territoire ou avec leur unité ; en forte proportion militaires de carrière et officiers, souvent mariés, ils sont affectés le plus fréquemment à des unités non combattantes[20].

---

19. Voir, par exemple, François Jacob, *La Statue intérieure*, Paris, Odile Jacob-Le Seuil, 1987, p. 134 ; Raymond Aron, *Mémoires*, Paris, Julliard, 1983, p. 228-231 ; « Les engagés de 1940 », *Espoir*, n° 71, juin 1990, p. 14-26 ; Jacques Soufflet, *Un étrange itinéraire. Londres-Vichy-Londres 1940-1944*, Paris, Plon, 1984, p. 51.

20. Selon les résultats de l'enquête lancée par le Service historique de l'armée de terre, chef de bataillon Jean-Noël Vincent, *Les Forces françaises dans la lutte contre l'Axe. Les Forces françaises libres en Afrique 1940-1943*, Vincennes, Service historique de l'armée de terre, 1983. En ce qui concerne les forces aériennes, voir général

Le 24 juin 1940, de Gaulle annonce la création de la première brigade française libre, premier élément des FFL. Les Forces navales et les Forces aériennes de la France libre (FNFL et FAFL) sont créées le 1er juillet. L'accord du 7 août passé entre de Gaulle et Churchill autorise le recrutement et l'armement de volontaires : le chef suprême des FFL est de Gaulle, mais ces forces acceptent les directives générales du commandement britannique[21].

Page blanche, la France libre innove. Le 15 septembre 1940 est créée la première unité parachutiste de la France libre, la 1re compagnie d'infanterie de l'air. Le 1er octobre 1940 sont créés le Centre d'instruction et de formation d'élèves-officiers au camp Colonna d'Ornano de Brazzaville et, en Angleterre, avec les plus jeunes volontaires, le 21 février 1941, l'École des cadets de la France libre. En novembre 1940 s'organise le premier corps féminin militarisé français, le Corps auxiliaire féminin, qui devient un an plus tard, le 21 décembre 1941, le Corps des volontaires françaises, sur le modèle britannique de l'Auxiliary Territorial Service (l'exemple des *lottas* finnoises avait inspiré une instruction ministérielle du 21 mai 1940 prévoyant que les Françaises de vingt et un à cinquante ans pourront s'engager en vue de servir comme auxiliaires dans certaines formations militaires et qui n'eut guère le temps d'être appliquée)[22].

Dès le 18 juin 1940, de Gaulle affirme résolument une vision mondiale du conflit. Cela implique une stratégie de la

Charles Christienne, « Typologie des Forces aériennes françaises libres », Fondation pour les études de défense nationale, *Les Armées françaises pendant la Seconde Guerre mondiale 1939-1945*, colloque international, Paris, 7-10 mai 1985, p. 163-169 ; et pour la marine, vice-amiral d'escadre E. Chaline et capitaine de vaisseau P. Santarelli, *Historique des Forces navales françaises libres,* Vincennes, Service historique de la marine, 1990, t. I, p. 67-127.

21. Cf. René Cassin, « Comment furent signés les accords Churchill-de Gaulle du 7 août 1940 », *Revue de la France libre*, n° 154, janvier-février 1965, p. 4-9.

22. Cf. Raymond Caire, *La Femme militaire des origines à nos jours*, Paris-Limoges, Lavauzelle, 1981, p. 63-82.

présence, plus symbolique que décisive, de la France libre sur tous les fronts : « Le 21 juillet, le combat a repris entre les forces françaises et l'ennemi. Il a repris dans les airs au-dessus du territoire allemand. Il reprendra prochainement sur mer et sur terre », proclame de Gaulle deux jours plus tard. Sur les ondes de la radio de Londres, les premiers faits d'armes de la France libre sont célébrés par de Gaulle : Sidi-Barrani (16 décembre 1940), « l'entrée victorieuse à Tobrouk des troupes françaises unies aux troupes de nos Alliés » (23 janvier 1941), Abyssinie (31 janvier 1941), Koufra (11 février 1941). En effet, hors d'Angleterre, des éléments se sont regroupés : pendant l'été de 1940, en Gold Coast, des tirailleurs et leurs officiers ; au Moyen-Orient, des éléments venant de Syrie, de Chypre, de la flotte d'Alexandrie forment le 1er bataillon d'infanterie de marine (1er BIM) qui s'illustre en Libye ; de Tahiti et de Nouméa, part le bataillon des volontaires du Pacifique qui parviendra en Égypte en juillet 1941.

Les FFL s'accroissent surtout au fur et à mesure du ralliement des territoires de l'Empire. Ainsi après les « Trois Glorieuses », les 26, 27 et 28 août 1940, le ralliement du Tchad, du Cameroun et de Brazzaville, sont constitués cinq bataillons de marche (BM) grâce aux troupes indigènes. Après un bref ralliement, le Gabon fait défection, ce qui provoque l'affrontement entre troupes maréchalistes et gaullistes, ces dernières s'emparant finalement de Libreville le 10 novembre. Plus grave, le 24 septembre, l'échec du ralliement de Dakar marque un moment l'isolement de De Gaulle. Mais, à Brazzaville, le 27 octobre, il crée le Conseil de défense de l'Empire ayant « la charge de diriger l'effort français dans la guerre ». Avec les BM africains et le corps expéditionnaire de Dakar est constituée, le 21 octobre 1940, la 1re brigade française d'Orient (1re BFO) qui participe brillamment à la campagne d'Érythrée et à la libération de l'Éthiopie. À la suite de cette campagne, la 1re BFO est engagée en Égypte, où elle est incorporée à la VIIIe armée britannique. À partir du Tchad est lancé un raid sur Mourzouk en janvier 1941, puis sur le Fezzan où Leclerc, avec une colonne de

460 hommes, s'empare de la garnison italienne de Koufra. Mais, une fois encore, en Syrie, gaullistes et maréchalistes s'affrontent. Sur les 30 000 hommes de l'armée du Levant, 2 000, dont 72 officiers, selon Vichy, 6 000, dont 127 officiers, selon la France libre, rallieront de Gaulle après les combats. Quelques milliers de Syro-Libanais s'engagent dans les FFL. Ainsi, à la suite de la conquête de la Syrie, les unités FFL sont-elles recomplétées. L'ensemble des unités FFL du Moyen-Orient forme, le 26 décembre 1941, le corps français du Western Desert placé sous le commandement du général Larminat et formé de 2 brigades dont la 1re brigade française libre (1re BFL) commandée par le général Kœnig.

À Bir Hakeim, à la suite de l'offensive de Rommel lancée le 26 mai 1942, la 1re BFL, qui compte 3 700 hommes, après avoir tenu tête à une division italienne, se trouve encerclée. Soumise à d'importants bombardements, la brigade Kœnig se replie sur ordre dans la nuit du 10 au 11 juin, traversant les champs de mines, rompant de vive force l'encerclement, et rejoint les forces britanniques, ramenant ses 2 500 hommes avec leur matériel, 250 blessés et ses prisonniers italiens[23]. Le fait d'armes de cette poignée de Français libres, dans la conjoncture, défavorable pour les Alliés, du printemps de 1942, est un signe d'espoir et a un écho retentissant en France grâce à la BBC[24]. « Bir Hakeim » devient un emblème de résistance, un symbole de la résurrection des forces françaises.

Le 14 juillet 1942, la France libre, pour marquer le renforcement de ses liens avec la Résistance intérieure, prend le nom de France combattante.

---

23. Cf. Pierre Messmer, « La bataille de Bir Hakeim », *Espoir*, n° 56, septembre 1986, p. 34-46.

24. « Nous savions leurs exploits et nous les proclamions à la radio. Bir Hakeim fut le plus fameux. Il émerveilla les Anglais et rendit la brigade Kœnig universellement célèbre » (« *Jean Oberlé vous parle* »... *Souvenirs de cinq années à Londres*, Paris, La Jeune Parque, 1945, p. 92). « Un peu d'orgueil est brusquement revenu » (R. Girardet, *Singulièrement libre*, Paris, Balland, 1990, p. 68).

L'armée de l'armistice

Avec l'armistice, la France de Pétain sort de la guerre. Cette stratégie du retrait prend forme avec la doctrine de la défense « contre quiconque » mise en place par Weygand au cours des onze semaines qu'il passe à la tête du ministère de la Défense nationale. Ce repli sur « la seule France » a pour corollaire la « régénération morale » du pays telle qu'elle est d'ailleurs annoncée par sa note du 28 juin 1940, véritable programme politique. Quittant ainsi l'apparente réserve traditionnelle de l'armée, le généralissime rend responsable de la défaite « l'ancien ordre des choses, c'est-à-dire un régime politique de compromissions maçonniques, capitalistes et internationales », et appelle à « revenir au culte et à la pratique d'un idéal résumé en ces quelques mots : Dieu, Patrie, Famille, Travail[25] », ce qui préfigure la Révolution nationale. Moral et morale ne font plus qu'un. Dans le même sens, son successeur, le général Huntziger, prescrit, le 25 octobre 1940, le principe de l'adhésion morale : « Tous les cadres et les hommes de l'Armée nouvelle ont l'obligation stricte de devenir des partisans. Tout militaire de l'Armée nouvelle, quel que soit son grade, a désormais le droit et le devoir d'exprimer hautement son attachement total au régime. »

L'officier devient pédagogue[26]. Les écoles de cadres se multiplient. Durant l'été de 1940, le général de Lattre fonde une école de cadres militaires sur le plateau de Gergovie, puis une autre près de Carthage, en Tunisie, en 1941, et conçoit, en 1942, le « domaine régimentaire » près de Montpellier. Ces écoles, tout comme l'École de cadres d'Uriage où sont envoyés en stage notamment les instruc-

---

25. Cité dans Paul Baudouin, *Neuf Mois au gouvernement*, Paris, La Table ronde, 1948, p. 224-225.

26. Cf. Robert O. Paxton, *Parades and Politics at Vichy. The French Officer Corps under Marshall Pétain*, Princeton (NJ), Princeton University Press, 1966, chap. VI, « The Officers turned Schoolmaster », p. 183-213.

teurs militaires de Saint-Cyr, conjuguent formation pédagogique et esprit communautaire. Cohésion et solidarité de la communauté militaire sont nécessaires à la régénération morale. L'armée est ainsi définie comme une « communauté intermédiaire » entre la famille et la nation. Une « mentalité nouvelle » doit être créée parmi les cadres, notamment en puisant dans l'esprit scout et en prenant exemple sur les Équipes sociales, ainsi que l'indique de Lattre. De même, le capitaine Dunoyer de Segonzac, dans un éditorial de *Jeunesse... France !*, le bimensuel d'Uriage, imagine les officiers formant une « communauté exemplaire » afin de résoudre la coupure existant entre l'armée et le pays depuis l'affaire Dreyfus[27]. Manifestation de l'esprit d'équipe et de formation du caractère, le sport prend alors une place importante dans l'armée, en particulier sous la forme de l'« instruction militaire sportive » et de championnats militaires magnifiés par le décorum et la propagande. Sans négliger pour autant les moyens traditionnels de propagande (affiches, revues, brochures, etc.), l'effort est concentré sur le cinéma et sur les tournées de propagande. Après la guerre, le chef d'état-major de Darlan à la Défense nationale reconnaîtra : « On a abusé des parades et des musiques, au point de choquer à bon droit d'excellents esprits. »

La Révolution nationale implique aussi l'élimination de « l'anti-France ». Ces mesures frappent dans l'armée de terre 96 officiers et 216 sous-officiers juifs[28] et au moins 135 officiers et 24 sous-officiers maçons[29]. Dans l'armée de l'air, au total, 10 officiers, 91 sous-officiers et 106 hommes du rang

---

27. Pierre Dunoyer de Segonzac, « L'armée et le pays », *Jeunesse... France !*, 1er décembre 1941. Cf. Bernard Comte, *Une utopie combattante. L'École des cadres d'Uriage 1940-1942*, Paris, Fayard, 1991, p. 222 et 448.

28. Secrétariat d'État à la Défense, « Officiers et sous-officiers ayant quitté l'armée en exécution des lois des 2 octobre 1940, 11 avril 1941 et 2 juin 1941 », 18 mai 1943, CDJC, cité dans R. O. Paxton, *op. cit.*, p. 176.

29. Selon les décomptes établis à partir des listes publiées dans *La France militaire*, dans R. O. Paxton, *ibid.*, p. 174.

juifs[30] ont été exclus ainsi que 30 officiers maçons[31]. « Le plus ancien dans le grade le plus élevé des officiers israélites », le général Boris, adresse une protestation formelle au Maréchal : « Je ne connais pas d'autres exemples, dans l'histoire de France, de sanctions collectives de ce genre, ni de condamnation de cette gravité prononcée sans que la défense ait été entendue[32]. »

La nouvelle armée est fondée sur l'article 4 de la convention franco-allemande d'armistice et les règles fixées par les autorités allemandes : 100 000 hommes organisés en huit divisions militaires et quatre régiments de cavalerie de réserve générale ; service de longue durée (les classes 1938 et 1939 sont provisoirement maintenues sous les drapeaux) ; motorisation fortement réduite. L'armée est ainsi contrainte d'opérer un double mouvement : dégagement des cadres et recrutement d'hommes de troupe.

Quelque 22 000 officiers sont dégagés des effectifs dans l'armée de terre. Aucun des grades obtenus à titre temporaire durant les hostilités n'est maintenu. La limite d'âge est abaissée afin d'accélérer les départs à la retraite. Certains corps sont démilitarisés. Des commissions de classement sélectionnent les cadres. Un congé d'armistice, avec solde réduite, est institué. Une partie des cadres est reclassée, notamment dans les formations de jeunesse. Enfin, des officiers sont exclus de l'armée en vertu des lois sur les sociétés secrètes et du Statut des Juifs. En conséquence, il y a un rajeunissement des cadres de l'armée, mais aussi une vague de promotions qui va limiter les possibilités d'avancement des candidats à l'engagement et entraîner une certaine désaf-

---

30. ÉMAA, 3e section, « Effectifs touchés par le Statut des Juifs », 7 mars 1942, SHAA 3D95, cité dans Claude d'Abzac, « L'Armée de l'air de l'armistice et la Révolution nationale, 1940-1942 », *Revue historique des armées*, n° 2, 1990, p. 102-113.

31. Vice-présidence du Conseil, application des lois des 1er août 1940 et 10 août 1941, 21 août 1941, SHAA 3D95, *ibid.*

32. Archives du Consistoire central de France, boîte 32, cité dans Pierre Birnbaum, *Les Fous de la République. Histoire politique des Juifs d'État de Gambetta à Vichy*, Paris, Fayard, 1992, p. 450-451.

fection pour la carrière militaire : s'amorcent la phase descendante des candidatures à Saint-Cyr – passant de 4 000 en 1940 (l'optimum pour la période 1920-1960) aux alentours de 2 000 en 1941 et en 1942 – et le tarissement du recrutement polytechnicien – 150 élèves de la promotion 1930 étaient « sortis » dans les armes de l'armée de terre, 100 pour celle de 1938, 74 pour 1940, 4 pour 1941 [33].

Pour le recrutement de la troupe, l'armistice impose la transition d'une armée de conscription à une armée de métier. Dans les faits, les deux systèmes perdurent jusqu'à la fin, avec le maintien sous les drapeaux des appelés (au début de 1942, la libération d'une partie d'entre eux provoque un déficit de 50 000 hommes) ; en novembre 1942, on compte encore 25 000 appelés. Au total, près de 90 000 hommes ont été recrutés de novembre 1940 à novembre 1942. Un portrait-type de l'engagé volontaire de l'armée d'armistice est esquissé à travers les conditions contenues dans la loi du 5 octobre 1940 sur le recrutement qui oblige notamment d'avoir dix-huit ans révolus et au plus vingt-cinq ans, de ne pas être marié, de posséder la nationalité française à titre originaire, de ne pas être juif, de ne pas appartenir à une société secrète. Les statistiques militaires donnent des traits encore plus précis aux soldats de l'armée d'armistice. Plus des trois quarts des engagés sont issus de milieux populaires (ouvriers, 38 % ; paysans, 21 % ; manœuvres, 12 % en 1941). Ils ont en majorité moins de vingt-trois ans. Les régions donnant en 1941 les plus fortes proportions d'engagés sont, pour la zone sud, les Alpes, le Languedoc, le Périgord et la Corse ; et, pour la zone nord, la Lorraine, l'Alsace et la Franche-Comté. Le niveau moyen de qualification des engagés est le certificat d'études. Ils se sont engagés d'abord pour des raisons matérielles : chômage, niveau de salaire, et par la suite crainte d'être requis pour aller travailler en Allemagne. Ils choisissent les armes techniques ou l'aviation, car pour eux l'armée constitue une seconde chance professionnelle. Par ailleurs, une très forte majorité

---

33. R. Girardet (dir.), *op. cit.*, p. 30 et 36.

souhaite partir pour l'Afrique du Nord (échapper au poids de l'Occupation, goût de l'aventure exotique, avantages financiers offerts et parfois volonté de reprendre le combat...)[34].

Une série d'activités clandestines en vue de la reprise de la guerre contre l'Allemagne est conduite par l'état-major de l'armée (ÉMA) qui élabore divers plans ayant notamment pour hypothèse l'engagement de l'armée d'armistice en soutien à un débarquement allié, mais cela sans avoir consulté les Alliés ni tenu compte de leur stratégie mondiale. La mobilisation clandestine est élaborée par le Service national des statistiques. Pour les armes et le matériel nécessaires à une telle entreprise est mis en place le Camouflage du matériel (CDM). Bien qu'officiellement dissous, le Service de renseignement (SR) n'interrompt pas pour autant ses activités et utilise comme paravent et appui les Bureaux des menées antinationales (BMA). Toutefois, étant officiellement autorisée par les occupants pour protéger l'armée contre les menées anglaises, gaullistes ou communistes, l'activité des BMA n'est pas sans porter de réels préjudices aux réseaux et aux mouvements de Résistance. Quant au Contre-espionnage, il se dissimule sous une entreprise de Travaux ruraux (TR)[35].

Mais, officiellement, c'est vers la collaboration militaire que semblent s'orienter tous les efforts à partir de Montoire, d'abord avec l'ouverture à Paris d'une conférence franco-allemande pour examiner les modalités de « la reprise sur les Anglais de nos colonies d'Afrique dissidentes ». Des pourparlers se poursuivent les 29 novembre, 8, 9 et 10 décembre 1940. Le renvoi de Laval, le 13 décembre, leur donne un coup d'arrêt. Pour accorder la politique de collaboration avec l'image du « vainqueur de Verdun », les maréchalistes trou-

34. ÉMA, « Effectifs des personnels engagés », SHAT 3P66.

35. Cf. colonel Augustin de Dainville, *L'ORA. La résistance dans l'armée*, Paris-Limoges, Lavauzelle, 1974, p. 3-96; Paul Paillole, *Services spéciaux (1935-1945)*, Paris, Robert Laffont, 1975 ; lieutenant-colonel Jacques M. Vernet, *L'Armée d'armistice 1940-1942. Une petite armée pour une grande revanche*, Vincennes, SHAT, 1983.

vent des modèles rassurants dans l'histoire militaire : la défaite de juin 1940 serait Iéna ; la Révolution nationale, la régénération de la Prusse ; et Montoire, l'entrevue de Tilsit.

Après l'échec des tentatives diplomatiques de Flandin en direction des autorités allemandes, Pétain nomme, le 10 février 1941, Darlan vice-président du Conseil, ministre de l'Intérieur et des Affaires étrangères, et le désigne comme son dauphin par l'acte constitutionnel n° 4 *quater*. De février 1941 à avril 1942 s'opère un mouvement de concentration du pouvoir militaire entre les mains de l'Amiral de la flotte : le cumul de la Défense nationale et de la Guerre suscite des ressentiments, notamment parmi les officiers de l'armée de terre qui n'apprécient guère d'être commandés par un marin[36].

À la suite de la révolte antibritannique en Irak, la Syrie entre dans le théâtre des opérations. Le 10 mai 1941, les premiers appareils de la Luftwaffe atterrissent à Damas et à Rayak, avec l'accord de Darlan : au total, une centaine d'avions allemands transiteront ainsi. Les 27 et 28 mai, l'Amiral, qui assouvit ses fureurs anglophobes avec des vulgarisations de la géopolitique allemande, paraphe les protocoles de Paris autorisant les Allemands à utiliser l'aérodrome d'Alep, les ports et les voies de communication du Levant, le port de Bizerte avec un droit de passage à travers la Tunisie pour l'approvisionnement de l'Afrika Korps, et, surtout, concédant à Dakar des facilités à la Kriegsmarine et à la Luftwaffe. Le 3 juin, à Vichy, au Conseil des ministres, Weygand s'oppose résolument à ces protocoles qui ne sont pas ratifiés. Le 8, les forces britanniques et françaises libres pénètrent en Syrie. Dans l'armée du Levant, le loyalisme envers le régime, la fidélité au Maréchal, jouent. Le 21 juin, les Français libres entrent dans Damas. Le 14 juillet est signé l'armistice de Saint-Jean-d'Acre.

---

36. Cf. François Flohic et Jacques Raphaël-Leygues, *Darlan*, Paris, Plon, 1986 ; Hervé Coutau-Bégarie et Claude Huan, *Darlan*, Paris, Fayard, 1989.

Les événements du Levant conduisent Pétain à s'adresser directement et publiquement à l'armée ; le 23 juillet notamment, lors d'une visite à Aix-en-Provence, il rappelle aux élèves-officiers qu'ils ne doivent avoir d'autre but que « servir, servir toujours et dans toutes les situations ». Procédure abolie depuis soixante-dix ans, le serment de fidélité des militaires devient obligatoire en vertu de l'acte constitutionnel n° 8 paru au *Journal officiel* du 14 août 1941 : « Je jure fidélité à la personne du chef de l'État, promettant de lui obéir en tout ce qu'il me commandera pour le bien du service et le service des armes de la France. » Ainsi à l'impératif de la soumission au pouvoir légal est substitué un rite d'allégeance personnelle[37].

Au cours de l'été de 1941, le recrutement de l'armée de terre atteint son étiage. C'est le résultat de la résorption du chômage, facteur déterminant de cette inflexion, mais aussi de la situation politique et militaire internationale : la propagande en zone nord pour le recrutement de l'armée de Vichy commence dans la confusion avec la création au même moment de la Légion des volontaires français contre le bolchevisme (LVF) – les candidats potentiels à l'engagement et leurs parents deviennent alors réticents, craignant que les soldats de Vichy ne soient amenés à combattre aux côtés des Allemands sur le front de l'Est. Peu d'officiers s'engagent dans la LVF vis-à-vis de laquelle les militaires de carrière nourrissent un certain dédain, et cela en dépit du message signé par Pétain, le 5 novembre 1941, et assurant que la LVF détient « une part de notre honneur militaire ».

« L'inquiétude gagne les esprits, le doute s'empare des âmes », constate Pétain dans son discours du 12 août 1941, où il annonce que les pouvoirs de Darlan sont renforcés, notamment avec le rétablissement du ministère de la Défense nationale. Le jeu des concessions-compensations

37. Cf. Jacques Weygand, *Le Serment,* Paris, Flammarion, 1960, p. 10, et Pierre Dunoyer de Segonzac, *Le Vieux Chef. Mémoires et pages choisies,* Paris, Le Seuil, 1971, p. 103.

continue avec le Reich. À la suite de la rencontre Pétain-Goering, le 1er décembre 1941, à Saint-Florentin, le général Juin est convoqué, le 20, à Berlin, où Goering lui demande quelles sont les intentions de Vichy concernant la défense de l'Afrique du Nord contre les Anglais ainsi que le soutien à l'Afrika Korps. À la fin de décembre 1941, de l'essence est livrée à Rommel, et, en février 1942, ce sont des vivres et 500 camions qui vont aux Italiens de Libye.

Dans l'opinion, le spectacle de la débâcle de l'été de 1940 a laissé de profondes traces. Malgré l'héroïsme de nombreux combattants, l'armée est devenue, pour beaucoup, « l'armée Ladoumègue », vilipendée par Céline dans *Les Beaux Draps* : « Elle coûtait cher, l'armée française, 400 milliards pour se sauver, huit mois de belote, un mois de déroute[38]. » Passés la stupeur et le soulagement, la défaite suscite un mouvement d'interrogation, de recherche des responsabilités et des causes. Ainsi voit-on fleurir une littérature mêlant récits personnels, pamphlets, ouvrages de propagande et de réflexion stratégique. Vichy veut faire peser l'essentiel des responsabilités sur les hommes politiques de la IIIe République et absoudre l'armée. Un officier de presse d'Huntziger publie ainsi *Vérité sur les combattants*[39] dont l'armée favorise la diffusion. En zone nord, encouragés par la propagande allemande, les collaborationnistes conchient politiciens et officiers. Certains, comme Paul Allard, en font une véritable profession, qu'il inaugure avec *La Guerre du mensonge. Comment on nous bourre le crâne*, publié en décembre 1940, dont la *Propagandastaffel* achète 40 000 exemplaires pour les distribuer dans les camps de prisonniers afin d'accroître le discrédit des chefs militaires[40].

---

38. Louis-Ferdinand Céline, *Les Beaux Draps*, Paris, Nouvelles Éditions françaises, 1941, p. 16.

39. Jean Labusquière, *Vérité sur les combattants. Grandes batailles de mai-juin 1940*, Lyon, Lardanchet, 1941.

40. Cf. Pascal Fouché, *L'Édition française sous l'Occupation*, Paris, Bibliothèque de littérature française contemporaine de l'université Paris-VII, 1987, t. I, p. 79-80.

Le 19 février 1942 s'ouvrent les débats du procès de Riom. Les cohortes de généraux envoyés témoigner « ont produit une impression dans l'ensemble assez médiocre et n'ont pas paru avoir été à la hauteur de la tâche qui leur avait été confiée », notera plus tard le garde des Sceaux d'alors, Joseph Barthélemy. Les milieux collaborationnistes de Paris s'en prennent ouvertement au commandement : « Le silence du général Gamelin couvre superbement les militaires », lit-on dans *L'Œuvre* de Déat. Et Céline, dont le pamphlet *Les Beaux Draps* a été saisi et interdit en zone sud[41], d'exulter : « Jamais publicité de catastrophe nationale ne fut si rigoureusement, implacablement, organisée, mieux réussie, vraiment un triomphe[42]. » Dans un autre registre et animée par d'autres motifs, Radio-Londres rappelle les responsabilités de Pétain à la tête du Conseil supérieur de la Défense nationale. Vichy ne peut limiter au seul Front populaire et au seul monde politique la recherche des responsabilités. Aussi, inéluctablement, le haut commandement et la politique militaire antérieure à 1936 sont-ils mis en cause. Le procès de Riom a ainsi ravivé la défiance à l'égard de l'armée. La déconfiture s'achève avec la suspension *sine die* des débats le 14 avril 1942.

Le 18 avril 1942, Laval revient au pouvoir. Le général Bridoux, ardent partisan de la collaboration, est placé à la Guerre. Auparavant, Darlan est confirmé dans sa désignation comme dauphin et nommé commandant en chef des forces de terre, de l'air et de mer. Cela entraîne un conflit de compétences permanent avec Bridoux. À partir de l'été de

---

41. En zone nord, la situation est différente : « 20 000 exemplaires ont été enlevés en deux mois en France occupée », selon une note de l'éditeur destinée à la presse reproduite dans *Céline & les Éditions Denoël 1932-1948*, Correspondances et documents présentés et annotés par Pierre-Edmond Robert, Paris, IMEC, 1991, p. 157-158.

42. Lettre de Céline à Lucien Combelle publiée dans *Révolution nationale* du 5 avril 1942 et citée dans François Gibault, *Céline. Deuxième partie, 1932-1944. Délires et persécutions*, Paris, Mercure de France, 1985, p. 215-216. Voir aussi P. Fouché, *op. cit.*, t. I, p. 173-174.

1942, l'armée d'armistice subit des tensions diverses. D'une part, le recrutement enregistre un fulgurant accroissement atteignant son sommet à l'automne de 1942 – de nombreux jeunes s'engagent alors pour échapper à la menace d'aller travailler en Allemagne. D'autre part, le retour de Laval est synonyme de retour à la soumission des militaires au pouvoir politique, ce que leur signifie nettement le chef du gouvernement en rappelant que l'armée n'est qu'« un instrument » – certes « indispensable » – au service de la politique gouvernementale et que « les moyens de cette politique ne se discutent pas dans les enceintes où se forment les chefs militaires et les soldats de demain ».

Durant l'été de 1942, selon un rapport d'agents de la France libre, deux tendances se distinguent parmi les officiers de l'armée d'armistice : d'une part, les collaborateurs ; d'autre part, plus nombreux, ceux qui souhaitent la défaite de l'Allemagne et qui seraient prêts à se sentir délier de leur serment envers Pétain si un chef nouveau se mettait à leur tête. Or, le 17 avril 1942, le général Giraud s'est évadé de la forteresse allemande de Koenigstein grâce à l'aide du SR et de l'ÉMA. Radio-Londres rappelle ses brillants états de service, de même que la presse résistante : « Giraud est pour nous un soldat inflexible et sans tache. Il est libre, ayant tout refusé aux Allemands. Il a gardé son épée immaculée pour le service de la France » (*Combat*, mai 1942). Mais il ne donne pas suite aux démarches faites auprès de lui par différents mouvements de Résistance. Le 29 avril, il vient se présenter au Maréchal et l'assure de son « sentiment de parfait loyalisme », tout en repoussant les pressions de Laval et d'Abetz qui veulent qu'il se constitue prisonnier. Au cours de l'été, Giraud rencontre la plupart des responsables de l'armée d'armistice : s'esquisse ainsi une manière de commandement virtuel. À la suite de contacts pris avec des émissaires américains, il quitte clandestinement la France dans la nuit du 4 au 5 novembre 1942 à destination de l'Afrique du Nord.

L'armée d'Afrique

Du 17 au 25 juin 1940, un certain flottement sur la conduite à suivre règne outre-mer, notamment en Afrique du Nord. À l'annonce de la demande d'armistice, le résident général au Maroc, le général Noguès, télégraphie à Weygand : « Les troupes de terre, de l'air et de la marine demandent à continuer la guerre pour sauver l'honneur et conserver l'Afrique du Nord à la France. » Les consuls américains d'Alger et de Casablanca observent qu'un fort mouvement de ralliement à de Gaulle se dessine chez les jeunes officiers. Dix jours plus tard, Noguès se soumet et transmet aux troupes du Maroc le message de Weygand rappelant « la confiance dans les chefs et le respect de la discipline ». Mers el-Kébir met un terme aux dernières hésitations.

Après la prise de Libreville par les Français libres, les effectifs autorisés en Afrique du Nord sont portés à 127 000 ; à ce chiffre s'ajoutent 60 000 hommes camouflés, tels les goums chérifiens transformés en forces de police. Le 6 septembre 1940, la Commission allemande de Wiesbaden autorise la création d'une division blindée (102 chars et 120 automitrailleuses) pour la reconquête des colonies dissidentes. L'aviation bénéficie aussi de quelques concessions à la suite de Mers el-Kébir et de Dakar. Le 3 octobre 1940 est créé le poste de délégué général du gouvernement en Afrique française, auquel est nommé Weygand, qui reçoit en plus le commandement en chef de l'Afrique, avec comme buts « de garantir la sécurité des territoires les plus menacés, le Maroc, la Tunisie, le Sénégal ; de maintenir sans fissure le bloc de nos possessions africaines restées fidèles ; de chercher à rallier à la France les fractions dissidentes ». Il s'emploie à reconstituer des unités et à régler leur instruction. Des espoirs de revanche animent l'armée d'Afrique avec le véritable proconsulat qu'exerce Weygand. Ce dernier repousse toutefois les démarches américaines ou gaullistes lui suggérant de s'affranchir de Vichy.

L'affaire de Syrie stigmatise les esprits dans l'armée d'Afrique, l'Empire semblant menacé. Utilisant ces sentiments, la Commission allemande décide, le 6 juin 1941, la libération de 961 officiers (dont le général Juin), 3 200 sous-officiers et 2 600 spécialistes destinés aux troupes coloniales. Le 18 novembre 1941, Weygand est démis de ses fonctions et placé en position de non-activité ; les fonctions de délégué général sont supprimées ; Juin est alors nommé commandant en chef des forces armées d'Afrique du Nord. Après le limogeage de Weygand, la Commission allemande autorise le transfert en Afrique du Nord de 10 000 hommes rapatriés du Levant. L'hostilité à l'encontre des Britanniques et des Français libres, avec les événements de Diégo-Suarez et de Madagascar, va croissant dans l'armée d'Afrique.

Novembre 1942

Le 8 novembre, à l'aube, Vichy apprend le débarquement allié en Afrique du Nord. Weygand, convoqué par Pétain, suggère que les troupes de métropole se retranchent dans les zones montagneuses pour y résister jusqu'à la venue des Alliés. Dans la nuit du 8 au 9, l'ÉMA donne l'ordre de déplacer les unités et leurs états-majors en dehors des axes de pénétration en emportant toutes leurs munitions. Le 9, l'ÉMA quitte Vichy pour établir un poste de commandement dans une ferme isolée tandis que les unités sont mises en alerte. Dans le même temps, les échelons supérieurs du SR organisent leur repli sur l'Afrique du Nord, et leurs organes d'exécution entrent dans la clandestinité. Giraud arrive en Algérie, où se trouve fortuitement Darlan qui prescrit le cessez-le-feu à Alger. Au matin du 10, l'armée est prête au combat en métropole et le cessez-le-feu est étendu à toute l'Afrique du Nord. Dans la nuit du 10 au 11, avec l'autorisation de Laval, une centaine d'avions de la Luftwaffe atterrissent près de Tunis.

Le 11 novembre, à l'aube, la Wehrmacht franchit la ligne de démarcation. De Lattre exécute les ordres prévus. Par un contrordre impératif et personnel, Bridoux exige le maintien des troupes dans leurs casernes. Refusant d'obtempérer au contrordre, de Lattre, isolé, se rend aux gendarmes. Les Allemands atteignent la côte méditerranéenne en moins de vingt-quatre heures et sans incident majeur, tandis que les Italiens occupent la Corse et 8 départements à l'est du Rhône. Le 12, en quittant Vichy, Weygand est arrêté par la Gestapo. Le 13, un ordre du jour du Maréchal donne la conduite à suivre : « La France vit aujourd'hui des heures sombres aussi douloureuses que celles de juin 1940. Les événements sont tels que certains s'interrogent et cherchent le chemin du devoir. Pour un soldat, il n'en est pas d'autre que l'obéissance au chef, obéissance sans réserve qui a fait la force de nos armées. La seule ligne de conduite est de se serrer autour de moi. Vous m'avez juré fidélité. Tenez votre parole[43]. » Dès lors, Pétain ne cesse de lancer des rappels à l'obéissance. Le 19, alors que le combat contre les forces de l'Axe reprend en Tunisie, les Allemands obtiennent le retrait des forces françaises protégeant Toulon.

Le 27, Hitler adresse à Pétain une lettre qui sera publiée sur trois colonnes en tête de tous les quotidiens selon la consigne de censure n° 1 004 : « J'ai donné l'ordre de démobiliser toutes les unités de l'armée française qui, à l'encontre des ordres de leur propre gouvernement, sont excitées par leurs officiers à une résistance active contre l'Allemagne. » Dans la confusion, parfois brutalement, parfois solennellement, l'armée d'armistice est démobilisée. À Toulon, pour échapper à la saisie, la flotte se saborde (75 bâtiments de guerre, soit 232 000 tonnes, sont détruits) ; seuls trois sous-marins parviendront à rallier l'Afrique du Nord. L'obéissance a condamné la flotte. L'opinion est à la fois choquée par le sabordage de la flotte et indifférente à la dissolution de l'armée. Le lendemain est lu à la radio l'ordre du jour de Pétain aux armées : « Vous qui êtes venus à l'armée dans un mouvement d'abnégation, vous subissez aujourd'hui une

---

43. Cité dans Jean Delmas, « Les officiers de l'armée de terre face aux conventions d'armistice 1940-1942 », Claude Carlier et Stefan Martens (dir.), *La France et l'Allemagne en guerre septembre 1939-novembre 1942*, actes du XXVe colloque franco-allemand, Wiesbaden, 17 au 19 mars 1988, Paris, Institut d'histoire des conflits contemporains, 1990, p. 279.

épreuve qui retentit douloureusement dans mon âme de soldat. […] Recueillis dans une même pensée, rapprochés par tant de malheurs qui s'abattent sur la France, officiers, sous-officiers, soldats et marins, serrez-vous autour de celui qui ne vous aime que pour vous. » L'absence de résistance à l'invasion de la zone sud retire l'essentiel de leur signification aux efforts menés durant deux ans par l'armée d'armistice. Les ambiguïtés sont désormais levées et les projets de revanche réduits à l'état de chimères. Novembre 1942 parachève juin 1940.

1940

Le cataclysme

1. Le choc armé et les débandades
2. Le trauma de 1940
3. Le régime de Vichy
4. La France libre
5. L'Alsace-Lorraine : trois départements sous la botte
6. Les prisonniers
7. L'Empire

Le choc armé et les débandades

Jean-Pierre Azéma

Pour une génération de Français, le printemps de l'an 1940 se transformait en cauchemar : la déroute des armées françaises, les déchirures du tissu social et politique engendraient une crise d'identité nationale qui les traumatisait d'autant plus qu'ils allaient ensuite devoir supporter à la fois un occupant et un régime autoritaire.

L'effondrement de mai-juin a suscité parmi les contemporains, à quelques très rares exceptions près [1], une littérature profuse, de valeur très inégale, où alternent réquisitoires et plaidoyers *pro domo* péremptoires ou lénifiants. Cinquante ans après, grâce à un profond renouvellement de l'historiographie [2], faisant notamment toute sa place à l'imaginaire social [3], il est loisible de dépassionner le débat pour parler de ce traumatisme.

Le présent chapitre sera classiquement articulé en cinq ensembles : la bataille de France, l'ébranlement social, la crise politique, la conclusion de l'armistice, l'avènement de l'État français et ses malentendus.

---

1. L'exception la plus notable est, bien entendu, celle du capitaine-historien Marc Bloch dans le remarquable essai qu'est *L'Étrange Défaite,* Gallimard, 1990.

2. Lire avant tout Jean-Louis Crémieux-Brilhac, *Les Français de l'an 40,* Gallimard, 1990, t. II ; Jean Doise et Maurice Vaïsse, *Diplomatie et Outil militaire, 1871-1969,* Imprimerie nationale, 1987 ; et Jean-Baptiste Duroselle, *L'Abîme 1939-1945,* Imprimerie nationale, 1982 ; on peut se reporter à Jean-Pierre Azéma, *1940, l'année terrible,* Le Seuil, 1990.

3. Consulter nécessairement Pierre Laborie, *L'Opinion française sous Vichy,* Le Seuil, 1990.

La bataille de France

Au début, il y eut bien la déroute des armées métropolitaines. Ils seront peu nombreux, à l'époque, à analyser la bataille – comme le fera de Gaulle dans son appel du 18 juin – en termes de stratégie et de tactique militaires. Les hommes de Vichy choisiront, pour des raisons politiques, de gloser sur les retombées de l'esprit de jouissance en exonérant les officiers d'active de toute responsabilité dans la défaite. Or, si la bataille de France a été perdue, ce fut d'abord pour des raisons techniques proprement militaires.

La déroute stupéfiante des forces métropolitaines

La défaite française face à ce que les écoles militaires étudieront plus tard comme le modèle achevé du Blitzkrieg stupéfia le monde[4]. Même si certains craignaient que l'armée française fût plus vulnérable qu'il n'y paraissait, l'héritière des poilus de 1914-1918 semblait encore redoutable. Or il suffira d'une petite semaine aux hommes de Rommel et de Guderian pour rompre le front (il avait fallu quatre ans aux Franco-Anglais pour y parvenir, en 1918). En moins de deux mois, le territoire hexagonal était envahi. Illustrons le propos par un seul exemple : 500 000 hommes des armées de l'Est étaient pris dans une véritable nasse après que Guderian leur eut coupé la retraite en atteignant Pontarlier le 17 juin. Il restera au total entre les mains de la Wehrmacht quelque 1 850 000 prisonniers, dont 50 % des effectifs des officiers engagés.

Selon la chronologie, cette défaite se joue en trois temps. La surprise stratégique intervient dans la semaine qui suit le 10 mai, jour fatidique où, confiant en une météorologie favorable à l'action de la Luftwaffe, Hitler déclenche l'offensive à l'Ouest. Le plan allemand fonctionne bien : la Wehrmacht a immédiatement asphyxié l'armée néerlandaise et fait sau-

4. Se reporter d'abord à Jean-Louis Crémieux-Brilhac, *op. cit.*

ter les verrous de résistance belges. Le corps de bataille français, appliquant la manœuvre « Dyle-Breda » (cf. *infra*), se porte au-devant à marches forcées et tient sans doute honorablement le choc. Mais l'essentiel se joue déjà ailleurs : les Flandres ne servaient qu'à amuser le tapis – Hitler lance à travers les Ardennes le gros des forces de rupture, 7 des 10 Panzerdivisionen de la Wehrmacht, qui parviennent sur la Meuse en un temps record. Si ces troupes d'élite étaient tenues en échec à Monthermé, aussi bien à Dinant qu'à Sedan elles forçaient le passage, établissaient des têtes de pont, puis perçaient le front français le 14 mai. Ces secteurs de la Meuse, négligés par le haut commandement français, étaient mal défendus ; les unités, presque toujours laissées à elles-mêmes, dépassées par cette guerre motorisée, furent particulièrement terrorisées par les 600 avions de la Luftwaffe engagés à Sedan avant que ne soit lancé l'assaut ; l'inexistence du commandement français achève d'expliquer la percée décisive de la Wehrmacht. Quelques régiments d'infanterie, suivis de près par les Panzers, faisaient voler en éclats la charnière entre les IIe et IXe armées françaises. Après quoi, en menant un raid audacieux (Rommel, les 16 et 17 mai, progresse de 120 km en moins de 36 heures), les forces motorisées allemandes exécutaient un véritable mouvement de faux en se portant sur la mer du Nord, après avoir atteint Abbeville.

Il n'y eut pas de nouvelle bataille de la Marne parce que le haut commandement français n'avait prévu aucune réserve générale et se montra incapable de monter une contre-attaque décisive pour rétablir un front continu. On programma bien les 21 et 22 mai d'envelopper les avant-gardes allemandes autour d'Arras ; mais quand les Anglais furent prêts, les Français ne l'étaient pas et vice versa. Le sort en était alors jeté : les débris des IIe et IXe armées, le corps de bataille engagé dans les Flandres qui battait retraite, le corps expéditionnaire britannique qui décidait de se replier étaient pris dans une véritable nasse.

La deuxième phase – une relative stabilisation – court du 26 mai au 10 juin et se caractérise par l'évacuation inespérée de 338 000 Anglo-Français à Dunkerque, tandis que les forces françaises tentent d'arrêter l'ennemi.

C'est en fait un ordre du commandement de la Wehrmacht, immobilisant pendant 48 heures les Panzers dans leur marche triomphale, qui allait procurer un répit aux Franco-Britanniques acculés à défendre autour de Dunkerque un périmètre de plus en plus restreint, après la « reddition sans conditions », le 28 mai, de l'armée belge. Des conditions météorologiques défavorables à la Luftwaffe, des combats acharnés autour de Lille, la bonne organisation technique de l'opération Dynamo qui dura neuf jours pleins du 26 mai au 4 juin ont permis au gros du corps expéditionnaire britannique et à quelque 130 000 Français d'échapper à la capture[5].

Mais la guerre ne se gagne pas avec des évacuations, même réussies. La deuxième bataille, celle qui devait, dans l'esprit de Weygand, réaliser un arrêt « sans esprit de recul », engagée du 28 mai au 10 juin, se joua alors avant tout sur la Somme et sur l'Aisne. Elle fut acharnée ; pourtant, la supériorité de la Wehrmacht en nombre et en matériel et sa domination aérienne étaient telles que le rideau défensif français était définitivement percé les 8 et 9 juin.

Le 12 juin débute l'ultime phase : la retraite généralisée. La nouvelle de la chute de Paris (le 14 juin), plus encore le premier discours de Philippe Pétain, celui du 17 juin, signifiant qu'il fallait « cesser le combat », puis la décision prise le 18 juin (avec la complicité d'une bonne partie des maires) de considérer comme villes ouvertes toutes les cités de plus de 20 000 habitants, ce qui interdisait de faire sauter les ponts, ont transformé la retraite en débandade, puis en débâcle. On notera que sur les 1 850 000 prisonniers français, 1 100 000, au bas mot, le furent après le 16 juin.

Une « armée Ladoumègue » ?

De cette déroute ultime, qui a considérablement marqué l'imaginaire social, on a volontiers retenu la formule carica-

---

5. Cf. Jean-Pierre Azéma, *op. cit.*, p. 91-98.

turale : « Neuf mois de belote, six semaines de course à pied… l'armée Ladoumègue. » Dans le désarroi, on n'accordait qu'une seule circonstance atténuante : les prétendus ravages de la cinquième colonne, repérée partout en France, surtout sous des habits de bonnes sœurs. Le jugement restera si négatif que l'armée d'armistice, même réduite à 100 000 hommes, recrutera plus difficilement qu'on ne le croit ; et il faudra attendre la campagne d'Italie pour que l'armée retrouve une image globalement positive.

Dans l'immédiat, on était à la recherche de boucs émissaires. L'antimilitarisme diffus depuis la Grande Guerre s'en serait volontiers pris aux officiers d'active. Mais la nouvelle équipe au pouvoir mit tout son soin à dédouaner le commandement et fit porter le chapeau à la troupe qui aurait été désorganisée par le Front populaire, gangrenée par le pacifisme et plus encore, disait-on, par le défaitisme communiste, énervée enfin par l'« esprit de jouissance ».

L'opinion avait donc largement prévalu que les hommes de 1940 ne s'étaient pas battus. Le traumatisme de la défaite était tel que l'on ne tint aucun compte de chiffres qui auraient, pourtant, dû prouver le contraire : 92 000 soldats français ou étrangers engagés avaient été tués ou portés disparus, nombre élevé pour une campagne de six semaines. Preuve significative complémentaire : les pertes allemandes s'élèvent à 45 000 morts pour une campagne dont on dit communément qu'elle n'a été pour la Wehrmacht qu'une balade sans danger. Du côté français, la mémoire collective a bien retenu le sacrifice des cadets de Saumur, mais elle a gommé d'autres faits d'armes ; citons pourtant le régiment d'infanterie coloniale bloquant le passage de Monthermé, le régiment de réservistes se battant rue après rue dans Lambersart, les divisions de Marocains sacrifiés en Belgique dans la trouée de Gembloux ; on soulignera que le plus souvent les formations de tirailleurs marocains, sénégalais, et d'une manière générale les régiments de coloniaux se battirent avec une telle détermination que nombre de ceux qui furent faits prisonniers furent, le racisme aidant, immédiatement fusillés sur l'ordre d'officiers de la Wehrmacht.

Reprenons l'analyse précise de ce qu'on appelle communément le moral de l'armée faite par Jean-Louis Crémieux-Brilhac[6]. Il distingue trois phases : d'abord prévaut chez les soldats français la surprise, mêlée de crainte, de devoir affronter, le plus souvent laissés à eux-mêmes, à la fois une guerre de mouvement à laquelle ils n'étaient guère préparés et la terreur que répandent dans un premier temps les avions – notamment les Stukas. Sur la Meuse, la combativité des troupes fut très inégale et se déclenchèrent même des mouvements de panique (on estime qu'autour de Sedan quelque 20 000 soldats se sont débandés).

Dans une deuxième phase, lorsque, entre le 28 mai et le 10 juin, on se bat pour arrêter l'ennemi, prédomine au contraire l'opiniâtreté d'un combat mené sans esprit de recul ; les Français savent maintenant ce qu'est le Blitzkrieg et, surtout, le territoire national est en jeu ; d'ailleurs, dans ces engagements, les pertes allemandes continuent d'être sévères (la 10e Panzer perd ainsi les deux tiers de ses chars au sud d'Amiens). La chute – et c'est seulement alors que s'installe un climat de résignation – n'en sera que plus brutale, même si quelque 50 000 soldats ont continué à combattre après l'entrée en vigueur de l'armistice, quand bien même 22 000 soldats de la ligne Maginot n'accepteront de se rendre – sur ordre exprès de Weygand – qu'entre le 30 juin et le 7 juillet.

Les responsabilités du haut commandement français

Cette analyse, les officiers supérieurs de l'époque refusèrent de la mener, ne cessant de dénoncer toutes sortes de responsabilités : celles de la troupe, des Anglais et de la classe politique. Le haut commandement, lui, n'avait rien à se reprocher. Pourtant, déjà, les réflexions de Marc Bloch (qui avait revêtu des effets civils et refusé de se laisser faire prisonnier comme les membres de l'état-major auquel il appar-

6. Consulter l'analyse très neuve de Jean-Louis Crémieux-Brilhac, *op. cit.*

tenait) le mettaient en cause. Et s'il faut se garder de toute analyse manichéenne, car le corps des officiers supérieurs est plus complexe qu'il n'y paraît, les travaux des historiens corroborent sa réaction : les responsabilités de la défaite militaire incombent bien au haut commandement, à l'incapacité des « grands chefs ».

On peut en effet affirmer que le commandement n'a pas su contrer la stratégie de rupture appliquée par l'adversaire, au moment où – circonstance particulièrement aggravante – l'armée, elle, était dominée, sur le plan tactique, sur le terrain, faute d'un outil militaire adapté. Sans doute, la Wehrmacht a-t-elle hésité avant d'arrêter – et cela seulement le 24 février 1940 – les modalités du plan Jaune, qui visait à attaquer le centre du dispositif franco-anglais en concentrant Panzers et chasseurs-bombardiers. C'est que les Français, pourtant fort bien renseignés sur la nécessité imposée à la Wehrmacht de mener, pour des raisons économiques, une guerre courte, ont sous-estimé, par paresse intellectuelle ou par suffisance, les risques d'une stratégie de rupture, fondée sur la surprise, la motorisation, la concentration des moyens et, bien entendu, le mouvement. Le haut commandement français s'inspirant du modèle sacro-saint de la guerre de 1914-1918, tablait sur un conflit long, une guerre d'usure. Il estimait donc primordial de maintenir – comme jadis – un front continu inviolable et d'attendre le moment opportun pour des contre-attaques décisives. Marc Bloch écrivait en son temps : « Nos chefs, au milieu de beaucoup de contradictions, ont prétendu avant tout renouveler en 1940 la guerre de 1914-1918[7]. » Les historiens partagent, à quelques nuances près, ce jugement.

Cette incapacité à dépasser les modèles connus allait à nouveau jouer dans la mise en œuvre tactique. L'armée française fut, dans un premier temps, submergée par des manœuvres inattendues menées avec rapidité et initiative. Les officiers, confrontés à cette guerre de mouvements immédiatement exploités et au combat rapproché de style

7. Marc Bloch, *op. cit.*, p. 73.

commando, eurent tendance à confondre défensive et immobilisme. C'est patent dans les retards mis à monter des contre-attaques, d'autant moins opérationnelles que les moyens étaient dispersés. Les avions de chasse étaient répartis dans tous les corps d'armée et la plupart des chars furent annihilés parce que isolés : la 1re DCR – division cuirassée – est anéantie dans une banale bataille de rencontre, pénalisée qu'elle était par manque de carburant ; la 2e, éparpillée de 10 km en 10 km, disparaîtra au coup par coup ; la 3e, avant d'être sacrifiée en juin, ne put être rassemblée dans sa totalité. Bref, les Français avaient à réapprendre un art de la guerre qui était en train de se modifier profondément. Mais la Wehrmacht ne leur en laissa pas le temps.

Voilà qui doit régler la querelle récurrente sur les insuffisances du matériel. La polémique a été lancée par les hommes de Vichy qui rendirent l'« ancien régime » responsable, en la matière, de carences multiples et confortèrent la légende de l'infériorité patente de l'armée française. Des analyses concordantes[8] concluent que le potentiel militaire des deux camps s'équilibrait *grosso modo* ; et la supériorité, très relative, de la Wehrmacht n'était sur le papier d'aucune manière écrasante. Son avantage le plus déterminant se trouvait dans l'aviation : le rapport entre la Luftwaffe et l'aviation franco-britannique s'établissait en mai 1940 de 1 à 1,7 pour la chasse et de 1 à 3,3 pour les bombardiers. En revanche, les chars français étaient, à quelques unités près, aussi nombreux que les Panzers, et certains de qualité nettement supérieure.

Mais les points forts des uns et des autres reflétaient bien la manière dont était appréhendée la guerre. Les Français avaient plus de chars lourds et surtout s'abritaient derrière un réseau impressionnant de fortifications, symbolisées par les 130 casemates, 31 petits ouvrages, 20 gros ouvrages de la ligne Maginot édifiée entre 1931 et 1935 de Bâle à Longuyon, mais qui ne se prolongeait pas au-delà de Montmédy ; du côté

---

8. Se reporter à Jean-Louis Crémieux-Brilhac, *op. cit.*, et à l'ouvrage de Jean Doise et Maurice Vaïsse, *op. cit.*

allemand, le sytème de communications est très au point, tandis que Gamelin disposait, lui, en tout et pour tout, d'un téléphone, et que bon nombre de chars français ne pouvaient établir de contact radio. La Wehrmacht possédait près de trois fois plus d'armes antichars. Bref, dans la bataille de France, l'avantage de la Wehrmacht est plus qualitatif que quantitatif, tandis que c'est moins l'insuffisance des moyens que la manière de s'en servir qui a pénalisé les armées françaises.

Reste à analyser les contraintes qui se sont exercées sur l'armée, dans les relations du commandement avec la classe politique, importantes s'il est vrai que, comme on l'affirme, une nation a l'armée qu'elle mérite. Les plus pesantes ont été les contraintes diplomatiques[9] : le commandement a dû, depuis les années vingt, bon gré mal gré, évoluer d'une stratégie d'intervention à une stratégie de dissuasion devenue caduque à la remilitarisation de la Rhénanie. Puis il fallut adopter un profil strictement défensif, en respectant les consignes : maintenir de manière absolue l'inviolabilité du territoire national, économiser au maximum le sang français. On peut voir là l'influence de ce que François Bédarida appelle la « gouvernante anglaise[10] », le fait que la diplomatie française a été le plus souvent à la remorque d'une politique britannique d'*appeasement*. De surcroît, en mars 1936, le gouvernement belge dénonça la convention signée avec les Français le 7 septembre 1920 et la classe politique belge s'en tint désormais à une « politique d'indépendance », à savoir une stricte politique de neutralité qui compliquait la tâche de l'état-major français.

Les contraintes économiques ont moins pesé[11]. Sans doute l'intendance n'a-t-elle pas forcément suivi ; mais si la

9. Une analyse fort bien documentée dans Jean-Baptiste Duroselle, *La Décadence 1932-1939*, Le Seuil, 1983.

10. François Bédarida, « La gouvernante anglaise », *in* René Rémond et Janine Bourdin, *Édouard Daladier chef de gouvernement*, Presses de la Fondation nationale des sciences politiques, 1977.

11. Une démonstration convaincante dans Jean-Louis Crémieux-Brilhac, *op. cit.*

machine industrielle a connu un démarrage un peu lent et quelques ratés, elle a fonctionné avec efficacité à compter de l'automne 1938 : dans l'hiver de 1939, un an plus tard, il sortait plus de chars et d'avions des usines françaises que n'en produisaient les usines allemandes et entre l'automne de 1939 et juin 1940, le rapport entre aviations française et allemande passe de 1 pour 4 à 1 pour 2.

Les relations entre le haut commandement et la classe politique ont donné lieu à des débats le plus souvent biaisés. Nombre de généraux ont dénoncé, après coup, l'impéritie et le manque de courage des parlementaires lors des choix budgétaires. Ils n'avaient pas totalement tort. Mais il faut rappeler le *modus vivendi* établi entre l'armée et le pouvoir depuis la fin de l'affaire Dreyfus : l'armée reste la grande muette pourvu que l'ordre social ne soit pas menacé et que les hommes politiques ne mettent pas leur nez dans les affaires internes à l'armée. Cette seconde condition fut respectée quasi à la lettre par la presque-totalité de la classe politique de l'entre-deux-guerres, et notamment par Daladier. Ce fut donc le haut commandement qui – sauf peut-être en 1932-1933 – eut la haute main sur l'orientation de la stratégie et sur la mise au point de l'outil militaire.

Deux hommes ont eu une influence décisive : d'abord, et avant tout, Philippe Pétain puis Maxime Weygand. Quoi qu'ils aient pu dire, l'armée a presque toujours obtenu les moyens financiers qu'elle réclamait, et donc a bénéficié d'un budget militaire appréciable. Robert Frank a démontré, en particulier, chiffres et sources à l'appui[12] que, pendant le Front populaire, ce n'est pas la politique sociale qui a tari l'effort militaire, mais bien l'inverse : la « pause » s'explique pour une bonne part par le très gros effort financier consenti pour l'armée. L'état-major réclamait 9 milliards de francs, le gouvernement accorde le 7 septembre 1936 14 milliards supplémentaires pour un plan quadriennal et Daladier,

12. Robert Frank, « Le Front populaire a-t-il perdu la guerre ? », *L'Histoire*, juillet-août 1983.

devenu président du Conseil, allait ajouter un supplément de 12 milliards : le budget des armées cessait d'être un budget d'effectifs et d'entretien, on investissait dans le réarmement, dans le matériel.

Mais s'il y eut bien un redressement industriel et financier, l'état-major, lui, n'a guère modifié sa doctrine[13] et encore moins ses pratiques. Pour au moins deux raisons. La première est la guérilla interne que menaient les divers services, voire les différentes armées. On s'explique ainsi le retard dans la création d'un ministère de l'Air, la dispersion des avions ou encore la faiblesse de la DCA française. Il est d'ailleurs symptomatique que, la guerre déclarée, les QG se soient éparpillés de manière aberrante : celui du commandant en chef est à 60 km de celui du front nord-est, avec une étape intermédiaire où siège l'état-major ; celui de l'armée de l'air campe, lui, à 50 km du commandant en chef et celui de la marine à la même distance, mais dans le sens opposé. Le tout avec de mauvaises liaisons.

La deuxième raison réside dans les difficultés que rencontrent les novateurs, presque toujours barrés dans leurs efforts pour moderniser. Certes, le haut commandement n'est pas homogène et a pu revoir ses perspectives depuis la Grande Guerre : Pétain ne rejette pas *a priori* l'aviation, et Weygand ne s'oppose pas totalement à l'établissement de divisions cuirassées. Mais la mise en œuvre est toujours laborieuse : si l'idée de créer des divisions cuirassées autonomes est en principe acquise en 1936, elle n'entre dans les faits qu'en décembre 1939. Au total, l'armée française forme un ensemble hybride, juxtaposant les gros bataillons de la nation armée – priés de respecter les glorieuses leçons de 1914-1918 – et quelques secteurs que les plus entreprenants avaient fini par réussir à moderniser. Mais ces secteurs restent des parents pauvres : entre 1935 et 1940, l'armée a dépensé 4 fois plus pour son fourrage que pour ses carburants.

---

13. Cf. L. Mysyrowicz, *Autopsie d'une défaite*, L'Âge d'homme, 1973.

Le haut commandement proclame en juillet 1939 que l'armée est prête. Elle est prête, en effet, pour une guerre d'usure qui serait dans un premier temps défensive. Mais pour garantir l'intégrité du territoire, on a prévu, en cas d'invasion de la Belgique, d'avancer les forces les plus aguerries dans la Flandre belge, sur la Meuse et la Dyle (un affluent de l'Escaut) : c'est la manœuvre « Dyle » ; Gamelin ajoute *in extremis* (le 17 novembre 1939) la variante « Breda » : des troupes d'élite iront à marches forcées protéger Anvers et la « forteresse Hollande ». Cette décision stratégique se révélera lourde de conséquences, car ces forces prélevées sur les réserves générales manqueront cruellement à la mi-mai.

Dans la bataille, enfin, ce haut commandement âgé (dix ans de plus en moyenne que celui de la Wehrmacht) n'a pas fait le poids. Nombre de grands chefs ont été au-dessous de tout : Gamelin, cultivé et disert, généralissime plus politique que meneur d'hommes, a cherché d'abord à se couvrir et s'est abîmé dans ses réflexions sans commander ; son second, le général Georges, s'effondre littéralement dans la nuit du 13 au 14 mai et ne sortira pas de sa dépression ; Billotte et Blanchard, deux proconsuls pourtant musclés, flottent ; Huntziger, un mondain qui a été le véritable vaincu de Sedan, saura faire jouer ses fortes amitiés à droite pour devenir malgré cela ministre sous Vichy. Le seul qui ait gardé les idées relativement claires et un peu d'allant fut Weygand, avec son caractère de chien et malgré ses soixante-douze ans ; mais il est décontenancé par une guerre qui n'est pas la sienne et, à la mi-juin, se désintéresse de la retraite pour obtenir coûte que coûte l'armistice. Ajoutons que c'est à cause des tergiversations du haut commandement que les armées de l'Est seront prises au piège et capturées : les ultimes directives, avec les variations d'usage sur l'honneur, recommandaient de maintenir la discipline ; c'est ainsi que des officiers supérieurs, oubliant apparemment qu'un des devoirs du soldat est d'éviter la capture, organiseront minutieusement des séances de reddition aux Allemands éberlués, avec salut, fortes paroles, etc. Ils se conformaient aux consignes du genre de celles que donne le général commandant à Bordeaux la 18e région militaire, à l'approche des avant-gardes allemandes : « Désarmer tout le monde. Rassembler toutes les armes et les munitions. Consigner officiers et hommes au quartier. Brûler les documents. Les officiers qui n'exécuteraient pas ces ordres seraient traduits devant le Conseil de guerre. » On voit mal comment ce général, probablement prêt à disserter sur les méfaits de l'esprit de jouissance, aurait pu gagner la bataille de France.

L'effondrement de la société civile

L'un des enjeux spécifiques du second conflit mondial allait être l'aptitude des civils à tenir une guerre qui ne ressemblait à aucune des précédentes. Or la société civile donne globalement l'impression de s'effondrer, les mailles du tisssu social craquent de partout. La manifestation la plus frappante – sans être la seule – en est l'exode[14] dont la mémoire collective a gardé un souvenir particulièrement prégnant[15]. Et cette rupture des mailles du tissu social allait être, dans la bouche de Pétain et de quelques autres, une des justifications majeures de l'armistice.

Au cours de l'automne de 1939, des femmes et des enfants des pays de marches, des lycéens parisiens avaient été « évacués ». À la fin de mai et encore plus pendant la deuxième semaine de juin, ce sont des réfugiés, fuyant spontanément le vainqueur, qui tentent d'attraper les derniers trains et sont pour la plupart jetés sur les routes, dans des conditions rétrospectivement stupéfiantes.

Les Français du nord de la Loire (certains au sud, notamment autour de Lyon, prirent également la route, mais ils furent moins nombreux) se lancèrent dans une migration singulière. Si les plus avisés ou les plus nantis, partis avec quelque avance, ont bénéficié de conditions qui donnèrent à

14. Jean Vidalenc, *L'Exode de mai-juin 1940*, PUF, 1957.
15. Lire nécessairement le récit remarquable de Léon Werth, *33 Jours*, Éditions Viviane Hamy, 1992.

certains adolescents l'impression de grandes vacances anticipées, pour la très grande majorité des femmes, enfants, vieillards, entassés tant qu'il y avait de l'essence dans les Rosalie ou les Juvaquatre surchargées, juchés sur des bicyclettes ou se contentant d'avancer à pied avec une poussette, cette fuite tourna le plus souvent au cauchemar, surtout lorsque des avions allemands ou italiens mitraillaient ces files où se mêlaient civils et soldats débandés. À la mi-juin, les petites cités du Gâtinais, Pithiviers ou Beaune-la-Rolande, deviennent d'immenses dortoirs où s'entassent des foules exténuées, assoiffées, désemparées. Celles et ceux qui avaient pu franchir la ligne qui semblait magique de la Loire atterrissaient dans des cités dont les autorités ne savaient où donner de la tête : Limoges a vu ainsi jusqu'à 200 000 réfugiés errant dans ses rues.

Cette migration stupéfiante par son ampleur (au bas mot 8 millions de personnes se sont trouvées à un moment ou à un autre sur les routes de France) correspond à une grande peur – de celles qu'on a pu définir comme la juxtaposition de fantasmes et de craintes bien précises. Peur des bombardements, (nombre des réfugiés avaient en tête l'image de Madrid pilonnée en 1936 et encore plus de Rotterdam en feu) ; souvenir aussi de l'occupation très dure des régions du Nord entre 1914 et 1918 ; peur ancestrale de la soldatesque, réactualisée par la propagande qui décrivait les soldats allemands comme des hordes barbares. Ouvrons, à ce propos, une parenthèse : si la Wehrmacht ne se conduisit pas dans la France conquise comme en Pologne, le soldat allemand fut loin d'être aussi *Korrekt* qu'il a été prétendu. Il y eut de nombreuses violences individuelles (ainsi la domestique du poète Saint-Pol Roux fut tuée, sa fille violée) et de véritables tueries : 54 civils massacrés à Courrières, plus de 70 à Oignies, 48 prisonniers fauchés à la mitrailleuse près de Bourg-en-Bresse, et, encore plus significatif, les 120 tirailleurs sénégalais exterminés près de Chartres, près d'un millier d'entre eux mitraillés dans la banlieue lyonnaise, etc. Cela dit, il suffisait de rumeurs, sur fond d'angoisse des lendemains, pour déclencher le départ.

Ce sont les réfugiés en détresse qui apprendront aux Français du sud de la Loire quelle pagaille généralisée a provoqué l'avance allemande. Car bien des notables et des fonctionnaires d'autorité, y compris des préfets, avaient fui les premiers. Jean Moulin, demeuré, lui, à son poste, à Chartres, nous a laissé un tableau fort précis[16] de cette dilution sociale : l'évêque opte pour une tournée de confirmation loin dans le sud du département ; le maire, quant à lui, est déjà aux Sables-d'Olonne ; les pompiers, les responsables de l'approvisionnement en eau, les boulangers ont fui. Il eut du mal à trouver trois personnes pour l'assister dans une ville bombardée, envahie puis occupée. La situation est évidemment très diverse selon les départements. Mais la population a eu globalement l'impression – et c'est là un point d'importance – d'avoir été abandonnée. Dans le même temps, les repères sociaux s'estompaient. Cet effondrement pouvait prendre des allures bouffonnes (l'un des 200 malades échappés de l'asile de Semoy, dans le Loiret, vendant, en blouse blanche adéquate, tous les médicaments au prix égalitaire de 10 sous) mais aussi dramatiques, comme le geste de ces quatre infirmières d'Orsay achevant sept grabataires qu'elles redoutaient de laisser aux mains de l'occupant. Ce dérèglement du jeu social se manifeste précocement par les nombreux pillages, auxquels se livrent des Français, avant même les soldats allemands.

Le tableau doit sans doute être nuancé. Certains sont partis vers le sud pour rester à la disposition d'un gouvernement qui résisterait. Et, de surcroît, tout le monde n'a pas pris la route : un quart au moins des Parisiens, surtout dans les quartiers populaires, sont demeurés chez eux. Jean Vidalenc[17] souligne le contraste saisissant entre deux villages de la Côte-d'Or distants de moins de 10 km : à Tichey une seule famille de quatre personnes prit la route ; à

16. Lire le témoignage exceptionnel de Jean Moulin, *Premier Combat*, Éditions de Minuit, 1947 ; compléter par Daniel Cordier, *Jean Moulin, l'inconnu du Panthéon*, Lattès, 1989, t. I.
17. Jean Vidalenc, *op. cit.*, p. 285.

Bousselange, les 150 habitants sont partis, à l'exception d'une famille qui a choisi le suicide.

Reste que l'exode a eu des retombées d'une grande importance. Il a eu certes moins d'effets d'ordre militaire qu'on ne le dit, car ces réfugiés ont suivi le repli des armées et ne l'ont que très rarement précédé. Ses conséquences politiques sont, en revanche, incontestables. Ce fut un profond traumatisme non seulement pour les 8 millions de personnes qui l'ont vécu, mais aussi, indirectement, pour tous ceux qui ont entendu leurs récits. C'est ainsi qu'il est demeuré dans la mémoire collective un événement majeur, dont Philippe Pétain, qui était, lui, à l'écoute des habitants de Bousselange, saura tenir compte, et d'aucuns iront jusqu'à prétendre que l'exode avait posé le fondement moral de l'armistice. C'est pourquoi également Philippe Pétain, déclarant vouloir demeurer coûte que coûte au milieu des Français désemparés, pourra aisément prôner une stratégie uniquement hexagonale.

Le clan néopacifiste l'emporte

La défaite militaire a provoqué – comme souvent – une crise politique. En termes scientifiques, on dira que le système a été incapable d'amortir la brusque surcharge engendrée par la déroute. Si cette crise est, dans une certaine mesure, logique, son déroulement est singulier et son dénouement pour partie biaisé. Elle se joue en tout cas entre moins d'une trentaine de personnes, sans qu'interviennent le Parlement ni *a fortiori* l'opinion. Elle suscite après la Libération une profusion de plaidoyers *pro domo*, dont les arguments se contredisent[18]. On ira à l'essentiel[19] en cher-

---

18. Une recension très précise a été faite par Franca Avantaggiato Puppo, *Gli Armistizi francesi del 1940*, Milan, 1963 ; se reporter utilement aux notes critiques de Jean-Noël Jeanneney *in* Jules Jeanneney, *Journal politique*, Colin, 1972.

19. Consulter Jean-Pierre Azéma, *op. cit.*, p.140-157, et Jean-Noël Jeanneney, *op. cit.*

chant à comprendre pourquoi et comment l'a emporté le clan néopacifiste avec, à sa tête, Philippe Pétain.

Chronologie d'une crise

Elle se déroule en trois temps et se clôt sur l'arrivée au pouvoir légal de Philippe Pétain.

Jusqu'au 10 juin, Paul Reynaud donne l'impression de tenir bon. Les esprits sourcilleux trouvèrent qu'il en rajoutait en multipliant les proclamations martiales, voire en emmenant quatre de ses ministres à Notre-Dame de Paris prier Dieu de protéger la France ; ils s'étonnèrent moins qu'il fît tomber des têtes : le général Corap, accusé à tort de n'avoir pu résister à lui seul à la percée de Sedan, Gamelin – que remplace Weygand –, Alexis Léger, le tout-puissant secrétaire du Quai d'Orsay ; il procéda les 16 mai et 4 juin à deux remaniements de son cabinet, qui lui permettent notamment d'y faire entrer le « vainqueur de Verdun », qui, de son ambassade de Burgos, sans intriguer vraiment, se tenait très précisément au courant de ce qui se passait à Paris. Reynaud, pour mettre en place un cabinet de guerre, éliminait ses adversaires (avant tout Daladier), promouvait des hommes réputés bellicistes (Georges Mandel à l'Intérieur), et s'entourait d'hommes à lui, des technocrates comme on dirait aujourd'hui, tels Baudouin, Bouthillier et aussi un certain général de Gaulle, qu'il connaissait bien et qui venait d'obtenir des succès à la tête de la 4e DCR.

Reynaud put maintenir une relative cohésion de son cabinet jusqu'au 10 juin. Il en alla tout autrement après l'échec de la bataille d'arrêt. Le gouvernement quittait Paris pour gagner la Touraine, avant de rejoindre Bordeaux le 14. C'est en Touraine que les ministres brinquebalés et dispersés dans des châteaux, dépourvus de moyens de travailler et notamment de communications décentes, allaient se diviser de manière irréversible. La date du 13 est à retenir : c'est ce jour-là que se tient à Tours la dernière rencontre franco-britannique au sommet, entre Churchill et Reynaud ; émerge alors le parti de l'armistice, lors d'un des conseils tenus à Cangey, émaillé d'incidents significatifs. C'est pour convaincre de sa nécessité que Weygand (admis au Conseil des ministres au titre de généralissime) annonce aux ministres sidérés – et la nouvelle était évidemment fausse – que Thorez venait de s'installer à l'Élysée. Mais ils ne sont encore que 5 sur 23 à se ranger derrière Philippe Pétain qui lit un manifeste bref et très explicite, exigeant la conclusion immédiate d'un armistice.

La crise se dénoue à Bordeaux le 16 au soir, après deux nouvelles journées d'affrontements de plus en plus violents entre partisans et adversaires d'un armistice. Se succèdent algarades entre Reynaud et Weygand, menaces de démission de Pétain comme de Reynaud ; au milieu de débats extrêmement confus, on ne songe même pas à discuter un projet d'union franco-britannique, élaboré à Londres par Jean Monnet et Charles de Gaulle et accepté par Churchill. Le 16 juin au soir, sans prévenir quiconque (alors qu'une petite majorité des ministres continuaient de le soutenir), Reynaud démissionne et conseille (quoi qu'il en ait dit par la suite) au président Lebrun d'appeler Philippe Pétain, le chef de file du parti néopacifiste. Le vainqueur de Verdun devenait ainsi le dernier président du Conseil de la IIIe République.

Les enjeux

Si la crise se développa dans une grande pagaille, elle se joua sur des clivages qui divisaient profondément non seulement la classe politique mais l'ensemble des Français. Ceux qui venaient de l'emporter faisaient un pari hexagonal : il fallait, coûte que coûte, en finir avec une guerre mal engagée, se dégager de l'alliance, à tous égards funeste, avec la Grande-Bretagne, admettre politiquement la défaite. La solution qui s'imposait était la conclusion d'un armistice, par lequel le pouvoir politique assumerait politiquement la demande de cessation des hostilités. Le gouvernement devrait logiquement demeurer en France, ce qui serait une garantie pour la société civile. Leurs adversaires estimaient, au contraire, que, d'une manière ou d'une autre, la lutte devrait être continuée politiquement ; comme il fallait bien mettre fin aux hostilités, les armées capituleraient, ce qui engageait les responsables militaires mais non, comme un armistice, les autorités politiques. Celles-ci pourraient alors, comme l'avaient fait la reine des Pays-Bas et le roi de Norvège, quitter la France et gagner, par exemple, l'Afrique du Nord, en laissant, il est vrai, la population à la merci du vainqueur. Ces deux options renvoyaient à deux projections géostratégiques différentes. Pour les premiers, la conclusion de la bataille de France signifiait la fin de la guerre ; pour les seconds, rien n'était totalement perdu tant que la Grande-Bretagne tiendrait bon, d'autant que les États-Unis seraient bien contraints d'entrer dans le conflit qui allait devenir mondial.

Mais déjà les partisans de l'armistice ajoutaient une exigence à leurs yeux fondamentale : ils refusaient de voir le haut commandement signer une capitulation, parce que le redressement « intellectuel et moral » auquel seraient astreints les Français aurait à s'inspirer des valeurs de l'armée. Insistons bien sur ce point, qui souligne l'enjeu que représente cette différence entre armistice et capitulation : il s'agit moins pour eux de la survie de la nation armée indispensable sur un échiquier international que de la préservation coûte que coûte d'un prestige militaire à usage interne. Dès le 26 mai, Pétain avait envoyé à Reynaud une note comminatoire parfaitement explicite : « Il est indispensable que l'admiration de notre peuple pour son armée soit sauvegardée. L'armée est le rempart matériel et moral du pays. » C'était rompre sur un point capital avec la tradition républicaine ; l'armée, en l'occurrence ses généraux vaincus, dictait ses conditions au pouvoir civil.

Une crise à huis clos

Le sort de la nation s'est donc joué entre une vingtaine de personnes. Le nouveau gouvernement n'a pas été investi en bonne et due forme, puisque le Parlement ne s'est pas réuni. Ni Jules Jeanneney ni Édouard Herriot, les présidents des deux Chambres, n'avaient alors cherché à convoquer ceux des sénateurs et des députés qui avaient suivi le gouvernement, parce que les Chambres auraient été incomplètes, mais aussi par crainte des manœuvres des défaitistes.

De cette partie de bras de fer qui s'est déroulée quasi à huis clos, Paul Reynaud est sorti vaincu. Lui qui ne doutait de rien, dont la vie professionnelle et politique avait été jusqu'alors une réussite, a baissé la garde au moment décisif. Sans doute les appuis extérieurs sur lesquels il croyait pouvoir compter lui ont-ils dans une large mesure manqué : Roosevelt ne peut répondre à ses appels au secours angoissés que par de bonnes paroles ; les Britanniques, qui, dès le 26 mai, l'avaient jugé un peu trop hésitant, préfèrent garder les escadrilles de la RAF qu'il leur demande pour se préparer à une bataille d'Angleterre imminente. Mais on est frappé du contraste entre la pertinence de ses analyses et le manque de fermeté dont il fait preuve dans la conduite des affaires ; ainsi il conçoit le projet du transfert en Afrique du Nord, mais n'en exige pas la mise en œuvre immédiate. On ajoutera au tableau la faiblesse de son entourage : l'activité brouillonne de sa maîtresse, l'omniprésente Hélène de Portes, qui, croyant sauver sa carrière politique, l'a poussé à tergiverser ; les manœuvres de certains de ses obligés, Bouthillier, Baudouin qui sont passés à Pétain, de Villelume, son propre directeur de cabinet, partisan déclaré de l'armistice, qui n'hésita pas à falsifier le contenu d'une lettre adressée à l'ambassadeur américain, en arguant que la « gravité des circonstances m'enlève toute espèce de scrupules à cet égard ». Au moment où il aurait eu besoin d'être épaulé, aucune personnalité d'homme d'État n'émerge à ses côtés, pas même Mandel, l'homme que d'aucuns attendaient[20].

Il est vraisemblable aussi qu'il était au fond de lui-même partagé. Enfin, son comportement, dans cette crise sans commune mesure, fut avant tout celui d'un parlementaire ; après s'être laissé prendre au piège de la proposition Chautemps (il fallait demander à Hitler à quelles conditions celui-ci accorderait un armistice), il choisit de lever l'hypothèque Pétain, en lui passant la main, espérant revenir avec

---

20. Portrait perspicace tracé par Jean-Noël Jeanneney, *Georges Mandel : l'homme que l'on attendait*, Le Seuil, 1991.

des coudées plus franches lorsque ce dernier aurait échoué. C'était sous-estimer l'homme et ne pas prendre la mesure précise de l'ampleur de la crise d'identité nationale.

Le parti de l'armistice était assez hétéroclite, mais il avait pour lui de répondre au souhait diffus de la nation, lasse de la guerre, et d'être mené par deux hommes déterminés qui étaient, de surcroît, des gloires nationales. Weygand comme Pétain avaient été d'avis de tenter la bataille d'arrêt ; mais une fois la défaite consommée, ils s'évertuèrent à préserver ce qu'ils pensaient être l'honneur de l'armée ; ces préoccupations leur permirent de rallier à leur cause Darlan, patron d'une flotte invaincue, qui hésita pendant longtemps sur la conduite à tenir. Pétain, que Reynaud avait placé à ses côtés comme une potiche glorieuse qui redonnerait du lustre à son gouvernement, allait se révéler un adversaire madré et redoutable. Il s'impose comme le véritable chef du clan de l'armistice au Conseil des ministres, à Cangey, le 13 juin : « Je déclare, en ce qui me concerne, que, hors du gouvernement s'il le faut, je me refuserai à quitter le sol métropolitain. Je resterai parmi le peuple français pour partager ses peines et ses misères. L'armistice est, à mes yeux, la condition nécessaire à la pérennité de la France. » La position pouvait sembler réaliste à une opinion peu soucieuse pour l'heure de la différence entre armistice et capitulation : la stratégie hexagonale qu'imposait la conclusion d'un armistice apparaissait à des millions de Français plus opératoire que le pari de continuer la guerre en Angleterre ou en Afrique du Nord.

L'armistice : une coupure décisive

On retient communément le sabordage parlementaire du 10 juillet comme la date de fondation du régime de Vichy. Sans en sous-estimer les retombées et encore moins la portée symbolique, il faut souligner le caractère primordial de l'acceptation de cet armistice, qui fonde une stratégie autant qu'un nouveau régime.

Les revanches de Rethondes

À peine formé, dans la nuit du 16 au 17 juin, le nouveau gouvernement fait demander au Reich, par l'intermédiaire de l'ambassadeur d'Espagne en France, de lui indiquer ses « conditions de paix ». Hitler fait un peu traîner les choses pour laisser à la Wehrmacht le temps de prendre d'autres gages territoriaux, mais se garde de trop tergiverser pour éviter que – comme cela s'était passé en Norvège – les représentants qualifiés de la nation ne quittent le pays.

Le 21 juin, selon un scénario minutieux, le IIIe Reich victorieux efface les humiliations de novembre 1918 : les quatre membres admis pour la délégation française, conduits par Huntziger, eurent à se serrer dans le wagon 2 419 D de la Compagnie internationale des wagons-lits, celui-là même qui avait été utilisé en 1918, pour entendre Keitel dénoncer d'une voix rogue toutes les turpitudes françaises avant de donner lecture des articles de la convention d'armistice. Épiés, placés à leur insu sur table d'écoute, n'obtenant qu'un contact épisodique avec Bordeaux, les plénipotentiaires français eurent à peine vingt-quatre heures pour réagir, obtenir de maigres modifications d'un texte qu'ils signèrent finalement le 22 en fin d'après-midi. Il restera encore aux Français à se rendre à Rome (l'Italie, on le sait, avait décidé le 10 juin d'entrer en guerre pour participer à la curée), même s'ils avaient prévenu les Allemands qu'ils ne céderaient pas aux exigences italiennes. L'armistice[21] entrait en vigueur le 25 juin à 0 h 35.

Les 24 articles de la convention d'armistice comportaient des clauses d'ordre militaire sévères, mais relativement classiques. Elles exigeaient le désarmement des troupes avant leur démobilisation, la livraison du matériel et des armes offensives à l'exception, notable il est vrai, des avions et surtout des navires de guerre qui seraient, eux, désarmés dans le port d'attache du temps de paix. Les clauses écono-

21. Cf. Jean-Baptiste Duroselle, *L'Abîme*, *op. cit.*

miques, qui semblèrent sur le moment plus anodines, imposaient un contrôle des transactions, accordaient aux produits allemands et italiens un régime privilégié et, surtout, mettaient à la charge du gouvernement français les frais d'entretien des troupes d'occupation, source future d'un véritable tribut journalier.

Ce sont les clauses politiques – et pour cause – qui allaient le plus frapper les esprits. Les contemporains n'attacheront pas une aussi grande importance à l'obligation, pourtant vraiment déshonorante, de livrer les réfugiés politiques (classés « fauteurs de guerre ») qu'au découpage territorial. Car la France était dépecée : elle était partagée en son centre par une « ligne de démarcation » qui courait du pays de Gex à Saint-Jean-Pied-de-Port et à la frontière espagnole en passant par Dôle, Chalon-sur-Saône, Moulins, Bourges, Poitiers, Angoulême. La zone occupée (en gros, les trois cinquièmes du territoire) incluait toutes les façades maritimes, sauf la Méditerranée, la quasi-totalité des sources d'énergie et des régions industrielles. Le Reich s'était octroyé dans cette partie du territoire national « tous les droits de la puissance occupante » et les fonctionnaires français étaient fermement invités à « collaborer » avec leurs homologues allemands. Et encore la convention ne disait-elle pas que les trois départements de la Moselle, du Bas-Rhin et du Haut-Rhin allaient être annexés *de facto* tandis que ceux du Nord et du Pas-de-Calais allaient être rattachés à la Kommandantur de Bruxelles. Dernière clause politique : le Reich emmenait outre-Rhin les 1 600 000 prisonniers qui, gardés dans des Stalags et des Oflags, « jusqu'à la paix », devenaient de véritables otages.

L'armistice-diktat

Cet armistice allait devenir rétrospectivement l'objet de polémiques acharnées, d'autant que sa signature fut l'un des griefs retenus au départ par l'accusation dans le procès intenté en 1945 à Philippe Pétain. Le débat est pour partie biaisé, puisque l'armistice, qui était censé n'être seulement qu'une étape préparant à la conclusion d'une paix ultérieure, allait en fait demeurer le satut juridique du pays pendant toute l'Occupation. Les spéculations auxquelles on s'est livré à ce propos confinent à l'histoire-fiction. La plus acrobatique de ces reconstitutions rétrospectives concerne l'Afrique du Nord : puisque la convention ne disait mot des territoires maghrébins, on affirma qu'elle avait permis le débarquement anglo-saxon en novembre 1942, les plus imaginatifs ajoutant que le coup avait été prévu dès 1940 par Weygand et Pétain. Or, en juin 1940, personne à Bordeaux ne s'est soucié de l'Afrique du Nord, si ce n'est pour tancer son commandant en chef, le général Noguès, qui, dans un premier temps, incitait le gouvernement à tenir bon, en proposant le Maghreb comme base arrière.

Les controverses du côté allemand sont bien moins vives. Les motivations du Reich étaient relativement simples : l'armistice était un acte transitoire mais important visant non seulement à dissocier la coalition franco-britannique mais aussi à faire du territoire français une plate-forme parfaitement sûre d'où mener l'assaut ultime contre les îles britanniques. C'est pourquoi Hitler – et c'est ce qu'il explique longuement à Mussolini, le 18 juin, à Munich – décide de ne pas se montrer trop gourmand, pour que se maintienne un gouvernement prêt à signer l'armistice et à laisser utiliser l'administration française, pour éviter également le départ de la flotte française, dont l'enjeu pour la Grande-Bretagne était alors primordial. Pour l'heure, le Reich ne revendique aucun territoire ni dans l'Hexagone ni dans l'Empire, pas plus qu'il ne formulera d'exigences sur la flotte ; il se contente d'occuper.

À Bordeaux, les nouveaux dirigeants ne perçurent pas les finesses du plan de Hitler. Il est vrai qu'ils entendaient en finir au plus vite et on donna l'ordre de signer, sans même attendre l'accord du président de la République, en balayant les quelques objections faites par huit ministres. Il fallait faire vite parce que les « bellicistes » pouvaient relever la tête. Plus profondément, les hommes du nouveau gouvernement, obsédés par l'honneur de l'armée, avaient la certitude que le Reich gagnerait fatalement la partie, et la conviction non moins importante que le salut viendrait d'une révolution culturelle qu'ils étaient pressés de mettre en œuvre.

Dans l'immédiat, politiquement, leurs choix n'étaient pas en porte à faux avec le gros de l'opinion publique qui se refusait à parier sur la continuation de la guerre. Stratégiquement, leur calcul aurait pu avoir des conséquences incommensurables, puisque, parmi les clauses de l'armistice, la neutralisation de la flotte française rendait terriblement vulnérable l'ancienne alliée (sans parler du refus opposé aux Britanniques de leur livrer les 400 aviateurs de la Luftwaffe faits naguère prisonniers et que les Anglais retrouveront dans leur ciel lors de la bataille d'Angleterre).

La rupture de l'Entente cordiale

Malgré d'inévitables chamailleries durant la drôle de guerre, l'alliance franco-britannique avait tout d'abord fonctionné honorablement. C'est à partir de la mi-mai qu'une relative défiance s'installe[22]. Car le commandement britannique et Churchill perdent confiance dans les capacités des grands chefs alliés ; puis Français et Anglais s'accusent réciproquement d'avoir fait échouer la contre-atttaque qui aurait dû être décisive autour d'Arras ; l'évacuation de Dunkerque n'allait pas arranger les choses : dans les premiers jours, les soldats français avaient été systématiquement écartés des navires de rapatriement. Au fil du temps s'installait le soupçon, même si les Anglais multipliaient encouragements et promesses (Churchill déclarait solennellement le 13 juin que, quoi qu'il advînt, la France serait rétablie dans son intégrité et sa puissance). Des dirigeants français mettaient en cause l'égoïsme des Anglais qui refusaient d'envoyer toute la flotte aérienne de la RAF ; les Britanniques, eux, tout en proposant les solutions les plus singulières (ainsi en sera-t-il du projet d'union franco-

---

22. Consulter Jean-Baptiste Duroselle, *op. cit.*

britannique), affichaient leur scepticisme sur l'issue de la bataille de France et entendaient garder leurs moyens pour la suivante, celle d'Angleterre, se préparant au choc décisif avec leur stratégie propre.

La rupture de fait de l'alliance se produisit à l'armistice qui contrevenait formellement à l'accord du 28 mars 1940 interdisant tout armistice séparé. Ses clauses rendaient, de surcroît, la Grande-Bretagne terriblement vulnérable, car les négociateurs français n'avaient pu obtenir à Rethondes qu'une modification formelle de l'article 8 de la convention d'armistice : les navires de guerre français devaient regagner leurs ports d'attache du temps de paix ; les deux tiers de la flotte de haute mer allaient donc devoir mouiller en zone occupée. Après quelques malentendus complémentaires, l'ambassadeur de Sa Majesté en France regagnait Londres avec tout son personnel, ce qui n'allait pas arranger les choses. L'amirauté britannique en venait à interdire aux navires français au mouillage dans les ports anglais de regagner la France, tandis que Darlan, le tout-puissant amiral de la flotte[23], ordonnait, le 22 juin, aux pachas des navires français de préparer des consignes de sabordage en cas de menace de tout « ennemi ou étranger » (y compris donc les Anglais).

Le drame allait se nouer précisément sur la flotte. Churchill, qui avait pourtant donné de multiples preuves de sa francophilie, estima qu'il en allait de la survie de la Grande-Bretagne, et voulut aussi montrer aux neutres, notamment aux États-Unis, que l'Angleterre se battrait jusqu'au bout. À son instigation, le 27 juin, le Naval Staff programme pour le 3 juillet l'opération Catapult[24] qui aurait à être menée sans états d'âme : il fallait au minimum neutraliser, au mieux contrôler, au pis détruire la flotte française.

---

23. La biographie sur Darlan la plus précise – et la plus favorable – est celle écrite par Hervé Coutau-Bégarie et Claude Huan, *Darlan*, Fayard, 1989.

24. Cf. Jean-Pierre Azéma, *op. cit.*, p.196-205, et Hervé Coutau-Bégarie, Claude Huan, *op. cit.*

Dans les ports anglais, les navires français furent aisément confisqués ; en rade d'Alexandrie, les deux amiraux Cunningham et Godfroy parvinrent *in extremis,* en désobéissant partiellement à leurs supérieurs respectifs, à un accord de désarmement. Mais près d'Oran, à Mers el-Kébir, les réactions de l'amirauté française et la raideur de l'amiral français Gensoul, dont la latitude d'action était, il est vrai, bridée par l'article 8 de la convention d'armistice, ont empêché tout compromis, et le sang allait couler. Après quelques heures de vaines négociations, l'amiral britannique Somerville, qui commandait la force H, dont un croiseur de bataille, donnait l'ordre d'ouvrir le feu sur des navires mouillés en rade de Mers el-Kébir, pour partie désarmés, et dont les feux n'étaient pas battants. En vingt minutes, 36 salves envoyaient 60 tonnes d'explosifs et d'acier, tuant 1 297 marins français (dont 977 emprisonnés dans *La Bretagne,* touchée de plein fouet et qui coula instantanément). Pétain et quelques autres s'opposèrent au projet défendu par Darlan de monter des opérations franco-italiennes contre les Anglais, et le gouvernement de Vichy se contenta de faire bombarder Gibraltar. Reste que la rupture des relations diplomatiques était consommée. Et s'il serait erroné de parler d'un renversement proprement dit des alliances, la page de la concorde franco-britannique était bien tournée.

L'émergence du régime de Vichy et ses malentendus

L'armistice allait également – et c'est tout aussi important – asseoir ce qui deviendra dans la foulée le régime de Vichy. Car jusqu'à ce qu'il soit conclu, la situation politique est demeurée relativement mouvante. À la fin de juin, en revanche, la partie est gagnée, et la débandade parlementaire du 10 juillet est moins la cause que la conséquence d'une redistribution antérieure de la donne politique. Même si nous ne disposons pas de données chiffrées, il semble bien qu'une large majorité de Françaises et de Français aient été soulagés de voir Philippe Pétain présider aux destinées de la France vaincue et occupée. Il apparut en effet à la fois comme un rempart contre le vainqueur et l'homme capable de résoudre la très grave crise d'identité nationale dans laquelle sombraient des Français profondément humiliés. Mais cette confiance, si naïvement accordée, allait rapidement devenir une source de graves malentendus.

La redistribution de la donne politique

Le sort du nouveau gouvernement dépendit dans une large mesure de l'intelligence politique de Hitler. En effet, jusqu'à la signature de l'armistice, les présidents des Chambres, le président de la République et une partie de la classe politique s'inquiétaient de voir la Wehrmacht continuer d'avancer et préconisaient le transfert en Afrique du Nord de presque tous les ministres « civils » autour du président de la République. Pétain, confronté à ce risque de dyarchie, manœuvra au plus près. La ténacité de Weygand, un faux commis par le nouveau garde des Sceaux, Alibert, pour retarder les départs des parlementaires, le forcing de minorités agissantes conduites par Laval, et surtout la conclusion de l'armistice eurent raison des velléités de résistance d'une fraction des représentants du peuple.

Parallèlement, la nouvelle équipe prenait ses marques, et d'abord trouvait tout simplement où exercer son pouvoir[25]. Elle dut quitter Bordeaux, en zone occupée, pour échouer à Vichy, ville qui possédait une capacité hôtelière adéquate, tout en étant politiquement sûre. Le nouveau gouvernement, qui avait connu des débuts plutôt désordonnés (au point qu'un ministre, Pomaret, s'était vu proposer en même temps l'Intérieur et la Justice), se stabilisa lorsque Laval devint, le 26 juin, vice-président du Conseil, alors qu'il avait précédemment claqué la porte parce qu'on lui refusait les

25. On peut se référer à Emmanuel Berl, *La Fin de la IIIe République*, Gallimard, 1968.

Affaires étrangères. Il est vrai que Pétain n'avait attaché qu'une attention médiocre à la représentation des partis dans son gouvernement. Il ne considérait celui-ci que comme une sorte d'état-major en campagne ; d'ailleurs 8 sur 18 de ses ministres étaient des « techniciens » ou des militaires, Weygand et Darlan entre autres. La plupart d'entre eux en tout cas avaient été des partisans déterminés de l'armistice et représentaient une sensibilité proche de la droite autoritaire, voire de la droite extrême, à l'image de Pétain. Ce dernier n'hésita pas à faire arrêter, dès le 18 juin, Georges Mandel, sur la foi des seuls racontars du très antisémite et très droitier Alibert ; il dut, faute de preuve, le relâcher avant de le faire à nouveau incarcérer en juillet. Le fond de l'air avait déjà bien changé.

Le président du Conseil, Philippe Pétain, de surcroît maréchal de France, jouissait d'une latitude d'action considérable. Il aurait pu choisir de se contenter de cet état de fait. Il opta pour la disparition de ce que, dans son entourage, on nommait de plus en plus l'« ancien régime ». Non qu'il fût obsédé par les questions institutionnelles, mais il supportait mal l'idée même d'avoir à consulter le très conformiste président Lebrun et de devoir se prémunir contre une fronde des Assemblées. Les plus expéditifs de ses conseillers préconisaient la fin de la République avec une dispersion pure et simple des parlementaires. Laval, qui avait besoin de se rendre indispensable au milieu de ministres qui, pour la plupart, ne l'appréciaient guère, prôna, lui, une solution plus habile en se faisant fort d'obtenir que le parlement se sabordât. Pétain, d'abord sceptique puis intéressé, et n'ayant rien à perdre et tout à gagner dans l'opération, donna son aval le 7 juillet.

Le lâche soulagement de la classe politique

La classe politique, dans son ensemble, se sentait, il est vrai, finalement soulagée par l'armistice, après avoir été traumatisée par la défaite, globalement anesthésiée et ligotée par toutes sortes de peurs. Peur de l'avenir, peur d'un pouvoir militaire, peur peut-être d'elle-même, de sa propre incapacité.

Le spectacle qu'elle offrait et son manque de courage politique non seulement réjouissaient les antiparlementaires patentés, mais marqueront les gaulliens et nombre des responsables de la Résistance. Dans ses tergiversations, elle se laissa aisément manœuvrer par des minorités agissantes, celle notamment qui s'était groupée dans la « Commune de Bordeaux » autour du néosocialiste Adrien Marquet, autour de Laval qui attendait l'heure d'une revanche, ou celle que constituaient divers transfuges de la gauche (Bergery, Montigny) ou représentants de la droite extrême (Tixier-Vignancour, Ybarnegaray, Scapini, etc.). Elles surent, avec la complicité du gouvernement, exploiter l'affaire du *Massilia*[26], un navire sur lequel s'étaient embarqués, le 21 juin, au Verdon, pour gagner l'Afrique du Nord, au milieu de permissionnaires et de civils, 27 parlementaires (un sénateur et 26 députés, dont 7 anciens ministres et parmi eux Daladier, Mandel et Zay, etc.). À leur arrivée à Casablanca, ils furent mis en quarantaine par les autorités de la Résidence, présentés comme des fuyards et inculpés pour une partie d'entre eux de complot (Mandel) ou de désertion (Zay, Mendès France, Viénot, Wiltzer).

Les partis, eux, s'étaient volatilisés. Le PCF, toujours interdit, tentait difficilement de se dépêtrer de la ligne imposée par le Komintern ; la SFIO, profondément déchirée par le débat qui avait opposé les pacifistes aux bellicistes, était disloquée ; le parti radical-socialiste éclatait dans toutes les directions ; les partis de droite avaient cessé d'exister en tant que partis. Ajoutons que les grands caciques et ténors de la République restèrent fort discrets. Albert Lebrun fut totalement inexistant, Herriot tergiversa, Jeanneney se confina dans une sorte de magistrature juridique, Blum se tut pour ne pas être renié par une partie de ses ex-camarades, Reynaud se trouvait blessé à la suite d'un grave accident de voiture, Flandin, d'abord protestataire, fut aisément retourné par Laval.

Pour parvenir à ses fins, obtenir un hara-kiri des parle-

---

26. Cf. Christiane Rimbaud, *L'Affaire du Massilia,* Le Seuil, 1984.

mentaires, Laval[27], que Blum dépeint comme complaisant, lénifiant, infatigable, multiplia les garanties, promit des prébendes, au besoin évoqua la menace de devoir subir le joug d'un Gauleiter ou les rigueurs d'un régime militaire. Sur nombre de parlementaires déboussolés, dans un Vichy bruissant de rumeurs, il se livrait avec ses amis à un véritable travail de sape.

L'opération finale respecta à peu près les formes (quoi qu'on ait pu affirmer plus tard). Le 9 juillet, la quasi-unanimité des présents (à trois voix près à la Chambre, et une au Sénat) décida qu'il y avait « lieu de réviser les lois constitutionnelles » ; le lendemain, dans l'après-midi, les deux Chambres réunies en « Assemblée nationale » votèrent le texte gouvernemental. Sans doute la priorité accordée à celui-ci puis la proclamation de l'urgence permirent-elles de brider les opposants (au point que Vincent Badie fut expulsé quasi *manu militari* de la tribune, quand il voulut prendre la parole). Si la séance fut menée à la hussarde, elle se fit sans entôlage. Le projet gouvernemental, à peine modifié, n'accordait formellement à Philippe Pétain que les seuls pouvoirs constituants. Mais le rapport préalable, établi par une commission spéciale mixte, avait précisé on ne peut plus explicitement que l'Assemblée nationale accordait « au gouvernement du maréchal Pétain les pleins pouvoirs exécutif et législatif » ; et le texte du gouvernement les lui donna sans restriction, de la façon la plus étendue (avec, malgré tout, une limitation d'importance : le gouvernement ne pourrait déclarer la guerre). C'est dans un cadre d'opérette (cette ultime séance se tint dans la salle de théâtre du Grand Casino, la seule qui pût contenir tous les parlementaires), à peine corrigé par le « cérémonial d'usage », que la République parlementaire mourut de mort quasi naturelle. Il y eut en effet 569 députés et sénateurs pour se saborder, tandis que 20 d'entre eux, plus prudents, s'abstenaient (et parmi eux Herriot et

27. Cf. la biographie – favorable – de Fred Kupfermann, *Laval 1883-1945*, Balland, 1987.

Queuille, ce qui n'est pas rien). Ils étaient seulement 80 (les plus nombreux provenaient certes de la gauche, mais la majorité des socialistes comme des radicaux avaient voté le texte) à sauver l'honneur du Parlement républicain[28].

Un unanimisme lourd de malentendus

On prêtera attention à ne pas commettre d'anachronisme en plaquant sur ce moment l'ombre portée des années qui vont suivre : Philippe Pétain apparaissait alors à la très grande majorité des Français comme l'homme recours. Nous reviendrons plus loin sur la personnalité de cet homme en traçant un portrait en pied systématique. Retenons ici simplement pour notre propos les éléments qui ont concouru à ce qu'il fût la « bouée de sauvetage » (l'expression est de Jules Jeanneney) à laquelle les Français se sont raccrochés. Pierre Laborie[29] a retenu que le personnage de Pétain avait pu alors cumuler cinq fonctions : procéder au sauvetage d'une nation en grand péril ; la protéger contre le vainqueur ; lui donner les moyens de remettre de l'ordre dans l'extrême confusion des esprits ; représenter la légitimité ; maintenir l'identité nationale.

Ce n'est pas la première fois – ce ne sera pas la dernière – que les Français, décidément moins démocrates qu'ils ne le croient, iront chercher des hommes recours : Thiers joua ce rôle, Clemenceau et Poincaré aussi à leur manière. Reste que, sous la République, jamais les Français n'accordèrent pareil blanc-seing à un homme. Il est vrai que nombre d'entre eux avaient perdu leurs repères politiques et sociaux, que, plongés dans cette angoisse du vide que leur imposait l'atomisation de la France, ils subissaient les pressions psychologiques et idéologiques qui utilisaient l'humiliation subie et poussaient à la diabolisation de l'autre. Dans un premier temps, les Françaises et les Français furent ainsi, et vraisemblablement dans leur très grande majorité, des maré-

---

28. Un bon récit de la séance dans Emmanuel Berl, *op. cit.*
29. Se reporter à Pierre Laborie, *op. cit.*

chalistes, comme les caractérisent aujourd'hui les historiens. Les conservateurs partisans de l'armistice et brouillés avec la République, ceux qui attendaient une revanche sur 1936 et les peurs sociales qu'ils avaient endurées, *a fortiori* les adversaires déterminés ou irréductibles de la « Gueuse », bref la droite extrême, devinrent de surcroît, et du jour au lendemain, pétainistes. Quant aux défenseurs de la République, ils se tinrent cois ; comme l'a écrit Jean Cassou : « Chacun est rentré chez soi[30]. »

Philippe Pétain jouissait donc alors de la confiance de la très grande majorité de la nation. Mais ce maréchalisme triomphant était gros d'un double malentendu. Nombre de Français escomptaient bien que le vieux Maréchal gagnerait du temps, finasserait avec l'épouvantable Hitler en adoptant un profil bas qui ne provoquerait pas l'occupant. Ils n'étaient pas préparés à le voir patronner et cautionner la collaboration d'État avec le Reich. Les mêmes attendaient qu'il mette fin à la crise d'identité nationale en remaillant le tissu social. Ils n'éprouvaient pas une grande envie qu'on leur impose une révolution culturelle. Ils le croyaient sans ambition personnelle, une sorte de Cincinnatus qui se retirerait sa besogne faite ; ils n'avaient pas perçu que Philippe Pétain était, depuis 1917, convaincu qu'il pourrait être un recours durable pour la nation. Ils l'imaginaient dénué de passions partisanes, parce qu'il avait rarement pris position et qu'il ne faisait pas profession de cléricalisme, mais ils ne se rendaient pas compte que cet homme d'ordre, qui avait d'ailleurs, en mai 1936, pris nettement position en faveur du « camp national[31] » était déjà tout à fait décidé à instaurer un régime autoritaire.

---

30. Jean Cassou, *La Mémoire courte*, Éditions de Minuit, 1953, p. 29.

31. La meilleure biographie globale de Philippe Pétain demeure celle de Richard Griffiths, *Pétain et les Français*, Calmann-Lévy, 1974.

Le trauma de 1940

Stanley Hoffmann

Un syndrome de la débâcle ?

Est-il vraiment nécessaire, plus d'un demi-siècle après le désastre, d'en rappeler l'ampleur ? En sept semaines, l'une des grandes puissances d'un système international encore centré sur l'Europe s'est écroulée et a dû accepter l'occupation de près de deux tiers de son territoire par le vainqueur dans des conditions outrageantes pour son orgueil et pour son honneur. Une armée considérée comme la plus forte du monde a été battue en quelques jours par un adversaire audacieux et rapide. Une doctrine stratégique presque unanimement acceptée s'est révélée anachronique et néfaste, 2 000 000 de soldats ont été faits prisonniers. Une fois encore, un régime politique n'a pu survivre à la débâcle militaire, mais la mort de ce qui avait été la plus longue expérience de démocratie libérale dans l'histoire de la France prit la forme d'un suicide où se mêlèrent des intrigues ténébreuses et des repentirs abjects ; et il fut suivi d'une abdication presque totale au profit d'un vieillard vénéré mais inquiétant. Pour la première fois, beaucoup des nouveaux messieurs, et certains des anciens qui battaient leur coulpe, incitèrent les Français non seulement, comme Renan après la défaite de 1871, à étudier et à imiter ce qui avait permis au vainqueur de gagner, mais à répudier une bonne partie de l'histoire et des traditions nationales pour s'engouffrer dans le train idéologique et politique du vainqueur, en marche irrésistible vers l'avenir. Une nation assommée par l'ampleur de la catastrophe, et plus encore par celle d'un exode qui avait déraciné l'un des peuples les plus casaniers au monde, jeté sur des routes bouchées et parfois bombardées des hommes et des femmes épris de sécurité et perclus d'habitudes, manifestait ce qu'un auteur pénétrant a récemment appelé un « besoin quasi biologique de récupération et de retrait[1] ».

Tout, donc, était en cause, et fut mis en cause : l'armée et le régime, la diplomatie qui avait mené à la guerre, mais aussi l'identité nationale elle-même, ce que Montesquieu aurait appelé l'« esprit général » de la communauté politique française, la nature de ses élites, le comportement des groupes sociaux, la validité d'un système économique qui paraissait si timide et étriqué à côté du dynamisme du vainqueur. On avait pu, en 1814-1815, attribuer la responsabilité du désastre à un homme qui avait régné sans partage ; en 1871, à un régime qui s'était établi par un coup d'État et dont le chef avait mal vieilli. Cette fois-ci, tout le monde se sentait impliqué, même si la chasse aux boucs émissaires devait, une fois de plus, dévoiler la tendance universelle des pénitents à se poser en juges.

On pourrait donc croire qu'un traumatisme sans précédent dans l'histoire de la nation française aurait laissé non seulement des traces mais aussi des cicatrices profondes, et évidentes, et même des plaies visibles dans la mémoire et dans l'histoire subséquente. Mais ce n'est pas vraiment le cas. Les traces, les cicatrices, les plaies existent, mais elles posent, d'emblée, deux questions difficiles. En premier lieu, comment faire pour distinguer, dans leur origine, la part du désastre de mai-juin 1940 de celle des années précédentes – la longue chute, complexe et discontinue, des années trente ou de l'entre-deux-guerres – et surtout de la part des années noires d'après l'armistice ? Le traumatisme de la débâcle n'est qu'un épisode – certes le plus violent et le plus massif – dans toute une série de traumatismes : celui

1. Jean-Louis Crémieux-Brilhac, *Les Français de l'an 40,* Paris, Gallimard, 1990, vol. II, p. 714.

des années 1934-1936, celui de Munich, puis celui de la grande division entre vichyssois, collaborateurs, attentistes et résistants, enfin celui de la quasi-guerre civile de 1943-1944. Évidemment, les souvenirs des uns et des autres concernant la catastrophe de 1940 sont colorés, et même façonnés, par ceux d'avant et ceux d'après. Comme la Révolution française, la période 1934-1946, avec toutes ses convulsions, est un bloc : divisible pour l'historien, certes, et pour les acteurs engagés, mais bloc quand même, en raison de l'enchaînement, de l'engrenage qui semblait entraîner inexorablement les individus et les groupes d'une épreuve à une autre, et du contraste avec le monde relativement plus calme et plus lent d'avant, comme avec le monde si différent d'après. Il n'y a pas, il ne peut pas y avoir (sauf, bien sûr, dans les souvenirs personnels des uns et des autres, qui portent sur des cas et sur des moments précis) de mémoire du désastre entièrement distincte, séparable de ce qui précéda et de ce qui suivit.

J'ai dit que ce bloc était divisible pour l'historien ou l'acteur engagé. Mais c'est ici qu'un autre obstacle apparaît – qui nous apprend, obliquement, quelque chose d'important sur la mémoire et sur l'histoire nationales. Le contraste entre l'ampleur de la catastrophe de mai-juin 1940 et la place qu'elle tient dans la production intellectuelle du pays (ce que l'on appelle, en Angleterre ou aux États-Unis, *the record*) est stupéfiant. Prenons ce qu'on pourrait nommer les analyses historiques. Nous trouvons des études par des militaires, ou des ouvrages sur la stratégie et la tactique militaires, parfois fort techniques, mais la meilleure synthèse en la matière est sans doute celle d'un auteur qui enseigne en Suisse[2]. Nous trouvons beaucoup d'ouvrages descriptifs – depuis Benoist-Méchin jusqu'à Paillat et Amouroux – qui nous livrent des masses d'anecdotes et des détails plutôt que des analyses. En fait de vues d'ensemble qui cherchent à voir les choses de

2. Ladislas Mysyrowicz, *Autopsie d'une défaite*, Lausanne, L'Âge d'homme, 1973.

haut et à aller au plus profond, je n'en vois que trois, qui datent toutes soit des lendemains de la défaite soit de ceux de la Libération : *L'Étrange Défaite,* de Marc Bloch, *À l'échelle humaine,* de Léon Blum, le début des *Mémoires de guerre* du général de Gaulle. Il a fallu attendre jusqu'en 1990 pour que paraisse la somme de Jean-Louis Crémieux-Brilhac, qui dégage d'une masse de données et de documents souvent inédits des interprétations et des conclusions qui nuancent sans les ébranler les aperçus et les jugements des « trois grands » que je viens de nommer. Comparés à la vaste littérature sur Vichy ou sur les années trente et même à celle qui porte, de façon plus fragmentaire, sur la Résistance et la Libération, c'est peu.

Si nous passons aux arts et lettres, c'est encore moins. Le désastre de mai-juin 1940 n'a pas, en littérature pure, trouvé son *Silence de la mer*. Quelques romans ont en quelque sorte photographié la confusion et l'humiliation des soldats ; le plus connu est sans doute le dernier volume publié des *Chemins de la liberté,* de Sartre ; on n'offensera personne en disant qu'il n'y a pas d'ouvrage qui ait soit eu un grand succès auprès des lecteurs, soit pu être rapproché d'un Stendhal écrivant sur Waterloo, ou d'un Tolstoï sur la bataille de Russie. Au cinéma, je ne vois que deux films à citer : *La Fille du puisatier*, de Pagnol, tourné au moment où Marc Bloch faisait son examen de conscience de citoyen, c'est-à-dire dès l'été de 1940, et, datant de 1952, *Jeux interdits,* de René Clément. Or, dans les deux cas, la débâcle ne joue pas vraiment le rôle principal : elle sert de cadre à une histoire fort classique de séduction et de rédemption chez Pagnol, et si Clément donne de l'exode une série d'images bouleversantes, ce n'est que le prélude à une émouvante chronique d'enfants malheureux et de paysans plutôt mal dégrossis.

On ne peut pas dire que c'est le vide ; mais ce n'est certes pas le trop-plein. Un ouvrage sur le syndrome de la débâcle qui prendrait pour modèle celui d'Henry Rousso sur le syndrome de Vichy risquerait d'être bref…

La catastrophe et l'humiliation

Il nous faut néanmoins scruter une mémoire qui parle si bas et si peu. Comme dans toutes les études sur la mémoire, il convient de préciser de quoi l'on va parler. Il ne s'agit pas de la mémoire individuelle – sur ce point, les souvenirs des uns et des autres nous renseignent sur ce que leurs auteurs ont fait, vu, ressenti pendant ces quelques semaines. Il s'agit ici de la mémoire collective, notion certes discutable[3] mais que j'utilise pour désigner, non quelque phénomène « durkheimien », mais ce qui semble commun à un grand nombre de mémoires individuelles ; et il s'agit aussi de la mémoire de groupes officiels ou partisans qui cherchent, à des fins diverses, à suggérer ou même à imposer une interprétation donnée des événements. La mémoire dite collective a certes ses fonctions, mais n'est pas à proprement parler instrumentale ; la mémoire de groupes est instrumentale, elle, et manipulatrice ; c'est une forme de l'idéologie, tournée vers l'action (Robert Frank[4] considère aussi la mémoire publique, mais je préfère ne voir en elle que celle du groupe – qui peut être très large et représentatif – au pouvoir à un moment donné – qui peut être très long).

Deux caractéristiques, et deux seulement, se dégagent d'une étude de la mémoire collective définie ci-dessus. La première, c'est très évidemment le sentiment très fort de catastrophe, d'une irruption dans la vie quotidienne de quelque chose de presque sidéral, par sa rapidité et son étrangeté (cf. le titre choisi par Bloch), sentiment d'autant plus puissant que chacun, depuis les pouvoirs publics jusqu'à la base, avait paru pendant la drôle de guerre chercher à faire comme si l'on était encore dans le registre de la vie normale. Ce qui domine sans doute dans la mémoire collective de la Grande Guerre est le sentiment d'une longue souffrance

---

3. Cf. les remarques de Marie-Claire Lavabre dans Denis Peschanski, Michael Pollak et Henry Rousso (éds.), *Histoire politique et Sciences sociales,* Paris, Éd. Complexe, 1991, p. 272-278.

4. « Bilan d'une enquête », dans *La Mémoire des Français,* Paris, Éd. du CNRS, 1986, p. 371-373.

aiguë ; dans celle de mai-juin 1940, c'est l'impression du coup brutal et inattendu sur le crâne et au cœur, un coup qui produit un double déplacement : physique ou géographique (l'exode, les camps de prisonniers, pour certains l'exil ou le départ pour Londres) et mental (l'Histoire avec une majuscule, qui, après avoir longtemps grondé ou menacé dans les coulisses, entre soudain en scène pour frapper, et transporte, du coup, les individus assommés de la sphère privée dans celle du collectif, bien malgré eux. Pour prendre un seul exemple, le Sartre qui, dans ses *Carnets de la drôle de guerre* et ses *Lettres au Castor*, préserve si bien son quant-à-soi dans sa caserne et poursuit à la fois ses travaux personnels et la dissection psychologique de ses compagnons, est soudain expédié dans un camp allemand où il découvre enfin le « nous », le groupe et la communauté politique).

L'autre caractéristique, c'est l'humiliation, ou même la honte – il n'est pas nécessaire d'insister sur ce sentiment, tant il est évident et compréhensible. Mais il a deux corollaires qui exigent une exégèse. Le premier, c'est la tendance psychologique parfaitement courante, qui consiste à chercher des baumes ou des excuses. L'accent a été mis souvent (y compris dans les admirables volumes de Crémieux-Brilhac) sur les moments ou les exemples d'héroïsme et de succès, pour se rappeler et montrer que tout n'a pas mal tourné et que, si telle ou telle condition avait été remplie, comme en 1914, la nation aurait pu rester digne d'elle-même : cadets de Saumur, contre-attaques du colonel de Gaulle, redressement de la mobilisation industrielle par Raoul Dautry, etc. Quant aux excuses, les plus frappantes – qui montrent bien le glissement de la mémoire au mythe (phénomène aussi fréquent d'ailleurs dans les cas de mémoires triomphalistes que dans ceux de mémoires humiliées) – sont celles du « coup de poignard dans le dos » (comme en Allemagne après 1918), c'est-à-dire, ici, de la fameuse 5e colonne, mythe autojustificateur par excellence[5], et celle de la supériorité numérique

5. Jean-Louis Crémieux-Brilhac, *op. cit.*, p. 557-560.

de l'armée et de l'armement allemands, dont les historiens ont fait justice. Après avoir proclamé, et cru, qu'on vaincrait (à la longue) parce qu'on était les plus forts, il fallait se consoler en se disant qu'on avait été battus parce que, sans secours alliés suffisants (ce qui n'était pas entièrement faux), on avait eu affaire à un ennemi plus fort (ce qui, sur le plan quantitatif, était faux).

L'autre corollaire, qui provient tant de la nature – humiliante – du choc que de l'insuffisance flagrante des mythes consolateurs, c'est ce phénomème qui explique le vide relatif que j'ai voulu d'emblée mettre en relief : un certain refus, ou du moins une réticence certaine, à s'examiner en face, pour reprendre une expression de J.-P. Rioux[6], refus ou réticence qui se sont traduits par l'absence de commémoration, autre que celle du 18 juin. Comme l'a dit Robert Frank, « ce qui est tristement mémorable n'est pas aisément commémorable[7] » ; c'est la Libération que l'on célèbre, plutôt que la victoire de mai 1945. Est-ce parce que la débâcle fut le prélude (et la suite) de trop de déchirements ? Frank a souligné que les Français commémorent de nombreux événements qui les ont violemment divisés. Mais il faut faire intervenir un facteur qui explique que ces déchirements-ci n'aient fait qu'alimenter le sentiment d'humiliation, et donc entretenir l'impossibilité psychologique de toute commémoration, un facteur qui explique aussi la rareté des examens de conscience après 1945 : c'est la marée des autoflagellations, des « macérations[8] » (le terme est de Léon Blum) consécutives au désastre. Ces manifestations masochistes furent d'un genre tout à fait spécial, puisque, contrairement aux radioscopies autocritiques de Blum lui-même et de Bloch (est-ce seulement le hasard qui veut qu'elles proviennent de deux personnalités juives ?), celles auxquelles je fais allu-

---

6. *La France de la IVe République*, Paris, Le Seuil, 1980, t. I, p. 264.

7. *Op cit.*, p. 377.

8. *La Prison, le Procès, la Déportation*, Paris, A. Michel, 1955, p. 412.

sion – et qui commencèrent avec le discours du Maréchal du 20 juin 1940, jugé « tout simplement admirable[9] » par un André Gide vite déçu (dès le 24) : « Depuis la victoire, l'esprit de jouissance l'a emporté sur l'esprit de sacrifice », etc. – furent les premières salves de la nouvelle guerre franco-française. C'étaient les manifestations, non pas d'une volonté à la fois sereine et stoïque d'auto-analyse, mais d'une fâcheuse tendance à battre sa coulpe sur la poitrine d'autrui, à plonger dans la honte pour mieux en extraire des coupables sur lesquels on pourrait se soulager. La déviation de l'auto-examen en dénonciation, dès juin 1940, puis la succession même des chasses aux boucs émissaires, tout au long des années noires et après la Libération (pensons aux premières interprétations du régime de Vichy et de la collaboration) ont de quoi expliquer un certain vide ou un relatif silence autour du désastre.

Cette déviation témoigne aussi d'une autre caractéristique, moins insolite, de la mémoire du traumatisme : c'est une mémoire divisée, un affrontement de constructions où le vrai et le mythique se mêlent à des fins bien précises. Il y eut, d'emblée, la mémoire instantanée de Vichy ; elle a sombré avec le régime, sauf chez les derniers fidèles du Maréchal, mais ce n'est pas une raison d'en oublier l'ampleur et la force en 1940-1941. Ainsi, le journal d'un certain Chobaut, cité par Crémieux-Brilhac[10], illustre parfaitement le glissement ultrarapide d'une mise en cause du « Français moyen » (égoïste, infécond, mesquin), critique inconfortable dans la mesure même où l'auteur en était un, à l'adoption de la vulgate pétainiste : non seulement Travail, Famille, Patrie – thèmes, en soi, « unanimistes » – mais chasse aux coupables : les partis, la haute finance, etc., c'est-à-dire le passage à une mémoire d'exclusion, qui permet de faire porter le fardeau à des fauteurs de désastre et de dégager l'auteur de toute responsabilité. L'étude de cette « fabrication » appa-

9. *Journal 1939-1942*, Paris, Gallimard, 1946, p. 44.
10. *Les Français de l'an 40*, t. I, p. 610-614.

remment instantanée de la mémoire officielle de Vichy a été trop souvent et trop bien faite pour qu'il soit nécessaire d'insister ici ; sauf pour souligner qu'elle n'avait en fait rien d'instantané : c'était la vulgarisation d'une analyse que Maurras faisait depuis longtemps, qui s'était répandue à droite fort largement[11], qui s'était amplifiée à cause du Front populaire et contre lui, et qui, pour un temps, put servir à la fois d'explication d'un phénomène colossal et inouï – la débâcle – et d'excuse pour n'en garder qu'une image partielle et partisane. Une nation déboussolée et assommée se réconfortait ainsi dans l'archaïsme et le rejet d'une bonne partie d'elle-même.

Il existe deux autres mémoires, antidéfaitistes mais rivales ; elles se sont voulues rassembleuses, sinon unanimistes, mais elles avaient, elles aussi, leurs boucs émissaires – moins nombreux, certes, que ceux de la mémoire officielle de 1940-1944 : la mémoire communiste et la mémoire gaulliste. La première ressemble à une seconde couche de peinture appliquée sur une première couche, aux couleurs un peu trop douteuses. On le sait, l'image de la défaite et l'explication que Jacques Duclos et Maurice Thorez ont voulu répandre pendant l'été et l'automne de 1940[12] partaient de l'idée que la guerre n'était qu'un règlement de comptes entre impérialistes, imposé au peuple français par une bourgeoisie animée d'une haine farouche envers l'Union soviétique et la classe ouvrière. Lorsque Staline fut attaqué par Hitler, l'appel à la paix immédiate puis à la lutte contre « la bourgeoisie et ses "socialistes" », le « véritable fléau du peuple », se transforma en appel à la résistance patriotique contre l'envahisseur et ses serviteurs, mais la mémoire confectionnée par le Parti continua de marteler la bourgeoisie responsable de la débâcle, de présenter le Parti et la classe ouvrière comme les seuls à ne pas s'être couchés ou déshonorés avant

11. Cf. Robert Soucy, *Le Fascisme français 1924-1933*, Paris, PUF, 1989.

12. Cf. Stéphane Courtois, *Le PCF dans la guerre*, Paris, Ramsay, 1980, p. 500-528.

mai 1940, et comme les victimes des intérêts égoïstes et des trahisons de cette bourgeoisie. C'est une mémoire destinée à la fois à donner mauvaise conscience aux alliés nouveaux ou retrouvés, et à préparer les revendications du Parti sur les épurations et les transformations nécessaires de la société, de l'économie et de la vie politique françaises. Plus tard, après la Libération, et surtout après l'échec du tripartisme, l'analyse classique de la débâcle devint inséparable de la célébration du rôle exemplaire et héroïque joué par le « Parti des fusillés » dans la Résistance, et de la redénonciation d'alliés inconsistants et trompeurs.

Dans la mémoire gaulliste – qui, elle, n'a guère varié –, la place des trusts fut prise par les traîtres, celle du Parti par les résistants de l'intérieur et de l'extérieur. Comme dans la mémoire communiste, on trouve ici le mythe du peuple presque tout entier résistant et redressé. Mais la mémoire gaulliste porte bien plus sur les années noires, dont Raoul Girardet nous dit qu'elle donne une vision « évangélico-épique [13] », que sur le trauma de 1940 (dont la mémoire communiste, elle, ne peut éviter de parler précisément parce qu'il lui faut effacer l'image gênante d'un parti provisoirement mais vigoureusement défaitiste). Est-ce parce que la geste du Général commença le 18 juin, jour J, an I de la grande légende ? Est-ce parce qu'il était vraiment bien difficile de faire revêtir à la France éperdue de la débâcle un manteau, même partiellement imaginaire, de rectitude et de gloire ? Est-ce parce que la pédagogie de rénovation pratiquée par le grand homme et qui exigeait une certaine bonne conscience et une certaine fierté, même artificielles, avait tout intérêt à s'inscrire dans le cadre simple, frappant et archétypique de la chute suivie par l'Appel, puis par la longue montée collective vers l'Unité et le Salut ? Toujours est-il qu'il existe un contraste entre ce qu'on peut nommer la version gaulliste officielle de l'histoire, qui ne s'attarde guère sur la

13. Raoul Girardet et Pierre Assouline, *Singulièrement libre*, Paris, Perrin, 1990, p. 84.

défaite, et l'analyse gaullienne dans le premier volume des *Mémoires de guerre,* qui s'en prend avec une éloquence bien documentée au conformisme des militaires et à l'« esprit du régime », faible, divisé et stagnant (explication plus étroite, plus purement politique, que celle de Bloch et de Blum).

Deux questions se posent, auxquelles il est encore bien difficile de répondre (et, surtout pour la première, on ne le pourra peut-être jamais). Combien de Français ont vraiment cru à ces versions mythifiées du passé ? La mémoire pétainiste immédiate, on le sait de mille sources, a « pris » très vite et ratissé très large ; mais la suite des événements a rudement secoué la masse de ces croyants, dont certains ont peu à peu changé de vision du monde, et d'autres se sont installés dans un scepticisme tous azimuts. Nous avons beaucoup moins d'indications sur la représentativité des mémoires communiste et gaulliste.

Deuxième question : dans la mesure même où ces deux dernières (comme la mémoire vichyssoise) étaient en quelque sorte inculquées de haut en bas, et rien moins que spontanées, qu'en restera-t-il, maintenant que le PCF s'étiole et se meurt, et que le gaullisme du Général s'éloigne, ou devient un objet de recherches et d'études plutôt qu'un article de foi et un programme d'action ? Si elles s'estompent, le vide relatif signalé au départ ne deviendra-t-il pas plus impressionnant encore ? Dans la mesure où ce traumatisme-là (à la différence de la Révolution, ou même de la Commune) n'a pas engendré d'idéologie (celle de Vichy préexistait), n'allons-nous pas, à l'avenir, n'avoir d'autre « mémoire » du désastre que la mémoire savante, c'est-à-dire la patiente (et pas nécessairement harmonieuse) mémoire des historiens – lesquels ont naturellement tendance à privilégier soit les causes (dans les années trente, ou la drôle de guerre) soit les suites ? C'est ce qu'ont fait, par exemple, J.-B. Duroselle[14] (dont l'analyse de *la décadence* des années trente est fort proche de celle qu'en avait donnée

---

14. *La Décadence*, Paris, Imprimerie nationale, 1979.

de Gaulle), et P. Laborie, qui souligne le lien entre l'attitude prise par les uns et les autres devant la débâcle et leur attitude envers Vichy[15]. En fin de compte, la mémoire savante – encore peu épaisse – rejoint les souvenirs individuels : l'image qui se dégage de ceux-ci et de celle-là, et qui diffère des versions mythifiées de groupes, est fort sévère pour presque tout le monde (Laborie parle justement de ces deux phénomènes si frappants que furent un certain repli sur l'Hexagone au moment même où le monde extérieur venait tout déranger, et une persistance foisonnante et collective de la peur, dans les années qui précédèrent le désastre). À la fin, avec certaines retouches, c'est à Marc Bloch – acteur, témoin et historien – qu'on revient, plutôt qu'à Blum, critique sensible et aigu, lui aussi, de la société et de son propre parti, mais – et on le comprend – trop indulgent à l'égard d'un régime qu'il déclarait, pour le défendre contre ses détracteurs vichyssois ou pronazis, plus malheureux que coupable[16].

Usages de la défaite

Il n'est pas facile, on le voit, de cerner la mémoire du désastre. Il ne l'est pas beaucoup plus de saisir la place de ce grand choc dans l'histoire de France. J'ai déjà souligné les multiples dimensions de la défaite ; il est certain que, dans l'histoire moderne du pays, elle fut le phénomène le plus grave – sauf sur un point, non négligeable : du point de vue biologique, les guerres de l'Empire et la victoire de 1914-1918 coûtèrent à la France beaucoup plus de vies humaines que mai-juin 1940, et même 1939-1940 (mais la large résignation initiale à la défaite s'explique en bonne partie par l'épouvantable saignée de 1914-1918).

Ce que l'on peut essayer de décrire ici, ce sont deux séries d'effets, deux façons dont le traumatisme de 1940 a pesé sur l'histoire de la France contemporaine. Il y a lieu de distin-

---

15. *L'Opinion française sous Vichy,* Paris, Le Seuil, 1990.
16. *Op cit.,* p. 423.

guer ce que j'appellerai les effets d'action et les effets-questions. Par effets d'action, j'entends les politiques qui ont été mises en œuvre pour réparer les dégâts, redresser le pays, défaire en quelque sorte la défaite. Or la première constatation (banale mais importante), c'est que les Français ont été profondément divisés sur les leçons à tirer de l'événement. Il y eut, au départ, les résignés (parfois triomphants, car pour eux l'ennemi était à l'intérieur) et il y eut les révoltés (le « Ah ! c'est trop bête » du Général, « soulevé d'une fureur sans bornes [17] ») ; il y eut les apôtres du bon usage de l'humiliation, les prédicateurs de l'expiation et de la régénération par la souffrance contre les champions de la résurrection par le combat et la reconquête de l'honneur. Il y eut, dans le premier camp, les chantres de la Révolution nationale et de l'attentisme, mais aussi les propagandistes de l'« Europe nouvelle » et de l'adaptation au fascisme apparemment victorieux, comme il y eut, dans l'autre camp, ceux pour qui l'essentiel était le rétablissement d'un État digne de ce nom, et ceux pour qui le salut passait avant tout par la rénovation de la société. Il aurait été doublement étonnant que tous les Français tirent de la débâcle les mêmes leçons : parce que cela n'était jamais arrivé dans leur histoire (ce qui explique sans doute la fascination des grands mythes de la fusion, autour d'un roi, d'un chef, ou de la volonté générale) et parce que l'unité apparemment reconstituée entre mars 1939 et mai 1940 était trop fragile pour survivre au choc.

Passons sur les leçons et sur les actions de Vichy et des collaborationnistes. Il y eut des actes et des politiques qui furent, soit dès Vichy, soit après la Libération, entrepris pour éviter à la France de retomber dans les erreurs ou dans les faiblesses qui avaient provoqué la débâcle. Dès Vichy, on peut en citer deux : la politique nataliste (à vrai dire commencée au temps de Daladier), pour redresser une courbe démographique catastrophique face à une Allemagne prolifique, et la politique d'économie dirigée – menée, sous

17. *Mémoires de guerre. L'Appel*, Paris, Plon, 1989, p. 39.

Vichy, pour des raisons multiples, allant de la simple nécessité en temps de pénurie, à des velléités de modernisation (parfois d'ailleurs entachées de desseins collaborationnistes), et réclamée par les diverses Résistances pour des motifs également nombreux, allant de la volonté révolutionnaire des communistes au colbertisme nationaliste gaullien. Quel que fût le mobile, on peut trouver en filigrane la hantise de ce qu'il fallait désormais éviter : le système économique étriqué, replié, décérébré, inefficace des années trente, responsable d'une mobilisation industrielle considérée comme largement ratée.

Parmi les leçons et les impératifs qui animèrent les politiques de l'après-guerre, les plus importants furent les suivants. D'abord, la volonté de redevenir une grande puissance, volonté qui inspira toute la nouvelle classe politico-administrative issue de la guerre et de la Résistance, même si la réflexion sur les moyens ne fut guère à la hauteur de l'ambition, même si l'analyse des bouleversements du système international fut souvent bien courte et bien aveugle. Dans la mesure où il s'agissait d'effacer l'humiliation, et où la perte du fameux rang en était la marque la plus douloureuse, il fallait donc se hausser au niveau d'où l'on était tombé. Pour de Gaulle, et beaucoup d'autres, l'arme nucléaire fut l'un des moyens de cette nouvelle revanche ; pour certains (y compris le de Gaulle de 1945), la restauration de l'Empire en était un autre ; et c'est parmi ces derniers que la décolonisation fit le plus de ravages, parce qu'ils y virent non point (comme la plupart des Anglais) une adaptation aux irrésistibles « vents du changement », mais une nouvelle capitulation déshonorante, une autre débâcle : ainsi Bidault, champion d'une seconde Résistance, ou Raoul Girardet, traumatisé une seconde fois par Diên Biên Phu[18]. Si Yalta fit scandale, et si les élites françaises se rallièrent à une interprétation mythique de cette conférence, c'est parce que l'exclusion de la France pourtant victorieuse fut considérée comme une humiliation injuste impo-

18. *Op cit.*, p. 133.

sée par des Alliés à un pays déchu par l'ennemi commun et porte-parole d'une Europe maltraitée. Une bonne partie de l'histoire de France depuis la Libération est celle d'une série sisyphéenne d'efforts pour effacer l'injustice de la Chute, dans un monde impitoyable où seule une Europe organisée pouvait désormais prétendre au rang tant convoité.

Autre leçon, autre impératif, qui pèse encore aujourd'hui, même sur ceux qui reconnaissent désormais que la France n'est plus une très grande puissance : la volonté d'indépendance – nourrie, certes, non seulement par la honte de la défaite et de l'armistice, mais par les souvenirs de la « gouvernante anglaise » des années trente et le cauchemar de l'Occupation et de la collaboration. Pensons au choix gaullien d'une politique d'indépendance plutôt que d'influence (certes, celle-là était conçue pour aboutir à celle-ci, mais dans le monde tel qu'il est, ce n'est pas toujours le cas, et l'influence, parfois, ne s'obtient – l'Allemagne fédérale l'a bien compris – qu'à travers une réduction de l'indépendance). Les déchirements de la IVe République entre ses velléités d'autonomie et sa position de faiblesse objective se rattachent aussi au traumatisme des années noires. Et sur un point précis, l'aspiration profonde au retour au rang et l'ambition de l'indépendance ont influé non seulement sur la politique des dirigeants mais aussi sur le comportement des citoyens. La France des années trente avait été rongée par le, ou plutôt, les pacifismes qui s'étaient manifestés dans tous les milieux, à peu près tous les partis et groupes d'intérêts, et avaient cimenté d'étranges alliances entre « antibellicistes » de gauche et de droite. La France d'après 1944 a été, de tous les pays d'Europe occidentale, le moins bien disposé envers le pacifisme ou le désarmement unilatéral.

La débâcle a encore pesé sur la politique étrangère d'une troisième façon. Bien que Londres eût été la base de départ et le point d'appui du général de Gaulle, les mauvais souvenirs de mai-juillet 1940 (Dunkerque, Mers el-Kébir), et l'occupation de la France par l'Allemagne ont orienté la diplomatie française d'après la guerre : elle s'est éloignée de Londres, et même pour « contenir » l'Allemagne, elle a été comme aimantée par celle-ci, d'abord sous forme d'une politique répressive, puis dans la coopération européenne.

Autres leçons-impératifs, trop connues pour être longuement analysées ici : la volonté de rénovation des élites et l'ambition de réintégrer la classe ouvrière dans la nation. Ici aussi, l'expérience des années trente et celle de Vichy y sont pour beaucoup, mais les analyses individuelles et les mémoires de groupes penchées sur les comportements de mai-juin 1940 avaient dénoncé, sinon la trahison, du moins les errements et les insuffisances des cadres dirigeants – politiques, économiques et militaires –, et souligné les douloureuses conséquences de la mauvaise intégration des ouvriers dans la communauté nationale.

J'ai indiqué à quel point les leçons du désastre et celles que les nouveaux cadres d'après la Libération, ainsi que la majorité des Français, tirèrent des drames de 1940-1944 avaient convergé. Ainsi, l'extraordinaire volontarisme des deux Républiques est comme une répudiation massive de l'attentisme et de la passivité qui marquèrent la drôle de guerre et l'âge d'or de Vichy. Sur un sujet capital, pourtant, il n'y eut pas de convergence. L'impératif tiré de la décomposition du régime en juin-juillet 1940 par à peu près tout le monde avait été le renforcement de l'exécutif – même Léon Blum avait reconnu que la République n'était pas synonyme de parlementarisme. Mais l'expérience de l'arbitraire vichyssois, la réhabilitation de la République parlementaire du fait même des excès de ses ennemis, les soupçons de la Résistance à l'égard du Général, et les manœuvres des communistes aboutirent à la quasi-restauration de la IIIe (pourtant répudiée par le peuple) dès 1946. Il fallut attendre jusqu'en 1958… et jusqu'à ce qu'une nouvelle humiliation – la double révolte algérienne (1954 et mai 1958) – abattît encore une République et rappelât de Gaulle, enfin capable de mettre en actes sa mémoire de la catastrophe – y compris le fameux article 16 de la nouvelle Constitution, destiné à donner une colonne vertébrale en cas de crise nationale même à un nouvel Albert Lebrun.

Plus intéressants, peut-être, en cette quasi-fin de siècle,

sont les effets-questions : c'est-à-dire les incertitudes profondes, ou les failles, que le trauma de mai-juin 1940 a suscitées dans la conscience des Français ou dans la culture politique du pays, les interrogations auxquelles les mesures évoquées ci-dessus n'ont pas vraiment apporté de réponses. J'en retiendrai trois, à titre d'hypothèses.

L'intelligentsia française s'est-elle vraiment remise du choc de 1940 ? Certes, pendant au moins vingt ans encore, l'intellectuel du style qui s'était formé au XVIIIe siècle et renforcé au temps du romantisme a continué à régner par son verbe, et à vouloir jouer son rôle traditionnel de conscience de la nation, de pouvoir spirituel parlant (au moins !) d'égal à égal avec le pouvoir temporel. Mais l'intellectuel français typique avait pensé, systématiquement (sinon toujours intelligemment), aux problèmes essentiels du pays, avec la conviction de proposer ainsi des solutions à ceux du monde : la vocation à l'universalité, caractéristique du modèle jacobin d'intégration nationale, était la marque et la fierté des intellectuels français, dont ce modèle était d'ailleurs un produit. Pendant l'Occupation, puis après la Libération, des intellectuels souvent géniaux ont continué à vouloir penser pour toute l'humanité. Mais, si on y regarde de près, on s'aperçoit d'abord qu'ils avaient été en quelque sorte formés dans la France d'avant le désastre : ils continuaient sur leur lancée ; ensuite, que leurs écrits viraient de plus en plus de l'analyse des problèmes de société soit au moralisme soit à la métaphysique ; que les solutions qu'ils préconisaient pour ces problèmes (quand ils s'y intéressaient) provenaient de plus en plus de modèles étrangers. Ils pouvaient encore prétendre à l'universalité, dans la mesure où ils faisaient de la morale ou de la philosophie pure ou de la psychologie, mais non pas de la philosophie politique (ou bien, comme Raymond Aron, exception puissante mais partielle à ma généralisation, la cachaient derrière la rigueur sociologique), ou encore dans la mesure où ils introduisaient en France des remèdes venus du dehors. Le vieux modèle roulait encore, mais ne touchait plus tout à fait le sol natal. Et après la génération intellectuelle des années trente – après Sartre, Camus,

Malraux, Bernanos, S. Weil – vinrent des intellectuels de genres bien différents : théoriciens de l'épistémologie plutôt que de la cité, et humbles (ou pas si humbles) spécialistes des sciences sociales. Peut-on rattacher cette évolution à la défaite de 1940 ? Certains affirment que la mutation provient du changement des sociétés modernes et des connaissances, que le modèle de l'intellectuel dénoncé par Tocqueville avait de toute façon fait son temps[19]. Je n'en suis pas sûr. Ou du moins ce n'est pas si simple. La dévaluation *de facto* de la France est pour quelque chose dans ce curieux mélange de dépolitisation et de délire politique importé, exhibé par l'intelligentsia d'après la guerre.

Celle d'avant, même quand elle se répandait en imprécations – et sauf du côté des dégoûtés savourant la décadence qu'ils dénonçaient goulûment, comme Drieu ou Rebatet – ne doutait au fond pas de l'aptitude de la société française à résoudre ses problèmes par elle-même, et de ce fait pour les autres. Les intellectuels d'après me semblent en douter – et refléter ainsi une incertitude lancinante et très répandue sur cette aptitude, en dépit de tous les efforts déployés pour le renouveau. J.-P. Azéma a parlé de l'échec (au moins partiel) des « recommencements » et du sentiment d'échec des rénovateurs[20]. Une modernisation économique et sociale entreprise par un mélange (à la longue contradictoire) de dirigisme interne et d'ouverture sur l'extérieur, une urbanisation tardive mais rapide, une véritable révolution de l'agriculture (aux dépens de la paysannerie – armature traditionnelle), deux régimes politiques à la recherche de la synthèse entre démocratie et efficacité : tout cela, qui tourne délibérément et systématiquement le dos aux maladies de la France de la débâcle, n'a pourtant pas suffi à empêcher un certain essoufflement, la remontée de virus (xénophobes ou racistes) qu'on espérait disparus, un sentiment diffus d'ina-

---

19. C'est la thèse soutenue par Michel Crozier dans « La révolution culturelle », *Preuves*, janv. et févr. 1966.

20. *De Munich à la Libération*, Paris, Le Seuil,1979, p. 358.

daptation malgré tout (ainsi, du système d'enseignement, ou de l'industrie, ou du modèle jacobin). L'autosatisfaction d'avant les années trente, profondément ébranlée par ce que j'ai appelé la tyrannie de l'extérieur[21] au cours de ces années, puis par la défaite, n'a jamais vraiment repris racine, malgré les efforts gaullistes (et de Gaulle ne pensait-il pas lui-même avoir écrit les « dernières pages de notre grandeur » ?). C'est le deuxième aspect de la mise en question.

Il y en a un troisième : la mise en cause de l'État national. Ceux qui voulurent effacer l'humiliation ne doutaient point de lui ; d'où cette volonté de rang et d'indépendance dont j'ai parlé. On reprochait à la IIIe République déclinante sa myopie et son isolationnisme croissants, son culte de la défensive derrière le leurre d'une barrière fortifiée, la contradiction entre ce culte et les alliances signées ; on reprochait à Vichy son aveuglement, son repli sur le mythe du terroir, son inaptitude à prendre une perspective mondiale. Or, paradoxalement, ce fut quand même une certaine forme de myopie qui l'emporta : la Résistance ne s'intéressa guère au monde extérieur, le gaullisme mit l'accent, par réaction pédagogique à l'humiliation, sur l'action autosalvatrice de la seule France ; et ceux qui comprirent que l'avenir de la France était l'Europe ne surent guère l'expliquer, donnèrent souvent l'impression ou bien qu'elle était un mode d'évacuation des problèmes nationaux, ou une adaptation défensive et contrainte au « problème allemand ». La crispation mentale sur l'État national, qui tient, certes, au passé tout entier (aux passés multiples mais, sur ce point, concordants) de la France mais que renforça singulièrement le choc de 1940, aboutit, un demi-siècle plus tard, à ce résultat singulier : une Allemagne un moment écrasée (encore bien plus que la France de 1940), désormais réunifiée, et qui se conçoit comme un État « post-national », dont la souveraineté est partiellement transférée aux Länder et partiellement à la Communauté européenne, semble mieux placée pour

21. *Essais sur la France*, Paris, Le Seuil, 1974.

dominer celle-ci qu'une France à la fois européenne par sa politique de fait et nationale dans sa vision d'elle-même. C'est un nationaliste bouleversé par la défaite puis par la décolonisation, Raoul Girardet, qui pose la question : la France peut-elle encore assurer son avenir dans le cadre national ? La réponse – certes, oui ! – a été donnée par tous ses dirigeants (même Pétain...) ; mais la politique suivie a souvent montré qu'entre la parole superbe et les réalités, entre les cocoricos et la basse-cour, il y avait un grand écart ; la question reste, en fait, posée depuis le grand effondrement et ses suites sinistres.

Ainsi, on en revient à ce par quoi cet essai avait commencé : au mal qu'ont eu les Français à s'autoexaminer, peut-être par peur des conclusions auxquelles un tel examen pourrait aboutir, sans parler des divisions qu'il pourrait faire rebondir. Nous sommes certes dans le domaine de la spéculation plutôt que dans celui de la rigueur scientifique. Mais même lorsque celle-ci est possible, ne débouche-t-elle pas nécessairement sur celle-là ?

Le régime de Vichy

Jean-Pierre Azéma

Que les Français aient été contraints de vivre sous un régime pour le moins autoritaire constitue bien, il faut le répéter, une des spécificités majeures de la France des années noires. Comme l'historiographie[1] le montre, il a pourtant fallu attendre les années soixante-dix pour que les historiens s'intéressent à la nature du régime ; mais depuis lors, les travaux se sont suffisamment multipliés pour qu'on puisse en faire une analyse précise[2]. Dans les pages qui vont suivre, c'est l'étude de ses fondements idéologiques et de ses soutiens politiques qui sera privilégiée (le lecteur trouvera dans d'autres chapitres l'analyse des pratiques et des réalisations de la Révolution nationale). Tout en tenant compte des variantes introduites par les changements de personnel politique et l'évolution chronologique, on cherchera donc à en définir la singularité, et cela en quatre temps : situer dans le régime de Vichy le rôle de Philippe Pétain, puis étudier la Révolution nationale, avant d'analyser le caractère autoritaire et policier du régime, pour dégager la spécificité de l'État français.

---

1. Cf. Jean-Pierre Azéma, « Vichy et la mémoire savante », in *Vichy et les Français*, Jean-Pierre Azéma et François Bédarida (dir.), Fayard, 1992.

2. Consulter l'ouvrage dirigé par René Rémond, *Le Gouvernement de Vichy 1940-1942*, A. Colin, 1972 ; *Vichy et les Français*, *op. cit.* ; Robert Paxton, *La France de Vichy, 1940-1944*, Le Seuil, 1973 ; Philippe Burrin, « Vichy », *in* Pierre Nora, *Les Lieux de mémoire*, t. III, vol. I ; Jean-Pierre Azéma et Olivier Wieviorka, *Vichy 1940-1944*, Perrin, 2000.

1. Le Vichy de Philippe Pétain

L'État français est à ranger parmi les régimes autoritaires de type charismatique : c'est l'homme, Philippe Pétain, qui maintient jusqu'au bout la cohésion d'un système différant sur plus d'un point du national-césarisme inauguré par Napoléon III. Le système fonctionne autour d'un homme recours, paré parfois de vertus quasi providentielles : ainsi Maurras emploie-t-il le vocabulaire religieux pour célébrer la « divine surprise » que représente pour lui le règne du Maréchal : « Une partie divine de l'art politique est touchée par la surprise extraordinaire que nous a faite le Maréchal. On attendait tout de lui, comme on pouvait, comme on devait tout attendre. À cette attitude naturelle il a été répondu de façon plus qu'humaine[3]. » Le protestant René Gillouin écrivait, à peine plus sobrement, que l'arrivée du maréchal Pétain aux affaires était « le seul signe visible que Dieu protège encore la France ». C'est bien par Pétain qu'il nous faut commencer l'analyse du régime de Vichy.

Philippe Pétain, pièce maîtresse de l'État français

Les pétainistes impénitents allégueront dans les années cinquante que le vainqueur de Verdun était, à partir de 1942, le « maréchal aux liens », prisonnier à la fois d'un occupant, auquel il aurait le plus possible résisté, et d'un mauvais génie, Laval, qui aurait perpétré un « détournement de vieillard » en profitant des moments de fatigue admissibles chez un homme de quatre-vingt-six ans. Cette thèse lénifiante, qui d'ailleurs a la vie dure dans l'opinion, a reçu en 1956 l'onction universitaire d'André Siegfried[4] établissant une distinction rigide entre le bon Vichy, celui de Pétain, et le mauvais Vichy, celui de Laval.

---

3. *Le Petit Marseillais*, 9 février 1941.
4. Cf. André Siegfried, *De la IIIe à la IVe République*, A. Colin, 1956.

Il existe sans doute des différences de sensibilité et de comportement entre Pétain, Laval et d'ailleurs aussi Darlan (le lecteur se reportera au chapitre consacré aux trois hommes) ; reste que – et c'est capital – Pétain, jusqu'en août 1944, a pris lui-même ou couvert très lucidement de son autorité les décisions qui ont engagé le sort des Français et de la nation. Il faut tout au plus noter que, progressivement, les ministres, et notamment les premiers d'entre eux, lui servaient de fusibles à l'égard du Reich et de l'opinion. Mais s'il décide en décembre 1940 d'évincer Laval, c'est justement parce qu'il redoute la dyarchie. Lorsque l'échec relatif de la politique menée par Darlan et les maladresses de ce dernier dans les relations avec Berlin l'amènent à reprendre Laval en avril 1942, c'est bien aussi parce qu'il juge que celui-ci peut lui être utile. Dans l'automne de 1943[5], il est vrai, il aurait souhaité procéder à une tout autre relève, mais Berlin le force à accepter que Laval demeure chef du gouvernement, flanqué lui-même de pétainistes ultra, tels Joseph Darnand et Philippe Henriot ; il cessait donc, le 24 décembre, sous la pression allemande, la grève de chef de l'État qu'il avait entreprise le 13 novembre, quand l'occupant l'avait interdit de parole. Or les raisons qui le font céder sont celles mêmes qui l'avaient incité à ne pas se rendre à Alger en novembre 1942 et qui correspondent à la volonté d'assumer pleinement le pouvoir : s'il concevait bien sa présence en France comme une manière de bouclier, il était encore plus convaincu d'être, et lui seul, dépositaire de la légitimité ; il avait enfin la certitude que la tâche prioritaire de la nation était de mener à son terme la Révolution nationale qui, elle, était son œuvre. Bref, même en faisant toute leur place aux diverses variantes, on peut considérer que Vichy est bien d'abord et avant tout le Vichy de Philippe Pétain.

Les Français, qui avaient fait dans leur très grande majorité confiance au Maréchal, ne découvriront que très pro-

---

5. Sur la crise de l'automne de 1943, se reporter à Marc Ferro, *Pétain*, Fayard, 1987.

gressivement que leur grand homme différait de l'image qu'ils en avaient et que d'ailleurs lui-même cultivait. Seuls sans doute quelques partisans et adversaires du régime républicain ont-ils immédiatement compris que Philippe Pétain était tout sauf le « maréchal républicain » que la gauche avait célébré comme tel, en particulier en 1939, à sa nomination comme ambassadeur à Burgos, parce qu'il avait approuvé jadis la stratégie défensive et qu'il allait moins souvent à la messe que Weygand et la plupart des généraux. Il n'apparaissait pas non plus comme un homme de pouvoir. Qui d'ailleurs aurait pu soupçonner un vieillard de quatre-vingt-quatre ans, couvert de gloire, de briguer le pouvoir absolu ?

On peut dire que tous ont sous-estimé le fait que Philippe Pétain était bien convaincu de sa valeur, depuis 1917, depuis la bataille de Verdun et surtout depuis la reprise en main (selon des modalités que l'on n'avait pas suffisamment analysées) des régiments « mutinés ». En septembre 1939 et en mai 1940, tandis qu'il rongeait son frein dans son ambassade espagnole, il estimait déjà que sa véritable place était à Paris[6]. Ceux qui voudront le confiner dans le rôle d'une potiche politique, tels Reynaud ou Laval dans l'automne de 1940, s'en mordront les doigts.

Ajoutons qu'il saura présenter sa conviction d'être, et lui seul, l'homme de la situation comme un acte d'abnégation : « Je fais à la France le don de ma personne pour atténuer son malheur. » Il faut noter qu'il brandit rarement l'anathème (son discours du 12 août 1941, dit « du vent mauvais », est à cet égard une exception) : il préfère les brèves homélies d'un grand-père sentencieux faisant la leçon à des petits-enfants indociles. Et, au fil des mois, le culte du chef de l'État, bonhomme et paternel, aimant les enfants, allait être systématiquement organisé par les services de propa-

---

6. Louis Noguères montre dans son ouvrage *Le Véritable Procès du maréchal Pétain,* Fayard, 1955, que Philippe Pétain n'est pas alors, à proprement parler, un comploteur.

gande[7] notamment lors des visites qu'il faisait, en voisin, dans ses bonnes villes (il commença en novembre 1940 par Toulouse, Montauban, Clermont-Ferrand, et surtout Lyon). Le rituel, aussi minutieux qu'immuable, devait à la fois ancrer la popularité du Maréchal et rassurer les esprits inquiets. Ils sont peu nombreux les Français qui démontent ce mécanisme avec l'irrévérence de Léon Werth, lorsque dans le livre de bord[8] qu'il tenait dans le Jura, il le compare à un « garde champêtre qui aurait avalé sa plaque ».

La droite extrême au pouvoir

On devait même considérer encore plus longtemps qu'il était au-dessus des partis. Il faut dire qu'il n'avait pas été cité parmi les factieux de février 1934 et qu'il s'était montré prudent lors des campagnes menées en sa faveur, notamment par Gustave Hervé en 1935[9]. Or avec Philippe Pétain, la droite extrême allait occuper, pour la première fois – et d'ailleurs l'unique fois au XXe siècle –, le pouvoir : des bataillons importants des droites classiques ont rejoint les noyaux durs mais très minoritaires de l'extrême ou de l'ultra droite. Ceux-ci, qui se réclamaient de la tradition contre-révolutionnaire ou dérivaient du national-populisme ou subissaient la fascination des régimes fascistes, n'avaient eu jusqu'alors aucune prise sur le pouvoir. Mais les adversaires déterminés de la démocratie libérale parlementaire allaient brusquement recevoir le renfort d'hommes qui, pour la plupart, avaient soutenu jusqu'en 1936 des formations de droite participant au système parlementaire. Car, en quelques années, ces derniers évoluaient, faisaient payer au système à la fois les grandes peurs de 1936 et la déclaration d'une

7. Cf. *La Propagande sous Vichy 1940-1944*, Laurent Gervereau et Denis Peschanski (dir.), publications de la BDIC, 1990.

8. Consulter le précieux journal de bord de Léon Werth, *Déposition, Journal 1940-1944*, Viviane Hamy, 1992.

9. La meilleure biographie de Philippe Pétain d'avant 1940 est celle de Richard Griffiths, *Pétain et les Français*, Calmann-Lévy, 1974.

guerre qu'ils qualifiaient d'idéologique. Nous proposons de ranger ces conservateurs « brouillés avec la république » (l'expression est de Stanley Hoffmann), en quête d'un autre régime, sous l'étiquette de la « droite extrême ».

Pétain symbolise assez bien cette dérive. Ce vieillard, né, rappelons-le, en 1856, avait été élevé dans l'armée, sa véritable famille, et formé politiquement à la fin du XIXe siècle. Il fut antidreyfusard, dès lors que l'armée était mise en cause. Il faisait sienne la vision holistique des pourfendeurs des droits de l'homme, gardant de cette époque une détestation systématique des « intellectuels » et la défiance des idéologues. Les conflits avec la classe politique dans la conduite de la guerre de 1914 renforceront un antiparlementarisme précoce (« Ces gens me donnent la nausée », écrivait-il à sa future femme dans le printemps de 1917), tandis que les mutineries décupleront son aversion – largement fantasmatique pour les instituteurs, en qui il voyait des meneurs, et pour la gauche socialiste et internationaliste. La campagne du Rif allait exacerber son anticommunisme et, en février 1934, il voulait devenir ministre de l'Instruction publique : « Je veux m'occuper des maîtres d'école communistes » (plus rares sans doute qu'il ne se le figurait). Bref, sans être un factieux, ce maréchal de France, que la République a couvert d'honneurs, se reconnaissait de moins en moins dans une démocratie libérale, dont il n'avait jamais partagé les principes, et qui lui semblait, dans les années trente, mener tout droit à l'anarchie.

Les hommes qui allaient compter à Vichy, notamment les membres de l'entourage de Philippe Pétain et les principaux de ses ministres, étaient globalement proches de cette nébuleuse de la droite extrême.

Rappelons cette évidence que, pas plus que la Résistance ne saurait se réduire à la gauche, les hommes de droite ne se retrouvèrent pas tous vichyssois. D'aucuns juxtaposent à cette remarque de bon sens cette allégation que, dans les allées du pouvoir de Vichy, se retrouvaient indifféremment hommes de droite et hommes de gauche et que ceux-ci eurent quasiment autant de poids que ceux-là. C'est méconnaître les faits. Car l'historien a vite énuméré le nom des quelques personnalités qui militaient encore à gauche en 1939 (c'est le seul critère rigoureux qu'on puisse utiliser) et qui ont occupé des postes de responsabilité à Vichy. Citons René Belin, secrétaire confédéral de la CGT et ancien chef de file de la tendance anticommuniste et munichoise, François Chasseigne, un ex-communiste passé à la SFIO, Gaston Bergery ex-jeune turc et transfuge du radicalisme, ou bien Angelo Tasca, membre fondateur du parti communiste italien et qui avait rejoint la SFIO. Ajoutons que certains militants de la mouvance pacifiste de la SFIO, derrière Paul Faure et quelques notables [10] de la gauche pacifiste et anticommuniste, affichèrent volontiers dans la France profonde des sentiments pétainistes, parce qu'ils estimaient que le pays avait à la fois besoin de paix et de reprise en main. Mais leur nombre reste modeste et leur influence, mis à part le cas de Belin qui a été ministre de juillet 1940 à avril 1942, a été minime. Laval à son retour aux affaires tentera bien de s'appuyer sur eux pour donner un nouveau souffle au régime. Mais ce fut en vain.

En revanche, il est patent que les droites ont investi massivement les sommets de l'État français. Stanley Hoffmann [11] a défini – à juste titre – le régime comme une « dictature pluraliste ». Il entendait par là que toutes les sensibilités ou familles de droite avaient fréquenté – et jusqu'au bout – les allées du pouvoir. Ajoutons que c'était, dans l'histoire de la plupart d'entre elles, parfaitement insolite.

C'est ainsi que la droite antirépublicaine ou ligueuse est bien présente, avec notamment la participation de maurassiens ou d'hommes imprégnés de maurrassisme. Sans doute a-t-on surestimé l'influence directe de Charles Maurras, qui apporta un soutien sans faille au régime et notamment dans sa politique répressive, mais qui ne se rendit que très rare-

---

10. Cf. l'analyse convaincante d'Yves Durand, « Les notables », in *Vichy et les Français*, *op. cit.*

11. Cf. l'article pionnier de Stanley Hofffmann, « La droite à Vichy », *Revue française de science politique*, janvier-mars 1956.

ment à Vichy[12] ; en revanche, Raphaël Alibert dans l'année 1940, René Gillouin jusqu'en 1942, Henri Massis jusqu'en 1944 et Bernard Ménétrel, de bout en bout, furent écoutés. Dans la foulée, un Jacques Doriot n'hésite pas à proclamer *urbi et orbi* – du moins jusqu'en 1942[13] – qu'il est un « homme du Maréchal » et il recevra d'ailleurs des subsides des services de la propagande vichyssoise[14].

Une autre droite faisait une entrée remarquée : la droite technocratique, issue de la nébuleuse des non-conformistes des années trente. Ces hauts fonctionnaires et ces cadres du privé, élitistes, issus les uns et les autres des grands corps, épris d'ordre, d'efficacité et de rationalité modernisatrice, se sentaient à l'aise dans ce régime autoritaire qui les débarrassait notamment du contrôle des parlementaires. Citons, entre autres, Jacques Barnaud, lié aux milieux bancaires, François Lehideux, qui fut un des proches de Louis Renault, et surtout Pierre Pucheu, un manager new look qui sera d'août 1941 à avril 1942 un ministre de l'Intérieur à poigne. Certains – et notamment le polytechnicien Jean Bichelonne – allaient même pousser leur obsession de la rationalité jusqu'à se faire les avocats d'une Europe germanisée.

Troisième famille, qui recouvre, elle, une influence perdue depuis fort longtemps, celle de catholiques représentatifs, présents non seulement dans les cercles gouvernementaux mais dans des postes clés de la Révolution nationale, tels Georges Lamirand ou le général La Porte du Theil.

Et puis on trouve également – mais eux étaient plus familiers des allées du pouvoir – des représentants de la famille libérale, celle du moins qui voulait réformer l'État et rétablir la prépondérance des notables. Il n'est pas certain que ces libéraux se soient sentis totalement à l'aise à Vichy. Un Pierre-

12. Une analyse minutieuse de Frédéric Ogé, *Le Journal* L'Action française *et la Politique intérieure du gouvernement de Vichy*, Université des sciences sociales de Toulouse, 1984.

13. Cf. Philippe Burrin, *La Dérive fasciste, Doriot, Déat, Bergery 1933-1945*, Le Seuil, 1986.

14. Cf. Jean-Paul Brunet, *Jacques Doriot*, Balland, 1986.

Étienne Flandin, qui reprenait du service en décembre 1940, doit démissionner dès février 1941, en butte, il est vrai, à l'hostilité de Berlin ; en revanche, Joseph Barthélemy, ancien député modéré, éditorialiste du *Temps*, et juriste de grande notoriété, fut garde des Sceaux du 26 janvier 1941 au 27 mars 1943. Il est l'un de ces libéraux qui, séduits par la perspective d'une profonde réforme de l'État, ont participé sans trop rechigner à un front de l'ordre.

Le poids des diverses composantes de cette « dictature pluraliste » a pu varier dans le temps. Les maurrassiens ont les coudées plus franches dans les premiers mois. Puis, quand il devient le premier des ministres en février 1941, Darlan embarque avec lui non seulement une escouade d'amiraux qui peupleront les rouages de l'État mais aussi de « jeunes cyclistes [15] » ; au directeur du cabinet de Pétain qui s'étonnait de leur arrivée : « Mais vous m'amenez toute la banque Worms », il aurait rétorqué dans le langage cru qui pouvait être le sien : « Cela vaut toujours mieux que les puceaux de sacristie qui vous entourent ; pas de généraux, pas de séminaristes, des types jeunes et dessalés qui s'entendront avec les Fritz et nous feront bouillir de la bonne marmite [16]. » Puis, dans le printemps de 1942, Laval, échaudé par son renvoi du 13 décembre, s'entoura avant tout de fidèles (tels Pierre Cathala, Max Bonnafous) ou de ralliés (dont les plus notables seront Jean Jardin et René Bousquet). Ajoutons que si l'ultra droite, fascinée par l'Europe nazie, a été reçue dès les tout débuts dans les cercles gouvernementaux, elle se renforçait sous Darlan, qui s'entourait notamment de Jacques Benoist-Méchin et de Paul Marion ; et elle allait former le noyau dur du Vichy milicien, dont la figure emblématique est le très pétainiste Joseph Darnand. Bref, on aura

---

15. Henri Moysset, un proche de Darlan, avait déclaré à l'amiral : « Votre ministère me rappelle l'enseigne d'un café de ma vieille ville du Ségala : *Aux nouveaux cyclistes et aux anciens Romains.* »

16. Cité par Henri Du Moulin de la Barthète, *Le Temps des illusions*, Genève, À l'enseigne du cheval ailé, 1947, p. 326.

compris qu'on puisse affirmer que le régime de Vichy est bien dans l'ensemble contrôlé par la droite extrême.

2. Le grand dessein : mettre en œuvre une révolution culturelle

Philippe Pétain et nombre de pétainistes se seraient sans nul doute passés de devoir prendre en charge une occupation qui n'en finissait pas, avec sa liste de contraintes de plus en plus humiliantes. Mais par ailleurs, les hommes de Vichy avaient décidé de ne pas se contenter de cette gestion : ils avaient le projet d'une révolution, qui serait le grand dessein du régime. C'était, à coup sûr, l'ambition de Philippe Pétain, qui, dès son message du 25 juin, proclamait : « C'est à un redressement intellectuel et moral que, d'abord, je vous convie. » Le terme de révolution culturelle est évidemment anachronique, mais nous l'utilisons parce que les pétainistes voyaient bien dans la Révolution nationale une entreprise globale et primordiale de transformation des mentalités. Pétain et ses partisans ont été pendant longtemps convaincus que le salut ne viendrait pas de l'extérieur mais d'une révolution interne. Il le redisait dans son message du 4 avril 1943 : « Le salut de la France ne lui viendra pas du dehors, il est dans nos mains, dans vos mains. » Cette Révolution nationale (c'est l'appellation finalement retenue, encore que Pétain eût préféré qu'on parlât de « redressement » ou de « rénovation ») devait permettre à la fois d'en finir avec les errements de l'« ancien régime » et de façonner une tout autre France.

Sans doute existe-t-il des corrélations entre les avatars de la collaboration d'État et le développement de la Révolution nationale : celle-ci connut ses plus beaux jours en 1940-1941, quand le pétainisme cherchait plutôt à persuader et alors que la collaboration ne fonctionnait pas encore totalement à sens unique. Puis la Révolution se fait plus répressive et elle devient de moins en moins crédible, au fur et à mesure que les Français se détachent du régime, tandis que, parallèlement, la sujétion allemande s'alourdit. Ajoutons que la droite extrême fut d'autant plus facilement piégée dans la collaboration que le Reich eut l'intelligence de lui laisser, dans un premier temps, faire sa petite révolution.

Mais ce grand dessein peut parfaitement être étudié en tant que tel. Si les débats se sont d'abord focalisés sur les politiques et les retombées de la collaboration d'État, depuis une vingtaine d'années des travaux plus nombreux ont étudié, à juste titre, la France de Vichy puis la France sous Vichy. Ils permettent d'analyser, tout en gardant en mémoire que l'occupant a pu exercer sur les hommes de Vichy telle ou telle contrainte, la Révolution nationale en tant que telle.

L'idéologie vichyssoise : un syncrétisme français

La Révolution nationale se présente à la fois comme un corpus idéologique [17], un projet global de société et des pratiques politiques. Sa relative cohérence incite à faire des recherches en paternité. Deux interprétations, l'une et l'autre réductrices, ont été très tôt avancées.

À la Libération, on affirma volontiers – et la thèse sera reprise par certains historiens communistes – que la Révolution nationale était une transposition à peine francisée des pratiques spécifiques des régimes fascistes. Les pétainistes ont nié que les sources de cette révolution culturelle fussent à rechercher en Italie ou en Allemagne. Il convient de leur en donner acte, du moins en ce qui concerne l'idéologie. Dans l'été de 1940, lorsque les dirigeants de Vichy optèrent délibérément pour un régime de rassemblement national [18] chapeauté par des élites, ils ne le conçurent pas sur le modèle fasciste et refusèrent le parti unique qui les aurait obligés à partager le pouvoir avec un populisme plébéien.

---

17. On se reportera aux Messages de Philippe Pétain (édition critique de Jean-Claude Barbas, *Philippe Pétain, discours aux Français*, Albin Michel, 1989), des 10 octobre 1940, 8 juillet 1941, 14 octobre 1941, dont sont extraites, sauf indications contraires, les citations qui suivent).

18. Se reporter à l'article perspicace de Philippe Burrin, « Les structures du pouvoir dans l'Italie fasciste et l'Allemagne nazie », *Annales ESC*, mai-juin 1988.

Inversement, des essayistes n'ont voulu retenir qu'une seule source française : la matrice contre-révolutionnaire et plus précisément le maurrassisme [19]. Pareille approche est également réductrice. Dans leurs emprunts aux idéologies du XIXe siècle, les pétainistes ont bien fait leurs des thèmes chers à Maurras, et notamment celui de la lutte à mener contre l'« anti-France ». Mais se focaliser sur le seul maurrassisme risque d'occulter les autres influences idéologiques. À commencer par celle de l'élitisme orléaniste et encore plus celle du national-populisme véhiculé, depuis les années 1880, par la « droite révolutionnaire » chère à Zeev Sternhell.

De surcroît, ce mélange de traditionalisme réactionnaire et de populisme a été relu et corrigé, d'abord à la lumière d'un certain catholicisme, celui des Semaines sociales, mais aussi de thèmes surgis dans les courants non conformistes des années trente dont on a sous-estimé l'influence. Si le remue-ménage de ces années n'a pas engendré – comme l'avance Sternhell – une idéologie spécifiquement fasciste, nombre de ces non-conformistes, dénonçant énergiquement le « désordre établi » suscité, selon eux, par l'affaiblissement de la synthèse républicaine, prônaient, entre marxisme et libéralisme, une troisième voie qui verrait l'instauration d'une véritable communauté. Un certain nombre d'entre eux, d'ailleurs, seront tentés de faire au moins un bout de chemin avec le régime.

Dernière sensibilité à prendre en compte, celle qui s'exprimait couramment dans nombre de mess d'officiers. Le régime n'a sans doute pas adopté les pratiques militaristes d'une république bananière qu'il n'est pas. Mais il a emprunté au discours souvent convenu des casernes l'obsession de la discipline et le goût de l'embrigadement, ce ton moralisateur et sermonneur qui caractérise les messages adressés par Philippe Pétain aux Français. La France faisait

19. Cette thèse est poussée à l'extrême par Olivier Wormser, *Les Origines doctrinales de la Révolution nationale*, Plon, 1971.

ses classes sous la férule du Maréchal qui était le père du régiment.

Au total, donc, le soubassement idéologique de la Révolution nationale est plus syncrétique qu'il n'y paraît à première vue. D'ailleurs, le drapeau tricolore demeurait l'emblème national, le 14 juillet la fête nationale et *La Marseillaise* l'hymne national. Reste que tout ou presque visait à enraciner un régime autoritaire grâce à une Révolution nationale à la française.

Un « État national, autoritaire, hiérarchique et social »

La formule, tirée d'un ouvrage de propagande, est de René Gillouin[20], l'un des idéologues attitrés du régime. Pour entrer dans le détail, on peut mettre l'accent sur sept caractéristiques de l'esprit qui animait ce régime et qui, toutes, prenaient le contre-pied des principes de la démocratie libérale et des fondements de la synthèse républicaine : la condamnation définitive de l'individualisme, le refus de l'égalitarisme, un appel au rassemblement national, une pédagogie anti-intellectualiste, la défiance à l'égard de l'industrialisme, le rejet du libéralisme culturel, et enfin l'affirmation d'un nationalisme fermé et ethnocentrique.

Le rejet sans appel de l'invidualisme est une donnée fondamentale qui procède à la fois de la tradition contre-révolutionnaire et de l'esprit des années trente. Pour les hommes de Vichy, l'individualisme est l'agent dissolvant de la société comme de la nation. Il résulte d'une « fausse conception de la liberté », puisque l'« ordre naturel » impose le primat de la société sur les individus. C'est l'individualisme qui a engendré un cycle de dérèglements catastrophique pour l'humanité : « L'individualisme tourne inévitablement à l'anarchie, laquelle ne trouve d'autre correctif que le col-

---

20. Se reporter à René Gillouin, in *France 1941*, « La Révolution nationale constructive. Un bilan et un programme », Éditions Alasatia, 1941, cité par Henry Rousso, « Qu'est-ce que la… Révolution nationale ? », *L'Histoire*, janvier 1990.

lectivisme. » Pour administrer un antidote, il faut redonner toute leur place aux « communautés naturelles » qui, au dire de René Gillouin, devaient être pour l'homme « sa famille qui l'élève, la profession qui le nourrit, la nation qui le protège ». On ne s'étonnera donc pas que le nouveau régime s'affirme non seulement nataliste mais ouvertement familialiste, puisque, selon Philippe Pétain, « le droit des familles est antérieur et supérieur à celui de l'État comme à celui des individus[21] » ; c'est pourquoi on envisagea d'instaurer un vote familial.

Après quoi, il fallait « organiser » la société, pour en terminer avec ce poison qu'était la lutte des classes et bâtir à nouveau une communauté (le terme est alors très à la mode) structurée et solidaire. Pour organiser sans étatiser, on crut pouvoir se référer à l'idéologie corporatiste. Mais alors que l'idéal corporatiste se défie de tout recours à l'État, ce sont plus souvent les conceptions technocratiques qui l'emportèrent. En principe chaque profession, chaque métier, chaque secteur ou branche économique devait être intégré à un ensemble vertical incluant tous les membres d'une même famille économique et sociale, du patron aux salariés en passant par les techniciens ou les cadres, et fonctionnant de manière autonome.

On parvint assez aisément à organiser les grandes professions libérales (médecins, pharmaciens, dentistes, vétérinaires, architectes et experts-comptables) en « ordres » auxquels l'adhésion était obligatoire, qui fixaient règles statutaires et déontologiques, et contrôlaient les pratiques. L'organisation de l'agriculture et des professions industrielles fut beaucoup plus malaisée. La « Corporation paysanne[22] » instaurée par la loi relative à l'organisation corporative de l'agriculture du 2 décembre 1940 passa pour un modèle du genre. Mais elle juxtapose élections à la base et

21. *La Revue des deux mondes*, 15 septembre 1940.
22. Cf. l'ouvrage bien documenté d'Isabel Boussard, *Vichy et la Corporation paysanne*, Presses de la Fondation nationale des sciences politiques, 1980.

nominations au sommet, tandis que, dès le niveau des unions régionales, des « commissaires du gouvernement » étaient habilités à « déférer au ministre toutes les décisions prises ». Pour les autres secteurs, la loi sur l'organisation sociale des professions du 4 octobre 1941, connue sous le nom de Charte du travail[23], organisait 29 « familles professionnelles » selon des modalités d'une complication extrême, qui étaient le résultat, comme on le verra plus avant, de compromis boiteux.

Autre moyen de renforcer la cohérence du corps social : utiliser la culture traditionnellement catholique de la France. Sans doute, malgré les efforts tentés par quelques catholiques militants (notamment Jacques Chevalier), le régime n'est-il pas à proprement parler clérical ; il veillera même à brider les prétentions jugées excessives du clergé et finira par imposer sur le dossier sensible de l'école un compromis : « Neutralité religieuse dans les écoles de l'État, liberté de l'enseignement dans la nation. » Mais c'en est bien fini de la législation laïque : les congrégations religieuses, qui avaient été bannies en 1905, peuvent officiellement rentrer, les écoles libres reçoivent de l'État des subventions (à titre, il est vrai, exceptionnel), les écoles normales d'instituteurs, foyers d'esprit pernicieux, sont, elles, supprimées. L'Église, quant à elle, sera honorée (dans ses voyages, Pétain ne manquera jamais de lui rendre un hommage appuyé), consultée, en même temps qu'elle sera pressée d'exercer son influence en faveur de la Révolution nationale.

Le refus de l'égalitarisme – une constante dans les rangs de la droite extrême – est un autre principe de l'idéologie vichyssoise. Philippe Pétain s'en prend explicitement à l'« idée fausse de l'égalité naturelle de l'homme » et ajoutait dans son discours du 8 juillet 1941 : « Il ne suffit plus de compter les voix, il faut peser leur valeur pour déterminer leur part de responsabilité dans la communauté. » La tyran-

23. Cf. Jean-Pierre Le Crom, « Le syndicalisme ouvrier et la Charte du travail », in *Vichy et les Français, op. cit.*

nie démagogique du suffrage universel devait céder la place au gouvernement des élites sociales et professionnelles. Cette remise en honneur de la hiérarchie était l'un des leitmotive des messages de Pétain : « J'ai dit à maintes reprises que l'État issu de la Révolution nationale devrait être autoritaire et hiérarchique. » De là la propension du régime à vouloir former des chefs dans des écoles *ad hoc* dirigées par des officiers d'active. On en dénombrera une bonne dizaine, dont la plus connue, sous l'autorité incontestée du capitaine Dunoyer de Segonzac, s'installera à Uriage[24] ; en dépit du loyalisme affiché à l'égard du chef de l'État français, l'École des cadres d'Uriage finira par être fermée en décembre 1942 pour cause de non-conformisme ; et, pourtant, c'est bien un nouveau style de vie qui était proposé aux responsables des Chantiers de la jeunesse et aux futurs cadres de la nation qui y avaient été envoyés.

Pour mener à bien cette révolution culturelle, il fallait modifier de fond en comble la pédagogie, tourner le dos à l'intellectualisme rendu responsable de l'affaiblissement de la nation. Philippe Pétain qui avait en la matière des idées très précises – et se sentait un don pédagogique – prendra lui-même la plume le 15 août 1940 pour dénoncer, cinquante ans après Barrès, les méfaits de l'intellectualisme : « Il y avait à la base de notre système éducatif une illusion profonde : c'était de croire qu'il suffit d'instruire les esprits pour former les cœurs et pour tremper les caractères. Il n'y a rien de plus faux et de plus dangereux que cette idée… » C'est pourquoi on remet à l'honneur, dans le primaire, les leçons de choses et dans le secondaire les travaux manuels ; et, surtout, sous l'impulsion de Jean Borotra, l'éducation sportive et la pratique du sport amateur reçoivent, du moins dans un premier temps, une place accrue[25].

---

24. Se reporter à l'ouvrage exhaustif de Bernard Comte, *Une utopie combattante, l'École des cadres d'Uriage 1940-1942*, Fayard, 1991.

25. Consulter Jean-Louis Gay-Lescot, *Sport et Éducation sous Vichy : 1940-1944*, Presses universitaires de Lyon, 1991 ; on peut se

Toutes ces réformes devaient rassembler les Français à condition que l'on bride ou supprime les facteurs de division artificielle. Au nombre de ceux-ci, les formations partisanes suspectées d'être quasi toujours corrompues, stipendiées par l'étranger et manipulées par des « professionnels de l'élection » qui n'ont en vue que des « intérêts personnels » ; également les centrales syndicales – patronales et surtout ouvrières – dont l'action nourrissait un antagonisme de classe au détriment des véritables solidarités. Comme tout régime autoritaire, Vichy apporta une grande attention à la jeunesse, ferment à moyen terme du rassemblement national. À maintes reprises, on réaffirma que l'État avait, en la matière, des responsabilités toutes particulières ; et si Vichy se garda de vanter les mérites d'une « jeunesse unique » (ce que l'Église catholique aurait considéré comme un *casus belli*), il entendait voir se rassembler une « jeunesse unie ». C'est pourquoi il continuera, en zone sud, d'organiser, jusqu'à la fin de 1943, des Chantiers de la jeunesse où les jeunes hommes, en âge d'accomplir leur service militaire, étaient astreints à des travaux d'utilité publique dans un environnement viril, communautaire et agreste.

Car le discours dominant – et c'est une autre caractéristique – répudie l'industrialisme, dont on juge les effets déstabilisateurs. L'expansion de l'industrie a été liée à celle du capitalisme dont on dénonce la « ténébreuse alliance » avec le « socialisme international ». En réalité, les contraintes de la guerre, comme d'ailleurs la stratégie de nombre de technocrates, feront que ces professions de foi antimodernistes resteront largement théoriques. Mais, dans les proclamations, on célèbre volontiers une France à dominante rurale où l'agriculture familiale constituerait la principale base économique et sociale, et où le paysan, qui fournit, avec le soldat, les « garanties essentielles de l'existence et de la sauve-

---

reporter également à sa communication « La politique sportive de Vichy » *in* Jean-Pierre Rioux, *La Vie culturelle sous Vichy*, Complexe, 1990.

garde du pays », comme le déclare solennellement Philippe Pétain à Pau le 20 avril 1941, trouve cet autre modèle, son frère, l'artisan, auquel est consacré le discours prononcé à Thiers le 1er mai 1942.

Il était enfin un point qui faisait l'unanimité dans les rangs de la droite extrême : la condamnation de ce qu'on peut appeler – avec quelque anachronisme – le libéralisme culturel. Dès son message du 20 juin 1940, Pétain fustigeait l'« esprit de jouissance », le grand responsable des désastres de 1940. Sous ce terme, il fallait entendre la paresse des grévistes de 1936, le développement du pacifisme mais également l'évolution des mœurs. Il convenait donc de prôner le dépassement de soi, l'esprit de sacrifice, la retenue dans la conduite de tout un chacun ; les bals allaient être interdits (en tout cas en zone sud), l'adultère plus sévèrement réprimé, une « faiseuse d'anges » reconnue coupable d'avortement sera même guillotinée. On cherche à rétablir la répartition traditionnelle des rôles masculin et féminin ; et la montée du chômage dans les premiers mois est un bon prétexte pour remettre les femmes à leur place, au foyer : la grande majorité des femmes mariées fonctionnaires dont le mari avait un emploi allaient être d'office mises à la retraite.

Un régime d'exclusion

Enfin la Révolution nationale affichait ce que Michel Winock a défini comme un « nationalisme fermé[26] » et ethnocentrique. C'est lui qui sous-tend non seulement la stratégie résolument hexagonale poursuivie jusqu'à la fin par Vichy mais aussi une politique d'exclusion inhérente de bout en bout au régime. René Gillouin était on ne peut plus explicite lorsqu'il soulignait que le nouvel État « bannit en son sein, ou dépouille de toute influence dirigeante, les individus et les groupes qui, pour des raisons de race ou de conviction, ne peuvent ou veulent souscrire au primat de la patrie française :

---

26. Cf. Michel Winock, *Nationalisme, Antisémitisme et Fascisme en France,* Le Seuil, 1990.

étrangers, juifs, francs-maçons, communistes, internationalistes de toute origine et de toute obédience ». Cette politique, inaugurée dès l'été de 1940, sans que l'occupant ait alors exercé une quelconque pression, prenait le contre-pied de la tradition républicaine non seulement d'accueil et d'asile, mais encore d'assimilation. S'affirmait désormais un ethnocentrisme où se mêlaient xénophobie populaire et ce qui se voulait prophylaxie politique. Cette prophylaxie, la droite extrême l'avait faite bruyamment sienne dans les années 1890, elle l'avait à nouveau abondamment prônée à la fin des années trente. Elle proclamait pour l'heure que la réussite de la Révolution nationale passait par l'élimination politique et sociale de l'« anti-France ».

La liste des ennemis avait pu varier : ainsi par rapport à la liste des quatre « États confédérés » dressée jadis par Maurras, les protestants étaient dorénavant considérés comme des Français à part entière ; les relations entre Vichy et les responsables des Églises réformées furent satisfaisantes, du moins jusqu'aux rafles des Juifs de l'été de 1942, et, même après, les préfets des départements où les protestants étaient nombreux purent fermer les yeux sur les activités caritatives militantes des montagnes-refuges huguenotes.

En revanche, les francs-maçons furent toujours politiquement indésirables, d'autant que Philippe Pétain leur vouait une haine toute particulière. Dès le 13 août 1940, les loges de toutes les obédiences étaient fermées puisqu'elles étaient censées appartenir à des « sociétés secrètes » ; à compter du 11 août 1941, leurs dignitaires allaient être, à quelques exceptions près, automatiquement révoqués de la fonction publique[27].

L'antisémitisme d'État[28], qui allait frapper notamment des

---

27. Cf. D. Rossignol, *Vichy et les Francs-maçons*, Lattès, 1981.

28. Cf. avant tout Serge Klarsfeld, *Vichy-Auschwitz, le rôle de Vichy dans la solution finale de la question juive en France*, 2 volumes, Fayard, 1983 et 1985 ; Michaël Marrus et Robert Paxton, *Vichy et les Juifs*, Calmann-Lévy, 1981 ; André Kaspi, *Les Juifs pendant l'Occupation*, Le Seuil, 1991 ; Renée Poznanski, *Être juif pendant la Seconde guerre mondiale*, Hachette, 1994.

citoyens français, est – on le sait – le trait le plus emblématique de ce régime d'exclusion. Le Statut des Juifs, daté du 3 octobre, promulgué sans pression directe de l'occupant, décrétait que des citoyens français, parce que nés de « race » juive (c'est le terme utilisé dans le texte de loi), étaient exclus de toute fonction élective et interdits d'un grand nombre de professions (ils ne pouvaient plus être ni fonctionnaires, ni officiers, ni magistrats, ni exercer un métier touchant aux médias) ; un deuxième « statut », en date du 2 juin 1941, élargissait encore la liste des interdictions aux professions commerciales, industrielles, artisanales, et libérales, soumises à des quotas drastiques ; quant aux entreprises « israélites » de zone sud, leurs biens étaient « aryanisés » (ils étaient placés sous la tutelle d'administrateurs provisoires), aux termes de la loi du 22 juillet 1941. Ainsi, pour la première fois depuis l'installation de la IIIe République, au mépris du principe fondamental d'égalité, des Français devenaient, en raison de leur naissance, des citoyens à part, de deuxième ou troisième zone ; quant aux Juifs vivant en Algérie, avec l'abolition du décret Crémieux, ils perdaient du jour au lendemain leur citoyenneté.

Les dirigeants de Vichy prétendaient justifier cet antisémitisme d'État en affirmant que les Juifs français, même s'ils se prétendaient « assimilés », demeuraient des métèques. Ils étaient, à ce titre, socialement plus dangereux même que les Barbares, car on cessait de leur prêter attention, alors que, par nature, ces hommes de l'ombre étaient toujours prêts à comploter. Des propagandistes de Vichy non seulement reprenaient les thèmes classiques de la conspiration judéo-maçonnique et du péril judéo-bolchevik, mais désignaient ainsi les boucs émissaires responsables de la guerre, en répétant qu'elle avait été déclenchée sous la pression d'un « lobby juif ». Cet antisémitisme d'État, présenté comme une politique de prophylaxie politique et sociale qui devait ruiner une fois pour toutes une prétendue influence juive, ne visait pas à éliminer physiquement les Juifs. Reste que, comme on le sait, pour relancer la collaboration d'État, Laval allait, dans l'été de 1942, procéder à un véritable maquignonnage dont l'enjeu humain était bien des Juifs, en principe les Juifs étrangers.

Les étrangers étaient, par définition, des exclus du système vichyssois. Il fallait les expulser, dès que les circonstances le permettraient. Pour l'heure, on maintient dans des camps de zone sud ceux que l'« ancien régime » avait déjà internés (des républicains espagnols, des refugiés allemands ou autrichiens) et on enferme désormais le plus grand nombre de Juifs étrangers ; les préfets ont, depuis le 4 octobre 1940, le droit de les interner administrativement, sans qu'ils puissent engager une procédure de recours : des dizaines de milliers d'hommes, de femmes et d'enfants juifs allaient grossir la population des camps[29], notamment de Gurs, Noé, Récébédou, Le Vernet, Rivesaltes, où les forces de police ou de gendarmerie de l'État français viendront les chercher pour les transférer à Drancy, antichambre des camps de la mort.

3. Un régime autoritaire et policier

Philippe Pétain avait été expressément mandaté le 10 juillet 1940 pour préparer une nouvelle Constitution. Mais les travaux préparatoires étaient lents. Les différents projets débattus en petit comité s'orientaient en tout cas vers des Chambres totalement ou partiellement nommées. En septembre 1943, après que Badoglio eut rompu avec le Reich et que de Gaulle eut annoncé qu'il allait réunir à Alger une assemblée consultative, l'entourage de Pétain le pressa de prendre les devants en réaffirmant sa légitimité. Le projet constitutionnel aurait concilié « le principe de la souveraineté nationale et le droit de libre suffrage des citoyens avec la nécessité d'assurer la stabilité et l'autorité de l'État[30] » ; mais Philippe Pétain entendait bien ne pas aller à Canossa :

---

29. Se reporter à Anne Grynberg, *Les Camps de la honte, les internés juifs des camps français 1939-1944*, La Découverte, 1991.
30. Louis Noguères, *Le Véritable Procès..., op. cit.*, p. 569.

« J'ai déclaré que l'autorité ne venait pas d'en bas. Je ne peux pas me déjuger[31]. » L'occupant, de toute manière, allait l'interdire de parole, et le projet fut remisé dans des cartons. Bref, il est difficile de projeter ce qu'auraient été les institutions d'un État français qui aurait survécu à la guerre. En revanche, la pratique institutionnelle et gouvernementale du régime de Vichy est claire et cohérente : elle s'apparente à celle d'un État pour le moins autoritaire et s'oppose quasi point par point à celle d'une démocratie libérale.

Une révolution juridique : la confusion des pouvoirs

Révolution juridique : la formulation est de Marcel Prélot[32] ; elle désigne à la fois la manière dont Philippe Pétain s'est octroyé tous les pouvoirs – ou presque – et la teneur des quatre premiers « actes constitutionnels » renonçant au principe de séparation des pouvoirs. En effet, sans crier gare, les 11 et 12 juillet, Philippe Pétain s'attribuait *motu proprio* la « plénitude du pouvoir gouvernemental », cumulant ceux qui étaient naguère dévolus au président de la République et au Conseil des ministres. De surcroît, il exerçait des fonctions législatives (« en Conseil des ministres »), administratives (il jouissait du pouvoir réglementaire), juridictionnelles même (un peu plus tard, l'acte constitutionnel n° 7 du 27 janvier 1941 l'autorisera à poursuivre de lui-même ministres et hauts fonctionnaires) ; le même acte faisait obligation à ceux des fonctionnaires qui seraient désignés de prêter un serment de fidélité personnelle au chef de l'État. À cet exercice du pouvoir proprement singulier s'ajoutait un mode de transmission encore plus étonnant, puisque Philippe Pétain s'octroyait le droit de désigner son propre successeur (qui était même désigné par le terme étonnant de « dauphin ») à la tête de l'État. Laval (jusqu'en

31. Voir Jean-Pierre Azéma, « Vichy face au modèle républicain » *in* Serge Berstein et Odile Rudelle, *Le Modèle républicain*, PUF, 1992.

32. Bonne mise au point par Marcel Prélot, « La révision et les actes constitutionnels, la figure politique et juridique du chef de l'État français », in *Le Gouvernement de Vichy 1940-1942*, *op. cit.*

décembre 1940) puis Darlan (jusqu'en novembre 1942) seront les « dauphins » officiels.

La disparition des contre-pouvoirs

Le système mis en place fonctionnait sans véritable contrepoids. Le suffrage universel, en principe, ne subsistait plus que pour les élections municipales dans les agglomérations de moins de 2 000 habitants ; Pétain n'avait-il pas d'ailleurs affirmé qu'il ne suffisait plus de compter les voix, mais qu'il fallait « peser leur valeur » ? Les assemblées furent rapidement réduites de fait à l'état de « congrégations contemplatives » (l'expression est de Jules Jeanneney) et, le 25 août 1942, était signifiée aux bureaux de la Chambre des députés comme du Sénat l'interdiction de se réunir. Les partis politiques, qui symbolisaient l'ancien régime, ne furent pas mieux traités. Et si Pétain refusa en juillet 1940 le projet de parti unique défendu par Marcel Déat, ce ne fut pas par respect du pluralisme des partis traditionnels mais par la seule crainte, entre autres raisons, d'avoir à en subir les pressions. En tout cas, après le discours dit « du vent mauvais », celui du 12 août 1941, les formations ou groupements d'origine partisane devaient, en zone sud, suspendre – sauf autorisation en bonne et due forme – leurs activités, et notamment s'interdire toute réunion privée et *a fortiori* publique.

La même absence de contre-pouvoirs se retrouve à l'échelon local et départemental : les assemblées représentatives sont muselées ou épurées, tandis que les préfets deviennent les hommes tout-puissants de la France profonde. Non seulement toutes les élections sont supendues jusqu'à nouvel ordre, mais le régime prend les devants pour tuer dans l'œuf toute forme d'opposition. C'est pourquoi il s'attaque immédiatement aux municipalités qui étaient censées être mal pensantes : 163 conseils municipaux de villes moyennes et de grandes cités allaient être dissous pour être remplacés par des « délégations municipales », dont le maire était nommé par le préfet ou le ministre de l'Intérieur (seule obligation : elles devaient comprendre un père de famille nombreuse, un représentant des travailleurs et une femme qualifiée pour s'occuper des œuvres sociales). Bien plus, et le point n'est pas négligeable, les conseils généraux étaient purement et simplement supprimés par une loi du 12 octobre 1940 ; leurs pouvoirs étaient transférés au préfet, qui devait, il est vrai, s'entourer d'une « commission administrative » (comportant 7 ou 9 membres dont 3 choisis dans l'ancien Conseil général), mais celle-ci reste strictement consultative. Laval allait bien essayer de ranimer la vie départementale en instaurant des conseils départementaux, mais leurs membres étaient également nommés. On aura compris que l'homme fort du département était dorénavant le préfet, particulièrement choyé par le régime. Il vit son traitement augmenter, son uniforme rehaussé de broderies d'or, et il eut presque toujours l'oreille des responsables de Vichy. Le gouvernement, il est vrai, attendait beaucoup de ces personnages, leur rappelant dans une circulaire du 15 octobre 1940 : « Vous êtes les propagandistes de la vérité, de l'espoir, de l'action libératrice, les défenseurs de la France meurtrie par vingt ans d'erreurs et de folies[33]. » Sans doute, certains prirent-ils un peu trop à cœur, au gré du gouvernement, la sauvegarde – surtout alimentaire – de leur département ; c'est pourquoi la loi du 19 avril 1941 crée 18 préfets régionaux (dont 11 en zone nord), flanqués d'intendants de police et du ravitaillement.

Autre contre-pouvoir qui disparut du fait de la guerre et encore plus de l'orientation autoritaire du régime : celui des médias. Vichy crée sa propre agence officielle (Havas-OFI). Il se dote avec la station Radiodiffusion nationale d'ondes officielles[34] ; sans doute, laisse-t-il subsister quelques stations privées – très conformistes – en zone sud et, surtout, doit-il tolérer l'existence de Radio-Paris, qui était aux mains de la *Propagandastaffel* et dont l'audience n'était pas mince. Radio-Vichy, comme on nomme couramment Radiodiffusion nationale, cherchera bien à contrer l'influence de

---

33. Cité par Sonia Mazey et Vincent Wright, « Les préfets », in *Vichy et les Français*, *op. cit.*, p. 272.

34. Cf. *La Guerre des ondes*, Hélène Eck (dir.), A. Colin, Payot, Complexe, Hurtubise, 1985.

Radio-Paris, mais sans grands résultats, car le discours radiophonique de Vichy est tellement partisan qu'un nombre grandissant d'auditeurs écoutent la BBC ou Radio-Sottens. Les actualités sont également strictement contrôlées par les services de la propagande vichyssoise ; et moyennant un compromis avec les autorités d'occupation, dès 1941 et officiellement depuis 1942, une société franco-allemande, dont le président est nommé par Vichy, a le monopole des actualités passant dans les salles de cinéma[35] des deux zones.

Pour pouvoir effectuer une surveillance efficace de la presse écrite, les pouvoirs des censeurs, généralement tatillons et bornés, avaient été notablement renforcés : les journaux de zone sud étaient quasi quotidiennement[36] bombardés de « notes d'orientation » (le plus souvent suivies à la lettre par une presse – à de rares exceptions près – très docile) et également de « consignes impératives », dont le nom était à lui seul tout un programme.

Comme tout régime autoritaire, après avoir fait disparaître institutions représentatives et contre-pouvoirs, Vichy a besoin de relais spécifiques. Les deux organismes qu'il mettra en place ne rempliront pas, pour des raisons diverses, le vide créé entre les sommets de l'État et la masse des Français : l'un, le Conseil national[37], s'adresse aux notables ; l'autre, la Légion française des combattants, entend mobiliser tous les anciens combattants. Le Conseil national, créé par une loi du 22 janvier 1941, est un organisme consultatif de notables nommés. Son initiateur est l'ancien président du Conseil Pierre-Étienne Flandin, qui cherchait à rapprocher l'ancienne classe politique du nouveau régime. Quelque

---

35. Se reporter à l'étude minutieuse de Jean-Pierre Bertin-Maghit, *Le Cinéma sous l'Occupation*, Olivier Orban, 1989.

36. Pierre Limagne donne des indications précises sur ces innombrables consignes in *Éphémérides de quatre années tragiques*, Éditions de Candide, 1987.

37. Se reporter à la thèse de Michèle Cointet, *Le Conseil national de Vichy : Vie politique et réforme de l'État en régime autoritaire, 1940-1944*, Aux amateurs de livres, 1989.

77 anciens parlementaires repentis ou ralliés (des néo-socialistes, des radicaux, des hommes de droite) y côtoyaient 136 conseillers « socioprofessionnels et familiaux ». Furent aussi désignés – mais tous ne siégèrent pas – quelques syndicalistes, des patrons, des agrariens et des personnalités comme André François-Poncet, Marc Boegner, Henri Massis, André Siegfried, La Rocque, Doriot… Pour un travail non négligeable, ils n'avaient guère les coudées franches : les commissions n'étaient pas maîtresses de leur ordre du jour et ne se réunissaient jamais en séance plénière. Au total, leur influence réelle fut des plus réduites.

L'innovation la plus originale, typiquement vichyssoise, y compris dans son échec, est la Légion française des combattants. Elle est instituée le 29 août 1940, quelques semaines après que Pétain a tranché : il n'y aura pas de parti unique. Il préfère se servir du relais des anciens combattants groupés dans chaque département de la zone sud (l'occupant l'interdit en zone nord) et formant une seule organisation sous la direction des vétérans de la Grande Guerre. Leur tâche civique et politique était de soutenir et d'animer la Révolution nationale, d'être les yeux et les oreilles du Maréchal[38]. Mais ils se retrouvèrent vite coincés entre les préfets, qui se défiaient de leur zèle brouillon, et une minorité d'activistes de la droite extrême qui entendaient mener des actions militantes. Et la plupart des membres de la Légion se cantonnèrent de plus en plus dans des activités corporatistes, au fur et à mesure que Vichy arbitrait en faveur des préfets, et encore plus nettement lorsque, en janvier 1943, il patronna la Milice française issue du Service d'ordre légionnaire qu'avaient mis sur pied, dès l'automne de 1941, avec le soutien de Darlan et de Pucheu, Joseph Darnand et ses amis.

38. Cf. Jean-Paul Cointet, *La Légion française des combattants : vers le parti unique… Vichy 1940-1944*, Veyrier, 1991.

Comment gouverner la France

Le Maréchal avait, sur la manière de gouverner, des idées d'une grande simplicité : le gouvernement ressemblait à une armée en campagne dont il était le chef, et ses ministres faisaient office d'état-major. Cette vision très militaire était parfaitement formulée dans son message du 8 juillet 1941 : « Un petit nombre conseillent, quelques-uns commandent, au sommet un chef qui gouverne. » C'est pourquoi les affaires sérieuses étaient traitées en un « conseil restreint[39] », qui groupait, au gré du chef de l'État français et autour de lui, tout au plus sept ou huit responsables ; à partir de 1943, les choses sérieuses se passaient dans un tête-à-tête entre Pétain et Laval. Le Conseil des ministres proprement dit ne fut plus, dès la promotion de Darlan en février 1941, qu'une chambre d'enregistrement. Précisons que les ministres étaient responsables devant le chef de l'État et pouvaient être renvoyés *ad nutum*. Le retour de Laval aux affaires en avril 1942 modifia, il est vrai, ce schéma, puisqu'il était promu « chef du gouvernement » et que, surtout, l'acte constitutionnel n° 12, daté du 17 novembre 1942, élargissait sa latitude d'action : « Hors les lois constitutionnelles, le chef du gouvernement pourra sous sa signature promulguer des lois ainsi que des décrets. » Mais, répétons-le, les décisions les plus importantes devaient obligatoirement recevoir l'approbation de Philippe Pétain. Et ce dernier était considéré aussi bien par Hitler que par les Alliés ou par le Français moyen comme le seul chef de l'État vichyssois.

Cette pratique singulière de gouvernement allait présenter globalement plus d'inconvénients que d'avantages. Passons sur les conditions dans lesquelles s'opéraient les changements de l'équipe ministérielle : c'est sur son lit d'hôpital que Weygand apprit, en septembre 1940, qu'il était démissionné. Et le départ de Pierre Laval, le 13 décembre 1940,

---

39. Une bonne description est fournie par Joseph Barthélemy, *Ministre de la justice, Vichy 1941-1943, Mémoires*, Pygmalion, 1989.

mérite de demeurer dans les annales : ayant rédigé, comme les autres ministres, sur ordre de Pétain, une lettre de démission, le chef du gouvernement eut la surprise d'apprendre qu'elle était acceptée et fit à Pétain une scène très violente, avant d'être arrêté (malgré le canif avec lequel il prétendait se défendre !) par des activistes de groupes paramilitaires... Mais surtout, les intrigues, voire les coups fourrés se tramaient à tous les étages de l'hôtel du Parc autour du chef tout-puissant ; on tâchait d'avoir l'oreille du Maréchal, d'être invité à sa table, ou d'empêcher un tel d'y être invité, etc. C'est ce qui, au fil des mois, donna à l'entourage du prince des allures de cour du roi Pétaud.

Heureusement pour le fonctionnement de l'État français, l'administration – ces fonctionnaires si décriés par le nouveau régime, qui en épurait au moins 35 000 – a relativement tenu bon. Nous manquons de travaux suffisamment nombreux sur la manière dont a fonctionné l'administration dans la France de Vichy. C'est pourquoi on a pu la décrire comme passive et protégeant les résistants, aussi bien que zélée à l'endroit de Vichy et objectivement complice de l'occupant. Sous bénéfice d'inventaire, il semble que les fonctionnaires de rang modeste aient fait leur travail, sans plus, tout en attendant des jours meilleurs, tout en rendant, également, les services demandés, à compter de la fin de 1942, par les militants du Noyautage des administrations publiques (NAP).

Pour ce qui est des grands corps de l'État, c'est surtout sur le Conseil d'État que nous disposons d'études solides[40] : sa pratique est, disons, ambivalente, car si les membres de la haute assemblée n'ont pas oublié les grands principes du droit, ils ont appliqué strictement et à la lettre les textes d'exception, notamment le Statut des Juifs. Quant aux préfets[41], leurs réactions ont été diverses : une très petite minorité,

40. Se reporter à l'étude nuancée de Jean Massot, « Le Conseil d'État », in *Vichy et les Français*, *op. cit.*

41. Bonne analyse par Sonia Mazey et Vincent Wright, « Les préfets », in *Vichy et les Français, op. cit.*

ultra-pétainiste, a favorisé l'occupant pour des raisons idéologiques ; les gros bataillons faisaient leurs les objectifs de la Révolution nationale tout en cherchant à limiter l'emprise allemande ; mais certains, atteints de ce qu'on appellera le syndrome du pont de la rivière Kwaï, ont voulu apporter la preuve – avec les résultats catastrophiques que l'on imagine – que l'administration française valait son homologue allemande, notamment dans les tâches répressives. D'autres, enfin, ont pratiqué progressivement un double jeu qui a nettement profité à la Résistance ; ils représentent une autre minorité, mais elle n'est pas négligeable puisque 35 préfets et sous-préfets seront exécutés ou mourront en déportation, tandis que 35 autres reviendront des camps. Conclusion très provisoire : un petit nombre seulement de fonctionnaires firent du zèle, mais ils pouvaient être alors particulièrement dangereux s'ils touchaient de près ou de loin à la politique répressive ; les plus nombreux semblent avoir pratiqué un attentisme qui a pu être plus ou moins favorable aux résistants, attitude qui ne diffère guère de celle qu'adopta la majorité des Français. Ce qui n'a pas empêché la machine administrative de tourner totalement et de fonctionner encore à la fin du printemps de 1944, à une époque où les sommets de l'État s'effritaient de plus en plus.

Enfin, Vichy, en bon État autoritaire, a gouverné en réprimant. Comme la répression[42] fera l'objet d'un chapitre séparé, nous nous contenterons de dire que la France avait cessé d'être un État de droit, pratiquant l'arbitraire d'État avant de répandre, par sa Milice française, la terreur d'État. Cet arbitraire était organisé de façon ostentatoire, quand Pétain en personne chercha à régler des comptes politiques contre les personnalités de l'« ancien régime ». Dès le 30 juillet 1940 était instituée une « Cour suprême de justice » chargée de juger « les ministres, les anciens ministres ou leurs subordonnés immédiats civils ou militaires [...]

42. Cf. Denis Peschanski, « Exclusion, persécution, répression », in *Vichy et les Français, op. cit.*

accusés [...] d'avoir trahi les devoirs de leur charge » : on en arriva donc au procès de Riom, qui tourna court. Mais de manière plus expéditive, une loi rétroactive créait en août 1941 des « cours spéciales ». Celle de Paris allait condamner à mort des militants communistes poursuivis pour des délits antérieurs. Au fil des mois, les brigades spécialisées de la police rendaient sauvage une répression inhérente au régime. Au point que l'ex-garde des Sceaux, Joseph Barthélemy, reconnaissait dans ses Mémoires que l'État français avait été « le régime autoritaire qui a fait subir à la liberté l'éclipse la plus complète qu'elle ait connue depuis des siècles[43] ».

La spécificité politique du régime de Vichy

Au sortir des années noires, le procureur général Mornet déclarait qu'il convenait de rayer ces quatre années de la mémoire nationale. Non seulement parce qu'elles étaient synonyme de souffrances et d'humiliations, mais aussi parce qu'elles lui semblaient être une aberration dans la France du XXe siècle. Depuis les années quatre-vingt, au contraire, certains auteurs[44] insistent volontiers sur les aspects « modernisateurs » du régime ou sur le fait que, à certains égards, la France de Vichy serait une sorte de pivot entre les années trente et les années cinquante. De même tend-on parfois à considérer qu'entre la IIIe République finissante et le Vichy des débuts les continuités sont aussi importantes que les ruptures.

Les enjeux historiographiques ont été pour partie obscurcis par une certaine focalisation des débats sur l'existence d'un fascisme vichyssois. Si l'on admet, avec Philippe Burrin, que l'expansionnisme territorial et également le fait d'utiliser la guerre comme moyen de faire émerger un *Homo fascistus* sont les ingrédients nécessaires de tout régime fas-

---

43. Joseph Barthélemy, *op. cit.*, p. 34.

44. La thèse de la continuité est particulièrement soulignée par Richard Kuisel, *Le Capitalisme et l'État en France, modernisation et dirigisme au XXe siècle*, Gallimard, 1981.

ciste et *a fortiori* nazi, force est de reconnaître que Vichy ne saurait être rangé parmi les régimes fascistes à part entière. Car la droite extrême a accepté, de bout en bout, pour la France un statut de puissance vaincue résignée. Ajoutons que l'État français reconnaît la légitimité de corps privilégiés comme l'Église catholique et s'est refusé en juillet 1940 à mettre sur pied un parti unique qui mobiliserait en permanence les masses. Le fait de n'être pas fasciste ne signifie pas pour autant qu'il répudie tout emprunt aux régimes totalitaires. Vichy s'affirme, dès le départ, un régime autoritaire de rassemblement national. Mais Pierre Milza souligne – à juste titre – son « dérapage totalitaire[45] », au fur et à mesure que son caractère répressif s'accentue et que l'État milicien s'efforce encore plus d'encadrer la société et de mettre en condition les esprits.

C'est cette grille-là qui peut nous servir à apprécier ce qui relève des permanences et ce qui occasionne des ruptures. Est-il besoin de rappeler que, surtout peut-être en temps de guerre, le temps ne marche pas du même pas pour l'économique, le mental ou le politique ? La guerre allait donner des moyens à ceux qui escomptaient depuis la fin des années trente faciliter l'entrée de l'État sur la scène économique. De même, des permanences sont-elles aisément repérables dans les pratiques culturelles[46]. Reste qu'on aurait bien tort de gommer une spécificité du régime de Vichy que ses partisans aussi bien que ses adversaires ont pleinement admise. L'historien du politique ratifie ici le jugement des contemporains. Car dans la France du XXe siècle, c'est bien la seule fois où la droite extrême occupe le pouvoir, où s'instaure un régime pour le moins autoritaire, où l'exclusion juridique devient une pratique d'État, où le régime se fait policier. À cet égard, on allègue parfois que Vichy se serait contenté de poursuivre une politique pratiquée par la république finis-

---

45. Pierre Milza, *Fascisme français. Passé et présent*, Flammarion, 1987, p. 287.

46. Ces permanences sont bien soulignées dans l'ouvrage dirigé par Jean-Pierre Rioux, *La Vie culturelle sous Vichy, op. cit.*

sante. Mais il y a, en la matière, une différence de nature et non de degré entre les décrets-lois républicains et les lois visant « l'anti-France ». C'est d'ailleurs cette spécificité politique du régime de Vichy qui, la collaboration aidant, explique que ces années noires demeurent, cinquante ans après, des enjeux de mémoire.

La France libre

Jean-Louis Crémieux-Brilhac

Une naissance difficile, une croissance orgueilleuse

Rien des débuts du mouvement gaulliste n'annonce un grand avenir. Beaucoup de Français croient la guerre finie ; rallier de Gaulle, c'est rompre le pacte social, et l'émigration a mauvaise cote dans l'idéologie républicaine. Ceux qui se nommeront les « Français libres » partent de rien. Ils auront peine à être quelque chose, avant de prétendre être tout. L'État français, fort du consensus et de la légitimité dont se prévaut Pétain, ne veut voir en eux que des « dissidents ». La contestation gaulliste, irritante, restera longtemps pour Vichy un facteur politique marginal.

Pourtant, dès les premiers jours, les appels radiodiffusés du général de Gaulle propulsent une charge affective de patriotisme outragé et un défi qui mettent d'avance en cause l'État français.

Londres, 18 juin 1940

Le 18 juin 1940 au soir, trente heures après l'allocution de Pétain affirmant qu'il faut cesser le combat, ce général au nom prédestiné y oppose de Londres le premier refus. Son appel, peu entendu en France, connu néanmoins[1], veut être un acte

1. Plusieurs journaux des régions non occupées ont reproduit ou résumé l'appel du 18 juin : *Dépêche de Toulouse, Petit Provençal,*

de raison autant qu'un acte de foi. Selon lui, la défaite française n'est qu'un avatar : le produit des insuffisances de l'armement et de la tactique. « Ce sont les chars, les avions, la tactique de nos ennemis qui ont surpris nos chefs au point de nous amener où nous sommes aujourd'hui. »

Il énonce les raisons d'espérer : « Cette guerre n'est pas tranchée par la bataille de France, cette guerre est une guerre mondiale. Il y a dans l'univers tous les moyens pour écraser un jour nos ennemis… Foudroyés par la puissance mécanique, nous pourrons vaincre par une force mécanique supérieure. » Il en déduit le devoir de lutter : « La flamme de la résistance française ne doit pas s'éteindre et ne s'éteindra pas. » Le pari planétaire s'oppose au repli sur l'Hexagone. Et le mot *résistance* fait son entrée dans le vocabulaire politique national.

L'appel du 18 juin, saisissant par la promptitude de la riposte et par la rigueur prophétique, n'a été autorisé qu'*in extremis* et avec réserves par le cabinet britannique, qui espère encore dans les dirigeants français. Le texte amendé que le général lit devant le micro de la BBC n'a pas l'abord tranchant de sa rédaction initiale, la seule que les publications ultérieures aient reproduite : il semble admettre la possibilité d'un sursaut patriotique à Bordeaux, auquel de Gaulle, pour sa part, n'a jamais cru. Il n'a d'ailleurs qu'un objectif limité : il invite les militaires et les techniciens français « qui sont en Angleterre ou viendraient à s'y trouver » à se mettre en rapport avec le général de Gaulle. Tel quel, il implique néanmoins un choix national, et personne ne s'y est trompé.

Le deuxième appel, daté du 19 juin, se heurta à un veto anglais et ne fut pas diffusé. Il figure néanmoins dans les *Mémoires de guerre* et dans tous les recueils d'*Appels et Messages* du général de Gaulle. Le texte, récrit et durci le 22

Petit Dauphinois, plusieurs autres l'ont signalé ; un communiqué indigné du gouvernement de Bordeaux lui a fait, le 19 juin, une large publicité involontaire.

ou 23 juin, est caractéristique de son état d'esprit et de l'image qu'il entendra donner de lui-même. « Devant la liquéfaction d'un gouvernement tombé sous la servitude ennemie et l'impossibilité de faire jouer nos institutions », il prend sur lui de « parler au nom de la France ». « Au nom de la France, [il] déclare formellement ce qui suit [...] : Reposer les armes serait un crime contre la patrie. » Il appelle « quiconque porte des armes à continuer la résistance. » En Afrique du Nord en particulier, « tout ce qui a de l'honneur a le strict devoir de refuser les conditions ennemies », invitation explicite au général Noguès, résident général au Maroc et commandant en chef des forces françaises au Maghreb.

Les armistices signés, de Gaulle les 24 et 26 juin pousse le refus jusqu'à ses extrêmes conséquences politiques. Il condamne Pétain : « Pour un tel acte d'asservissement, on n'avait pas besoin de vous, monsieur le Maréchal ! » Il dénonce l'ambition dérisoire de refaire la France « sous la botte allemande et l'escarpin italien ». Dans l'affiche-manifeste à bordure tricolore placardée au début d'août en Angleterre et où figure la phrase fameuse *La France a perdu une bataille, mais la France n'a pas perdu la guerre*, il qualifie les dirigeants de Vichy de « gouvernants de rencontre » qui ont oublié l'honneur et livré le pays à la servitude.

L'homme qui invite à « ramasser le tronçon du glaive » n'est pas un grand nom de l'armée. Saint-cyrien de 1910, il a, pendant la Grande Guerre, commandé avec bravoure une compagnie d'infanterie, mais grièvement blessé et fait prisonnier à Douaumont, il n'a pu reprendre le combat malgré de multiples tentatives d'évasion.

Depuis 1918, breveté de l'École de guerre, il a exercé en alternance des commandements et des fonctions d'état-major principalement en France, plus brièvement en Pologne, en Rhénanie et au Levant : sa carrière a été rapide sans être éclatante.

Il sort pourtant de l'ordinaire. Il pense par lui-même et il a retenu de Shakespeare qu'« être grand, c'est soutenir une grande querelle ». Il a vécu déjà une grande querelle : il a suscité depuis 1934 l'agacement de la haute hiérarchie militaire en se faisant le champion de l'arme blindée, de l'armée de métier et de la guerre de mouvement. Il a publié des livres et gagné à ses thèses quelques hommes politiques, en particulier Paul Reynaud qui les a vainement défendues à la Chambre. Deux mois après la déclaration de guerre, il a adressé au commandement, puis en janvier 1940, à quelque 80 personnalités civiles et militaires, un mémorandum de grand style prônant la réforme de la doctrine et la constitution d'un corps blindé seul capable d'éviter la défaite.

À l'heure des combats, il s'est révélé homme de terrain. Il a formé en pleine bataille une division cuirassée, remporté un succès notable le 17 mai à Montcornet, dans l'Aisne, puis il a, du 26 au 29 mai, réduit des trois quarts la tête de pont allemande au sud de la Somme et ramené 500 prisonniers. Général de brigade à titre temporaire depuis le 1er juin, il est, à quarante-neuf ans, l'un des trois plus jeunes généraux de l'armée française.

Il n'a pas seulement la certitude que la défaite lui donne raison contre le haut commandement ; il a la singularité de ne pas sacrifier au culte de Pétain. Il a été le collaborateur et le protégé du Maréchal avant que leurs rapports ne s'aigrissent. S'il l'a admiré, il le tient pour le premier inspirateur d'une doctrine militaire sclérosante et pour le symbole de l'esprit de capitulation ; il le croit désormais incapable de dire non, car il a été le témoin de son action dans les semaines critiques.

Nommé le 5 juin 1940 par Reynaud sous-secrétaire d'État à la Défense nationale et à la Guerre, il a participé en effet aux derniers conseils suprêmes franco-britanniques ; il a prôné la lutte à outrance, le limogeage de Weygand, l'organisation d'un réduit breton, le départ pour l'Afrique du Nord. C'est lui qui, à Londres, le 16 juin, a, sur l'instigation de Jean Monnet, persuadé Churchill de lancer le projet d'une « union franco-britannique » avec citoyenneté commune et gouvernement commun. Revenu à Bordeaux le 16 au soir pour y apprendre l'imminente formation d'un gouvernement Pétain, il était en tout cas résolu à poursuivre la lutte : le 17 au matin, il s'est envolé pour l'Angleterre en compagnie du général Spears, chargé de mission de Churchill auprès du gouvernement français, avec pour tout viatique 100 000 francs de fonds secrets que Reynaud lui avait fait remettre.

À Londres, il se trouve le seul membre du dernier gouvernement de guerre qui reste libre de ses propos et de ses actes. Il a obtenu de parler à la radio le 18 juin et à nouveau, à partir du 22 juin. Le 20, il a lancé l'idée d'un comité national français qu'il s'est efforcé en vain de constituer. Le 28 juin, un communiqué du gouvernement britannique confirme son rôle en le reconnaissant comme « chef de tous les Français libres, où qu'ils se trouvent, qui se rallient à lui pour la défense de la cause alliée ».

Cette investiture exceptionnelle, il la doit à Churchill. Churchill l'a adopté en dépit de la prudence du cabinet de Guerre et des réserves du Foreign Office. Dès leur première rencontre à Londres, le 9 juin, Churchill a été impressionné par sa « fermeté inébranlable ». À Briare, le 11 juin, puis à Tours, le 13, il a distingué en lui le seul membre, avec Mandel, du cabinet français qui soit résolu à ne jamais capituler. Même quand des crises furieuses les auront opposés, Churchill se souviendra de la visite à Downing Street du général démuni venu se ranger à ses côtés un jour de juin. L'accord inégal scellé par le communiqué du 28 juin se double d'un contrat non écrit de confiance qui associe, au moins jusqu'à l'automne de 1942, le Premier ministre au général rebelle.

C'est cependant faute de mieux que Churchill le met en selle, après avoir surestimé sur le moment son influence. Le *Massilia* étant hors de course et les proconsuls de l'Empire ayant fait leur soumission à Pétain, il reste seul en lice. « Vous êtes tout seul, eh bien ! je vous reconnais tout seul ! » lui dit Churchill.

Des débuts difficiles

Les déceptions ne lui sont pas épargnées. Son objectif proclamé est de constituer une force française composée de volontaires : le recrutement est modeste et restera limité.

Le désastre et l'exode ont fait converger en Grande-

Bretagne quelque 30 000[2] Français : un dixième de la flotte de combat et un septième de la flotte marchande ont gagné les ports anglais avec à leur bord 19 000 militaires de l'armée de terre et de la Marine nationale et quelque 2 500 passagers civils ; les équipages des bateaux marchands totalisent 2 500 hommes ; quelques centaines de pêcheurs échappés de Boulogne, du Cotentin, de Bretagne ou de Vendée, souvent avec femmes et enfants, embarquant de surcroît jusqu'à ras bord civils et militaires, ont atteint les ports de Cornouailles et du Devon où ils vivent à bord de leurs embarcations, démunis de tout ; parmi eux, 113 habitants de l'île de Sein de quatorze à cinquante-quatre ans. 200 aviateurs ont rejoint l'Angleterre directement ou *via* Gibraltar, soit par air, soit par mer, comme les 108 moniteurs de l'école de pilotage n° 23 du Mans repliée à Morlaix, qui se sont embarqués à Douarnenez sur un langoustier. Et 4 500 blessés rescapés de Dunkerque sont encore en traitement en Angleterre.

Les autorités militaires anglaises n'ont pas favorisé les ralliements : elles ont interdit à de Gaulle et à ses envoyés – à la colère de Churchill – l'accès à une partie des camps de regroupement ; elles ont dans un premier temps offert pour seul choix aux marins le renvoi en France ou l'engagement dans la Royal Navy, puis elles ont précipité les retours pour débarrasser le territoire britannique d'éléments qu'elles jugeaient peu sûrs en cas d'invasion allemande et dangereux si le divorce franco-anglais allait jusqu'à une guerre ouverte. Près de 20 000 marins et soldats ont été embarqués à partir du 1er juillet à destination de Casablanca. Enfin, la saisie des bateaux de guerre français dans les ports britanniques, l'internement des équipages et le drame de Mers el-Kébir le 3 juillet ont accru la méfiance des restants.

Au 15 juillet, sur 11 500 officiers et membres des personnels de la Marine nationale qui s'étaient repliés en Grande-Bretagne, 882 seulement, dont 30 officiers d'active, ont opté

---

2. Les 130 000 militaires français rescapés de Dunkerque ont été rapatriés antérieurement sauf les blessés graves.

pour la Marine française libre et 700 pour la Marine britannique. Sur 86 bâtiments de guerre et 150 chalutiers, remorqueurs et vedettes armés qui se trouvent dans les eaux anglaises, un seul bâtiment a opté avec son commandant et la majorité de son équipage pour la poursuite de la lutte, auquel se joindront deux bâtiments en Méditerranée[3]. De la flotte immobilisée à Alexandrie ne viendront en six mois que 172 ralliés, dont 9 officiers.

Les volontaires pour l'armée de terre sont à peine plus nombreux. Les Forces françaises libres – les FFL – naissent avec le ralliement de 1 300 hommes ayant appartenu au corps expéditionnaire français en Norvège. Le principal élément rallié est l'état-major de la 13e demi-brigade de la Légion étrangère avec 900 légionnaires entraînés par le lieutenant-colonel Magrin-Verneret (Monclar) et le capitaine Kœnig. Ils permettent au général de Gaulle de créer, le 1er juillet 1940, une « Première brigade de Légion française ». Cette brigade, même grossie de 37 chasseurs alpins, dont 7 officiers, d'une section de chars légers, d'une batterie de 75, d'éléments du génie et du train et renforcée de 578 civils nouvellement incorporés, n'est guère plus qu'un régiment : elle atteint, le 8 juillet, 1 994 hommes dont 101 officiers ; elle ne compte encore le 15 août que 2 721 hommes dont 123 officiers.

D'autres ralliements sporadiques ont lieu au Moyen-Orient et en Afrique. Le bouillant colonel Edgard de Larminat, chef d'état-major des forces du Levant, a tenté d'entraîner plusieurs régiments ; arrêté, il s'enfuit en Palestine. Des isolés, de petits détachements d'infanterie coloniale, une poignée de légionnaires espagnols, 30 spahis marocains font de même, derrière quelques officiers hardis ; le 12 juillet, un capitaine entraîne 340 hommes d'un bataillon de coloniale stationné à Chypre. Ces volontaires, regroupés en Égypte,

---

3. Ces trois bâtiments sont les sous-marins *Rubis* et *Narval* et le patrouilleur auxiliaire *Président-Houduce*. Sur les FNFL, cf. E. F. Chaline et P. F. Santarelli, *Historique des Forces navales françaises libres*.

sont tout juste suffisants pour former un bataillon d'infanterie de marine qui compte, au 30 juillet, 16 officiers et 560 sous-officiers et soldats ; quelques éléments de cavalerie s'y ajoutent – moins de 100 hommes.

En Afrique noire, les petits groupes d'officiers, de sous-officiers et de gradés qui passent en Gold Coast ou au Nigeria avec quelques tirailleurs et une batterie d'artillerie ne dépassent pas l'effectif de deux compagnies à la mi-août. À cette date, le total des effectifs terrestres ralliés tant en Grande-Bretagne qu'au Proche-Orient et en Afrique se situe aux alentours de 4 500 hommes[4] ; sur ce nombre, 15 % sont des légionnaires étrangers, des spahis marocains et des tirailleurs noirs et 15 % des volontaires civils venus de France et hâtivement incorporés.

L'armée traditionnelle a refusé l'aventure. Les cadres initiaux des FFL sont des lieutenants, des capitaines de la Légion et des troupes coloniales. Deux mois après l'appel du 18 juin, 5 officiers supérieurs d'active à cinq galons y ont répondu et 2 officiers généraux seulement : le vice-amiral en retraite Émile Muselier, auquel, dès son arrivée à Londres, de Gaulle a confié le 1er juillet le commandement des Forces maritimes et aériennes françaises libres à créer, et, au début d'août, le général Legentilhomme, précédemment commandant des forces alliées dans les Somalis. Un troisième rallié plus prestigieux s'annonce à la fin d'août : le général Catroux, du cadre de réserve, gouverneur général de l'Indochine qui, favorable dès le début à de Gaulle, a été relevé de ses fonctions par Vichy. Catroux incline ses cinq étoiles devant les deux étoiles de l'homme du 18 juin. Il sera pour plus de deux ans le seul général d'armée du mouvement français libre[5].

---

4. Le chiffre de 7 000 volontaires en Grande-Bretagne à la fin de juillet 1940 que le général de Gaulle avance dans ses *Mémoires* est prématuré, même en tenant compte des trois armes et des engagés civils.

5. Rejoindront encore les Français libres en 1940 le médecin général Sicé, rallié en même temps que l'AÉF où il dirige les services de santé, et le général de brigade en retraite Eon, ancien commandant de la subdivision de Kairouan, qui sera utilisé un temps comme inspecteur des forces armées.

L'apport des civils est plus modeste encore. Les 10 000 Français de Grande-Bretagne, en majorité commerçants et d'âge non mobilisable, sont bien disposés, prudents et d'un faible concours. Parmi les civils venus de France ou résidant à l'étranger, trois groupes se détachent : les marins de commerce et les pêcheurs bretons, qui fourniront à la fin de 1940 la moitié des effectifs des FNFL ; des patriotes venus pour servir, parisiens et alsaciens notamment, issus des classes moyennes, et lycéens ou étudiants des régions côtières, parmi lesquels 200 ont de quinze à dix-neuf ans, dont un tiers sont des élèves ou des anciens élèves de collèges catholiques ; enfin, une petite cohorte de notables de l'intelligentsia et de la presse antinazie, qui ne font, pour la plupart, relâche à Londres qu'avant de gagner les Amériques.

De tout le personnel politique de la IIIe République, 3 volontaires seulement : l'ancien ministre de l'Air du Front populaire, Pierre Cot, que de Gaulle juge trop voyant pour l'accepter (« Tous mes aviateurs me quitteraient », lui dit-il) et le député socialiste P. O. Lapie, lieutenant du corps expéditionnaire de Norvège, auxquels s'adjoindra quelques mois plus tard le discret député agraire Paul Antier, qui seront, jusqu'à 1942, les seuls parlementaires français libres. Pas un ambassadeur, pas un ministre plénipotentiaire, pas un conseiller d'ambassade jusqu'à la fin de 1940, mis à part le chef de la mission commerciale à New York. Jean Monnet, président du Comité interallié des approvisionnements, estime que « ce serait une grande faute de créer en Angleterre une organisation qui pourrait apparaître en France comme une autorité créée à l'étranger sous la protection de l'Angleterre » et préfère apporter individuellement son concours à l'administration britannique. André Maurois, l'illustre auteur du *Colonel Bramble*, fidèle à Pétain jusque dans l'exil, se dérobe pour gagner l'Amérique. Pas plus les grands universitaires démocrates qui s'exilent que les banquiers juifs et protestants réfugiés à New York ne cautionnent dans les premiers moments le général français libre. Si, parmi les ténors de la presse, Geneviève Tabouis, Henri de Kerillis, E.J. Bois, Charles Géraud (Pertinax) lui manifestent leur sympathie, presque aucun ne s'attarde à

Londres. Ils lui attribuent d'ailleurs si peu de carrure politique et voient dans sa Légion une entreprise si purement militaire qu'ils tentent de constituer en juillet 1940 un Centre français d'études politiques et économiques, pour prendre en charge l'information et la propagande françaises libres à destination de la France et des pays amis[6].

Outre René Cassin, professeur à la faculté de droit de Paris et coprésident de l'Union fédérale des anciens combattants, qui a entendu à Bayonne l'appel du 18 juin, les ralliés civils ou réservistes les plus éminents des débuts ont été jusqu'alors des seconds rôles : un ancien directeur du cabinet de Léon Blum, le directeur de *La Lumière* Georges Boris ; un scientifique qui n'a pu faire ses preuves, André Labarthe ; l'adjoint de Jean Monnet aux missions interalliées d'achat, René Pleven, suivis en fin d'année de l'attaché de presse de Reynaud, Palewski, et d'un ancien chef de cabinet de Daladier, Dejean. Offriront enfin leur concours, venus de lieux divers, un petit nombre de jeunes intellectuels et de jeunes diplomates qui vont jouer un rôle parfois marquant, tels Maurice Schumann accouru de France, Yves Morvan (Jean Marin) déjà à Londres, Jacques Lassaigne rallié de Bucarest, Georges Gorse du Caire, François Coulet d'Helsinki, Jacques Soustelle du Mexique et leur aîné Joseph Hackin, directeur de la mission archéologique en Afghanistan qui sera l'un des premiers à mourir pour la France libre. Du Brésil, le romancier Georges Bernanos, déjà honni des bien-pensants, a télégraphié ses encouragements. Les Français libres sont surtout des Français moyens. Les élites et les notables sont ailleurs. Âge moyen des engagés militaires : vingt-cinq ans.

---

6. Parmi eux, Émile Buré, ancien directeur de *L'Ordre* ; E. J. Bois, ancien rédacteur en chef du *Petit Parisien*, Georges Gombault, ancien codirecteur de *La Lumière*, Geneviève Tabouis de *L'Œuvre* ; Louis Lévy du *Populaire* ; Pierre Comert, ancien chef des services de presse du Quai d'Orsay ; Denis Saurat, directeur de l'Institut français de Londres ; Henri Laugier, directeur du CNRS ; Henri Bonnet, directeur de l'Institut de coopération intellectuelle de la SDN. L'initiative tournera court ; il en sortira toutefois le quotidien français de Londres, *France*.

Le statut de la force française

Si faible que soit le mouvement, il existe ; les manifestations symboliques suppléent au nombre. De premiers navires arborent en juillet le pavillon bleu-blanc-rouge à croix de Lorraine imaginé par l'amiral Muselier. Le 14 juillet, 200 légionnaires, chasseurs, fusiliers marins et aviateurs défilent dans Londres jusqu'au monument de Foch où de Gaulle dépose une gerbe ; la foule crie « Vive la France ! » et chante avec l'accent anglais *La Marseillaise*. Le 18, le volontaire Schumann, que de Gaulle a désigné comme son porte-parole, inaugure à la BBC l'émission quotidienne des cinq minutes de ce qu'on appelle alors à Londres la « Légion française ». Le 20, deux avions français libres participent à un bombardement sur l'Allemagne.

Dans les jours suivants, le général de Gaulle abandonne les locaux de fortune des premières semaines pour installer son quartier général au n° 4, Carlton Gardens, dans un immeuble réquisitionné de six étages que lui procure le Foreign Office, entre le Mall et Pall Mall, et sur lequel le drapeau tricolore flottera pendant quatre ans.

Le 7 août enfin, Churchill et de Gaulle signent à Downing Street un accord relatif à l'organisation, à l'utilisation et aux conditions de service de la Légion française. Le négociateur français René Cassin s'est acharné à faire admettre en termes juridiques que les Français libres sont « non une légion, mais des alliés reconstituant l'armée française et visant à maintenir l'unité française ». « Nous sommes la France », lui avait dit de Gaulle. Churchill tranche selon leurs vœux : les unités conserveront « dans toute la mesure du possible le caractère d'une force française en ce qui concerne le personnel, particulièrement pour ce qui a trait à la discipline, la langue, l'avancement et les affectations... ». De Gaulle acceptera les directives générales du commandement britannique, mais n'en exercera pas moins le « commandement suprême de la force française », qui « ne pourra jamais porter les armes contre la France ».

Des dispositions imprécises prévoient les conditions

d'emploi des navires bloqués dans des ports britanniques et que les Français libres sont trop peu nombreux pour armer : du moins restent-ils propriété française.

Le droit est reconnu en outre au général de Gaulle de créer un organisme civil comportant les services « nécessaires à l'organisation de la force » (disposition qui permettra toutes les extensions ultérieures). Quant aux dépenses, elles seront prises en charge par la Grande-Bretagne, mais il ne s'agira que d'avances, qui furent en effet soldées avant la fin de la guerre.

Un échange de lettres donne à l'accord sa dimension politique : le gouvernement britannique se déclare résolu « à assurer la restauration intégrale de l'indépendance et de la grandeur de la France ». Un codicille secret stipule toutefois que Londres ne garantit pas d'une manière rigoureuse la restauration des frontières territoriales.

La dispute impériale

L'Empire français libre

Plus que l'accord juridique du 7 août 1940, le ralliement de territoires coloniaux accroît l'autorité du chef des Français libres et lui confère un début de représentativité. Les colonies les plus isolées et les plus sensibles à l'influence britannique ouvrent la voie : les Nouvelles-Hébrides le 20 juillet, puis les établissements français de l'Inde, dont le gouverneur Bonvin a contacté de Gaulle le 1er juillet et rend officiel le ralliement des cinq comptoirs le 9 septembre. Tahiti l'a précédé de quelques jours, entraînant la Polynésie française. En Nouvelle-Calédonie, les colons ont envahi, le 26 juin, le conseil général pour imposer le vote d'une motion rejetant l'armistice : le gouverneur a louvoyé, puis démissionné. Un comité gaulliste s'est formé, vite appuyé par la majorité des colons, tandis que les cadres et les militaires métropolitains faisaient bloc autour du nouveau gouverneur nommé par Vichy. Le 19 septembre, une marche des colons et des broussards sur Nouméa, concertée avec l'apparition en rade d'un navire portant le gouverneur désigné par de Gaulle et d'un croiseur britannique, entraîne le transfert de pouvoir sans effusion de sang.

Plus importants sont les ralliements d'Afrique noire. Dès le début de juillet, le gouverneur du Tchad Félix Éboué a établi des contacts discrets avec les autorités britanniques du Nigeria, puis est entré en correspondance avec de Gaulle. Le 6 août, trois envoyés de ce dernier, René Pleven, le commandant de Hauteclocque dit Leclerc et le capitaine de Boislambert quittent l'Angleterre pour Lagos, au Nigeria, où les rejoint le colonel de Larminat venu du Caire : ils se répartissent les rôles pour une action presque simultanée. Le 23 août, Pleven, accompagné d'un Saharien prestigieux, le commandant Colonna d'Ornano, atterrit à Fort-Lamy, d'où Éboué annonce le 26 le ralliement du territoire avec l'assentiment du commandement militaire local.

Le mouvement se précipite du nord au sud : dans la nuit du 26 au 27, Leclerc et Boislambert débarquent en pirogue à Douala, au Cameroun, avec 43 hommes ; ils convainquent un capitaine de tirailleurs qui met sa compagnie à leur disposition, occupent le palais du gouvernement et placent, à Yaoundé, le gouverneur Brunot devant le fait accompli.

Brazzaville, clef de l'Afrique-Équatoriale française (AÉF), bascule le lendemain. Le colonel de Larminat a dirigé l'opération depuis Léopoldville, sur la rive belge du Congo : le 28 août, un commandant et quatre lieutenants de la garnison se saisissent en deux heures des points stratégiques et déposent le gouverneur général ; Larminat prend sa place. Le reste de l'AÉF suit : le gouverneur de l'Oubangui annonce son ralliement dans la journée, le gouverneur du Gabon le lendemain : mais ce dernier, cédant à la pression de l'autorité supérieure jointe à l'arrivée de renforts navals de Dakar, fait volte-face quarante-huit heures plus tard, ce qui maintient provisoirement une enclave vichyste dans la nouvelle Afrique française libre. Les Britanniques n'ont joué aucun rôle dans la partie.

La seconde phase du plan conçu par de Gaulle et approuvé par Churchill est plus ambitieuse : rallier l'Afrique-Occidentale, puis peut-être l'Afrique du Nord en jouant de la persuasion et de l'intimidation. C'est un échec. Maladresses et pertes de temps font que, lorsque l'escadre alliée se présente devant Dakar, le 23 septembre, cinq croiseurs venus de Toulon l'y ont devancée. Le gouverneur Boisson n'est pas homme à se laisser intimider. Les parlementaires français libres sont accueillis à coups de feu, cinq d'entre eux sont faits prisonniers ; une tentative de débarquement à Rufisque échoue. Le 24, après une journée d'engagement naval, l'amiral Cunningham arrête les frais. Ce fiasco porte atteinte au crédit du général de Gaulle, jugé incapable de rallier l'armée et la marine de Vichy. Il donne un coup d'arrêt à l'extension de la « dissidence » : elle ne pourra plus progresser qu'en employant la force. C'est le cas au Gabon, que Leclerc achève de réduire à la mi-novembre, contre l'avis du gouvernement britannique.

Le bloc AÉF-Cameroun, s'il n'est pas le fleuron de l'Empire français, assure du moins le décollage du mouvement gaulliste. Il lui apporte un domaine étiré de l'équateur au Sahara sur plus de 3 000 kilomètres, pauvre et peu peuplé – 6 millions d'habitants – mais qui, reliant le Nigeria au Congo belge et au Soudan, réunit en un bloc continu les territoires africains de l'alliance britannique : il prend une importance stratégique croissante à mesure que les opérations militaires se développent en Égypte et en Libye, car il permet le trafic transafricain, tant routier qu'aérien, du golfe de Guinée à l'océan Indien et au Nil, par la voie la plus courte. Pointe-Noire et Fort-Lamy deviennent les relais d'une liaison qui évite le détour par Le Cap ; 7 aérodromes seront créés ou modernisés au profit des Alliés en Afrique française libre ; 20 000 avions alliés traverseront son ciel dont 3 000 atterriront à Fort-Lamy rien qu'en 1942. Dans l'immédiat, les Français libres s'y renforcent de 16 500 hommes déjà sous les armes – soldats africains pour la plupart – et d'une cohorte d'officiers ardents – ils y formeront 5 bataillons de marche pour les théâtres d'opérations actives, et c'est du Tchad que partiront les raids de Leclerc vers le Sahara italien, puis vers Tripoli.

Mais surtout, l'Afrique française libre est une base de souveraineté et le mouvement gaulliste y acquiert une assise territoriale : il n'y avait que des Français libres, il y a désormais géographiquement une « France libre ». Un signe symbolique marque le changement : jusqu'au 29 août 1940, les cinq minutes quotidiennes accordées à de Gaulle sur les ondes de la BBC s'intitulaient *Émission de la Légion française*, appellation que la naissance à Vichy de la Légion française des combattants rend indésirable ; le 30 août, dans la foulée du ralliement de Brazzaville, l'émission devient *La France libre vous parle*[7].

Le ralliement coûteux des pays du Levant

Les visées des Français libres ne s'arrêtent pas là. Dakar étant verrouillé et Weygand sourd à tous les messages, ils ne renoncent pas à faire « rentrer morceau par morceau » l'Empire dans la guerre. Catroux, dépêché par Churchill au Caire et nommé en novembre 1940 délégué général de la France libre pour l'Orient, a passé la moitié de sa carrière en Syrie et au Liban sous mandat français ; il a des intelligences dans la place et en espère le ralliement. La nomination en décembre par Vichy du général Dentz au poste de haut-commissaire au Liban ruine ses espoirs ; elle le convainc, en revanche, de la menace qui pèserait sur les arrières alliés si Vichy laissait les Allemands y prendre pied. L'événement confirme ces alarmes : au printemps de 1941, Dentz, sur instructions du gouvernement de Vichy, fait passer en Irak, pour le compte des Allemands, deux trains d'armes françaises destinées aux partisans du Premier ministre irakien Rachid Ali, révolté contre les Britanniques ; au moins 70 avions militaires allemands, acheminés vers Bagdad, transitent au-dessus de la Syrie et du Liban, certains arborant les cocardes françaises, un bon nombre s'y ravitaillent. C'en est trop pour Churchill qui, pressé par de Gaulle, Catroux et Spears, ordonne une intervention en force.

---

7. De Gaulle lui-même mentionne pour la première fois *la France libre* dans son allocution radiodiffusée du 29 août 1940 au soir où il annonce le ralliement de Brazzaville : « *La France libre* ne veut pas de ce soi-disant armistice [...]. France, France nouvelle, grande France, en avant ! »

L'opération n'est toutefois lancée que le 8 juin 1941 alors que le prétexte de la présence allemande n'existe plus. Elle est engagée par les Britanniques avec des moyens insuffisants et une participation très minoritaire des Français libres : 6 000 hommes, 8 canons, 10 tanks et 24 avions. Si le colonel Collet rallie aussitôt les forces alliées avec quelques centaines de cavaliers tcherkesses, le gros des forces de Vichy résiste plus d'un mois. Du côté des Français libres, 800 hommes sont mis hors de combat, dont 150 tués. Au terme de cette lutte fratricide, la Syrie et le Liban passent dans la mouvance de la France libre, désormais installée sur la Méditerranée. Mais l'âpreté des combats fait douter de sa force d'attraction, et le transfert de pouvoir donne lieu à des péripéties irritantes : l'armistice de Saint-Jean-d'Acre, conclu le 14 juillet 1941, remet le Levant à l'autorité militaire britannique, qui accorde toutes facilités de rapatriement aux forces de Vichy alors que les Français libres se voient refuser à peu près tous les moyens de les rallier à leur cause ; sur près de 35 000 hommes des forces armées régulières aux ordres de Dentz, 5 400 seulement les rejoignent, dont 2 700 Européens, légionnaires pour près de la moitié. Et ce n'est qu'à l'issue d'une grave crise franco-britannique que de Gaulle obtient la reconnaissance des droits et des intérêts français au bénéfice de la France libre. Catroux, dernier des grands proconsuls, s'installe à Beyrouth, mais, privé des personnels d'autorité rapatriés, il est vite en butte aux aspirations nationalistes, aux immixtions des « bureaux arabes » britanniques et à l'animosité de Spears. Ce dernier joint bientôt à ses fonctions de chef de la mission de liaison franco-britannique celle de ministre de Grande-Bretagne auprès des deux gouvernements de Syrie et du Liban : il en usera et en abusera. L'acquisition du Levant, extension prestigieuse et stratégiquement utile, va empoisonner les relations entre le chef des Français libres et son allié britannique.

Des Français libres à la France libre

Organisation militaire ou amorce d'un contre-pouvoir politique, le mouvement français libre ? Quinze mois suffisent pour qu'aux Forces françaises libres se superpose un quasi-gouvernement qui s'affirme comme étant le vrai représentant des intérêts français.

Sans doute le mouvement gardera-t-il toujours la marque militaire de ses origines, et la participation à la guerre ne cessera d'être son objectif premier. L'immeuble de Carlton Gardens restera le « quartier général » jusqu'au départ de De Gaulle pour Alger en 1943. L'engagement militaire est la règle commune. De même, l'organigramme initial est tout militaire : il se limite à un cabinet militaire, un état-major doté, au moins sur le papier, de ses quatre bureaux, un bureau du quartier général, une intendance, un service de santé, un service des bases et dépôts. Les services civils nécessaires à l'administration de la force française sont plutôt, comme de Gaulle l'écrit à Catroux le 31 août 1940, des « bases de services : Affaires extérieures et coloniales, Finances, Information, etc. [8] ».

La transformation de ce poste de commandement en organe quasi gouvernemental résulte d'un choix délibéré. De Gaulle l'imposera contre l'avis des exilés qui, à l'instar de Jean Monnet, souhaiteraient qu'il se cantonne dans un rôle militaire. Impuissant à créer en juin 1940 une autorité politique centrale, il n'en a jamais abandonné le projet. Pour lui, la continuité française ne peut être assurée, la souveraineté française défendue que par une telle autorité. Il la fait émerger par une alternance de patientes gradations et de coups d'éclat. Le 30 juillet 1940, il a averti Churchill de son intention de créer un Comité de défense de l'Empire comprenant des représentants des futurs territoires ralliés, ce à quoi le Premier ministre a acquiescé [9]. Il institue le Conseil de défense de l'Empire par une ordonnance du 27 octobre 1940 qu'il signe de propos délibéré à Brazzaville, en terre française. Elle marque une étape entre la reconnaissance du seul chef des Français libres et la

8. Charles de Gaulle, *Mémoires*, t. I., p. 290-292.

9. L'échange de lettres de Gaulle-Churchill du 30 juillet 1940 est reproduit dans Maurice Flory, *Le Statut international des gouvernements réfugiés et le cas de la France libre 1939-1945*, p. 61-63.

formation en septembre 1941 du Comité national français (CNF). Le Conseil, purement consultatif, est un premier organisme politique à compétence territoriale. Il comprend, outre de Gaulle, les nouveaux gouverneurs des groupes de territoires (Larminat, Éboué, Leclerc, Sautot), ainsi que les chefs militaires du mouvement (Catroux, Muselier) et trois personnalités marquantes (médecin général Sicé, Pr Cassin, R. P. Thierry d'Argenlieu).

Plus imprévu que la nouvelle institution est l'énoncé de l'ordonnance qui lui donne vie : « Au nom du Peuple et de l'Empire français, Nous, général de Gaulle, Chef des Français libres, Ordonnons[10]... »

Tout aussi imprévues, les compétences extensives assignées au Conseil : « [Il] exerce, dans tous les domaines, la conduite générale de la guerre en vue de la libération de la patrie et traite avec les puissances étrangères des questions relatives à la défense des possessions françaises et des intérêts français. »

Un manifeste du même jour affirme qu'« il faut qu'un pouvoir assume la charge de diriger l'effort français dans la guerre ». Une déclaration organique, signée, toujours à Brazzaville, le 16 novembre, est plus explicite encore : elle expose « à tous les Français ainsi qu'aux puissances étrangères dans quelles conditions de fait et de droit nous avons pris le pouvoir ». Elle définit les fondements juridiques et doctrinaux du « nouveau pouvoir français » ; elle en proclame la légitimité, « fondée sur la volonté de millions de Français et de sujets français, s'exprimant sans contrainte et sans équivoque de tous les points du globe » ; cette légitimité, elle l'oppose, au terme d'une démonstration rigoureuse, à l'illégalité et à l'inconstitutionnalité du « pseudo-gouvernement de Vichy ». Elle en déduit que le jour est venu où les Français sont tenus de procéder à la « formation d'un pouvoir en dehors de la France continentale », c'est-à-dire

10. L'emploi du « nous » de majesté avait été inauguré par le général de Larminat dans l'acte organique n°1 portant constitution de l'Afrique française libre le 1er septembre précédent.

de rassembler sans délai les forces françaises éparses dans le monde sous une « autorité centrale provisoire » dont le général de Gaulle assume la « charge sacrée ». Il s'engage à accomplir sa mission dans le respect des institutions de la France et à rendre compte de ses actes aux représentants librement désignés de la nation.

Une affirmation aussi péremptoire du « nouveau pouvoir français », un tel mélange de juridisme républicain et de personnalisation du pouvoir témoignent d'une formidable audace. Le militaire se mue en autorité politique. L'acte de Brazzaville, si marginal soit-il, prend de surcroît tout son sens au regard de l'épisode de Montoire, tout juste antérieur. Il y oppose une riposte et l'exemple ostensible d'une attitude radicalement différente vis-à-vis de l'étranger : ainsi au premier acte de collaboration déclarée du Maréchal fait pendant la première affirmation d'indépendance nationale du Général, qui prétend tirer la légitimité de son « nouveau pouvoir » d'une tout autre source que de la reconnaissance britannique.

Londres fit la grimace[11]. Churchill n'en reconnut pas moins le 24 décembre l'existence et le rôle du Conseil de défense, tout en se refusant à exprimer aucun avis sur les considérations juridiques et constitutionnelles invoquées.

L'entité *France libre* fut institutionnalisée sans plus de délai : son acte de naissance est le premier numéro du *Journal officiel de la France libre*, publié en date du 15 janvier 1941 dans la même présentation et les mêmes caractères que naguère le *Journal officiel de la République française*, et qui se substitue au *Bulletin officiel des Forces françaises libres*. La semaine précédente, à peine surmontée une sombre machination qui avait valu à l'amiral Muselier d'être emprisonné quelques jours par les autorités britanniques, de Gaulle a expliqué « simplement et nettement ce qu'est la France libre[12] ». La progression du vocabulaire et

---

11. Cf. Bell Philip, *A Certain Eventuality, Britain and the Fall of France*, p. 231.

12. Discours prononcé à Londres, le 9 janvier 1941, au Foyle Literary Luncheon.

l'évolution sémantique éclairent le cheminement politique : l'expression *la France libre*, qui, depuis le 30 août, n'était employée qu'incidemment et comme à titre d'essai, revient 11 fois dans son allocution. La France libre n'est plus seulement la portion libérée de l'Empire, elle est la réalité spirituelle de la France et sa vérité, car elle « sauvegarde l'honneur de la patrie » et « ceux qui parlent au nom de la France, ce sont les Français libres ». La France libre ne reconnaît aux hommes de Vichy « ni justification ni pouvoir légitime ». Le rôle qu'elle joue déjà dans la « résurrection nationale » fait qu'en elle « s'incarne l'avenir de la patrie » : c'est dire que le mouvement militaire des Français libres rebaptisé la France libre représente à la fois la France toujours en guerre avec ses droits et ses devoirs, une esquisse d'État et la France libérée d'après la victoire.

Du mouvement militaire à l'organisme gouvernemental

Le Conseil de défense figure désormais en nom, conjointement avec de Gaulle, dans tous les accords particuliers et conventions signés avec la Grande-Bretagne en 1941, qu'il s'agisse de régler les relations économiques et commerciales entre le Royaume-Uni et les territoires ralliés ou de fixer le rapport franc-livre sterling au taux avantageux de 176,625. C'est au nom du Conseil de défense que le général de Gaulle lance des déclarations publiques concernant l'avenir de l'Indochine ou la violation par Vichy de ses engagements internationaux au Levant : ces déclarations sont notifiées à tous les gouvernements alliés et neutres. Des représentants du général de Gaulle et du Conseil de défense participent de même à la conférence interalliée du 12 juin et à celle du 24 septembre 1941 sur la charte de l'Atlantique, conférences d'importance symbolique, où leur présence est elle-même symbolique d'une discrète entrée dans la communauté internationale.

Le Conseil de défense ne joue, au contraire, aucun rôle dans ce qui a trait à la conduite de la guerre : ses membres sont dispersés ; en un an, de Gaulle ne les aura consultés qu'une fois de façon explicite et détaillée sur les choix politiques éventuels du mouvement. C'est lui qui tient la barre et lui seul. Pour coordonner la gestion courante, un organe purement interne, la Conférence administrative de la France libre, réunit chaque semaine à Carlton Gardens, sous sa présidence, son chef d'état-major, les 4 directeurs des services civils (Affaires administratives et financières, Affaires extérieures et économiques, Territoires non libérés et Information), ainsi que les membres présents à Londres du Conseil de défense, Muselier, Cassin, et occasionnellement Thierry d'Argenlieu. C'est la Conférence administrative, organe permanent entraîné à délibérer, qui, officialisée et promue au niveau politique, donnera naissance le 24 septembre 1941 au Comité national français (CNF). Ce dernier est, sans en avoir le nom, un gouvernement. Il se veut le gérant du patrimoine national. Il exerce provisoirement les pouvoirs publics de la France en attendant que la volonté populaire puisse s'exprimer ; une assemblée consultative est prévue d'ici là. Il cumule, du fait des circonstances, les pouvoirs exécutif et législatif. Les commissaires nationaux ont toutes les attributions individuelles et collégiales normalement dévolues aux ministres français ; ils peuvent signer des décrets et des arrêtés, tandis que les mesures d'ordre général assimilables à des dispositions législatives font l'objet d'ordonnances signées par de Gaulle et contresignées par au moins un commissaire national. Le Comité comprend 8 membres nommés par décret, responsables devant de Gaulle ; tous sont des Français libres de 1940 sauf un arrivant récent, l'inspecteur des Finances Diethelm, ancien directeur du cabinet de Mandel :

Économie, Finances et Colonies : René Pleven.
Affaires étrangères : Maurice Dejean.
Guerre : général Legentilhomme.
Marine et Marine marchande : amiral Muselier.
Justice et Instruction publique : René Cassin.
Intérieur, Travail et Information : André Diethelm.
Air : général Valin.
Sans département : capitaine de vaisseau Thierry d'Argenlieu.

La formation du CNF, si elle consolide le mouvement, ne lui vaut toutefois qu'une reconnaissance internationale limitée. Le gouvernement britannique le reconnaît comme « représentant de tous les Français libres, où qu'ils soient, ralliés pour servir la cause alliée », cette reconnaissance n'impliquant en aucune façon la reconnaissance du général de Gaulle comme chef d'un État souverain. Les gouvernements alliés en exil à Londres, la Nouvelle-Zélande et l'Union sud-africaine s'expriment en termes voisins. L'Union soviétique, dont la rupture avec Vichy est toute fraîche, y ajoute une promesse d'aide et d'assistance.

La dernière étape de l'évolution londonienne sera, le 14 juillet 1942, le changement d'appellation de la France libre en *France combattante*. Il appelle une reconnaissance élargie des Alliés : il s'agit de consacrer la jonction, sous l'autorité du général de Gaulle, de la résistance intérieure et du mouvement français libre – celle-ci sera attestée par l'entrée au CNF de personnalités résistantes amenées clandestinement de France : le socialiste André Philip en août 1942, l'ambassadeur Massigli au début de 1943.

Dissidences dans la dissidence

Cette marche du militaire au politique n'a cependant pas rallié tous les suffrages. Elle ne s'est pas faite non plus sans à-coups. Si une large fraction des intellectuels de marque repliés aux États-Unis se rapprochent de la France libre en 1941 et l'appuient ouvertement (Ève Curie, Jacques Maritain, Henri Bernstein, Philippe Barrès, Jean Perrin, Henri Focillon, Henri Laugier, Henri Bonnet), d'autres hésitent ou gardent leurs distances, et quelques-uns évoluent vers l'hostilité déclarée. Dans les coulisses de Washington, l'ancien secrétaire général du Quai d'Orsay Alexis Léger dénonce de Gaulle comme un général politique, aux visées suspectes et comme un apprenti sorcier résolu à miser sur l'amitié de l'Union soviétique au détriment de la nécessaire solidarité atlantique ; son influence contribue à l'antigaullisme du département d'État et de Roosevelt, qui deviendra irréductible en 1942. À Londres, Roger Cambon, naguère ministre-conseiller à l'ambassade et qui a gardé ses relations, raille la « mégalomanie » du Général. Fait plus conséquent, les principaux organes d'information en langue française créés en 1940 sur fonds britanniques avec les encouragements de la France libre deviennent, à partir de l'automne de 1941, les foyers d'une fronde « républicaine ». C'est le cas du quotidien *France* que lisent tous les Français d'Angleterre. S'il publie en bonne place les communiqués de Carlton Gardens et les hauts faits des combattants, les réticences y affleurent dans les périodes de crise. Il y a là, aux côtés de l'ancien chef du service de presse du Quai d'Orsay Pierre Comert, deux militants socialistes vieux style, Georges Gombault, précédemment codirecteur de *La Lumière* et Louis Lévy, ex-rédacteur au *Populaire* ; attribuant des visées dictatoriales au Général, ils craignent la consolidation sous son égide d'un pouvoir central qui ferait de lui le maître de la France libérée. Ce clan, dépourvu d'influence sur les volontaires, est surtout actif en coulisse, auprès des travaillistes anglais et des personnalités politiques et résistantes venues de France. On trouve des réticences analogues à l'Agence française indépendante (AFI), créée par le jeune Pierre Maillaud (Bourdan) pour reconquérir les positions d'Havas dans le monde libre. On les retrouve de même dans l'équipe de la revue *La France libre*, le plus brillant périodique français du temps, qui a bientôt des éditions en Égypte et aux États-Unis. Raymond Aron, son rédacteur en chef, la maintient à un niveau de réflexion qui transcende les polémiques. Cependant, en marge de la revue, son directeur-fondateur André Labarthe, esprit séduisant et affabulateur, n'ayant pu mettre la main sur le mouvement français libre, poursuit de Gaulle d'une rancune qui le conduit en 1943 à l'extrême du giraudisme. Il aura aiguisé au sein du microcosme français libre une opposition « de gauche » dont l'amiral Muselier se fera le porte-parole au cours de deux sérieuses crises internes. L'amiral avait fait la Marine française libre. Elle était son fief et il eut vite l'appui de l'amirauté britannique dont il obtint beaucoup. Dès la fin de 1940, ce petit groupe contestait à la fois ce qu'il tenait pour l'orientation droitière du mouvement et l'exercice solitaire du pouvoir par son chef.

Qu'il y ait eu des ambiguïtés politiques dans la France libre initiale est évident. Si elle regroupe des volontaires de toutes tendances, les cadres militaires initiaux sont en grande majorité issus de la droite, voire de l'extrême droite, et rêvent, eux aussi, d'une Révolution nationale. L'apolitisme, qui prévaut dès que les unités sont engagées, reste assorti d'un profond mépris pour la République défunte et pour ses parlementaires. De Gaulle lui-même refuse, pour des raisons d'opportunité, de se réclamer avant novembre 1941 de la devise *Liberté, Égalité, Fraternité*. En sens inverse, l'accueil indiscriminé qu'il fait aux volontaires de toutes tendances, la présence de démocrates patentés parmi les cadres du mouvement (Boris, Cassin, Hauck, Lapie, Schumann), la dénonciation précoce des ordonnances antisémites et de l'abolition des libertés par Vichy, et jusqu'au refus de toute propagande anticommuniste sont autant de gages d'ouverture d'esprit et de libéralisme. Le populisme reproché par certains à de Gaulle est de même contrebalancé, dans les textes constitutifs de la France libre, par les fréquentes références aux sources juridiques de la IIIe république et par l'engagement réitéré de remettre ses pouvoirs à la nation. C'est en réalité davantage le style de commandement monarchique du Général qui est en cause, et la dévotion dont il est l'objet, ainsi que la brutalité avec laquelle il contre les Britanniques. Homme d'exception, il gêne par sa démesure : certains ne voient qu'elle ; les ambitions frustrées ont aussi leur part dans la querelle. Il est de fait que, jusqu'en 1942 au moins, c'est lui qui décide de tout, même à distance. Il veille à tout. Il prend toutes les initiatives. Il peut écouter, mais n'admet pas les remontrances. Seul Catroux, à Beyrouth, garde les coudées franches pour l'action quotidienne. La politique de la France libre est, au moins jusqu'à 1942, un *one man show*.

Lors de la création du Comité national, en septembre 1941, l'amiral Muselier, se croyant assuré de l'appui anglais, en revendiqua la présidence : de Gaulle serait confiné dans des fonctions de porte-drapeau ; à Labarthe devait échoir l'action en France, englobant à la fois la propagande et le contrôle des services secrets. À défaut, l'amiral laissa entendre qu'il pourrait rattacher « sa flotte » à la Royal Navy. C'était remettre en cause la reconnaissance accordée à de Gaulle par Churchill et les accords du 7 août 1940 ; c'était aussi méconnaître la formidable aptitude du chef des Français libres à dire non. Il alla jusqu'à la rupture. Les Anglais imposèrent un compromis ; Muselier, maintenu à son commandement, se résigna à n'entrer au CNF qu'au rang de commissaire à la Marine.

Le duel reprit en mars 1942. Muselier, condamnant les initiatives prises par de Gaulle au défi des Américains, démissionna du CNF, mais prétendit conserver le commandement de la Marine française libre : le cabinet de Guerre britannique prit fait et cause pour lui et exigea son maintien au nom des impératifs militaires. De Gaulle s'y refusa ; la situation parut un moment sans issue. L'amiral en précipita le dénouement par des provocations brouillonnes : il n'hésita pas à prendre à témoin le corps des officiers. C'était trop pour que ses collègues de l'amirauté britannique pussent le soutenir. Il quitta le mouvement comme l'avait fait Labarthe, laissant de Gaulle en position de force, chef désormais incontesté de la résistance militaire extérieure.

Aux prises avec l'allié britannique

La crise de 1941

Ces luttes de pouvoir ne sont elles-mêmes que des péripéties des crises qui opposent de Gaulle à ses alliés britannique et américain. Car les relations conflictuelles avec les Alliés sont au cœur de l'histoire de la France libre, comme la relation avec le Reich domine l'histoire de Vichy. De Gaulle est le plus rétif des gouvernants européens à Londres. On le prétendra plus occupé à faire la guerre à ses alliés qu'aux Allemands ; Churchill l'accusera d'être anglophobe. Il est vrai que, s'il admire la résolution des Anglais et se comporte en allié loyal, il se méfie, comme beaucoup d'officiers de sa génération, de leur politique étrangère et coloniale, commandée à ses yeux par le seul intérêt. Il se refuse en tout cas d'en être l'instrument. Dès les premières semaines, il a manifesté qu'il était autre chose qu'une « création de Churchill » en discutant avec âpreté les termes de l'accord du 7 août. Une fois constituée une force militaire et acquise une base territoriale, son troisième et constant objectif est de faire reconnaître à la France sa place dans le concert des nations en guerre ; cette exigence implique non seulement une reconnaissance diplomatique de la France libre, pour laquelle il bataillera sans trêve, mais d'abord le respect quotidien de ses prérogatives et de la souveraineté française dans les territoires ralliés. L'émergence de la France libre va de pair avec l'affirmation, en toute circonstance, qu'elle n'est ni un protectorat britannique, ni seulement la gérante provisoire de forces et de territoires français, mais qu'elle est la garante de la dignité et des intérêts permanents d'une grande puissance toujours en guerre, la France. De Gaulle se veut d'autant plus intransigeant qu'il est plus faible. Il s'affirme à chaque étape en s'opposant. Dès septembre 1940, Churchill prend sur lui d'envoyer Catroux au Caire pendant que de Gaulle est devant Dakar : il proteste pour le principe et attend deux mois pour confirmer la mission. Incident minime qui a valeur d'avertissement : il prétend traiter de puissance à puissance ; il s'insurgera contre tout empiétement. Jusqu'au printemps de 1941, les intérêts français libres et britanniques concordent. Les premières frictions l'opposent au général Spears, le député conservateur francophile qui l'a ramené en Angleterre le 17 juin et a obtenu qu'il parle à la BBC le 18 ; Churchill a fait de Spears le chef de la mission de liaison militaire britannique auprès des Français libres. La mission Spears devient vite une machinerie importante qui étend ses ramifications en AÉF-Cameroun et au Proche-Orient. Elle rend la première année de grands services à des dirigeants français libres qui savent mal l'anglais et ignorent les arcanes de l'administration anglaise : ils lui doivent leurs premiers équipements et armements. Au printemps de 1941, de Gaulle, las d'un chaperon possessif, ne lui ménage pas les piques auxquelles l'autre riposte.

Les affaires du Levant marquent la fin de la lune de miel

entre Churchill et de Gaulle. Ce dernier est indigné par les termes de l'armistice de Saint-Jean-d'Acre, de juillet 1941 ; il exige du ministre résident britannique au Moyen-Orient, Lyttelton, un accord interprétatif et lui adresse une mise en demeure impérative : la France libre, « c'est-à-dire la France », si elle n'obtient pas satisfaction dans les trois jours, « ne consent plus à s'en remettre au commandement militaire britannique du soin d'exercer le commandement sur les troupes françaises en Orient. Le général de Gaulle et le Conseil de défense de l'Empire reprennent la pleine et entière disposition de toutes les forces françaises au Levant à la date du 24 juillet à midi ».

Satisfaction est donnée au chef des Français libres. Mais son « arrogance » lui a fait de Spears un ennemi irréconciliable, mû désormais par une idée fixe : rendre effective l'indépendance de la Syrie et du Liban. De son côté, le commandement britannique n'est pas pressé d'en retirer ses troupes, arguant du maintien de l'ordre. À Soueida, une unité britannique a occupé la Maison de France sur laquelle elle a hissé l'Union Jack : un détachement français libre commandé par le colonel Monclar est envoyé sur place pour reprendre possession des lieux. Les immixtions britanniques en Djézireh et au djebel Druze semblent délibérées. De Gaulle les dénonce ouvertement comme des provocations. Le 17 août 1941, il fait savoir aux Britanniques qu'il a décidé, qu'ils le veuillent ou non, l'envoi au Levant de la compagnie de parachutistes de la France libre jusqu'alors en Angleterre. À la fin d'août, ses déclarations fracassantes à un reporter américain sur le double jeu britannique à l'égard de la France portent la fureur de Churchill à son comble. Le 16 septembre, quand il regagne Londres, son tête-à-tête avec le Premier ministre est violent. Lyttelton a écrit du Caire que les impératifs britanniques fondamentaux « ne pourraient être sauvegardés tant qu'il resterait chef des Français libres ». On envisage de l'éliminer, mais aucun Français présent en Angleterre n'a sa « valeur de symbole ». Churchill s'en tient à la tactique visant à l'encadrer, « en le noyant dans un comité » : le Premier ministre insiste pour qu'il crée un « conseil qui exerce la direction effective du mouvement ». Ce sera le Comité national, auquel de Gaulle songeait de son côté.

Ce que ce dernier n'a jamais su, car les documents britanniques sur l'affaire n'ont été publiés qu'après sa mort, c'est que la manœuvre visant à le maintenir comme porte-drapeau et à faire présider le nouveau comité par Muselier avait été conçue en accord avec Desmond Morton, principal secrétaire privé de Churchill, et avec un ministre très proche de lui, lord Bessborough. Il fallut, on l'a vu, la fermeté du Général et la maladresse provocatrice de l'amiral pour désamorcer le coup. Si de Gaulle dut consentir à un compromis, il n'en avait pas moins gagné cette première manche non seulement contre une petite minorité rebelle, mais contre le Premier britannique.

L'affirmation de la souveraineté française et les crises de 1942

Il y eut d'autres tempêtes. La France libre progresse de crise en crise : de Gaulle les pousse au paroxysme. Cassin, Dejean, Pleven, Catroux lui-même s'inquiètent de ses violences, ils le jugent meilleur stratège que tacticien ; mais ils font bloc dès qu'il s'agit d'assurer la place de la France. Dans les phases de tension, Churchill a des coups de colère, les administrations font le vide devant les Français libres, leurs liaisons et transmissions avec la Résistance métropolitaine sont suspendues. La précaution la plus constante des Anglais est d'empêcher de Gaulle de quitter l'Angleterre. Il demande le 3 avril 1942 un avion pour Brazzaville. Churchill met son veto : « Il serait extrêmement dangereux de laisser cet homme reprendre la campagne d'anglophobie dont il est coutumier quand il est en Afrique centrale. » De Gaulle ne fera sa tournée d'inspection qu'en août 1942, et seulement parce qu'il serait indécent de l'empêcher d'aller passer en revue les survivants de Bir Hakeim.

Un nouveau facteur, toutefois, contribue à dépassionner les incidents, le rôle croissant d'Eden et du Foreign Office dans les relations avec Carlton Gardens. C'est Eden qui a négocié en septembre 1941 le compromis de Gaulle-Muselier. En janvier 1942, un diplomate de haut rang, Charles Peake, est accrédité auprès de la France libre, en remplacement de Spears nommé ministre de Grande-Bretagne auprès des gouvernements de Syrie et du Liban : cette désignation étend au CNF le mode de relations par voie diplomatique que le gouvernement britannique entretient avec les gouvernements en exil. Eden, tout en condamnant les procédés comminatoires du Général, a été de bonne heure convaincu de sa solidité et de son avenir politique ; il souhaite, après la guerre, une France forte et amie sur le continent, aussi évolue-t-il dans un sens favorable à la France libre. Il ne cessera d'agir dans le sens de la conciliation. C'est le cas, en 1941-1942, dans trois épisodes qui mettent en jeu la représentativité de la France libre : l'affaire de Saint-Pierre-et-Miquelon, l'affaire de Madagascar et le rebondissement de la crise du Levant.

La crise de Saint-Pierre-et-Miquelon éclate au lendemain de l'entrée en guerre des États-Unis. Depuis la mi-octobre 1941, de Gaulle a proposé de rallier les deux îles, toujours dépendantes de Vichy et dont le poste de radio pourrait, pense-t-on, guider les sous-marins allemands. Churchill et ses chefs d'état-major y sont favorables. L'amiral Muselier, envoyé en décembre au Canada, doit conduire l'opération. Mais, au dernier moment, Churchill a jugé bon de consulter Roosevelt, et ce dernier, soucieux de maintenir de bonnes relations avec Vichy et déjà engagé envers l'amiral Robert, haut-commissaire du gouvernement de Vichy pour les territoires français de l'hémisphère occidental, a opposé son veto. De Gaulle, dans un premier temps, s'est incliné ; puis apprenant que Washington et Ottawa se proposaient d'envoyer des opérateurs canadiens pour contrôler les transmissions du poste émetteur de Saint-Pierre, il prend les devants ; sur son ordre, Muselier débarque à la Noël 1941 dans les îles où il est accueilli avec enthousiasme ; la population consultée se prononce à 90 % pour la France libre.

Ce défi provoque une tempête à Washington ; le secrétaire d'État Hull, prenant feu et flammes, publie un communiqué dénonçant les « soi-disant Français libres » et demande le rétablissement du *statu quo* antérieur. Le Foreign Office, tout en regrettant « la gaffe » commise par de Gaulle, fait savoir qu'une mesure de force contre les Français libres serait inacceptable pour l'opinion publique anglaise. L'opinion américaine elle-même la comprendrait mal.

De Gaulle, de son côté, se refuse à toute négociation. Saint-Pierre-et-Miquelon restent finalement à la France libre, mais ni Roosevelt ni le département d'État, déjà prévenus contre lui, ne pardonneront ce camouflet. Ils le pardonneront d'autant moins qu'ils y voient une tentative délibérée pour opposer les dirigeants anglais et américains.

Les heurts des mois suivants, pour être moins spectaculaires, n'en sont pas moins sérieux. Dans une guerre devenue mondiale, la France libre compte peu aux yeux des dirigeants anglo-saxons qui développent leur stratégie en dehors d'elle.

Le 5 mai 1942, à 3 heures du matin, un appel téléphonique d'une agence de presse réveille de Gaulle pour lui annoncer que les Britanniques ont débarqué à Madagascar. Depuis des mois, il recommandait une opération conjointe sur la grande île, que la menace japonaise rendait plus nécessaire. Carlton Gardens en avait communiqué les plans aux chefs d'état-major britanniques, mais ceux-ci, se souvenant de Dakar et de la Syrie, ont cru que la présence de Français libres durcirait l'opposition des forces de Vichy. L'opération purement britannique se heurte néanmoins à une vive résistance : les Anglais, après avoir occupé le port de Diégo-Suarez, leur objectif immédiat, proposent au gouverneur Annet, représentant de Vichy, de rester à son poste moyennant la neutralisation de l'île. Les pourparlers n'aboutissent pas, et l'occupation complète traînera jusqu'à l'automne. De Gaulle tempête en vain, six mois s'écouleront avant qu'il reçoive des assurances précises concernant le transfert de Madagascar à la France libre et son entrée dans la guerre.

« Impossible » et « irremplaçable »

En juin et juillet 1942, les relations avec Churchill reviennent au beau grâce au succès des Français libres à Bir Hakeim et aux efforts de conciliation d'Eden ; l'indignation que soulève le retour au pouvoir de Laval y contribue aussi. Le voyage enfin autorisé du Général au Levant va rallumer la discorde. Il revendique pour un Français le commandement des forces alliées en Syrie et au Liban et exige le contrôle exclusif du ravitaillement local par les autorités françaises. Bien qu'ayant dû, à la demande des Anglais, reconnaître l'indépendance des deux pays, il se refuse à liquider le mandat français et juge prématurée l'organisation d'élections que Londres réclame. Catroux est sur place en lutte ouverte avec Spears qui soutient les dirigeants nationalistes. De Gaulle réagit avec colère et multiplie tout l'été de 1942 les propos fracassants. Les plaintes s'accumulent contre lui sur le bureau de Churchill. « Invité » à regagner Londres, il n'obtempère que le 25 septembre, après que le gouvernement anglais eut menacé de ne pas rétrocéder Madagascar au CNF aussi longtemps qu'il continuerait à fomenter le trouble contre les Britanniques au Levant.

Quand de Gaulle se retrouve devant Churchill le 30 septembre[13], l'affrontement est aussi furieux qu'un an plus tôt. « Vous dites que vous êtes la France ! Vous n'êtes pas la France ! Je ne vous reconnais pas comme la France ! » clame Churchill. « Pourquoi discutez-vous ces questions avec moi si je ne suis pas la France ? » riposte de Gaulle qui n'est pas en reste de violence. Jamais la rupture n'aura été si proche. Les transmissions chiffrées de la France libre sont interrompues, toute coopération de la part des services anglais est suspendue. Le renvoi du commissaire aux Affaires étrangères Dejean, favorable à des concessions au Levant, aggrave la

---

13. Et non le 29 septembre, date mentionnée dans les *Mémoires de guerre* du général de Gaulle. Sur cette crise et cette entrevue, cf. Kersaudy François, *De Gaulle et Churchill*, p. 175.

tension. Les autres membres du CNF se solidarisent avec leur président, l'amiral Auboyneau fait savoir aux Britanniques que la fidélité des marins sera sans faille. Il faudra un mois d'efforts conjugués des entourages pour détendre l'atmosphère. Le 6 novembre, Eden annonce enfin à de Gaulle le transfert prochain de Madagascar à l'autorité de la France libre : ce sera pour lui, a dit Churchill, un « lot de consolation », à la veille du débarquement allié en Afrique du Nord dont les Français libres seront exclus. Du moins, le chef de la France combattante aura-t-il eu, cette fois encore, le dernier mot.

Les crises de 1942 montrent clairement pourquoi de Gaulle a pu continuer d'imposer à ses Alliés sa conception exigeante de la France libre.

Les Anglais ne peuvent pas lui refuser la dévolution des territoires coloniaux français, car ce serait donner raison à la propagande anglophobe de Vichy qui soutient que Londres veut se les approprier. Ils ne peuvent ni l'encadrer ni le modérer, parce qu'il domine de très haut le CNF qui serre les rangs dès que la souveraineté nationale est en jeu ; or c'est toujours elle qui, finalement, est en cause à ses yeux.

Ils ne peuvent pas l'écarter, et c'est là l'essentiel, parce que, si « impossible » soit-il, il est un « symbole irremplaçable ». Il l'était en 1941, il l'est plus encore en 1942. Lui et ses Français combattants ont offert au monde l'image d'une France en guerre héroïque et indomptable : aussi l'opinion publique anglaise les a-t-elle soutenus dans l'affaire de Saint-Pierre-et-Miquelon. 59 % des Anglais estiment qu'ils représentent réellement l'attitude du peuple français [14].

Dans l'été de 1942, le gouvernement britannique a, de surcroît, les preuves que de Gaulle bénéficie d'un soutien grandissant en France.

---

14. British Institute of Public Opinion, Survey n° 88, juin 1942.

Politique de présence et action régalienne

En deux ans, de Gaulle et les siens ont donné une réalité à leur mini-France de l'exil : engagement militaire, diplomatie, administration coloniale, propagande, action en France, de tous côtés, sur tous les plans, la pratique régalienne confirme et accrédite l'utopie de la France libre. Peu de moyens, peu de cadres expérimentés, une constante improvisation : pourtant la politique de présence, l'affirmation envers et contre tous des droits souverains de la France, le sang versé attestent la continuité nationale tandis que les adhésions venues de la métropole donnent au pouvoir « dissident » une première légitimité.

Des Français sur tous les champs de bataille

Le témoignage le plus visible que les Français libres apportent à la cause de la liberté est celui des combattants. Leur légende constamment magnifiée est sans rapport avec leur force réelle : mais on les voit sur tous les fronts, souvent aux endroits sensibles, se distinguant partout, plusieurs fois à des moments décisifs.

Nombreux, ils ne le seront jamais. Après les modestes ralliements de juin-juillet 1940, les apports de France sont infimes jusqu'à la fin de 1942. Le prestige de Pétain, l'interdiction faite aux hommes de moins de trente ans de quitter le territoire et le bouclage des Pyrénées découragent les départs. Si les FFL se renforcent pourtant, c'est grâce au potentiel de recrutement de l'AÉF-Cameroun et des territoires du Pacifique, puis aux ralliements de 1941 en Syrie et au Liban. De Gaulle n'a de cesse que les unités disponibles soient engagées, sitôt qu'elles sont mises sur pied, sur les théâtres d'opérations les plus proches : à chaque étape, les objectifs sont trop ambitieux, les moyens font défaut. Les territoires ralliés requièrent le maintien sur place de forces de souveraineté relativement importantes. La faiblesse des effectifs est aggravée par le manque de matériel, car les

Britanniques en sont eux-mêmes à court jusqu'en 1942 et les Français libres ne sont pas les premiers servis. On pratique le système D, on gonfle les demandes, on s'approprie le matériel capturé ou abandonné. Jusqu'à la fin de 1942, l'insuffisante motorisation ne permet même pas l'engagement de toutes les troupes désignées comme opérationnelles. Pour faire illusion, les Français libres appellent division ce que les Britanniques considèrent comme une brigade. C'est seulement au début de 1943 qu'ils disposeront, avec la 1re division française libre (1re DFL) d'une grande unité équipée à la moderne, encore incomplète, mais dépassant 10 000 hommes, aux ordres du général de Larminat. De Gaulle a dû renoncer, au cours de l'hiver de 1942-1943, à son projet de créer deux divisions et un embryon de corps d'armée. Les forces terrestres de la France combattante, au maximum de leur puissance, en juillet 1943, après les ralliements enregistrés en Tunisie, n'atteindront pas 55 000 hommes. Les unités opérationnelles ne compteront pas 10 000 Français de souche européenne, soit 18 % du total, aux côtés de 66 % d'indigènes et de 16 % de légionnaires étrangers[15].

Mais ces volontaires sont certains d'être investis d'une mission historique ; leur dévouement est total, leur esprit de compétition par point d'honneur étonne. La chronique des FFL est un palmarès d'exploits ; les premières unités engagées en Éthiopie et en Érythrée dans l'hiver de 1940-1941, mal armées et pourvues de moyens de transmission archaïques, emportent en pleine montagne la position de Cub-Cub et ouvrent la route de Keren, principale place forte d'Érythrée devant laquelle les Britanniques piétinaient depuis deux mois ; en avril 1941, le bataillon français d'Orient, commandé par Monclar, devance les Britanniques dans Massaouah, port principal de l'Érythrée sur la mer

15. Cf. Commandant Etchegoyen, *La France libre en 1940 à Londres*, AN, 72 AJ/238, et chef de bataillon Jean-Noël Vincent, *Les Forces françaises dans la lutte contre l'Axe en Afrique, 1940-1943*.

Rouge et dernier môle de résistance italienne et y capture 2 000 Italiens dont le général commandant les forces d'Érythrée et l'amiral commandant en chef en Afrique orientale italienne. La *furia francese* impressionne assez les Britanniques pour les encourager à mieux équiper les Français libres et à les engager sur d'autres fronts. Déjà, un autre bataillon, engagé depuis décembre 1940 dans la première offensive britannique en Libye, participe à la percée des lignes italiennes à Sidi Barrani et au premier siège de Tobrouk. Un commando français va détruire les avions allemands posés sur un aérodrome de Crète.

Kœnig à Bir Hakeim, Leclerc au Tchad[16]

Deux hauts faits retiennent l'attention mondiale : la bataille de Bir Hakeim en 1942 et les trois raids sahariens de Leclerc de 1941 à 1943.

Le fortin de Bir Hakeim est à 65 kilomètres de la mer en plein désert libyen ; c'est le carrefour le plus méridional de la ligne fortifiée d'El Gaza sur laquelle les Britanniques organisent au printemps de 1942 leurs défenses contre les forces italo-allemandes de Rommel. La 1re brigade française libre, forte de 3 700 hommes et d'une solide artillerie, aux ordres du général Kœnig, a reçu mission de le défendre. L'offensive italo-allemande commence le 26 mai ; les Français repoussent la division italienne Arete chargée de les réduire et infligent un premier retard au plan de Rommel ; celui-ci contourne Bir Hakeim sans pouvoir l'enlever. Il investit la position à partir du 3 juin. Kœnig rejette ses ultimatums le 2, puis le 3 juin. Bien que totalement isolé, il repousse jusqu'au 10 juin les assauts de plus en plus puissants des blindés allemands. Dans la nuit du 10 au 11 juin, alors que la place a épuisé ses réserves, il tente une sortie : il réussit à sauver les deux tiers de ses effectifs, 2 600 hommes sur 3 700. Les Français libres ont détruit 64 blindés ennemis. Ils ont surtout assuré un délai aux forces britanniques en

---

16. Jean-Noël Vincent, *op. cit.*, p. 117-167 et 221-303.

retraite, leur permettant peut-être d'échapper à l'anéantissement. Pour la première fois depuis juin 1940, sinon depuis 1918, une unité française a brisé les assauts allemands. Le dernier jour du siège, de Gaulle a envoyé à Kœnig le message suivant, répété presque d'heure en heure par la BBC : « Général Kœnig, sachez et dites à vos troupes que toute la France vous regarde et que vous êtes son orgueil. »

Les opérations que mène Leclerc à partir du Tchad sont tout aussi spectaculaires : il crée un front autonome de la France libre, le front libyo-tchadien.

Après de premiers raids de harcèlement, il lance, en février 1941, une opération en direction de Koufra. Cette oasis isolée dans le désert libyen est située à 750 kilomètres au sud de la Méditerranée, à 800 kilomètres au nord du premier poste frontière français du Tchad et à 2 200 kilomètres de Fort-Lamy. Leclerc s'empare du fort tenu par les Italiens et fait 300 prisonniers. L'année suivante, en février-mars 1942, la première campagne du Fezzan donne lieu à des coups de main sur des garnisons italiennes qui se croyaient protégées par plusieurs centaines de kilomètres de désert. La deuxième campagne du Fezzan, la plus difficile, dure de décembre 1942 à février 1943. Il s'agit cette fois d'atteindre la Méditerranée. Leclerc rassemble 4 735 hommes et 787 véhicules ; ses forces se concentrent à Zouar, à 600 kilomètres de Largeau et à 1 620 kilomètres de Fort-Lamy où sont les ateliers et les dépôts : elles ont 1 600 kilomètres de désert à parcourir avant de pouvoir se ravitailler auprès de la VIIIe armée britannique qui refoule les divisions de l'Axe le long de la côte de Libye. Les colonnes de Leclerc, lancées le 16 décembre, s'emparent de toutes les oasis italiennes du Fezzan dont elles prennent possession au nom de la France ; elles font leur liaison le 23 janvier avec les Anglais arrivant d'Égypte et atteignent Tripoli le 26. Une autre colonne occupe l'oasis de Ghadamès, après avoir traversé un désert de pierres réputé infranchissable. À Ghadamès, Leclerc fait sa jonction avec le général Delay, commandant les forces sahariennes françaises d'Afrique du Nord relevant du général Giraud.

La troupe de Leclerc venue du Tchad contribue ensuite au débordement de la ligne Mareth, à la frontière tunisienne, et, engagée pour la première fois contre les Allemands de Rommel, bloque leurs assauts à Ksar-Rhilane. De son côté, la 1re division française libre de Larminat et de Kœnig, venue d'Égypte, prend part à l'offensive finale qui libère la Tunisie. Les Français libres participeront, le 20 mai 1943, au défilé de la victoire à Tunis.

Une marine, une aviation françaises au combat

En parallèle aux forces terrestres, il y a une marine et une aviation française libres.

La marine est la première force que les Français libres ont pu engager avec 20 unités combattantes dès 1940, dont 2 contre-torpilleurs, 1 torpilleur et 5 sous-marins. En moins d'un an, sous l'impulsion de l'amiral Muselier, un instrument de combat naît de la foule de navires disparates rassemblée en Angleterre ; dans le même temps, 115 bateaux marchands sont incorporés au pool allié dont 32 armés par des équipages français [17].

L'effort est à la mesure des difficultés rencontrées. Les FNFL ne compteront jamais plus de 60 officiers d'active, amiral compris ; les équipages et surtout les spécialistes manquent pour armer tous les bâtiments : dès l'été de 1940, on crée une école navale et des écoles de spécialités. On découvre bientôt que les navires français, techniquement fragiles et conçus par Darlan pour les liaisons rapides en Méditerranée, sont inadaptés aux longues et dures campagnes sur l'Océan ; les pièces de rechange font défaut, les immobilisations sont fréquentes. La marine française libre ne donnera son maximum qu'à mesure qu'elle aura obtenu des corvettes, des chasseurs et des vedettes lance-torpilles de construction britannique.

Cependant, les navires français libres sont, dès août 1940,

---

17. Vice-amiral E. Chaline et capitaine de vaisseau P. Santarelli, *Historique des Forces navales françaises libres*.

devant Douala, en septembre devant Dakar ; ils assurent la liaison avec les quatre bases navales françaises libres (AÉF, Pacifique, Levant, Saint-Pierre), ils se distinguent à Singapour, participent à la bataille de l'Atlantique, aux convois de Mourmansk, à la police de la mer du Nord et de la Manche : deux ans de missions obscures et de sacrifices. L'année 1942-1943 est celle des succès. Ils sont alors presque seuls à faire flotter sur mer le pavillon tricolore, car, bien que l'Afrique du Nord et l'Afrique-Occidentale soient entrées dans la guerre, la plupart des navires relevant du général Giraud doivent être refondus dans les chantiers américains et ne reprendront le combat que plus tard. 700 000 tonnes de navires marchands français, dont 200 000 tonnes sous pavillon à croix de Lorraine, apportent leur contribution au pool allié. À la veille de la fusion avec les forces de Giraud dans l'été de 1943, la marine de la France libre compte 7 000 hommes[18], la marine marchande 4 000, soit au total autant de Français de souche européenne que ses forces terrestres.

Rien n'illustre mieux le dessein politique du chef des Français libres que son obstination à créer également une force aérienne autonome.

La contribution aérienne française à la bataille d'Angleterre avait été minime : l'unique groupe de combat français incorporé à la RAF ne comptait, sur une vingtaine d'appareils, que 2 chasseurs et 2 bombardiers ; une quinzaine de pilotes expérimentés servaient, en outre, dispersés dans des escadrilles anglaises. À l'automne de 1940, quelques équipages échappés du Levant ou d'Afrique du Nord fournissent en Égypte 3 petites unités intégrées à la RAF, qui opèrent avec de lourdes pertes dans les premières opérations de Libye ; au début de 1941, 6 équipages français sur bombardiers britanniques participent à la campagne d'Éthiopie.

18. Y compris un millier de fusiliers marins généralement décomptés aussi dans les forces terrestres, non compris 1 600 marins auxiliaires.

Quinze mois après l'armistice, le total des navigants français, renforcés grâce aux ralliés du Levant et aux volontaires formés dans les écoles de la RAF, atteint 205, dont 186 pilotes. L'effectif est modeste à côté des 546 navigants tchécoslovaques et des 1 813 aviateurs polonais ; de Gaulle le juge suffisant pour regrouper les équipages dispersés dans la RAF afin de « former une belle unité qui porterait brillamment les cocardes françaises ». Les Anglais renâclent, puis se laissent convaincre. C'est en Syrie, terre de souveraineté française dotée de bonnes infrastructures, que deux premières grandes formations autonomes sont constituées en septembre 1941, le groupe de chasse Alsace et le groupe de bombardement Lorraine. Ils se distinguent en 1942 en Libye. Le chef de la France libre prend ensuite sur lui de les ramener en Grande-Bretagne afin qu'ils soient engagés au-dessus ou à proximité de la France, dans le cadre opérationnel de la RAF, mais sous leurs couleurs.

En février 1942, la politique de présence inspire une initiative plus ostensiblement politique : de Gaulle propose à Moscou l'envoi d'une unité d'aviation sur le front de l'Est. Les Britanniques réticents parlent de supprimer les Forces aériennes françaises libres (FAFL) : il tient bon. Le 5 avril 1943, les équipages du nouveau groupe Normandie-Niemen, retirés des théâtres d'opérations britannique et méditerranéen et pourvus de chasseurs Yak, ont leur première rencontre avec les Allemands sur le front de Kalouga et y remportent leur première victoire.

En juillet 1943, les FAFL disposent de 3 groupes de chasse, 2 de bombardement, 2 de défense côtière (en AÉF et au Levant) et d'un réseau de lignes aériennes transafricaines : leurs lourdes pertes – 35 % à cette date – confirment que la présence de l'armée de l'air auprès des Alliés n'a pas été seulement symbolique.

Une diplomatie activiste

Un volet plus pacifique de la politique de présence est l'action de la France libre à l'étranger. Dès juin et juillet 1940, dans presque tous les pays non ennemis, des groupes de

Français ont témoigné leur sympathie à de Gaulle. Le volontarisme de l'équipe londonienne se conjugue rapidement avec les initiatives locales. Des comités de soutien se créent qui collectent des fonds, publient des bulletins ou des revues, aident les volontaires à rejoindre les FFL. Des étrangers francophiles s'y associent. Au milieu de 1942, 39 pays ont des comités nationaux de la France libre, appuyés sur de nombreux comités régionaux ou locaux : 54 au Brésil, 39 au Chili, 32 au Mexique.

Le comité national d'Égypte, que préside le baron de Benoist, représentant de la Compagnie du canal de Suez, fait du Caire et d'Alexandrie la plaque tournante de la propagande française libre et des ralliements au Proche-Orient.

Le comité national américain, plus connu sous le nom de France Forever, doit sa création à l'ingénieur Eugène Houdry, pionnier des techniques du raffinage pétrolier. Il est prestigieux par sa naissance à Philadelphie, dans la salle où fut proclamée l'indépendance des États-Unis, par son comité directeur où les sommités scientifiques (Focillon, Maritain, Jean et Francis Perrin, Laugier) voisinent avec Pierre Cot, le dramaturge Henri Bernstein et le romancier américain Louis Bromfield. Il s'appuie sur 45 « chapitres » et comités forts de 16 000 membres au 31 décembre 1942. L'hebdomadaire français d'Amérique *Pour la victoire*, fondé par Henri de Kerillis et Geneviève Tabouis, en liaison étroite avec France Forever, peut passer, du moins jusqu'au début de 1943, pour le véhicule du gaullisme en Amérique du Nord, tandis qu'une Association d'aide, présente dans 175 villes, collecte des fonds pour envoyer aux FFL une ambulance chirurgicale et équiper l'AÉF en postes de radio[19].

Si actifs que soient les comités, la France libre a jugé nécessaire d'avoir en outre dans les différents pays des délégués appartenant à ses cadres administratifs et accrédités pour agir auprès des autorités nationales. Il leur

---

19. Cf. Jean-Baptiste Duroselle, *L'Abîme, 1939-1945*, et AN, 72 AJ/220 et 223.

appartient d'assurer la protection des personnes et des intérêts échappant à l'obédience de Vichy. Catroux, installé au Caire à l'automne de 1940, fait de sa délégation générale pour le Moyen-Orient la première représentation paradiplomatique de la France libre ; il s'entoure de chefs de service (conseiller militaire, directeur politique, chef de l'information). La délégation assume progressivement les tâches d'un consulat général, puis celles d'une ambassade quand Vichy retire sa mission diplomatique d'Égypte au début de 1942.

L'implantation en Amérique connaît plus d'aléas. Le jeune ethnologue Jacques Soustelle installe entre mars et août 1941 des délégués de la France libre au Mexique, à Cuba, à Haïti, au Venezuela et en Colombie. Aux États-Unis, les progrès de France Forever n'empêchent pas les dissensions voyantes entre exilés, et ce n'est pas avant l'extrême fin de 1941 qu'un délégué ayant une carrure suffisante est investi en la personne du directeur du Bureau international du travail (BIT) à Washington, Tixier ; au Canada, les flottements se prolongent jusqu'à la fin de 1942.

Cette politique d'implantation tous azimuts est coordonnée depuis Londres. Partout où elle en a l'occasion, la France libre y joint l'action culturelle. Prouvant la continuité de l'État, elle assume le patrimoine, défend la place de la langue française lors de la conférence des ministres de l'Éducation de 1942, prend sous sa protection les lycées et collèges qui refusent tout contact avec Vichy, aide des communautés religieuses coupées de leur ordre en France, patronne et finance les établissements de la Mission laïque, puis de l'Alliance israélite universelle tombés en déshérence. Les jeunes universitaires français libres d'Égypte et du Liban, stimulés par Catroux, s'emploient à maintenir le rayonnement français : ils lancent au Caire la revue *France toujours* concurremment à la *Revue du Caire*, également en mains françaises ; la société d'éditions *Les Lettres françaises,* créée en février 1942 à Beyrouth, édite en un an 128 titres principalement scolaires ou classiques, tirés à 228 000 exemplaires. À New York, l'ancien directeur du

CNRS Laugier, devenu président exécutif de France Forever, lance de son côté des éditions ; enfin le groupe des intellectuels et scientifiques en exil crée en janvier 1942 une mini-université française, l'École libre des hautes études de New York, dotée, au moins sur le papier, de 3 facultés – des lettres, des sciences et de droit – dont Roosevelt salue la naissance et que le CNF de Londres habilite à délivrer les grades et diplômes universitaires français.

La dualité France libre-État français se traduit dans beaucoup de pays par une âpre lutte d'influence. Les Français libres s'imposent en Égypte, sont écoutés en Afrique du Sud, contrôlent à Rio et São Paulo l'Alliance française, bénéficient de la sympathie des grands journaux brésiliens, sont largement majoritaires dans la colonie française de Mexico ; la partie est beaucoup plus dure pour eux aux États-Unis et au Canada dont les gouvernements continuent de miser sur Vichy. Aux États-Unis, où, en septembre 1939, 95 % des appelés français n'ont pas répondu aux ordres de mobilisation et où les Français de souche souhaitent surtout ne pas s'engager, l'ambassade garde jusqu'à novembre 1942 la haute main sur la plupart des institutions et associations commerciales et culturelles. Au Canada, la propagande pour la France libre, qu'anime la jeune Élisabeth de Miribel, a peine à gagner du terrain malgré la sympathie du cardinal primat, face à une ambassade qui compte sur le pétainisme massif de la population francophone et de la majorité du clergé.

Même dans ces deux pays, les efforts déployés finissent pourtant par être payants. À la fin de 1941, Pleven obtient du département d'État, à défaut d'une reconnaissance, un statut spécial pour la délégation FFL : celle-ci bénéficie de premiers privilèges consulaires et diplomatiques, dont l'usage d'un chiffre et d'une valise diplomatique. Les États-Unis, s'ils refusent de laisser la France libre figurer parmi les Nations unies, l'admettent au bénéfice du prêt-bail, d'abord limité à l'AÉF-Cameroun. En juillet 1942, considérant le CNF comme une autorité locale de fait, ils désignent 2 militaires de haut rang, l'amiral Stark et le général Bolte, comme leurs représentants à Londres chargés de se concerter avec lui sur toutes questions ayant trait à la conduite de la guerre. Et les Français libres peuvent compter sur l'appui du *Washington Post*, du *New York Times* et de journalistes aussi influents que Walter Lippmann, Dorothy Thompson et Edgar Mowrer. Au Canada, le retour au pouvoir de Laval affecte durement le pétainisme québecois, la cote des Français libres s'élève d'autant. Vingt membres de l'École libre des hautes études de New York enseignent à l'université de Montréal, précédemment bastion du pétainisme. Ottawa, passant l'éponge sur l'incident de Saint-Pierre-et-Miquelon, fournit aux nouvelles autorités des îles trois patrouilleurs et du ravitaillement et y réinstalle son consul.

Le 14 juillet 1942 donne lieu à d'amples célébrations dans le monde libre. Au milieu de 1942, après Bir Hakeim, le crédit de la France combattante est partout en hausse. Dans le Commonwealth et sur tout le continent américain, même là où le gouvernement de Vichy reste représenté, des fractions importantes de l'opinion publique saluent en de Gaulle le représentant de la « vraie France ».

À la conquête radiophonique de l'opinion française

C'est cependant l'attitude des Français de France qui commande l'avenir du mouvement français libre. L'ambition de les arracher au neutralisme vichyssois a pu sembler chimérique. La radio est le seul moyen d'accès à l'opinion publique métropolitaine. Bien que de Gaulle affirme dans ses *Mémoires* ne pas croire aux effets de la propagande, c'est pour beaucoup à l'action radiophonique qu'il doit son prestige, la France libre sa crédibilité, l'imaginaire collectif français une part durable de ses représentations.

L'aventure des Français libres a commencé par une émission de radio. Ici encore, leur situation est singulière : les gouvernements en exil à Londres sont légitimes et bien connus de leurs nationaux ; de Gaulle est un inconnu qui ne représente rien. Jusqu'à la Libération, il sera en France une voix sans visage. La conquête de l'opinion nationale par les « dissidents » de Londres sera un phénomène radiophonique exceptionnel[20].

Dès juillet 1940, les Anglais exclus du continent ont misé sur la guerre des ondes. Aux quatre bulletins d'information par jour en français de la BBC s'ajoutent très vite deux programmes français de midi et du soir, sur trois longueurs d'ondes moyennes, plus tard une onde longue. Les émissions pour la France se multiplieront jusqu'à atteindre vingt par jour en mai 1944, d'une durée de six heures, servies par des émetteurs de plus en plus nombreux et de plus en plus puissants. Le temps fort est l'émission du soir, de 20 h 15 à 21 heures.

L'entreprise est, dès le départ, franco-britannique. La BBC a recruté sous contrat une équipe française que dirige un homme de théâtre, Michel Saint-Denis *alias* Jacques Duchesne, secondé par deux brillants commentateurs venus de la presse écrite, Yves Morvan (Jean Marin) et Pierre Maillaud (Bourdan), le premier détaché par la France libre, le second indépendant. Par décision de Churchill, de Gaulle dispose pour sa part de cinq minutes dans le programme du soir, puis de cinq minutes dans le programme de midi. Maurice Schumann, à qui il en confie la responsabilité, est un journaliste politique proche de la Jeune République. Il sera pendant quatre ans le porte-parole enflammé de la France libre à la radio de Londres. Le contrôle britannique est libéral, la censure soucieuse avant tout de la sécurité militaire. De Gaulle parlera en quatre ans 67 fois à la BBC ; il peut, en juillet 1940, y commenter sévèrement le drame de Mers el-Kébir et y jouira dès lors et jusqu'à novembre 1942 d'une très large liberté d'expression. La divergence majeure sur le plan de la radio a trait à la personne de Pétain, que les Anglais tiennent à ménager pour des raisons que les Français libres n'admettent pas. Le régime de Vichy, Laval, Darlan, sont en revanche quotidiennement dénoncés.

---

20. Cf. Jean-Louis Crémieux-Brilhac, *Ici Londres... Les Voix de la Liberté*, et Hélène Eck (dir.), *La Guerre des ondes*.

Malgré les frictions, la coopération franco-britannique est efficace.

À une opinion publique longtemps pétainiste et largement attentiste, mais allergique à la propagande nazie de Radio-Paris et bientôt lasse du conformisme geignard de Vichy, les émissions londoniennes apportent en premier lieu l'espoir et rappellent que l'ennemi est l'ennemi. Elles enseignent une certaine idée de la France dont de Gaulle est le héraut et l'incarnation, France de l'honneur et de la fidélité, présente dans la guerre et unie dans la résistance. Au cri de la conscience qui refuse la soumission se mêle une vertu pédagogique. Les voix françaises de Londres sont celles d'un patriotisme qui ne tolère ni collaboration ni compromission et qui se refuse à distinguer entre les Français, pourvu qu'ils s'unissent contre l'envahisseur. L'émission propre à la France libre, annoncée par la devise « Honneur et Patrie », oppose à la trahison l'héroïsme des Français qui s'exposent et meurent pour la patrie.

Le message patriotique bénéficie de deux atouts complémentaires. Les émissions de Londres forcent la confiance par la qualité de leurs informations : véracité des nouvelles, même quand elles sont mauvaises, refus du bourrage de crâne, sobriété de ton ; elles témoignent de la liberté d'expression de la démocratie anglaise. Elles seront peu à peu en mesure de révéler aux auditeurs ce que leur cachent les censures, à commencer par les circonstances de la manifestation étudiante du 11 novembre 1940 à l'Arc de triomphe et la teneur du rapport accablant adressé dans l'hiver 1940-1941 au maréchal Pétain par le général Doyen, représentant de Vichy à la Commission d'armistice de Wiesbaden[21].

Elles apportent, par ailleurs, un style radiophonique nouveau. À côté du grand style inimitable du général de Gaulle et du style flamboyant de Schumann, le programme *Les*

---

21. Émissions des 29 novembre et 23 mai 1941. Cf. Jean-Louis Crémieux-Brilhac, *Les Voix de la liberté*, *op. cit.*, p. 149 et 231.

Français parlent aux Français est conçu comme un spectacle de variétés vivant, rapide, en langage parlé, raillant les collaborateurs, mêlant aux commentaires des couplets de chansonniers, des slogans, des dialogues impromptus, des jeux et des sonneries militaires.

Ainsi la BBC aura été pour la France libre un formidable amplificateur. Anglais et Français, qui ont douté pendant les six premiers mois d'être écoutés, découvrent en 1941 qu'ils ont une large audience à l'occasion de la campagne des « V ». Le « V » de la victoire a été imaginé par les Belges de la BBC ; l'équipe française en a fait un mot d'ordre sans cesse répété de mars à juillet 1941 : « Tracez des V, sifflez des V, frappez des V. » La consigne est suivie par la jeunesse scolaire et étudiante des deux zones avec un tel zèle que les Allemands s'en émeuvent et que le ministre de l'Éducation nationale Carcopino croit devoir sévir. On en est vite informé à Londres, ce qui incite à utiliser la radio comme une arme. À quatre reprises en 1941, de Gaulle lance des consignes de manifestations silencieuses ou de garde-à-vous national : la consigne donnée pour le 14 juillet 1941 (se promener en silence en arborant les couleurs nationales), reprise à Paris par les communistes, est déjà largement suivie. C'est tout autre chose en 1942 : les manifestations du 1er mai et plus encore celle du 14 juillet, orchestrées de Londres par la France libre sur proposition des mouvements de résistance, mobilisent des dizaines de milliers de personnes dans toutes les grandes villes de la zone non occupée. La BBC est en mesure d'en rendre compte 48 heures plus tard.

Deux ans après l'armistice, le mythe de la France libre, entretenu par la radio de Londres, a rallié sentimentalement une large fraction de l'opinion patriote et populaire des villes qui doute de plus en plus de la victoire allemande et place ses espoirs de libération dans les Alliés. Les émissions de Londres ont donné à de Gaulle, plus que certains Anglais ne l'auraient souhaité, la stature d'un héros national. Grâce à elles, les Français libres interviennent de plus en plus activement dans la vie intérieure française ; ils mènent campagne contre la « Relève », ils ordonnent le boycott des recensements de main-d'œuvre, ils en appellent à la solidarité nationale contre le travail forcé et en faveur des réfractaires.

L'été de 1942 est un tournant pour la France libre comme pour Vichy : parée du prestige de Bir Hakeim et des mobilisations patriotiques du 14 juillet, elle commence à apparaître comme un contre-pouvoir en face d'un État français résolument engagé dans la voie de la collaboration.

Du BCRA à Jean Moulin. Le ralliement de la Résistance

C'est qu'entre-temps elle a fait sa jonction avec la Résistance. Après dix-huit mois d'efforts pour créer de premiers réseaux clandestins en France à des fins militaires, elle a fini par entrer en rapport avec les mouvements spontanés d'opposition : c'est précisément entre avril et novembre 1942 qu'ils lui apportent leur adhésion et acceptent sa direction[22].

Les premiers agents envoyés en France dès l'été de 1940 avaient eu pour mission de collecter, à la demande des Anglais, des renseignements sur le dispositif allemand. La recherche du renseignement est restée l'objectif essentiel de 1941 ; à la fin de cette année, les services français avaient envoyé pour le renseignement 29 agents déposés sur les côtes ou parachutés, qui eux-mêmes avaient structuré des réseaux ; ils disposaient en France de 12 postes de radio ; un important courrier leur parvenait en outre via l'Espagne. L'efficacité d'opérations de sabotage avait été prouvée par la destruction, dans la nuit du 8 au 9 juin 1941, par 3 parachutistes de la France libre, de 6 des 8 gros transformateurs de Pessac, près de Bordeaux. On renouvela ces opérations : dans la nuit du 9 mai 1942, d'autres parachutistes faisaient sauter les pylônes de 250 mètres de la station d'Allouis (Cher), rendant Radio-Paris inaudible pendant dix jours.

L'organisme initiateur de ces missions était issu du 2e Bureau de l'état-major du général de Gaulle, rebaptisé

---

22. Cf. notamment colonel Passy, *Deuxième Bureau, Londres* et *10 Duke Street ;* A. Manuel, « Le BCRA de 1940 à 1944 », dans *Les Armées françaises pendant la Seconde Guerre mondiale*, Paris.

SR, puis, en 1942, BCRA (Bureau central de renseignement et d'action). De Gaulle lui avait donné pour chef, dès juillet 1940, un jeune officier d'active rescapé de Norvège, ancien polytechnicien et professeur de fortification à Saint-Cyr, le capitaine Dewavrin, *alias* Passy. Ce dernier et son second, un officier de réserve, André Manuel, entourés de quelques hommes dont aucun n'était professionnel, ont conçu, créé et développé pendant plus de trois ans les services secrets de la France libre qui allaient devenir le rouage des relations avec la France résistante. À la section de renseignements furent ensuite adjointes des sections action militaire, contre-espionnage, évasions puis, à l'automne de 1942, une section dite non militaire (NM).

L'autocréation du BCRA fut conduite avec une cohérence et un talent d'organisation remarquables. L'inexpérience première de ses membres, la faiblesse de leurs moyens, mais aussi l'expansion continue de leurs activités grâce aux multiples concours qu'ils trouvaient en France, les contraignirent sans cesse à improviser et à innover souvent dans la confusion. Leur souci d'indépendance fut payant, mais non exempt de contrecoups. De Gaulle et Passy avaient refusé que le SR fût une simple annexe des services secrets britanniques : ils entendaient que l'apport croissant des agents et des patriotes que ces derniers enrôlaient s'inscrive à l'actif de la France libre. Le BCRA ne dépendit pas moins jusqu'au bout des Britanniques pour ses liaisons avec la France, pour ses transmissions et pour une partie de ses codes : d'où une collaboration parfois conflictuelle qui prit souvent la forme d'une compétition avec les Britanniques, car ces derniers tinrent à créer leurs propres réseaux. Les agents en France payèrent un lourd tribut. Le lieutenant Honoré d'Estienne d'Orves, qui avait un moment remplacé Passy à la tête du 2e Bureau, fut arrêté au cours d'une mission de renseignement et fusillé par les Allemands avec ses coéquipiers en août 1941. Plus de 80 % des opérateurs radio engagés jusqu'au milieu de 1943 furent arrêtés. Pourtant, après dix-huit mois de tâtonnements et beaucoup de déceptions, le BCRA s'impose en 1942 comme un puissant instrument de guerre.

Les progrès apportés aux postes émetteurs, leur allégement, le succès à partir de 1942 des atterrissages clandestins accroissent encore son efficacité. En juin 1944, il aura envoyé d'Angleterre en France 550 agents dont certains plusieurs fois ; il dispose alors sur le continent de 50 « centres d'écoutes » et de près de 150 opérateurs radio ; de l'été de 1943 à l'été de 1944, plus de 50 000 messages radio auront été échangés avec la France.

Jusqu'à la fin de 1941, cette action n'a eu que des rapports sporadiques avec celle des groupes de résistance qui se formaient spontanément. Un seul chargé de mission politique de la France libre avait été envoyé, le jeune Yvon Morandat, qui devait contacter les mouvements syndicaux du Sud-Est. On peut douter que de Gaulle ait cru à l'existence et moins encore aux possibilités d'action des mouvements de résistance avant l'arrivée à Londres de Jean Moulin, à la fin d'octobre 1941.

La rencontre de cet ancien préfet de Chartres avec le chef de la France libre est décisive. Au Général, qui définit la politique d'indépendance nationale, Moulin présente le premier tableau d'ensemble de la Résistance en zone non occupée ; il demande pour celle-ci des directives, de l'argent et des armes. Il est renforcé dans la conviction que l'effort français dans la guerre doit être unifié sous de Gaulle. Il n'est l'homme d'aucun clan ni d'aucun parti. Venu en ambassadeur spontané des mouvements de résistance, il est parachuté en France dans la nuit du 1er au 2 janvier 1942, avec le titre de représentant du général de Gaulle, délégué du CNF. Sa mission est de réaliser l'unité de tous les éléments de résistance de la zone non occupée autour de la France libre. Par-delà le souci d'efficacité dans l'action, l'objectif est politique : la France libre, en obtenant d'être reconnue par la Résistance, acquerrait une légitimité qui lui vaudrait d'être mieux reconnue par les Alliés.

Une deuxième étape est la venue à Londres deux mois plus tard du syndicaliste Christian Pineau, animateur du mouvement Libération-Nord. De Gaulle lui remet une déclaration politique qui va être la charte de l'union. Elle marque un tournant : à l'apolitisme ambigu du mouvement militaire de

1940 fait place un engagement républicain et démocratique sans équivoque. Et de Gaulle chef de guerre s'annonce comme le rénovateur potentiel d'une France libérée. Il proclame qu'« une victoire qui n'entraînerait pas un courageux et profond renouvellement intérieur ne serait pas une victoire ». S'il est sévère pour le régime de la IIIe République qui « a abdiqué dans la défaite après s'être lui-même paralysé dans la licence », il assure que la révolution politique et sociale à accomplir au lendemain de la libération, et dont il définit les principes, ne pourra se faire que sur la base de l'idéal séculaire français de liberté, d'égalité et de fraternité. Il promet, sitôt l'ennemi chassé du territoire, l'élection par tous les Français et toutes les Françaises d'une Assemblée nationale qui décidera souverainement des destinées du pays. La déclaration, emportée le 28 avril par Pineau, n'est rendue publique par la radio de Londres que le 24 juin, après que le journal clandestin *Libération* l'eut imprimée. Sa publication dans les grands journaux clandestins de zone sud et l'approbation nuancée que lui apporte *Le Populaire* clandestin au nom du Parti socialiste témoignent du premier accord entre la Résistance extérieure et la Résistance intérieure, entre la France libre et la gauche française renaissante. Elle prouve que l'unité des résistants se fait. De Gaulle choisit le 14 juillet 1942 pour donner au mouvement français libre le nom de *France combattante*, qui mêle désormais les résistants de l'extérieur et ceux de l'intérieur, unis sur un programme jacobin.

Après Pineau, le défilé des visiteurs clandestins à Londres se poursuit de mois en mois, du socialiste Pierre Brossolette, devenu l'apôtre du gaullisme politique et qui sera le plus actif des missionnaires entre Londres et la Résistance, aux chefs des mouvements de zone sud Libération et Combat, Emmanuel d'Astier et Henri Frenay. Des parlementaires résistants rallient de Gaulle, le radical Mendès France, les socialistes André Philip, Félix Gouin et Pierre Bloch, l'ex-Croix-de-Feu Charles Vallin. Léon Blum fait connaître secrètement son soutien au général de Gaulle. Ce sera bientôt le tour du Parti communiste.

En France, Jean Moulin a organisé une délégation clandestine de la France combattante. Non sans peine, il se fait reconnaître par les mouvements ; il assure désormais leur financement. Il aura accompli la première mission qui lui a été assignée en moins d'un an : en octobre 1942 est décidée la création d'un Comité de coordination des mouvements de zone sud qu'il présidera, ainsi que la formation d'une Armée secrète unifiée, que commandera le général Delestraint. Si l'adhésion d'une large fraction de la Résistance ne suffit pas à garantir aux yeux des Alliés la légitimité du général de Gaulle, elle renforce singulièrement sa position.

Au mois de juin 1942, Eden a remis aux membres du cabinet de Guerre un mémorandum soulignant qu'il n'y avait en France que trois éléments qui comptaient : le pétainisme qui était « presque fini », le communisme et le gaullisme. « La résistance aux Allemands, assurait-il, est synonyme de gaullisme. » Il confirmait en juillet 1942 que, d'après les renseignements de source britannique, « de Gaulle était le seul leader de la Résistance française qui ait émergé depuis la chute de la France », qu'il était « impossible de le laisser tomber maintenant », qu'il n'y avait pas de signe qu'« aucun autre leader se présente pour prendre sa place » et que « sa disparition aurait un effet négatif sur les forces de la Résistance en France ». Un troisième rapport du mois d'août au cabinet était plus explicite : « La seule autorité disponible avec laquelle nous puissions collaborer est le général de Gaulle [...]. Il serait probablement l'autorité française dominante sur le territoire métropolitain libéré par les forces alliées. Il serait vraisemblablement mis à ce rang par les dirigeants des mouvements de Résistance [...]. Aussi y aurait-il avantage à discuter avec lui par avance les problèmes administratifs qui se présenteraient dans le territoire libéré[23]. »

Par l'effet des ruses de l'histoire et de la méfiance de Roosevelt, deux ans allaient s'écouler sans qu'il soit donné suite à cette suggestion.

---

23. E. Barker, *Churchill at War*, p. 58-61.

À l'automne de 1942 néanmoins, à la veille du débarquement allié en Afrique du Nord, le général rebelle et solitaire du 18 juin 1940 s'est imposé à une fraction croissante de l'opinion internationale et de l'opinion métropolitaine comme le symbole de la Résistance française et devient son pôle d'attraction. Il a créé une mystique mobilisatrice et un mythe. L'esprit de la France libre, qui était le refus de la soumission et le nationalisme intransigeant ainsi que le rejet du Maréchal et de sa Révolution nationale, se conjugue maintenant avec la volonté de renouveau dans la liberté et dans la fierté. Un gaullisme politique émerge. Il se réclame de la République. Le chef de la France combattante se présente comme l'autorité la plus plausible qui puisse non seulement rassembler les Français dans la guerre, mais présider légitimement à la libération de la France, voire amorcer son renouveau.

L'Alsace-Lorraine : Trois départements sous la botte

Pierre Barral

Les départements du Bas-Rhin, du Haut-Rhin et de la Moselle, terres perdues en 1871, recouvrées en 1918, abritent une population nombreuse, vivante, dynamique, aux caractères originaux par l'effet d'une histoire propre. Au sein de la communauté nationale, elles occupent une place singulière : comme un bastion sur la frontière du Nord-Est et comme un joyau dans l'imaginaire symbolique. Le désastre militaire de mai-juin 1940, répétant le Sedan de Napoléon III, remet à nouveau en question leur destin et les détache de l'ensemble pour une épreuve spéciale de quatre années [1].

---

1. Pour une vue générale, M. J. Bopp, *L'Alsace sous l'Occupation allemande*, Le Puy, Mappus, 1945, bilan dressé à la Libération ; deux thèses allemandes fondées sur les archives, L. Kettenacker, « La politique de nazification en Alsace », *Saisons d'Alsace*, 65 et 68, 1978, et D. Wolfanger, *Nazification de la Lorraine mosellane*, Sarreguemines, Pierron, 1978 ; les contributions de F. G. Dreyfus, dans *L'Alsace de 1900 à nos jours,* et de P. Barral, dans *Histoire de la Lorraine de 1900 à nos jours,* Toulouse, Privat, 1979 ; le volume dirigé par Y. Le Moigne, *Moselle et Mosellans dans la Seconde Guerre mondiale*, Metz, Serpenoise, 1983 ; le recueil illustré de B. et Y. Le Marec, *L'Alsace dans la guerre 1939-1945,* Roanne, Horvath, 1988, P. Rigoulot, *L'Alsace-Lorraine pendant la guerre de 1939-1945*, P.U.F., 1997.

L'annexion de fait

En novembre 1918, les Alsaciens-Lorrains ont accueilli les poilus en bleu horizon avec un enthousiasme patriotique qui a inspiré au dessinateur Hansi des scènes idylliques. Puis le penchant assimilateur de la « République une et indivisible » a suscité un malaise lancinant dans une population attachée à son dialecte germanique, au statut concordataire des Églises, à une législation sociale particulière. En 1924, les croyants se sont mobilisés dans une protestation largement majoritaire quand le Cartel des gauches a voulu introduire la laïcité de l'école et de l'État, adoptée « à l'intérieur » au temps où le *Reichsland* n'était plus français. Après le retrait du projet, le mouvement s'est prolongé par un manifeste exigeant, en langue allemande, une « autonomie complète dans le cadre de la France ». Soutenu par une partie du clergé catholique, il a fait élire plusieurs députés et conseillers généraux ; certains ont été poursuivis en justice pour des déclarations jugées équivoques, dans un climat aigri par les suspicions et par les incompréhensions. Parallèlement, les communistes dénonçaient âprement l'« impérialisme français » jusqu'au tournant antifasciste de 1935. Cependant le séparatisme véritable ne trouvait qu'une audience restreinte. Chez la plupart des autonomistes, le régionalisme culturel de la « petite patrie » s'intégrait dans l'amour sincère de la grande[2].

La perte du Reichsland, bien commun de l'Empire bismarckien, a été amèrement ressentie outre-Rhin. Les nombreux Allemands du Reich qui s'y étaient établis, contraints de quitter le pays, ont gardé une nostalgie dont des œuvres littéraires portent le témoignage. À l'université de Francfort, l'Institut scientifique des Alsaciens-Lorrains dans le Reich a publié une encyclopédie illustrée afin d'exalter le dévelop-

2. F. G. Dreyfus, *La Vie politique en Alsace 1919-1936*, PFNSP, 1969 ; P. Bankwitz, « Les chefs autonomistes alsaciens », *Saisons d'Alsace*, 71, 1980 ; C. Baechler, *Le Parti catholique alsacien 1890-1939*, Ophrys, 1982.

pement économique, social et culturel du territoire entre 1871 et 1918, par l'action conjointe « des autochtones et des immigrés, des Alsaciens et des Lorrains, avec des compatriotes de toutes les autres terres allemandes, épaule contre épaule ». Et, d'après les archives maintenant ouvertes, la République de Weimar a secrètement subventionné des journaux autonomistes alsaciens, jugeant opportun de soutenir une dissidence interne chez le vainqueur[3]. L'intermédiaire unique était l'animateur du *Bund der Elsass-Lothringer im Reich,* Robert Ernst. Fils d'un pasteur du Bas-Rhin, il était fier de son « éducation uniquement germanique » ; engagé à dix-sept ans dans la *Reichswehr,* il a rejeté après le traité de Versailles la réintégration dans la nationalité française à laquelle il avait droit et, comme quelques autres, il a choisi de rester allemand.

Pour Hitler, l'Alsace-Lorraine a toujours été une question secondaire, son impérialisme étant fondamentalement orienté vers l'expansion à l'Est. Toutefois, la nouvelle Allemagne veut retrouver les marques de l'ancienne et s'assurer une couverture occidentale avancée. À Rauschning, le Führer confiait en 1932 : « Pour l'Alsace et la Lorraine, nous ne renoncerons jamais. Non pas parce qu'habite dans ces provinces un peuple de souche allemande, mais parce que nous avons besoin de ce territoire, et d'autres, pour arrondir nos positions centrales vers l'Ouest. » Cela ne l'a pas empêché de déclarer solennellement à plusieurs reprises avoir renoncé au Reichsland (et même encore dans l'offensive de paix d'octobre 1939). Mais il ne se sent nullement lié par de telles assurances verbales, qui visent seulement à affaiblir la réaction de l'adversaire. Après la campagne de France, il est décidé à exploiter sa victoire écrasante[4].

Il impose, il est vrai, sur ce sujet, un strict silence officiel. L'état-major a annoncé dans son communiqué la prise de

---

3. C. Baechler, « L'Allemagne de Weimar et l'Alsace-Lorraine », *Bulletin de la société d'histoire moderne*, 1988, 4.

4. E. Jäckel, *La France dans l'Allemagne de Hitler*, Fayard, 1966, p. 111-124.

« Strasbourg ville allemande » et a envisagé pour l'armistice une clause explicite, selon le précédent du 11 novembre 1918, qu'on veut annuler. Celle-ci n'est pas retenue en définitive, et, à l'encontre des appréhensions des plénipotentiaires français, la convention ne contient aucune mention des départements recouvrés. Le Führer n'en parle pas non plus dans son discours triomphal du 19 juillet 1940, et les préparatifs amorcés pour une cérémonie publique sur place sont annulés. Ce mutisme systématique, qui sera constamment maintenu, n'implique aucune hésitation. Il constitue seulement une manœuvre tactique : pour détacher la France de l'Angleterre par une apparente modération, pour garder aussi une totale liberté d'action à l'avenir.

Pour être ainsi inavouée, l'annexion n'en est pas moins immédiate et implacable. Le 28 juin, Hitler vient visiter la cathédrale de Strasbourg. Il interpelle les soldats qui l'entourent : « Devons-nous rendre aux Français ce joyau ? », pour se faire répondre comme il le cherche : « Non, jamais. » Dans *Mein Kampf*, il a naguère critiqué la politique suivie ici par l'Empire : « Au lieu d'écraser une fois pour toutes d'une poigne brutale la tête de l'hydre française et ensuite d'accorder à l'Alsace des droits égaux à ceux des autres États du Reich, on ne fit ni l'un ni l'autre. » Il écarte la formule d'un protectorat, sur le type de la Bohême-Moravie, que suggérait à son profit le ministre Otto Meissner, Allemand né en Alsace, et il décide d'étouffer tout particularisme par l'intégration directe aux provinces allemandes voisines. Il morcelle le bloc alsacien-lorrain, en jouant des affinités dialectales comme des relations économiques : l'Alsace est rattachée au *Gau* de Bade, la Moselle à celui de Sarre-Palatinat. Dans le même élan, le grand-duché de Luxembourg est saisi et attribué au *Gau* mosellan (tandis que les cantons belges d'Eupen et Malmédy sont assimilés d'un trait de plume).

Dès la fin des opérations, l'autorité militaire doit donc remettre la gestion du pays conquis aux Gauleiter proches. Ces hitlériens de la première heure, anciens volontaires de la Grande Guerre, ont été sous le régime de Weimar les responsables régionaux du Parti, puis ils ont reçu avec le IIIe Reich la direction des services de l'État, en tant que *Reichsstatthalter*. Ils sont informés dès le 20 juin, et un décret du 2 août définit leurs compétences comme chefs civils de l'administration, sous le contrôle lâche d'une commission centrale de Berlin. Ils revendiquent aussitôt pleine autonomie financière et large liberté d'action : un autre décret du 18 octobre leur reconnaît ces pouvoirs discrétionnaires. Conformément à la ligne adoptée, ordre est donné de ne pas publier ces deux textes. Bürckel tente de réunir à son *Gau* (appelé désormais *Westmark*) les cantons de l'« Alsace bossue », qui présentent des caractères lorrains, mais Wagner obtient le maintien des limites départementales antérieures. Le premier a déjà été chargé de germaniser la Sarre, après le plébiscite de 1935, puis l'Autriche, en tant que commissaire du Reich au lendemain de l'Anschluss. Il y a montré sa brutalité, au ton impulsif et vulgaire : familier avec ses collaborateurs, il alterne colères et beuveries selon son humeur. Son collègue est un croyant plus rigide : toujours strict dans son uniforme, il se veut un « soldat politique », et son intransigeance fanatique s'étaie sur une intégrité personnelle non discutable.

La population, dans son écrasante majorité, vit cette absorption comme une violence illégitime, contraire au droit des gens et contraire à sa volonté. Elle se sent profondément française, quels qu'aient pu être les froissements de la réadaptation après un demi-siècle d'existence séparée. La domination imposée obtient seulement le ralliement d'une mince frange d'extrémistes, imprégnés de culture germanique, et d'opportunistes, empressés à se soumettre à celui qui paraît le plus fort. Quinze dirigeants autonomistes, que le gouvernement français a fait emprisonner au début de la guerre, sont célébrés, dès leur libération, comme les « martyrs de Nancy ». Ils sont conduits à l'hôtel des Trois-Épis, où Robert Ernst les presse de signer un manifeste d'adhésion préparé à l'avance. S'ils font atténuer la réprobation de la France (déclarée « aveugle » et non plus « criminelle »), ils acceptent après quelques hésitations de demander au

Führer, au nom de leurs compatriotes prétendent-ils, l'« intégration de leur pays natal au Grand Reich ». Ils s'y réfèrent à la mémoire de Karl Roos qui, condamné à mort pour espionnage et fusillé par les Français, va être désormais glorifié comme le héros emblématique de l'Alsace allemande. La frontière de 1871 est ainsi rétablie en fait et les postes de douane sont déplacés sur ce tracé. Mais l'expansionnisme nazi ne saurait s'en contenter. On sait aujourd'hui qu'un mémorandum du secrétaire d'État Stuckart prévoit l'incorporation future de régions qui « pour des raisons historiques, politiques, ethniques et autres ne faisaient pas soi-disant partie de l'Europe occidentale mais de l'Europe centrale » : il s'agit tout bonnement de restaurer la frontière médiévale du Saint Empire sur l'Argonne. Si cette revendication n'est encore formulée que par des voix officieuses, plusieurs indices concrets inquiètent à juste titre les autorités françaises.

Le plus net est la « ligne du Führer », de Vouziers à Dole, citée, elle, dans l'armistice, qui définit au Nord-Est une large « zone interdite » au retour des réfugiés. Cette disposition ne vise-t-elle pas à maintenir le vide humain causé par l'exode massif des civils et à rendre ainsi plus aisée l'absorption ultérieure dans le Reich d'un espace sous-peuplé ? L'hypothèse semble d'autant plus valable que l'occupant impose en même temps un séquestre foncier sur 170 000 hectares de terres agricoles et les fait gérer par une société de colonisation, l'Ostland, qui emploie des travailleurs forcés sous la conduite de chefs de culture allemands. Parallèlement, les usines sidérurgiques de Meurthe et Moselle sont placées sous la tutelle plus ou moins directe de l'industriel sarrois Hermann Röchling, nommé « délégué général pour le fer et l'acier ». Le préfet de Nancy Jean Schmidt, qui se résigne à la perte de l'Alsace-Lorraine, mène en revanche une action résolue pour consolider la présence française dans son domaine. La surveillance relâchée de la Wehrmacht laisse peu à peu revenir les fonctionnaires, l'expansion de l'Ostland est gelée, à défaut de la restitution espérée, et l'affluence de sympathie lors de la visite du maréchal Pétain à Nancy et à Épinal en mai 1944 signifie avant tout une affirmation d'appartenance nationale face aux intentions d'annexion qu'on pressent[5].

Les mesures d'assimilation

Les nazis savent bien l'opposition morale des Alsaciens-Lorrains. Mais pour eux la conscience collective de la nation est primée par l'hérédité raciale du *Volkstum* : dans ce cas, celui « des Alamans des régions limitrophes des Vosges et du Rhin, de la Sarre et de la Moselle », qu'invoque le document des Trois-Épis. Et les vainqueurs se fient à leur force brutale pour assimiler les départements saisis. Le Führer a prescrit d'en faire des « territoires pleinement allemands dans un délai de dix ans ».

Les Gauleiter rivalisent de zèle dans cette mission pangermaniste, en se faisant assister de membres de leurs états-majors régionaux : dans le IIIe Reich, chaque chef s'appuie ainsi sur une clientèle de fidèles. Robert Ernst aspirait à un premier rôle. Il n'obtient qu'un titre honorifique de « rapporteur général », dépourvu de compétence précise, et il se replie sur l'administration municipale de Strasbourg, tâche concrète plus limitée. Quant aux autonomistes ralliés, ils sont surtout employés à des tournées de propagande et ne reçoivent que des fonctions subalternes : quelques-uns deviennent *Kreisleiter* d'arrondissement.

On veut d'abord recomposer le peuplement de la marche disputée. Les frontaliers, notamment les Strasbourgeois, ont été évacués en septembre 1939 dans le Massif central. Si on pousse à leur retour, on filtre les indésirables. Puis, après quelques semaines, on expulse du pays, avec une valise et sans délai, tous ceux qui sont jugés inassimilables : les Juifs qui ne sont pas partis d'eux-mêmes, les originaires de l'« intérieur », les membres d'associations patriotiques, qualifiés dédaigneusement de *Französenzinge*. Ce nettoyage

---

5. P. Barral, « Un préfet régional sous l'Occupation », *Revue d'histoire de la Deuxième Guerre mondiale*, 1986, p. 61-78.

prend une ampleur exceptionnelle à Metz et dans le pays messin rural, dont l'Empire avait jadis respecté la culture francophone. Bürckel ne s'embarrasse d'aucune considération, ni humanitaire ni diplomatique. Il chasse de leur domicile, par villages entiers, plus de 60 000 Mosellans, qui sont expédiés en zone libre. Berlin laisse faire : la fin justifie les moyens. Plus tard, certains irréductibles seront transplantés dans le Reich, à titre de sanction pour leur comportement rebelle.

En contrepartie, le Gauleiter de la Westmark annonce un programme de colonisation : « Des paysans allemands, qui trouveront ici toutes les conditions d'un travail profitable [...] libéreront de sa léthargie la terre en friche, par leur zèle et en pleine conscience de leur position aux avant-postes. » Sur le sol rendu disponible, des gérants sont installés provisoirement, puis place est faite à quelques *Volksdeutsche* rapatriés des Balkans. Si l'afflux reste sans commune mesure avec celui de 1871, ce n'est que partie remise. Himmler, « commissaire à la consolidation du *Volkstum* allemand », prépare une ample redistribution des hommes après la victoire attendue.

Aux Alsaciens de souche Wagner refuse explicitement la liberté d'option : « Si quelqu'un s'amène en disant : "Je suis français et me ressens comme tel",... je ne pourrais que répondre : "Non, tu n'es pas français, tu es un traître allemand. Tu es traître à ton nom, à ta langue, à ton *Volkstum,* bref à ta nature et à ta destinée germanique." » Pour effacer l'empreinte française, qu'ont laissée les alternances de souveraineté, les vainqueurs prodiguent d'abord les avantages matériels : libération des prisonniers de guerre, déclarés « de souche allemande », réparation rapide des destructions dues aux combats, rations alimentaires plus élevées qu'à l'« intérieur ». À cet égard toutefois, les Gauleiter ne parviennent pas à faire corriger un taux de change défavorable (1 mark pour 20 francs). Mais le moyen essentiel de convertir les esprits récalcitrants consiste à exercer une contrainte inflexible.

Ce programme d'épuration s'exprime dans une affiche restée fameuse, *Hinaus mit dem welschen Plunder !* « Dehors le bric-à-brac welche ! », d'un terme appliqué avec mépris au monde latin. Au pied de la cathédrale de Strasbourg, un balai chasse pêle-mêle le coq gaulois, le buste de Marianne, le képi et le béret basque, le roman *Les Oberlé* et l'album de Hansi. La désignation des rues est totalement refondue, les statues de Kléber, de Rapp et de Ney sont déposées, les noms de lieux et les noms de personnes sont obligatoirement germanisés. La proscription de la langue française, amortie au quotidien par la pratique du dialecte, déconcerte les lycéens en cours d'études. Sans transition, ils doivent s'adapter au bouleversement des programmes, à l'irruption d'enseignants d'outre-Rhin, à la lecture en classe du communiqué de la Wehrmacht, écouté debout. L'université de Strasbourg est rouverte avec des professeurs allemands, dans le dessein proclamé d'« évincer la formation intellectuelle occidentale qui règne encore en Alsace ».

Il ne s'agit pas seulement de germaniser, mais de nazifier. L'appareil du Parti, doublé de ses organisations satellites, constitue l'armature dirigeante, selon la structure d'un État totalitaire. Alsaciens et Lorrains n'y sont admis qu'en nombre infime, par un tri sélectif. Pour la masse d'entre eux, *Volksdeutsche* de qualité inférieure, un encadrement institutionnel doit assurer un noviciat, avec des effectifs enflés par une pression soutenue. En Lorraine, Bürckel crée la *Deutsche Volksgemeinschaft*, pour « tous les hommes et femmes qui adhèrent à l'Allemagne », sous la présidence nominale de l'autonomiste Eugène Foule. En Alsace, l'*Elsässischer Hilfsdienst* de Robert Ernst est éphémère ; Wagner préfère développer l'*Opferring Elsass*, qui ordonne les quêtes obligatoires du « secours d'hiver » et qui vise en même temps l'embrigadement forcé des habitants. La jeunesse hitlérienne est également introduite, sous la forme de filiales. À Cernay, un centre de sélection SS accueille pour une formation raciste des étrangers de divers pays, venus plus ou moins volontairement.

Cette imprégnation idéologique inspire une hostilité radicale au christianisme, qui fait rétrospectivement paraître anodines les velléités laïcisatrices du Cartel des gauches. La cathédrale de Strasbourg est enlevée au culte catholique et réservée pour une affectation future comme sanctuaire de la nation allemande. Un évêque est expulsé, un autre n'est pas autorisé à rentrer, les consistoires protestants sont dissous et leurs dirigeants réguliers écartés. Le Concordat et les Articles organiques, appliqués ici sans interruption depuis 1801, sont déclarés caducs : prêtres et pasteurs perdent leur traitement budgétaire. D'autres interdictions sont portées contre les congrégations, contre les associations caritatives, contre les écoles confessionnelles. Dans l'enseignement public, la place du catéchisme est réduite. En réaction, la ferveur religieuse des fidèles s'intensifie, comme le montrent l'assiduité au culte et l'affluence aux pèlerinages. Et l'aile cléricale de l'autonomisme prend ses distances envers le régime : son leader Joseph Rossé, personnage discuté, maintient des contacts avec Vichy, quoiqu'il ait signé le manifeste des Trois-Épis.

Dans l'ensemble, la force du vainqueur se heurte à la passivité de la masse, « attentiste » comme à l'intérieur. Au début, les succès éclatants de la Wehrmacht font impression, surtout parmi les petits fonctionnaires formés avant 1914. Une note de Philippe Husser, instituteur retraité, accepte le fait accompli : « Officiellement, nous sommes toujours français ; mais en pratique, nous sommes allemands depuis l'armistice et il est probable que nous le resterons. » Mais, dès Noël 1942, un de ses collègues plaisante sur le retournement de la situation militaire, et la contre-offensive des Alliés ranime de mois en mois l'espoir de la libération. En même temps, contre un pouvoir arbitraire, l'esprit frondeur des Alsaciens s'en donne à l'envi : ainsi quand, à Mulhouse, la rue du Sauvage reçoit malencontreusement l'appellation *Adolf Hitlerstrasse* ! En juillet 1943, un Allemand lucide, le bourgmestre de Stuttgart, enregistre « un profond mécontentement [...] parmi les milieux les plus étendus de la population[6] ».

6. S. Husser, *Un instituteur alsacien*, éd. A. Wahl, Hachette, 1989, p. 381 et 389 ; *Saisons d'Alsace*, 65, 1978, p. 118-128.

Les plus patriotes ne s'en tiennent pas à cette mauvaise humeur. Certains envoient des informations à Vichy et à Londres, d'autres organisent des filières d'évasion (qu'utilise notamment le général Giraud), quelques-uns osent même entreprendre des sabotages.

Bien sûr, l'appareil de police qui accompagne celui du Parti réprime durement toute esquisse de résistance. Parler français en public conduit au camp de rééducation de Schirmeck, où on veut « inculquer aux Alsaciens difficiles à éduquer l'attitude convenable face au travail et à l'organisation politiques du Grand Reich allemand ». On pourchasse plus impitoyablement encore les actions concertées. Si les auteurs du « Rapport d'Alsace » échappent à l'exécution, ce n'est pas le cas des animateurs de la Main noire et du Front de la jeunesse alsacienne, ni du dirigeant communiste Georges Wodli, mort sous la torture, et de plusieurs de ses camarades. Et les conditions d'incarcération sont atroces au fort de Metz-Queuleu, où les prisonniers doivent rester tout le jour immobiles, mains liées et yeux bandés, comme au camp du Struthof, parcelle de l'univers concentrationnaire, où des gardiens SS tortionnaires pratiquent l'extermination par le travail épuisant dans une carrière de grès ou par des expériences médicales criminelles[7].

Enfin, la modalité extrême de l'assimilation est la conscription et l'envoi des jeunes gens au front. On commence en mai 1941 par le Service du travail *(Reichsarbeitsdienst),* préparation militaire avec marches forcées et maniement de la bêche, à défaut du fusil ; les recrues doivent y prêter un serment de « fidélité inébranlable au Führer du Reich et du peuple allemand ». Puis Wagner invite ses administrés à s'engager volontairement, sans grand succès. Enfin les Gauleiter s'accordent pour proposer l'obligation : ils croient hâter ainsi l'intégration de leur domaine et montrer le

7. C. Béné, *L'Alsace dans les griffes nazies*, Raon, Fetzer, 5 vol., 1971-1980 ; M. Neigert, *Internements et Déportation en Moselle 1940-1945*, Université de Metz, 1978.

succès de leur action. L'état-major, d'abord réticent, devient favorable quand les lourdes pertes de l'hiver 1941-1942 lui posent un problème d'effectifs. Par formalisme, il demande toutefois un changement de nationalité préalable. Or Wagner voudrait distinguer des catégories, selon le degré d'adhésion au régime.

Hitler tranche le 8 août 1942, au quartier général de Vinnitza en Ukraine. Comme le voulaient les généraux, une ordonnance du ministre de l'Intérieur confère la nationalité allemande aux « Alsaciens, Lorrains et Luxembourgeois qui sont ou seront incorporés dans la Wehrmacht ou dans la Waffen SS » (ainsi qu'à ceux qui « sont considérés comme des Allemands ayant fait leurs preuves »). Les Gauleiter pour leur part décrètent, quelques jours après, l'« introduction du service militaire obligatoire dans l'armée allemande ». Wagner exulte : « L'Alsace doit gagner au combat sa place dans la nouvelle Europe. » Bürckel salue le « premier jour grand-allemand de la Lorraine » : « Vous êtes désormais aux côtés de vos frères combattants. »

L'incorporation de force frappera par appels successifs les classes nées de 1908 à 1928. En 1944, la Waffen SS obtiendra le versement d'office d'un contingent dans ses rangs et les adolescents de seize ans seront affectés à l'artillerie antiaérienne comme *Luftwaffenhelfer*. Cette levée en bloc fait déferler sur le pays une immense émotion. L'été, on fête l'*Abitur* (le baccalauréat) dans une tristesse oppressante : les lycéens, tous reçus, songent à la feuille de route qui vient de leur parvenir. Certains s'échappent à travers les Vosges ou tentent de franchir la frontière suisse : en février 1943, plusieurs de ceux-ci sont capturés à Ballersdorf et fusillés. Mais la contrainte de la convocation est appuyée par la menace de représailles sur les familles des défaillants, et la plupart des appelés se soumettent la mort dans l'âme, en protestant souvent par des cris et des chants patriotiques.

Un enjeu du conflit mondial

Malgré le silence systématique des nazis, l'épreuve des Alsaciens-Lorrains est connue hors de la région, bien mieux que l'extermination des Juifs : tant d'expulsés en portent le témoignage. Cependant toute réclamation reste vaine face à la force brutale. Comme dans les deux guerres précédentes, le sort de Strasbourg, de Metz et de Mulhouse se joue sur les champs de bataille.

Le gouvernement de Vichy, aussitôt informé, multiplie les protestations à la Commission d'armistice : dès le 10 juillet contre la destitution des préfets, à nouveau le 19 août et par une note d'ensemble le 3 septembre 1940. Celle-ci énumère les « mesures qui ont pour effet de priver la France de ses droits de souveraineté » sur les trois départements et elle relève la déclaration du Gauleiter « que le dessein de l'Allemagne était de régler une fois pour toutes la question d'Alsace ». « Une pareille politique, argumente-t-on, qui ne saurait être le fait d'organes d'occupation subordonnés, équivaut à une annexion déguisée et est formellement contraire aux engagements souscrits à Rethondes. » Car, « c'est avec la France entière, dans ses frontières de l'État de 1939, que l'Allemagne a signé la Convention du 22 juin [...] sans limitation territoriale aucune ».

Une centaine d'autres textes suivent, et Pierre Laval, après s'être fait prier par les services, remet à Abetz le 4 septembre 1942 une synthèse étoffée. Elle évoque les expulsions, les projets de colonisation, les changements du statut religieux, la mobilisation toute récente, non conforme aux « droits de la Puissance occupante, qui ne sauraient comporter la faculté d'incorporer la population d'un territoire occupé » et l'octroi imposé de la nationalité, « annexion officielle et unilatérale, sans valeur au regard du droit international ». Cependant, par une prudence illusoire, les dirigeants de l'État français jugent opportun de ne pas publier ces protestations. La seule exception, bien timide, est un message du Maréchal qui salue le 30 novembre 1940 les Mosellans expulsés, « Français de grande race, à l'âme énergique, au cœur vaillant », et qui exhorte à la « solidarité à l'égard de compatriotes malheureux[8] ». Les Alsaciens-Lorrains, qui ignorent cette activité diplomatique, se jugent abandonnés du pouvoir national et en ressentent une profonde amertume.

Du moins le gouvernement de Vichy maintient-il en poste les préfets repliés en zone sud, nomme-t-il au Conseil national un Colmarien et un Messin, reconnaît-il aux évêques le statut concordataire. L'imposante diaspora des évacués et des expulsés à l'intérieur compte 200 000 personnes, surtout dans le Massif central. Ces réfugiés vivent douloureusement la transplantation : aux déficiences matérielles du logement et de l'alimentation s'ajoute la gêne morale de se sentir souvent accueillis avec réticence. Il faut officiellement recommander de ne pas traiter de « Boches » ceux qui parlent dialecte. Loin de la petite patrie, la tendance naturelle est de rester groupés. On note en juillet 1942 qu'une « très forte proportion, qui ne doit pas être loin du tiers, de l'armée d'armistice est composée d'Alsaciens et de Lorrains ». L'université française de Strasbourg, installée à Clermont-Ferrand, y constitue un foyer de fervente fidélité, jusqu'à la rafle opérée par la police allemande en novembre 1943 ; beaucoup de professeurs et d'étudiants déportés ne reviendront pas des camps.

À la France libre, l'annexion de fait est évidemment dénoncée sans aucun ménagement. De Gaulle condamne le 20 novembre 1940 la « déportation des Lorrains, après celle des Alsaciens et en attendant celle des Flamands, des Picards et des Champenois » ; il cite Strasbourg, parmi d'autres villes, en déplorant le 16 décembre : « L'ennemi tient en servitude le corps et l'âme de la Patrie » ; il choisit pour emblème la croix de Lorraine, arborée d'abord par ses compagnons de la marine. Quand, au cœur de l'Afrique, le colonel Leclerc enlève en mars 1941 la position italienne de Koufra, il proclame : « Nous ne nous arrêterons que quand le

---

8. L. Cernay [A. Lavagne], *Le Maréchal Pétain, l'Alsace et la Lorraine*, Iles d'Or, 1955.

drapeau français flottera aussi sur Metz et sur Strasbourg » : la formule, insolite, est reprise du nom de sa promotion à Saint-Cyr. Et le programme français de la BBC donne la parole à « Jacques d'Alsace » (l'avocat Kalb, ami de Hansi).

La Résistance intérieure met autant d'ardeur à briser le « silence obstiné que font observer sur nos provinces de l'Est [...] l'ordre catégorique de Berlin et la lâcheté de Vichy ». Durant l'été de 1941, *Défense de la France* commente : « Destruction de la civilisation française, terreur nazie, patriotisme alsacien, voici résumé dans toute sa simplicité le drame de l'Alsace. Et ce drame est la figure, le prélude du drame que vivrait la France si jamais le nazisme triomphait. » Deux ans après, *Témoignage chrétien* diffuse à 60 000 exemplaires le cahier « Alsace et Lorraine terres françaises », qu'a dirigé l'abbé Pierre Bockel, de Thann. La brochure montre par de multiples documents la « guerre à l'Église » et l'« exemple d'héroïque fidélité donné à toute la France par l'Alsace et la Lorraine ». Elle s'achève sur une objurgation due à Émile Baas : « De grâce, frère français, frère chrétien, ne t'obstine plus à regarder tes deux sœurs comme des renégates [...] parce qu'elles ne parlent pas la même langue que toi, parce qu'elles n'ont pas toutes tes habitudes[9]. » À l'approche de la Libération, l'abbé Bockel s'associe à la levée des volontaires de la brigade Alsace-Lorraine ; le « colonel Berger » qui la commande n'est autre qu'André Malraux, chef paradoxal de ces chrétiens combattants.

Le nœud du drame est que la Wehrmacht a happé dans ses rangs 100 000 Alsaciens et 30 000 Lorrains (des autres régions françaises, seule l'Algérie connaît dans la période finale de la guerre une mobilisation d'ampleur comparable). Le commandement disperse ces recrues, qu'il sait peu sûres, dans des unités d'Allemands du Reich, et ces renforts, jetés sur le front de l'Est, y connaissent le harcèlement par les

---

9. *Le Journal* Défense de la France, éd. M. Granet, Paris, PUF, 1961, p. 22-25 ; *Cahiers et Courriers clandestins du Témoignage chrétien,* éd. R. Bédarida, Paris, 1980, t. II, p. 55-118.

partisans, puis la retraite devant l'Armée rouge. Si quelques-uns deviennent des petits gradés, beaucoup de ces « malgré nous » tombent au feu, sans que leur décès soit toujours enregistré. Au total, 40 000 ne reviendront pas (autant que dans la Première Guerre mondiale, où l'effectif des appelés a été triple).

Certains tentent de passer les lignes : au double risque d'être abattus par les Allemands comme déserteurs et par les Russes comme ennemis. D'autres sont capturés au sein de leurs unités encerclées par la progression soviétique. Leur sort préoccupe le Comité d'Alger, qui, non sans peine, obtient de Moscou leur regroupement. Mais au camp de Tambov, les conditions d'existence sont effroyables. Par un froid rigoureux les hommes s'entassent dans des baraques nues. Mal nourris de pain noir et de soupe au chou, ils doivent exécuter de rudes travaux au kolkhoze, en forêt ou à la tourbière. Et pour leurs organismes affaiblis l'hôpital ne dispose que d'aspirine ; les décès par épuisement s'ajoutent aux pertes au combat. Tout le monde aspire avec impatience au rapatriement. Or celui-ci se fait attendre : sauf un convoi isolé, le gros des incorporés de force ne rentrera qu'à la fin de 1945 et au début de 1946, et quelques-uns plus tard encore [10].

Entre-temps, la libération de leur pays natal a été précédée de bombardements aériens qui n'ont pas épargné les civils. Puis elle s'est effectuée avec une forte participation française. Au nord, c'est la 2e DB de Leclerc qui, tenant le serment de Koufra, débouche à Strasbourg le 23 novembre 1944. Au sud, c'est la 1re armée de De Lattre qui délivre au même moment Mulhouse et un peu plus tard Colmar. La brigade Alsace-Lorraine s'y est intégrée, et des patriotes locaux, qui se sont préparés dans la clandestinité, fournissent l'appui de leurs unités de FFI. À Noël, la vigueur de la contre-offensive allemande conduit le haut-commandement interallié à décider un

10. Cf. Les articles de G. Nonnenmacher et de A. Wahl, dans *Mémoire de la Seconde Guerre mondiale*, Université de Metz, 1984.

repli tactique sur les Vosges qui entraînerait l'abandon de Strasbourg. Le général de Gaulle proteste : « Pour la France, ce serait un désastre national. Car l'Alsace lui est sacrée. » Il prescrit même à de Lattre de désobéir s'il le faut pour tenir le front. Heureusement, après une chaude discussion, Eisenhower consent à réviser ses ordres.

La réinsertion politique est conduite avec prudence. Instruits par l'expérience, les responsables comprennent mieux qu'en 1918 la nécessité de ne pas brusquer le particularisme régional et de ne pas renouveler les maladresses de la IIIe République. Effaçant l'intermède violent du régime nazi, l'ordonnance du 15 septembre 1944 restaure explicitement la « législation en vigueur à la date du 16 juin 1940 ». Le préfet de la Moselle fait afficher un avis aux troupes alliées : « Vous entendrez peut-être parler allemand. Mais ne vous y trompez pas, les habitants sont bien français, non seulement de nom mais aussi de cœur. » Pour l'avenir, il est vrai, la langue allemande est exclue de l'enseignement primaire, et dans la presse « bilingue » elle doit laisser une place appréciable au français. L'épuration frappe sévèrement les grands acteurs de l'annexion de fait : Bürckel est mort subitement, peut-être d'un suicide forcé ; Wagner, condamné à mort par un tribunal militaire, est fusillé avec ses trois principaux adjoints, ainsi que quatre policiers. Robert Ernst obtient, après une longue procédure, la reconnaissance de sa nationalité allemande, qui annule l'inculpation de haute trahison portée contre lui. Les autonomistes ralliés sont également poursuivis : ils plaident souvent le double jeu. Quelques-uns seulement, dont le *Kreisleiter* Mourer, subissent la peine capitale. Rossé bénéficie de circonstances atténuantes, mais meurt en prison[11].

Le souvenir de ces années terribles se réveille subitement en 1953 avec le procès d'Oradour. Dans la compagnie qui massacra en Limousin 642 civils le 10 juin 1944, se trou-

---

11. P. Schaeffer, *L'Alsace et l'Allemagne de 1945 à 1949*, Université de Metz, 1976.

vaient 12 jeunes Alsaciens, versés d'office dans la Waffen SS. Le verdict d'emprisonnement prononcé contre eux déclenche dans leur province un raz de marée d'indignation. Comme l'a reconnu un magistrat, « fondus au milieu des SS allemands, encadrés de gradés allemands fanatiques, ils étaient l'objet d'une surveillance étroite et n'ont pu se soustraire à tous les ordres barbares qui leur étaient donnés ». Chaque famille pense qu'elle aurait pu vivre cette épreuve et rejette la responsabilité sur ceux qui étaient prêts à abandonner en 1940 une terre disputée. Le Parlement, par raison d'État, se hâte de voter une amnistie immédiate et l'émotion retombe[12]. C'est l'ultime retour de flamme, qui jette une lueur significative sur l'intensité de la tragédie vécue, cette fois encore, par la marche française du Rhin.

12. P. Barral, « L'affaire d'Oradour, affrontement de deux mémoires », dans *Mémoire de la Seconde Guerre mondiale*, *op. cit.*

Les prisonniers

Yves Durand

Au cœur des malheurs de la France

Au cœur de la débâcle, les soldats français, tantôt fuyant l'ennemi, tantôt lui faisant face, essayaient, dans tous les cas, de lui échapper. Faits prisonniers, 1 850 000 d'entre eux allaient durablement prendre place au cœur du malheur de la France [1].

Chiffre énorme et qui suffirait, à lui seul, à donner au phénomène de la captivité son importance dans l'histoire de la France au cours de la Seconde Guerre mondiale. Il est à peu près comparable à celui des morts de la guerre de 1914-1918.

Certes, ceux-là ne sont pas définitivement perdus pour le pays. Quelque 200 000 à 250 000, libérés ou évadés, vont échapper, dans les jours ou les semaines qui suivent, à la captivité ; 1 600 000 vont être transférés en Allemagne, entre l'été de 1940 et le début de 1941 ; 1 000 000 environ y seront encore, cinq ans plus tard, au moment de l'effondrement du Reich. Et si 37 000 y auront, entre-temps, trouvé la mort, la plupart rentreront alors. Mais ils auront subi un long exil, au cours duquel leur sort a été à la fois séparé et très lié à celui de l'ensemble de la nation.

De celle-ci, les prisonniers constituent, en effet, une part fort représentative, tout au moins dans sa composante masculine adulte. Par l'âge d'abord ; car il y a, parmi eux, des gar-

---

1. Selon les calculs ultérieurs du secrétariat d'État aux Anciens Combattants – 1 900 000 même selon l'OKW allemande. Tombés aux mains de l'ennemi, à 80 % pendant la débâcle de juin et, sans doute, à 50 % après l'appel de Pétain, le 17 juin, à cesser le combat.

çons de vingt ans et des généraux de plus de soixante ans (la moyenne d'âge est de trente ans). La plupart sont déjà bien engagés dans la vie sociale ; mariés à 50 % et, parmi ceux-là, pour moitié également pères de famille. Par les origines régionales et socioprofessionnelles, qui reflètent – sans la sur-représentation paysanne à laquelle on croit souvent – celles de l'ensemble de la population active française du temps[2].

Mais le sort des prisonniers de guerre et leur place dans l'histoire du pays provisoirement vaincu en 1940 ne se mesurent pas seulement en termes économiques et en chiffres. Au cœur du malheur de la France, ils le sont à bien d'autres titres. Chargés de le défendre, ils se trouvent – quel qu'ait été leur comportement au combat – marqués plus que tous les autres par les stigmates de la défaite. Eux-mêmes n'échappent pas – et n'échapperont pas de longtemps – au doute poignant sur leur responsabilité propre dans ce désastre. Encore faut-il faire ici la différence entre ceux qui ont eu l'occasion d'éprouver au combat leur capacité personnelle d'y faire face et ceux qui n'ont pas même été mis en situation de le faire par les conditions dans lesquelles a été menée la guerre. Les stigmates de la défaite sont d'autant plus durables et profonds qu'ils ont été, bien souvent, intériorisés et que – faute de les effacer par un comportement actif, l'évasion, la reprise du combat dans la Résistance ou les FFL – la plupart vont rester sur ce doute profond. Et combien, tout en cherchant à rejeter sur les circonstances ou sur d'autres les responsabilités du désastre (trahison, infériorité numérique ou en armes, faillite du moral de la troupe ou du commandement…), resteront secrètement meurtris par cette incertitude sur leur comportement dans la défaite[3].

---

2. Chiffres détaillés dans *La Captivité, histoire des prisonniers de guerre français, 1939-1945*, éd. FNCPG, 1980, p. 20-29, et dans *La Vie quotidienne des prisonniers de guerre dans les Stalags, les Oflags et les Kommandos*, Hachette, 1987, p. 11-12, édition revue et augmentée, Hachette, 1994.

3. Bel exemple de cette hantise dans Armand Lanoux, *Le Commandant Watrin*.

D'autant que certains, parmi leurs propres compatriotes, ne se font pas faute de la leur imputer en effet et que, dans la mémoire collective, ils vont longtemps demeurer associés à celle-ci : victimes exemplaires du plus triste moment du destin du pays. Vichy, par la sollicitude même qu'il montre à leur égard et par la place qu'il leur fait dans sa politique, va contribuer à les compromettre plus encore. En ressassant la défaite comme base de la « rédemption par la souffrance », selon le schéma clérical de sa philosophie politique propre, il maintient l'attention sur ce moment traumatisant de leur sort collectif. Enfants chéris du Maréchal, présentés comme le meilleur ferment de sa Révolution nationale, ils se trouvent associés – à leur corps défendant – à une entreprise que rejettera, finalement, la très grande majorité des Français. Ils sont, enfin, un des enjeux de la collaboration entre Vichy et le Reich nazi, sur laquelle reposera, à l'issue de la guerre et à juste titre, une condamnation autrement plus grave et plus fondée que celle adressée aux combattants simplement malheureux de 1940.

« Prisonniers, mes amis et mes enfants, je pense à vous avec toute mon affection et je vous félicite du noble courage dont vous faites preuve en attendant le jour où il me sera donné de vous accueillir à votre retour dans la patrie. » Cet extrait d'une allocution prononcée par Pétain le 24 octobre 1941, reproduit sur une carte postale, représentant le Maréchal et sa francisque et distribuée à tous les prisonniers de guerre à la fin de 1941, est une des multiples formes d'expression de la sollicitude affichée par le Maréchal à l'égard des prisonniers de guerre. Ils sont, dans le discours vichyste, constamment présentés comme ceux des Français qui souffrent le plus de la défaite et méritent, à ce titre, plus que tous autres, l'aide de la Nation et de son gouvernement. Aide concrétisée par les « colis Pétain », envoyés aux prisonniers en complément de ceux amoureusement confectionnés pour eux par leurs familles, avec l'appui plus ou moins soutenu du Secours national et des municipalités.

Selon le même discours, les souffrances qu'ils endurent contribuent à faire d'eux, pour l'avenir, le levain de la

Révolution nationale et, des camps, le creuset d'une élite au service de celle-ci. « Dans vos camps, vous avez, au milieu de rudes épreuves, accumulé dans la pureté de vos âmes un merveilleux capital humain », leur déclare encore Pétain le 16 août 1941 ; après les avoir, le 12 août, dans son discours fameux du « vent mauvais », donnés en exemple à tous les autres Français : « Leur esprit, fortifié par la vie des camps, mûri par de longues réflexions, deviendra le meilleur ciment de la Révolution nationale. »

Au cœur du pays ennemi

Cette vue idéalisée, autant qu'intéressée, de la captivité, ne se réfère – fait symptomatique – qu'à la vie des camps, présentés comme une sorte de retraite monastique d'où l'ensemble des prisonniers de guerre devrait sortir plus fort de l'épreuve subie. Or, pour l'écrasante majorité d'entre eux, la réalité de la captivité se déroule dans un cadre et dans des conditions d'existence tout autres.

Après la capture, et les camps improvisés où ils ont été entassés plus ou moins longtemps en France, les prisonniers ont été transférés vers le Reich, le plus souvent dans des trains bondés. Ces premiers temps de la captivité ont été – avec les premiers jours passés dans les camps allemands – parmi les plus durs de la longue expérience captive. En Allemagne, les officiers ont été répartis dans les Oflags (*Offizierlager* ou camps pour officiers). Ils vont, effectivement, y demeurer enfermés cinq années ; à méditer certes, ruminer la défaite, mais surtout faire face au danger d'engourdissement intellectuel et moral, « remplacer les préoccupations par des occupations », selon une belle formule utilisée par l'ancien prisonnier de guerre Maurice Iché[4].

---

4. Ces « occupations » peuvent être d'un très haut niveau spirituel ou culturel : université, théâtre, fêtes, orchestres ; Olivier Messiaen compose son *Requiem pour la fin du temps*, François Goguel écrit sa *Politique des partis sous la IIIe République*, Fernand Braudel prépare sa thèse…

Situation bien différente pour la masse des simples soldats et des sous-officiers. Ceux-ci passent d'abord, eux aussi, par un camp, où ils vont être « immatriculés », transformés – comme ils disent, parodiant leurs geôliers – en *Stücke* (en morceaux). Seule une minorité d'entre eux – de l'ordre de 5 à 10 % – restera au Stalag *(Stammlager),* camp de base, destiné seulement à l'administration de l'ensemble des prisonniers de guerre immatriculés dans le camp et à laquelle les prisonniers qui y sont maintenus en permanence sont appelés à participer aux côtés et sous le contrôle des militaires de l'armée allemande. Les autres, c'est-à-dire, en moyenne, 95 %, sont dispersés aussitôt après l'immatriculation dans des Kommandos de travail.

« La grande réalité de la vie des prisonniers, c'est le détachement de travail », écrit un prisonnier cité par Félix Klein[5]. Et le prisonnier de guerre Jean Mineur rapporte, avec lucidité : « La tête rasée comme des bagnards, photographiés, transformés en matricules, nous n'allions plus être que de la chair à produire, des muscles au service de l'entreprise nazie. »

Éparpillés par groupes plus ou moins nombreux à travers l'ensemble du Reich « grand allemand » – de la lointaine Prusse orientale aux départements annexés d'Alsace et de Moselle –, les prisonniers sont mis au service des divers secteurs de l'économie allemande. La majorité est employée dans des fermes – ce qui ne les empêche nullement d'être regroupés le soir dans un local sous la garde de sentinelles. Selon une statistique établie par les services du Gauleiter Sauckel en février 1944, 58 %, en moyenne, des prisonniers de guerre des Kommandos travaillent dans l'agriculture, la pêche ou le secteur forestier (50,4 % dans l'agriculture seule).

Mais on trouve aussi des prisonniers dans toutes les autres branches de l'économie du Reich : dans des boutiques et ateliers en ville, sur des chantiers routiers ou ferroviaires, dans des usines et dans des mines. C'est ainsi que, dans la Ruhr,

---

5. F. Klein, *Le Diocèse des barbelés*, Fayard, 1973, p. 48.

les Stalags VID et VIF comptent respectivement 90 et 77 % de leurs Kommandos dans l'industrie et le IVC, en Saxe, 75 %. En revanche, le Stalag IID, en Poméranie, baptisé par les prisonniers « Stalag de la pomme de terre », a 80 % de ses Kommandos dans l'agriculture. La statistique générale citée des services Sauckel donne 35,7 % d'emplois dans l'industrie, les mines et les transports. Un nombre moindre de Kommandos travaillait pour le compte de l'armée elle-même ; des *Bauarbeitbataillone* furent affectés au déblaiement dans les villes sinistrées d'Allemagne, quand celles-ci furent soumises aux bombardements massifs alliés – et souvent, de ce fait, particulièrement exposés eux-mêmes aux effets de ces bombardements.

À en croire les documents allemands, ce travail des prisonniers de guerre français fut apprécié comme l'un des plus utiles à la marche de l'économie du Reich. Comparé au rendement des ouvriers allemands, dans les usines, celui des prisonniers français est estimé à 79 % pour le travail des manœuvres et à 95 % pour celui des spécialistes (alors que le rendement attribué aux prisonniers de guerre soviétiques plafonne à 39 et 44 %). Dans de nombreux villages, vidés de leur population masculine par les nécessités de la guerre à l'Est, l'activité en viendra à être maintenue par la seule présence de prisonniers français. Cette place prise par les prisonniers de guerre dans tous les secteurs de la vie économique n'est d'ailleurs pas sans inquiéter parfois les responsables allemands : aux postes qu'ils occupent, ces captifs sont en mesure, sinon d'enrayer, du moins de freiner la production.

Ce freinage semble avoir été fort répandu, même s'il ne faut pas prendre à la lettre toutes les mentions de sabotage rapportées dans les récits *a posteriori*. Il semble bien que la règle de conduite, décrite sans suspicion de forfanterie dans une lettre à sa famille passée au contrôle postal français en novembre 1944 par un prisonnier du Stalag XXA, ait valeur de norme : « C'est très dur, écrit-il, mais on emploie souvent la méthode des prisonniers : doucement le matin et pas si vite le soir. » À côté de certains, qui crurent devoir montrer un véritable zèle au travail pour soutenir la réputation (plutôt mauvaise au départ) des Français aux yeux de leurs employeurs allemands, il y eut, de la part d'un très grand nombre, usage de l'arme familière à tous ceux que les circonstances contraignent au travail forcé : la force d'inertie.

En réalité, les prisonniers ne pouvaient guère se dérober à l'obligation de travailler pour le Reich – sauf à s'évader ou, comme le firent un certain nombre de sous-officiers réfractaires, au prix de nombreuses brimades (y compris l'internement dans un camp spécial à Kobierzyn, en Pologne), à pouvoir s'appuyer sur les règles d'emploi des prisonniers de guerre admises par la convention de Genève.

Celle-ci règle les conditions de détention et de traitement par l'ennemi des soldats tombés en son pouvoir pendant le conflit. Elle reconnaît comme un droit de la puissance détentrice la mise au travail des simples soldats captifs et en fait même un avantage concédé au prisonnier, afin que l'inactivité forcée ne porte pas atteinte à son équilibre moral.

Nombre de témoignages de prisonniers de guerre confirment d'ailleurs le bien-fondé de cette préoccupation humanitaire. « Le travail était peut-être le meilleur moment de la journée, nous dit ainsi l'ex-prisonnier de guerre Alexandre Haltrecht. Tout au moins pouvait-on ne pas penser au sombre avenir, même si on se refusait à la victoire allemande. » La convention de Genève n'autorisait, en revanche, l'emploi des sous-officiers qu'au titre de volontaires pour le travail ; et elle interdisait l'emploi direct de prisonniers de guerre dans les entreprises travaillant directement pour la guerre.

L'ambiguïté de la situation faite au prisonnier de guerre, au regard de cette question du travail, par les lois de la guerre elle-même, quant à son comportement de soldat, fut rendue autrement plus ambiguë encore par la position prise par le gouvernement du maréchal Pétain et le régime de Vichy.

Les prisonniers de guerre, enjeu de la collaboration

Déjà, la signature de l'armistice tendait à obscurcir le devoir du soldat prisonnier, qui est de s'évader pour reprendre le combat, puisqu'elle suspendait entre les deux nations la belligérance – sans toutefois l'abolir en principe. Mais, surtout, la recherche d'une collaboration avec le vainqueur de juin 1940, adoptée par Pétain et son gouvernement, tend à faire sortir les prisonniers de guerre français du cadre normal, fixé par la convention de Genève, pour celui d'un accord particulier de gouvernement à gouvernement ayant cessé définitivement d'être adversaires. Les prisonniers deviennent ainsi l'enjeu de scabreuses négociations politiques.

Entre la France et l'Allemagne, la question des prisonniers de guerre a d'abord été traitée par la Délégation française auprès de la Commission allemande d'armistice à Wiesbaden ; le secrétariat d'État à la Guerre était chargé, au sein du gouvernement français, de l'administration de ces soldats captifs.

Le souci de Vichy et de Pétain lui-même est, certainement, de faire rentrer les prisonniers en France, si possible, et, à défaut, de les protéger dans leur lieu de détention. Il est aussi de voir reconnue, sur cette part de la population française comme sur toute autre, sa « souveraineté ». À cette fin, dès septembre 1940, une mission particulière est confiée par Pétain à Georges Scapini (ancien combattant, aveugle de guerre, député de droite et un des fondateurs du Comité France-Allemagne, en relation dès avant guerre, à ce titre, avec Otto Abetz). Scapini va devenir le porte-parole du gouvernement de Vichy et l'interlocuteur des autorités allemandes chargées des prisonniers, avec le titre d'ambassadeur et à la tête d'un Service diplomatique des prisonniers de guerre (SDPG). Une « délégation » du SDPG, ou mission Scapini, formée d'officiers retirés à cette fin des Oflags, fut chargée sur place, depuis Berlin, d'exercer contrôle et « protection » sur les camps et Kommandos, avec autorisation de visite de ceux-ci par ses « délégués ». Par un protocole signé à Berlin le 16 novembre 1940, le Reich a en effet reconnu la France comme protectrice de ses propres prisonniers, en dérogation aux conventions internationales qui confient une telle mission à un État neutre – mission exercée jusqu'à cet accord par les États-Unis.

Cette dérogation répond au désir, signalé, de Vichy, d'être reconnu comme « souverain », sur tous les Français, y compris ceux que, comme les prisonniers, l'ennemi tient directement sous sa coupe. Les premières négociations engagées par Scapini comptent au nombre de celles engagées à cette fin par Pétain pour aboutir à Montoire. Le 27 septembre 1940, il rencontre, à Berlin, le général Reinecke (chef des services allemands chargés des prisonniers) et lui fait, au nom du gouvernement français, des propositions qui ne peuvent manquer d'apparaître comme des gages offerts au Reich nazi par la France de Vichy pour obtenir de lui la collaboration recherchée.

Scapini a immédiatement compris l'importance des données économiques dans la question des prisonniers de guerre. Dès cette première rencontre, il se montre prêt à tenir compte de l'intérêt qu'a l'Allemagne, toujours en guerre contre l'Angleterre, à utiliser les prisonniers comme main-d'œuvre. Dans une note rédigée à l'occasion de cette première rencontre avec le général Reinecke, datée du 25 septembre 1940, il propose à celui-ci la fourniture à l'industrie allemande d'ouvriers français, en échange du retour des prisonniers de guerre. C'est le principe de la « Relève », qu'il est donc le premier à proposer aux Allemands, un an et demi avant que Laval ne la mette en œuvre en compagnie de Sauckel. Contrairement à ce qu'il écrit dans ses Mémoires – où il y fait allusion –, cette offre n'est nullement fondée sur le principe d'égalité : un prisonnier de guerre rentrant pour chaque ouvrier fourni ; la note laisse la proportion à établir, au gré de la négociation avec le détenteur allemand. Bien plus, à la différence de ce qui sera effectivement mis en pratique au temps de la Relève Laval, le gouvernement français prendrait en charge, non seulement le recrutement de la main-d'œuvre à fournir, mais ses salaires[6].

Les Allemands, qui ne subissent pas encore l'hémorragie en hommes du temps de la guerre à l'Est, rejettent cette pro-

6. AN F9 2176.

position ; ils préfèrent garder la main-d'œuvre des prisonniers déjà entre leurs mains ; Scapini revient alors à la charge et invente une autre formule – également destinée à être mise en œuvre plus tard, en 1943 – la « Transformation » des prisonniers en « travailleurs libres » en Allemagne même.

Dans chacun des deux cas, Scapini argue auprès de ses interlocuteurs allemands de l'intérêt de telles formules pour les besoins et pour le rendement de l'économie du Reich. « La main-d'œuvre prisonnière, lit-on dans la note du 25 septembre, est une main-d'œuvre à mauvais rendement, parce qu'elle est improvisée et que le réflexe naturel du prisonnier le met dans un état psychologique défavorable. En se plaçant sous ce seul angle, ne serait-il pas possible d'envisager une sorte de système compensatoire qui jouerait, par exemple, de la manière suivante : le gouvernement allemand ferait connaître au gouvernement français ses besoins en main-d'œuvre par catégories. Le gouvernement français réunirait la main-d'œuvre désirée par le gouvernement allemand [...][7]. » Le compte rendu de la réunion Reinecke-Scapini du 20 mai 1941 rapporte, de la part du négociateur de Vichy, l'usage d'arguments semblables : « L'ambassadeur déclare que, la guerre se prolongeant, il serait urgent, pour des raisons sociales, économiques et politiques, de débarrasser le problème des prisonniers de la psychose du fil de fer barbelé ; que, compte tenu des nécessités de main-d'œuvre, il ne serait pas impossible de concevoir que les prisonniers pourraient être transformés, dans certains cas, en travailleurs libres[8]. »

De façon encore plus audacieuse et sans équivoque, il expose à ses collègues français, dans un rapport au secrétariat d'État à la Guerre en date du 30 mars 1941, critiquant la manière dont les négociations ont été menées avant lui par la Délégation de Wiesbaden : « Il eût fallu [...] montrer aux Allemands que l'intérêt de l'Allemagne était de mettre la France vis-à-vis d'elle à peu près dans la situation de

7. AN F9 2176.
8. AN F9 2176.

l'Amérique à l'égard de l'Angleterre. S'il n'y avait pas en Amérique un climat favorable à l'Angleterre, les États-Unis seraient hors d'état d'envisager la fourniture d'armements importants. S'il n'y a pas en France une atmosphère favorable à l'Allemagne, il n'y a pas non plus de fourniture d'armements possible[9]. »

Deux mois après son offre de Transformation (provisoirement rejetée par les Allemands, comme la précédente), Scapini use de son influence auprès des prisonniers de guerre, par le truchement d'un article publié par le journal allemand de propagande dans les camps *Le Trait d'union*, pour inciter les sous-officiers réfractaires au travail à céder aux pressions allemandes afin de leur faire signer des contrats d'emploi « volontaire[10] ». Conjointement avec le secrétariat d'État à la Guerre, il consent, en mars 1942, pourvu que la démarche ne soit pas rendue publique, à avaliser l'emploi – formellement interdit par la convention de Genève – dans les usines de guerre allemandes[11]. Vichy acceptera de même de donner sa caution aux officiers qui consentiraient – contre toutes règles internationales – à travailler volontairement en Allemagne[12]. Le seul point sur lequel Scapini oppose un refus formel au général Reinecke concerne une demande de pression particulière sur les sous-officiers d'origine israélite pour les obliger à travailler. Mais, si les prisonniers de guerre juifs sont les seuls Français d'origine israélite à avoir échappé à la menace du génocide, ils ne le doivent pas à Vichy, mais au fait que – paradoxe du fonctionnement du régime totalitaire nazi – l'armée allemande, qui en avait la charge, n'a cessé de leur appliquer (sauf brimades particulières) les règles de la Convention de Genève.

---

9. AN F9 2176.
10. Article de Scapini dans *Le Trait d'union*, 1er juin 1941.
11. Service historique de l'armée, carton 7.
12. Déclaration du 18 novembre 1942 ; AN F9 2861.

Sous les feux des propagandes allemande et vichyste

Scapini, ses délégués à Berlin, les officiers-conseils installés peu à peu dans les *Wehrkreis* n'ont pas pour seule mission de « protéger » les prisonniers de guerre – tâche à laquelle certains se consacrent avec beaucoup de conscience et non sans quelques résultats, sur lesquels pèse, malheureusement toujours, « l'ambiguïté [qui] planait sur [leurs] objectifs et action, du fait de la politique de collaboration du gouvernement du maréchal Pétain », comme nous l'a écrit un ancien officier-conseil[13]. L'objectif assigné à la mission Scapini est aussi de faire pénétrer dans les camps et Kommandos pétainisme et esprit de la Révolution nationale.

Pas plus qu'en France, le pétainisme n'avait attendu, pour se manifester dans les camps, la mise en place de relais officiels de la propagande vichyste. Dès le début de la captivité, des prosélytes du Maréchal avaient, spontanément, animé des discussions, souvent vives, sur la Révolution nationale. Le besoin de connaître ce qui se passait en France, y compris les changements apportés par Vichy, incitait les prisonniers de guerre à rechercher toutes informations disponibles à ce sujet. Les lettres – rares et soumises à la censure –, les journaux français reçus dans les camps – tous collaborationnistes – et *Le Trait d'union* ne suffisaient pas à satisfaire leur curiosité. Les équipes d'hommes de confiance constituées – conformément à la convention de Genève et le plus souvent dans le seul dessein d'« organiser » pour mieux la défendre la communauté captive – avaient commencé à assurer, parmi d'autres services, un rôle d'informateurs. À leur côté, ou en leur sein, il n'avait pas manqué, dans bien des cas, d'hommes acquis spontanément à l'entreprise pétainiste pour s'engager d'eux-mêmes dans la diffusion de l'esprit Révolution nationale. Vichy s'emploie, concrètement, à entretenir – ou à forger – l'adhésion à son chef et à sa politique. À partir du moment où il peut, avec l'autorisa-

13. Lettre du 22 juin 1978.

tion des Allemands, étendre la propagande déjà organisée en France depuis l'automne de 1940, c'est-à-dire à partir du milieu de l'année 1941, il suscite dans les camps la création de cercles Pétain.

La création de ces cercles Pétain se généralise dans les Stalags et Oflags de l'été de 1941 au début de 1942, à l'initiative des délégués Scapini et en accord avec les Allemands qui, au même moment, autorisent aussi l'affichage des portraits de Pétain dans les baraques. Elle se fait dans des conditions très diverses d'un camp à l'autre et, parfois, se heurte d'emblée à de vives réticences. Le seul fait que les délégués Scapini interviennent avec l'accord des Allemands et accompagnés par eux suffit à rendre méfiant plus d'un homme de confiance ou responsable de camp, même si l'un des objectifs de ces représentants de Vichy est précisément d'éviter que les prisonniers de guerre ne tombent entièrement sous la coupe de la seule propagande allemande.

La prise en charge idéologique des prisonniers de guerre par les Allemands s'exerce depuis le début de la captivité. *Le Trait d'union* a commencé ses éditions dès le 23 juin 1940. Information et propagande allemandes s'y mêlent aux informations et aux prises de position de Vichy. Habilement, les services de propagande allemands ont réussi à faire rédiger l'essentiel du journal par les prisonniers eux-mêmes. À l'intérieur des camps, des officiers spéciaux appelés *Betreuer*, chargés du « moral » des prisonniers de guerre et choisis en raison de leur parfaite connaissance de notre langue, de notre pays et de nos habitudes, contrôlent, censurent, mais aussi suscitent et orientent les activités culturelles des camps.

Cette prise en charge idéologique des prisonniers par les Allemands n'avait pas tant pour but de les rallier au national-socialisme que de faciliter leur garde, en leur faisant accepter leur sort, et l'exploitation de leur travail. D'où l'intérêt qu'ils portent, à cette double fin, à la collaboration – consciente ou involontaire – des Français eux-mêmes et, en particulier, des représentants de Vichy. « Grâce aux visites des délégués Scapini dans les camps, grâce aussi aux hommes de confiance des Oflags, des Stalags et des

Kommandos, les mots d'ordre de collaboration progresseront de plus en plus fortement sans qu'à cette occasion l'influence allemande puisse être visible de l'extérieur », déclare un document destiné aux *Betreuer* au printemps de 1941, après les entrevues de Darlan avec les autorités du Reich[14]. Le doyen de l'Oflag XVIIIA, parlant, dans son rapport final, de son *Betreuer*, n'écrira pas sans raison : « Son rôle était évidemment grandement facilité par les instructions de Vichy recommandant la collaboration aux prisonniers de guerre. »

L'ambivalence foncière – génératrice de dangereuses ambiguïtés – de la propagande vichyste en direction des prisonniers de guerre apparaît bien là. Les cercles Pétain sont mis en place, à la fois pour éviter que les prisonniers ne tombent sous la coupe idéologique unique des Allemands – et certains cercles furent, sans aucun doute, formés pour faire pièce à des initiatives allemandes appuyant les quelques rares groupuscules collaborationnistes des camps – et, en même temps, en accord et en liaison étroite avec les autorités allemandes responsables des camps.

Une fois constitués, les cercles Pétain multiplient les formes de propagande, à l'intérieur de chaque camp et, si possible, jusque dans les Kommandos. Journal de camp, conférences, cérémonies, expositions, signatures de pétitions et serments d'allégeance au chef de l'État connaissent une diffusion et une tonalité fort variables, selon le degré de ferveur pétainiste propre à chacun des responsables des cercles. Tous s'inspirent cependant de directives fournies par les services centraux de Vichy et par la mission Scapini. Outre l'allégeance personnelle au chef de l'État, l'accent est mis essentiellement sur les aspects « intérieurs » de sa politique, aspects sociaux et « moraux » surtout. La politique extérieure n'est généralement traitée, dans les cercles d'étude de la RN, que sous le couvert du thème « européen ».

---

14. Archives militaires allemandes de Fribourg-en-Brisgau ; dossier non classé à la date de consultation.

Ce thème de l'Europe, à l'heure où celle-ci apparaît évidemment dominée par l'Allemagne nazie, est, plus qu'aucun autre, porteur d'ambiguïtés, à la charnière du pétainisme et du collaborationnisme. Du moins n'apparaît-il pas, dans les cercles Pétain, comme le thème central ; alors que les collaborationnistes se rassemblent au contraire dans des groupuscules baptisés Nouvelle Europe ou *Nova Europa*. En se démarquant ainsi des entreprises trop ouvertement collaborationnistes, les responsables des cercles Pétain ne faisaient que traduire le sentiment général des prisonniers de guerre. Car il suffisait, au témoignage concordant des prisonniers, même ceux de rapatriés recueillis dès 1941, que l'activité pétainiste des camps semblât, si peu que ce fût, placée sous le signe de la collaboration, pour qu'elle fît l'objet d'un rejet quasi unanime.

Patriotisme, misère et humanité des prisonniers de guerre

« Collaboration et barbelés sont deux antipodes », déclare un rapatrié le 18 mai 1942. Un autre explique, en août 1943 : « La collaboration est inacceptable, étant donné la durée de la captivité et les souffrances subies. » Rares cependant sont ceux qui vont jusqu'à la conclusion de celui-ci, venu d'un Kommando de travail du Stalag VIG : « Les prisonniers de guerre sont contre la collaboration. Être pour Pétain, c'est être pour Hitler. »

Le plus grand nombre des prisonniers semble avoir conjugué longtemps adhésion au pétainisme et hostilité à la collaboration. Beaucoup de témoignages, tout au moins jusqu'en 1942, rejoignent celui de ce rapatrié du 3 avril 1942 : « Les prisonniers de guerre sont tous pour le Maréchal, mais n'admettent pas la collaboration. » C'est là, sans aucun doute, le résultat de ce que l'homme de confiance du Stalag XIIA qualifiera, en fin de captivité, une « erreur de crédit sur la personne du chef de l'État ».

Les prisonniers ne pouvaient savoir ce qu'était réellement la politique de Pétain à l'égard de l'Allemagne – ce que nous ont appris les archives allemandes et françaises – et jusqu'où lui-même et son entourage étaient allés dans leur désir de collaboration et d'intégration à l'Europe allemande, au moins dans les débuts de l'Occupation. Ils ne pouvaient savoir combien cette politique de Vichy était conforme aux vœux de Hitler et quels services Pétain lui rendait ainsi.

Pétain, pour les prisonniers, comme pour beaucoup d'autres Français mal éclairés à la même époque, c'était le représentant de la France ; les cérémonies en son honneur autorisées par les Allemands, les rares occasions où ils autorisaient aussi la levée des couleurs et le chant de l'hymne national, en temps ordinaire interdits. En saluant son effigie, en lui prêtant allégeance, la plupart des prisonniers de guerre n'avaient conscience que d'affirmer leur patriotisme.

Ce patriotisme fut un des réflexes fonciers de la masse des prisonniers. Contraints de vivre, dans des conditions diverses, au cœur même du pays ennemi, la plupart se sont vus confortés dans l'amour de leur pays. L'un d'eux parle joliment de « cette petite portion de France qui se défendait avec les moyens du bord » – moyens qui allaient de la simple solidarité entre camarades des petits Kommandos jusqu'à l'« organisation » autour des hommes de confiance des camps, ou, si ceux-ci se montraient par trop proches des geôliers allemands, de noyaux patriotiques d'opposants.

L'expérience et la durée de la captivité n'ont pas manqué, d'ailleurs, de modifier le comportement des prisonniers de guerre. C'est ce qui est arrivé aussi à l'égard du pétainisme. Si la très large diffusion des cercles Pétain est attestée pour la période de l'été de 1941 au printemps de 1942, la masse des témoignages de rapatriés pour la période ultérieure montre non moins clairement le déclin puis la quasi-disparition, au cours de l'année 1943, de ces lieux d'expression du pétainisme. La discrimination introduite au sein de la communauté des prisonniers par la Relève, le trouble suscité par la Transformation – au charme frelaté de laquelle une minorité seulement succombe – ne contribuent pas peu à ouvrir ainsi les yeux des prisonniers de guerre.

Ce déclin du pétainisme doit être en partie mis au crédit de ceux qui, parmi les prisonniers, n'avaient jamais cessé d'en dénoncer l'imposture. Des noyaux antipétainistes ont existé dans les Oflags, Stalags et Kommandos, dès les débuts de la captivité. D'aucuns – malgré la double emprise des gardiens allemands et du pétainisme ambiant – se sont manifestés très tôt au point de pouvoir être, sans conteste, repérés par l'historien à travers les témoignages des rapatriés. Ainsi, au Stalag VB, en Forêt-Noire, une organisation d'opposition communiste est-elle décrite à plusieurs reprises par des rapatriés – avec noms et détails précis – comme active et efficace, au cours de cette année 1941. L'équipe des opposants – d'inspiration très pluraliste – constituée au Stalag XIB, à Fallingbostel, fait preuve d'une telle audace dans son opposition aux Allemands, dans la fabrication des faux papiers et dans l'aide aux évasions, qu'elle apparaît, dès 1941 elle aussi, comme auréolée de légende et comme l'embryon d'un véritable mouvement de résistance. Ses principaux animateurs, revenus en France par des moyens divers, y compteront du reste au nombre des fondateurs d'un réseau de renseignement puis du Mouvement de résistance des prisonniers de guerre et déportés (MRPGD), mis sur pied en compagnie d'anciens prisonniers de guerre d'autres origines et sous l'égide du CNR en mars 1944[15].

D'autres groupes de résistants se constituent dans la plupart des camps, surtout après 1943. Certes, ces opposants actifs demeureront toujours une minorité. Mais si l'on ajoute le rejet de la condition captive réussi par les quelque 70 000 évadés – parmi lesquels vont se distinguer ceux qui reprendront le combat, dans la Résistance intérieure française, dans les FFL, ou aux côtés des résistants yougoslaves ou slovaques – celui, malheureux mais tenace, des évadés repris enfermés au camp de représailles de Rawaruska ; le refus déterminé du travail des sous-officiers réfractaires internés à Kobierzyn, des saboteurs et opposants divers rassemblés à Lübeck ou Colditz, pour les officiers, à Graudenz

15. Sur les organisations d'anciens prisonniers de guerre en France, cf. *Mémoire de la Seconde Guerre mondiale*, Metz, 1984, p. 41-53.

pour les simples soldats, on pourra certainement conclure que la communauté des prisonniers de guerre a eu, à l'égard des grandes options imposées par la guerre, un comportement fort proche de celui de la masse des Français.

Dans des conditions cependant différentes et plus difficiles. Certes, les souffrances endurées par les prisonniers de guerre sont sans commune mesure avec celles imposées aux déportés, bien que certains soient morts en Allemagne, victimes de brimades ou de représailles sanglantes de la part de leurs geôliers. Tous ont connu la faim et ses effets déshumanisants – au moins dans les débuts de la captivité. Tous, même les moins « enfermés » dans les barbelés, ont été privés de liberté. Cette servitude fut d'autant plus pénible et débilitante que le terme en paraissait, d'année en année, s'éloigner sans fin.

Cet exil prolongé au cœur du Reich nazi leur a fait connaître l'Allemagne et son peuple de façon beaucoup plus directe, approfondie et nuancée que la presque-totalité des autres Français. Ils ont vu vivre l'Allemagne en guerre de l'intérieur. Ils ont été horrifiés par le traitement ignoble infligé par la Wehrmacht aux prisonniers soviétiques. Mais ils ont aussi découvert que le nazisme n'avait pas aboli dans toutes les consciences – et, en particulier, dans les consciences ouvrières – les convictions politiques d'antan.

Le caractère essentiel et massif de la mise au travail les a intimement mêlés à la population allemande. L'« ennemi » a pris alors, pour eux, la forme de ces ouvriers côtoyés chaque jour à l'usine ; souvent soumis, comme eux, aux dures contraintes du travail sous la garde des sentinelles, doublée par la surveillance de la Gestapo. Il a été ces femmes, ces enfants, dont ils ont partagé, pendant des années, la vie, dans les petits Kommandos de villages ou de villes. Cette cohabitation ne fut certes pas uniformément marquée de sympathies réciproques ; pour certains, elle ne fit que renforcer la haine à l'égard de l'éternel ennemi allemand. Combien, cependant, se reconnaîtraient dans ce propos un peu naïf d'un rapatrié de 1942, selon lequel les femmes allemandes « font beaucoup de bien aux prisonniers de guerre » ? Et cela, même en dehors des idylles ou des rapports sexuels bravant les interdits draconiens de la loi nazie.

Malgré ces liens passagers noués avec les populations civiles allemandes, la plupart vivaient bien dans le seul espoir du retour en France. Pour l'immense majorité des prisonniers de guerre, attachés à leur patrie et à leur foyer, la captivité fut vécue d'abord comme une déchirure ; une interminable et poignante séparation qui les tint éloignés d'êtres chers entre tous, qui les attendaient au pays et qui, eux aussi, en souffraient ; leurs parents, leurs fiancées, leurs femmes ; et ces enfants grandis sans eux et loin d'eux, au risque de les méconnaître à leur retour.

L’Empire

Jacques Marseille

C’est le 29 mai 1940, dans une note adressée par Paul Reynaud au général Weygand, commandant en chef de l’armée française, qu’est pour la première fois exprimée l’idée que l’Empire pouvait être, comme l’avait suggéré la propagande impériale tout au long des années trente, une base de repli pour nos forces militaires et un tremplin pour une libération future de la métropole.

« Je vous demande, écrivait Paul Reynaud, de bien vouloir étudier la mise en état de défense d’un réduit national autour d’un port de guerre nous permettant d’utiliser la liberté des mers et notamment de communiquer avec nos Alliés. Ce réduit national devra être aménagé et approvisionné notamment en explosifs comme une véritable forteresse. Ainsi le gouvernement resterait fixé dans la métropole et continuerait la guerre en utilisant nos forces navales et notre aviation qui seraient envoyées en Afrique du Nord. J’ajoute que mon intention est de lever deux classes et de les envoyer en Afrique du Nord pour les faire contribuer à sa défense avec des armes achetées à l’étranger[1]. »

Cette volonté d’utiliser l’Empire comme un recours, réaffirmée par le général de Gaulle dans son appel du 18 juin : « La France n’est pas seule ! […] Elle a un vaste Empire derrière elle. Elle peut faire bloc avec l’Empire britannique qui tient la mer et continue la lutte », était-elle envisageable ou totalement utopique ?

---

1. Cité par André Kaspi, « Musulmans et Pieds noirs sous les drapeaux (1940-1944) », *L’Histoire*, n° 140, janvier 1991.

L'Empire, un recours ou un « slogan[2] » ?

Pour la première hypothèse plaidaient les moyens militaires que pouvait afficher l'Empire, et plus particulièrement l'Afrique du Nord, en juin 1940. Le méticuleux inventaire dressé par André Truchet[3] semble en effet confirmer ce que déclarait le général Noguès le 23 juin 1940 : « L'Afrique du Nord, avec ses ressources actuelles, les renforcements d'aviation en cours, qui ont une importance capitale, avec l'appui de la flotte, est en mesure de résister longtemps aux entreprises de l'ennemi. »

À cette date, pour la seule armée de terre, les effectifs s'élevaient à 410 000 hommes, sans comprendre les renforts de la dernière heure, c'est-à-dire les quelques milliers de Français parvenus en Afrique du Nord du 20 au 30 juin. Les ressources du recrutement indigène étaient en outre loin d'être épuisées. D'une statistique établie en 1946 il résulte que les musulmans d'Afrique du Nord n'ont eu pendant la guerre que 240 000 mobilisés, soit 1,58 % de la population, alors que les Français l'ont été dans la proportion considérable de 16,4 %. Aux moyens militaires de l'Afrique du Nord s'ajoutaient 118 000 tirailleurs en Afrique noire, 80 000 hommes au Levant et 90 000 en Indochine.

Si la pénurie d'armements, de munitions, d'habillements et d'équipements était réelle, elle n'était pas non plus catastrophique. L'aviation, renforcée par les avions venus de France, comptait plus de 2 600 appareils. Et l'on pouvait compter aussi sur la marine, avec ses 245 navires presque tous modernes pour assurer, avec le soutien de la force navale britannique, le contrôle de la Méditerranée.

Ces forces militaires étaient en outre placées sous les ordres de responsables prêts à poursuivre le combat. C'était vrai en Indochine où le général Catroux, gouverneur général, gardait

2. L'expression est de Pierre Laval.

3. André Truchet, *L'Armistice de 1940 et l'Afrique du Nord*, PUF, 1955.

une sorte de « foi mystique » dans les capacités de la France « à poursuivre le combat au-delà des mers, dans l'Empire, jusqu'à épuisement total de ses moyens de lutte ou jusqu'à la victoire ». C'était vrai au Levant où le haut-commissaire de la République, Gabriel Puaux, et le général Mittelhauser s'engageaient à poursuivre la lutte en liaison avec le commandement britannique. C'était vrai aussi en Afrique du Nord où le général Noguès multipliait jusqu'à la signature de l'armistice les télégrammes affirmant qu'« il n'est pas possible de démobiliser les troupes d'Afrique du Nord » et que le gouvernement « doit venir continuer la lutte en Afrique ».

« Toutes les troupes ainsi que les populations françaises et musulmanes d'Afrique du Nord, déclarait-il dans un télégramme envoyé au maréchal Pétain le 18 juin, me prient dans des démarches émouvantes de demander respectueusement au gouvernement de continuer la lutte et de défendre le sol nord-africain. Les indigènes en particulier qui, comme ils le déclarent, sont prêts à marcher avec nous jusqu'au dernier homme ne comprendraient pas que l'on puisse disposer éventuellement de leur territoire sans tenter avec eux de le conserver alors qu'en 1939 comme en 1914 ils ont répondu en masse à notre appel pour venir se battre en France à nos côtés. »

S'y ajoutait en effet le fait que la loyauté des populations indigènes semblait intacte. Pour autant qu'on puisse en juger, les revers subis en métropole n'avaient pas atteint le « bon esprit » des populations. En Algérie, la défaite foudroyante de la France avait surpris la grande majorité des musulmans algériens plus qu'elle ne les avait réjouis. Et le 31 mai, à la Grande Mosquée d'Alger, le grand muphti, devant les autorités, soulignait que les musulmans de toutes classes et de toutes opinions, autrefois divisés, avaient fait trêve d'une manière totale pour ne plus songer qu'à la France[4]. En Tunisie, les journaux arabes publiaient de longs articles exprimant leur indignation contre l'attitude italienne et leur résolution de lutter jusqu'au bout contre la barbarie

4. Relevé par André Truchet, *op. cit.*

hitlérienne et mussolinienne. Au Maroc, Si Mohammed El Lyazidi, leader nationaliste en résidence forcée à Assoul, tenait à affirmer « ses sentiments de loyauté à l'égard de la France en guerre », tout en précisant qu'il demeurait fidèle au plan de réformes. Au Dahomey, la défaite de juin 1940 était accueillie par la population avec un profond sentiment de consternation qui traduisait, semble-t-il, un certain attachement à la France[5].

Pour la seconde hypothèse plaidait en revanche le fait que la volonté de résister ne touchait réellement qu'une infime minorité. Pour la majorité de la population comme pour la plus grande partie de la classe dirigeante, l'Empire ne pouvait constituer cette base de repli qu'avait vantée la propagande coloniale et invoquée le général de Gaulle dans son appel du 18 juin.

Si, à la veille de la guerre, « tout le monde était d'accord sur l'importance capitale du facteur colonial », comme le proclamait Daladier en février 1937 dans une séance du Comité permanent de la Défense nationale, si l'Empire devait fournir des hommes et du ravitaillement et prenait place dans le programme des écoles supérieures de guerre et du nouveau Collège des hautes études militaires, un scepticisme fondamental colorait toutefois les vues des responsables de la Défense nationale[6].

Le refus d'industrialiser l'Empire pour en faire la « métropole seconde » qu'avaient appelée de tous leurs vœux certains hommes d'affaires à la fin des années trente[7] avait tout d'abord entravé l'installation d'un embryon d'industrie de guerre. Des divers projets arrêtés en 1939 pour l'Afrique du

---

5. Sylvain Anignikin, « Les facteurs historiques de la décolonisation au Dahomey (1936-1956) », dans *Les Chemins de la décolonisation de l'empire français (1936-1956)*, IHTP, Éditions du CNRS, 1986.

6. Voir Marc Michel, « La puissance par l'Empire. Note sur la perception du facteur impérial dans l'élaboration de la Défense nationale (1936-1938) », *Revue française d'histoire d'outre-mer*, n° 254, 1982.

7. Voir Jacques Marseille, « L'industrialisation des colonies, affaiblissement ou renforcement de la puissance française ? », *ibid.*

Nord, aucun n'avait pu aboutir, et un rapport de mission du capitaine Moraillon en avril 1940 sera sanctionné par un télégramme qui se terminera par cette phrase : « Il est entendu que l'AFN ne peut, pour le moment, ni amorcer ni fabriquer les fusées et les cartouches[8]. » En juin 1940, Noguès avait confié à Paul de Villelume, chef du cabinet militaire de Paul Reynaud, qu'« au point de vue habillement, équipement et armement, aucune disponibilité n'existe en Afrique du Nord et que tous les effets et armes nécessaires devraient être fournis par la métropole[9] ».

Ajoutons-y le fait que 40 % des stocks de carburant étaient entreposés dans des réservoirs de la côte constituant une cible de choix pour une attaque combinée par mer et par air. Pour ses approvisionnements, l'Afrique du Nord dépendait totalement de l'extérieur, et l'insuffisance des voies de communication aurait eu pour effet de ralentir considérablement les opérations de ravitaillement. En 1939, Daladier avait aussi avoué : « Si les communications par l'Atlantique demeurent possibles, le rendement des voies ferrées et des routes reliant le Maroc à l'Algérie et à la Tunisie est insuffisant pour permettre d'envisager, surtout pendant les premiers mois d'un conflit, le ravitaillement normal par le Maroc et les autres pays d'Afrique du Nord[10]. » Enfin et paradoxalement, l'Afrique du Nord était dépourvue de bases navales dignes de ce nom. À la déclaration de guerre, Mers el-Kébir était inachevée, Bizerte semblait dépassée et Casablanca, Oran et Alger n'étaient que des points d'appui.

Le Transsaharien sur lequel on comptait de manière mythique pour acheminer les tirailleurs d'Afrique noire sur les champs de bataille européens était toujours à l'ordre du jour depuis qu'un avis du Conseil supérieur de la Défense natio-

---

8. André Truchet, *op. cit.*, p. 272.

9. AN, Fonds Paul Reynaud, 74 AP 22, tél. 1312-14 du 2 juin 1940, cité par Christine Levisse-Touzé, *L'Afrique du Nord : recours ou secours ? Septembre 1939 – juin 1943*, thèse pour le doctorat d'État, Paris-I Sorbonne, 1991.

10. SHAT, CSDN, 2 N 65, 1939.

nale avait en… 1923 retenu ce projet capable d'« assurer en temps de guerre à la métropole des communications aussi peu vulnérables que possible avec le réservoir des ressources de toute nature que constituent nos possessions noires ».

Comment croire enfin aux légions de l'Empire quand ni le ministre des Colonies ni le chef d'état-major des colonies n'étaient convoqués aux réunions du comité permanent de la Défense nationale ? En réalité, comme l'écrit Marc Michel, le « véritable problème de l'Empire résidait beaucoup moins dans son concours que dans sa défense [11] ». Le tableau dressé en décembre 1936 par Gaston Billotte pour ses collègues du Comité consultatif de défense des colonies était fort sombre et l'énumération des lacunes impressionnante. L'armement des forces terrestres était vétuste et insuffisant, et les chars d'Indochine n'étaient que de la « ferraille » tout juste bons à parader le 14 juillet. Quant à la coordination, les textes, qui la laissaient en principe aux gouverneurs généraux sous l'autorité du ministre, permettaient d'augurer d'innombrables conflits de compétence entre autorités civiles et militaires ainsi qu'entre les différentes armes. Et même si le commandement unifié d'Afrique du Nord, confié au général Noguès, semblait faire un grand pas vers l'unité de direction militaire, la marine et l'air répugnaient vivement à se laisser « coiffer » par un organe relevant du ministère des Colonies et contrôlé en réalité par l'armée de terre.

À aucun moment, la place de l'Empire ne fut donc conçue comme le terrain stratégique d'un éventuel « repli ». « Au total, écrit Marc Michel, au moins autant qu'un sentiment de puissance, la perception de l'Empire par les responsables de la Défense nationale de la France à la veille de la guerre fut le sentiment d'une charge inévitable mais accablante et d'une impréparation militaire, économique et diplomatique redoutable. »

En excluant l'idée qu'il puisse servir de base au redressement militaire de la France, le maréchal Pétain prenait en

11. Art. cité.

fait acte des carences d'un Empire dont la part croissante dans les échanges extérieurs masquait mal les insuffisances sinon les incohérences de la « mise en valeur ».

L'Empire, une carte pour Vichy

À défaut d'être un recours, l'Empire allait toutefois devenir, jusqu'en novembre 1942, la carte majeure de l'État français, un gage qu'il s'emploiera à sauvegarder comme objet de marchandage face aux exigences allemandes, un gage que conforta le ralliement rapide à Vichy de gouverneurs qui préférèrent la discipline à la « dissidence ».

Dès la signature de l'armistice qui, formellement, ne disait rien sur le sort futur de l'Empire et y maintenait les autorités françaises, le général Noguès assura, « le désespoir dans l'âme », l'exécution des ordres que lui avait transmis le général Weygand.

Dans une proclamation du 24 juin parue dans les journaux du 25, il expliqua ainsi cette décision :

« L'armistice est signé. Mais le gouvernement, en réponse à des démarches pressantes, et traduisant les vœux de l'Afrique du Nord tout entière, me fait connaître officiellement que :

» 1. Il ne saurait être question d'abandonner sans combat, à l'étranger, tout ou partie du territoire où nous exerçons soit la souveraineté, soit le protectorat.

» 2. L'hypothèse de l'occupation militaire par une puissance étrangère d'une partie quelconque de l'Afrique du Nord est exclue.

» 3. Le gouvernement n'est pas disposé à consentir une diminution des effectifs stationnés dans ces territoires.

» Pour le moment, l'intégrité de l'AFN et de ses moyens de défense paraît assurée. Je renouvelle donc mes appels au calme, à l'union, à la discipline et à la confiance dans l'avenir de notre pays. »

À la suite de Noguès, la plupart des proconsuls de rang élevé passèrent outre leurs troubles de conscience et se soumirent, assurant ainsi l'autorité de Vichy sur la plus grande partie de l'Empire. Le drame de Mers el-Kébir, le 3 juillet

1940, en déchaînant la fureur des officiers de marine et des matelots, et plus généralement d'un grand nombre de Français, conforta par ailleurs la position de Vichy et différa durablement les ralliements des indécis au général de Gaulle. À peine 5 000 marins avaient ainsi rejoint les FNFL à la fin de l'année 1941. Et le général Noguès put profiter de la cérémonie d'hommage au maréchal Lyautey, le 28 juillet, pour définir sa nouvelle attitude.

« Le temps n'est plus maintenant aux discussions et aux critiques destructives, déclarait-il. Il n'est d'autre position possible que l'obéissance voulue, silencieuse, dévouée et agissante au gouvernement qui dirige la France et derrière lequel nous devons faire bloc. Vous pouvez nous faire confiance, monsieur le Maréchal, comme nous faisons confiance au maréchal Pétain, notre illustre grand chef, entre les mains duquel la Patrie a remis son destin. »

Conforté par ces ralliements et par l'échec gaulliste devant Dakar qui allait conduire les Britanniques à un ensemble de négociations officieuses avec Vichy et renforcer la volonté de Roosevelt de maintenir des relations diplomatiques avec le gouvernement officiel de la France, l'État français put s'employer à utiliser au mieux la carte de l'Empire.

Vichy s'attacha tout d'abord à renforcer la conscience impériale des Français par une propagande qui n'était pas grossière quand elle s'exprimait par la bouche de René Maunier, professeur à la faculté de droit de Paris, qui, lors d'une conférence organisée en février 1942 à l'École supérieure d'organisation professionnelle, déclarait : « Il est bien vrai, quoi qu'on puisse penser, que colonisation, c'est civilisation. Envisagée en tant qu'émigration accompagnée et sanctionnée par la législation, la colonisation est donc toujours en quelque sens transplantation de nos idées, et de nos mœurs et de nos lois. Civilisation, assimilation, si l'on aime mieux, accommodation, comme parleraient les Américains : cela fait partie de la définition. On donne ainsi, on peut donner, aux habitants, ces deux biens matériels de toute association : la prospérité, la sécurité. On les enrichit par l'exploitation et on les garantit par la législation. C'est le confort, en un seul mot, le confort de fait : la prospérité ; le confort de droit : la sécurité. Ce sont toujours les deux bienfaits des expansions. Et ce sont ceux que nous, Français, nous avons su porter aux peuples d'outre-mer, laissant en eux la leçon du travail avec la marque de l'esprit[12]. » Des émissions de radio, des films et des « papiers » préparés par le Service intercolonial d'information et de documentation faisaient de l'Empire une carte qu'il fallait défendre avec âpreté contre les convoitises anglaises et qu'il fallait jouer « pour notre apport à l'avenir européen », c'est-à-dire pour la construction de l'Eurafrique que Vichy essayait d'apporter en dot à l'Allemagne afin de monnayer un hypothétique mariage.

Pour certaines personnalités du régime, l'Empire occupait même une place centrale dans l'entreprise de « résurrection » nationale, comme en témoigne le plan qu'avait élaboré Victor Arrighi, ancien chef du PPF en Afrique du Nord et que reproduit Jacques Benoist-Méchin dans ses *Mémoires*.

« De même que le salut de Rome est venu de ses proconsuls, ne cessait de répéter Arrighi, le salut de la France viendra de son Empire. C'est là, et là seul, que peut se déclencher une révolution nationale vraiment digne de ce nom. C'est le tremplin où le mouvement bondira, par-dessus la Méditerranée, pour conquérir la France et Paris. »

Et d'imaginer un gouverneur général proche de leur groupe qui abrogerait sur-le-champ les décrets Crémieux qui avaient accordé, en 1870, la citoyenneté française aux juifs d'Algérie, annoncerait dans un congrès tenu à Mers el-Kébir les grandes lignes d'une politique sociale et indigène et arracherait l'AÉF aux gaullistes pour marquer les trois principes fondamentaux de la révolution naissante : « Elle serait impériale, antijuive et anti-anglaise[13]. »

Même si ce plan audacieux fit long feu, Vichy multiplia des initiatives qui font l'objet de jugements contra-

---

12. René Maunier, « L'Empire français et l'idée d'empire », dans *L'Empire français et ses ressources*, PUF, s. d.

13. Jacques Benoist-Méchin, *De la Défaite au désastre*, Albin Michel, 1986, t. I., p. 54.

dictoires. Pour Charles-Robert Ageron qui se pose la question de savoir si Vichy a eu une politique coloniale, « la réponse, quel que soit le danger des généralisations, est à l'évidence négative. L'action de Vichy, réserve faite peut-être de la politique de l'amiral Decoux en Indochine, consiste dans un immobilisme politique et administratif presque total[14]. »

En Algérie, si le gouvernement du maréchal Pétain annonça à plusieurs reprises des réformes capitales de nature à mettre un terme au malaise algérien, il se limita à quelques mesures sans grande portée comme la création de centres ruraux d'éducation alors que l'annonce de la Révolution nationale avait été assez bien accueillie, l'abrogation du décret Crémieux (10 octobre 1940) contribuant même à donner au nouveau régime quelque popularité.

En Afrique noire, on en revint presque partout, sous l'empire de la nécessité, au travail forcé. En Indochine, en revanche, l'amiral Decoux, contraint de lutter contre la propagande et l'action japonaises, inaugura une politique d'association des élites. La nouvelle Fédération indochinoise fut dotée en 1941 d'un conseil fédéral de 25 membres tous autochtones puis, en décembre 1943, d'un grand conseil fédéral de 60 membres dont 20 Français. Désormais le Cambodge, le Laos et l'Annam eurent le droit de faire flotter le drapeau royal ou impérial aux côtés de celui du pays protecteur, et l'administration recruta en nombre croissant des fonctionnaires indigènes.

Mais c'est surtout la politique économique qui semble novatrice aux yeux des historiens qui, à la suite de R. F. Kuisel, soulignent à quel point les « technocrates » de Vichy ont inauguré, au cœur de la guerre, une planification modernisatrice qui sera en grande partie reprise dans le plan Monnet[15]. Les rapports préparatoires à la mise en place du

---

14. Dans *Histoire de la France coloniale, 1914-1990*, Armand Colin, 1990, p. 324.

15. Richard Kuisel, « Vichy et les origines de la planification économique », *Le Mouvement social*, n° 98, janvier-mars 1977.

Plan décennal d'équipement prévu pour la période 1942-1952 énonçaient en particulier un certain nombre de principes qui marquaient une forte rupture par rapport à l'époque antérieure et une volonté de changement économique, quels qu'en aient été les présupposés politiques. Ils portaient aussi l'empreinte d'une administration manifestement plus au fait des mécanismes comptables.

Dans un rapport de la direction des Affaires économiques du ministère des Colonies, on soulignait, par exemple, que la protection douanière dont avait bénéficié la métropole en AOF s'était en fin de compte retournée contre elle puisqu'elle avait contribué à creuser le déficit commercial de la colonie africaine avec l'étranger, déficit qu'il avait bien fallu solder en devises fortes.

Analysant le commerce extérieur de l'Empire, Louis Delanney, chef du Service des études générales de la délégation générale à l'Équipement national, écrivait : « La France devra pousser et défendre avec énergie sur les marchés étrangers les productions pour lesquelles ses territoires d'outre-mer sont, de par leur vocation, les plus aptes. De cette façon, elle fera disparaître la balance déficitaire de ces territoires, qui venait s'ajouter à son déficit propre[16]. »

C'était rompre avec la doctrine « autarcique » qui avait prévalu tout au long des années trente. C'était aussi stimuler l'industrialisation des colonies qui avait été jusque-là entravée par l'opposition des industries exportatrices traditionnelles.

« Il paraît d'ailleurs nécessaire, ajoutait Louis Delanney, d'organiser cette solidarité [impériale] sur des bases neuves, plus respectueuses du rendement. Jusqu'ici les colonies, constituées en champ d'expansion d'une industrie métropolitaine dûment protégée, achetaient relativement cher les objets manufacturés dont elles avaient besoin [...]. Mais surtout, la métropole, soucieuse de maintenir le pouvoir d'achat de ses clients coloniaux, était incitée à protéger leur produc-

16. ANSOM, Affaires économiques, 54.

tion sur le marché national pour lui assurer un débouché malgré ses prix peu avantageux. Même si le régime de préférence peut subsister après la guerre, il faudra tenir un plus large compte, pour l'Empire comme pour la métropole, de la nécessité de produire bien et bon marché.

» D'autre part, la vague d'industrialisation qui gagne les pays neufs ne saurait indéfiniment laisser à l'écart notre domaine d'outre-mer, ce qui, au surplus, n'apparaît pas souhaitable. Celui-ci pourra être doté d'industries destinées à satisfaire les besoins locaux, d'industries transformant en produits semi-bruts plus aisément transportables des produits bruts indigènes, et d'industries susceptibles d'écouler à l'étranger leur production. »

Même si les réalisations furent modestes, le pourcentage prévu de la contribution publique au secteur industriel dans la section coloniale du Plan, 18,1 % du total des investissements publics outre-mer contre moins de 16 % en métropole, marquait un renversement brutal de tendance qui restera un phénomène isolé et non renouvelé [17].

Dans sa note du 31 décembre 1941, le vice-amiral Platon, secrétaire d'État aux Colonies, innovait également en matière budgétaire quand il estimait « indispensable que la métropole modifie la politique qu'elle a suivie jusqu'à présent à cet égard et qu'elle participe plus largement que par le passé au financement de l'équipement de ses colonies [...]. Que dirait-on d'un industriel qui prétendrait monter une usine à rendement lointain avec les seules ressources provenant d'une émission d'obligations à l'exclusion de tout capital-actions ? »

Préconisant une politique sanitaire et scolaire hardie, il ajoutait : « La métropole doit comprendre que les colonies sont susceptibles de lui fournir le maximum de ressources et de devenir ses meilleures clientes par l'augmentation numé-

17. Catherine Coquery-Vidrovitch, « Vichy et l'industrialisation des colonies », *Revue d'histoire de la Deuxième Guerre mondiale*, n° 114, 1979.

rique des populations indigènes et l'élévation de leur niveau de vie[18]. »

Même si en dernier ressort le Plan décennal fut repoussé en raison de l'hostilité des traditionalistes entourant le maréchal Pétain, les ambitions affichées et les mesures prises comme la création d'un Fonds de solidarité coloniale en octobre 1940, la construction d'un haut fourneau à Casablanca, l'installation dans la région d'Alger d'une usine importante d'huileries pour les traitements des graines oléagineuses d'importation, l'implantation par la société Lafarge d'une nouvelle cimenterie aux environs d'Oran ou l'inauguration le 8 décembre 1941 du premier tronçon du Transsaharien pouvaient symboliser la nature du changement intervenu : à l'impuissance et à l'incapacité de la période antérieure semblait succéder le temps de la décision.

L'Empire, libérateur de la métropole

Si l'Empire était pour Vichy un objet de marchandage destiné à obtenir des contreparties politiques de la part des Allemands, pour le général de Gaulle, il était le seul moyen de manifester plus d'indépendance vis-à-vis des Anglais.

En juillet 1940 en effet, le « coup de hache » de Mers el-Kébir avait tari les ralliements dont le flux était encore mince. Il fallait donc à la France libre une base territoriale où recruter des troupes nouvelles et puiser quelques ressources financières. « Si j'étais, à d'autres égards, assailli de perplexité, écrira Charles de Gaulle, il n'y avait, quant à l'action immédiate à entreprendre, aucun doute dans mon esprit [...]. C'était en Afrique que nous, Français, devions poursuivre la lutte [...]. Dans les vastes étendues de l'Afrique, la France pouvait, en effet, se refaire une armée et une souveraineté[19]. »

Même si les premiers ralliements s'effectuèrent dans les territoires qui étaient en relation directe avec l'Empire bri-

18. ANSOM, Affaires économiques, 58.
19. Charles de Gaulle, *Mémoires de guerre*, Plon, 1954, t. I., p. 113.

tannique, Nouvelles-Hébrides et établissements de l'Inde, c'est en effet vers l'Afrique noire que s'orienta d'abord l'action de la France libre après le ralliement de Félix Éboué, gouverneur du Tchad, le 26 août 1940. Avec le Tchad, le Congo, l'Oubangui-Chari et le Gabon, 2 482 000 km^2 et 6 millions d'habitants se trouvaient placés sous le drapeau de la France libre.

C'est probablement la facilité de ces premiers ralliements qui explique la tentative de faire basculer l'AOF, d'autant plus qu'une partie des réserves d'or de la Banque de France (environ 700 tonnes) s'y trouvait déposée et que, sur place, de nombreux signes suggéraient que des responsables étaient prêts à la dissidence.

Mais l'échec de l'expédition franco-britannique le 25 septembre, même s'il n'affecta pas la volonté du général de Gaulle de poursuivre son action, compromit pour un temps le mouvement de la France libre. Comme l'écrit Jean-Baptiste Duroselle : « Deux conclusions s'imposaient. La première était que le gaullisme n'était pas assez puissant pour attirer les grandes colonies dans la lutte. La deuxième, que le gouvernement de Vichy, à cause du prestige encore intact du Maréchal, à cause de l'esprit de corps de la marine, d'une marine qui n'avait pas pardonné Mers el-Kébir, était capable de garder solidement ses gages[20]. » Ce constat renforçait aussi la volonté des Britanniques de ne pas rompre fatalement avec Vichy et celle des Américains de maintenir des relations diplomatiques avec le gouvernement officiel de la France.

Pour les derniers, on le vit très clairement à propos de Saint-Pierre-et-Miquelon où un référendum avait donné, en décembre 1941, une quasi-unanimité en faveur de la France libre. Le secrétaire d'État Cordell Hull publia alors une déclaration exigeant le retour des autorités de Vichy, qualifiant de Gaulle et ses partisans d'une expression qui resta

20. Jean-Baptiste Duroselle, *L'Abîme*, Imprimerie nationale, 1982, p. 248.

célèbre, *« the so called Free French »,* les soi-disants Français libres.

Pour les Anglais, on put le mesurer au Proche-Orient. Pour la France libre, la préoccupation principale, au moment où allait se déclencher un affrontement militaire entre Français, était d'attirer la sympathie des populations sans heurter la sensibilité française qui risquait de reprocher aux Français libres de trahir les intérêts de la France au Levant.

C'est le sens de la proclamation faite le 8 juin 1941 par le général Catroux, à la veille d'engager le combat : « Syriens et Libanais ; à l'heure où les forces de la France libre unies aux forces de la Grande-Bretagne, son alliée, pénètrent sur votre territoire, je déclare assumer les pouvoirs, les responsabilités et les devoirs du représentant de la France traditionnelle et authentique et au nom de son chef, le général de Gaulle.

» En agissant comme tel, j'abolis le mandat et je vous proclame libres et indépendants. Vous êtes donc désormais des peuples souverains et indépendants et vous pourrez, soit vous constituer en deux États distincts, soit vous rassembler en un seul État. Dans les deux hypothèses, votre statut d'indépendance et de souveraineté sera garanti par un traité où seront, en outre, définis nos rapports réciproques. Ce traité sera négocié dès que possible entre vos représentants et moi. »

C'était manifester clairement que l'avenir des relations entre la France et les mandats dépendait de la seule autorité de la France libre. Mais la convention d'armistice de Saint-Jean-d'Acre, qui laissait les troupes sous le commandement de leurs chefs et permettait leur rapatriement par unités entières en métropole, rendant par là même difficiles les ralliements individuels, fut dans l'ensemble favorable aux vichystes. L'entrée conjointe à Beyrouth des Anglais et des Français libres a d'ailleurs été marquée par un incident qui en dit long sur la méfiance réciproque.

Quand Wilson et Catroux sont arrivés au Grand Sérail, résidence du haut-commissaire, Conty, représentant le général Dentz, les attendait. Wilson, sans tenir compte du refus de Catroux de recevoir les pouvoirs des mains de Conty, a suivi ce dernier, laissant le général seul.

La convention passait surtout sous silence l'engagement britannique de respecter les droits et les intérêts du mandat français au Levant. « Nous ne sommes pas allés au Levant pour y remplacer simplement les Français de Vichy par les Français libres », déclara d'ailleurs Winston Churchill à la Chambre des communes le 9 septembre 1941.

Et quand les nouveaux gouvernements furent mis en place après les élections de 1943 qui virent la défaite des modérés, ils exigèrent aussitôt une révision de la Constitution et la fin du mandat français sans négociation. Face à cette crise, la France libre s'est trouvée seule. « Sans frôler le paradoxe, écrit Edmond Rabbath, l'on pourrait observer que le premier mouvement d'émancipation nationale, apparu dans le tiers monde, est bien la crise politique qui a, en 1943, secoué le Liban et l'a précipité sur le chemin de l'indépendance. Ce qui a caractérisé toutefois cette lutte, c'est qu'elle n'a pas pris la forme d'un soulèvement armé. Elle s'est exprimée par la voie légale, au moyen d'un simple amendement introduit dans la Constitution, contre la volonté de la France libre. Cette brusque mutation a constitué la suite logique et inéluctable de la défaite de la France en 1940[21]. »

C'est en novembre et en décembre 1942 que s'affirma en fait l'autorité de la France libre même si le général de Gaulle ne fut pas informé de la décision anglo-américaine de débarquer en Afrique du Nord.

C'est que le débarquement anglo-américain sape tout d'abord l'autorité de Vichy qui perd sa dernière carte. C'est que la vague de ralliements de tous les mouvements de résistance à de Gaulle déjoue aussi les manœuvres des Américains. Contrairement à ce que ces derniers disent, « pour les besoins de la cause, écrira le Général le 14 décembre, nous avons en Afrique du Nord d'innombrables et ardents adhérents. Naturellement ils ne sont pas dans la haute administration, ni dans la haute armée, ni dans la riche colonie. Ils sont dans la masse

21. Edmond Rabbath, *La Formation historique du Liban politique et constitutionnel*, Beyrouth, 1973, p. 431.

populaire, aussi bien française qu'indigène, dans les carrières libérales et dans les cadres subalternes de l'armée[22]. »

C'est que la campagne de Tunisie qui suit l'opération Torch a surtout été l'occasion pour les forces françaises de reprendre le combat aux côtés des Alliés. En repoussant tout d'abord les prétentions britanniques à administrer le Fezzan qu'elles avaient conquis les 12 et 13 janvier 1943, puis en participant aux durs combats de Takrouna en Tunisie, les FFL de Leclerc, même si leur poids numérique était faible face à l'armée d'Afrique levée par le général Giraud, ont accéléré les ralliements de tous ceux qui se déclarent « écœurés de l'attitude de Giraud[23] ».

Quand, en juillet 1943, la fusion entre les deux armées peut se réaliser et quand, en octobre, de Gaulle obtient du Comité français de libération nationale la présidence unique, l'« outil » de libération de la métropole par la France combattante est forgé, et le général de Lattre de Tassigny peut encore nourrir les illusions d'une France qui se veut toujours une puissance coloniale en estimant qu'« Européens et indigènes s'y trouvent unis [dans l'armée d'Afrique] comme jamais encore ils ne l'ont été [et que] jamais pareil creuset n'a existé capable de porter à un si haut degré de fusion des alliances aussi riches[24] ».

La métropole libérera-t-elle l'Empire ?

Illusions en effet car, alors que, paradoxalement, la défaite de 1940 n'a pas, comme on l'a vu, gravement endommagé le prestige de la France, le débarquement anglo-américain a créé une situation plus préoccupante. En même temps qu'il révélait le renouveau d'une France combattante, il apparaissait, aux yeux des populations, comme une deuxième défaite française. Les atermoiements des autorités françaises pour

---

22. Cité par Jean-Baptiste Duroselle, *op. cit.*, p. 571.
23. Cité dans Christine Levisse-Touzé, *op. cit.*, p. 864.
24. Jean de Lattre de Tassigny, *Histoire de la Première Armée française, Rhin-et-Danube*, Paris, Plon, 1949, cité par André Kaspi, art. cité.

se rallier à la cause alliée comme la démonstration de force des armées anglo-américaines ont montré cruellement la faiblesse de la puissance colonisatrice. « Jusqu'en 1942, déclare un dirigeant de l'association des Oulémas, l'Afrique du Nord était une cage dans laquelle nous étions maintenus. Le débarquement du 8 novembre et le contact de nombreux étrangers nous ont ouvert les yeux, et nous ont montré à quel point nous étions abrutis et contraints à un esclavage déprimant et rétrograde[25]. » Les premiers symptômes du malaise se manifestent en Algérie dès l'appel des réservistes du 11 décembre 1942. Les défaillances ont été importantes et se sont renouvelées en juillet 1943. Nombre de communes ont enregistré 50 % d'absentéistes. Dans le département d'Alger, sur 56 545 inscrits, on a dénombré 11 129 absents et à Alger 980 sur 1 518 inscrits. Et si les consignes de Messali Hadj ont joué un rôle déterminant, Ferhat Abbas s'est montré tout aussi virulent : « Tant que le peuple musulman ne saura pas pourquoi il doit se battre, a-t-il déclaré en juillet 1943, il ne se laissera pas mobiliser. Si nous ne parvenons pas à une entente avec le gouvernement, je descendrai dans la rue[26]. »

La charte de l'Atlantique (et plus spécialement son paragraphe 3 : « Les deux pays respectent le droit de tous les peuples de choisir le régime sous lequel ils désirent vivre ; ils désirent voir restituer leur souveraineté à ceux qui en ont été dépouillés par la force »), a eu aussi un retentissement considérable ; et c'est au général Eisenhower qu'a été remis le 10 février 1943 le manifeste algérien signé par 43 personnalités élues des populations musulmanes.

En préambule, le manifeste rappelait que l'occupation des forces anglo-américaines depuis le 8 novembre 1942 « a provoqué parmi les Français d'Algérie une véritable course au pouvoir. Républicains, gaullistes, israélites, chaque groupe de son côté essaie de faire valoir sa collaboration aux yeux

---

25. ANSOM, Aix-en-Provence, 9 H 51, cité par Christine Levisse-Touzé, *op. cit.*, p. 892.

26. *Ibid.*

des Alliés et veille à la défense des intérêts particuliers » alors que « chacun semble ignorer jusqu'à l'existence même des 8,5 millions d'indigènes ». Et c'est devant les Nations unies, expression citée cinq fois dans la première version du texte, qu'est dénoncé le régime colonial qui « réduit la société musulmane à la servitude la plus complète ».

Au printemps de 1943, la virulence des revendications dans les milieux musulmans qu'enregistrent les rapports des renseignements généraux est bien le signe d'un changement profond que ne prend pas vraiment en compte le Comité de libération dont les réformes timides d'août 1943 sont qualifiées par Ferhat Abbas de « plaisanteries grossières ».

Au Maroc aussi, la France apparaît désormais à la remorque de l'Amérique. Aux entretiens d'Anfa, le 22 janvier 1943, Roosevelt, en présence de Churchill mais sans avoir convié un représentant de la France à l'entretien, a fait des promesses au sultan Mohamed Youssef et, sur la photo officielle, Noguès, debout derrière le trio formé par le sultan au centre, l'Américain à sa droite et Churchill à sa gauche, s'appuie au dossier du monarque. Et c'est à la charte de l'Atlantique et aux Alliés qui « ont manifesté à différentes reprises leur sympathie à l'égard de peuples dont le patrimoine historique est moins riche que le nôtre et dont le degré de civilisation est d'un niveau inférieur à celui du Maroc » que fait appel le manifeste du parti de l'Istiqlal le 11 janvier 1944 quand il réclame l'indépendance du Maroc.

En Tunisie, la carte américaine a été également utilisée par Moncef Bey qui, dans un pays occupé par les troupes germano-italiennes, a su éluder toutes les manœuvres de l'Axe pour le compromettre et l'engager dans la collaboration. Moncef Bey refuse ainsi de signer toute déclaration condamnant la « barbarie » alliée après les bombardements de Kairouan ou de la Marsa, refuse aussi de signer les décrets de mobilisation des Tunisiens et éconduit poliment le représentant italien qui lui propose de l'aider à réaliser une politique de réformes, au moment où Mussolini libère les prisonniers politiques tunisiens. Sa maladroite déposition, décidée par le général Giraud au lendemain de l'entrée des troupes alliées, et les excès de la répression que condamnera le général de Gaulle à l'occasion de son premier voyage à Tunis le 27 juin 1943, soudent l'unité des différentes composantes du nationalisme autour de celui qui devient le « grand martyr de la cause tunisienne[27] ».

L'effort de guerre demandé aux populations de l'Empire a, lui aussi, contribué à accroître le mécontentement, d'autant plus que l'ouverture des territoires de l'Empire au commerce anglo-saxon se traduisit par une sensible dégradation des termes de l'échange pour des producteurs qui avaient jusque-là bénéficié de la protection métropolitaine. Au Sénégal, c'est entre 1940 et 1944 que le niveau des termes de l'échange pour la production arachidière a été le plus faible de toute la période s'étendant de 1884 à 1969[28]. En AÉF, tandis que le prix d'achat du coton au producteur est passé de 1 franc à 1,50 franc le kilo, celui d'une couverture de coton est passé de 10 à 68 francs et celui de la viande de 6 à 12 francs. À Madagascar, l'Office du riz, créé le 22 février 1944, achetait le riz réquisitionné 1 franc le kilo alors qu'il se vendait de 2,50 francs à 3 francs au marché libre.

Dans ces conditions, il fallut donc recourir à des réquisitions et à des prestations abusives de main-d'œuvre dont l'écho s'est fait entendre à la conférence de Brazzaville. Pour financer l'effort de guerre, on recourut aussi à des impôts de capitation et à des souscriptions qu'on qualifia de « volontaires ».

La guerre a accéléré aussi les revendications des « évolués » africains. Par suite de la mobilisation de ses cadres, l'administration française avait dû en effet nommer en plus grand nombre des Africains pour occuper des postes jadis détenus par des métropolitains, mais sans réajustement de qualifica-

---

27. Cf. Juliette Bessis, « Sur Moncef Bey et le moncéfisme. La Tunisie de 1942 à 1948 », *Revue française d'histoire d'outre-mer*, n° 260, 1983.

28. Samir Amin, *L'Afrique de l'Ouest bloquée*, Éditions de Minuit, 1971, p. 60. Pour une base 100 en 1938, les termes de l'échange-marchandises sont à l'indice 50 pour la période 1940-1944.

tion ni de traitement. Cela provoqua une vague de mécontentement sans précédent et l'exigence d'une égalité complète entre Européens et indigènes. En Algérie, la question de l'égalité des soldes entre Européens et musulmans se pose aussi avec acuité à la fin de 1943. On se plaignit alors « de voir les musulmans frustrés d'une égalité qu'on leur avait promise et qu'ils ont méritée sur les champs de bataille de Tunisie[29] ».

La menace que faisaient peser les projets américains sur l'avenir des possessions françaises comme le réveil des peuples colonisés forçaient donc le Comité français de Libération nationale à formuler, pour le moins, les grandes lignes d'une politique nouvelle. Dès le 20 juillet 1942, il avait ouvert un dossier « conceptions étrangères sur la politique coloniale future » et suivi avec une attention particulière le débat sur le statut des anciennes colonies italiennes[30]. Redoutant surtout les répercussions dans toute l'Afrique du Nord de l'émancipation de la Libye, sous quelque forme qu'elle intervienne (État arabe indépendant, pays sous tutelle collective de l'ONU ou protectorat de fait de l'Angleterre), les dirigeants français ont affirmé, dès 1943, qu'« expression purement géographique », une Libye unitaire serait une création artificielle. Du printemps de 1943 au printemps de 1944, ils ont prétendu que la France avait des droits historiques sur la Tripolitaine et que les Tripolitains, qui ne voulaient ni se soumettre aux Senoussi ni accepter le retour des Italiens, étaient favorables à une « fédération tuniso-tripolitaine sous l'égide du bey de Tunis et avec l'appui de la France ». En avril 1945 encore, les milieux militaires demanderont le rattachement de la Tripolitaine au gouvernement général de l'Algérie avec une « large autonomie », car elle présente une « position stratégique défensive de première importance[31] ».

---

29. ANF 60-812, juillet 1943.
30. ANSOM, 2556/6.
31. Sur cette question, voir Pierre Guillen, « Une menace pour l'Afrique du Nord : le débat international sur le statut des anciennes colonies italiennes, 1943-1949 », dans *Les Chemins de la décolonisation, op. cit.*

Autant dire que les milieux dirigeants de la France libre n'étaient pas prêts, contrairement à une communication faite par René Pleven devant une assemblée d'historiens en 1977, à ce « qu'un ordre ancien fasse place à un équilibre nouveau ». Si le général de Gaulle estimait bien que la guerre ouvrirait à l'Afrique des perspectives de progrès et précipiterait l'évolution des colonisés, il pensait bien, à cette date, que cette évolution se ferait comme par le passé sous la direction des puissances coloniales civilisatrices. Affirmer, comme il le fit devant la Royal African Society de Londres le 23 octobre 1941, que « cette guerre, qui, à tant d'égards, constitue une révolution, peut amener une profonde et salutaire transformation de l'Afrique » lui ouvrant le « champ d'un grand avenir » est un discours bien classique qu'il serait imprudent d'interpréter comme une promesse d'indépendance. Le discours colonial s'est toujours défini en effet en termes de « progrès » et quand le Général approuva, le 1er août 1942, trois projets de décrets de Félix Éboué sur le régime du travail, le statut de l'indigène et la création de communes indigènes, c'était pour ajouter que cette « politique indigène était conduite conformément à la politique traditionnelle de la France[32] ».

Rien de « révolutionnaire » non plus dans la déclaration du Comité du 8 décembre 1943 aux peuples d'Indochine « à qui la France entend donner au sein de la communauté française un statut politique nouveau où, dans le cadre de l'organisation fédérale, les libertés des divers pays de l'Union seront étendues et consacrées, où le caractère libéral des institutions sera, sans perdre la marque originale de la civilisation et des traditions indochinoises, accentué, où les Indochinois auront enfin accès à tous les emplois et fonctions publics de l'Empire, [où] à cette réforme du statut politique correspondra une refonte du statut économique de l'Union sur la base d'un régime d'autonomie financière et fiscale ».

Considérant, comme il le déclarera le 11 août 1945, que l'« effort de guerre pour la libération de la France et la liberté

---

32. *Mémoires de guerre*, t. II, p. 347-348.

du monde [...] avait été fait volontairement par 60 millions d'hommes et de femmes » et que, malgré la guerre, « les territoires que dans les quatre parties du monde nous avons associés à nos destinées sont à travers vents et marées restés fidèles à notre cause », il ne pouvait être question de mettre en doute le caractère « inébranlable » des liens tissés au fil des ans entre la France et son Empire.

Ainsi, on le sait maintenant clairement, la conférence de Brazzaville de janvier-février 1944 n'a nullement prêché, pour reprendre l'expression de Charles-Robert Ageron, l'« évangile de la décolonisation[33] ». Elle avait surtout pour objet de repenser la situation des possessions françaises en Afrique au moment où le maréchal Smuts venait de lancer le slogan « L'Afrique aux Africains ».

Sans vouloir s'appesantir une nouvelle fois sur le principe malheureux qui ouvrait la liste des « recommandations » et affirmait que les « fins de l'œuvre de civilisation accomplie par la France dans les colonies écartent toute idée d'autonomie, toute possibilité d'évolution hors du bloc français de l'Empire ; [que] la constitution éventuelle, même lointaine, de *self*-gouvernements dans les colonies est à écarter », force est de constater que, quelles que soient les raisons, dont la principale paraît être l'opposition entre la tradition administrative des gouverneurs pour qui le *statu quo* restait la loi suprême, et les élans généreux des réformateurs comme Henri Laurentie, l'audace ne fut pas de mise. Comme le constatait lui-même ce dernier le 22 mai 1945, « on ne peut pas dire que, dans l'ensemble des recommandations faites par la conférence de Brazzaville, il y ait des innovations véritablement éclatantes[34] ». Il y eut même des formules malheureuses comme celle qui demandait l'institution d'un « service obligatoire du travail » pour les jeunes Africains et Malgaches, qui n'auraient pas été mobilisés dans un premier temps par l'autorité militaire.

---

33. Dans *Brazzaville. Aux sources de la décolonisation*, Institut Charles-de-Gaulle, IHTP, Plon, 1988, p. 368.
34. Papiers Laurentie, AN 72 AJ 535.

Reconnaissons toutefois avec Charles-Robert Ageron qu'en 1944 n'étaient pas nombreux, en France comme dans l'Empire, ceux qui osaient envisager la décolonisation. Au moment en effet où s'achevait la guerre, la France libérée avait trop besoin des vestiges de sa grandeur passée pour vouloir libérer un empire qui apparaissait peut-être plus que dans le passé comme la dernière carte lui permettant de se faire respecter.

1941

Les accélérations

1. Pétain, Laval, Darlan
2. La collaboration d'État
3. Le collaborationnisme
4. Les réseaux de Résistance
5. Les avatars du communisme français de 1939 à 1941
6. L'économie : pénurie et modernisation
7. Démographie, famille, jeunesse
8. Les départements du Nord et du Pas-de-Calais
9. Ambivalences culturelles (1940-1941)

Pétain, Laval, Darlan

Robert Frank

L'année 1942 est bien l'année bissectrice dans le domaine de la collaboration d'État et des relations entre les trois dirigeants qui la prônent et la gèrent : Pétain, Darlan, Laval. Au mois d'avril, le premier d'entre eux, le Maréchal, remercie le deuxième, l'amiral, et rappelle le troisième au pouvoir, le président, mettant ainsi fin à la brouille qui l'avait incité à le renvoyer seize mois plus tôt. Puis, en novembre de cette même année, l'amiral Darlan, se trouvant à Alger au moment du débarquement en Afrique du Nord, finit par choisir le camp anglo-américain, faisant basculer avec lui l'Afrique française, alors qu'en métropole les deux responsables suprêmes de Vichy continuent leur politique de collaboration avec l'occupant allemand. Dès lors, rien n'est plus comme avant pour l'« État français ». Il perd les seuls atouts en sa possession : l'Empire rallié, la flotte sabordée, la zone sud occupée. À la fin de l'année, Darlan est mort, « exécuté », le maréchal Pétain détient un pouvoir moribond, et Laval, l'homme qui disait quelques mois plus tôt souhaiter la victoire de l'Allemagne, continue de gouverner comme si de rien n'était et comme si Hitler devait encore gagner la guerre.

Ces querelles, ces tensions et ces retrouvailles alternées ont fait dire que Vichy, loin d'être un « bloc », était dirigé par des chefs ayant des politiques contradictoires et des appétits antagonistes. Les défenseurs du Maréchal ont été jusqu'à distinguer le « bon Vichy » de Pétain, sauveur de la France, et le « mauvais Vichy » de Laval, traître à son pays. Dans un chapitre précédent, Robert Paxton montre au contraire, à travers « les aléas de la collaboration d'État », les logiques communes qui unissaient les trois responsables. Le présent chapitre a pour objet à la fois de caractériser leurs différences et de les resituer dans ce creuset unificateur de Vichy où la collaboration d'État n'est qu'un des éléments de combustion dans cette fusion exemplaire entre politique intérieure et politique extérieure de l'État français.

Trois hommes, qui ont fait un choix identique en 1940 et ont fait de celui-ci le fondement même du nouveau régime, de sa diplomatie et de ses ambitions internes ; mais trois destins différents, trois sensibilités et probablement trois motivations distinctes ; d'où ces décalages entre Pétain, Laval et Darlan, qui évoluent dans le temps.

Trois hommes pour une politique

Déjà en 1972, Henri Michel posait la question de savoir si les trois hommes appliquaient trois politiques différentes ou une seule. Sa conclusion était que Pétain était « appuyé pour l'essentiel par Laval et Darlan » pour faire « la Révolution nationale à l'intérieur » et « la collaboration avec le vainqueur au-dehors[1] ». Il n'est pas inutile de rappeler les choix politiques fondamentaux qui font l'unicité de Vichy et sa spécificité dans l'Europe occupée. Ces options se fondent dans un même moule. Certes, nous y reviendrons, la chimie en est différente et variable, au gré des diverses sensibilités au pouvoir et des circonstances fluctuantes de la guerre ; sur ces différences d'approche se cristallisent les intrigues de cour, les ambitions concurrentes et les querelles de clan. Mais pour connaître la pluralité des formules dans le dosage du mélange, il convient d'abord d'en analyser les ingrédients communs.

La défaite acceptée et la guerre refusée

Le premier point d'accord fondamental entre Pétain, Laval et Darlan est leur volonté de cesser un combat jugé meurtrier

1. Henri Michel, *Pétain, Laval, Darlan, trois politiques ?*, Paris, Flammarion, 1972, p. 118.

et inutile, face à une Allemagne qui paraît tellement supérieure et définitivement victorieuse. Mais voici l'essentiel : la défaite qu'ils acceptent a pour eux un goût d'irréversibilité. À la différence du général de Gaulle, ils parient sur l'imminence de la fin de la guerre, sur la victoire du Reich et sur la défaite rapide de l'ancienne alliée, la Grande-Bretagne. À cet égard, l'armistice est doublement important. À la différence d'une capitulation, comme chacun le sait, il engage le gouvernement et l'État, et non la seule armée. En outre, l'article premier le définit comme la « cessation des hostilités », c'est-à-dire la fin de l'état de guerre entre l'Allemagne et la France, et non une simple suspension d'armes, comme pourrait suggérer l'étymologie du mot « armistice ». La France se met donc hors la guerre, et, au nom de cette logique, ses dirigeants mettent hors la loi les Français qui entendent la continuer, à l'intérieur comme à l'extérieur des frontières. Ils n'ont de cesse de demander aux vainqueurs le traité de paix qui fixera le sort du pays, dans le sens le moins défavorable possible. L'armistice est l'acte fondateur dont tout Vichy découle, et cette mise en position de non-belligérance est essentielle pour comprendre ce régime, qui veut à la fois créer un nouvel ordre dans le pays et maintenir le rang de celui-ci sur la scène internationale. Ainsi Pétain, Laval et Darlan (ce dernier jusqu'en novembre 1942) ont eu pour ligne directrice d'empêcher tout retour de la France dans le conflit, pour des raisons qui relèvent autant de la politique intérieure que de la politique extérieure. À leurs yeux, le véritable ennemi, c'est la guerre, qui leur paraît constituer dans le contexte de l'époque un risque majeur de désordre social dont profiteraient les communistes. Par ailleurs, dans le contexte malheureux de cette défaite, perçue comme définitive, toute résistance gouvernementale ou autre aboutirait non seulement à des représailles de la part du vainqueur, mais au démembrement de la France dans la nouvelle carte allemande de l'Europe et à la réduction des Français en esclavage. Au contraire, la politique qui consisterait à prendre les initiatives, à multiplier les preuves de bonne volonté à l'égard de l'occupant permettrait d'obtenir une paix allemande clémente, favorisant la protection des Français et le maintien de la puissance de la France. À cet égard, le premier acte, l'armistice, semble de bon augure, puisqu'il concède une zone « libre », c'est-à-dire un espace pour l'exercice du pouvoir et de la souveraineté, et qu'il garantit l'intégrité de l'Empire et de la flotte, véritables attributs de la future puissance à reconstruire.

La défaite instrumentalisée et l'ordre nouveau instauré

La défaite n'est pas seulement acceptée, elle est instrumentalisée, maniée comme un outil en acier trempé pour casser l'« ancien régime », la IIIe République, sur laquelle on fait tomber toutes les responsabilités, et pour construire un nouvel État autoritaire, réactionnaire et régénérateur. Source de légitimité contre les républicains et belle occasion pour changer les institutions – c'est la « divine surprise » chère à Maurras –, la défaite constitue le socle dur de la « Révolution nationale » et du nouveau régime qui s'installe à Vichy. Il n'est certes pas question d'instaurer un ordre fasciste ou nazi en France. Ni Pétain, ni Laval, ni Darlan n'adhèrent à l'idéologie mussolinienne ou hitlérienne, et, en cela, ils diffèrent des « collaborationnistes » de Paris, Jacques Doriot ou Marcel Déat. Mais pour les trois grands hommes de Vichy, l'Occupation allemande est un cadre favorable, une aubaine pour toutes les mutilations de la République et les mutations antidémocratiques qu'ils appellent de leurs vœux, à des degrés divers. Ni adhésion ni ralliement au fascisme, et pourtant on ne peut nier une complicité idéologique qui s'inscrit dans le cadre d'un nouvel ordre international. Non que les Allemands désirent nécessairement ces changements pour la France, puisque, Abetz mis à part, ils la veulent faible. L'occupant ne fait cependant rien pour entraver ce nouveau cours politique. La victoire hitlérienne n'apparaît pas seulement un pari pour le nouveau régime, elle constitue aussi son meilleur abri, c'est-à-dire la garantie de sa pérennité. La victoire anglaise au contraire en sonnerait le glas et signifierait le triomphe des « dissidents ». Reste la carte de rechange des Américains, bien aléatoire néanmoins. L'Allemagne, c'est tellement plus sûr.

Un trio pour deux mélodies concertées

La particularité de Vichy est donc de reposer sur le lien quasi indissoluble entre les deux choix, celui de politique extérieure et celui de politique intérieure, entre la collaboration d'État et la Révolution nationale. La première rend possible la seconde, et celle-ci rend nécessaire celle-là. Une collaboration d'État sans guerre, et une Révolution nationale sans fascisme. Il y a donc articulation entre les deux politiques, avec des limites assignées. Ce régime a une autre spécificité : la présence à sa tête d'un maréchal prestigieux, vainqueur d'une bataille qui symbolise le sacrifice et l'héroïsme français de la guerre précédente, celle de Verdun. Cet homme qui incarne tout le patriotisme de 1914-1918 accepte la défaite, demande l'armistice, cherche à s'entendre avec les Allemands : c'est, aux yeux de très nombreux Français, que la France ne peut faire autrement. À la différence des autres chefs de l'Europe occupée, installés au pouvoir à la faveur de la défaite, Pétain jouit d'un immense capital de légitimité et d'autorité qui lui permet d'imposer plus facilement à la population la politique intérieure et extérieure du nouveau régime. « Êtes-vous plus français que lui ? » clame un slogan de propagande. À ce titre aussi, Vichy est bien unique dans l'Europe allemande.

En Belgique et en Hollande, la collaboration est technique et non volontaire, administrative et non gouvernementale, les deux gouvernements s'étant exilés à Londres. En Norvège, Quisling collabore bien avec le Reich en avril 1940, puis après février 1942, mais petit nazi impopulaire qui tente d'instaurer en vain un régime comparable à celui de Berlin, il ne réussit pas à entraîner l'État derrière lui, la légitimité aux yeux des Norvégiens restant celle du roi Haakon, réfugié à Londres. La Croatie d'Ante Pavelić et la Slovaquie de Mgr Tiso sont des cas qui se rapprochent de celui de la France de Vichy, mais ils font plus que collaborer, ils font la guerre et sont donc des alliés à part entière de Hitler. La Serbie et la

Grèce, où de nouveaux régimes s'installent, et qui, comme la France, n'entrent pas dans le conflit, ne peuvent cependant prétendre à des ambitions de puissance sur la scène internationale. Au Danemark, la collaboration est tactique, car les responsables ne tablent pas sur la victoire allemande et attendent des jours meilleurs. Le régime ne change pas, protège ses Juifs et refuse de faire la guerre aux résistants. Assurément ni Pétain, ni Laval, ni Darlan, qui placent au cœur de leur système politique la répression et l'antisémitisme d'État, n'ont joué ce rôle de bouclier, quoi qu'en disent certaines légendes. Ils ont bouté hors de France la guerre, mais n'ont pas craint, pour la sauvegarde de leur pouvoir, de recourir à des mesures de guerre civile.

Ce va-et-vient dialectique entre la puissance et le pouvoir, entre la neutralité militaire et l'engagement idéologique, est bien le jeu commun entre Pétain, Laval et Darlan. Un concerto harmonieux entre collaboration et révolution intérieure, avec trois thèmes comme leitmotiv : la protection des Français, le maintien du rang de la France et la défense du nouveau régime.

Trois hommes, trois priorités

Les notes et les mélodies sont les mêmes pour Pétain, Laval et Darlan, mais non l'orchestration, c'est-à-dire l'articulation entre les thèmes, entre les rythmes de la musique de ce kiosque vichyssois.

Pétain, l'idéologie et le primat de la politique intérieure

Dans sa biographie de Pétain, Marc Ferro[2] montre les équivoques et les paradoxes du personnage, partagé entre son antigermanisme profond et sa volonté de collaborer avec le Reich. Il y a contradiction entre les deux termes, mais ces

2. Marc Ferro, *Pétain*, Paris, Fayard, 1987, 789 p.

deux aspects coexistent dans le même homme. D'un côté, Marc Ferro, d'accord avec Robert Paxton[3], prolonge la réflexion de ce dernier pour confirmer l'essentiel, à savoir que Pétain a bel et bien voulu la collaboration. Contrairement à ce qu'avait laissé croire Robert Aron, qui développait dans son *Histoire de Vichy* (1954) le mythe d'un maréchal anti-allemand, résistant le mieux possible à Hitler, et victime des machinations de Pierre Laval. Mais, de l'autre, Ferro nuance Paxton, en soulignant la réalité de ce sentiment antigermanique chez Pétain.

D'où les vicissitudes et les contradictions de sa politique de collaboration, et les limites qu'il assigne à celle-ci. Dès juillet 1940, Pétain refuse à Hitler la permission de construire des bases allemandes au Maroc et des facilités portuaires en Afrique du Nord, mais aussitôt il atténue son refus en proposant une « négociation nouvelle » sur un terrain plus large. C'est en effet lui, Pétain, qui prend l'initiative de la collaboration avec l'Allemagne victorieuse, même si Pierre Laval est l'organisateur de l'entrevue de Montoire. De nombreux témoignages le montrent admiratif des Britanniques lorsqu'ils gagnent la bataille d'Angleterre (il « leur tire son képi »), mais il finit par couper court aux conversations engagées avec eux à la fin de 1940[4]. S'il renvoie le « pro-allemand » Laval le 13 décembre, il approuve la collaboration poussée à l'extrême par Darlan en 1941, pour finalement rappeler Laval aux affaires en avril 1942. Il accepte le concours des Américains, dont il cherche à se rapprocher, mais refuse de se rallier à eux, lorsqu'ils débarquent avec les Anglais en Afrique du Nord en novembre 1942. Un an plus tard, sa velléité de rétablir le Parlement dans ses droits, afin de construire une nouvelle légitimité acceptable pour les Américains, montre qu'il sait désormais qui va gagner la guerre. Aussi,

---

3. Robert Paxton, *La France de Vichy*, 1940-1944, Paris, Le Seuil, 1973.

4. Robert Frank, « Vichy et les Britanniques, 1940-1941 », in *Vichy et les Français*, Jean-Pierre Azéma et François Bédarida (dir.), Paris, Fayard, p. 144-163.

lorsque les Allemands lui interdisent de faire à la radio le discours annonçant ce revirement constitutionnel, il va jusqu'à menacer de faire la grève de l'exercice de ses fonctions. Mais un ultimatum allemand le fait capituler quelques jours plus tard, le 27 novembre 1943. Lui qui rêvait à nouveau de se débarrasser de Laval doit le conserver et boire le calice jusqu'à la lie en acceptant en janvier et en mars 1944 l'entrée des collaborationnistes au gouvernement, d'abord Joseph Darnand et Philippe Henriot, puis Marcel Déat.

De fait, le Maréchal a des idées et des positions bien plus précises et plus tranchées que ne le laissent supposer ces atermoiements et revirements. La clé principale qui permet la lecture de toute cette série de comportements réside dans l'articulation façonnée par Pétain entre sa politique intérieure et sa politique extérieure. Pour lui, la première prend nettement le pas sur la seconde, malgré le poids des contraintes externes imposées par l'Occupation, le blocus britannique et, d'une façon générale, la guerre mondiale.

En premier lieu, le Maréchal subordonne les relations de la France avec l'Allemagne aux intérêts de son nouveau régime. Des trois fonctions de la collaboration d'État (la protection des Français, la défense de Vichy, le maintien du rang de la France), les deux premières sont intrinsèquement liées et de loin les plus importantes à ses yeux. Quand il fait « don de sa personne » à la France, c'est pour « atténuer son malheur » (discours du 17 juin 1940), et c'est ce « sacrifice » qui légitime en grande partie son pouvoir. Lorsque, quelques mois plus tard, il entre dans la « voie de la collaboration », il dit son objectif : ainsi « pourrait être allégé le poids des souffrances de notre pays » (discours du 30 octobre 1940). Voilà donc établi par Pétain lui-même le rapport entre sa légitimité personnelle, ses liens avec la population et la collaboration. En d'autres termes, son charisme auprès de ses compatriotes, gage de solidité de son régime, dépend aussi des compensations qu'il obtiendra des Allemands, elles-mêmes tributaires des concessions qu'il leur fera. La fonction tutélaire de la collaboration ne peut être assumée que par lui. Elle constitue l'ancrage de son pouvoir et, il l'espère, le fondement de sa popularité. Il en résulte que le Maréchal, enfermé dans cette image de roi thaumaturge, doit rester fidèle à son premier choix, ne pas abandonner les Français ni quitter le sol de France, quoi qu'il arrive[5], et obtenir de l'occupant le minimum qui puisse nourrir sa crédibilité auprès des Français. Le « maréchalisme », pour reprendre la formule de Jean-Pierre Azéma, distinct des autres sentiments en faveur de Vichy et plus largement diffusé dans l'opinion, n'est pas seulement le reflet de la confiance, du respect, et de la dévotion de beaucoup de Français à l'égard de la personne du Maréchal, il est aussi l'œuvre du Maréchal lui-même. Il y a action réciproque entre les deux types de « représentations », prises aux deux sens du terme : Pétain est constamment en représentation dans l'exercice de sa fonction tutélaire, et cette mise en scène politique entretient et développe les représentations mentales dans l'imaginaire social français. Pétain est bien le créateur essentiel de son propre mythe.

En second lieu, même les contacts discrets avec les Anglais à la fin de l'année 1940 ont pour objectif de conforter sa politique intérieure et de renforcer son image de protecteur des Français. Il ne s'agit aucunement de contrebalancer la politique de collaboration avec le Reich, mais d'obtenir, par l'entremise de Louis Rougier et du diplomate canadien Dupuy, l'atténuation du blocus britannique pour améliorer la vie quotidienne de ses compatriotes. La limite à cette politique d'ouverture est fixée par les Anglais eux-mêmes : ils lui réclament en contrepartie la reconnaissance secrète, et *de facto*, du ralliement à de Gaulle des colonies dites dissidentes. Dès lors que sa légitimité et celle de son régime seraient ainsi remises en cause, Pétain préfère ne pas donner suite[6].

En troisième lieu, le Maréchal comprend que son rôle tutélaire consiste essentiellement à protéger la France de tout

5. L'amiral Leahy, ambassadeur des États-Unis à Vichy, fait cette analyse dès le 13 mai 1941, *Foreign Relations of the United States (FRUS)*, 1941, vol. II, p. 167-169.

6. Robert Frank, *op. cit.*, p. 144-161.

risque de guerre ou de retour dans la guerre. Voilà ce qui le distingue fondamentalement de Weygand. Celui-ci a également souhaité l'armistice et le changement de régime. Il éprouve le même mépris pour la IIIe République et a fait aussi le pari de la victoire allemande. Mais, très tôt, il commence à en douter. Il approuve la Révolution nationale, mais pour lui donner une finalité qui ne soit pas seulement de politique intérieure. La guerre continue et il en tient compte. Dans son esprit, l'exemple à suivre est la Prusse de 1806, qui, après la défaite d'Iéna, s'est réformée, modernisée, renforcée, dans le dessein de prendre sa revanche sur Napoléon. Weygand souhaite la stricte application de l'armistice, sans politique de collaboration volontaire, dans l'attente du moment propice où une France plus forte, régénérée, pourrait reprendre la lutte aux côtés des Alliés. Rien de tout cela chez Pétain[7] qui conjugue le refus de quitter le pays à celui d'entraîner la France dans le conflit mondial. L'auteur de la formule « Le feu tue » est celui qui, à Vichy, est le plus fortement persuadé des effets délétères de la guerre sur une société comme la société française. Pétain fait comme si la guerre mondiale n'existait pas. Il n'attend personne, et à l'attentisme de Weygand, qui risque de plonger un jour le pays dans la bataille, il préfère la politique de neutralité, menée jusqu'au bout contre vents et marées. Elle délimite les bornes de sa collaboration avec le Reich (même lorsque l'Allemagne est au faîte de sa puissance, Pétain refuse de guerroyer à ses côtés contre l'Angleterre), de même qu'elle l'empêche de se rallier plus tard aux Anglo-Américains. « La France, la France seule », voilà le slogan maurrassien pris à la lettre, qui contraste avec la formule gaullienne du 18 juin : « Car la France n'est pas seule. Elle n'est pas seule ! Elle n'est pas seule ! »

La dissymétrie de la politique de neutralité de Pétain est cependant patente. Neutre dans la guerre, dont il n'a pas

7. Marc Ferro considère que l'expérience de la Prusse de 1806 est très présente dans l'esprit de Pétain (*op. cit.*, p. 109-110). Or il semble que cet exemple a davantage servi à Weygand pour guider son action.

voulu reconnaître le caractère mondial, il ne l'est pas dans la guerre civile européenne, même s'il veille à ce qu'elle reste hors du sanctuaire national dont il se veut le protecteur. Dans ce conflit idéologique, il a choisi le même camp que les Allemands, contre le « bolchevisme » et contre les « Juifs ».

En effet, le régime nouveau installé à la faveur de l'occupation étrangère n'est pas une coquille vide, et le Maréchal entend défendre son contenu, à savoir la Révolution nationale, dont il est le maître d'œuvre. Assurément, des trois grands responsables de Vichy, Pétain est le plus idéologue. Admirateur de Maurras et de Salazar, il entend régénérer la France en instaurant un régime autoritaire qui s'appuie sur l'armée, l'Église, les notables et les élites. Si le Maréchal chante les vertus de la famille, de la jeunesse et de la terre, s'il approuve le corporatisme, il est trop traditionaliste pour instaurer un État de type mussolinien : il n'est adepte ni du parti unique ni de l'embrigadement total des masses. Fasciste, il ne l'est pas, mais antisémite, il l'est assurément. L'antisémitisme d'État de Vichy est en grande partie le sien, puisqu'il a contribué personnellement à la rédaction du premier Statut des Juifs publié le 3 octobre 1940[8]. Le combat contre les francs-maçons a aussi été livré par lui personnellement. En créant une complicité idéologique, même partielle, avec les vainqueurs, il lie stratégiquement son sort à celui de l'Allemagne, même lorsqu'il sait que son pari initial et fondamental – la victoire de Hitler – est perdu.

La ligne droite qui a guidé Pétain dans des voies parfois sinueuses est dessinée par une logique finalement simple : celle du chef qui entend sauver son régime, créé à la faveur de la défaite, et préserver l'idéologie qu'il a installée au pouvoir à l'abri de l'occupant. La collaboration est un moyen, et l'œuvre intérieure la véritable finalité.

8. Marc Ferro, *op. cit.*, p. 241.

Laval, l'Europe nouvelle et le primat de la politique extérieure

Chez Pierre Laval, il y a inversion des facteurs. Si, en ces jours décisifs de juillet 1940, il est assurément l'homme qui a le mieux aidé Pétain à tuer la IIIe République, la Révolution nationale, en revanche, est à ses yeux d'un intérêt secondaire. Après plus de vingt ans de vie parlementaire, après de nombreux passages dans les ministères, deux nominations à la tête du gouvernement, en 1931 et en 1935, il reste en lui quelque chose de la République qu'il abat. Il accepte de construire un exécutif fort à sa mesure et à celle du Maréchal, dont il espère qu'il sera seulement une figure emblématique. Mais il se moque de la piété de Pétain et de Weygand, se montre indifférent à Maurras et se méfie du mariage entre le sabre et le goupillon. Il tente de freiner la répression des francs-maçons, chez qui il compte beaucoup d'amis. En revanche, il laisse faire la politique antijuive. Même si le statut d'octobre 1940 est une initiative purement française – mais pas la sienne –, même si les Allemands n'ont rien demandé en cette matière, Laval pense en tirer quelque avantage dans le cadre du marchandage avec Hitler. Son antisémitisme, moins profond que celui du Maréchal, est un antisémitisme d'opportunité (mais non moins zélé, ce qui n'excuse en rien le personnage), au service de sa politique extérieure.

En effet, pour lui, la « grande politique » ne peut être qu'internationale. Pacifiste convaincu, admirateur d'Aristide Briand, il avait cru à la réconciliation franco-allemande de la fin des années vingt. Ministre des Affaires étrangères entre octobre 1934 et janvier 1936 (y compris dans le gouvernement qu'il préside à partir de juin 1935), il opère un rapprochement avec l'Italie de Mussolini, même après l'invasion de l'Éthiopie, et entame une politique d'apaisement à l'égard de Hitler, en réglant la question de la Sarre au mieux des intérêts allemands. Sa politique italienne provoque une brouille passagère entre la France et l'Angleterre (son collègue Hoare, qu'il avait entraîné dans l'élaboration d'un plan favorable aux agresseurs italiens en Afrique, doit démissionner), et compte pour beaucoup dans la chute de son propre gouvernement en janvier 1936. L'homme est blessé et il en conçoit une longue et terrible rancœur contre l'Angleterre et contre tous les ministères français qui lui succèdent jusqu'en 1940, en particulier ceux de Blum, Daladier et Reynaud, tous taxés par lui d'irresponsabilité belliciste. Chantre de la paix et de l'amitié franco-allemande, il critique pendant la drôle de guerre le réarmement, jugé à la fois ruineux pour la France et insuffisant contre le Reich, et prononce des discours d'une amère virulence contre ceux qui ont déclaré les hostilités. La défaite est pour lui l'occasion d'une belle revanche politique.

Ainsi, à ses yeux, la Révolution nationale apparaît comme une péripétie à la rigueur commode, tandis que la collaboration avec l'Allemagne est la vraie, la grande politique, à laquelle il doit attacher son nom. Il pense avoir un atout personnel : la confiance acquise auprès d'Otto Abetz. Les deux hommes se rencontrent le 20 juillet 1940 et s'impressionnent mutuellement. Chacun devient l'interlocuteur privilégié de l'autre. Abetz, l'envoyé de Ribbentrop, est nommé le 3 août ambassadeur à Paris. Il apparaît donc comme l'Allemand le plus important de France. De plus, francophile, il croit sincèrement que la France doit jouer un grand rôle dans l'Europe allemande. Ce souhait, qu'il ne cesse de formuler devant ses partenaires français, n'est pas du tout conforme à la vision du Führer. Mais celui-ci ne dévoile pas ses pensées. De son côté, Laval, seul membre du gouvernement muni d'un *Ausweis* permanent (grâce à Abetz), pense être l'homme de la situation pour entamer une « négociation globale » avec le vainqueur. Son objectif est d'obtenir le plus rapidement possible un traité de paix favorable, avant la défaite de l'Angleterre, et de faire de la France un partenaire privilégié du Reich. Pour arriver à ses fins, il entend multiplier les preuves de la bonne volonté française et se montre prêt à adopter une politique antibritannique, que les événements de Mers el-Kébir en juillet et de Dakar en septembre rendent psychologiquement possible. Le général Weygand, on l'a vu, mais aussi Paul Baudouin, ministre des Affaires étrangères, et François Charles-Roux, secrétaire général de ce ministère, sont en désaccord avec Laval sur ce point, pensant qu'il faut au contraire ne pas dépasser le cadre de l'armistice et ménager la Grande-Bretagne.

Finalement, et Henri Michel l'a écrit très tôt, la grande politique rêvée par Laval en 1940 est fondée sur trois paris, trois erreurs d'appréciation. Il croit à la défaite de l'Angleterre, à la volonté de collaboration de l'Allemagne et à l'influence d'Abetz sur Hitler[9]. On peut ajouter une quatrième faute, psychologique celle-là, bien mise en lumière par Fred Kupferman. Laval est persuadé qu'il sera le grand bénéficiaire de cette ambitieuse opération et que la collaboration d'État fera de lui l'homme indispensable et fort du régime. D'où sa volonté d'aller vite, sans toujours consulter le Maréchal. Une véritable course contre la montre s'engage entre les deux hommes et leurs entourages rivaux pour organiser une rencontre au sommet avec Hitler et lancer la politique de collaboration. L'objectif est donc bien le même. Mais Pétain supporte de moins en moins les façons de faire de son second. D'autant que Laval arrive le premier au but : il réussit à être le grand organisateur de la cérémonie de Montoire de la fin d'octobre 1940.

Après cette entrevue, qui entraîne la démission de Paul Baudouin, Laval ajoute à ses fonctions de vice-président du Conseil celles de ministre des Affaires étrangères. À ce poste, il a les coudées encore plus franches, et sa méthode consiste à céder aux demandes, sans nécessairement obtenir des compensations ni une atténuation du régime d'occupation. La France est amputée de l'Alsace et de la Moselle ; les « Français de l'intérieur » et les Juifs de ces provinces sont expulsés, privés de leurs biens. La présence de commissaires allemands est imposée à la Banque de France, aux services du contrôle des changes, et l'emprise du Reich sur le commerce extérieur français est presque totale. Contre l'avis

9. Henri Michel, *Vichy, année 40, op. cit.*, p. 277.

d'Yves Bouthillier, ministre des Finances, la société française propriétaire des mines de Bor en Yougoslavie est cédée à l'Allemagne, de même que l'or belge qui avait été confié à la France. Dès qu'il devient ministre des Affaires étrangères et qu'il entend parler de contacts avec les Anglais, il s'empresse de saboter l'opération et d'en avertir les Allemands. À tous ces gestes, Laval n'attend aucune contrepartie à court terme, l'essentiel pour lui étant de gagner la confiance de Hitler afin de créer une ambiance propice à la réalisation de sa grande politique extérieure. Il envisage même la reconquête des colonies dissidentes, en particulier le Tchad, et semble assumer le risque d'une guerre avec l'ancienne alliée. D'autres, y compris dans l'entourage de Pétain, songent aussi à cette forme de collaboration militaire. De toute façon, une grande partie de l'action de Laval se déroule sans véritable concertation avec Pétain ni considération aucune pour la popularité ou le prestige du Maréchal. Cela a beaucoup compté dans la décision du 13 décembre 1940.

Après son retour au pouvoir, en avril 1942, Laval, plus prudent, ménage davantage le Maréchal qu'il flatte et traite avec déférence[10]. De même, s'il donne beaucoup au Reich, il tente d'obtenir des contreparties, intégrant mieux la politique de Pétain qui consiste à protéger les Français. Dans sa première allocution radiodiffusée, celle du 20 avril 1942, il prend ce ton plus conforme au style et aux intérêts du maréchalisme : « Le gouvernement fera son devoir pour tâcher de réduire vos souffrances… » Enfin, il ne fait rien qui puisse risquer l'entrée de la France dans la guerre. Cela dit, dans ce cadre ainsi défini, il va le plus loin possible. Pro-allemand, il le reste, là réside sans doute la plus grande différence entre Pétain et lui. Il introduit cependant plus d'idéologie dans ses calculs qu'en 1940 : son progermanisme est désormais conforté par un antibolchevisme virulent. Hitler devient à ses yeux le meilleur rempart contre le commu-

---

10. Jean-Baptiste Duroselle, *L'abîme, 1939-1945*, Paris, Imprimerie nationale, 1982, p. 340.

nisme en Europe et la guerre a nettement changé de signification depuis qu'elle est intervenue entre le Reich et l'Union soviétique. Il le dit nettement dans ce même discours du 20 avril : « Cette guerre porte en elle les germes d'une véritable révolution [...]. Le combat gigantesque que mène l'Allemagne contre le bolchevisme n'a pas seulement étendu la guerre, il en a révélé le sens[11]. » Laval et Pétain ont en commun une vision plus idéologique que géopolitique de la guerre, à la différence du général de Gaulle. Les idées politiques de Laval restent pourtant plus vagues que celles de Pétain. Elles sont fondées sur des valeurs négatives : son hostilité pour le communisme n'en fait toujours pas un amoureux passionné de la Révolution nationale. Dans son gouvernement de 1942, les traditionalistes sont moins nombreux, ainsi que les amis de Pétain et les technocrates proches de Darlan. Les mesures qui frappent les francs-maçons sont rapportées. Le régime reste cependant autoritaire et devient de plus en plus brutal et répressif.

Dans cette perspective de guerre idéologique, la perception de Laval est plus « européenne », voire plus mondiale que celle du Maréchal. Lors de sa dernière entrevue avec Leahy – avant le rappel de l'ambassadeur américain par Roosevelt, mécontent de la nomination de l'Auvergnat –, il dit que les États-Unis ont eu tort d'entrer dans la guerre et qu'une défaite de l'Allemagne signifierait le triomphe du bolchevisme. Voilà pourquoi « il préférait voir l'Allemagne gagner la guerre[12] ». Cette petite phrase prononcée en privé en avril devient cette « phrase terrible », fameuse et publique dans son allocution radiodiffusée du 22 juin 1942 : « Je souhaite la victoire de l'Allemagne, car, sans elle, bientôt le bolchevisme s'installerait partout en Europe. » Certes, le Reich est alors victorieux sur tous les fronts, mais Laval n'agit pas par simple opportunisme. Ni nazi, ni fasciste, ni même tout à fait

---

11. Cité par Fred Kupferman, *Laval*, Paris, Balland, 1987, p. 321.
12. FRUS, 1942, II, Leahy, 27 avril 1942, p. 181-182, cité par Jean-Baptiste Duroselle, *op. cit.*, p. 341.

pétainiste, il s'est engagé résolument du côté de l'Allemagne et de ses alliés. Son choix est et reste plus ferme que chez les autres responsables de Vichy. Il n'est pas seulement conditionné par le rapport de forces entre la France et le Reich, entre l'occupant et l'occupé. En effet, il veille à ce que les relations soient les meilleures possible avec le Japon également. Après le débarquement britannique à Madagascar, il craint que le général vichyste Annet n'accepte de signer un *modus vivendi*. Le 14 juin 1942, il fait savoir à ce dernier et au gouvernement de Tokyo que, les Anglais ayant violé la neutralité française dans l'île, une riposte japonaise ne serait pas considérée comme une agression, mais comme une réparation. « Ainsi, écrit Jean-Baptiste Duroselle, Annet devait accueillir les Japonais à bras ouverts[13] ! » Enfin, Laval fait en sorte que la France contribue d'une façon essentielle à la « guerre totale » allemande, telle qu'elle vient d'être décidée par Hitler, et au succès de la « solution finale » en cours de réalisation depuis quelques mois : envoi de main-d'œuvre en Allemagne (dans le cadre du « volontariat », de la Relève, des réquisitions ou du Service du travail obligatoire), prélèvements accrus sur l'économie, déportation de Juifs, rafle du Vel' d'Hiv', collaboration policière (accords Oberg-Bousquet). Les contreparties négociées sont toujours maigres ou inexistantes. Mais jusqu'au bout, ou presque, Laval croit à la victoire ou à la non-défaite de l'Allemagne. Il fonde ses espoirs sur l'efficacité des nouvelles armes secrètes. Son action s'accroche désespérément à cette attente, car la grande politique sur laquelle il a construit son utilité publique n'a d'autre fondement ni d'autre issue que le succès de Hitler.

Darlan, entre le primat de la géostratégie et la tentation de l'idéologie

Darlan, lui, n'est pas homme à se laisser enfermer dans un engrenage. Là réside la différence essentielle avec Laval, qui n'est pas caractérisé par l'opportunisme, comme on l'a

13. Jean-Baptiste Duroselle, *op. cit.*, p. 352-353.

trop souvent dit. L'amiral, au contraire, a montré, au gré des circonstances de 1940 et de 1942, une belle propension au changement d'idée et de comportement.

Chef d'état-major de la Marine et artisan du réarmement naval de la France pendant les années trente, il approuve la stratégie globale mise en place pendant la drôle de guerre et pratique loyalement la coopération avec l'allié britannique, malgré une anglophobie naturelle, propre aux marins français. Jusqu'à la mi-juin 1940, après l'offensive allemande et malgré les premières défaites, il reste partisan de la résistance à outrance, à l'inverse de Pétain et de Laval. Mais, brusquement, il se rallie au principe de l'armistice, accepte la rupture des engagements avec l'Angleterre, puis, après Mers el-Kébir en juillet, donne libre cours à une anglophobie décuplée. Cet homme qui paraissait un républicain convaincu se transforme en grand dignitaire du régime de Vichy. Si, en octobre, il semble prudent à propos de la politique de Laval et de celle de Montoire (mais ce n'est qu'une apparence), il pousse au contraire très loin la collaboration avec l'Allemagne une fois arrivé au pouvoir en février 1941. Écarté des affaires en avril 1942, tout en restant le dauphin désigné du Maréchal, il se trouve par hasard à Alger au mois de novembre et opère son retournement ultime, le ralliement aux vainqueurs de l'opération Torch.

Les revirements de Darlan sont spectaculaires. On ne peut cependant les expliquer par le seul poids de l'ambition ou de la lâcheté. Un des mérites de la biographie que lui ont consacrée Hervé Coutau-Bégarie et Claude Huan [14] est de montrer que, malgré ses volte-face et son opportunisme, l'homme a néanmoins des idées et une certaine continuité dans sa vision du monde. Cet ouvrage, engagé mais utile, complaisant mais précis, idéologiquement orienté, mais superbement documenté, fait une part certainement trop belle à tout ce qui peut excuser l'action de l'amiral ou gommer ses responsabilités.

---

14. Hervé Coutau-Bégarie et Claude Huan, *Darlan*, Paris, Fayard, 1989.

Les interprétations livrées par les deux auteurs sont souvent en contradiction avec les archives qu'ils citent. Après la publication de leur biographie, dans le prolongement de leurs recherches, Hervé Coutau-Bégarie et Claude Huan trouvent de nouveaux papiers Darlan d'une extraordinaire richesse, qu'ils éditent en 1992. Cette découverte, spectaculaire, confirme tout à la fois certaines de leurs intuitions et place davantage en porte à faux certaines des affirmations formulées dans leur précédent livre.

Celui-ci a malgré tout l'avantage de montrer ce qui fait somme toute l'unité du personnage politique : Darlan a une sensibilité de géostratège. Cette inclination à penser la guerre en fonction de l'espace et du temps, il la place au service de Pétain et de Vichy. Cette disposition ne le met pas à l'abri des erreurs, bien au contraire, puisqu'elle le pousse à faire le mauvais pari de la victoire allemande. Mais, ajouterons-nous, elle donne une légitimation technicienne à la politique voulue par le Maréchal de non-engagement dans la guerre mondiale. Comme géostratège, Darlan fait parfois preuve d'une certaine lucidité face au déroulement du conflit, qui aurait pu le pousser à sortir plus vite de l'engrenage dans lequel Pétain et Laval préfèrent rester enfermés. Pourtant, contrairement à ce que suggèrent Hervé Coutau-Bégarie et Claude Huan, il faut prendre en compte une seconde dimension, l'influence pesante de l'idéologie qui l'empêche de sauter rapidement le pas. À Vichy, c'est chez Darlan que fonctionnent le mieux l'interpénétration et l'équilibre entre politique intérieure et politique extérieure.

Le fil directeur qui donne une relative unité aux calculs parfois compliqués de Darlan à partir de 1939, c'est une certitude : la guerre sera longue et totale. Cette assurance, il la partage avec Daladier et Reynaud pendant la drôle de guerre. Il semble sûr de la victoire finale, car, dans l'épreuve d'un conflit durable, celle-ci revient aux puissances dotées d'une grande flotte et d'un empire, qui leur permettent de se ravitailler. Cette disposition d'esprit reste en lui, même lorsque la débâcle est commencée. Voilà pourquoi Darlan se montre alors jusqu'au-boutiste.

Certes, ce fil est coupé vers la mi-juin 1940. La belle assurance est brusquement perdue. Son revirement n'est pas seulement dû à la conversation du 12 juin avec Pétain qui lui laisse entendre qu'il peut lui offrir un avenir politique. Darlan a désormais une nouvelle certitude : l'impossibilité technique pour la France de continuer la guerre en métropole ou en Afrique du Nord. Si celle-ci doit devenir le refuge du gouvernement, il est persuadé qu'elle serait vite conquise par les Allemands, qui passeraient par l'Espagne, après avoir reçu au préalable l'autorisation de Franco. L'obsession de Darlan est de sauver la flotte et, bien qu'il soit devenu membre du gouvernement formé par Pétain le 16 juin, il est encore disposé à abriter ses cuirassés dans les ports de Grande-Bretagne. Lorsqu'il connaît les conditions allemandes de l'armistice, qui laissent la marine et l'Empire intacts, son revirement devient total, et, désormais, il refuse au nom de cet armistice tout ce qui pourrait avantager l'ancien allié. En effet, déboussolé par l'effondrement français, il conclut désormais à la défaite inéluctable de l'Angleterre et il redoute même qu'elle ne soit bientôt contrainte de conclure une paix avec le Reich aux dépens de la France et de ses colonies. Autant préserver ce qui peut l'être par une entente avec l'Allemagne. Pour lui désormais, la flotte et l'Empire sont à sauver à n'importe quel prix.

Une fois le choc du désastre passé, Darlan renoue avec le fil de son ancienne certitude, celle de la guerre longue et totale, mais pour tirer des conclusions inverses de celles qu'il développait pendant la drôle de guerre. Si le déroulement de la bataille d'Angleterre le persuade à nouveau que le conflit s'inscrit dans la durée, s'il ne croit plus à la guerre éclair, il continue néanmoins de parier encore longtemps sur la probabilité de la victoire du Reich hitlérien. Mieux que Pétain et Laval, mais moins lucidement que le général de Gaulle, il entrevoit ce qu'il y a de mondial dans la guerre en cours. Dans l'immédiat, il la qualifie d'« anglo-allemande » seulement, mais il comprend qu'elle peut annoncer un conflit plus large. Le 2 octobre 1940, il en vient à constater : « L'action allemande contre l'Angleterre ne se précise toujours pas [...]. L'intérêt de notre pays est qu'elle se produise sans tarder, car c'est la seule solution de voir s'achever la phase européenne de la guerre mondiale. Notre pays aura-t-il le temps de se remettre avant la guerre intercontinentale : Europe-Japon contre Amérique-Australie ? [15] »

Darlan appelle donc de ses vœux, sans y croire, un dénouement rapide du conflit, aux dépens de l'Angleterre, sinon la France « sera la principale victime de cette guerre des nerfs et de famine » et connaîtra « le chômage, la misère [...] et la révolution », ainsi que la « dissidence » de ses colonies [16]. D'ailleurs, les dures conditions de paix d'une Allemagne victorieuse sont à ses yeux moins à redouter que les conditions anglaises « qui ne seront pas moins sévères et qui comportent, en outre, le retour au pouvoir des Juifs cosmopolites et des francs-maçons inféodés à la politique anglo-saxonne [17] ».

Les choses sont clairement dites. L'anglophobie de l'amiral n'est pas seulement un sentiment traditionnel de marin français qui craint pour la flotte et l'Empire ; en se greffant sur son antisémitisme et son nouvel antirépublicanisme, elle identifie comme ennemi principal le pays dont le triomphe signifierait le plus sûrement la fin de Vichy et de sa Révolution nationale. Mais ne voyant pas poindre la victoire allemande à l'horizon, il est persuadé que la guerre longue ruinera de toute façon l'Angleterre et son Empire au profit des États-Unis, et qu'elle fera surgir deux blocs géants, groupés l'un autour de l'Allemagne, l'autre autour de l'Amérique. L'amiral en déduit que la France de Vichy doit s'adapter à cette nouvelle situation et trouver des moyens de survivre jusqu'à la future phase « intercontinentale » de la guerre. Alors elle pourrait retrouver son rang dans le bloc germa-

---

15. « Éphémérides », Événements du 16 juin au 31 décembre 1940, *in* Hervé Coutau-Bégarie et Claude Huan, *Lettres et Notes de l'amiral Darlan*, Economica, 1992, p. 199.
16. Note de Darlan, octobre 1940, *ibid.*, p. 237.
17. « Où est notre devoir ? », note de Darlan, 9 octobre 1940, *ibid.*, p. 239-241.

nique. La simple politique d'armistice ne suffit plus, car, sur le long terme, les conditions imposées sont trop difficiles à supporter, et le régime sombrerait trop vite sous le choc de tous les fléaux annoncés, le chômage, la misère et la révolution. Il souhaite une « conversation directe du chef de l'État français avec le Führer et le Duce ». Ainsi, avant Montoire, et sans avoir participé à l'organisation de ces entrevues, Darlan en partage déjà l'esprit, articulant à merveille ses considérations de politique intérieure et ses analyses sur l'issue du conflit…

Nourri de cette réflexion dès le début d'octobre, Darlan exerce une influence importante un mois plus tard, dans les jours qui suivent la rencontre entre le chef de l'État français et le Führer. Il aide Pétain à fixer des bornes à la « politique de collaboration » dont le « principe » a été adopté lors de cette célèbre entrevue. Lorsque le Maréchal lui demande le 7 novembre 1940 son avis sur la question, Darlan rédige le lendemain une note très claire, qui résume la politique à conduire en matière de collaboration en trois attitudes : neutralité militaire, collaboration économique et collaboration politique[18]. Ces trois programmes, à appliquer sur-le-champ, visent des avantages qui s'échelonnent tout au long des différentes étapes du conflit. La neutralité doit être strictement observée dans le très court terme pour éviter toute rupture avec les Anglo-Saxons dont la conséquence immédiate serait la perte de l'Empire. La collaboration économique a pour objectif de faire « vivre » le pays dans le moyen terme, de l'empêcher de tomber précocement dans le chaos révolutionnaire, de lui assurer ce que l'on pourrait appeler la « soudure » entre les deux phases – européenne, puis mondiale – de la guerre. Quant à la collaboration politique, dans la perspective longue du face à face intercontinental, elle est motivée par le fait que « nous sommes Européens » : elle a donc pour but de contribuer à instaurer l'ordre nouveau dans ce

---

18. « Note pour le Maréchal de France, chef de l'État », 8 novembre 1940, *ibid.*, p. 245-248, déjà citée dans Hervé Coutau-Bégarie et Claude Huan, *Darlan, op. cit.*, p. 341-343.

« bloc européen (Afrique incluse) », qui « dans l'avenir » fera face au « bloc américain », le jour où, « quelle que soit l'issue de la guerre, l'Empire britannique sera disloqué au profit de l'Amérique et de l'Allemagne ».

Dans leur biographie, Hervé Coutau-Bégarie et Claude Huan avaient déjà relevé l'importance de ce principe de neutralité militaire. Leur mérite, comme l'écrit Robert Paxton dans son article « Darlan, un amiral entre deux blocs », a été de « mettre [...] en évidence l'authentique neutralisme[19] » du personnage. Il convient cependant de préciser les limites de ce « neutralisme ». La neutralité en question n'est pas celle d'un pays traditionnellement « neutre » et donc impartial face aux deux camps belligérants. C'est celle d'un pays « neutralisé » à la fois par la défaite que lui a infligée l'Allemagne sur terre et les menaces que la Grande-Bretagne fait peser sur sa flotte depuis les événements de Mers el-Kébir. La « neutralité » dont parle Darlan, toute tactique, est plutôt une non-belligérance. Elle est un non-engagement dans la guerre mondiale (à coup sûr dans sa phase européenne, et probablement aussi dans sa phrase intercontinentale), mais elle s'accommode aussi, comme chez Pétain, d'un engagement dans la guerre civile européenne, contre les communistes, les résistants et les Juifs : le but final étant l'intégration du pays dans cette Europe nouvelle dirigée par l'Allemagne, seule solution pour sauver à la fois le régime de Vichy et le rang de la France. En 1940-1941, l'amiral ne se situe donc pas vraiment et durablement entre deux blocs, contrairement à ce que suggère le titre de l'article de Robert Paxton (sauf peut-être pendant un court moment en janvier 1941). La neutralité à la Darlan est un fil tendu au-dessus du vide créé par la défaite française, pour s'éloigner du rocher britannique et atteindre, après la défaite d'Albion, le socle plus stable du continent hitlérien. Parce que, par définition, l'équilibriste utilise un balancier, il

---

19. Robert Paxton, « Darlan, un amiral entre deux blocs. Réflexions sur une biographie récente », *Vingtième Siècle. Revue d'histoire*, n° 36, octobre-décembre 1992.

exclut la collaboration militaire, afin de ne pas être précipité dans la chute, d'un côté ou de l'autre, par le vent de la guerre. Mais sa marche progresse dans une direction bien définie, celle du rivage choisi : aussi la collaboration avec l'Allemagne dans les autres domaines est-elle encouragée. Darlan n'est sans doute pas l'inventeur de cette politique, puisque le cadre général a été tracé par Pétain lui-même, mais sa note du 8 novembre sert d'argumentaire à l'entourage du Maréchal contre la volonté de collaboration totale attribuée à Pierre Laval.

En effet, les différences entre les dispositions d'esprit de Laval et de Darlan ne doivent pas être sous-estimées, en cette fin d'année 1940, même si, à l'évidence, elles entrent dans un schéma politicien, une stratégie de prise de pouvoir imaginée par le second pour supplanter le premier. Ces différences sont principalement au nombre de deux. D'abord, en insistant sur la neutralité, l'amiral exclut dans l'immédiat l'entrée en guerre contre l'Angleterre, et ce plus fermement que Laval. Même s'il a aussi envisagé l'opération de reconquête du Tchad sur les gaullistes, il est d'accord pour la retarder, et d'ailleurs, avec Pétain, il avertit les Anglais au début de décembre par l'intermédiaire de Dupuy, le chargé d'affaires canadien, que les Français résistent aux pressions allemandes sur cette affaire, « jusqu'en février et si possible plus longtemps[20] ». Après le renvoi de Laval, il explicite sa critique contre ce dernier, lui reprochant une « politique unilatérale orientée vers l'Allemagne », qui prenait le risque d'une guerre avec l'Angleterre. À la fin de décembre, en présence de Pétain, il rencontre une nouvelle fois Dupuy, et les trois hommes s'accordent à dire que « l'atmosphère actuelle de tension franco-britannique doit être maintenue comme un écran de fumée derrière lequel les contacts seraient possibles[21] » entre les deux pays : l'amiral approuve les

---

20. Hervé Coutau-Bégarie et Claude Huan, *Darlan, op. cit.*, p. 327-328.

21. Robert Frank, « Vichy et les Britanniques, 1940-1941 », art. cité, p. 154.

négociations commerciales en vue d'atténuer le blocus britannique. Deuxièmement, dès novembre 1940, Darlan insiste sur le fiasco de la politique de l'Auvergnat qui n'a obtenu des Allemands aucune compensation. Dans sa note du 8 novembre, il indiquait neuf contreparties à négocier (dont la diminution de la superficie de la zone occupée et des frais d'occupation, le retour d'une partie des prisonniers, la souveraineté de Vichy sur la zone occupée). En outre, il participe pleinement à la diffusion de l'information selon laquelle le vice-président du Conseil est impopulaire. Bref, l'amiral est partisan d'une collaboration plus « subtile[22] », pour reprendre l'expression de Jean-Baptiste Duroselle, où le « donnant-donnant » puisse servir à améliorer la vie des Français et renforcer l'assise sociale du régime. Darlan voudrait réussir là où Laval a échoué, en établissant mieux la symbiose entre la collaboration et les efforts de séduction auprès de l'opinion publique. Bref, la divergence entre les deux hommes réside moins dans leurs conceptions de la politique extérieure elle-même que dans la prise en compte de la politique intérieure dans la conduite de cette action diplomatique.

En effet, s'il est du devoir de l'historien d'établir les nuances qui distinguent les positions de Laval et de Darlan, grave serait son erreur s'il radicalisait cette différence. Après la chute de Laval, dans le triumvirat formé par Flandin, Huntziger et Darlan, c'est Flandin qui tient le premier rôle, mais c'est l'amiral qui rencontre Hitler le 25 décembre pour le rassurer sur la « volonté » du nouveau gouvernement de « poursuivre la politique de collaboration ». S'il accepte d'entrer en contact avec les Anglais au même moment, ce n'est pas pour jouer un double jeu, mais pour mieux endormir l'Angleterre et obtenir sur le court terme une atténuation du blocus. Grâce à un document extraordinaire, publié par Hervé Coutau-Bégarie et Claude Huan eux-mêmes, on connaît avec précision le fond de la pensée de Darlan en cette fin de décembre 1940. À propos des trois issues possibles du

22. Jean-Baptiste Duroselle, *L'Abîme, 1939-1945*, *op. cit.*, p. 281.

conflit – la victoire anglaise, la paix blanche et la victoire allemande –, il marque encore plus nettement qu'auparavant sa préférence. Il continue de redouter la victoire britannique, qui « replongerait la France dans les [mœurs] politiques judéo-maçonniques ». La paix blanche est considérée par lui comme un « effroyable désastre », car la France risquerait d'en faire les frais et d'être dépecée par les deux antagonistes. C'est sur l'hypothèse de la victoire du Reich qu'il est plus explicite que jamais. Certes, elle priverait le pays de certaines provinces, le soumettrait à un lourd tribut, l'intégrerait dans une économie continentale dominée par l'Allemagne. Mais « c'est peut-être ce qui permettra à notre pays de se relever et, qui sait ?, de prendre plus tard la direction (générale ?) de l'économie dans un continent fédéré. L'Allemagne se paiera au maximum sur l'Angleterre qui constitue le principal obstacle à la création de cette économie continentale. Tout porte à penser qu'elle nous laissera une flotte puissante, ne serait-ce que pour faire contrepoids à l'Italie dans la Méditerranée. Pour conclure, la victoire allemande déjà acquise en ce qui nous concerne[23] paraît être la solution la plus favorable à un relèvement futur de notre pays. Cette victoire doit être aussi rapide que possible, car rien n'est plus défavorable à notre pays que cette période d'incertitude qu'est la période d'armistice au cours de laquelle il nous est difficile de construire du définitif ou même de vivre[24] ».

Toute la pensée de l'amiral est ramassée dans ce document. Certes, Darlan ne va pas jusqu'à utiliser la formule employée par Laval dix-huit mois plus tard : il ne dit pas qu'il « souhaite » la victoire allemande. Mais nous avons maintenant la preuve formelle qu'il envisageait celle-ci en décembre 1940 comme l'issue « la plus favorable », ou la moins défavorable aux intérêts de la France, aussi bien pour l'immédiat que pour le futur. Et ce avant l'entrée des

23. Souligné dans le texte. Darlan n'a effectivement ni recherché ni souhaité cette victoire allemande en juin 1940.

24. Note de Darlan, fin décembre 1940, *in* Hervé Coutau-Bégarie et Claude Huan, *Lettres et Notes de l'amiral Darlan, op. cit.*, p. 265.

Allemands en Union soviétique, avant que le combat contre le « bolchevisme » ne devienne un enjeu majeur de la guerre. Il n'a donc pas à invoquer la peur de la mainmise du communisme sur toute l'Europe en cas de victoire soviétique – comme le fait Laval en 1942 – pour marquer sa préférence. Cette découverte de Hervé Coutau-Bégarie et Claude Huan contredit la thèse qu'ils développaient quelques années plus tôt dans leur livre. Contrairement à la conclusion de Robert Aron à laquelle nos deux auteurs se rallient, ce n'est pas la politique de collaboration que Darlan envisage comme un « moindre mal », mais la victoire allemande elle-même ! Du coup, la collaboration envisagée en 1940-1941 par l'amiral prend une tout autre dimension. Elle ne vise pas seulement à soulager les maux du présent ; elle n'est aucunement un pis-aller dans l'attente d'un retournement des armes contre l'Allemagne ; elle s'assigne au contraire comme objectif de faciliter la seule issue de la guerre favorable à l'avenir et aux ambitions du régime.

On comprend mieux dans quelles limites très étroites s'inscrit l'opportunisme de Darlan pendant l'année 1941. Au gré de la conjoncture militaire, selon qu'il entrevoit à court ou à long terme la victoire du Reich, sa politique oscille plus ou moins fortement, plus ou moins ouvertement du côté de l'Allemagne, mais toujours du côté allemand.

Au début de l'année, influencé par les échecs de l'Axe, il opte pour une neutralité prudemment dissymétrique en faveur du Reich, une fausse politique de bascule qui permette de favoriser un camp sans couper les ponts avec l'autre, tout en essayant d'obtenir des avantages commerciaux : d'où l'ouverture économique auprès de la Grande-Bretagne (la négociation échoue du fait de Flandin qui en parle aux Allemands), puis auprès des Américains (accords Weygand-Murphy de février-mars pour le ravitaillement de l'Afrique du Nord). Dans un court moment d'optimisme en ce début d'année, Darlan espère même que le conflit anglo-allemand épuisera les deux adversaires et que la France, en restant en dehors du conflit, aura sa carte à jouer : celle du rôle d'arbitre au moment du règlement final pour « imposer une solution française du conflit, laquelle ne sera ni le "nouvel ordre allemand" ni synonyme d'une hégémonie anglo-saxonne[25] ». C'est sans doute le seul moment en 1940-1941 où la neutralité de Darlan prend une distance entre les deux blocs. En fait, l'amiral intrigue surtout auprès des Allemands pour s'imposer à leurs yeux comme l'homme de la situation, le mieux à même de conduire la politique de collaboration : mieux que Flandin, qui n'a pourtant pas démérité dans ce domaine, mieux que Laval, incapable selon l'amiral d'organiser une « collaboration cordiale et *efficace*[26] ». Il se targue de pouvoir « amener la plus grande partie de la population à la politique de collaboration » et obtient gain de cause le 9 février, car il remplace Flandin comme vice-président du Conseil, sans que Laval soit repris au gouvernement.

C'est effectivement sous Darlan que la collaboration atteint son apogée et son plus haut degré d'efficacité. Les Anglais ne s'y sont pas trompés et Winston Churchill a percé le mystère de l'ambiguïté de Darlan, en écrivant le 15 mars 1941 : « Il est plus dangereux que Laval, parce que moins odieux aux yeux du peuple français[27]. » Les succès de l'Axe au printemps de 1941 dans les Balkans et en Libye font perdre à Darlan ses velléités de prudence du début de l'année. Le faux équilibre entre l'Allemagne et l'Angleterre n'est plus à l'ordre du jour et la « politique de bascule » entre les deux pays, pourtant bien fictive, est même abandonnée : des accords industriels et commerciaux sont signés avec le Reich ; les entretiens Darlan-Hitler, le 11 mai, ouvrent la voie aux négociations qui aboutissent le 27 mai à la signature des protocoles de Paris (facilités données aux Allemands en Syrie, à Bizerte et à Dakar) ; la défense de la Syrie enfin est

25. Adresse de Darlan à plusieurs officiels, non datée, début 1941 : texte tombé entre les mains des Britanniques, PRO/PREM 3/186 A/7, p. 345, cité par Robert Frank, « Vichy et le monde, le monde et Vichy », in *Vichy et les Français, op. cit.*, p. 108-109.

26. « Thème de mon entretien du 19 février 1941 avec l'ambassadeur Abetz », *Lettres et Notes de l'amiral Darlan, op. cit.*, p. 310.

27. Public Record Office/PREM 3/186 A/7, 15 mars 1941, M 296/1.

assurée contre les Anglais et les Français libres en juin-juillet. L'invasion de l'Union soviétique à partir du 22 juin et les victoires spectaculaires de l'Allemagne confortent sa position et l'incitent à donner des gages supplémentaires : rupture diplomatique avec Moscou, création de la LVF, livraison de camions aux forces de l'Axe en Libye.

Certes, les protocoles de Paris ne sont pas appliqués en ce qui concerne Bizerte et Dakar, grâce à l'intervention musclée de Weygand au Conseil des ministres du 3 juin. Hervé Coutau-Bégarie et Claude Huan ont raison de dire que Darlan lui-même liait l'exécution de ces dispositions aux contreparties politiques et économiques dont le principe avait été accepté par Abetz dans un protocole additionnel signé le 28 mai. Mais leur hypothèse selon laquelle la demande de ces contreparties politiques aurait été un prétexte pour saboter l'exécution des protocoles militaires ne tient pas[28]. Les « papiers Darlan » montrent au contraire à quel point l'amiral tient à ces compensations et comment, pendant tout le second semestre de 1941, il continue précisément de demander un assouplissement du cadre de l'armistice. Cette politique du « donnant-donnant » ne vise nullement à « résister » aux Allemands, mais au contraire à asseoir la crédibilité de la collaboration et à la renforcer. En novembre, comme le montrent ces mêmes papiers, Darlan joue un rôle décisif dans la destitution de Weygand en Afrique du Nord. Il fait tout pour sauver sa politique de collaboration, et les Allemands l'ont habilement manipulé. Reprenant le leitmotiv des contreparties politiques, ils lui font miroiter des « propositions concrètes très intéressantes », mais en insistant sur le fait que « la question du général Weygand est un obstacle insurmontable au déclenchement d'une politique constructive entre les deux pays[29] ». Darlan obtient de Pétain

---

28. Hervé Coutau-Bégarie et Claude Huan, *Darlan, op. cit.*, p. 419-420.

29. « Note sur la situation politique, 5 octobre 1941, in Hervé Coutau-Bégarie et Claude Huan, *Lettres et Notes de l'amiral Darlan, op. cit.*, p. 404.

gain de cause en mettant sa démission dans la balance et en acculant le Maréchal devant le choix suivant : ou continuer la politique de rapprochement avec l'Allemagne et destituer Weygand, ou bien changer de politique et laisser le gouvernement actuel céder la place à Weygand[30].

Cette collaboration renforcée a ulcéré beaucoup de responsables de Vichy. Le général Doyen avait déjà démissionné de la Commission d'armistice de Wiesbaden, et bien significative était sa lettre du 16 juillet 1941, où il reprochait à Darlan sa vision géopolitique tronquée, limitée à l'Europe, à la Méditerranée et à l'Afrique. Faute d'une perception véritablement mondiale, l'amiral ne voyait pas l'évidence soulignée par Doyen : « L'Amérique reste le grand arbitre d'aujourd'hui et de demain [...]. Quoi qu'il arrive, le monde devra, dans les prochaines décennies, se soumettre à la volonté des États-Unis[31]. »

Pourquoi cet entêtement chez Darlan ? À la source de ce comportement, il faut voir en lui la volonté de défendre la légitimité du régime dont il est le numéro deux. Même s'il est moins idéologue que Pétain et s'il ne partage pas toutes les vieilles valeurs de la Révolution nationale, il défend avec force celle-ci. Son souhait est de construire un régime d'ordre, qui puisse rénover le pays et réaliser ce que la République a été incapable de faire. Darlan est celui qui donne une touche moderniste à Vichy, par l'intermédiaire des jeunes technocrates qu'il place aux postes de commande. En même temps, il a fortement contribué à aggraver la répression contre les résistants, les communistes, les francs-maçons (que Laval tente au contraire de protéger) et les Juifs, victimes du « second statut » préparé par son gouvernement en juin 1941.

La grande question est de savoir à quel moment la lucidité du géostratège a cessé d'être embrumée par ces considéra-

---

30. Rapport au Maréchal, 22 octobre 1941, *ibid.*, p. 410.

31. Lettre citée par Jean-Baptiste Duroselle, *op. cit.*, p. 289, et Robert Frank, « Vichy et le monde, le monde et Vichy », *op. cit.*, p. 113.

tions idéologiques de politique intérieure. À partir de quand Darlan a-t-il envisagé son ralliement aux Anglo-Saxons ? Hervé Coutau-Bégarie et Claude Huan situent cette évolution très tôt, trop tôt, à la fin de 1941.

Dès novembre, il est vrai, avant Pearl Harbor, Darlan, par l'intermédiaire d'un agent de l'Intelligence Service, fait poser la question suivante : « Essayez de savoir les sentiments britanniques à mon endroit. Si la guerre arrivait à une fin, refuseraient-ils de traiter avec un gouvernement français dont j'étais membre ? » Churchill, le 22 décembre, fait répondre qu'il ne peut y avoir de rencontre avec un gouvernement français qui aurait activement tenté d'empêcher la victoire britannique, mais que toute personnalité acceptant de prendre la tête de la flotte de Toulon pour rejoindre les ports de l'Afrique du Nord et de l'Ouest « trouverait une place honorable dans les rangs alliés ». Il n'est pas certain que le message ait jamais atteint Darlan. En janvier 1942, à la conférence Arcadia, Roosevelt fait la même réponse. Aucune suite n'est donnée.

Ces contacts montrent assurément un début d'évolution chez Darlan, mais rien de plus. Il est significatif de voir que l'amiral lui-même ne les envisage aucunement comme un retournement, comme un changement de camp. Dans son message, en effet, il se place dans la perspective de la fin du conflit et il raisonne en fonction de la légitimité gouvernementale et donc de la défense du régime de Vichy après les hostilités. Il ne propose en aucune façon de rentrer dans la guerre, la seule chose qui puisse intéresser les Anglo-Américains, comme ils le lui font dire. Ce contact révèle des interrogations, un doute, une précaution peut-être, mais ne saurait être considéré comme un signe précurseur de « ralliement », de « retour à l'alliance ». Après Pearl Harbor et l'entrée en guerre des États-Unis, Darlan est assurément décontenancé : les deux étapes qu'il prévoyait, la phase européenne et la phase intercontinentale, se télescopent, car ni la défaite de l'Angleterre ni celle de l'Union soviétique ne sont intervenues entre-temps. Sa conscience du changement dans les rapports des forces reste trouble cependant. À ses yeux, « l'Allemagne s'est usée », mais « les Anglo-Saxons ne sont pas prêts, ils ne le seront pas avant un an ». Morose et sceptique, il persiste malgré tout au début de 1942 dans son choix initial : « La meilleure éventualité serait celle qui nous permettrait de nous maintenir dans la position actuelle de neutralité avec efforts de rapprochements avec l'Allemagne et l'Italie en vue de la constitution de l'Europe future ; c'est malheureusement la moins probable[32]. »

Voilà donc un homme en plein désarroi qui continue de voir dans l'Axe le meilleur garant pour Vichy, mais qui, par son expérience de géostratège, et à la différence de Laval, ne croit plus vraiment à la victoire allemande. Ces interrogations sur l'issue de la guerre l'incitent sans doute en février ou en mars à demander à son fils et à l'amiral Fenard d'établir pour son compte des contacts avec Murphy, mais ses velléités ne se transforment toujours pas en volonté d'action. En ce début de 1942, c'est la logique politique qui l'emporte encore sur la logique militaire. Le IIIe Reich reste un bouclier non seulement pour protéger le régime, mais pour tenir les territoires français loin du conflit. La guerre reste l'ennemie principale pour Vichy, la guerre avec ses horreurs et ses germes de révolution, la guerre incarnée par les Anglo-Américains. Ainsi, Darlan veut « éviter que notre Afrique ne devienne le champ de bataille ». Voilà pourquoi il continue de favoriser le ravitaillement des forces de l'Axe, afin de leur permettre de tenir et d'empêcher les Anglais d'arriver à la frontière de Tunisie[33].

Il n'abandonne donc pas la politique de collaboration. Mais le cœur n'y est plus, d'autant qu'il est déçu par l'attitude de l'Allemagne qui refuse de récompenser sa bonne volonté : les contreparties politiques tant attendues ne sont pas accordées, malgré l'entrevue de Saint-Florentin entre Pétain et Goering le 1er décembre 1941. Darlan en vient à

---

32. Note de Darlan, janvier 1942, *in* Hervé Coutau-Bégarie et Claude Huan, *Lettres et notes de l'amiral Darlan*, *op. cit.*, p. 442.
33. Lettre de Darlan à Esteva, 2 janvier 1942, *ibid.*, p. 450.

douter à partir de mars-avril 1942 de la validité de la politique de neutralité, jugée désormais impossible, mais il ne sait comment la remplacer. Entre les deux autres solutions, il maintient sa préférence, rejetant encore le 9 avril la politique de rapprochement avec les Anglo-Saxons (« car les Allemands nous étoufferont »), et prônant toujours le rapprochement avec l'Allemagne, politique qui reste à ses yeux la solution « la moins mauvaise ». Critiqué pour ses échecs, il finit par se résigner au retour de Laval, du moins comme membre sinon comme chef du gouvernement[34].

Remplacé par Laval le 17 avril, Darlan a une attitude de plus en plus ambiguë. Son évolution est certaine, mais elle est contrecarrée par sa fidélité au régime. La bataille de Midway a beau achever de convaincre ce marin que les États-Unis vont gagner la guerre, il se laisse émouvoir par toutes sortes d'incidents qui entretiennent une animosité certaine entre les Américains et lui. Il envoie même un télégramme de félicitations à Laval pour le retentissant discours du 22 juin dans lequel celui-ci déclare souhaiter la victoire de l'Allemagne. En tournée en Afrique du Nord pendant l'été, loin de préparer son « retournement » du côté des Alliés, Darlan veille aux préparatifs militaires contre un éventuel débarquement et organise une « défense contre quiconque[35] ». Pourtant, il multiplie les ouvertures auprès des Américains : lors du départ de l'amiral Leahy en juillet, il lui dit bien qu'il rejettera ses compatriotes à la mer s'ils débarquent en France ou en Afrique du Nord avec quelques divisions seulement, mais que son attitude serait probablement différente s'ils arrivaient avec 500 000 hommes, 300 avions et 300 chars.

Avec l'été de 1942 commence pour Darlan une période de valse-hésitation, plutôt que de double jeu. Entre le préfé-

---

34. Notes pour le Maréchal, 3 avril et 9 avril 1942, *ibid.*, p. 491 et 500.

35. Voir la thèse de Christine Levisse-Touzé, « L'Afrique du Nord : recours ou secours. Septembre 1939-juin 1943 », Université de Paris I, 1990, p. 487-585.

rable (la victoire allemande) et le désormais probable (la victoire américaine, mais dans un délai imprévisible), il se situe difficilement. La marge de manœuvre est étroite. Se montrer trop partisan des futurs vainqueurs, c'est risquer de voir l'Allemagne encore puissante détruire le régime de Vichy, mais ne pas émettre de signaux du côté des Américains, c'est s'interdire la survie du régime après leur victoire. À l'automne de 1942, tout se passe comme si Darlan en était toujours à jouer la carte allemande, réservant pour plus tard le retournement éventuel lorsque la pression alliée sera la plus forte, ce qui n'est pas encore le cas à ses yeux. Voilà pourquoi, le 8 novembre 1942, il fait tirer sur les « agresseurs » anglo-américains en Afrique du Nord, dans la ligne d'une politique qu'il ne veut pas changer. Darlan est surpris par ce débarquement, qu'il considère comme prématuré et qu'il envisageait plus tard, en 1943. Il comprend qu'il ne s'agit pas d'une simple opération de commando et que les forces françaises ne sauront y « résister » seules. Mais il voit là une intervention militaire d'une envergure insuffisante pour faire basculer immédiatement le rapport des forces dans la guerre. Le 9 novembre, l'amiral donne la preuve éclatante qu'il n'a pas encore abandonné sa logique de 1940-1941. Dans un télégramme rédigé en dix points, il envisage sereinement parmi les solutions possibles une aide militaire allemande contre les attaquants alliés en Afrique du Nord. En échange de cette coopération franco-allemande, il souhaiterait obtenir le remplacement du statut de l'armistice par une « autre formule politique qui permettrait de recouvrer nos possibilités[36] ». Chez Darlan, l'obsession des « contreparties politiques » n'est donc pas morte ! Lorsque, le 10 novembre, il s'aperçoit que la lutte est vaine, il accepte non sans mal de donner l'ordre de cesser le feu. Puis, désavoué publiquement par Pétain (qui prend le commandement en Afrique du Nord et charge Noguès de le représenter), il

36. C. F. Caroff, *Les Débarquements alliés en Afrique du Nord (novembre 1942)*, Paris, Service historique de la Marine, 1960.

est prêt à annuler son ordre, mais sur la pression américaine, il se constitue prisonnier. C'est l'annonce de l'invasion de la zone sud par les Allemands qui achève de le persuader qu'il n'y a plus grand-chose à perdre. Le 11 novembre, il se rallie enfin aux Américains.

Darlan est sans doute un velléitaire, un homme hésitant, mais il y a chez lui une constante qui éclaire ses détours et explique pourquoi il a différé si longtemps son retournement : sa ferme volonté de sauver l'idéologie et le régime de Vichy. Son ralliement n'est qu'un changement de camp partiel. Si, abandonnant la neutralité, il choisit son camp militaire à la dernière minute seulement, quand il ne peut faire autrement, c'est qu'il n'a pas tout à fait abandonné son camp idéologique. Il n'est en effet pas sûr de souhaiter complètement la victoire des Alliés : il accepte celle des États-Unis peut-être, mais certainement pas celle des Anglais, qui favoriseront les résistants et de Gaulle, ni celle des Soviétiques, dont il craint, comme Laval, l'expansion en Europe. Aussi veille-t-il à « conserver la souveraineté du gouvernement français légal » et à négocier avec les Américains, « à l'exclusion des Anglais et des dissidents[37] ». L'amiral se proclame investi de l'autorité du Maréchal, désormais considéré comme prisonnier des Allemands, pour gouverner en Afrique au nom d'un régime maintenu. Bref, même à Alger, l'amiral ne fait pas la guerre, mais de la politique[38]. Quels que soient les commanditaires de son « exécution » le 24 décembre 1942 – monarchistes ? gaullistes ? Britanniques ? le mystère reste entier –, c'est bien l'homme de Vichy qui a été abattu.

---

37. Hervé Coutau-Bégarie et Claude Huan, *Lettres et Notes de l'amiral Darlan, op. cit.*, p. 595.
38. Voir la réaction de Clark : *Darlan, op. cit.*, p. 599.

Trois hommes, trois chronologies

Si Pétain, Laval et Darlan mettent différemment en musique des objectifs identiques, il est naturel que leurs relations mutuelles s'en ressentent et évoluent dans le temps. Le Maréchal a son charisme à défendre et son prestige de vainqueur de Verdun à conserver pour continuer de légitimer son pouvoir. Il lui faut donc à la fois éviter de dilapider ce capital précieux, en tenant compte des sentiments antiallemands de la population, et maintenir la collaboration avec l'Allemagne pour sauver son régime. C'est bien Pétain la figure centrale qui tient tous les fils de la logique de Vichy, comme l'atteste l'analyse de quelques moments clés des relations nouées et dénouées avec ses deux autres partenaires.

Pétain et Laval en décembre 1940

Le renvoi de Laval n'a pas remis en cause la politique de collaboration, et l'explication donnée par Pétain à Hitler, qui présente l'opération comme une simple affaire intérieure, est vraie pour l'essentiel. Mais il ne faudrait pas en déduire que les divergences en matière diplomatique n'ont joué aucun rôle. La grille de lecture ici proposée consiste précisément à analyser Vichy à travers les interférences entre la politique intérieure et la politique extérieure. Ce qui, dans le personnage de Laval, déplaît à Pétain, outre sa propension à ne l'informer de rien, son manque de respect à son égard et la fumée de ses cigares, c'est son impopularité. Le Maréchal connaît, grâce aux rapports des préfets, le revirement spectaculaire de l'opinion française contre la collaboration et en faveur des Anglais qui résistent si bien. Ce sentiment public n'atteint pas le chef suprême, mais il est temps qu'il se débarrasse de l'homme le plus détesté du régime. L'affaire du Tchad prend ici toute sa signification : toute collaboration militaire ouverte, toute tentative prématurée de reconquête des colonies dissidentes risquent d'entraîner la France dans une guerre refusée par les Français, de détruire le climat de confiance entre le chef de l'État et le peuple, de remettre en cause le cours de la Révolution nationale, dont Laval semble effectivement se moquer. Or, la collaboration d'État voulue par Pétain est celle qui doit lui permettre d'asseoir son autorité et celle de son régime, d'assurer sa popularité grâce aux contreparties attendues, d'enraciner l'œuvre de rénovation intérieure, et non celle qui conduit à un état de guerre auquel il a précisément mis fin en juin 1940. Vichy, c'est la paix, et non la guerre.

Pétain et Darlan en 1941-1942

La collaboration « subtile » à la Darlan convient parfaitement à Pétain, dans la mesure où elle se fait sur une « vaste échelle », pour reprendre l'expression de l'amiral, sans pour autant se donner en spectacle. Lorsque le nouveau vice-président est, au printemps de 1941, à son tour pris dans l'engrenage d'une collaboration quasi militaire, qui risque d'entraîner la France dans l'alliance et la guerre, le Maréchal paraît se servir de Weygand pour ralentir l'exécution des protocoles de Paris. Mais le Maréchal ne change pas de ligne pour autant : s'il accepte, quelques mois plus tard, de destituer Weygand, sur la demande pressante de Darlan, c'est qu'il espère obtenir ainsi les contreparties politiques et économiques si souvent demandées.

Lorsqu'il devient évident que les Allemands n'accordent rien, Pétain préfère constater l'échec de celui qui n'a pu arracher au Reich les compensations suffisantes, susceptibles d'enrayer la désaffection de l'opinion vis-à-vis de Vichy. En avril 1942, comme en décembre 1940, c'est encore la défense de sa popularité qui le pousse à congédier son vice-président du Conseil. En novembre, en condamnant le ralliement de Darlan aux Anglo-Américains, Pétain donne encore priorité à la survie et à la continuité de son régime en France. Aucun des télégrammes signés par lui ne montre de sa part un quelconque double jeu. Au contraire, tout est fait pour rassurer les Allemands sur la bonne foi de Vichy. C'est le but du voyage de Laval à Munich et de sa rencontre avec Hitler.

De nombreux témoignages montrent cependant un Pétain heureux et « guilleret » après le débarquement en Afrique du Nord. Il y a aussi ce fameux télégramme signé par Auphan le 13 novembre, qui ferait expressément état de l'« accord intime du Maréchal » avec l'attitude de Darlan à Alger, et sur lequel s'appuient les défenseurs de Vichy. Quand on lit son libellé exact (« Accord intime de Maréchal et Président mais décision officielle soumise à autorités occupantes »), on ne peut manquer de trouver curieux cet « accord » qui émane aussi de Laval et dépend d'une autorisation allemande ! Tout revient à sa juste mesure lorsque l'on sait que ce télégramme n'est pas destiné à Darlan, mais qu'il constitue une réponse à un télégramme de Noguès. Celui-ci vient d'expliquer qu'il remettait son autorité à l'amiral, qu'il avait obtenu des Américains le maintien des autorités vichyssoises en Afrique du Nord, et que tout était fait pour écarter le général Giraud du pouvoir afin de l'empêcher de guerroyer contre les Allemands en Tunisie[39]. L'« accord intime » n'implique pas un ralliement secret de Pétain (et de Laval !) aux Américains, loin de là, mais confirme une politique de neutralité bienveillante à l'égard de l'Allemagne.

Pétain continue donc de donner des gages au Reich, prenant ainsi le parti du moindre risque. Quelle que soit l'issue de la guerre – il n'est plus certain du succès final allemand, mais il ne semble pas qu'il croie encore, contrairement à Darlan, à une victoire américaine –, il a en main deux atouts, Laval à Vichy et Darlan à Alger, une « carte dans chaque camp[40] ». Il espère en effet une longue guerre d'usure, à l'issue de laquelle la France et lui joueraient le rôle d'arbitre. Cela ne signifie pas de sa part un double jeu, car Pétain continue de privilégier le camp qui garantit le mieux la pérennité du régime, contre les résistants et les gaullistes. Or, dans cette

---

39. Tous ces télégrammes sont reconstitués par C. F. Caroff, *op. cit.* Voir aussi Philippe Masson, « Darlan et l'Afrique du Nord », *Franco-British Studies*, n° 7, printemps 1989, p. 61-69 ; Robert Paxton, « Darlan, un amiral entre deux blocs », art. cité, p. 15-16.

40. Voir la phrase biffée de ses *Mémoires* par Charles de Gaulle : Jean-Baptiste Duroselle, *op. cit.*, p. 407 ; Marc Ferro, *op. cit.*, p. 457.

guerre civile qui va s'intensifier en France, l'aide est allemande, et l'obstacle anglo-américain.

Pétain et Laval en 1942-1944

De toute façon, à Alger, la carte Darlan disparaît à la Noël 1942. Laval reste à Vichy et, depuis son retour au pouvoir, un meilleur équilibre, on l'a vu, s'est installé entre Pétain et lui. Tout se passe comme si une distribution des rôles s'était instaurée entre les deux hommes. Laval, qui a plus d'égards pour le Maréchal qu'en 1940, comprend désormais qu'il lui faut assumer sa propre impopularité, qu'elle est même le prix à payer pour la popularité du chef de l'État, dernier fil qui relie les Français à un régime de moins en moins compris. Lui-même y trouve son compte sur le plan de sa propre logique : maintenir le prestige de Pétain, c'est rendre sa « grande politique » crédible auprès des Allemands, puisqu'il leur offre l'autorité d'un homme encore prestigieux, qui réussit à maintenir à leur service, d'une façon efficace, l'économie et la société françaises. De son côté, le Maréchal est moins exigeant qu'à la fin de 1940, en matière de popularité des hommes de son régime. Il ne croit plus que la Révolution nationale puisse encore lancer des offensives idéologiques. Le temps est maintenant à la défensive. Il faut sauver le régime, et il est urgent d'obtenir des occupants des contreparties concrètes, comme le retour des prisonniers. Aux yeux de Pétain, seul Laval peut réussir dans ce domaine.

Dès juin 1942, le nouveau jeu de rôles entre les deux hommes est manifeste. Laval soumet au Maréchal le texte de sa bientôt fameuse allocution, où initialement il disait : « Je crois à la victoire de l'Allemagne. » Pétain, lui faisant valoir qu'un civil ne saurait avancer un pronostic militaire, lui suggère de remplacer le « croire » par un « souhaiter ». Or, de son côté, le chef de l'État français se garde bien de formuler une prévision ou un vœu de ce genre. Tout en croyant encore aux vertus de la collaboration, Pétain fait tout pour détourner de lui l'impopularité croissante que cette politique suscite et pour la canaliser sur la personne du chef du gouvernement. Le Maréchal a contribué à créer le bouc émissaire.

Pendant l'opération Torch, sa prudence cache peut-être des sentiments, que Laval, toujours pro-allemand, ne partage sans doute pas. Mais les deux hommes gèrent la crise ensemble, selon la logique vichyssoise de la neutralité dissymétrique : ordre a été donné de tirer sur les Anglo-Américains en Afrique du Nord, et non sur les Allemands qui envahissent la zone sud ainsi que la Tunisie. Pétain résiste à la demande allemande de déclaration de guerre contre les États-Unis et la Grande-Bretagne, et Laval n'insiste pas pour le convaincre du contraire.

Pétain a évolué moins vite que Darlan, mais plus rapidement que Laval. Sa tentative de grève du pouvoir à la fin de 1943 l'atteste et montre qu'il croit désormais à la victoire des nations alliées. Mais il s'incline finalement devant le Reich, et la différence d'opinion qu'il a par rapport au chef du gouvernement ne se manifeste pas en action. Laval continue de jouer la carte allemande par fidélité, Pétain par impuissance, faute de trouver une meilleure solution pour sauver le régime. Pourtant, resté prisonnier de l'engrenage dans lequel il s'est installé, il se met encore à rêver en octobre 1943. D'après des renseignements parvenus en Grande-Bretagne, il attend la libération de la France et reste persuadé que la plus grande partie de la population se ralliera alors à lui[41]. Il se considère comme l'homme de la situation, seul capable d'atténuer les malheurs de la guerre revenue sur le territoire métropolitain, d'éviter en France la guerre civile ouverte et d'empêcher la prise du pouvoir par les communistes. Il pense que cette capacité devrait lui conférer une certaine légitimité auprès des Américains[42]. L'illusion est totale[43], mais l'obsession première reste : sauver son État,

---

41. Lettre de Gascoigne, consul général britannique à Tanger, à Roberts, Foreign Office, 18 octobre 1943, PRO, FO 371/36 107 A, Z 11 050/11 050/17.

42. Cf. Marc Ferro, *op. cit.*, p. 554.

43. Sur la lettre de Gascoigne déjà citée, des annotations montrent

l'État français. On comprend mieux les phrases sibyllines qu'il prononce en avril 1944 dans la capitale : « [...] c'est une première visite que je vous fais. J'espère bien que je pourrai venir facilement à Paris, sans être obligé de prévenir mes gardiens. Je viendrai, je serai donc tout à l'aise. Et alors aujourd'hui, ce n'est pas une visite d'entrée dans Paris que je vous fais, c'est une petite visite de reconnaissance. [...] Alors, à bientôt, j'espère... » Le Maréchal rêve. Ce qui ressemblait à de la *Realpolitik* était en fait complètement déconnecté de la réalité.

L'analyse des liens entre la politique intérieure et la politique extérieure de Pétain, de Laval et de Darlan permet de plonger dans les profondeurs de la schizophrénie vichyssoise. Si l'on réduit l'erreur de ces hommes au pari de 1940, à savoir leur certitude de la victoire allemande, on ne comprend pas bien Vichy. Ce calcul semble réaliste en 1940, et c'est la prophétie de guerre mondiale formulée par de Gaulle, à un moment où elle ne l'est pas, qui paraît folle. Mais en 1942, au moment du grand tournant ? En 1943 ? En 1944 ? Peut-on encore parler de sage réalisme ? En fait, la décision de 1940 n'est pas seulement un pari, elle est aussi un choix politique, conduit jusqu'au bout, même lorsque le pari s'avère perdu, un double choix qui se transforme en engrenage : un choix de régime et un refus de voir la France plonger dans la guerre mondiale. Cette stratégie n'est aucunement une politique attentiste. Le mot ne convient pas, sauf peut-être pour Darlan entre le 9 et le 11 novembre 1942. Lorsque les défenseurs de Vichy relisent son histoire à la lumière d'une *Realpolitik* qui tente de sauver ce qui pouvait l'être, en attendant la victoire des Alliés, ils s'adonnent à un raisonnement téléologique : tout aurait été fait en fonction de cette finalité, l'attente de cette libération et de cette victoire. C'est

---

bien l'opinion que le Foreign Office a de Pétain en octobre 1943 et de sa capacité à rallier les Français : « Il est en dehors de ce qu'est l'opinion publique française ; il vit dans son monde. Sa vanité et sa complaisance sont immenses. Mais il ne compte pour rien en France aujourd'hui. »

oublier qu'à Vichy la libération était la chose la plus redoutée : elle ramenait la guerre en France et risquait d'emporter le nouveau régime. Ni Pétain, ni Darlan, ni Laval, ne souhaitent par ailleurs la victoire de l'Angleterre et de l'Union soviétique. Des États-Unis à la rigueur, pour Darlan à la fin de 1942, pour Pétain en 1943 ou 1944. À se demander si ces deux hommes ne se sont pas mis alors à imaginer une guerre irréelle où Allemands et Américains seraient dans le même camp, contre tous les vrais ennemis de Vichy, les Anglais, les résistants, les Juifs, les communistes et l'Union soviétique. La neutralité de Vichy, c'est le refus de la guerre mondiale, mais non de la guerre idéologique. En croyant pouvoir dissocier ces deux guerres, pour se légitimer et se sauver, le régime a imaginé une réalité qui n'existait pas.

Cette dissociation des deux guerres est le fondement de la politique de Vichy qui œuvre pour une Europe allemande, tout en espérant un adoucissement du blocus anglais, qui souhaite la victoire du Reich tout en essayant d'attirer les bonnes grâces des Américains, puis qui se résigne au succès militaire des États-Unis mais non à celui de l'Union soviétique. La logique est la même chez les trois hommes. C'est, au fil des ans, l'appréciation du cours des événements extérieurs qui diffère. L'affaire de la flotte de Toulon en novembre 1942 illustre bien à la fois ce qui fait l'unicité et la diversité des trois comportements. À partir d'Alger, Darlan lance un appel à l'amiral Laborde pour qu'il fasse venir la flotte en Afrique occidentale ; Pétain ordonne qu'elle se saborde, ce qu'elle fait ; Laval essaie au contraire à la dernière minute de la sauver pour qu'elle tombe aux mains des Allemands et qu'il puisse négocier le prix de cette prise. En fait, derrière ces trois attitudes opposées, il y a le même « vichycentrisme », la même volonté de sauver le régime : pour Darlan sous l'aile protectrice des Américains, pour Laval sous celle de l'Allemagne, pour Pétain sous la sienne propre, quel que soit le sens des vagues d'une guerre qu'il n'a jamais voulu regarder en face.

La collaboration d'État

Robert O. Paxton

C'est en 1968 que Stanley Hoffmann lança l'expression « collaboration d'État » pour mieux distinguer les différents mobiles de la coopération offerte par la France à l'Allemagne nazie après la défaite de juin 1940[1]. Certains Français travaillèrent avec l'occupant pour des raisons de sympathie idéologique. Hoffmann les appelle « collaborationnistes[2] ». Mais l'« attirance pour l'Allemagne nazie était rarement la raison dominante de la collaboration des Français[3] ». Une deuxième catégorie d'entre eux recherchait dans la collaboration un avantage personnel. Restait un troisième mobile très important, « la collaboration avec l'Allemagne pour des raisons d'État, c'est-à-dire pour sauvegarder les intérêts français en nouant des relations d'État à État entre la puissance vaincue et son vainqueur », ce que Hoffmann appela la « collaboration d'État ».

D'une certaine façon, la collaboration d'État commença en France dès la proclamation de l'armistice. Une coopération effective entre une armée d'occupation et les autorités du pays occupé est implicite dans toute occupation militaire. À moins que la population occupée ne choisisse de rendre la vie impossible à l'armée occupante (ce qui signifie supporter l'insécurité, expérience que peu de sociétés modernes acceptent de bon cœur), les forces d'occupation et le pays

---

1. *Journal of Modern History,* vol. 40, n° 3, septembre 1968, p. 377 ; version française *in* Stanley Hoffmann, *Essais sur la France : déclin ou renouveau ?*, Paris, Le Seuil, 1974, p. 44.
2. L'expression « collaborationniste » est utilisée pour la première fois par Marcel Déat dans un article de *L'Œuvre* du 4 novembre 1940.
3. Stanley Hoffmann, *op. cit.,* p. 43.

occupé doivent coopérer au moins dans les domaines pratiques afin de fournir à chacun, soldats d'occupation et autochtones, les conditions essentielles à une vie normale.

L'expression « collaboration » apparaît explicitement dans l'article 3 de la convention d'armistice signée par la France et l'Allemagne le 22 juin 1940. Le gouvernement français s'y engage à donner des instructions aux organismes d'État et aux fonctionnaires afin que soit appliquée en zone occupée une collaboration loyale vis-à-vis des autorités militaires allemandes.

Les autres pays occidentaux occupés par les armées de Hitler pratiquèrent aussi, naturellement, la collaboration d'État. En vérité, nous ne pouvons vraiment comprendre la situation française qu'en faisant des comparaisons. Dès avant 1939, les gouvernements des Pays-Bas et de la Belgique avaient rédigé des principes de conduite à l'usage des fonctionnaires éventuellement amenés à travailler dans des territoires occupés par les Allemands. Aux Pays-Bas, si le gouvernement partait s'installer à l'étranger, il était prévu que les secrétaires généraux resteraient sur place et feraient fonctionner chaque ministère. On indiquait aux fonctionnaires qu'il serait légitime et même nécessaire d'assurer les services essentiels, mais non d'offrir volontairement une aide supplémentaire à l'occupant. Après la guerre, seuls ceux qui avaient manifesté un zèle superflu furent sanctionnés[4].

La France de Vichy ne fut pas le seul pays occidental occupé dans lequel le chef de l'État et le gouvernement restèrent sur place. Cela fut vrai aussi pour le Danemark par exemple, où le Premier ministre Thorvald Stauning pratiqua la collaboration d'État sous la forme d'une coopération économique développée. Le Danemark adhéra même au pacte anti-Komintern en novembre 1941, ce que ne fit pas Vichy.

De même, la France ne fut-elle pas la seule à avoir deux gouvernements : l'un installé en pays occupé, l'autre à

4. Werner Warmbrunn, *The Dutch under German Occupation, 1940-1945,* Stanford, Californie, Stanford University Press, 1963, p. 121-122.

l'étranger, et qui se contestèrent leur légitimité. Cependant en Norvège, le gouvernement Quisling ne reçut jamais le même soutien que la population réserva au maréchal Pétain. Il est vrai qu'en France la question de savoir où se trouvait le pouvoir légitime était particulièrement ambiguë. Non seulement le gouvernement de Vichy détenait une sanction légale qui lui avait été donnée par l'Assemblée nationale, émanation du suffrage universel, mais le vote de l'Assemblée, le 10 juillet 1940, avait accordé à une écrasante majorité les pleins pouvoirs constituants au maréchal Pétain. Le fait que le gouvernement fût localisé en zone non occupée, situation unique en Europe, lui laissait quelque autonomie et augmentait ses prétentions à la légitimité.

Rester sur place et partager les souffrances de la population représentait de puissants arguments moraux que renforçait cette semi-indépendance. Notons que quelques résistants éprouvèrent de la fierté à rester en France et à partager avec leurs compatriotes les duretés de l'occupation[5].

Deux traits attestent la singularité de la situation française par rapport à celle des autres pays de l'Europe occidentale occupée. D'abord, la France de Vichy ne se contenta pas de subir la collaboration technique découlant inévitablement de la présence des troupes d'occupation sur son territoire, mais elle pratiqua volontairement la collaboration d'État[6]. Le gouvernement de Vichy entendait affirmer sa souveraineté ainsi que prévu à l'article 3 de la convention d'armistice, même s'il devait pour cela assumer des besognes déplaisantes. Mais allant plus loin, il essaya de replacer la convention d'armistice dans une association plus large avec l'Allemagne victorieuse. Nous reviendrons sur ce point essentiel.

Ce qui fait de la France un cas véritablement unique en Europe occidentale occupée, c'est que le chef de l'État français et son gouvernement à Vichy aient procédé à un changement de régime politique alors que le pays était sous le

---

5. Jean Lacouture, *De Gaulle,* t. I, *Le Rebelle,* Paris, Le Seuil, chap. XXXIV, concernant Henri Frenay.

6. Stanley Hoffmann avait déjà fait cette distinction.

coup d'une occupation par des forces étrangères. En d'autres termes, la France de Vichy non seulement se livra à une collaboration par l'intermédiaire des services publics, mais elle profita également des circonstances de cette occupation étrangère pour mener à bien une révolution politique intérieure. Cela est pratiquement sans équivalent en Europe occupée. Le régime de Quisling en Norvège ne bénéficia jamais d'une position politique suffisamment solide pour accomplir une « Révolution nationale ». Deux autres États, nouvellement créés en Europe orientale, la Slovaquie et la Croatie, furent les seuls en dehors de la France à profiter de l'occupation allemande pour effectuer, eux aussi, un changement radical dans la manière de gouverner.

La plupart des ouvrages s'efforçant de justifier Vichy ignorent la différence essentielle qui distingue l'exercice d'une simple administration d'une révision constitutionnelle. Cette ignorance, cultivée pendant et après les événements, est à l'origine en France d'une équivoque sur ce qu'aurait dû être le comportement des fonctionnaires et autres hommes publics pendant l'occupation nazie. Bien entendu, il existe de puissants arguments en faveur de la continuité du fonctionnement des services publics, dans l'intérêt même des citoyens, à moins que la population ne préfère refuser toute coopération avec les forces d'occupation et n'en accepte les conséquences (ce qui eût été le parti le plus héroïque[7]). Mais fallait-il – alors que la nation était sous la botte de l'ennemi (en vérité, c'était le comble de l'imprudence, sinon pis encore) – qu'un gouvernement en place profite de la situation pour instaurer un nouveau régime, purger la classe politique et imposer une idéologie nouvelle ? La variante française de la collaboration d'État a donc eu dès l'origine une coloration idéologique puisque le nouvel

---

7. Les souffrances supportées par la Belgique et le Nord de la France en 1914 où l'industrie cessa de fonctionner pendant l'occupation allemande et où la population endura une longue période de pénurie ne furent pas sans effet sur la décision prise en 1940 de maintenir le fonctionnement de l'économie en état de marche.

État s'était embarqué dans une « Révolution nationale » et ne s'était point limité à assurer la continuité des services publics essentiels.

La logique de la collaboration d'État

L'armistice franco-allemand du 22 juin 1940 repose sur le choix entre deux voies conduisant au renouveau de la France. Les éléments de ce calcul apparaissent très clairement dans les discussions qui s'engagèrent à propos de l'armistice tandis que le gouvernement français, après avoir quitté Paris le 10 juin 1940, se repliait d'un château de la Loire à l'autre. Les partisans de l'armistice soutenaient que vouloir continuer la lutte contre l'Allemagne à partir d'une base étrangère et participer avec les Britanniques à une entreprise de libération du sol national équivaudraient à replonger les Français, et pour longtemps, dans ce qui constituerait une répétition de la guerre des tranchées de 1914-1918, en pis encore, puisque les gaz qui pouvaient être utilisés contre les populations civiles et les bombardements aériens étaient venus s'ajouter à l'arsenal des belligérants. Lorsque le cabinet se retrouva le 13 juin au château de Cangé, près de Tours, le maréchal Pétain insista sur le coût d'une libération par les armes : « Le renouveau français, il faut l'attendre en restant sur place, plutôt que d'une conquête de notre territoire par des canons alliés dans des conditions et dans un délai impossibles à prévoir[8]. »

Une libération par les armes entraînerait non seulement des destructions mais aussi la révolution, comme en 1917. Au fil des années trente, les conservateurs avaient eu de plus en plus tendance à penser qu'utiliser la force contre Hitler c'était mener la « guerre de Staline[9] ». Les amiraux de la marine

8. Marc Ferro, *Pétain,* Paris, Fayard, 1987, p. 76.
9. Cf. Charles A. Micaud, *La Droite devant l'Allemagne,* Paris, Calmann-Lévy, 1945, qui explore ce thème dans la presse.

française (restée indemne) croyaient, eux aussi, que l'armistice était « indispensable militairement et *socialement*[10] ». Choisir la voie de l'armistice dans l'intérêt d'un renouveau français, c'était déjà faire preuve de préférences idéologiques.

Les collaborationnistes accusèrent toujours Vichy de manquer de la grandeur d'esprit, de la « flamme » et de l'imagination créative indispensables pour unir et rajeunir le peuple français et pour lui forger une « âme » nouvelle comme Hitler l'avait fait en Allemagne. Ils reprochaient au gouvernement de Vichy de se conduire en maquignon dont le seul but était de conclure un vulgaire marché d'État à État[11]. La collaboration d'État a peut-être été davantage une affaire de raison que de sentiments, mais elle n'était pas dégagée de toute valeur politique et sa frontière avec le collaborationnisme était perméable.

Les adversaires de la IIIe République comprirent en juin 1940 que l'occasion historique d'un changement fondamental en France était à portée de main. Selon le ministre des Finances, Yves Bouthillier, « le destin ménagea à la France l'épreuve et la pause de 1940 ». Bouthillier pensait que le maréchal Pétain avait deux idées pour exploiter cette « pause » de façon constructive : rassembler la nation « brusquement dissociée par le coup », « refaire l'État effondré » et veiller à ce que « les Français tirassent la leçon du désastre[12] ». Dans cette perspective, après la défaite de 1940 en France, la raison d'État appelait une nouvelle politique et une nouvelle société : une « Révolution nationale ». Mais ce nouveau régime pourrait être mis en place seulement grâce

---

10. Télégramme du 22 juin 1940, rédigé par l'amiral Auphan et diffusé dans la marine par son commandant en chef, l'amiral Darlan, *in* Hervé Coutau-Bégarie et Claude Huan, *Darlan,* Paris, Fayard, 1989, p. 248 (c'est nous qui soulignons).

11. Cf. Jacques Benoist-Méchin, *De la défaite au désastre,* t. I, *Les Occasions manquées. Juillet 1940-avril 1942,* Paris, Albin Michel, 1984. Il imagine Pétain discutant les protocoles de Paris : « Je veux bien les aider, mais qu'ils me payent », vol. I, p. 161.

12. Yves Bouthillier, *Le Drame de Vichy,* t. II, *Finances sous la contrainte,* Paris, Plon, 1951, p. 8.

aux circonstances particulières offertes par la pause : discrédit momentané de la classe politique républicaine, protection contre les perturbations et les pressions révolutionnaires qu'aurait entraînées la poursuite de la guerre. Seule une stratégie de coopération avec le vainqueur permettrait à cette précieuse « pause » de perdurer.

La clé de voûte de la collaboration d'État reposait sur la neutralité des Français. C'est sur ce point que les nazis et Vichy comprirent que leurs intérêts coïncidaient de la façon la plus réaliste. Vichy voulait épargner au peuple français de nouvelles souffrances semblables à celles de 1914-1918 et consacrer son énergie à la Révolution nationale ; Hitler voulait priver les Alliés du potentiel militaire français, c'est-à-dire de ses hommes jeunes, de ses ressources économiques, de sa flotte, de son Empire et, bien entendu, exploiter tous ces atouts pour son propre effort de guerre.

Mais la neutralité devint de plus en plus difficile à sauvegarder.

Le gouvernement de Vichy, tout en s'efforçant d'accéder à un statut meilleur dans la nouvelle Europe – ce qui le mettait dans la situation d'aider à l'effort de guerre allemand –, n'envoya jamais de forces françaises de métier combattre aux côtés des troupes allemandes (même si Bridoux, le ministre de la Guerre de Laval, chercha à officialiser la LVF en la rebaptisant Légion tricolore, et s'il envoya en 1943 des volontaires sous l'uniforme allemand combattre en Tunisie[13]). La France de Vichy ne déclara pas non plus la guerre aux Alliés. Mais elle fournit aux Allemands une aide importante en matériel et combattit les Alliés de son côté, comme ce fut le cas en Syrie en juin 1941, à Madagascar en mai 1942, et en Afrique du Nord en novembre 1942. Afin d'éviter d'être entraîné dans la guerre et pour maintenir les deux belligérants hors du territoire français, Vichy poursuivit sa politique de « défense tous azimuts ».

---

13. Robert O. Paxton, *Parades and Politics at Vichy. The French Officer Corps under Marshal Pétain*, Princeton, N. J., Princeton University Press, 1966, p. 273-277 et 396-397.

En théorie, pour Vichy, une politique de défense tous azimuts signifiait combattre toute forme d'invasion étrangère, qu'il s'agisse des Alliés ou de l'Axe, et contenir tous les belligérants hors du sol français. En réalité, cependant, cela signifiait combattre les Alliés. Les développements de la guerre faisaient de ces derniers une menace plus redoutable pour la neutralité française que les Allemands. En effet, si Hitler – en contradiction avec certains de ses conseillers – n'accepta jamais que la France devienne une partenaire à part entière, les Alliés, quant à eux, cherchèrent par tous les moyens à entraîner la France – ou tout au moins une partie de l'Empire français – dans une participation active à la guerre contre Hitler. Depuis que les Alliés étaient en meilleure position que les Allemands, géographiquement, pour s'introduire dans l'Empire français, ils devenaient une menace croissante pour la neutralité de Vichy. Or, alors que ses forces armées se battirent plusieurs fois contre les Alliés, aucun coup de feu ne fut jamais tiré contre les « forces de l'Axe » qui avaient pourtant pénétré sur des territoires français jusque-là inoccupés (en Indochine en 1940, en Syrie en mai 1941, en Tunisie en novembre 1942, et dans la zone « non occupée » du sud de la France en novembre 1942). Tandis qu'évoluait le cours de la guerre, la neutralité de Vichy s'exerçait donc de plus en plus unilatéralement.

La collaboration d'État misait aussi sur le pari que Hitler, grâce aux efforts déployés par Vichy pour défendre sa neutralité, pourrait être amené à accepter une sorte d'association avec une France soumise à une forme d'autorité nouvelle mais pacifique et purgée de sa belliqueuse république. Cette image d'un Führer nazi épris de pragmatisme n'était pas entièrement fausse. Partout en Europe occupée, Hitler préférait avoir affaire à des notables locaux et dotés de sens pratique plutôt qu'aux nazillons du cru, marginaux, exigeants et qui se figuraient que « c'était arrivé » : le maréchal Antonesco plutôt que la Légion de l'archange Michel ; l'amiral Horthy plutôt que les Croix fléchées ; une administration allemande plutôt que Mussert en Hollande ou Quisling en Norvège. En France aussi, et jusqu'aux derniers mois, alors que cela n'avait plus d'importance, Hitler préféra traiter avec des hommes doués de pragmatisme et dont la réputation bien établie n'était pas entachée de sympathie pour le national-socialisme, tels le maréchal Pétain, Laval et Darlan, plutôt qu'avec d'encombrants collaborationnistes dépourvus d'assises politiques.

Le « marchandage » franco-allemand se trouva biaisé cependant, en raison de l'extrême inégalité des parties en présence. Le poids de l'Allemagne à la table des négociations reposait sur une force physique supérieure, même si cette supériorité a toujours été exagérée par Vichy et ses défenseurs. Il est vrai que les Allemands disposaient de la force pour s'emparer de tout ce qu'ils voulaient même quand le gouvernement de Vichy n'était pas d'accord : l'histoire de l'Occupation est remplie de ce genre d'exigences sous la forme de « faits accomplis ». L'absurde coût de l'occupation dont le montant avait été fixé à 400 000 000 de francs par jour et le taux de change de 20 francs pour un mark, n'en sont que deux illustrations parmi beaucoup d'autres.

Mais les avantages tirés de l'armistice par le vainqueur ne reposaient pas sur le seul droit du plus fort. L'Allemagne réalisait une sérieuse économie puisque la France, bien qu'occupée, avait l'autorisation de s'autoadministrer, maintenant l'ordre elle-même, produisant pour l'économie de guerre allemande, protégeant son Empire et sa flotte contre les Alliés, et tout cela sans que Hitler, qui s'en réjouissait, eût à débourser un seul mark et en n'immobilisant qu'une très modeste force d'occupation constituée de troupes de second ordre [14]. Vichy s'était vu accorder en échange la permission de maintenir la France hors de la guerre et d'exercer les pouvoirs relativement étendus d'un gouvernement auto-

14. Selon Rita Thalman, *La Mise au pas : l'idéologie et stratégie sécuritaire dans la France occupée*, Paris, Fayard, 1991, p. 11, les effectifs des autorités d'occupation ne dépassaient jamais 40 000 personnes. L'âge moyen des troupes d'occupation était de 48 ans. Bernd Kasten, *« Gute Franzosen » : Die französische Polizei und die deutsche Besatzungsmacht in besetzten Frankreich, 1940-1944*, Sigmaringen, Jan Thorbecke Verlag, 1993, p. 56.

nome. Nous savons que Hitler avait fait ce calcul, car c'est précisément dans ces termes que, le 18 juin 1940, il expliqua sa politique d'armistice à Mussolini [15].

Cela signifiait que les dirigeants allemands avaient accepté certaines limites à l'exploitation de la France par l'Allemagne. Le général Otto von Stülpnagel, commandant en chef des forces d'occupation allemandes en France de juillet 1940 à février 1942, était un officier de l'ancienne école qui, en homme scrupuleux, avait mis ses supérieurs en garde contre le danger consistant à pressurer la France trop durement. Dans une note au général Jodl, en date du 14 septembre 1940, Stülpnagel exprimait ses craintes relatives à un rapide épuisement économique de la France occupée. Envisageant l'éventualité d'une fuite de Pétain vers l'étranger, il prévoyait le coût plus élevé que représenterait une occupation totale de la France par l'Allemagne, laquelle perdrait, de surcroît, le bénéfice des approvisionnements en provenance de l'Afrique du Nord française. « Si l'on veut que la vache donne du lait, il faut la nourrir [16]. » Hitler lui-même utilisa ces arguments comme prétexte pour refuser de satisfaire les convoitises de ses alliés relatives à des territoires français [17]. Le jeu de Vichy, en pratiquant la collaboration d'État, avait pour but d'accroître chez Hitler le sentiment qu'une certaine modération dans ses relations avec la France ne présenterait que des avantages.

---

15. *Documents on German Foreign Policy,* Series D, vol. IX, n° 479.

16. Tribunal militaire international de Nuremberg, vol. XXXVI, p. 480 *sq.,* cité par Eberhard Jäckel, *La France dans l'Europe de Hitler,* Paris, Fayard, 1968, p. 139.

17. Le 28 novembre 1941, Hitler expliquait au chef de la population arabe de Palestine [le grand mufti de Jérusalem] Hadj Amin el-Husseini, qu'il ne ferait aucune déclaration officielle en faveur de l'indépendance de la Syrie, craignant que cela n'incite davantage de responsables français à rejoindre de Gaulle, ce qui l'entraînerait à mobiliser plus de troupes à l'Ouest. Cf. Andreas Hillgruber éd., *Les Entretiens secrets de Hitler. Septembre 1939-décembre 1941,* Paris, Fayard, 1969, p. 674.

L'ennui, c'est que, après la relative modération de l'armistice proprement dit, Hitler devint plus intransigeant envers la France, d'abord dans l'euphorie de ses succès et plus tard sous la pression des difficultés. Même si, à l'automne de 1940, il flirta brièvement avec la France à l'occasion de l'entrevue de Montoire, Hitler ne laissa jamais espérer à ces Français abhorrés qu'ils obtiendraient le bénéfice d'une association plus étroite avec les forces de l'Axe ni même une quelconque rémission des peines de l'occupation[18]. Goering et Ribbentrop se faisaient en général les fidèles échos des sentiments vengeurs de leur Führer. Juste après Montoire, Ribbentrop, commentant un projet de note pour la presse qui lui avait été soumis et où il était question de l'« amitié » franco-allemande, inscrivait dans la marge un point d'interrogation assorti de la réflexion suivante : « La France doit supporter les conséquences de la guerre[19]. »

Malgré l'absence de soutien au sommet, il y avait d'autres sensibilités parmi les responsables allemands qui étaient favorables à une sorte d'entente avec la France : qu'il s'agisse, selon le raisonnement de Stülpnagel, de ne pas tarir la vache à lait, ou de rêver à une réconciliation franco-allemande – sous le contrôle allemand, bien sûr – comme le souhaitait l'ambassadeur Otto Abetz, ou encore du désir de certains chefs militaires comme l'amiral Erich Raeder, commandant en chef de la marine allemande, et le général Walter Warlimont, adjoint au commandant des forces armées allemandes (OKW), qui auraient voulu associer la France à une stratégie méditerranéenne. Aucun de ces courants n'eut d'effet sur la politique allemande. Du côté allemand, les décisions au jour le jour étaient confiées à l'initiative de redoutables adminis-

---

18. Cf. Eberhard Jäckel, *op. cit.* Une étude qui fait autorité en la matière.

19. Eberhard Jäckel, *op. cit.*, p. 181. Personnage très inconstant, Ribbentrop soufflait le chaud et le froid. Il surprit Darlan lors de la visite que fit ce dernier en Allemagne les 11 et 12 mai 1941, en demandant que les Français optent ouvertement pour la guerre contre les Anglais. *Ibid.*, p. 239.

trateurs tel ce Franz Richard Hemmen, délégué aux affaires économiques à la Commission d'armistice. Celui-ci savait que l'exploitation sans merci de l'économie française ne serait pas désavouée en haut lieu et servirait probablement son avancement[20]. Le Gauleiter de la Lorraine annexée, Joseph Bürckel, faisait le même calcul. Ainsi le durcissement de la politique de l'Allemagne envers la France était-il la conséquence non seulement de la haine de Hitler, mais aussi de cette « polycratie » (ou dispersion de l'autorité accompagnée d'une âpre compétition parmi les subordonnés), mise en valeur par certains historiens contemporains[21]. Les pressions de la guerre aidant, l'Allemagne nazie pratiqua une constante escalade dans la dureté.

De l'autre côté de la table des négociations, l'arme la plus redoutable de Vichy reposait dans la menace de renoncer aux dispositions de l'armistice, en déplaçant le gouvernement outre-mer et en laissant aux Allemands le soin d'administrer eux-mêmes – avec les frais que cela entraînerait – une France chaque jour plus mécontente. Jamais les responsables de Vichy n'osèrent brandir pareille menace, et encore moins la mettre à exécution. Le maréchal Pétain avait décidé de rester en France et d'y exercer son autorité coûte que coûte. Il demeura persuadé jusqu'à la fin qu'il sauvegardait quelque chose. Peu importait dans ces conditions que les Allemands violassent sans vergogne les conventions de l'armistice (ce qu'ils firent dès les premiers jours qui suivirent leur signature[22]), Vichy ne put ou ne voulut pas jouer sa seule carte maîtresse.

---

20. Dans un mémorandum à Ribbentrop daté du 6 février 1942, Hemmen, rendant compte de ses succès, s'exprime précisément en ces termes : cf. Tribunal militaire international de Nuremberg, document PS-1988, t. VI, 1947, p. 36.

21. Martin Broszat éd., *Der Staat Hitlers,* Munich, Deutschen Tachenbuch Verlag (DTV), 1969. Trad. franç., *L'État hitlérien : l'origine et l'évolution des structures du IIIe Reich,* Paris, Fayard, 1985.

22. En 1940 déjà (et indépendamment de certaines « interprétations » abusives d'articles figurant dans la convention d'armistice, tels que la fixation du coût de l'occupation et de la ligne de démarcation),

Cela ne laissait à Vichy que bien peu de latitude d'action. Certaines exigences ponctuelles purent être rejetées unilatéralement. Ce fut le cas lorsque Hitler demanda le droit de disposer de bases aériennes au Maroc, le 15 juillet 1940, mais, par ailleurs, le refus unilatéral n'eut aucun succès lorsque le gouvernement français interrompit très brièvement le paiement des frais d'occupation le 1er décembre 1940[23]. Un autre recours, d'ordre légal, consistait à demander que la convention d'armistice soit respectée à la lettre : la délégation française auprès de la Commission d'armistice utilisa cet argument à l'appui de son énergique protestation, le 18 novembre 1940, à l'encontre de la récente expulsion des Français de Lorraine en arguant que cette mesure était en contradiction avec le « droit des gens », l'armistice et la politique de collaboration. La Commission d'armistice rejeta ce document en invoquant sa « formulation inacceptable » et son « ton déplacé[24] ». Cette procédure fut de moins en moins utilisée au fur et à mesure que déclinait l'importance de la Commission d'armistice et que le marchandage se substituait à une stricte application des textes. Une autre tactique consistait à consentir des concessions de manière unilatérale afin d'améliorer le climat général. À l'automne de 1940, Laval inaugura cette façon de faire en abandonnant aux Allemands, sans discuter, les intérêts français dans les mines de Bor en Yougoslavie ainsi que l'or confié à la France par les Belges en mai 1940. Flandin et Darlan firent eux aussi des concessions sans contreparties, comme nous le ver-

---

les principales et incontestables violations consistèrent à détacher du reste de la France les départements du Nord et du Pas-de- Calais, la zone interdite, l'Ostland, à annexer effectivement l'Alsace et une partie de la Lorraine en expulsant les habitants de cette dernière. En novembre 1940, on savait pertinemment que les termes de l'armistice n'offraient pas la moindre garantie pour la France.

23. Délégation française auprès de la Commission allemande d'armistice [DFCAA], *Recueil de documents publiés par le gouvernement français,* Paris, Imprimerie nationale, 1952, t. III, p. 133-138.

24. Eberhard Jäckel, *op. cit.,* p. 191, et aussi DFCAA, 1950, t. II, p. 382-385.

rons. Un autre procédé encore consistait à avertir les Allemands que leurs exigences profiteraient aux Alliés. Il y eut quelques exemples de longs marchandages qui permirent de bloquer ou de retarder certaines requêtes allemandes. Mais aucune de ces armes ne fut très efficace.

La stratégie de Vichy aurait pu offrir des avantages si certaines hypothèses de base avaient été exactes, à savoir que la guerre était finie ou finirait très vite, puisque les Britanniques ne pourraient tenir encore longtemps et que les Allemands avaient gagné ; qu'une victoire britannique présenterait plus d'obstacles à un renouveau fondamental de la France qu'une victoire allemande. On tenait pour acquis, en outre, que ni l'Union soviétique ni les États-Unis n'entreraient dans le conflit avec des forces suffisantes pour remettre en question l'équilibre stratégique assurant la future domination de l'Europe par l'Allemagne.

Cependant, avant que ne s'achève l'été de 1940, ces présomptions furent sérieusement mises à mal à plusieurs égards. La Grande-Bretagne survivait, elle était même en train d'acquérir la suprématie aérienne au-dessus de son île. La guerre entre la Grande-Bretagne et l'Allemagne n'était pas terminée. La Grande-Bretagne et la France de Vichy se trouvaient *de facto* en situation de guerre ouverte aux rivages de l'Empire : Mers el-Kébir, le 3 juillet 1940, Dakar les 23 et 24 septembre 1940.

Avant même que le gouvernement français ne s'installe à Vichy, il tente d'exploiter l'attaque de Mers el-Kébir pour obtenir un aménagement des termes de l'armistice qui lui soit plus favorable, essayant même de provoquer l'ouverture d'une nouvelle négociation avec l'Allemagne. Quatre jours après l'attaque anglaise contre la flotte française en Méditerranée, le général Huntziger, délégué de la France à la Commission allemande d'armistice, s'adressant au général von Stülpnagel, lui dit que l'armistice était devenu caduc. « Notre armistice sort de la règle, puisque la France battue se trouve pratiquement en guerre avec le même ennemi que son adversaire vainqueur. » Il réclama avec insistance des « contacts supplémentaires entre personnalités n'appartenant pas à la Commission d'armistice », c'est-à-dire à un niveau plus élevé entre dirigeants français et allemands. « À situation nouvelle, procédés nouveaux[25] ! » Le 15 juillet 1940, répondant à une demande imprévue de Hitler, le maréchal Pétain refusait carrément à ce dernier l'autorisation d'utiliser des bases aériennes en Afrique du Nord, mais suggérait que de telles démarches, dépassant le cadre de la convention d'armistice, fassent l'objet de nouvelles négociations[26].

L'évolution de la collaboration d'État

De la collaboration technique à la collaboration volontaire, juillet-octobre 1940

Dans les premiers temps, il fut généralement admis que la « collaboration » serait tout au plus une affaire technique. Son objet consisterait en la mise en œuvre et en l'application des termes de l'armistice portant sur le désarmement de la France, la sécurité des forces allemandes sur le territoire français et les contributions financières et matérielles de la France aux dépenses entraînées par l'occupation. Ces négociations se tiendraient à Wiesbaden au siège de la Commission d'armistice, plutôt que dans une capitale à caractère politique. Les acteurs en seraient des fonctionnaires, quelques experts civils, mais surtout des militaires. « Dans leur zone les Allemands règnent par ordonnances que les préfets français sont tenus d'exécuter : c'est la collaboration administrative prévue par l'armistice[27]. »

---

25. Délégation française auprès de la Commission allemande d'armistice pour l'économie. Comptes rendus des réunions du 1er juillet au 5 août 1944 [BDIC : Q 209, Rés 1-10], réunion du 7 juillet 1940. Voir aussi DFCAA, t. I, 1947, p. 45, note 1.

26. Jean-Baptiste Duroselle, *L'Abîme, 1939-1945*, Paris, Imprimerie nationale, 1982, p. 236-238.

27. Fred Kupferman, *Laval, 1883-1945*, Paris, Balland, 1987, p. 244. La collaboration technique a même parfois profité aux Français. Ainsi en 1941 les autorités d'occupation allemande en France « exigent de leurs collègues occupants en Belgique que soit fourni le

À l'automne de 1940, les relations franco-allemandes se modifièrent sur trois plans. Sur le plan politique, les dirigeants de Vichy cherchèrent à déplacer le lieu des négociations en délaissant la Commission d'armistice au profit de conversations menées entre les deux gouvernements. Pétain envoya des émissaires auprès de Hitler et de Goering. Laval noua de bonnes relations avec Otto Abetz qui venait de prendre ses fonctions d'ambassadeur le 8 août 1940. En promouvant ainsi l'ancien conseiller diplomatique auprès des forces d'occupation, les autorités allemandes reconnaissaient par là la nécessité d'aller au-delà d'une collaboration purement technique[28].

Sur le plan économique, le désir des Français qui souhaitaient relancer l'emploi coïncidait avec celui des Allemands qui voulaient s'approprier les produits français. Rapidement le gouvernement de Vichy décida d'autoriser les entreprises françaises à accepter des contrats avec les Allemands. Dix-huit mois plus tard, Hemmen pouvait à juste titre indiquer à Ribbentrop que les relations économiques franco-allemandes « dépassent largement les stipulations de l'armistice » et que « les ouvriers français de l'industrie, des chemins de fer et [...] de la construction navale [...] travaillent presque exclusivement pour l'Allemagne. Pas un seul autre pays européen ne contribue à une aussi grande échelle [que la France] à la fabrication de l'armement allemand ni même à l'importation de produits[29] ».

Sur le plan militaire, après Mers el-Kébir, les Allemands (et les Italiens à leur suite, mais sans enthousiasme) suspendirent le désarmement des forces navales et aériennes.

---

contingent d'ouvriers spécialisés saisonniers nécessaire pour la récolte des betteraves », *in* Patrick Weil, *La France et ses étrangers,* Paris, Calmann-Lévy, 1991, p. 43.

28. Concernant les aspects politiques, cf. Jean-Baptiste Duroselle, *op. cit.* ; pour les aspects militaires, cf. Robert O. Paxton, *op. cit.*

29. Cf. note 20 *supra.* Sur la question en général, cf. Alan S. Milward, *The New Order and the French Economy,* Oxford, Clarendon Press, 1970.

Après Dakar, ils autorisèrent une augmentation des effectifs de l'armée d'armistice en Afrique du Nord, portés à 115 000 hommes. Des négociations d'ordre militaire de plus large envergure encore commencèrent à prendre forme à la fin de l'automne de 1940. En échange des efforts déployés par Vichy pour reconquérir ces parties de l'Afrique française passées aux mains des Britanniques et des Français libres, l'Allemagne soulagerait l'armée française de quelques-unes des contraintes imposées par l'armistice. Le point essentiel était de savoir si cette aventure militaire pleine de risques permettrait à Vichy de se voir accorder d'autres allégements, tels qu'une diminution du coût de l'occupation, la suppression des diverses lignes de démarcation, la libération des prisonniers de guerre français – ou encore un traité de paix aux dépens des Britanniques[30].

Ce n'est pas l'entrevue entre Hitler et Pétain à Montoire qui est à l'origine de cette évolution, mais ce fut l'occasion de la rendre publique. Cette entrevue de Montoire ne fut le fruit ni d'un complot de Laval ni d'une exigence allemande, comme certains des premiers défenseurs de Pétain le prétendirent[31]. Pétain lui-même avait pris une part active à l'effort général de Vichy pour établir des contacts plus étroits avec les dirigeants allemands[32]. Lors d'une conférence de presse qu'il donna à Paris le 1er novembre, Laval précisa clairement au public français qu'un accord fructueux était en train de se négocier : « Bientôt, la France pourra apprécier la nature et l'étendue des efforts qui ont été accomplis ; elle nous jugera sur les résultats que nous aurons obtenus[33]. »

Malheureusement pour les responsables de Vichy, les résultats restèrent très limités. En fait, immédiatement après

30. Fred Kupferman, *op. cit.,* p. 249.

31. Louis-Dominique Girard, *Montoire : Verdun diplomatique,* Paris, Éditions André Bonne, 1948.

32. En particulier, il envoya l'aviateur René Fonck, l'un des anciens « as » de la Première Guerre mondiale, rendre visite à Goering. Voir Jean-Baptiste Duroselle, *op. cit.,* p. 267.

33. Fred Kupferman, *op. cit.,* p. 268.

Montoire, les circonstances empirèrent en France. Sur ordre du Gauleiter Bürckel, près de 100 000 Mosellans furent expulsés de Lorraine en France et 6 504 Juifs allemands durent évacuer en une heure et sans autre préavis, le Bade-Wurtemberg et le Palatinat, également vers la France. Mais il y eut quelques concessions mineures : le protocole de Berlin du 16 novembre 1940 permit la libération de certains prisonniers de guerre, pères de quatre enfants et plus[34]. Lorsqu'il fut relevé de ses fonctions le 13 décembre 1940, Laval croyait, pour sa part, que de plus importantes concessions étaient sur le point d'être octroyées par les Allemands[35].

Dresser le bilan de la collaboration d'État à la fin de l'année 1940, juste avant le renvoi de Laval, est chose malaisée. Jusqu'où Vichy était-il prêt à aller ? Sur le plan économique, Laval avait fait plusieurs concessions importantes, sans discuter, uniquement pour manifester sa bonne volonté : l'or belge et les mines de Bor. Sur le plan militaire, il semble que Vichy se soit préparé à la reconquête de l'Afrique gaulliste. Durant l'automne de 1940, au cours de trois réunions successives, le 31 octobre, le 29 novembre et le 10 décembre, Allemands et Français discutèrent au plus haut niveau de l'éventualité d'une opération au Tchad. Ce qu'il s'y est dit est parfaitement connu par les documents tant allemands que français. Il est plus difficile de savoir avec certitude si le gouvernement de Vichy entendait réellement entreprendre l'opération ou s'il s'agissait seulement d'un prétexte pour obtenir une plus grande liberté de manœuvre sur le plan militaire. Les documents semblent indiquer que l'armée traînait les pieds, mais que Laval était prêt à agir. Quoi qu'il en soit, le cabinet décida à l'unanimité le 9 décembre 1940 qu'un « plan sera[it] préparé[36] ». Les archives militaires

34. Geoffrey Warner, *Pierre Laval and the Eclipse of France 1931-1945*, New York, The Macmillan Company, 1968, p. 245.

35. Il gela le paiement des frais d'occupation le 1er décembre, persuadé qu'ils allaient être réduits, DFCAA, 1952, t. III, p. 135-136.

36. Robert O. Paxton, *Parades…, op. cit.*, p. 87-93 ; DFCAA, 1959, t. V, p. 445.

françaises, apparemment lacunaires, ne nous permettent pas de savoir jusqu'où le gouvernement de Vichy avait l'intention d'aller[37].

Quant à Hitler – et il y a ici moins de mystère, car les documents allemands saisis ont été minutieusement étudiés –, il ne fut que brièvement tenté par un « marché » avec la France de Vichy. Sur le plan pratique, il avait le plus grand intérêt à ne pas décevoir les espoirs nourris par les Italiens et les Espagnols qui comptaient bien retirer plus tard des bénéfices aux dépens de la France. Sur le plan stratégique, Hitler était déjà engagé à l'Est et il n'avait guère envie de se laisser entraîner dans des opérations en Méditerranée. Sur le plan affectif, il restait prisonnier d'une rancune sans merci envers la France dont la victoire en 1918 et le dur traité de paix qu'elle avait imposé étaient au cœur de la colère qui l'habitait.

L'ouverture qui, à la fin de l'automne de 1940, semblait se dessiner en faveur d'une association franco-allemande n'aurait jamais mené bien loin. Quoi qu'il en soit, les négociations furent interrompues par une révolution de palais qui éclata à Vichy le 13 décembre 1940.

De Laval à Darlan

La destitution de Laval de son double poste de vice-président du Conseil et de ministre des Affaires étrangères le 13 décembre 1940 est souvent interprétée comme étant le signe d'un changement majeur dans la politique de collaboration de Vichy. Les auteurs de la conspiration contre Laval et les admirateurs de celui qui lui a finalement succédé à la vice-présidence du Conseil, l'amiral Darlan, déclaraient qu'ils remplaceraient la politique d'association active de Laval par une neutralité plus circonspecte. « Le 13 décembre, écrivait Yves Bouthillier, le Maréchal a infligé à Hitler un échec aussi lourd que la perte d'une bataille [...]. La France

37. Christine Levisse-Touzé, *L'Afrique du Nord dans la guerre, 1939-1945*, Paris, A. Michel, 1998.

affirma que la politique de l'armistice n'était pas la politique de la collaboration, au sens où l'occupant était décidé à l'entendre [...][38]. » Après le 13 décembre, selon ces auteurs, la France n'accorderait d'aide militaire à l'Allemagne qu'après avoir obtenu des concessions politiques. Avant tout, la France ne se départirait pas de sa précieuse neutralité qui lui offrait la meilleure chance d'un renouveau dans un monde déchiré par la guerre. Cette interprétation, présentant les événements du 13 décembre comme le signe d'un recul de la politique de collaboration, fut immédiatement corroborée par la fureur de l'ambassadeur Abetz, la surprise scandalisée manifestée par l'entourage de Hitler[39] et, plus tard, par les fréquentes allusions de ce dernier à ce propos.

Toutefois, cette vision des choses est contestable. D'abord elle repose essentiellement sur des biographies ou sur des mémoires au détriment des documents contemporains. Mais l'objection la plus sérieuse à la thèse faisant du 13 décembre un tournant décisif réside dans le fait que les successeurs de Laval poursuivirent, ou même intensifièrent, la recherche d'une forme d'association avec l'Allemagne nazie fondée sur une réciprocité d'intérêts.

Que voulaient les conspirateurs qui renvoyèrent Laval ? Peut-être seulement se débarrasser du politicien de la IIIe République : ce maquignon, vestige d'une époque scélérate où la politique se tramait dans les couloirs, abusant du pouvoir qui aurait dû revenir à Pétain, n'informant pas ce dernier de ce qu'il manigançait et lui soufflant sa fumée de cigarette au visage. Vue sous cet angle, l'éviction de Laval ne serait qu'une simple affaire de politique intérieure visant à faire du régime une plus pure expression de la Révolution nationale. Cette version des choses, présentée par Pétain lui-même aux Français et à Hitler, fut reçue par tous avec scepticisme. Cependant les mieux informés parmi

---

38. Yves Bouthillier, *Le Drame de Vichy,* t. I, *Face à l'ennemi, face à l'allié,* Paris, Librairie Plon, 1950, p. 283-284.

39. Fred Kupferman (*op. cit.,* p. 279) semble faire erreur en disant que Hitler ne s'en souciait point. Cf. Eberhard Jäckel, *op. cit.,* p. 206.

les récents biographes de Laval semblent accepter cette interprétation[40].

Les relations entre Vichy et les Allemands – et plus particulièrement avec Abetz, dont la carrière d'ambassadeur avait été bâtie sur ses relations privilégiées avec Laval – étaient réduites à néant et allaient devoir être reconstruites. Or le point crucial qu'il convient de noter, c'est que le gouvernement de Vichy préféra reconstruire ce type de relations plutôt que de revenir à une collaboration purement technique.

Ce serait une erreur de considérer la nomination de Pierre-Étienne Flandin aux commandes des Affaires étrangères comme un retournement en faveur des Britanniques. En théorie, la personne de Flandin aurait dû recevoir l'agrément des Allemands puisque, en novembre 1938, il avait adressé un télégramme à Hitler le remerciant et le félicitant pour l'accord de Munich. Loin de reprendre les conversations interrompues avec les représentants britanniques, il semble avoir informé les Allemands de leur existence. Mais c'est en vain qu'il s'efforça d'obtenir une entrevue avec Ribbentrop[41].

Le 9 février 1941, on apprit que le prochain vice-président du Conseil et ministre des Affaires étrangères serait l'amiral Darlan puisque Abetz voulait bien de lui pour interlocuteur. L'amiral Darlan était probablement le personnage sur mesure pour incarner la collaboration d'État : pragmatique, réaliste et point marqué politiquement. Il n'avait pas de sympathie particulière pour l'Allemagne et aucune pour le nazisme, mais il croyait, du moins jusqu'au début de 1942, que l'Allemagne avait gagné[42] et depuis Mers el-Kébir il était devenu farou-

---

40. Fred Kupferman, *op. cit.*, p. 278 ; Geoffrey Warner, *op. cit.*, p. 257-258. Jean-Paul Cointet, *Pierre Laval*, Paris, Fayard, 1993, p. 306-307.

41. R. T. Thomas, *Britain and Vichy : The Dilemma of Anglo-French Relations 1940-42*, Londres, The MacMillan Press Ltd., 1979, p. 59 et 71-72 ; voir également le télégramme d'Abetz à Ribbentrop du 9 janvier 1941, Archives de l'Auswärtiges Amt, Büro des Staatssekretärs, Akten betreffend Deutsch-Französische Beziehungen, Band 4.

42. Selon Hervé Coutau-Bégarie et Claude Huan, Darlan pensait

chement anglophobe. Il croyait aussi que la défaite des Anglais ouvrirait à la France un avenir prometteur en tant que puissance maritime et coloniale. Il pensait que les relations franco-allemandes devraient être construites sur la raison d'État et sur une réciprocité d'intérêts. « Si l'Allemagne nous offre la collaboration, ce n'est pas par sentiment mais par besoin. Si nous acceptons cette collaboration, il nous faut en compensation recevoir quelques avantages[43]. »

Ayant rétabli à Paris les contacts politiques qui avaient été rompus le 13 décembre 1940, « il souhaite ardemment une négociation globale[44] ». Tout d'abord, il nomme Jacques Benoist-Méchin, collaborationniste engagé, sous-secrétaire d'État chargé des rapports franco-allemands. Puis, profitant de ce que les Allemands souhaitaient obtenir des camions et d'autres fournitures par la voie de la Tunisie pour l'Afrika Korps de Rommel, il utilisa ce prétexte pour persuader Hitler de le recevoir. Cependant, lorsque Darlan arriva à Munich le 11 mai 1941 pour son « Montoire » à lui[45], le soulèvement qui venait d'éclater en Irak contre l'autorité britannique offrit à Vichy une meilleure opportunité. Les Allemands avaient besoin de la coopération de Vichy en Syrie pour voler au secours du soulèvement irakien. Hitler offrit alors à Darlan un marché sans subtilité : « Pour une grande chose, je donnerai une grande chose. Pour une petite, une petite. [Ce sera] donnant-donnant. » Pour apaiser l'opinion française, Darlan réclama des concessions « plus spectaculaires que profondes » en échange de l'aide militaire consentie à l'Allemagne puisque celle-ci entraînerait sûrement des représailles

---

que l'Allemagne « rest[ait] maîtresse ». En décembre, il pensait que l'entrée du Japon dans la guerre allait faire pencher la balance en faveur de l'Axe. Ses premiers contacts confidentiels avec des personnalités officielles américaines se situent au tout début de 1942, ce qui laisse supposer que c'est à ce moment-là seulement qu'il eut le sentiment d'un renversement de la situation. Cf. *Darlan, op. cit.*, p. 445, 473 et 522.

43. *Ibid.*, p. 342. Cela fut écrit juste avant Montoire.

44. *Ibid.*, p. 393.

45. Eberhard Jäckel, *op. cit.*, p. 230-237.

de la part des Britanniques[46]. Prévenant le cabinet qu'il tenait entre ses mains l'occasion inespérée de mener une importante négociation avec l'Allemagne, Darlan s'embarqua dans de sérieux pourparlers avec Abetz et la Commission d'armistice qui conduisirent à un projet d'accord, les Protocoles de Paris. Le 28 mai, Darlan parapha les Protocoles pour le compte du gouvernement.

Les Protocoles de Paris représentèrent le point culminant de la collaboration d'État[47]. Ils consistaient en quatre documents. Les trois premiers concernaient l'utilisation par les Allemands des bases françaises en Syrie, à Bizerte et à Dakar, sans mention de concessions allemandes particulières. Le quatrième document était un « protocole complémentaire » rajouté sur l'insistance de Darlan, énumérant les concessions politiques allemandes qui, selon lui, devaient préparer la voie aux accords concernant l'utilisation des bases. Ce dernier document ne fut jamais reconnu par aucun responsable allemand hiérarchiquement supérieur à l'ambassadeur Otto Abetz.

Ces Protocoles de Paris n'aboutirent jamais aux accords très importants qu'avaient espérés Darlan et certains généraux allemands. L'on a beaucoup débattu sur les raisons de cet échec. Quelques-uns l'expliquent par l'opposition du général Weygand revenu précipitamment d'Alger le 2 juin 1941 afin d'arrêter les pourparlers[48]. Le problème essentiel que soulève cette version, c'est que le gouvernement de Vichy, durant tout l'automne de 1941, tenta constamment de relancer les négociations sur le plan politique[49]. Entre juin et novembre 1941, Darlan consentit peu à peu, sans contreparties, à ce que des fournitures fussent livrées à Rommel *via* la Tunisie : des camions, quelques pièces d'artillerie, du car-

---

46. Hervé Coutau-Bégarie et Claude Huan, *op. cit.*, p. 404; Andreas Hillgruber, *op. cit.*, p. 545-557.
47. Eberhard Jäckel, *op. cit.*, p. 228.
48. Jean-Baptiste Duroselle, *op. cit.*, p. 288-289.
49. DFCAA, t. V, 1959, p. 387-401 ; Eberhard Jäckel, *op. cit.*, p. 285-300 ; Hervé Coutau-Bégarie et Claude Huan, *op. cit.*, p. 464-466.

burant. Il autorisa également le passage en Méditerranée de quelques vedettes lance-torpilles arrivées par le Rhône[50]. Mais la Commission d'armistice allemande n'accepta jamais d'entamer la négociation politique que Vichy ne cessait de réclamer.

D'autres considèrent que Darlan changea lui-même d'avis quant à l'utilité de la négociation. On en a pour preuve une note de ce dernier, en date du 14 juillet, informant Abetz que le gouvernement de Vichy subordonnait les protocoles II et III (Bizerte, Dakar) à des concessions politiques de la part des Allemands[51]. Le problème avec cette version réside dans le fait que l'on ne sait pas clairement si Darlan voulait arrêter les négociations ou au contraire les élargir.

Selon une troisième version, Hitler se serait désintéressé de la question à cause de l'imminent déclenchement de la campagne de Russie[52] et de sa répugnance à accepter la France comme alliée. Ce que nous savons le plus sûrement, c'est ce que nous trouvons simultanément dans les documents français et allemands. Le régime de Vichy, pour sa part, n'était pas disposé à appliquer les protocoles sans avoir obtenu d'importantes concessions politiques en contrepartie. Quant à Hitler, il n'eut jamais l'intention d'accorder de telles concessions, malgré les militaires allemands qui étaient des partisans enthousiastes de ces négociations. Rétrospectivement, on constate qu'aucune transaction sérieuse ne fut jamais engagée, car les Allemands n'acceptèrent jamais le « protocole complémentaire » comme base de négociation et que Darlan leur avait d'ores et déjà concédé la majeure partie de ce qu'ils avaient demandé.

Darlan et Pétain se refusaient à revenir à la guerre, même s'ils avaient été prêts en 1941 à exposer la France à des

---

50. Christine Levisse-Touzé, *op. cit.*, p. 111-121, fait le point avec précision sur ces fournitures.

51. Hervé Coutau-Bégarie et Claude Huan, *op. cit.*, p. 417-421 et 434-437 ; le texte de la note est dans DFCAA, t. IV, 1957, p. 589-590.

52. Eberhard Jäckel, *op. cit.*, p. 255 ; Robert O. Paxton, *La France de Vichy*, *op. cit.*, p. 118-129.

représailles britanniques si cela avait été le prix à payer pour améliorer les conditions de l'armistice[53]. Le moment le plus dangereux se situa en décembre 1941 lorsque Rommel fit retraite vers l'ouest à travers la Libye et que les Allemands demandèrent l'accord de la France pour le repli de l'Afrika Korps en Tunisie. Convoqué à Berlin, le général Juin, commandant en chef des forces françaises en Afrique du Nord, promit prudemment de ne pas s'opposer à l'entrée de Rommel en Tunisie, mais fit valoir que toute aide active française nécessiterait en contrepartie que les Allemands fissent des concessions politiques et militaires[54]. Heureusement pour Vichy, l'offensive britannique s'arrêta juste à la frontière tunisienne en janvier 1942 et sa neutralité ne fut pas soumise à cette très sévère épreuve.

La collaboration économique et administrative se développa également sous le règne de Darlan. Les jeunes techniciens de son cabinet, tel François Lehideux, ministre de la Production industrielle, voulaient moderniser la France afin de devenir d'importants partenaires dans une économie européenne. Un accord signé le 28 juillet 1941 à Wiesbaden relatif à la mise en œuvre d'entreprises communes entre la France et l'Allemagne permit à Vichy de construire de nouveaux avions de guerre : 1 074 pour l'armée d'armistice et 2 038 pour la Luftwaffe[55]. Darlan laissa aussi se développer les mesures antijuives sous Xavier Vallat, cherchant – ce qui était précisément dans la logique de la collaboration d'État – à conserver à la France l'initiative dans ce domaine. C'est ainsi que le second Statut des Juifs du 2 juin 1941 fut une ini-

---

53. Il paraît avéré que l'empressement supposé de Darlan et d'une partie du Cabinet à accepter la guerre en faisant alliance avec Hitler le 9 janvier 1942 est le fruit d'une « double mystification » dont Abetz et Benoist-Méchin auraient été les auteurs (cf. Eberhard Jäckel, *op. cit.*, p. 303-307).

54. Robert O. Paxton, *Parades…*, *op. cit.*, p. 315-317 ; Eberhard Jäckel, *op. cit.*, p. 298-299.

55. Christian-Jacques Ehrengardt et Christopher F. Shores, *L'Aviation de Vichy au combat : les campagnes oubliées. 3 juillet 1940-27 novembre 1942*, Paris, Charles Lavauzelle, 1985, t. I, p. 19.

tiative de Vichy, et la mise en route des « aryanisations » en zone non occupée, une tentative destinée à prouver aux Allemands que Vichy était capable de mener à bien sa propre politique antisémite[56].

C'est aussi sous Darlan que la collaboration d'État atteignit son apogée dans la sphère de la police. Quand, en août 1941, commencèrent les attentats contre des soldats allemands, le ministre de l'Intérieur Pierre Pucheu considéra que l'autonomie de l'administration française impliquait que de tels actes soient réprimés par la police française plutôt que par la police allemande. Cette logique conduisit Pucheu à participer à l'établissement des listes d'otages et à la création des « sections spéciales » afin de les juger sans les garanties légales habituelles[57].

La collaboration d'État pratiquée par Darlan diffère-t-elle notablement de celle pratiquée par Laval en 1940 ? Les points de vue ont nettement divergé sur ce point[58].

En novembre 1940, Laval s'était dessaisi de l'or belge et des mines de Bor dans le seul but d'améliorer le climat. Mais Darlan aussi a fait des concessions unilatérales en permettant aux Allemands l'usage des bases aériennes en Syrie[59] et en donnant des camions à Rommel, *via* la Tunisie[60]. Si Laval était prêt à risquer des représailles britanniques avec son expédition au Tchad (il ne croyait probablement pas que cela conduirait à la guerre), Darlan, à son tour, était prêt à exposer Vichy aux mêmes risques avec les protocoles de Paris. Darlan alla incontestablement plus loin dans son empressement à autoriser les

56. Cf. Michael R. Marrus et Robert O. Paxton, *Vichy et les Juifs*, Paris, Calmann-Lévy, 1981, p. 145-146.
57. Robert O. Paxton, *La France de Vichy, op. cit.*, p. 216-219.
58. Eberhard Jäckel, Jean-Baptiste Duroselle, Fred Kupferman et Robert Paxton pensent que Darlan alla plus loin que Laval ; Hervé Coutau-Bégarie et Claude Huan (cf. *op. cit.*, p. 407-408), opposent à un Darlan, marchandant sans cesse, même s'il ne faisait pas toujours preuve de la plus grande finesse, un Laval caricatural qui voulait véritablement la victoire de l'Allemagne.
59. Hervé Coutau-Bégarie et Claude Huan, *op. cit.*, p. 399-400.
60. Eberhard Jäckel, *op. cit.*, p. 234.

Allemands à utiliser les bases coloniales françaises en faisant le pari qu'il obtiendrait d'importantes concessions d'ordre politique. Il se pourrait bien que les différences essentielles entre les deux hommes tiennent aux circonstances : Laval fut au pouvoir beaucoup moins longtemps, et les besoins spécifiques des Allemands, qu'un habile négociateur aurait pu exploiter, étaient plus grands en 1941 qu'en 1940.

La collaboration d'État après le retour de Laval, 1942

Laval fut plus prudent après son retour en avril 1942 qu'il ne l'avait été à l'automne de 1940. Malgré le fameux discours du 22 juin 1942 (« Je souhaite la victoire de l'Allemagne [...] »), il ne fut plus question de reconquérir l'Afrique gaulliste. Il y eut davantage de négociations tactiques et moins de concessions gratuites[61]. Cependant les termes des négociations entre la France et l'Allemagne changèrent en 1942, en raison de l'accroissement constant des besoins allemands en vivres, en main-d'œuvre ainsi qu'en force de production. Le pari du Führer avait échoué en Russie. Désormais l'Allemagne devait subir la longue guerre d'usure à laquelle Hitler avait espéré échapper grâce au *Blitzkrieg*. L'été de 1942 montra une nette augmentation des prélèvements d'office de l'Allemagne dans les territoires occupés : main-d'œuvre destinée aux usines allemandes, accroissement des réquisitions de vivres[62] et accélération de la déportation des Juifs vers les fours crématoires. Il n'y a pas le plus petit signe montrant que le nouveau gouvernement Laval aurait bénéficié

61. Geoffrey Warner, *Pierre Laval and the Eclipse of France 1931-1945*, *op. cit.*, p. 295. La première démarche de Laval, pourtant, fut d'accorder unilatéralement la fabrication en zone non occupée de poudre pour les Allemands. Cf. Eberhard Jäckel, *op. cit.*, p. 318.

62. Au cours d'une discussion, le 6 août 1942, à propos des quotas de prélèvements de vivres dans les pays occupés de l'Europe occidentale, Goering dit qu'il voulait des prélèvements supérieurs en France où l'on mangeait encore mieux qu'en Allemagne. Note de Wiehl (non datée), Archives de l'Auswärtiges Amt, Büro des Staatssekretärs, Akten betreffend Deutsch-Französiche Beziehungen, vol. IX.

d'un quelconque « état de grâce » comparativement aux autres pays occupés de l'Europe de l'Ouest.

Laval répondit à ces exigences brutalement croissantes en essayant de conserver le contrôle de l'administration française concernant leur exécution, réussissant ainsi parfois à obtenir quelques concessions mineures à leur sujet. En contrepartie de la participation active de la France à la déportation des Juifs étrangers en juillet 1942, Laval obtint de différer temporairement celle des Juifs français, même si, au total, il facilita probablement l'application de la « solution finale[63] ». Par la « Relève », il offrit l'aide de la France au recrutement de travailleurs français pour les usines allemandes en échange d'un prisonnier de guerre contre trois ouvriers. La France devint alors le plus gros pourvoyeur de main-d'œuvre étrangère en Allemagne[64].

Le débarquement allié en Afrique du Nord le 8 novembre 1942 donna à Laval une dernière occasion de soutirer quelque chose à Hitler en lui proposant de prendre une part active dans une opération présentant un intérêt commun. Neutraliser le débarquement allié était dans l'intérêt des deux États : l'Allemagne voulait empêcher les Anglo-Saxons de s'approcher du seuil de l'Europe méridionale ; la légitimité de Vichy en tant qu'État dépendait de son aptitude à empêcher la chute de tout nouveau territoire français entre les mains de l'un ou l'autre belligérant.

Les forces françaises en Afrique du Nord s'opposèrent – la marine avec vigueur – aux forces de débarquement anglo-américaines. De plus, au cours des premières vingt-quatre heures, Laval accepta deux ultimatums allemands : dès le 8 novembre, le droit pour l'aviation allemande et italienne de survoler le sol français afin d'attaquer la flotte d'invasion et, le 9 novembre à 1 h 30, la permission pour

---

63. Michael R. Marrus and Robert O. Paxton, *op. cit.*, p. 214-219 et 339.

64. Edward L. Homze, *Foreign Labour in Nazi Germany*, Princeton, N. J., Princeton University Press, 1967. Cf. aussi Jacques Evrard, *La Déportation des travailleurs français dans le IIIe Reich*, Paris, Fayard, 1972.

cette même aviation allemande et italienne de se baser en Tunisie et dans le Constantinois. Il semble avoir cru que ces gestes l'aideraient à obtenir de Hitler qu'il garantisse l'intégrité du territoire français et le maintien de la zone non occupée, et que, par ailleurs, Hitler avait offert une véritable alliance militaire[65]. Le 9 novembre, Laval entreprit un voyage éreintant pour Munich, en voiture, à travers la neige et le brouillard, une capsule de cyanure cousue dans son manteau, prêt à « jouer gros[66] ». Lorsqu'il arriva à destination le 10 novembre aux environs de midi, il ne disposait plus d'aucun élément de négociation : le 10 novembre, un armistice franco-américain avait été signé localement et était déjà mis en application en Algérie. De plus, lorsque les forces allemandes et italiennes furent autorisées à débarquer à Bizerte (Laval avait bien été forcé d'accepter ce que Darlan, de son côté, avait espéré négocier par l'intermédiaire du protocole II), les forces armées françaises ne monopolisaient plus la défense de l'Afrique du Nord, Hitler paraît avoir déjà décidé d'occuper le reste de la France avant même de recevoir Laval tard dans l'après-midi. En novembre 1942, Pétain et Laval agirent dans l'esprit de la collaboration d'État. Ils écartèrent les deux gestes politiques qui auraient pu mettre fin à tout marchandage entre occupés et occupants. Ils ne se joignirent pas aux Alliés, ce qui aurait exposé la population française plus que les Alliés aux représailles de l'Axe, ni ne lièrent leur sort catégoriquement à l'Axe en déclarant la guerre à la Grande-Bretagne et aux États-Unis, comme les en exhortaient les collaborationnistes[67]. Laval se maintint dans la voie intermédiaire de la collaboration d'État, essayant de tirer profit des difficultés

---

65. L'offre que Hitler est supposé avoir faite d'une alliance « pour le meilleur et pour le pire » n'a laissé aucune trace dans les archives. Eberhard Jäckel (*op. cit.*, p. 349) considère qu'il s'agit là d'une autre initiative d'Abetz.

66. Fred Kupferman, *op. cit.*, p. 381.

67. Voir l'appel de Jacques Benoist-Méchin, paru dans *Le Petit Parisien*, du 16 novembre 1942 et cité par Fred Kupferman, *op. cit.*, p. 388.

allemandes et d'obtenir les importants avantages qui jusqu'ici lui avaient échappé ainsi qu'à Darlan.

Après que l'Allemagne, le 11 novembre, eut occupé le reste de la France, désarmé l'armée d'armistice et envahi ce qui restait de la zone libre, conduisant ainsi l'amiral Laborde à saborder l'escadre, à Toulon, le 27 novembre, il ne restait plus guère à Vichy de quoi négocier. Les conditions préalables à une collaboration d'État volontaire avaient cessé d'exister.

Cependant, même après novembre 1942, l'Allemagne comme Vichy continuèrent à se référer au cadre légal de la convention d'armistice de 1940, chacun pour ses propres raisons, d'ordre pratique. Le gouvernement de Vichy se cramponnait à ce dernier rempart qui lui donnait l'illusion de conserver sa légitimité. L'Allemagne, qui avait matériellement besoin de Vichy pour son effort de guerre, espérait peut-être apaiser ainsi quelques Français de plus et obtenir d'eux soumission et attentisme. Occupés et occupants revinrent à des relations d'ordre technique, mais sans la moindre illusion dorénavant quant à la valeur du texte de 1940 face au *Diktat* allemand. Vichy continua d'apporter une aide économique importante à l'effort de guerre allemand, à requérir l'autonomie de son administration pour maintenir l'ordre, réprimer l'opposition interne (c'est-à-dire la Résistance) et mettre en œuvre certains programmes d'intérêt commun comme la législation antisémite. Laval n'essaya plus de discuter les nouvelles exigences allemandes telles que le Service du travail obligatoire (février 1943). Durant l'été de 1943, l'empressement de Laval à développer la collaboration technique déclina progressivement. Durant ce même été, la police de Vichy se montra moins zélée qu'auparavant pour participer aux rafles des Juifs et, pour la première fois, Laval refusa d'obtempérer devant une exigence allemande concernant les Juifs : il s'agissait de dépouiller de leur nationalité française les Juifs récemment naturalisés afin de faciliter leur déportation[68].

---

68. Michael R. Marrus et Robert O. Paxton, *op. cit.*, p. 283-285 et 295-302.

Hemmen, le numéro un de l'économie allemande, écrit dans son rapport annuel à Ribbentrop, le 15 février 1944, que, malgré ses déclarations publiques favorables à l'Allemagne, Laval exerce en réalité une « force d'inertie provocatrice[69] ».

La collaboration d'État fut-elle vraiment plus une affaire de raison que de sentiment ? Mais alors pourquoi perdura-t-elle si longtemps après que les négociations eurent fait place à l'extorsion ? Concernant les avantages raisonnablement escomptés de la collaboration d'État, que pouvait-on attendre de cette dernière après novembre 1942 ? Si la guerre débouchait sur une impasse, ainsi que cela semblait possible et souhaitable dans la perspective neutraliste de Vichy, il y avait là un rôle éventuel de médiateur à jouer au bénéfice de ce dernier. L'évaluation des avantages devait aussi être calculée par rapport à ce que coûterait un changement de bord. Bien que les bénéfices effectifs de la collaboration se fassent de plus en plus minces, le prix à payer pour rompre le compromis de l'armistice pouvait sembler très élevé, car cela signifiait faire une croix sur l'État français et sur son nouveau régime, se ranger aux côtés des communistes et renoncer à la neutralité pour subir l'horreur d'une guerre de libération par les Alliés.

En novembre 1943, Laval pouvait encore dire à propos de ceux qui avaient suivi de Gaulle et les Anglo-Saxons : « Quels résultats ont-ils obtenus ? », question cruciale contenant l'essence même de la collaboration d'État[70]. En fait, lorsque, en 1943-1944, les bombardements des villes françaises par l'aviation anglo-américaine annoncèrent l'approche des combats et de la guerre civile[71], il était

69. Rapport de Hemmen sur les relations économiques franco-allemandes de 1943 (15 février 1944), Tribunal militaire international de Nuremberg, document PS-1764.

70. Allocution prononcée à l'Assemblée des présidents de cours d'appel le 12 novembre 1943, publiée par Marcel Baudot in *L'Opinion publique sous l'Occupation : l'exemple d'un département français (1939-1945),* Paris, Presses universitaires de France, 1960, p. 242. Cf. aussi Fred Kupferman, *op. cit.,* p. 426.

71. Pierre Laborie, in *L'Opinion française sous Vichy,* Paris, Le Seuil, 1990, met l'accent sur la peur sévissant en France en 1943 et

encore possible de prétendre avec quelque raison que les intérêts des Anglo-Saxons ne coïncidaient pas nécessairement avec ceux des Français. Le prix d'une libération par les armes ne semblait pas moins élevé en 1944 qu'en juin 1940.

La collaboration d'État : perceptions et opinions

Plus la guerre durait, plus le discours sur la collaboration d'État devenait difficile à percevoir dans la cacophonie des propagandes respectives des deux camps en guerre. Qu'advenait-il des avantages matériels promis, de l'intérêt stratégique revendiqué en faveur de la neutralité, de la paix de compromis et de la réconciliation franco-allemande alors que les Alliés commençaient à gagner ? Lorsque, en août 1944, la 2e DB du général Leclerc entra dans Paris, les conditions qui avaient rendu plausible une négociation franco-allemande en 1940 ou même en 1941 n'existaient plus depuis longtemps. Il devenait difficile d'imaginer que la collaboration soit animée par quoi que ce soit d'autre qu'une sympathie idéologique et la recherche d'avantages personnels.

Lorsque Pétain fut emmené par les Allemands en 1944 de Vichy à Sigmaringen, Henri Massis inventa de toute pièce la théorie dite du « bouclier » qui devint la version dominante de la collaboration d'État (qu'on n'appelait pas encore ainsi à l'époque), avancée par les défenseurs de Vichy après la guerre et qui allait de pair avec leur persistante conviction d'avoir joué le « double jeu[72] ». Avec la métaphore du bouclier fondée sur la supposée passivité des Français et les

---

1944 à l'idée d'avoir à affronter de nouveaux combats et une guerre civile.

72. Cf. *in* Marc Ferro, *Pétain,* Paris, Fayard, 1987, p. 594, le message d'adieu de Pétain, dont cette phrase particulièrement habile : « S'il est vrai que de Gaulle a levé hardiment l'épée de la France, l'histoire n'oubliera pas que j'ai tenu patiemment le bouclier des Français. »

pressions sans bornes des Allemands, nous sommes bien loin des « résultats » et des « avantages » promis en 1940-1941 et l'on esquive l'ensemble du problème des intérêts réciproques entre occupants et occupés. Rares furent ceux que cette métaphore convainquit, d'autant plus qu'en 1944 peu de Français avaient le sentiment d'avoir été protégés par un quelconque bouclier. Mais le désir de justifier Vichy coûte que coûte porta ses partisans à confondre la nécessaire poursuite de la marche des services publics (ce que beaucoup auraient accepté) avec la politique de collaboration active décidée par le gouvernement (ce qui était hautement générateur de discorde). Tout cela rend plus aléatoire une vision de la collaboration d'État en tant que phénomène politique distinct.

Au cours de son procès, Laval tenta de se justifier en invoquant la raison d'État, mais personne ne voulait l'entendre. Le terme de collaboration d'État n'existe pas chez Robert Aron, dont la problématique était fondée sur les procès d'après guerre, au cours desquels l'accusation cherchait à démontrer qu'il y avait bien eu collaborationnisme et où la défense, *a contrario*, tendait à faire la preuve qu'il s'agissait bien de résistance[73]. Sous la IVe République, il était difficile de soutenir que la neutralité dans la guerre contre Hitler avait été une vertu en soi.

C'est dans les années soixante que l'on commença à percevoir le concept de collaboration d'État, lorsqu'il devint possible de porter un regard nouveau sur les événements et d'outrepasser les professions de foi issues des discours gaullistes, résistancialistes ou collaborationnistes[74]. Les succès du gaullisme dans les années soixante ont peut-être facilité – voilà bien l'ironie du sort ! – la démonstration du bien-fondé d'une politique d'autonomie dans un monde polarisé. Une nouvelle génération d'historiens trouve normal et même

73. Robert Aron, *Histoire de Vichy 1940-1944*, Paris, Librairie Arthème Fayard, 1954.

74. Cf. Henry Rousso, *Le Syndrome de Vichy de 1944 à nos jours*, Paris, Le Seuil, 1987, édition révisée et mise à jour 1990.

admirable que Laval et Darlan aient cherché en 1940-1941 à manœuvrer entre les superpuissances. Cette nouvelle génération n'éprouve pas le besoin d'argumenter en faveur d'un « double jeu ». Le simple jeu de la collaboration d'État, la recherche des intérêts français à l'exclusion de tous les autres, semble légitime en soi[75]. Si nous comparons la collaboration à un jeu de poker, demandons-nous qui donc a gagné en ce cas. Jusqu'en novembre 1942, la zone non occupée pouvait bien apparaître comme un îlot privilégié dans l'Europe de Hitler. Mais la politique allemande appliquée en France dans la zone occupée ne fut pas plus clémente que celle appliquée dans les autres pays. La recherche par Vichy d'un compromis mutuellement avantageux avec l'Allemagne nazie échoua parce que, en fin de compte, les nazis prirent ce qu'ils voulurent et que, par ailleurs, il n'y eut pas non plus de réelle marge de manœuvre dans la grande croisade des Alliés contre Hitler.

On pourrait faire une liste des exigences allemandes que Vichy réussit à bloquer : viennent à l'esprit l'utilisation de bases aériennes au Maroc le 15 juillet 1940, le contrôle militaire de Dakar, le port de l'étoile jaune pour les Juifs en zone non occupée. On peut dresser une autre liste des concessions obtenues par Vichy grâce à l'application loyale de l'armistice et à son empressement à prévenir les demandes allemandes et à en outrepasser les termes : la libération définitive d'environ 132 000 prisonniers de guerre[76], le passage plus facile, après mai 1941, de la ligne de démarcation, la réduction temporaire entre mai 1941 et novembre 1942 du montant des indemnités d'occupation (réduction qui a probablement coûté plus cher à la France en or, par le jeu des échanges extérieurs et du fait du contrôle de ses institutions

75. Cf. Hervé Coutau-Bégarie et Claude Huan, *Darlan, op. cit.*, pour une illustration récente de ce propos.

76. Yves Durand, *La Captivité : Histoire des prisonniers de guerre français, 1939-1945*, Paris, Fédération nationale des combattants prisonniers de guerre et combattants d'Algérie, Tunisie, Maroc, 1980, p. 324.

économiques), quelques renforts pour les forces armées de Vichy, sans signification après novembre 1942. Ni l'une ni l'autre de ces deux listes n'est longue. Selon les critères de Laval et de Darlan eux-mêmes – les résultats –, Vichy ne tira guère profit de la collaboration d'État.

Hitler obtint bien davantage. D'abord la neutralité de la France que celle-ci défendit avec vigueur contre les Alliés, une contribution massive à l'effort de guerre allemand et une certaine sécurité jusqu'au début de 1944. Et tout cela, il l'obtint avec très peu d'hommes et sans avoir déboursé un seul mark.

Traduction par Denis et Marianne Ranson

Le collaborationnisme

Philippe Burrin

Le 18 juillet 1941, dans Paris occupé, près de 10 000 personnes se pressent au Vel' d'Hiv' pour assister à une manifestation que, d'ordinaire, les temps d'occupation n'encouragent pas : une réunion politique. Sur une vaste tribune, entourée d'une foison de drapeaux, d'un service d'ordre en uniforme, défilent une série d'orateurs : Doriot, Déat, Deloncle, Clémenti, Costantini... L'un après l'autre, ils exaltent la guerre que l'Allemagne nazie vient de déclencher contre l'Union soviétique et annoncent leur volonté d'y participer. De la salle, au milieu de bras tendus, partent cris et applaudissements : les militants ovationnent leurs chefs, conspuent leurs ennemis, célèbrent le nom de Hitler[1].

Quel spectacle, pour qui aurait connu le sommeil de la Belle au bois dormant depuis le printemps de l'année précédente ! La France, alors, attendait en armes l'assaut de l'ennemi ; certains des hommes qui s'époumonnent ce 18 juillet étaient sous les drapeaux ; d'autres, comme Déat, cherchaient à s'engager. Les revoilà exhortant leurs compatriotes à accepter, sous couleur d'intégration à l'« Europe », une soumission durable à l'Allemagne nazie, les poussant même à partir combattre à l'Est sous l'uniforme allemand.

Le collaborationnisme qui s'affiche ainsi dresse Paris en face de Vichy. Il appelle et rassemble sous ses fanions des hommes venus de milieux fort différents, mais qui se retrouvent dans la critique de l'État français, coupable d'insuffisance dans la rénovation intérieure et dans l'alignement extérieur. Pourtant, dans la France occupée, il ne suffit pas qu'il y ait des hommes tentés par une collaboration mili-

1. Archives nationales, F60/1505.

tante : il faut encore l'autorisation et les encouragements de l'occupant. Le collaborationnisme, comme la collaboration d'État, n'existe que dans la mesure où l'Allemand en a l'usage et y trouve son intérêt. La convergence de dispositions françaises, minoritaires autant que l'on voudra, mais réelles, et d'incitations allemandes, qui s'inscrivent dans une politique d'ensemble, fait surgir un paysage unique dans l'Europe nazie[2].

Naissance des partis

Le collaborationnisme parisien ne se constitue, comme espace politique ouvert à l'activité et à la rivalité de partis autorisés, qu'au tournant de 1941. Dès l'arrivée des Allemands, des hommes et des groupements ont offert leurs services, ou accepté les propositions qui leur étaient faites : des journalistes qui s'empressent de remplir les places laissées vacantes par le repli de journaux en zone libre et qui vont noircir les feuilles créées ou contrôlées par l'occupant[3] ; et aussi des hommes et des groupements politiques qui voient s'ouvrir un horizon bouché dans l'avant-guerre et cherchent à faire avancer leur cause grâce à l'appui des Allemands.

Les uns attendent qu'on les aide à réaliser une visée d'indépendance nationale. C'est le cas du mouvement breton, dont les chefs, condamnés à mort en 1939, avaient trouvé refuge outre-Rhin et sont revenus dans les fourgons de l'envahisseur. Les autres sont des groupuscules d'extrême droite qui invoquent leur parenté avec le nazisme pour s'afficher au grand jour et occuper sinon des places, du moins

---

2. Pour la collaboration d'État, voir Eberhard Jäckel, *La France dans l'Europe de Hitler*, Paris, Fayard, 1968, et Robert O. Paxton, *La France de Vichy, 1940-1944*, Paris, Le Seuil, 1973. Sur le collaborationnisme, voir notamment Pascal Ory, *Les Collaborateurs, 1940-1945*, Paris, Le Seuil, 1976, et Bertram M. Gordon, *Collaborationnism in France during the Second World War*, Ithaca, Cornell University Press, 1980.

3. Pierre-Marie Dioudonnat, *L'Argent nazi à la conquête de la presse française, 1940-1944*, Paris, Picollec, 1981.

l'espace public ; ainsi le Jeune Front, dirigé par Robert Hersant, qui s'active pendant l'été de 1940 en cassant des vitrines de commerces juifs sur les Champs-Élysées.

Du côté allemand, la réaction initiale, celle des militaires, est faite de défiance et de désintérêt : la priorité va au maintien de l'ordre, d'où l'interdiction qui va frapper l'activité des groupements politiques. Otto Abetz, chargé par Ribbentrop de conseiller les militaires dans les questions politiques, et bientôt nommé ambassadeur par Hitler, se montrera plus disposé à utiliser les bonnes volontés. Mais l'heure est aux ménagements envers Vichy qui se dit prêt à une collaboration et qu'il n'est pas question de mécontenter en misant sur des hommes et des groupements qui ne représentent rien.

Aussi, tandis que les hommes de plume sont mis à la tâche, guidés par la censure, on passe une laisse aux hommes de main. Après avoir été encouragé par certains services allemands, le séparatisme breton ne jouira plus officiellement que d'une tolérance[4] ; la carte est trop risquée, tant que l'on tient à l'existence de Vichy. Quant aux groupuscules parisiens, ils devront rentrer dans le rang et cesser toute activité publique ; pour ne l'avoir pas compris, un de leurs chefs sera envoyé en prison. La *Propagandastaffel* saura les occuper à distribuer des tracts et à coller des affiches.

Abetz avait reçu de Hitler un mandat clair : il devait empêcher la formation d'un front uni des Français, et donc les

---

4. Voir notamment Alain Deniel, *Le Mouvement breton*, Paris, Maspero, 1976, et Henri Fréville, *Archives secrètes de la Bretagne, 1940-1944*, Rennes, Ouest-France, 1985 ; pour la politique allemande dans la question bretonne, voir Hans Umbreit, « Zur Behandlung der Bretonenbewegung durch die deutsche Besatzungsmacht im Sommer 1940 (Dokumentation) », *Militärgeschichtliche Mitteilungen*, 3, 1968, p. 145-165. Sur la question flamande, voir Étienne Dejonghe, « Un mouvement séparatiste dans le Nord et le Pas-de-Calais sous l'Occupation (1940-1944). Le Vlaamsch Verbond van Frankrijk », *Revue d'histoire moderne et contemporaine*, 1970, p. 50-77. Voir aussi, en général, Francis Arzalier, *Les Perdants. La dérive fasciste des mouvements autonomistes et indépendantistes au* XX*e siècle*, Paris, La Découverte, 1990.

diviser par tous les moyens en attirant dans son jeu des représentants des divers secteurs de l'opinion. Il lui importe de trouver des contrepoids à Vichy, et en particulier au clergé et à l'armée, qu'il voit comme les piliers du régime et du nationalisme français. De là un intérêt qui ne se démentira pas pour les éléments de gauche prêts à une collaboration avec le vainqueur, la création de journaux destinés à ce public (*La France au travail, Aujourd'hui,* etc.), ou les démarches entreprises à l'automne de 1940 pour faire autoriser le fonctionnement des syndicats. En juin et juillet déjà, Abetz n'avait pas hésité à nouer des contacts avec le PCF, désireux de faire reparaître *L'Humanité* ; contacts demeurés sans résultat en raison de l'incompatibilité des points de vue et des réticences des militaires allemands[5].

Son travail va se trouver facilité par Vichy, dont les choix politiques et idéologiques engendrent rapidement déçus et mécontents. Parmi ceux-ci, les uns ont travaillé, sous la baguette de Déat, à constituer un parti unique, qui finit par buter contre l'opposition de Pétain. D'autres, comme Doriot, réclament une Révolution nationale plus dure, une collaboration plus poussée, et entendent de toute façon avoir un pied à Paris, ne serait-ce que pour contrer les manœuvres de l'adversaire communiste. D'autres enfin sont des parlementaires bon teint, du centre droit ou du centre gauche, comme Bonnet, Flandin, Frot, de Monzie, qui regrettent que Vichy se marque trop à droite. Tous se retrouvent pour estimer (et faire savoir aux Allemands) que la collaboration est non seulement nécessaire, mais encore souhaitable, et que, pour en améliorer les chances, il convient de modifier la politique intérieure du régime[6].

Abetz n'a qu'à jeter le filet dans cette mare de déçus et de mécontents. Sa meilleure prise sera Déat, qui remonte à

5. Denis Peschanski, « La demande de parution légale de *L'Humanité* (17 juin 1940-27 août 1940) », *Le Mouvement social*, n° 113, octobre-décembre 1980, p. 67-89.

6. Philippe Burrin, *La Dérive fasciste, Doriot, Déat, Bergery, 1933-1944*, Paris, Le Seuil, 1986, p. 342.

Paris en septembre et prend la direction de *L'Œuvre*. La critique en règle à laquelle il soumet Vichy, tout en épargnant Pétain, fournira à Abetz un utile moyen de pression, et lui permet de préparer une équipe de réserve. Mais le jeu n'en comporte pas moins des dangers : au lieu de renforcer la position de Laval, les attaques de Déat contribueront à son renvoi le 13 décembre.

En se fermant politiquement, Vichy avait fourni des hommes à Paris ; en évinçant Laval, qui part se réfugier en zone occupée, il amène les Allemands à organiser à Paris un pôle d'opposition. Plus méfiant que jamais, Hitler est résolu à prendre des gages, à ne pas s'en remettre aux assurances de collaboration que lui prodigue Vichy. Laval restera à Paris, figure de proue d'un contre-gouvernement potentiel ; et on le flanquera de partis qui doivent donner un soutien populaire à la collaboration. L'occupant intervient à visage découvert dans la vie politique française ; il suscite, organise, dirige au grand jour des équipes qui ne demandent qu'à se substituer à Vichy.

Le jardinage d'Abetz

La décision d'autoriser une activité politique au grand jour rencontra des réticences, voire des résistances. Les militaires suivaient d'un œil inquiet les manipulations de l'ambassade, craignant que de ces tours d'apprenti sorcier ne s'échappe une dynamique politique difficile à rattraper. Hitler nourrissait, lui aussi, quelques doutes. Un de ces partis ne pourrait-il pas devenir un pôle de rassemblement national, se transformer en bastion de résistance à l'influence allemande[7] ? Plus tard, constatant leur faiblesse, il n'aura que paroles de mépris pour ces Français : leur salut était dans le maintien de l'occupation, dira-t-il, sans quoi ils seraient balayés[8].

---

7. *Akten zur Deutschen Auswärtigen Politik (ADAP)* D, XIII-2, doc. 327, 16 septembre 1941.

8. Par exemple, Hitler, *Monologe im Führerhauptquartier 1941-1944*, Munich, Heyne Verlag, 1980, p. 245 (31 janvier 1942).

Abetz avait, de toute façon, respecté ses consignes de division. En janvier 1941, Déat rêva de constituer, sous le patronage de Laval, un grand parti jouissant du soutien exclusif de l'ambassade. Il dut admettre que la multiplicité serait la règle, et notait amèrement dans son Journal : « Les Allemands font du jardinage politique, pour voir si quelque chose va pousser[9]. » Le Rassemblement national populaire (RNP) dont il allait prendre la tête serait la pièce centrale dans le dispositif de l'ambassade : mais il se trouvait flanqué d'une dizaine d'autres groupements qui lui feraient concurrence de tous côtés, Abetz s'efforçant, ici encore, d'ouvrir large l'éventail politique.

Il est vrai qu'il comprit assez rapidement qu'une compétition débridée n'était pas dans son intérêt. Il lui fallait ne pas laisser s'envenimer mortellement les relations entre partis s'il voulait préserver les bases d'une coopération future. La guerre terminée à l'avantage de l'Allemagne, il s'agirait de faire endosser au vaincu une paix qui promettait de n'être pas clémente ; en amalgamant les équipes de Vichy et de Paris, Abetz pensait pouvoir assurer du mieux possible la continuité d'une influence allemande.

Quelques mesures furent donc prises pour faire tenir ensemble, de manière lâche, tous ces partis. La levée commune de la LVF offrit une première occasion de coopérer à l'été de 1941. En automne de la même année, s'y ajouta la création d'un Conseil politique, qui réunissait quatre partis (le PPF, le RNP, le Mouvement social révolutionnaire – MSR – fondé par Deloncle et la Ligue française) et qui n'eut jamais la moindre activité ; son objet semble avoir été de faire contrepoids à la séparation du RNP et du MSR qui venait d'intervenir. Enfin, à partir du printemps de 1942, après le retour de Laval au pouvoir, Déat remit sur métier son projet de parti unique, en prévision d'un rapprochement entre Paris et Vichy, et pour encadrer et contrôler le PPF, lancé dans une

9. Déat, *Journal de guerre*, 3 janvier 1941, Archives nationales, F7 15342.

course au pouvoir solitaire ; il en sortit, à l'automne, le Front révolutionnaire national (FRN) dans lequel le RNP se trouvait associé avec d'autres groupements (notamment le Francisme, le MSR et le groupe Collaboration).

De toute façon, les partis n'étaient pas lâchés dans la nature : des liens solides les attachaient à leurs protecteurs. Une surveillance étroite pesait sur leurs publications : la critique de Vichy était condition suffisante, la profession de foi collaborationniste condition nécessaire de toute prise de parole. Quant à leur activité proprement politique, elle faisait l'objet d'une stricte surveillance ; chaque réunion était soumise à autorisation, et le déroulement en était réglementé et contrôlé : il était interdit de chanter *La Marseillaise*, de porter l'uniforme hors des locaux, encore plus de posséder une arme. Mais la principale dépendance était financière. Lancés à grand fracas, faisant une propagande massive, se mettant tous à publier un journal, les partis ne pouvaient vivre que de la manne allemande, qu'alimentaient d'ailleurs les frais d'occupation payés par Vichy.

De ces groupements politiques, certains étaient de fraîche création, à commencer par le RNP, où Déat, ancien socialiste et compagnon du Front populaire, se trouvait dans un attelage inattendu avec Deloncle, ex-dirigeant de la Cagoule et chef du MSR [10]. C'était aussi le cas du mouvement du Feu, dirigé, comme il se devait, par un maître du Feu, le député fantasque Maurice Delaunay ; ou encore du groupe Collaboration, placé sous la présidence d'Alphonse de Chateaubriant et qui poursuivait le sillon ouvert avant la guerre par le Comité France-Allemagne [11].

Les autres partis, sous une appellation ou une autre, existaient depuis la décennie précédente ; ils resurgissaient au jour allemand dans l'éclat de leurs échecs. Ainsi Pierre

---

10. Voir Philippe Bourdrel, *La Cagoule*, Paris, Albin Michel, 1970.
11. Barbara Unteutsch, *Vom Sohlbergkreis zur Gruppe Collaboration. Ein Beitrag zur Geschichte der deutsch-französischen Beziehungen anhand der Cahiers franco-allemands/Deutsch-französische Monatshefte, 1931-1944*, Münster, Kleinheinrich, 1990.

Costantini, à la tête de la Ligue française, Jean Boissel et son Front franc, Pierre Clémenti et le Parti français national collectiviste : tous anciens combattants, devenus des professionnels de l'extrême droite groupusculaire, et tournés vers le nazisme pratiquement depuis l'arrivée de Hitler au pouvoir. À côté d'eux, deux groupements auront plus de poids : le Francisme de Bucard[12], autre ancien combattant jamais revenu de l'univers des tranchées ; et surtout le PPF de Doriot[13], ancien dirigeant communiste férocement retourné contre le PCF et l'Union soviétique ; son parti avait réussi à percer brièvement en 1936-1937, atteignant probablement la barre des 100 000 adhérents ; il était le seul à avoir des cadres, une expérience, une implantation nationale, même si presque tout devait être repris à la base.

Abetz jardinait, et il venait dans son jardin des produits variés : aux partis formellement constitués et dûment autorisés s'ajoutaient des cercles et des chapelles qu'il mettait autant de soin à cultiver. Cela faisait une assez grande diversité, au moins en 1941-1942. Diversité dans la forme d'organisation et le style d'activité : ainsi le groupe Collaboration était moins un parti qu'un organe destiné à faire passer l'évangile de la collaboration et à diffuser une image favorable de l'Allemagne à travers des tournées de conférences et des manifestations culturelles. Diversité, aussi et surtout, dans les origines des dirigeants, les thèmes et les contenus de leur programme, au point qu'il est justifié de parler d'une gauche et d'une droite, en retenant que le cadre de référence obligé, ici, a pour angles la critique de Vichy et la collaboration avec l'Allemagne nazie.

Dans la gauche collaborationniste, il faut compter un parti autorisé pour la seule région parisienne, le Parti ouvrier et paysan français (POPF). Les anciens communistes, derrière Marcel Gitton, qui le créèrent, avaient rompu avec leur parti

---

12. Alain Deniel, *Bucard et le Francisme*, Paris, Picollec, 1979.
13. Dieter Wolf, *Doriot, du communisme à la collaboration*, Paris, Fayard, 1969 ; Jean-Paul Brunet, *Doriot*, Paris, Balland, 1986.

dans le sillage du pacte germano-soviétique. Après avoir brièvement et vainement tenté un rapprochement avec Doriot, leur aîné en dissidence, ils avaient sollicité de l'occupant l'autorisation de mener une action politique dont l'objectif était d'arracher les ouvriers français aux griffes du bolchevisme et d'en faire des « éléments actifs de la lutte contre le communisme [14] ». Outre qu'elle se révéla infructueuse, l'entreprise était dangereuse, comme le fit voir l'assassinat de certains de leurs dirigeants, Gitton en tête, par la résistance communiste.

Des syndicalistes aussi s'agitent dans le Paris allemand. Réunis autour de l'hebdomadaire *L'Atelier*, ils fondent en avril 1941 le Centre syndicaliste de propagande qui se donne pour tâche de réunir les branches du syndicalisme français, divisé sur la conduite à tenir. Georges Dumoulin, Pierre Vigne, Marcel Roy, notamment, seront les figures de proue d'un syndicalisme anticommuniste, autoritaire et collaborationniste [15].

Les socialistes, enfin, fournissent leur contingent. Constitué au printemps de 1941, le groupement France-Europe (Socialisme et Nation) est composé en majorité par d'anciens SFIO, menés par Francis Desphelippon, Paul Rives, Claude Jamet, rejoints par René Chateau, ancien radical-socialiste et disciple d'Alain. À l'automne de 1941, ils se donnent – ou plutôt l'ambassade leur donne – un journal, *La France socialiste*, pour mener le combat d'une gauche fière de son passé et ralliée au nouvel ordre. Ils sont épaulés, à quelque distance, par une poignée d'autres anciens socialistes, autour de l'ancien ministre de 1936, Charles Spinasse, qui crée à l'automne de 1941 l'hebdomadaire *Le Rouge et le*

---

14. Lettre de Gitton, 28 juin 1941, Bonn, AA-PA, Botschaft Paris/1306.

15. Dominique Durrlemann, « *L'Atelier*, hebdomadaire du travail français. Des syndicalistes dans la collaboration », *Cahiers d'histoire de l'Institut Maurice-Thorez*, n° 14, juillet-septembre 1975, p. 118-159 ; et Jacques Rancière, « De Pelloutier à Hitler : syndicalisme et collaboration », *Les Révoltes logiques*, n° 4, hiver 1977, p. 23-61.

Bleu, où il défend l'action du Front populaire et plaide pour un socialisme organisateur inspiré de Proudhon[16].

Tous ces groupes gravitent autour du RNP ; les syndicalistes de *L'Atelier* comme les socialistes de France-Europe s'y rallieront même après la séparation de Déat et de Deloncle à l'automne de 1941. Mais un mouvement de sens contraire interviendra l'année suivante, sous l'effet de la nazification accélérée du RNP et de son chef. Spinasse s'en prendra vivement à la conception du parti unique sur le modèle nazi défendue par Déat, ce qui entraînera la suppression de son journal. Chateau, en compagnie de socialistes et de syndicalistes, après avoir avancé les mêmes objections, fera naître au début de 1943 la Ligue de la pensée française, dont les mots d'ordre sont l'apaisement et l'union à l'intérieur, la paix à l'extérieur. Les Allemands la toléreront dans la mesure où son pacifisme, à défaut d'une profession de foi collaborationniste qui ne veut plus se faire entendre, peut contribuer à freiner la mobilisation de l'opinion au profit de la résistance active.

La gauche collaborationniste joue fermement la partition que lui a confiée Abetz. Critiquant la réaction de Vichy, mettant en accusation la bourgeoisie et le patronat, invoquant la justice sociale, proposant même la nationalisation des industries clefs, elle est favorable à un régime autoritaire, appuyé sur un grand parti populaire, auquel certains d'entre eux envisagent de donner un monopole, au moins pour une période transitoire. D'un autre côté, elle est peu portée sur l'antisémitisme et exempte de tout militarisme. La collaboration qu'elle prône est censée reposer sur l'égalité des droits, « par le renoncement sincère de la France à toute politique d'isolement ou de revanche, d'une part, et, d'autre part, par le renoncement de l'Allemagne à une paix constituant une revanche du traité de Versailles[17] ».

---

16. Marc Sadoun, *Les Socialistes sous l'Occupation*, Paris, Presses de la FNSP, 1982, p. 78.

17. Manifeste de France-Europe, Bonn, AA-PA, Botschaft Paris/ 1311.

Au total, le phénomène restera d'une ampleur très limitée, touchant quelques centaines, au plus quelques milliers de cadres et de militants, poussés sur un océan de swastikas par les tensions et les frustrations des années trente, par l'anticommunisme, le pacifisme, une vision déformée du nazisme. La retraite dans le silence, l'engagement dans une organisation comme la Ligue de la pensée française, ici et là le ralliement à la Résistance, seront le lot d'une bonne partie d'entre eux. Pendant deux ans, il avait été possible d'être collaborationniste sans être fasciste ; il était impossible de le rester sans devenir fasciste.

Entre cette gauche et la droite, le RNP faisait la transition[18]. Par la personnalité et le passé de ses chefs, Déat en tête, il se rattachait à la gauche pacifiste, anticommuniste et rénovatrice de l'avant-guerre. Mais les éléments de séparation étaient tôt apparus, et ils s'élargirent en fossé : d'abord lorsque Déat, pour authentifier sa conviction d'un rassemblement national, s'acoquina avec le cagoulard Deloncle ; puis et surtout lorsque, après l'échec de cette liaison, il s'appropria définitivement les recettes du nazisme : le culte du chef absolu, la prétention totalitaire, le racisme, le militarisme, l'éloge du recours à la force, à l'intérieur comme à l'extérieur. Autant de marques d'un durcissement qui accompagnait sa conviction que les collaborationnistes demeureraient une minorité et qu'il leur faudrait soumettre par la force leurs compatriotes.

Sans doute, jusqu'à la fin, il demeura, chez lui comme chez ses principaux lieutenants, une empreinte de son passé de gauche : un antisémitisme moins viscéral, une teinture d'humanitarisme et d'universalisme, une insistance sur le thème européaniste plutôt que sur celui de la puissance nationale. Mais l'écart s'était considérablement rétréci avec

---

18. Outre Burrin, *op. cit.*, voir les travaux récents de Reinhard Schwarzer, *Vom Sozialisten zum Kollaborateur : Idee und politische Wirklichkeit bei Marcel Déat*, Pfaffenweiler, Centaurus, 1987, et de Reinhold Brender, *Marcel Déat und das Rassemblement national populaire*, Munich, Oldenbourg, 1992.

ses concurrents issus de cette extrême droite qu'il avait méprisée dans l'avant-guerre.

La droite collaborationniste avait, dès le départ, fait siens les principes de Vichy, en les durcissant encore. La Révolution nationale, pour ces hommes, était d'abord et surtout une épuration nationale ; il s'agissait de donner le coup de balai dans l'administration, de menotter les opposants de tout poil – gaullistes, anglophiles, tenants du Front populaire –, de faire payer les responsables de la guerre, Reynaud, Mandel, Blum. Un programme qui s'épuisait, en somme, dans une surenchère d'appels à la répression, de lutte contre les francs-maçons, de persécution de la population juive. Le complétait tout naturellement un militarisme à tout crin, qui ne voulait connaître d'autres ennemis que ceux de l'occupant.

Doriot, il est vrai, avait lui aussi un passé de gauche, mais il n'en restait rien depuis longtemps, sinon une mentalité et une pratique politiques façonnées par l'expérience communiste. Avec Déat, le contraste demeurait frappant en dépit du rapprochement idéologique qui s'était produit. L'ancien ouvrier, tribun massif, politique rusé et brutal, homme sans scrupules, se dressait en face du normalien, à la personnalité réservée, fier de son intelligence, mais aveuglé par l'esprit de système, et handicapé par une irrémédiable naïveté politique, un côté timoré et suiveur[19].

Doriot inquiétait Abetz, qui fut toujours assuré de la docilité de Déat ; il est significatif que le PPF ait dû attendre l'automne de 1941 avant d'être officiellement autorisé. C'est que, pendant l'hiver précédent, Doriot s'était présenté en « homme du Maréchal ». La guerre contre l'Union soviétique lui fit sauter le pas ; il partit avec la LVF combattre, les armes à la main, l'adversaire communiste qui obsédait son esprit. À partir de là, son engagement collaborationniste devint total, et sa conception de la « nouvelle France » radicalement fasciste : un pays placé sous le contrôle d'un parti totalitaire, à l'idéologie intégralement raciste.

---

19. Voir ses *Mémoires politiques*, Paris, Denoël, 1989.

Une stratégie sans issue

Aux yeux de la plupart de leurs compatriotes, ces chefs de parti passèrent, dès qu'ils montèrent sur la scène publique, pour des traîtres et des vendus. Ce n'est pas ainsi, naturellement, qu'ils se voyaient eux-mêmes. Ils s'appuyaient sur l'occupant, certes, mais c'était pour défendre les intérêts de leur pays, tels qu'ils les concevaient. Ils assumaient du même coup les responsabilités qu'entraînait le choix d'une stratégie dont les chances de succès étaient sérieusement obérées dès le départ.

Leur premier souci était de faire la preuve, aux yeux des Allemands, de leur « fiabilité ». Pour inspirer confiance, ils entendent gager sur leur prise de position, avant même que les événements militaires aient tranché, un crédit qu'ils aimeraient utiliser ensuite, une fois au pouvoir, pour sauvegarder les intérêts de leur pays. Car leur but principal est de se faire appeler par Pétain, avec l'appui des Allemands, et de devenir les interlocuteurs de ces derniers dans le cadre d'une collaboration d'État. Pourrait alors être menée la politique qui sauverait le pays en lui épargnant le pire, étant admis que l'Allemagne sortirait victorieuse de la guerre et que l'intérêt de la France était de parvenir à un accommodement durable avec elle.

Les hommes de Paris sont des concurrents de Vichy, comme peut l'être une avant-garde qui ne veut pas perdre le contact et qui ajuste en conséquence ses positions. Il est vrai que, avec Déat, un fossé d'hostilité existe dès le départ, qu'il paraît très difficile d'enjamber. Mais Déat n'en est pas moins lié à Vichy, indirectement, à travers Laval, avec qui il entretient un rapport fait de fidélité et de rivalité, et dont le retour au pouvoir doit assurer en même temps sa promotion. Ce sera, en réalité, l'occasion d'une nouvelle déconvenue : le RNP pourra enfin s'implanter en zone libre, mais son chef restera à Paris, Laval comme l'ambassade préférant le tenir hors du gouvernement, pour des raisons différentes : l'un parce que Déat lui servira de repoussoir, l'autre de moyen de pression.

Le reste des partis établit dès le départ, et sans difficulté, un lien avec Vichy. Un geste de Pétain dans leur direction, une entrevue avec lui sont des atouts d'opinion que leurs dirigeants ne négligeront pas d'exploiter. À défaut d'un véritable soutien, ils bénéficient d'une tolérance pour leur activité en zone libre, et de quelques subventions pour leur presse : ainsi en va-t-il pour le PPF dont l'hebdomadaire, *L'Émancipation nationale*, replié à Marseille, et le journal, *Le Cri du peuple*, créé à Paris en automne 1940, reçoivent un appui financier.

Sans doute Pétain et Darlan sont-ils foncièrement réservés à l'égard des partis qu'ils supprimeraient avec joie s'ils en avaient la possibilité. Mais ne courraient-ils pas alors le risque de décourager, dans le pays, les partisans de cette collaboration dont ils sont les premiers à proclamer la nécessité ? Dans son message du nouvel an en 1942, Pétain qualifie de « déserteurs tous ceux qui, dans la presse comme dans la radio, à Londres comme à Paris, se livrent à d'abjectes besognes de désunion[20] ». En mettant sur le même plan Londres et Paris, il établit une symétrie qui n'est que de façade : collaborationnisme parisien et collaboration d'État sont deux rameaux issus de la même souche, séparés par des divergences sur les modalités, et que Londres récuse tous deux par principe.

Sur la collaboration, Vichy et Paris ont, en effet, pendant près de deux ans, des conceptions fort proches. Ici comme là, on insiste sur la nécessité d'une collaboration « constructive », fondée sur une libre adhésion, assurant à la France le maintien d'un statut de puissance, un avenir en Europe et en Afrique, et en tout cas lui épargnant une mutilation territoriale et des entraves de souveraineté exagérées.

Ici et là, on conçoit la collaboration avant tout sur un plan politique et économique, en réservant la question d'un engagement militaire. La France n'a pas à participer directement

20. Pétain, *Discours aux Français,* Paris, Albin Michel, 1989, p. 212.

à la guerre allemande contre la Grande-Bretagne : son rôle doit être de protéger l'Empire contre les Britanniques et les gaullistes, éventuellement de reconquérir les colonies dissidentes. Après juin 1941, Paris se fera le héraut et l'organisateur d'une présence militaire française à l'Est. L'occasion est belle de prouver aux Allemands sa position d'avant-garde et de faire ressortir l'« attentisme » qu'on accuse Vichy de pratiquer. Mais Vichy est tout aussi prêt à envoyer des troupes à l'Est, à condition que l'Allemagne le lui demande officiellement et qu'elle se montre disposée à lui en marquer de la reconnaissance.

La séparation des chemins entre Paris et Vichy vient en novembre 1942, quand le débarquement anglo-saxon en Afrique du Nord entraîne la perte de l'Empire, l'occupation de la zone libre et le sabordage de la flotte. Pour les hommes de Vichy, l'événement apporte un argument définitif contre toute aventure, qui pousse à renvoyer *sine die* une collaboration militaire. Les hommes de Paris, eux, se jettent dans une collaboration qui n'a plus de limite, en réclamant une déclaration de guerre aux Anglo-Saxons et la conclusion d'un pacte impérial avec l'Allemagne : l'heure est à l'engagement total pour la défense de l'Europe et à la reconquête de l'Empire aux côtés de l'occupant, sans que soit même posée la question des garanties préalables.

Ils ne peuvent alors que passer entièrement du côté de l'occupant, dans une sorte de fuite en avant éperdue, selon l'expression qu'emploie Spinasse à propos de Déat[21]. Sans doute est-ce pour une part la conséquence de la situation dans laquelle ils se trouvent, faute d'avoir obtenu cet appui populaire qui était leur objectif, et par lequel ils pouvaient justifier leur pari : cet appui aurait allégé leur dépendance financière, leur aurait donné du poids du côté de Vichy comme du côté de l'occupant, aurait prouvé la viabilité de leur choix. Mais c'est aussi l'effet de leurs conceptions idéo-

---

21. Spinasse, « La fuite en avant », *Le Rouge et le Bleu*, 1er août 1942.

logiques : proclamant haut et fort la nécessité et les vertus de la force, ils se montrent fidèles à leurs principes en y trouvant leur dernier recours.

Trop engagés pour pouvoir reculer, poussés en avant par l'orgueil et par la haine, ils sont dans une position où il ne leur reste d'autre avenir que de s'en remettre à la bonne volonté de leurs protecteurs, en espérant en quelque sorte les obliger par un engagement inconditionnel. Mais les Allemands, tout prêts qu'ils sont à les payer de bonnes paroles, entendent ne faire droit qu'à leurs seuls intérêts. Or, tant que Pétain reste au poste et montre le minimum de souplesse qu'on attend de lui, il est hors de question de promouvoir les hommes de Paris, dont l'installation forcée apporterait plus de désavantages que d'avantages. Elle cabrerait l'opinion, la faisant sortir de son calme relatif ; elle pousserait les fonctionnaires dans une résistance passive ; elle rendrait plus coûteuse l'occupation du pays.

Dans cette situation, il reste aux chefs de parti une dernière possibilité d'élargir leur marge de manœuvre : en jouant les services d'occupation les uns contre les autres. À la différence de Déat qui ne concevait tout simplement pas de le faire, Doriot mania habilement cette carte, multipliant les liens de façon à compenser les réticences de l'ambassade, augmenter ses moyens de financement et trouver des alliés pour parvenir au pouvoir. Il s'attira ainsi les faveurs de la propagande militaire (la *Propaganda Abteilung*), mais aussi de l'Abwehr et du SD auxquels il prêtait l'aide de ses services de renseignements.

L'accroissement des pouvoirs de la SS en France au printemps de 1942, qui se traduisit par la nomination de Oberg à la tête de toutes les forces de police allemandes, lui parut offrir l'occasion favorable. On semblait apprécier, de ce côté-là, l'aide qu'il pourrait apporter avec son parti, une fois au pouvoir ou associé au gouvernement, notamment en matière de répression de la Résistance et de persécution antijuive. Doriot lança donc à l'été de 1942 une opération de bluff qui l'amena à défier ouvertement Laval, et indirectement l'ambassade, et qui devait lui ouvrir le chemin du pouvoir en faisant aux yeux de l'occupant la démonstration de sa force et de son utilité. Mais ce fut un échec : une intervention de Berlin, alerté par Abetz, le stoppa net ; Doriot paya son audace d'une suspension temporaire de l'appui financier de l'ambassade. Il se retrouvait dans la compagnie de ses concurrents, réduit comme eux à miser sur une aggravation de la situation qui le ferait apparaître à l'occupant comme le seul recours, comme son dernier môle d'appui.

Une petite minorité bigarrée

En suscitant un pluralisme politique sous surveillance, Abetz avait, en somme, lâché une meute de chiens dans la nature pour ramener le plus de gibier possible. Mais si l'objectif de concurrence et de division fut pleinement atteint, le tableau de chasse demeura très inférieur aux espérances des uns et des autres.

Hostile à Montoire et à la politique de collaboration de Vichy, malgré une révérence pour Pétain qui s'effrita lentement, la population ne pouvait qu'être contraire, au mieux indifférente, à des hommes en cheville avec l'occupant. Dans leurs rapports sur l'état de l'opinion, les préfets renvoient effectivement l'image de partis très minoritaires et de plus en plus isolés.

Au départ, on les voit mener une activité on ne peut plus classique : recherche de nouveaux adhérents par le démarchage individuel, tenue de réunions dans les permanences, organisation de manifestations de propagande, préparation de congrès départementaux et nationaux. Dans la rue, leur présence est très inégalement perceptible : à un pôle, le groupe Collaboration dont les membres se bornent à assister à des conférences, à visiter une exposition, à entendre un concert ; à l'autre, le Francisme et le PPF, qui disposent de vrais militants, des hommes de main et de terrain qui vont en uniforme coller des affiches et distribuer des tracts ; dans l'entre-deux, le RNP, plus près du premier que du second pôle.

Dans l'ensemble, les militants ne forment qu'une fraction des effectifs ; cela tient à l'hétérogénéité des motivations, mais aussi aux contraintes de la situation, qui portent vite au découragement. D'une part, l'espace de pluralisme, artificiellement délimité par Abetz, fait tourner à vide la compétition, l'issue du décompte des voix étant aussi fermée que celle de l'emploi de la force. On est en plein pastiche de la situation totalitaire, avec une série de groupements qui tous ont vocation de partis uniques et se font une concurrence acharnée, sans avoir la moindre prise sur la réalité.

D'autre part, au fur et à mesure que se durcit la politique d'exploitation et de répression de l'occupant, un mur de haine monte autour des collaborationnistes. Tous ne sont pas des dénonciateurs, mais certains le sont, d'autres sont des crapules ; une identification avec les pires aspects de l'occupation prend corps, dont les effets se font bientôt sentir. À partir du début de 1942, les adhérents les plus en vue ou les plus actifs sont l'objet de menaces, d'un ostracisme social, et bientôt d'agressions, tandis que les permanences des partis sont plastiquées. Après avoir progressé en 1941 et surtout dans la première moitié de 1942, les adhésions calent, et le reflux s'installe après le débarquement des Alliés en Afrique du Nord.

Tout cela ne faisait de toute façon qu'une petite minorité. Les partis avançaient en fanfare des chiffres impressionnants ; à les croire, une armée de Français les suivait en rangs serrés, prêts à tout pour le salut du pays. Il est facile de montrer la fausseté de ces déclarations, moins évident de donner des chiffres d'une exactitude assurée. Les archives et les fichiers des partis ont été détruits avant la Libération, de sorte que l'on en est réduit à des estimations, sauf pour ce qui concerne les engagés dans la LVF et subsidiairement les effectifs du groupe Collaboration.

Pour les premiers, on dispose des comptages allemands : jusqu'en mai 1943, 10 788 volontaires, dont 6 429 ont été retenus après examen médical[22] ; une troupe où les idéologues pèsent peu en regard des aventuriers et des laissés-pour-compte. Quant au groupe Collaboration, il aurait

22. Bonn, AA-PA, Inland II g/304.

compté, en mai 1944, 42 283 adhérents, dont 32 882 en zone nord et 9 401 en zone sud, ce qui nous laisse dans l'incertitude pour les années précédentes[23].

Pour le reste, les petits partis peuvent être crédités, sans risque d'erreur, de quelques centaines d'adhérents. Le Francisme eut sans doute quelques milliers de membres, tandis que le RNP n'a probablement pas dépassé les 20 000 adhérents, et que le PPF a dû s'approcher des 30 000 (sans l'Afrique du Nord). Soit en tout, pour les années 1940-1942, une centaine de milliers de Français, autant que la SFIO dans les années vingt.

Le peuple collaborationniste, si l'on peut employer le terme de peuple pour désigner une agrégation aussi friable et incertaine, est de provenance essentiellement urbaine. Les femmes n'y sont qu'une petite minorité, plus visible dans le groupe Collaboration et le Francisme ; une partie d'entre elles sont des femmes ou des enfants de militants. L'âge moyen est la quarantaine, avec une proportion plus marquée de personnes âgées dans le groupe Collaboration et le RNP.

Socialement, les collaborationnistes peuvent être répartis en trois blocs. Les indépendants sont un peu plus d'un tiers du total, soit 37,6 % (2,6 % de patrons ; 10,3 % de commerçants ; 7,8 % d'artisans ; 10,3 % d'agriculteurs ; 6,6 % de professions libérales). Les salariés représentent un autre tiers du total, soit 33,5 % (9,3 % d'ouvriers ; 14,9 % d'employés ; 1,9 % d'ouvriers agricoles ; 3,9 % de cadres ; 2 % de personnel de service ; 1,5 % de représentants de commerce). Les fonctionnaires, enfin, sont 8,8 % du total (1,9 % d'enseignants ; 4,6 % d'autres fonctionnaires ; 1,7 % de militaires ; 0,6 % de policiers). Le reste (16,6 %) est composé d'étudiants (3,4 %), de retraités (4,9 %) et de personnes sans profession, en majorité des femmes (8,3 %)[24].

---

23. Bonn, AA-PA, Botschaft Paris/1304.

24. Ces renseignements sont tirés de la compilation des enquêtes départementales effectuées par les correspondants du Comité d'histoire de la Seconde Guerre mondiale dans les années soixante-dix (déposées à l'Institut d'histoire du temps présent).

Au regard de la structure sociale du pays, il est évident que les paysans sont pratiquement absents et les ouvriers largement sous-représentés, alors que les indépendants, en particulier les professions libérales, sont sur-représentés. On soulignera le caractère tout de même composite de la clientèle collaborationniste, avec une composante populaire substantielle, plus ou moins forte, il est vrai, selon les partis : les ouvriers, en particulier les ouvriers agricoles, sont très présents dans la LVF, alors que le groupe Collaboration est nettement bourgeois, avec la plus forte proportion de patrons et de professions libérales, et la plus faible d'ouvriers.

Un dernier élément mérite d'être noté : la faible proportion des personnes ayant eu un engagement politique antérieur. Dans des partis comme le PPF et le Francisme qui existaient avant l'Occupation, la continuité est forte, mais pas totale, au niveau des dirigeants et d'une partie des cadres, mais elle est relativement faible au niveau des adhérents. Ce sont des partis qui se renouvellent largement pendant les années de guerre, grâce à l'arrivée de personnes qui semblent s'être radicalisées sous l'effet des circonstances, tandis que la majorité des anciens adhérents choisissaient une prudente abstention.

Vers la politique du pire

La collaboration partisane émergea par la volonté de l'occupant ; elle prit corps grâce à des bonnes volontés dispersées dans la société occupée. Abetz réussit à tenir divisé le camp collaborationniste et à l'utiliser comme moyen de pression sur Vichy. Mais divisés entre eux, les partis de la collaboration ont plutôt uni la population contre eux et leurs protecteurs, et peut-être servi Vichy en rehaussant sa prétention à constituer la solution du moindre mal.

Le résultat ne fut certainement pas à la mesure des attentes des chefs de parti, et non plus d'Abetz. Pourtant, si le collaborationnisme se montra incapable de démontrer qu'il constituait une option politique viable, il ne fut pas non plus d'une ampleur négligeable, parvenant à attirer une petite minorité de Français qui y trouvèrent l'écho de sentiments et de ressentiments mêlés, où la haine de la démocratie et l'admiration du nazisme côtoyaient un pacifisme dévoyé.

Dans l'Europe nazie, la France apparaît du même coup bien singulière. Partout ailleurs, les Allemands comprimèrent toute activité politique indigène, comme ils le firent en Pologne ; ou bien ils s'acheminèrent rapidement, après une phase initiale de pluralisme, de toute manière beaucoup plus restreint, comme aux Pays-Bas, vers l'établissement d'un monopole au profit d'un parti de type nazi. En France, au contraire, ils maintinrent jusqu'au bout le pluralisme partisan qu'ils avaient suscité, se conformant en cela aux directives de Hitler, fermement décidé à faire de la France un pays durablement soumis à l'hégémonie du vainqueur.

Quand intervient le tournant de novembre 1942, le collaborationnisme organisé a son avenir derrière lui, si jamais il eut un avenir. C'était un pari perdu d'avance, qui ne pouvait être pris que par des hommes aveuglés par la passion partisane et prêts à bâtir sur des illusions leurs relations avec l'occupant. Une fois lancés sur la pente de la politique du pire, la fin la plus sûre ne pouvait être que la pire des fins.

Les réseaux de Résistance

Dominique Veillon

Pour ceux qui refusent la défaite et l'armistice de 1940, la guerre est loin d'être finie. Reste à savoir sous quelle forme et comment la continuer, alors que les moyens matériels et financiers sont dérisoires. Dans ce domaine, tout ou presque est à inventer. Après le temps des initiatives individuelles de l'automne de 1940, 1941 voit se dessiner deux types d'organisation : les réseaux et les mouvements. Selon le résistant Claude Bourdet, observateur et acteur de première ligne, les différences entre ces formes d'action résident pour l'essentiel dans leur finalité : « Un réseau, c'est une organisation créée en vue d'un travail militaire précis, essentiellement le renseignement, accessoirement le sabotage, fréquemment aussi l'évasion de prisonniers de guerre et surtout de pilotes tombés chez l'ennemi… Un mouvement, au contraire, a pour premier objectif de sensibiliser et d'organiser la population de la manière la plus large possible. Bien entendu, il a aussi des objectifs concrets… C'est avant tout par rapport à la population qu'il entreprend ces tâches. C'est elle qui est son objectif et sa préoccupation profonde [1]. » On peut également ajouter qu'un réseau – à la différence du mouvement qui se crée spontanément et sans lien avec l'extérieur – est souvent formé du dehors, à l'initiative de la France libre ou des services secrets anglais. Organisme militaire, il est en contact étroit avec les responsables de l'état-major des forces pour lequel il travaille.

L'histoire des « réseaux » est difficile à retracer. Pendant longtemps, l'historiographie française a négligé cet aspect

1. Claude Bourdet, *L'Aventure incertaine*, Paris, Stock, 1975, p. 96.

tandis que la littérature et le cinéma se bornaient à narrer les épisodes sensationnels de ce qui constitue la « guerre secrète », préférant mettre l'accent sur les à-côtés rocambolesques qui ont accompagné cette forme de combat. Pour la mémoire collective, « un réseau, cela a je ne sais quoi de secret, de romanesque, on évoque James Bond et des "coups" extraordinaires ». Dans ses souvenirs, le colonel Rémy, l'un des chefs de réseau les plus connus, a lui-même longtemps exploité cette veine ; ses nombreux ouvrages mettent en scène des agents qui sont avant tout des espions, et l'on a tendance à retenir de leur action seulement ce côté, sans comprendre la corrélation existant avec des ordres venus de Londres qui faisaient de ces volontaires des résistants en première ligne. En d'autres termes, le public voit en eux des hommes ou des femmes engagés dans des aventures à peine croyables plutôt que des combattants enrôlés au service du pays.

Comme les réseaux sont des organismes militaires, la tâche de l'historien se complique, car il ne peut avoir accès à toutes les sources, quelques-unes étant confidentielles, d'autres restant entre les mains des chefs de réseau. Si l'on ajoute à cela que l'utilisation de certains documents s'accompagne pour les non-initiés d'un décryptage approprié – et l'on songe ici aux messages codés adressés à Londres, par exemple –, que les réseaux s'imbriquent les uns dans les autres, on a une idée du demi-silence qui les entoure et de leur complexité. Les mouvements ont davantage capté l'attention des chercheurs. Reste que les membres des réseaux ont, eux aussi, payé un lourd tribut pour la reconquête de la liberté et que justice ne leur a pas toujours été rendue.

Dans la constitution des réseaux, on distingue plusieurs étapes. 1940 voit naître les premières filières d'évasion tandis que, simultanément, des néophytes recueillent des renseignements d'ordre militaire. En 1941, à l'initiative de la France libre ou des Anglais, des réseaux tels que la « Confrérie Notre-Dame » ou « Alliance » sont en place. Deux ans plus tard, après le tournant de la guerre, le champ d'activité de cette forme de résistance se développe considérablement :

si les réseaux de renseignements sont de loin les plus importants et les plus diversifiés, il existe des réseaux d'action spécialisés dans le sabotage ou les coups de main divers. Quant aux réseaux d'évasion, ils se sont bien implantés.

Des réseaux, une forme originale de résistance ?

Premières filières d'évasion

En juin 1940, la défaite est totale, des groupes épars de soldats français ou anglais errent et cherchent à se camoufler pour éviter d'être capturés. Spontanément, devant l'avance éclair des Allemands, des gens n'hésitent pas à venir en aide individuellement à ces militaires coupés de leur unité en leur fournissant des cachettes et des vivres pour leur éviter de tomber aux mains de l'ennemi. Ainsi se constitue un embryon de « filières d'évasion ». Mais d'autres contingences interviennent très vite qui expliquent le développement du phénomène et son succès. Après l'armistice, le désir de continuer la lutte se manifeste chez les premiers opposants par des actes concrets en favorisant, par exemple, l'évasion de prisonniers français, ou le départ de jeunes gens désireux de rejoindre l'Angleterre.

L'histoire du capitaine de frégate Thierry d'Argenlieu est un exemple parmi d'autres[2]. Fait prisonnier à La Haye-du-Puits, l'officier réussit à s'évader du convoi qui l'emmène vers Saint-Lô. Grâce à la complicité d'un paysan qui lui procure des vêtements civils, il est mis en contact avec un pêcheur qui accepte de le conduire à Jersey ; de là, il gagne l'Angleterre où il rallie les FFL. La réussite de son exploit, il la doit en partie à la « filière » improvisée qu'il a utilisée. Dans le même temps, en Normandie, à Granville ou Carteret, des marins assurent le passage de jeunes gens désireux de rejoindre la France libre. À Paris, sous couvert de distri-

2. J. Toussaint, *L'Évasion de l'amiral d'Argenlieu*, Coutances, Imprimerie Notre-Dame, 1947, 12 p.

bution de colis, quelques infirmières réussissent à faire évader des camps de la Croix-de-Berny et de La Celle-Saint-Cloud, des prisonniers de guerre. Le plus souvent, il s'agit de structures informelles, mais l'idée est lancée qui aboutira à la constitution de filières organisées.

En fait d'évasions, chaque région a plus ou moins son identité. Le Nord recueille essentiellement les soldats alliés rescapés de Dunkerque, ceux que l'opération de rembarquement a laissés pour compte ; de nombreux survivants ont été capturés par le vainqueur et parqués dans des camps. Beaucoup d'entre eux n'ont qu'une idée en tête : s'enfuir. Pour mettre à exécution leur projet, il leur faut la complicité de la population. Elle seule peut en effet fournir vêtements et faux papiers nécessaires, ou convoyer les soldats anglais qui ne parlent pas français. Dès la signature de l'armistice en juin 1940, de petits groupes se spécialisent dans le dessein immédiat de rapatrier en Angleterre les soldats alliés. L'un des plus efficaces fonctionne dans les environs de Béthune sous la direction de Sylvette Leleu à qui l'on doit une soixantaine d'évasions réussies pour l'année 1940. Paul Joly, un industriel de Roubaix âgé d'une quarantaine d'années, monte une filière baptisée « Caviar[3] », qui, à l'automne de 1940, groupe une dizaine de personnes. Son but est d'arriver à conduire les Anglais en zone libre pour leur faire ensuite franchir les Pyrénées. Dans la réalisation de son projet, il se heurte à de nombreux obstacles comme le passage de la ligne de démarcation et la traversée de la frontière espagnole. Assez rapidement, il entre en contact avec les membres d'un réseau belge, le réseau « Zéro » : ils unissent leurs forces pour venir à bout des difficultés.

Dans l'Est de la France, dès août 1940, se forment des groupes qui viennent en aide aux prisonniers français qui, transitant dans des centres de regroupement *(Frontstalags)* ou dans des casernes alsaciennes, réussissent parfois à

3. Françoise Leclère, *Le Réseau « Zéro-France »,* diplôme d'études supérieures, Paris, Faculté des lettres, octobre 1963, 222 p.

s'échapper. Un Strasbourgeois, René Deiber, a le premier l'idée d'organiser, avec la complicité d'amis, des refuges et des points de passage à travers le Donon et la Lorraine. Dès l'automne de 1940, il y a des villages vosgiens entiers dont les habitants, petits et grands, risquent leur vie pour servir de « passeurs » à des déserteurs alsaciens et à des soldats évadés.

De la filière au réseau spécifique

Les premières chaînes d'évasion qui se constituent dès la fin de 1940 sont dues à l'initiative de « résistants » soucieux de poursuivre le combat à leur façon en assistant évadés et prisonniers de guerre. Ainsi, le groupe du colonel Hauet – plus tard fondu dans le réseau du « Musée de l'Homme » – dont fait partie Germaine Tillion[4]. Pour ceux qui se lancent dans une telle aventure, il s'agit d'un acte essentiellement « patriotique » destiné à contrebalancer la résignation qui est la règle autour d'eux. Ces pionniers de l'évasion, mal préparés à leur tâche, se heurtent à de graves difficultés pour acheminer leurs passagers. Leur inexpérience explique les maigres résultats enregistrés et les lourdes pertes encourues. Les filières montées dès juillet 1940 par des résistants nantais paient chèrement l'apprentissage de cette forme de combat. Rapidement et sans grande difficulté, les Allemands réussissent à les neutraliser.

Autre type de filière, celle qui est due à l'initiative d'un capitaine anglais, Ian Garrow, lui-même évadé de Saint-Valéry-en-Caux en juin 1940. Appartenant au Secret Intelligence Service, dont il a perdu le contact, l'officier réussit à mettre sur pied depuis Marseille une organisation favorisant le rapatriement de plusieurs officiers anglais qui étaient internés au fort Saint-Jean, ou qui, bloqués en France, avaient échoué en zone libre. Par l'intermédiaire de Louis Nouveau, un courtier maritime avec lequel Garrow est en

---

4. Germaine Tillion, *Témoignage et Historique du réseau du « Musée de l'Homme »*, Arch. nat., 72 AJ 66.

contact, une chaîne d'évasion fonctionne bientôt à travers les Pyrénées : elle permet à 156 militaires de rallier l'Espagne. C'est le point de départ d'un réseau qui ne cesse de se développer et de se transformer : le réseau « Pat O'Leary », qui utilisera en priorité des bateaux pour acheminer ses hommes. Albert Guérisse qui a remplacé Ian Garrow, arrêté en octobre 1941, est en effet convaincu de la nécessité d'utiliser la voie maritime plutôt que la traversée pyrénéenne, trop dangereuse à ses yeux[5].

À partir de 1941-1942, la fréquence et l'ampleur des raids aériens anglais augmentent considérablement avec l'arrivée à Brest des croiseurs de la Kriegsmarine, *Scharnhost* et *Gneisenau*, et avec le début de la construction des bases sous-marines de Lorient, Saint-Nazaire et Brest. Beaucoup d'avions sont abattus, victimes de la Flak, particulièrement redoutable. Or « les aviateurs constituent un personnel de grand prix par leur rareté et la durée de leur formation ; il importe de les récupérer[6] ». D'où la création de réseaux spécifiques qui se forment pour évacuer les aviateurs de la RAF. Le schéma de l'organisation est toujours le même. Il s'agit de prospecter et de rassembler les aviateurs tombés et errant à l'aventure. Des rabatteurs s'y emploient, tandis qu'habillés en civils, munis de faux papiers, les rescapés sont convoyés jusqu'à la côte ou jusqu'à la frontière. D'après Roger Huguen, pour la Bretagne, on peut estimer à 300 le total des aviateurs recueillis par les réseaux.

À la fin de 1942 et dans le courant de 1943, si la tâche principale des réseaux d'évasion est de venir en aide aux aviateurs alliés, ils se préoccupent également des Juifs, victimes de persécutions qui veulent fuir la France, des résistants qui doivent rejoindre Londres et, dans une moindre mesure, des jeunes gens assujettis au STO. À Lyon, en mars 1943, Jean-Claude Camors organise un réseau de récupération et d'évasion, le

---

5. Roger Huguen, *Par les nuits les plus longues*, Saint-Brieuc, Les Presses bretonnes, 1976, p. 185 *sq*.

6. Henri Michel, *Histoire de la Résistance en France*, Paris, PUF, p. 72.

réseau « Bordeaux-Loupiac[7] » ; le nombre d'aviateurs récupérés par ses soins dépasse 80 en octobre 1943. Créé en 1943 à Paris, le réseau « Bourgogne[8] » s'occupe pour moitié d'aviateurs, pour moitié de résistants « brûlés », qui sont pourchassés parce que leur identité et leurs responsabilités sont connues des Allemands ; il utilise plusieurs lignes de passage dont Foix et l'Andorre. En décembre, il compterait à son actif 250 aviateurs évacués et une centaine de Français.

Processus des filières

Deux possibilités sont offertes aux filières pour acheminer les candidats à l'évasion : soit l'évacuation par bateau à partir des côtes françaises, soit le passage des Pyrénées et la traversée de l'Espagne, d'où les évadés rallient l'Angleterre par air ou mer. Les deux processus fonctionnent simultanément, s'imbriquant parfois.

L'évasion par mer offre l'avantage d'utiliser moins d'intermédiaires, d'où une réduction des risques, mais elle est dépendante de la météo : on n'est jamais sûr que l'opération se déroulera comme prévu en raison du temps. Des douaniers trop zélés peuvent aussi constituer un danger. En septembre 1942, Pierre Brossolette et ses camarades résistants, Christian Pineau et Jean Cavaillès, en partance pour Londres, en sont les victimes involontaires. Les trois hommes doivent embarquer sur une plage déserte à proximité de Narbonne, les détails de l'opération ayant été soigneusement fixés par les responsables de la filière. À la date prévue, huit hommes sont cachés dans les roseaux, guettant l'arrivée de la felouque chargée de les acheminer. Si tout se passe bien pour les premiers embarqués dont fait partie

---

7. Jean-Claude Camors est abattu à Rennes le 11 octobre 1943 et remplacé à la tête du réseau par Joseph Ghenzer. Sur 382 agents homologués, 28 furent fusillés ou sont morts en déportation. Cf. « Historique des réseaux FFL », *Revue de la France libre*, numéro spécial, juin 1958. Cf. également Arch. nat., 72 AJ 37, réseau « Bordeaux-Loupiac ».

8. Le réseau « Bourgogne » est créé par Jean-Claude Broussine. Ses effectifs sont de 354 agents. Cf. *Revue de la France libre*, *op. cit.*

Pierre Brossolette, en revanche, il n'en est pas de même pour les suivants. Alertés par des signaux et croyant avoir affaire à des contrebandiers, les douaniers viennent sur les lieux et tirent des coups de feu[9]. Les hommes restés sur le rivage n'ont que le temps de s'enfuir. Malgré ces aléas, de nombreux réseaux préfèrent utiliser la voie maritime.

En Angleterre, l'Intelligence Service (IS) a établi une section spéciale, le MI 9, chargée de communiquer avec ces filières. Elle est dirigée par le général de brigade Norman Crockatt. Des agents anglais parachutés ou débarqués en France ont pour tâche de coordonner les éléments constituant une ébauche de réseau et de les appuyer. Dans le cas du réseau « Pat O'Leary », des contacts sont établis entre Albert Guérisse et l'un des responsables du MI 9 pour convenir de la technique à utiliser au cours des opérations maritimes de récupération d'aviateurs. Outre la côte méditerranéenne, le réseau a bientôt des antennes jusqu'en Bretagne. Le processus adopté est presque toujours le suivant. « On convient par radio avec Londres d'un point, d'une date et d'une heure avec, pour le cas où le bateau aurait un retard, automatiquement une nouvelle tentative le lendemain de la date choisie à la même heure ; on concentre les hommes le plus près possible du point d'embarquement. Le soir donné, après message de confirmation, on les amène tous à la nuit noire au point convenu en calculant d'arriver juste un quart d'heure avant le moment du rendez-vous[10]. » Ces embarquements ont pour avantage d'évacuer 30 personnes d'un coup.

À partir de 1943, le réseau « Shelburne » qui succède au réseau « Pat O'Leary » choisit comme lieu de départ l'anse Cochat située près de Plouha dans les Côtes-du-Nord, bientôt connue sous le nom de code de « plage Bonaparte ». À Paris, l'organisation est remarquablement conçue par Paul Campinchi qui a le souci d'assurer la sécurité du réseau grâce à un cloisonnement rigoureux. Les « colis » – c'est ainsi que

9. Christian Pineau, *La Simple Vérité 1940-1945*, Paris, Julliard, 1960, p. 239 *sq*.
10. Roger Huguen, *op. cit*, p. 222.

l'on désignait les aviateurs alliés –, munis de fausses cartes de travail et de certificats de résidence en zone côtière, partaient de la gare Montparnasse pour Saint-Brieuc où les réceptionnaient de nouveaux agents qui les acheminaient par car vers Plouha. De là, on les répartissait chez des logeurs en attendant la nuit et le signal convenu pour les conduire à la plage Bonaparte. Commençait alors une marche exténuante, en file indienne, à travers des landes d'ajoncs, des massifs de ronces, qui aboutissait au sommet de la falaise. C'était ensuite la dégringolade jusqu'à l'anse de galets où le bateau chargeait sa précieuse cargaison. En tout, le réseau réussit huit opérations entre le 28 janvier 1944 et le 24 juillet 1944 – soit l'évacuation de 143 personnes – presque sans qu'aucun incident vienne troubler les rouages de la machine.

Par terre, les Pyrénées deviennent le point de passage obligé et symbolisent l'espoir d'un grand nombre. Les filières d'évasion partent de tous les coins de France et se heurtent à cette zone pyrénéenne où patrouillent douaniers espagnols ou soldats allemands. On vient de Paris, de Brest, de Lyon, de Marseille et parfois même de Bruxelles ou Rotterdam. Toulouse est la plaque tournante des évasions et la base de réseaux de toutes sortes. Le réseau « Comète » qui opère depuis la Belgique et le nord de la France comptabilise 800 évacuations réussies par cette filière. De 1940 à la fin de 1942, il y eut environ 10 000 tentatives de passage de volontaires souhaitant rejoindre les FFL : sur ce total environ 2 000 ont été refoulés vers la frontière, 950 déportés en Allemagne et 350 sont morts pendant leur passage ou en internement[11].

Le franchissement clandestin de la frontière pose vite des problèmes spécifiques aux organisateurs des réseaux. Il faut recueillir les voyageurs, leur fournir des vêtements chauds et surtout guider pendant de longs trajets des hommes quel-

---

11. *Les réseaux « Action » de la France combattante*, Amicale des réseaux « Action » de la France combattante, Saint-Étienne, Imp. P. Guichard, p. 58. Cf. Juan Carlos Jimenez de Aberazturi, *Le Réseau « Comète » au Pays basque*, Société Atlantique d'Impression, 1996, 183 p.

quefois épuisés par la détention. D'où le rôle essentiel des passeurs. Ces agents de passage sont les derniers maillons de la chaîne ; difficilement interchangeables, ils se recrutent dans un milieu typique. Sur 600 passeurs des Basses-Pyrénées, on compte une centaine de guides de montagne, une cinquantaine de contrebandiers, 70 bergers, 45 hôteliers. On relève également des forestiers, des douaniers, des gendarmes, quelques professions libérales [12]. Couvents et abbayes constituent autant de relais efficaces. Grâce à la complicité du père abbé, l'abbaye de Belloc aurait ainsi vu passer un millier de candidats à l'évasion jusqu'en décembre 1943, date du démantèlement de la filière.

En amont, les responsables des réseaux se heurtent aux mêmes difficultés sans cesse renouvelées : comment cacher, nourrir, parfois même vêtir des dizaines d'individus avant de les convoyer jusqu'à leur destination. Il leur faut recruter des accompagnateurs pour les trains, des conducteurs de car, des hôteliers… Que ce soit un réseau ou un autre, on croise toujours les mêmes bonnes volontés prêtes à rendre service à tous. (Les réseaux d'évasion proprement dits furent assez peu nombreux, une cinquantaine environ.)

Des réseaux pour continuer la lutte

Le renseignement nécessaire

Simultanément, une autre forme de résistance se constitue : elle consiste à recueillir des renseignements sur l'ennemi. Après la signature de l'armistice franco-allemand, l'Angleterre se retrouve seule en lice face à l'ennemi. Devant l'imminence d'une invasion des îles britanniques par l'armée allemande, les Anglais ont besoin d'un certain

12. D'après Émilienne Eychenne, *Les Fougères de la liberté, Le franchissement clandestin de la frontière espagnole dans les Pyrénées-Atlantiques pendant la Seconde Guerre mondiale, 1939-1945*, Toulouse, Milan, 1987, p. 143. *Les évadés de France à travers l'Espagne. Guerre 1939-1945*, Paris, Société des Écrivains associés, 1998, 162 p.

nombre de renseignements sur les préparatifs ennemis, que l'IS, privé de contacts avec ses agents, est dans l'impossibilité de leur fournir. Ils veulent savoir ce qui se passe en France, comment on y vit, quels papiers sont nécessaires pour circuler ou se ravitailler, ce que fait l'ennemi, etc. Aussi, à côté de leur propre organisation, ils entretiennent une action auprès des Français libres en cherchant une aide appropriée. De Gaulle met en relation le MI 6 (Military Intelligence 6) avec André Dewavrin.

Dans l'état-major que de Gaulle a constitué en juillet 1940, le capitaine André Dewavrin a reçu la responsabilité des 2e et 3e Bureaux – ce qui va devenir le Bureau central de renseignements et d'action (BCRA). Plus connu sous le pseudonyme de Passy, ce jeune polytechnicien organise son « Service de renseignements » sur un mode nouveau. Le problème qui se pose alors est double : il s'agit à la fois de recueillir des informations sur l'ennemi, mais également de soutenir ceux qui, en France même, essaient de combattre. Passy prend sous ses ordres le lieutenant Raymond Lagier (Bienvenüe), ainsi que Maurice Duclos (Saint-Jacques) et Béréniskoff (Corvisart). À noter que, contrairement aux sacro-saintes habitudes des services secrets qui voulaient que l'on conservât les mêmes initiales, les candidats choisirent leurs noms dans la liste des stations de métro parisien ! Des évadés de France arrivent en renfort pour grossir les premiers effectifs : parmi eux, André Manuel (qui deviendra le second de Passy), Pierre Fourcaud, Gilbert Renault (le futur colonel Rémy) et Honoré d'Estienne d'Orves.

C'est parmi cette poignée d'hommes que sont choisis les volontaires pour exécuter les toutes premières missions de renseignements en France, l'IS leur fournissant les moyens financiers et les supports logistiques. Deux conceptions sur le déroulement du travail opposent d'emblée Passy à l'IS. Les Anglais veulent apprendre le métier d'agents secrets à ces volontaires avant de leur confier une mission. Passy pense, au contraire, que ces envoyés en mission spéciale doivent déléguer sur place une partie de leur travail : être « non des observateurs mais des hommes capables de trouver le maximum d'informateurs[13] » susceptibles de les renseigner « avec exactitude, de façon pertinente » sur des sujets aussi divers que les ports de Brest, Lorient, Le Havre ou Bordeaux, sur les mouvements des trains et les centrales électriques. Sur place, il faut le concours d'hommes de terrain, ingénieurs ou cheminots, par exemple.

La thèse de Passy finit par prévaloir et avec elle apparaît une notion nouvelle, celle de « réseau de renseignements ». L'innovation consiste à se servir d'hommes qui ne sont pas des professionnels des services de renseignements, mais à utiliser leur dévouement et leur savoir-faire en les intégrant à une lutte patriotique. Comme une véritable toile d'araignée, par le canal d'antennes locales, l'organisation recueille le plus d'informations possible, le rôle des chefs de réseau étant essentiellement de créer l'infrastructure de base et d'organiser les liaisons et les transmissions. Grâce aux efforts des uns et des autres, des liens s'établissent entre la métropole et la France libre, avec pour objectif premier de collecter des renseignements militaires pour les Anglais.

Les premiers réseaux de renseignements[14]

Le 17 juillet 1940, le lieutenant Mansion, premier volontaire de la France libre, rallie la côte bretonne par voie maritime. Blessé, il profite d'un accord intervenu entre autorités allemandes, anglaises et françaises facilitant le rapatriement des militaires français alors en Angleterre, pour rentrer dans son pays. Après s'être fait démobiliser, il revient clandestinement en Grande-Bretagne, non sans rapporter un jeu de papiers d'identité afin d'en doter les futurs agents envoyés en métropole. Il est également porteur d'importants renseignements sur le dispositif côtier allemand.

---

13. Colonel Passy, *Souvenirs*, Monte-Carlo, Raoul Solar, 1947, t. I, *Souvenirs du 2e Bureau*, p. 60.

14. Voir les Mémoires du colonel Passy et *Les Réseaux « Action » de la France combattante, op. cit.* Également Daniel Cordier, *De Gaulle, capitale de la Résistance*, tome 3, Jean Moulin. L'inconnu du Panthéon, Lattès, 1993, chapitre VII, Liaisons avec la France captive juill. 40-oct. 41, p. 647-719.

Vers la fin du mois de juillet, à la demande de Churchill, Passy monte une nouvelle mission de renseignements qu'il confie à Saint-Jacques et à Corvisart. Le premier connaissait parfaitement la côte normande et possédait une propriété à Langrune, ce qui pouvait justifier sa présence en de tels lieux. Il était convenu qu'après les trois jours prévus sur la côte normande Corvisart rentrerait aussitôt en Angleterre, tandis que Saint-Jacques jetterait les bases d'un réseau dont la direction serait à Paris et qui couvrirait l'Ouest du pays. Des pigeons voyageurs devaient être utilisés pour faire parvenir les messages. Malheureusement, la présence de sentinelles ennemies ne permit pas aux deux hommes d'avoir recours à ce procédé. En outre, le mauvais temps empêcha Corvisart, qui avait réussi à se procurer une carte des installations ennemies, de rallier Londres immédiatement. Il ne rentra qu'en janvier 1941 en passant par l'Espagne. Reste que Saint-Jacques établit des contacts à Paris avec Charles Deguy comme adjoint. À son retour en décembre 1940, les éléments de base d'un réseau sont en place, seuls manquent les moyens de transmission et de liaison. Ces problèmes de communication joints aux conditions climatiques et à l'obligation de trouver des zones peu surveillées pour acheminer les hommes et les informations sont prédominants dans la constitution des réseaux.

Tour à tour, Pierre Fourcaud (*alias* Lucas), Roulier (*alias* Raymond en attendant de devenir Rémy) mettent en place les structures de base. Le premier souhaite prendre contact avec les milieux militaires anti-allemands de Vichy et rencontre, à l'automne de 1940, des officiers d'active, des nationalistes comme Loustaunau-Lacau et le colonel Groussard. Son intention est d'utiliser tous ces gens pour obtenir des renseignements, d'où une série de frictions avec Passy qui n'approuve pas ces compromissions avec l'entourage du Maréchal et qui reproche à Fourcaud de s'occuper de questions politiques[15]. Le second, grâce à des relations sûres en Espagne, bénéficie d'une couverture exceptionnelle (le consul de France à Madrid, Jacques Pigeonneau) qu'il utilise

15. Colonel Passy, *op. cit.*, p. 125-126.

pour transmettre des messages, car la difficulté majeure réside dans la circulation de l'information. Il est vain de chercher à grands risques des renseignements si ceux-ci ne peuvent être transmis. Raymond achemine son premier courrier, marqué de l'indicatif RZ WL, en décembre 1940. Dans le même temps, il étend son réseau en s'assurant la complicité de La Bardonnie, dont le château de La Roque, près de Saint-Antoine-de-Breuilh, à quelques kilomètres de Sainte-Foy, sur la route de Libourne, est tout proche de la ligne de démarcation. Grâce à son aide, Raymond peut passer aussi souvent qu'il veut d'une zone à l'autre. Dans cette phase de démarrage, le service de renseignements de la France libre obtient des résultats positifs grâce à la « Confrérie Notre-Dame ».

Ces premières missions, outre qu'elles permettent de se rendre compte sur place des problèmes que posent l'installation d'agents et leurs conditions de séjour, convainquent Passy de l'urgence qu'il y a à doter les agents de moyens de transmission. Jusqu'ici, des liasses de documents passent les frontières vers les pays neutres, Espagne, Portugal. La Suisse devient terre d'élection, et de nombreuses ambassades se muent en officine d'espionnage. Cependant la nécessité de transmettre au destinataire dans les meilleurs délais toute information utile oblige à chercher d'autres solutions.

L'acheminement des renseignements

Non sans difficultés, les premiers chefs de mission furent bientôt dotés de postes émetteurs. Les deux premiers postes, baptisés Roméo et Cyrano, sont acheminés par l'Espagne en janvier 1941. Il s'agit des modèles les plus miniaturisés dont on peut alors disposer. En fait, constate Rémy, lorsqu'on lui apporte Roméo à Madrid, c'est une valise monumentale qui pèse bien une trentaine de kilos. « En l'ouvrant, nous entendons un bruit de ferraille qui nous paraît sinistre. Cela vient du dessous du tableau en ébonite portant des inscriptions en langue anglaise, et muni de boutons, de cadrans[16]... »

---

16. Rémy, *Mémoires d'un agent secret de la France libre, juin 1940-juin 1942*, Monte-Carlo, Raoul Solar, 1947, p. 120.

Le poste est en miettes : d'où une consternation générale. Grâce à la complicité des ateliers de la Radio nationale à Vichy, Roméo, destiné à Fourcaud, est réparé en cinq semaines avant d'être installé au château du Breuil d'où il émettra pour le compte des réseaux de Rémy, Fourcaud et Saint-Jacques, au mépris de la plus élémentaire sécurité, la nécessité étant la plus forte.

De Londres, des équipes se forment ; elles réunissent un officier du Service de renseignements et un opérateur radio. Le 22 décembre 1940, Honoré d'Estiennes d'Orves, alias Jean-Pierre Girard, et un technicien radio sont déposés près de Plogoff afin d'établir une liaison ; auparavant, dès septembre 1940, venu d'Angleterre sur un petit chalutier, le *Marie-Louise*, le lieutenant Maurice Barlier a, pour le compte de son chef d'Estienne d'Orves, jeté les bases d'une organisation qui deviendra le réseau « Nemrod[17] » et dont l'objectif est d'enquêter sur les armées d'occupation pour le compte du BCRA. Les instructions reçues de la France libre sont claires : se renseigner sur les QG allemands, les noms des officiers, les mouvements de troupes, les constructions navales, les armements de navires... La première liaison radio a lieu le 24 décembre 1940, par la suite il y eut quatre ou cinq émissions par semaine.

Peu à peu, le système de liaison se perfectionne. En août 1941, Rémy réceptionne quatre postes plus modernes. « En moins de trois mois, explique Passy, le nombre de nos câbles journaliers passe de zéro à une trentaine[18]. » Chaque fondateur de réseau est accompagné d'un ou de plusieurs radios. Toujours d'après Passy, à la fin de 1941, on compte 29 agents de renseignements, dont 5 se trouvent hors de combat[19]. Ils possèdent 12 postes de radio dont 6 pour le réseau de Rémy. C'est à partir de mai 1941 que Pierre Julitte, alias Guy, est envoyé en mission en France pour

---

17. Conférence sur le réseau « Nemrod » par l'abbé Georges Bernard, 7 mai 1951, Réseau « Nemrod », Arch. nat., 72 AJ 51.
18. Colonel Passy, *op. cit.*, p. 181.
19. *Ibid.*, p. 230.

organiser le service de transmissions des réseaux, en particulier celui de la CND.

Les réseaux disposent de postes émetteurs radio dont les manipulateurs, les « pianistes », transmettent, sur une longueur d'onde déterminée et à une heure précise, les informations qu'ils codent sans toujours bien les comprendre. Le problème est d'entreposer hommes et matériel dans des endroits sûrs, aussi isolés que possible, car les Allemands ont des appareils de détection très perfectionnés. Les camions de goniométrie ennemis ont vite fait de repérer les pianistes.

Organisation d'un réseau de renseignements

La centralisation et l'acheminement rapide du courrier interdisent l'emploi d'un personnel trop nombreux en même temps qu'ils exigent une coordination minutieuse. Très souvent, les réseaux de renseignements sont divisés en quatre secteurs : une administration générale, ou centrale, des organes de recherche de renseignements ou agences, un service de liaisons aériennes et maritimes, un service de transmission. La centrale, c'est-à-dire le chef du réseau, un adjoint et un secrétaire, reçoit le courrier, les fonds et les instructions du BCRA (une centrale de secours est prévue au cas où il arriverait un accident). À elle de répartir les questionnaires entre les agents de renseignements, de dépouiller, grouper, coder les réponses avant d'organiser l'expédition du courrier. Parallèlement, elle doit se doter de services annexes : organisation matérielle (locaux et boîtes aux lettres), faux papiers, logements des radios, sécurité, services financiers.

Suivant leur fonction, les membres des réseaux sont classés en trois catégories principales. Les P0 sont des agents occasionnels qui, de temps en temps, fournissent des renseignements verbaux. Ce sont des indicateurs. Les P1 ont une fonction régulière dans le réseau, livrent des renseignements écrits, mais conservent une activité professionnelle. Ils n'ont pas signé d'engagement militaire. Les P2 ont abandonné leur profession pour se mettre entièrement à la disposition du réseau et ont signé un engagement jusqu'à la fin des hostilités. Ils sont rétribués puisqu'ils ne touchent aucun salaire. Mais, concrètement, le personnel se compose d'un chef d'agence, ou de secteur, d'un radio, d'un agent de renseignements et d'un agent de liaison.

Une note du 28 décembre 1943 émanant de Georges Oreel, chef du réseau « Noé », permet de mieux comprendre le but et le fonctionnement d'un réseau de renseignements type, dépendant des FFC. Ce service n'hésite pas à afficher son indépendance : « Il est essentiellement français, il travaille pour la France contre l'ennemi et les résultats obtenus ne sont communiqués aux Alliés que dans la mesure où le haut commandement français le juge utile. » Son objet est « la recherche et la transmission, dans le minimum de temps, de tous les documents et renseignements de toutes natures, dans le but de gêner et de paralyser au maximum l'activité de l'ennemi[20] ». Les agents doivent fournir le maximum de renseignements de toute nature, d'où la nécessité de pénétrer tous les milieux français (militaires, administratifs, économiques, sociaux et politiques).

Dans le courant de l'année 1942, un spécialiste des problèmes de radio, Jean Fleury, fonde à Lyon un groupe efficace de transmission, « Électre[21] », qui, grâce à ses qualités professionnelles, canalise bientôt le trafic de tous les réseaux de renseignements de la zone sud. Comme cette centralisation est trop dangereuse, le responsable d'« Électre » propose à Londres, en avril 1943, la création sur ce modèle d'un véritable service de transmission des renseignements et de l'action fonctionnant pour le BCRA. Une cinquantaine de centres sont prévus dont l'innovation consiste à séparer l'émission du courrier de la réception, ce qui a pour effet de raccourcir la durée des transmissions et, partant, le repérage

20. Pierre Fugain, *Historique et Action de Coty, réseau de renseignements des FFL*, CRDP, Grenoble, p. 27.

21. *Les Réseaux « Action » de la France combattante*, *op. cit.*, p. 230 et 231. Voir aussi réseau « Électre », Arch. nat., 72 AJ 51, témoignage de Jean Fleury.

radio. Les résultats ne se font guère attendre. D'après Passy, « le volume de renseignements fournis par ces réseaux se montait en 1944 à environ 1 000 télégrammes par jour et plus de 20 000 pages et 2 000 plans par semaine[22] ». Une autre source confirme que, pour le mois de mai 1944, le nombre de télégrammes envoyés à Londres augmente. Il est de 708, dont 204 en provenance du seul réseau « Phratrie », soit un trafic deux fois plus élevé que celui expédié auparavant.

Réseaux dépendant de l'IS

Les tout premiers réseaux d'agents secrets en France dépendent des Britanniques. C'est le cas du réseau « Interallié » franco-polonais, subdivisé en sous-réseaux dont une antenne, « Marine », est d'une grande importance : elle recrute dans les milieux de l'arsenal de Toulon[23].

Il arrive également que certains Français qui ont rejoint l'Angleterre après l'armistice soient contactés par les Anglais et acceptent de travailler pour l'IS. Après avoir suivi des stages de formation et d'entraînement, ils sont parachutés en France pour créer des structures de renseignements analogues à celles des réseaux. Ainsi le jeune Claude Lamirault, dont le cas est typique. Parachuté *« blind »,* c'est-à-dire sans comité de réception susceptible de l'épauler, à Bracieux en décembre 1940, ce jeune homme de vingt-deux ans gagne la région parisienne où il met sur pied les bases du réseau « Jade-Fitzroy[24] » qui allait devenir un important réseau de renseignement de l'IS, opérant sur tout le territoire. Celui-ci comprend dix sous-réseaux, tous spécialisés : sous-réseau fer, sous-réseau PTT, etc. Dans la masse des informations récoltées et transmises à Londres par ce canal,

22. *Revue de la France libre*, *op. cit.*, historique du BCRA.

23. Arch. nat., 72 AJ 52, Historique du réseau « Interallié » par Léon Sliwinski. À partir de 1943, le réseau devient F2.

24. Historique du réseau « Fitzroy », Arch. nat., 72 AJ 58. Cf. Alya Aglan, *Mémoires résistantes. Histoire du réseau Jade-Fitzroy, 1940-1944,* Cerf, 1994, 339 p. (mémoire de DEA d'histoire du XXe siècle, J.-P. Azéma dir.).

il faut noter la part importante, dès 1943, de celles relatives aux armes nouvelles allemandes, V1 et V2, et à la localisation des rampes de lancement.

Parfois, des réseaux fondés spontanément en métropole se placent sous les ordres des Anglais. Le réseau « Alliance » en est un exemple[25]. Lorsqu'ils décident la création d'un noyau d'opposants à Vichy, le colonel Loustaunau-Lacau et Marie-Madeleine Fourcade cherchent le contact avec Londres et envoient à cet effet un messager, Jacques Bridou. À son retour en mars 1941, celui-ci n'apporte pas de réponse aux demandes posées par les responsables, et la méfiance de Loustaunau-Lacau envers le général de Gaulle grandit après l'accueil mesuré que celui-ci a réservé à son messager. Du coup, il se tourne vers l'IS et rencontre l'un de ses émissaires à Lisbonne. À cette date, le réseau compte déjà une centaine d'agents qui font du renseignement militaire. Il ne cessera par la suite de se développer sur tout le territoire avec des secteurs importants à Paris, Lyon, Vichy, Toulouse, Marseille et en Dordogne. Les agents sont envoyés à Londres pour y être formés avant de revenir se mettre sous les ordres de leurs chefs français. Les contacts avec Londres sont quasi permanents. Par la suite, il y aura une centaine de postes émetteurs en fonctionnement et l'on dénombrera jusqu'à 3 000 agents.

Quelques réseaux fondés plus tardivement travaillent pour le compte des services secrets américains. Beaucoup fonctionnent depuis la Suisse ou Alger.

Des réseaux, une forme de combat

Les réseaux « Action »

Depuis l'été de 1940, sous l'autorité du Ministry of Economic Warfare, fonctionne un service, le « Special Operations Executive » (SOE), spécialement chargé d'interve-

---

25. Historique du réseau « Alliance et Témoignage » de Marie-Madeleine Fourcade, Arch. nat., 72 AJ 35.

nir dans les territoires occupés pour mener des opérations de sabotage et perturber l'économie de guerre. En septembre 1941, le major Buckmaster dirige la section française, « F Section », où opèrent des réseaux composés d'agents britanniques et français.

Vers la fin de l'été 1940, le major Barry de la « Section Operation » demande à Passy de lui « prêter » des volontaires FFL pour effectuer des missions en France. La mission Savanna est la première à être parachutée en France occupée. Il s'agit d'immobiliser une formation de bombardiers allemands stationnée sur l'aérodrome de Meucon, au nord de Vannes. Cinq parachutistes FFL sont largués dans la nuit du 14 au 15 mars 1941 dans la campagne, mais ne peuvent atteindre l'objectif fixé. Bien qu'ayant échoué, la mission a apporté au SOE ainsi qu'au SR d'importantes informations[26]. Une autre mission suivra et réussira : la mission Joséphine B. Composée d'une petite équipe de trois hommes, elle réussit à faire sauter la centrale électrique de Pessac qui, outre les industries de la région, alimente en énergie la base de sous-marins de Bordeaux.

À partir d'avril 1941, date de la création officielle du Service de renseignements des FFL, Passy souhaite obtenir que son service de renseignements puisse avoir une antenne tournée vers l'action, ne serait-ce que pour canaliser les bonnes volontés. Il existe en France de petits groupes désireux d'entreprendre des actions militaires contre l'occupant. S'ils continuent à glaner des renseignements pour le compte des réseaux, ils entendent aussi s'opposer à l'ennemi par toutes sortes d'actes de sabotage. Il importe de les contrôler si l'on ne veut pas les voir s'éparpiller.

Par l'intermédiaire de Sir Claude Dansey, chef de l'IS, Passy finit par rencontrer le major Buckmaster dont il espère une aide pour la création d'une section d'action. Désireux de garder sa totale autonomie pour sa F Section, le SOE, tout en acceptant la proposition de Passy, crée une autre section,

---

26. *Les Réseaux « Action », op. cit.*, p. 24-25.

baptisée la « RF Section » qui travaillera avec le BCRA. À sa tête, le capitaine Éric Piquet-Wicks est en liaison étroite avec le capitaine Raymond Lagier, chef du département d'action du BCRA. L'objectif poursuivi est d'envoyer des volontaires auprès de groupes de résistants français afin de les aider à créer des réseaux en vue d'éventuelles missions de sabotage. L'un des agents les plus connus est sans conteste Yeo Thomas.

Ces volontaires sont des hommes de tous âges, recrutés et entraînés dans des écoles du SOE où ils suivent un stage difficile avant d'être envoyés en France. Avant tout qualifiés pour monter des opérations de sabotage, ils sont capables de faire sauter des lignes de chemin de fer, des centrales électriques, des usines fabriquant du matériel de guerre, etc. Pour camoufler l'identité des agents, chacun reçoit un nom de code composé de trois lettres, tiré de son patronyme, Sif à Fassin, Tab à Labit ; chaque opérateur radio prend le nom de code de l'agent auquel il est affecté, plus la lettre W : Sif W pour Monjaret, Bip W pour Daniel Cordier. Dès juillet 1941, onze missions sont ainsi organisées par le SR en liaison avec la section RF du SOE. La première, la mission Torture, avec le lieutenant Labit, dit Tab, doit prendre contact avec les organisations de résistance en Normandie et en Bretagne, mais échoue à cause d'une dénonciation. Réfugié en zone libre à Toulouse, Labit rencontre Pierre Bertaux, responsable d'un important réseau. Il entreprend la création d'un service de sabotage en même temps qu'il organise une équipe pour réceptionner le matériel. Une liaison avec Londres est établie.

Pendant les six premiers mois de la coopération entre le BCRA et le SOE-RF, les premières missions ne répondent pas complètement aux attentes des responsables. Le dernier trimestre de 1941 se révèle capital en raison de la présence à Londres de Jean Moulin qui souhaite établir une liaison entre les mouvements de résistance naissants et la France libre. Si l'année 1942 est marquée par un succès relatif de la plupart des missions « Action », elle voit se concrétiser la formation de l'équipe Jean Moulin (*alias* Rex) et l'établissement de liaison avec les principaux mouvements de zone sud. Le taux de réussite des parachutages va en s'améliorant – sur 35 envisagés en janvier 1943, 13 ont effectivement eu lieu et l'on assiste au développement de sabotages[27].

Réseaux SOE

Parallèlement opèrent les réseaux SOE-Buckmaster tournés, eux aussi, vers l'action. Leur but est de harceler l'ennemi par une série de coups de main et de sabotages, mais aussi d'entraîner et d'armer des bonnes volontés en vue du jour J. En mai 1941 a lieu le premier parachutage dépendant de la section SOE-Buckmaster. Un opérateur radio, Georges Bégué, parachuté *blind* près de Limoges, forme le premier réseau SOE dans la région de Châteauroux. C'est le début de l'implantation de réseaux où se distingueront les frères de Vomécourt, le major Vaillant de Guélis, Benjamin Cowburn, Peter Churchill et bien d'autres. Le 4 septembre 1941, la première opération Lysander débarque Georges Morel avec pour mission de constituer de petits groupes tournés vers l'action.

En mars 1942, de nombreux réseaux SOE sont implantés en France[28], en particulier dans le Languedoc, sur la Côte d'Azur avec le réseau « Carte », que le peintre André Girard a constitué dans les Alpes-Maritimes et les Bouches-du-Rhône en liaison avec Peter Churchill et Francis Basin. La région lyonnaise est bien pourvue : Georges Dubourdin a mis sur place le réseau « Spruce » qui, le 28 mars 1942, réceptionne l'un des premiers parachutages d'armes sur la commune de Blyes, près de Lagnieu, dans l'Ain. On trouve aussi le réseau « Pimento » que dirige Tony Brooks et qui s'étend de la Garonne au Rhône ; spécialisé dans l'instruction des différentes armes et dans l'utilisation des plastics, il

---

27. Témoignage du capitaine Bienvenüe, *Les Réseaux « Action »*, *op. cit.*, p. 67.
28. Sur les réseaux SOE-Buckmaster, voir l'ouvrage de Michael Foot, SOE : France Londres, HMSO, *Mettez l'Europe à sang*, Paris, Fayard, 1968.

recrute ses adhérents surtout dans le milieu cheminot qu'il utilise pour le sabotage de voies ferrées. Citons aussi « Stationner » qui couvre une partie du Jura et de l'Est avec des ramifications sur Lyon et « Heckler » que dirige Virginia Hall. Dans la région parisienne fonctionne le réseau « Prosper » à la tête duquel se trouve le major Alfred Suttill, parachuté en octobre 1942. De Paris, le noyau s'étend au centre et à l'Est de la France et compte à son actif d'innombrables sabotages. Au début du printemps de 1943, « Prosper » devient le réseau le plus vaste et le plus important dépendant de SOE-France. L'année 1943 voit d'ailleurs croître régulièrement le nombre de réseaux « Buckmaster ». En tout, on en compte de 70 à 80, géographiquement séparés et n'ayant pas fonctionné tous en même temps. Quant aux pertes enregistrées, elles sont lourdes. « Selon les archives de la section française du SOE, 480 agents servirent en France, et parmi eux 130 furent capturés. Il n'en survécut que 26, qui revinrent des camps de concentration après la Libération. »

Les tensions entre les services français et anglais

Entre le BCRA et le SOE, il y a une profonde incompréhension. Les rivalités sont fréquentes même si le but, la victoire sur les nazis, est commun. Pour le général de Gaulle, les réseaux, tout comme les mouvements, sont des instruments au moyen desquels il restaurera la liberté et la souveraineté françaises. Dans cette optique, il est inconcevable que des officiers français puissent avoir des relations avec l'IS ou avec la section du SOE. Qu'une organisation secrète britannique recrute de sa pleine initiative et envoie en France des agents français est jugé inadmissible, car cela constitue un empiétement sur les prérogatives de la France libre, qui doit avoir ses propres antennes.

Sur le terrain, où chaque groupe a son organisation et son recrutement propres, les Français libres se plaignent du « débauchage » qu'ils observent de la part des services anglais, lesquels s'attachent à souligner avec malignité le manque de moyens de leurs partenaires. On en relève maints exemples, dont ont été témoins des résistants connus.

Lorsqu'il arrive à Gibraltar en septembre 1942, le colonel Gorce (*alias* Franklin) qui, après avoir travaillé pour le réseau « Interallié », souhaite rallier les FFL, reçoit un accueil chaleureux de la part de l'IS qui tente de l'embaucher. Il doit insister pour rencontrer le représentant des Français libres et réussit à gagner Londres. Reçu par le général de Gaulle, il se voit confier le soin d'organiser en zone sud le réseau « Gallia », qui, dans le courant de 1943, groupera les services de renseignements des MUR[29].

Le BCRA, s'il apporte sa contribution en transmettant à ses alliés des renseignements militaires[30], garde ses propres circuits d'informations politiques et administratives et son codage au grand dam des Anglais. De son côté, le SOE s'efforce d'attirer à lui les bonnes volontés, étalant des moyens qui sont, comme on le devine, beaucoup plus puissants que ceux de la France libre. Par ailleurs, le général de Gaulle est irrité de la procédure utilisée par les Anglais qui, pour recruter des bonnes volontés, n'hésitent pas à leur dire que « de Gaulle et la Grande-Bretagne sont une seule et même chose ».

---

29. Témoignage du colonel Franklin, Arch. nat., 72 AJ 57. Parachuté en France en février 1943, Franklin prend contact avec les chefs des MUR pour monter son réseau. Entre février 1943 et juin 1944, le courrier du réseau passe de 40 à 2 500 pages. « Gallia » dispose d'un service de dessin et de photographie très efficace sous la responsabilité de Claudius-Petit. La partie la plus encombrante du courrier, les documents et les plans sont microphotographiés. Cf. J.-P. Meyssonnier, *Le réseau Gallia, 1943-1944*, 208 p. (mémoire de DEA d'histoire du XXe siècle, J.-P. Azéma dir.), 1994.

30. À plusieurs reprises, les Alliés félicitent Passy pour l'excellence des renseignements ; ainsi en juin 1941 à propos d'un rapport venant de la CND et concernant la défense anti-sous-marine de la rade de Brest. « Nous sommes heureux de vous signaler que le rapport RW 56, du 12 juin 1941, source Hilarion, a été d'un intérêt considérable pour l'Amirauté. »

Caractéristiques des réseaux

Organisation

Suivant leur spécificité, les réseaux, on l'a vu, se diversifient en réseaux d'évasion, de renseignements ou d'action. Indépendamment des objectifs, l'un des traits essentiels d'un réseau réside dans son organisation à caractère militaire. Celle-ci est strictement hiérarchisée : d'un côté, un chef ; de l'autre, des exécutants qui doivent obéissance aux ordres reçus. Le nombre des membres d'un réseau peut varier de quelques dizaines à plusieurs milliers pour les plus importants, mais n'est en aucun cas comparable à celui d'un mouvement. Les agents, dont la plupart ne sont pas des spécialistes des services secrets, se divisent en trois catégories : permanents, occasionnels et bénévoles qui ont chacun leurs responsabilités et dont les premiers ont signé un engagement militaire. Leur pourcentage varie suivant la taille des réseaux. Le réseau « Ossau », qui se limite essentiellement au Pays basque, emploie 17 agents à plein temps, 94 à temps partiel, 1 occasionnel. Sur le millier de personnes que comporte le réseau « Zéro-France », il y a 150 permanents, 540 bénévoles et 310 occasionnels. Quant au réseau franco-polonais, il utilise 732 agents permanents P2, 1 400 bénévoles et 700 occasionnels. « Gallia » compte 1 782 agents homologués. D'après le témoignage de Franklin-Gorce, le nombre d'agents permanents du réseau passe de 231 en août 1943 à 685 à la Libération. Les coups durs étant fréquents en raison de la répression allemande, il y a des postes à haut risque comme celui de chef d'agence ou de centrale ou encore celui de radio dont la durée de fonction est plutôt courte – quelques mois tout au plus. Rares sont les responsables qui, comme Rémy ou Marie-Madeleine Fourcade, ont pu passer à travers les mailles du filet et sont restés à la tête de leur réseau durant quatre ans.

La taille d'un réseau est variable et s'adapte mal au cadre départemental. D'après Passy, « un grand réseau s'étend en moyenne sur dix à vingt régions ou agences d'une superficie variant de un à trois départements ». Un réseau moyen couvre plusieurs régions ; quant aux sous-réseaux, ils sont autant de tentacules qui prouvent la vitalité de l'organisation.

Mobilité et adaptabilité

Même s'il est destiné à accomplir un type d'opération spécifique, le réseau n'est pas un élément statique. Son aspect se modifie continuellement en fonction des nécessités de la guerre, il se caractérise par sa capacité à s'adapter. « L'existence d'un réseau est la continuité d'un long combat qui tient plus de la guerre de mouvement que de la guerre de position. » En 1940, sa tâche principale est plutôt tournée vers l'évasion, mais presque simultanément, il apparaît que le renseignement est vital aux yeux de Londres, d'où la nécessité de créer les structures appropriées. À partir de la fin de 1942, de nouvelles consignes sont transmises, des consignes d'actions à entreprendre, d'où un nouvel effort pour répondre aux attentes.

La chronologie joue donc un rôle essentiel et impose des révisions. En 1941, le réseau « Caviar » qui, en juin 1942, deviendra le réseau « Zéro-France », convoie des prisonniers évacués originaires du Nord de la France tout en assurant le transport de certains documents. Il est à la fois réseau d'évasion et d'acheminement du courrier. À partir de 1943, le renseignement prend le pas sur le reste ; une instruction du 1er février 1944, adressée à tous les agents du réseau, met l'accent sur l'importance primordiale de cette tâche. « Le grand état-major interallié attire notre attention sur les travaux de défense (ouvrages et obstacles), sur les unités combattantes en campagne, sur les mouvements de troupes, sur les effectifs et l'activité des champs d'aviation... Nous vous prions très instamment de faire tout l'effort dont vous êtes capable pour nous donner le maximum de renseignements. »

Il en va de même de la concentration des réseaux qui varie selon les zones et l'époque. Entre 1940 et la fin de 1942, le Midi joue un grand rôle pour l'évasion parce que l'existence d'une zone non occupée permet à moindres risques l'évacuation des évadés et l'acheminement du courrier par l'Espagne, d'où de nombreux réseaux le long des frontières pyrénéennes. L'occupation de la zone libre modifie les données, et l'on voit partout apparaître ou se renforcer des réseaux répondant à de nouvelles donnes, où le renseignement l'emporte. Là encore, on s'adapte.

Complexité et imbrication des réseaux

La complexité et l'enchevêtrement dominent l'histoire des réseaux qui, à plusieurs reprises, renaissent de leurs cendres alors qu'on les croit perdus.

Dès 1941, la « Confrérie Notre-Dame » a des ramifications dans de nombreuses régions. Entre mars et mai 1942, une vague d'arrestations désorganise le réseau : un ancien de la CND, Jacques Robert, après un séjour londonien, est parachuté en France avec mission de réorganiser et de créer à Lyon et dans le Sud un nouveau réseau de renseignement, « Phratrie[31] ». Ce dernier prend de l'importance en 1943 et se subdivise lui-même en huit sous-réseaux, « Cotre » et « Tartane » qui opèrent sur la Côte d'Azur et dans le Midi, « Goélette » qui s'occupe de renseignements politiques dans le centre, à Vichy en particulier, etc. L'ensemble de ces réseaux groupe 2 797 agents homologués. De la même façon, on voit apparaître à Toulouse un réseau de renseignements, « Andalousie[32] », qui s'organise sur les débris de la CND en 1943. « Andalousie » couvre tout le Sud-Ouest et est divisé en différents secteurs : « Avoine », le plus important, s'étend aux Pyrénées et au Languedoc ; « Orge » est chargé de la surveillance du mur de l'Atlantique ; « Sarrasin » s'occupe du passage des Pyrénées et travaille avec les guides, « Maïs » surveille le gouvernement de Vichy. Au moment du débarquement, « Andalousie » se spécialise dans l'identification militaire et transmet au commandement allié des renseignements sur la division Das Reich. En même

31. Historique de « Phratrie », Arch. nat., 72 AJ 71.
32. Historique du réseau « Andalousie », Arch. nat., 72 AJ 35.

temps, il reçoit des parachutages et est en mesure d'armer des groupes de destruction. On le voit nettement : l'imbrication de même que l'éclatement sont deux des conditions de survie des réseaux. Alors que s'approche l'heure du débarquement, le réseau s'insère dans un contexte général qui est fonction essentiellement des données militaires. Il répond à un travail donné.

Cloisonnement

Le cloisonnement est parfois difficile à respecter. Au fur et à mesure que des réseaux s'organisent, les groupes d'hommes et de femmes qui les constituent sont inévitablement conduits à s'engager dans de multiples actions. Les règles de sécurité auraient voulu que soient séparées les filières d'évasion de celles du renseignement, mais sur le terrain l'une conduit à l'autre et il est parfois difficile de les séparer, au moins jusqu'en 1943.

Le cas du réseau du « Musée de l'Homme », l'un des plus anciens, illustre les problèmes qui se posent. Lorsque, en juillet 1940, un jeune ethnologue, Boris Vildé, et son collègue, Anatole Lewitsky, constituent un noyau d'opposants, leur préoccupation première est de faciliter le passage de prisonniers évadés en zone libre. Le groupe que Sylvette Leleu a fondé à Béthune est une antenne de ce réseau. Celui du colonel Hauet aussi. Quelques mois plus tard, ces jeunes intellectuels mènent de front des tâches diverses : évasion de militaires, renseignements sur l'occupant, l'étape ultime étant la création d'un journal qui fait dériver le réseau, celui-ci s'apparentant davantage à un mouvement puisqu'il prend une option plus politique.

En théorie, les membres d'un réseau ne peuvent appartenir à un mouvement. Dans la pratique, la cloison n'est pas toujours étanche. Lorsque Christian Pineau, à l'instigation du BCRA, reçoit l'ordre de créer un réseau de renseignements, il recrute dans son milieu de résistants. Lui-même prend la direction du réseau qui fonctionnera en zone sud sous le nom de « Phalanx » et demande à un professeur de philosophie, Jean Cavaillès, d'organiser celui de zone nord,

« Cohors ». L'enseignant rallie au réseau des membres de « Libération-Nord » auquel il appartient. À partir de 1943, à la suite d'un voyage à Londres de Cavaillès, le réseau reçoit du BCRA des directives précises sur la nécessité du cloisonnement et sur l'urgence qu'il y a à créer une section d'Action immédiate, chargée de sabotages. La rupture avec le mouvement se produit en avril 1943 en même temps que s'organise une autre branche du réseau tournée vers l'action. Cependant si, au sommet, le cloisonnement est rigoureux, il n'en est pas de même dans les groupes locaux où les militants continuent à travailler à la fois pour le réseau et le mouvement. L'exemple de « Cohors-Phalanx » n'est pas unique. Le réseau « Manipule » n'est rien d'autre qu'une émanation du mouvement CDLR fondé par Lecompte-Boinet (il recrute dans le même milieu de droite). « Fana » est le réseau du Front national, « Centurie », celui de l'OCM.

De même, au niveau du rattachement, le cloisonnement rigoureux est loin d'être la règle. France libre ou Service de renseignements anglais, il arrive parfois qu'un réseau dépende des deux, ce qui crée une source de conflits permanents. Le réseau de renseignements fondé par Robert Alaterre en Bretagne, en mars 1941, s'appelle « Johnny » pour MI 6 section française et porte le nom d'« Alaterre » pour le BCRA[33]. Quant au réseau « Alliance », il fonctionne pour MI 6 jusqu'à la Libération, mais à partir de juin 1943, il travaille pour le 2e Bureau d'Alger. Il existe des réseaux qui changent de tutelle au cours de la guerre. C'est le cas du réseau « Nilo », créé en liaison avec les services britanniques par Jean Herbinger à Saint-Raphaël, et qui est réorganisé en 1943. Touché par la répression, Herbinger qui a pu rallier Londres, abandonne l'IS et prend contact avec le BCRA ; il revient en France pour y fonder le réseau « Mithridate ».

---

33. Historique du réseau « Johnny », Arch. nat., 72 AJ 59.

Sociologie

Si toutes les catégories de la population sont sollicitées, les cheminots, les postiers ou les travailleurs des entreprises allemandes sont davantage visés que d'autres, car ils sont mieux placés pour observer ou pour agir. Selon Henri Michel, « le bon fonctionnement d'un réseau exige que soient combinées l'expérience et la technicité d'un petit nombre[34] ». Cependant les relations familiales, amicales ou professionnelles jouent un rôle non négligeable dans le recrutement. Sur le millier d'agents de « Zéro-France », près de 200 sont employés à la SNCF, mais on relève aussi des commerçants, des agriculteurs et des ménagères... Le réseau « Ajax », fondé par un ancien commissaire de police corse, Achille Peretti, recrute essentiellement parmi ses collègues et compatriotes.

Le rôle des sans-grades se révèle irremplaçable, et ce, sans que l'on sache avec précision tout ce qu'on leur doit, car la forme même du travail d'un réseau impose la solitude et l'isolement. Maillon parmi d'autres répartis de loin en loin, l'agent de base effectue ses tâches humblement et secrètement. Au sein des réseaux, les femmes ont eu leur place. Ainsi, sur les 708 agents du réseau « Jade-Fitzroy » elles sont 99, et représentent plus de la moitié des 211 membres du réseau « Françoise ». Non seulement elles ont assuré l'intendance, mais elles ont payé de leur personne en acceptant de cacher un résistant traqué ou de transmettre un message compromettant.

Certaines comme Marie-Madeleine Fourcade ont accédé à des responsabilités et se sont vu confier la direction d'un réseau. Après le démantèlement du réseau « Pat O'Leary », Marie-Louise Dissart, « Françoise », qui participe au transport d'évadés transitant par Toulouse, prend contact directement avec les Anglais pour continuer le travail. En mai 1943,

34. Henri Michel, *La Guerre de l'ombre*, Paris, Grasset, 1970, p. 121.

ceux-ci la confirment chef du réseau « Françoise », une organisation d'évasion.

Le caractère fortement militaire des réseaux explique que la discipline et l'obéissance soient des qualités primordiales qui l'emportent sur les desseins politiques. Les membres des réseaux BCRA ont eu une attitude docile envers le général de Gaulle. Un grand nombre de ceux qui font partie des réseaux se montrent assez méfiants envers la politique et si l'on excepte le réseau « Brutus[35] », très étroitement uni au Parti socialiste, peu de réseaux ont des attaches avec elle. Selon Claude Bourdet, « un homme de droite est plus à l'aise dans un réseau que dans un mouvement[36] ». Les milieux militaires ont créé leurs propres organisations, tels les réseaux « Maurice », « Gascogne-Bretagne » et « Béarn-Languedoc ». À Toulouse, Marcel Taillandier du 5e Bureau de l'état-major met sur pied en 1943 une équipe de contre-espionnage chargée de mener une lutte sans merci contre l'ennemi. C'est l'origine du réseau « Morhange » qui compte 82 agents immatriculés chargés de mission délicate.

Bilan

Après la guerre, « 266 réseaux furent homologués, dont 254 reconnus comme unités combattantes, tandis que quelque 150 000 agents (occasionnels non compris) étaient effectivement dénombrés[37] ». Sur l'ensemble, seule une

---

35. L'histoire du réseau « Brutus » est complexe. Créé en septembre 1940 par Pierre Fourcaud, il a pour mission de faire du renseignement et de monter une ligne de départ par l'Espagne. Après l'arrestation de Fourcaud et son évasion, c'est Maurice Fourcaud (*alias* Froment) qui prend la tête du réseau puis André Boyer (Brutus). Avec ce dernier entrent dans l'organisation de nombreux socialistes (Defferre, Thomas). Le réseau s'agrandit et se tourne également vers l'action. D'après l'historique de *La Revue de la France libre*, « le réseau totalisa 1 124 agents homologués dont 64 furent tués ou fusillés et 101 déportés ».

36. Claude Bourdet, *op. cit.*

37. Jean-Pierre Azéma, *De Munich à la Libération*, Paris, Le Seuil, 1979, p. 249.

trentaine de réseaux ont été créés en 1940, une petite moitié en 1943-1944, le reste se partageant entre 1941 et 1942. C'est durant la dernière période que le nombre des réseaux s'accroît le plus régulièrement. Il en va de même des réseaux Buckmaster-SOE – dont le chiffre global est compris entre 70 et 80 – mais qui ne s'organisent réellement qu'à partir de 1943. « De 1943 à août 1944, le SOE et le BCRA organisèrent ensemble 8 651 opérations de parachutage, au cours desquelles on put envoyer à la Résistance française 868 agents et 8 545 tonnes d'approvisionnements divers[38]. »

Tous les réseaux n'ont pas la même importance : quelques-uns sont épisodiques, d'autres tiennent très longtemps. Le réseau de renseignements est la forme la plus répandue sans qu'il soit possible d'en donner un chiffre exact. Si le travail fourni par ces organisations est difficile à mesurer, il est incontestable. Ce sont les renseignements recueillis qui ont permis la localisation des rampes de lancement des armes nouvelles et leur destruction par les Alliés.

Partout le tribut à payer a été lourd. Le manque d'expérience et les difficultés du cloisonnement entre les membres du réseau sont à l'origine d'arrestations en cascade. Qu'un agent passe au service des Allemands et toute la vie du réseau est en danger. Sur les indications du radio Marty, un traître, le commandant d'Estienne d'Orves et une dizaine de personnes sont arrêtés en janvier et février 1941. Lorsqu'il accepte de travailler pour l'ennemi, Mulleman déclenche une catastrophe au sein du réseau « Saint-Jacques ». Une première vague d'arrestations, le 8 août 1941, frappe, entre autres, Charles Deguy. En novembre 1943, la CND est dévastée après la trahison d'un de ses agents. Le double jeu de Mathilde Carré, dite « la Chatte », entraîne des conséquences graves pour le réseau « Interallié ». D'où les pertes élevées dans toutes ces organisations. « Un cinquième pour l'ensemble de l'année 1943 pour le réseau "Zéro-France", 50 %

38. Cf. E. H. Cookridge, *Mettez l'Europe à feu*, Paris, Fayard, 1968, p. 302.

à certains moments… Dans le réseau franco-polonais, on a compté 85 morts, 151 déportés et 58 internés, soit une perte de 10,5 %. » Chez les radios, « le pourcentage des pertes s'est élevé à 75 % au cours de chacune des années 1941 et 1942 et à 50 % au cours des six premiers mois de l'année 1943 ». Grâce à la nouvelle organisation instituée par le BCRA, le chiffre s'abaisse au-dessous de 25 %.

Dévoués et désintéressés, les combattants des réseaux ont suppléé à leur inexpérience par leur patriotisme. Même si certaines de ces organisations se sont parfois apparentées à de l'artisanat, si elles ont choqué les Anglais par leur manque de professionnalisme, si les risques courus par les agents ont frisé l'inconscience, il n'en reste pas moins que les réseaux ont prouvé leur efficacité. Ces humbles efforts de centaines d'hommes et de femmes anonymes ont indéniablement contribué à la victoire des Alliés en 1944.

Les avatars du communisme français de 1939 à 1941

Denis Peschanski

Le PCF connut une telle progression dans les années du Front populaire, il s'implanta si profondément dans la classe ouvrière qu'on pouvait s'interroger sur ses réactions face aux bouleversements qu'inaugurait la signature du pacte germano-soviétique le 23 août 1939. Maurice Thorez nous donne la réponse dans des notes publiées il y a peu :

« Au 24 août quelle était, quelle reste question décisive pour masses et PC ?

« Fidélité U[nion] S[oviétique], à I[nternationale] C[ommuniste], à Staline.

« Dès le début, attitude nette sans réserves [...]. PCF a su rester fidèle peuple, classe ouvrière US, IC, Staline corrige fautes et faiblesses avec l'aide IC et sur base ligne politique claire entreprend réalisation tâches avec confiance[1]. »

La défense de l'État où la révolution s'était implantée (l'Union soviétique) et de l'outil révolutionnaire (le Parti) a bien primé sur la prise en compte des réalités nationales, la dimension téléologique sur la dimension sociétale[2].

---

1. « Notes inédites, novembre 1939 », *Cahiers d'histoire de l'Institut de recherches marxistes*, n° 14, 1983, p. 180.

2. Pour cette terminologie, cf. Stéphane Courtois et Denis Peschanski, « La dominante de l'Internationale », in *Le Parti communiste français des années sombres, 1938-1941*, J.-P. Azéma, A. Prost et J.-P. Rioux (dir.), Le Seuil, 1986, p. 250-273. On trouve dans ce volume, et celui publié par les mêmes aux Presses de la Fondation nationale des sciences politiques en 1987 sous le titre *Les Communistes français de Munich à Châteaubriant,* l'essentiel des contributions au colloque organisé sur le sujet en 1983 et auxquelles nous renvoyons pour une analyse exhaustive.

De 1939 à 1941, l'unité de la période réside bien dans l'importance donnée à l'analyse stratégique ; sans oublier cependant l'interdiction d'un Parti très rapidement clandestin, la répression qui le touche en priorité et son isolement dans la société tout en faisant leur part aux aléas de la guerre.

Vers la guerre impérialiste

La nouvelle de la signature du pacte germano-soviétique surprend la plupart des dirigeants communistes français en vacances, et, revenus d'urgence, ceux-ci développent une thèse « défensiste » que résume Thorez devant le groupe parlementaire le 25 août : le pacte a permis de disloquer le front des agresseurs potentiels de l'Union soviétique ; il ne ferme pas la porte aux Anglais ni aux Français et apparaît ainsi comme un acte de paix ; mais si Hitler se lance malgré tout dans la guerre, les communistes français seront au premier rang pour défendre « la sécurité du pays, la liberté et l'indépendance des peuples ». C'est dans le même esprit que ces parlementaires du PCF votent les crédits de guerre le 2 septembre.

Le tournant ne s'opère qu'après quelques semaines, et c'est encore sur le terrain parlementaire qu'il se matérialise : le 1er octobre, les députés restés fidèles au PCF remettent à Édouard Herriot, président de la Chambre, une lettre où ils demandent qu'on tienne compte des propositions de paix qui doivent être faites.

Entre-temps, les clauses secrètes du pacte germano-soviétique ont été appliquées, et le partage de la Pologne opéré après l'offensive de l'Armée rouge le 17 septembre. Un traité d'amitié entre l'Union soviétique et l'Allemagne confirme, le 28 septembre, le renversement d'alliances.

L'Internationale communiste avait pris le relais, et son secrétariat, réuni le 8 ou le 9 septembre, décide du tournant stratégique : « La guerre actuelle est une guerre impérialiste, injuste. » Il faut attendre cependant les 20-25 septembre pour voir le PCF prendre en compte la nouvelle ligne, informé qu'il était pourtant par radio, via l'antenne de l'IC à Bruxelles, ou directement par des messagers bien renseignés, tel Raymond Guyot. Ce retard ne peut relever que des ambiguïtés de la situation internationale : tout laisse à penser que l'Union soviétique se satisfait alors du flou entretenu dans les chancelleries sur ses véritables objectifs.

De fait, Daladier rédige, le 19 septembre encore, une note qui montre la volonté des gouvernants français et britanniques d'« éviter toute initiative de nature à sceller la collusion germano-soviétique ». Dans le même temps, il mène une répression progressive contre le PCF : saisie des journaux, *L'Humanité* et *Ce soir*, le 25 août, décret portant dissolution des organisations relevant de la IIIe Internationale, le 26 septembre.

Il est difficile de mesurer les répercussions des événements dans le Parti : à la complexité des processus de rupture dans le PCF, s'ajoutent les retombées de l'interdiction et plus encore de la mobilisation. On s'en tiendra à une mise en perspective. Rappelons que 90 % des adhérents ont rejoint le PCF au moment du Front populaire, sur une ligne donc toute différente. En outre, s'il a connu une ascension spectaculaire entre 1934 et 1937, le PCF connaît depuis 1938 une importante décrue, et singulièrement depuis l'automne, après l'échec de la grève du 30 novembre et la répression antisyndicale qui l'atteint au cœur de ses forces vives, dans la classe ouvrière. La direction, quant à elle, accepte ce tournant, comme en général elle en a accepté d'autres ; sauf dans le secteur de l'organisation, avec Gitton et Vassard, ce qui ne sera pas sans importance. Les élus (ils sont sommés de prendre position, leur réponse conditionnant leur maintien ou non dans leurs fonctions) ont été nombreux à rompre ; bien plus nombreux encore sont ceux qui, sans condamner officiellement le Pacte, quittent simplement la vie politique active, à jamais. Quant aux choix des simples militants, les facteurs externes de désorganisation rendent aléatoire toute appréciation chiffrée.

Défendre l'État et l'outil révolutionnaires

Malgré des moyens limités, que doit faire la direction ? Elle se doit en premier lieu de défendre la ligne reproduite dans l'article que Dimitrov fait paraître en novembre 1939 sous le titre : « La guerre et la classe ouvrière des pays capitalistes. » Dénonçant une guerre inter-impérialiste dans laquelle les ouvriers n'ont rien à faire, il remet à l'honneur trois approches fondamentales défendues à la fin des années vingt : dénonciation de la social-démocratie, repli sur la classe ouvrière et nécessaire unité à la base : « Dans les conditions actuelles, la création de l'unité de la classe ouvrière peut et doit être réalisée *par en bas*, sur la base de l'extension du mouvement des masses ouvrières elles-mêmes et dans une lutte résolue contre les traîtres dirigeants des partis sociaux-démocrates. »

La répression limite singulièrement les rares moyens qui restent au PCF pour s'exprimer. Si son anticommunisme a été exacerbé par l'évolution de la situation internationale, Daladier poursuit aussi d'autres objectifs : il dispose là d'un moyen idéal pour neutraliser au Parlement le « parti de la paix » et pour mobiliser une opinion désorientée par une guerre qui semble n'en être pas une. Le PCF devient alors, malgré lui, un facteur de cohésion nationale. Il est touché principalement par deux vagues d'arrestations, à l'automne de 1939 et au printemps de 1940. Dans un premier temps, ce sont les syndicalistes et les élus qui sont visés, mais aussi les étrangers : Allemands et Autrichiens internés comme « ressortissants de puissances ennemies » (et parmi lesquels se trouvent de nombreux communistes) ou les « indésirables étrangers » arrêtés comme suspects d'atteinte aux intérêts de la nation (au nom d'une loi qui remonte au 12 novembre 1938 et qui sera étendue aux Français le 18 novembre 1939). Quelques mois plus tard, ce sont les rares foyers d'activité militante qui sont atteints à Paris et dans le Nord, tandis que, de nouveau, Allemands et Autrichiens sont internés. Selon un rapport rétrospectif du 5 octobre 1940 (Fondation Feltrinelli, fonds Tasca, 154), à la date du 31 mai 1940, 5 553 arrestations auraient été opérées pour activité communiste réelle ou potentielle (sans y inclure les « ressortissants des puissances ennemies »).

Pendant toute la drôle de guerre, le PCF adopte un profil résolument bas : il s'agit de maintenir l'outil révolutionnaire, en se repliant sur l'appareil central. De fait, pour l'essentiel, celui-ci a été protégé de la répression, tandis que la direction opérationnelle se partage entre Paris avec Frachon et, un temps, Duclos et Tréand (responsables aux cadres), avant que ces derniers rejoignent Bruxelles où se trouve Fried, Moscou enfin où se trouve Thorez depuis le 7 novembre 1939 après avoir déserté au début d'octobre. Pour des raisons tactiques, cadres syndicaux et élus ont été les plus exposés, les premiers au nom du principe qu'il faut « être avec les masses », les seconds qui étaient à la recherche d'une tribune. Au total, l'activité fut des plus réduites, comme en témoignent la rareté des publications régionales et le délai nécessaire pour la sortie du premier numéro de *L'Humanité* clandestine (le 26 octobre). C'est seulement en région parisienne qu'un travail militant s'effectue, particulièrement parmi les affectés spéciaux. À l'armée l'activité est presque nulle, d'autant que la dénonciation de la guerre ne débouche pas sur le défaitisme révolutionnaire et donc le sabotage. Privé de ses relais traditionnels – pour l'essentiel municipalités, syndicats et organisations de masse, et presse –, le parti communiste doit donc limiter ses ambitions à la survie d'un maigre appareil.

L'utopie de la table rase

La situation semble modifiée totalement quand arrive le choc, si longtemps retardé. Le vide provoqué par la fuite des élites, l'exode, la débâcle a semblé à bon nombre riche de potentialités révolutionnaires, modèle bolchevique oblige.

Un premier épisode, qui a suscité bien des polémiques, marque une inflexion de la ligne communiste. Quand la défaite se dessine, un membre du gouvernement sonde la direction du PCF à Paris pour savoir si les communistes sont prêts à défendre la capitale. Dans sa réponse, Benoît Frachon fixe un certain nombre de conditions qui portent la marque des modèles communard et madrilène. Si en stricte orthodoxie – pour autant qu'elle existe –, cette réponse positive est logique, elle contredit la thèse qui renvoie les impérialistes dos à dos. Si le témoignage oral – et d'origine communiste – est la seule trace que nous gardons de cette initiative, des textes publiés dans les revues de l'IC au même moment développent la même analyse. On retrouve l'argument dans un appel écrit par les dirigeants communistes français présents à Moscou : la France est menacée de disparaître en tant que nation en raison de la politique suivie par la bourgeoisie française ; pour la sauver du désastre, il faut prendre des mesures exceptionnelles ; la dénonciation même de la guerre impérialiste amène à refuser « l'asservissement de notre peuple par des impérialistes étrangers ».

Ce texte inspire largement l'appel dit du 10 juillet, rédigé par Jacques Duclos. Il intègre bien cette inflexion politique d'importance, tout en tenant compte des tractations en cours avec les autorités d'occupation. Cet appel, dont les premiers exemplaires diffusés sont retrouvés à la Sorbonne par la Préfecture de police le 30 juillet, arrive à la fois trop tard et trop tôt. Il est symptomatique qu'on n'en trouve pas trace dans les numéros de *L'Humanité* clandestine de l'été.

Depuis l'entrée des troupes allemandes à Paris, le même Jacques Duclos, Maurice Tréand et Jean Catelas ont engagé en effet des négociations avec Otto Abetz pour la reparution légale de *L'Humanité*. Tant que durent les négociations, soit jusqu'à la fin d'août, on ne trouve dans les numéros clandestins du journal aucune attaque explicite contre l'occupant ; en échange, Abetz libère plus de 300 communistes emprisonnés sous la IIIe République finissante. Parallèlement, des manifestations sont organisées dans la banlieue parisienne pour exiger la réinstallation des maires déchus, ou la reconnaissance d'anciennes directions syndicales communistes. Les objectifs allemands sont explicités par Abetz dans une note du 7 juillet : il s'agit de gagner « la confiance des masses imprégnées de marxisme » et de faire assumer par les communistes la responsabilité de la gestion municipale dans leurs anciens fiefs. Les réticences des militaires allemands, dont témoigne le Journal du général Halder, sont pour beaucoup dans l'échec final de ces négociations. Quant aux objectifs de la direction communiste, ils relèvent pour le moins d'une volonté d'utiliser toutes les possibilités légales, sans doute de quelque illusion sur les perspectives offertes par le vide politique consécutif à la défaite, et pour certains, au moins à la base, d'une interprétation large du pacte germano-soviétique. Mais l'entreprise suscite des dissensions. De retour de province où il avait suivi l'exode, Frachon s'oppose aux tractations en cours, tandis qu'à Moscou Thorez note alors dans son Carnet toute l'inquiétude que lui inspirent les nouvelles venues de Paris. Pour autant, tout laisse à penser que Duclos est venu le 15 juin à Paris depuis Bruxelles, avec des consignes de Moscou[3].

Au sortir de l'été, le bilan est lourd de menaces à court terme : si le PCF a obtenu la libération de militants, les illusions légalistes rendent le PCF très vulnérable, même si elles n'ont touché que les rares régions alors en liaison étroite avec le centre. Une fois les liens rétablis, la reconstruction se fait sur d'autres bases, du moins en province.

La reconstruction

Les données stratégiques restent inchangées jusqu'à l'attaque contre l'Union soviétique : la guerre demeure impérialiste. Le député communiste Touchard, alors enfermé avec ses camarades au Puy, note dans son Journal en mars 1941 : « Daladier, Reynaud et consorts que l'opinion publique a dénoncés comme traîtres au pays et responsables de la défaite ne firent pas mieux. C'est donc la même politique de guerre contre les Français clairvoyants qui continue, rien de changé, la ploutocratie est reine, le capitalisme est roi. » Également interné mais près de Paris, Pierre Villon, responsable jusqu'à

---

3. L'ouverture et l'exploitation des archives de l'IC permettent de préciser la chronologie et de confirmer l'essentiel des hypothèses ici présentées. Cf. *Communisme,* n° triple 33-34, 1993 (articles de Mikhaïl Narinski, Philippe Buton et Stéphane Courtois).

son arrestation de la mise en place de l'appareil d'impression clandestin et très sensibilisé aux questions internationales, écrit le 13 janvier 1941 : « Une nouvelle moins sûre que j'ai apprise ici, c'est que le père Joseph [Staline] aurait, dans un discours du 1er janvier, dit du mal du fascisme. Si c'était vrai, ce serait l'indice que l'URSS considère les choses assez avancées en Allemagne. Néanmoins, ce qui manque encore, à mon avis, c'est un affaiblissement "substantiel" de l'Angleterre et de l'Amérique. Mais il n'est pas indispensable de l'attendre pour soviétiser l'Europe [...]. Et quant au gaullisme, il sera balayé et nous servira, si nous donnons la liberté, la paix et le pain (avec du beurre) au pays avant que l'Angleterre n'arrive à le faire. Et je ne la vois pas capable d'assurer un débarquement en France pour libérer le pays, avant que les Allemands ne se révoltent. Dans ce cas, nous n'attendrons pas de Gaulle pour instaurer les Soviets[4]. »

Cependant, sur fond de continuité, la ligne, telle qu'on peut la repérer dans les textes du PCF, connaît une évolution sensible qui voit la libération nationale, de position subordonnée qu'elle était au départ, conditionner, au printemps de 1941, la libération sociale. Le mot d'ordre « Pour la libération sociale et nationale de la France », que reprend en janvier 1941 un texte essentiel très largement répandu sous le titre *Peuple de France,* traduit la position d'équilibre entre les deux revendications. Le 26 avril, l'IC envoie des directives pour la constitution d'un Front national, annoncée dans la presse clandestine le 15 mai. Cette inflexion répond partiellement à un durcissement des relations germano-soviétiques, tandis que l'Union soviétique parvient à obtenir – enjeu essentiel pour elle et trop rarement relevé – la sécurité sur le front oriental grâce à la signature d'un pacte de non-agression avec le Japon.

Telle est, brossée à grands traits, l'évolution de la stratégie.

---

4. *Journal de prison de Touchard,* archives de la Bibliothèque marxiste de Paris ; et Pierre Villon, *Résistant de la première heure,* Éditions sociales, 1983, p. 184.

Sa prise en charge par les militants est plus complexe. On a trop souvent opposé base et sommet, et centre et périphérie. Si, à Bordeaux ou à Nantes, des textes à tonalité très antinazie ont été distribués, ils ont été élaborés au tout début de l'été. Une fois les relations rétablies avec le centre, chose faite dès la fin de l'été dans la plupart des régions, on ne trouvera plus de textes du même acabit. En outre, si le même texte peut être lu de différentes façons, si les mêmes modèles historiques de référence peuvent être sollicités dans des sens opposés, le phénomène touche l'ensemble des militants, de la base au sommet. S'il faut cependant relever des spécificités de groupe, il apparaît clairement que les intellectuels et les étrangers privilégient les thèmes antinazis.

Mais quelles que soient les motivations, l'action va pouvoir reprendre. Dans la reconstitution des réseaux, les liaisons tiennent un rôle majeur, et donc les cheminots et les jeunes femmes de l'ex-UJFF autour de Danièle Casanova. La reprise est lente cependant, et la première année elle suit, pour l'essentiel, les grands axes ferrés vers le Sud-Ouest, le Sud-Est et le Nord. Après quelques mois de flottement, on en revient à la structure en groupes de trois, chacun ne devant connaître, en théorie, que ses deux camarades du triangle et ses contacts au-dessus et au-dessous ; les règles de sécurité se veulent très strictes. Dans l'un et l'autre cas, il a fallu laisser du temps au temps.

Dans les faits, l'activité se réduit le plus souvent à la distribution de journaux et de tracts, mais la multiplication des publications régionales au premier semestre de 1941 reflète un réel renouveau. La mobilisation des forces sociales pose plus de problèmes. On cherche à multiplier les comités populaires pour organiser la protestation, mais ils se limitent pour l'essentiel à la région parisienne et au Nord. Quant à l'action dans les syndicats légaux, elle se heurte tout simplement au refus de la majorité des ouvriers de les rejoindre. Les actions de sections de masse sont rarissimes, même si la lutte syndicale est alors une priorité du Parti. On relève les manifestations de ménagères contre les difficultés croissantes du ravitaillement. La grève reste l'exception, avec le vaste mouvement qui gagne les mines du Nord entre le 27 mai et le 10 juin 1941. Plus de 100 000 mineurs se retrouvent dans la grève, dont les mots d'ordre patriotiques rejoignent rapidement les revendications sociales dans une région particulièrement sensibilisée. Il reste que si l'activité croît singulièrement, elle reste un phénomène marginal, et le milieu globalement hostile. Elle touche essentiellement les régions de forte implantation ; c'est donc la force antérieure qui a conditionné la reconstruction. Quant à sa pérennité, elle est liée très directement à l'ampleur de la répression.

En la matière, Vichy manifeste une activité débordante, précise et continue. S'appuyant sur l'héritage législatif laissé par la IIIe République, sa police tente de neutraliser les militants effectifs et potentiels. Les premiers sont arrêtés au moindre incident tandis que les seconds sont internés administrativement comme suspects. Avant l'été de 1941, la direction n'est guère touchée, si ce n'est, en mai 1941, par l'arrestation de Jean Catelas, puis celle de Gabriel Péri. Les rapports de police laissent entendre que le premier a été reconnu par deux femmes qui l'avaient connu dans son ancienne circonscription. Son adjoint, « Armand » Voeglin, pris à son tour, donne la cache de Péri. Nous récusons la thèse qui voulait que ce dernier ait été délibérément donné par Duclos (sans rejeter l'hypothèse que les positions effectivement critiques prises par Péri en septembre 1939 puis dans l'été de 1940 le rendaient moins essentiel aux yeux de tel cadre intermédiaire). Chutes limitées donc au sommet ; en revanche, plusieurs directions régionales sont démantelées. L'opération la plus spectaculaire se déroule entre février et avril 1941 avec l'arrestation des responsables de la zone sud, Jean Chaintron en tête, puis une hécatombe dans les échelons inférieurs qui explique, que, dans les régions stéphanoise, lyonnaise et marseillaise, il faille attendre l'automne de 1941, bien après le 22 juin, pour voir les communistes se manifester à nouveau. L'internement administratif des suspects, fondé sur la loi du 18 novembre 1939, actualisée par la loi du 3 septembre 1940, s'appuie sur les listes d'avant guerre. Les anciens élus et syndicalistes sont donc les premiers touchés, fragilisés, qui plus est, par les illusions de la politique légaliste. Le bilan est lourd : entre juillet 1940 et le 22 juin 1941, de 4 000 à 5 000 communistes ou présumés tels sont arrêtés, dont 2 411 dans le ressort de la Préfecture de police de Paris. La répartition géographique montre qu'hormis l'Alsace la répression tend à s'accroître du nord au sud.

Cette omniprésence de la répression est bien le premier constat à tirer de l'ensemble de la période, tant les arrestations rythment l'activité militante. La sauvegarde de l'appareil de direction pendant la drôle de guerre, comme la reconstruction laborieuse l'année suivante, s'organisent autour du noyau dur des militants formés entre 1924 et 1934, au moment de la « bolchevisation » et d'une ligne « classe contre classe » redevenue d'actualité, même si tend à émerger en 1941 une génération de militants beaucoup plus jeunes. Le nouveau tournant stratégique opéré le 22 juin 1941 soulage bien des consciences et inaugure une réconciliation avec une société dont le PCF s'était coupé.

L'économie : pénurie et modernisation

Henry Rousso

«Vu la raréfaction des produits, les commerçants deviennent de plus en plus grossiers et arrogants. Ils volent sur le poids et sur les prix. Le marché noir accapare tout, et ceux qui ne vivent que de leurs tickets sont condamnés à crever de privations.» C'est ainsi que se termine, à la date du 17 décembre 1942, le journal d'un critique d'art et chroniqueur parisien. Les faits rapportés sont d'une triste banalité, et de telles références aux difficultés matérielles se retrouvent de manière récurrente dans tous les journaux personnels rédigés pendant l'Occupation. Ce qui est moins banal, c'est la personnalité de l'auteur, Jacques Biélinky, un juif français d'origine russe, parfaitement lucide face aux persécutions antisémites grandissantes dont il sera lui-même victime : il sera déporté au camp d'extermination de Sobibor, le 10 février 1943, d'où il ne reviendra pas[1]. Cet exemple entre mille, par sa dimension rétrospectivement tragique, rappelle le poids de ces difficultés matérielles, notamment alimentaires, qui ne cessent de perturber de façon obsédante la vie quotidienne des populations malgré des dangers autrement plus graves, au moins pour certaines catégories.

---

1. Jacques Biélinky, *Journal, 1940-1942. Un journaliste juif à Paris sous l'Occupation*, texte présenté, établi et annoté par Renée Poznanski, Paris, Le Cerf, 1992, p. 274.

Si les aspects les plus dramatiques et meurtriers de l'Occupation, en particulier la répression et les persécutions, ont pris un demi-siècle après une place centrale dans le souvenir des années noires, il n'en reste pas moins qu'à l'époque, pour les générations qui ont vécu cet événement exceptionnel, autrement plus fortes et plus prégnantes étaient les conséquences des restrictions, du marché noir, de la baisse générale du niveau de vie, de la désorganisation des échanges et des transports, de l'arrêt de certaines entreprises par manque d'énergie ou de matières premières ou de la mise en friche de terres cultivables faute de main-d'œuvre suffisante, difficultés économiques et matérielles qui ont touché, très inégalement il est vrai, la presque totalité des Français.

D'une manière générale, la dimension économique est essentielle pour comprendre cette période, pour en décoder les attitudes soit à l'échelle des populations, soit à l'échelle des responsables, gouvernement de Vichy en tête. Rappelons une donnée simple mais capitale : de tous les territoires occupés ou mis sous tutelle par les forces de l'Axe, la France a été à bien des égards un cas unique. Elle est non seulement la seule grande puissance militaire, impériale et économique du lot, dont nombre de régions économiquement vitales sont occupées, mais elle est également le seul pays à avoir signé un armistice et à avoir maintenu l'existence d'un gouvernement légal qui pratiquera une politique de présence et de collaboration. De ce fait, la France et son Empire ont été les premiers fournisseurs économiques et financiers du Reich en guerre.

On comprend dès lors à quel point les contraintes économiques de tous ordres ont pesé sur la France et sur les Français et à quel point elles ont joué un rôle déterminant dans la politique menée par Vichy. À cet égard, la politique économique constitue un excellent indicateur des intentions, des pratiques et des limites du régime issu de la défaite. En ce domaine, comme en d'autres, Vichy a fait le choix de négocier avec l'occupant, tant pour desserrer l'étau de l'armistice que pour préserver l'avenir de la France dans le futur espace économique allemand. Dans le cadre de cette collaboration économique d'État, il a cherché, malgré une faible marge de manœuvre, à donner des gages de bonne volonté aux nazis et à préserver tant qu'il pouvait certains intérêts français, avec une échelle de valeurs et de priorités qui porte la marque de ses choix idéologiques. En parallèle à cette politique, Vichy entreprend, en dépit (ou à la faveur) des circonstances, une réforme complète des cadres économiques et sociaux. Le régime de Vichy a constitué ainsi l'expérience la plus poussée d'économie dirigée en France, dans laquelle une cohorte de « technocrates », hauts fonctionnaires et grands chefs d'entreprise, a tenté de promouvoir une « modernisation » économique, en contradiction avec certaines aspirations traditionalistes, voire archaïques, des intentions affichées de la Révolution nationale.

De surcroît, la dimension économique permet d'évaluer autrement certains aspects de l'Occupation, période trop souvent analysée sous le seul angle politique et idéologique. Il en va ainsi de l'appréciation du phénomène de la « collaboration » tant à l'échelle des entreprises qu'à celle de certaines catégories sociales, ou encore à celle des individus, obligés, en préalable à toute prise de position, de tenir compte des contraintes qu'imposait la nécessité de vivre durant quatre longues années avec un ennemi aux multiples visages qui était tout à la fois le dépositaire d'un pouvoir de coercition souvent brutal, un pillard à grande échelle, celui dont dépendait la majorité des approvisionnements grâce au contrôle de la répartition, et, souvent, le seul débouché industriel et commercial des produits français, soit une situation de dépendance totalement inédite.

La collaboration économique a été en définitive la plus importante en volume (et de très loin), sans comparaison ni dans ses modalités, ni dans ses effets tant pour les occupés que pour les occupants avec d'autres formes de collaboration, notamment intellectuelle, politique ou militaire. On peut même se demander s'il est légitime d'utiliser ce même terme, tant connoté idéologiquement, pour désigner des phénomènes aussi différents.

Enfin, la France s'est retrouvée, notamment à partir de 1942, dans une logique d'économie de guerre totale sur laquelle les autorités politiques ou économiques n'avaient pratiquement aucune prise, en dépit des efforts de Vichy. L'une des conséquences en a été une redistribution sauvage des richesses et une sélectivité industrielle qui a accéléré le déclin ou l'essor de certains secteurs.

Autrement dit, la dimension économique est non seulement essentielle pour comprendre la complexité des problèmes issus de la défaite et de l'Occupation, mais elle est indispensable si l'on cherche à replacer ces années noires dans une continuité historique et à voir en elles autre chose qu'une simple parenthèse, qui aurait été sans conséquences à terme sur les structures profondes de la société française.

Un espace et une conjoncture d'exception

La France des années noires, c'est d'abord un espace remodelé par les combats militaires de 1939-1940 et de 1944-1945, qui se concentrent dans quelques régions, par le découpage autoritaire en zones aux statuts politiques et administratifs différents qui entraînent l'existence de véritables frontières intérieures, et enfin par la pénurie et la politique de restrictions différenciée menée par les Allemands et par Vichy. C'est un espace à bien des égards aberrant, générateur de profondes inégalités sociales et économiques, qui ramène parfois la France à des situations qu'elle n'avait plus connues depuis la fin de l'« ancien régime ».

Dès 1938 et la menace d'un conflit possible, certains secteurs industriels vitaux ont connu un début de décentralisation : la métallurgie de l'Est qui se déplace vers la région parisienne et le Centre ou encore l'aéronautique dont le centre de gravité se déplace de Paris vers le Sud-Ouest. Les deux exodes de mai et juin 1940, le premier dans un ordre relatif, le second dans la panique, accentuent de manière désordonnée ce processus, en particulier dans les zones de combat, au Nord et à l'Est : à titre d'exemple, 2 usines ardennaises sur 500 restent en activité, une bonne partie du matériel et de la main-d'œuvre migrant provisoirement vers le Sud-Ouest[2].

Le découpage en zones imposé par l'occupant a bouleversé complètement le paysage économique français. Les zones « occupée », « interdite » et « réservée », qui couvrent près des trois cinquièmes du territoire métropolitain, comprennent la plupart des grands centres industriels (le Nord, l'Est, la région parisienne). En 1938, cette partie du territoire produisait 76 % du charbon français, 95 % de l'acier, la quasi-totalité des textiles et de la métallurgie. Tous les grands ports (Marseille excepté) y sont localisés. Elle produisait en outre près des trois quarts de la production de céréales, de la production laitière, sucrière ou encore de la production de viande, autant d'éléments vitaux, en particulier en période de pénurie.

La situation générale de pénurie a engendré en outre des différences considérables entre des régions disposant de ressources alimentaires suffisantes et des régions dramatiquement privées des produits essentiels. C'était d'ailleurs l'une des justifications majeures du rationnement instauré d'abord par le gouvernement Daladier, en février 1940, puis renforcé par Vichy, en décembre suivant. Contrairement à une idée reçue, popularisée par la littérature d'après guerre, c'est moins l'opposition entre « villes » et « campagnes » qui a fait problème que l'opposition entre des régions disposant d'un environnement favorable à une alimentation correcte (proximité de zones agricoles, jardins familiaux,

---

2. Cité par Robert Frank, Jean-Marie Flonneau et Robert Menchérini, « La guerre et l'Occupation, une "chance" pour les entreprises françaises », *in* Robert Frank, Henry Rousso et Alain Beltran (dir.), *La Vie des entreprises sous l'Occupation ; Une enquête à l'échelle locale*, Institut d'histoire du temps présent, 2 vol., dactylo., t. II, p. 542. (*NB :* Les références bibliographiques ont été ici réduites au minimum. Pour une information plus exhaustive, voir la bibliographie de Christian Bachelier, « Le temps des restrictions, 1939-1949 », *Bulletin de l'IHTP*, 36, juin 1989, et celle d'Henry Rousso, « L'activité industrielle en France de 1940 à 1944. Économie "nouvelle" et Occupation allemande », *Bulletin de l'IHTP*, 38, décembre 1989.)

etc.), y compris souvent des communes moyennes non rurales, et des régions défavorisées dans lesquelles on trouve aussi bien les grands centres urbains (dont Paris) et des zones rurales de monoculture (comme les régions viticoles du Midi), qui ne pouvaient pas toujours satisfaire à la nécessité de besoins alimentaires diversifiés. Selon une évaluation faite par Michel Cépède, 25 % de consommateurs – essentiellement des ruraux – ont pu disposer d'un ravitaillement suffisant, voire d'une qualité supérieure à celle de l'avant-guerre (la consommation de viande chez les agriculteurs s'est même accrue), 20 % d'un approvisionnement convenable, 25 % d'un approvisionnement difficile et 30 %, essentiellement les citadins des grandes villes (Paris, Lyon-Saint-Étienne, Marseille, ainsi que Bordeaux, Toulouse ou Nancy), ont connu de très graves difficultés[3]. Ainsi, le spectre des inégalités devant le rationnement est plus étendu qu'on ne le croit généralement : « Tous les intermédiaires existaient entre l'agriculture des régions de polyculture, qui produisait sur place de quoi couvrir la presque totalité de ses besoins alimentaires, et le consommateur le plus défavorisé qui répondait au type suivant : habitant d'une grande ville particulièrement mal placée pour le ravitaillement, pauvre, sans amis ni parents à la campagne et ne pouvant, par sa profession, bénéficier des avantages offerts aux collectivités, tels que cantines d'usines[4]. » On peut ajouter que les catégories encore plus défavorisées furent les populations soumises à des persécutions raciales et politiques, à commencer par les juifs qui ne pouvaient acheter qu'à des heures déterminées (et dont nombre étaient d'ailleurs sans emploi et sans ressources du fait des lois françaises et des ordonnances allemandes d'« aryanisation »), ainsi que les populations étrangères – des dizaines de milliers de personnes – internées dans les camps français, dont les condi-

---

3. Michel Cépède, *Agriculture et Alimentation en France durant la Seconde Guerre mondiale*, Paris, Éd. Génin, 1961, p. 372.
4. *Ibid.*, p. 381.

tions de vie et de survie étaient souvent en dessous du minimum vital.

La France des années noires, c'est plus encore une conjoncture en perpétuelle évolution, liée au développement du conflit militaire qui influe grandement sur la situation intérieure. On peut ainsi délimiter plusieurs phases différentes.

Après une courte période de mobilisation industrielle, en 1939-1940, qui favorise certains secteurs directement liés à la production de guerre (métallurgie, aéronautique, une partie de la chimie) au détriment d'autres (le textile, les entreprises artisanales), le pays connaît une grave dépression qui s'étend de l'été à l'hiver de 1940. Elle est due à la désorganisation générale de la production et des échanges consécutive à la défaite : destructions dans les zones de combat, exode de chefs d'entreprise, de cadres et d'une partie de la main-d'œuvre, deux phénomènes qui touchent surtout le Nord et l'Est. Elle est due ensuite au pillage désordonné auquel se livrent les occupants dans les premiers mois : réquisitions de matériel et de stocks industriels et agricoles, démontages d'usines, débauchage de spécialistes, mainmise sur des avoirs français à l'étranger, etc. Elle est due encore, pour partie, au blocus maritime qu'imposent les Anglais à partir du 25 juin 1940, qui va peser sur les échanges extérieurs et perturber ceux avec l'Empire, et particulièrement avec l'Indochine, Madagascar, les Antilles et, dans une moindre mesure, avec l'AFN (par Gibraltar). Cela étant, bien que Vichy ait rendu le blocus anglais responsable de l'aggravation des pénuries, celui-ci a joué un rôle plus politique qu'économique : sur un commerce de 10 millions de tonnes, seules 200 000 tonnes furent effectivement saisies, le blocus n'étant efficace que pour quelques produits, dont les combustibles[5].

La dépression de 1940 se traduit donc d'abord par une pénurie généralisée d'énergie, de matières premières, de pro-

---

5. Sur ce point, voir la thèse récente de Bernard Costagliola, *Les Relations maritimes entre la France et son Empire. Juin 1940-novembre 1942*, Université de Paris-IV, 1992, p. 733.

duits alimentaires qui touche très différemment les secteurs et les différentes couches sociales, générant un système d'inégalités économiques qui se combine avec les inégalités géographiques. C'est durant l'hiver de 1940-1941, un des plus rigoureux que la France ait connus depuis longtemps, que les populations commencent à connaître de réelles difficultés matérielles : restrictions de chauffage, rationnement du pain, de la viande, du beurre et des corps gras, des cuirs et des textiles. De leur côté, la plupart des entreprises entament une longue bataille contre les différentes réglementations sur l'énergie afin de s'assurer un approvisionnement minimal en charbon ou en électricité. À la faveur de ces pénuries et restrictions, beaucoup d'ateliers d'artisans, de commerces, d'entreprises faiblement rentables vont d'ailleurs disparaître, provisoirement ou définitivement.

Durant cette première phase, l'autre conséquence immédiate de la défaite a été l'augmentation vertigineuse du chômage, à des taux rarement atteints en France, un chômage essentiellement « technique », c'est-à-dire lié à la fermeture provisoire de très nombreuses entreprises : en octobre 1940, on compte près d'un million de chômeurs, soit plus du double des taux atteints au plus fort de la crise des années trente (470 000 en 1936). Mais au contraire de la pénurie, ce phénomène est purement conjoncturel : le nombre de chômeurs tombe à 400 000 en 1941, à 125 000 en 1942 et en dessous de 50 000 jusqu'à la Libération[6]. Mais l'alerte a été suffisamment grave pour qu'elle influe très directement sur la mise en place des structures de l'économie dirigée de Vichy, en particulier les Comités d'organisation et le Commissariat général à la lutte contre le chômage (qui deviendra plus tard la DGEN) et qu'elle permette par ailleurs aux occupants d'entamer une propagande active afin de recruter de la main-d'œuvre pour l'industrie de guerre allemande.

6. Cf. INSEE, *Annuaire statistique de la France. Résumé rétrospectif*, Paris, ministère de l'Économie et des Finances, 1966, vol. CXXII, p. 117.

Après cette phase de dépression, le pays connaît une très relative et inégale reprise en 1941-1942. Elle est due à la stabilisation de la situation intérieure, au retour partiel des populations qui avaient fui les combats et à la mise en place d'un système d'exploitation rationnel de l'économie française par les Allemands, d'autant que le gouvernement de l'amiral Darlan, arrivé au pouvoir en février 1941, fonde la politique de collaboration sur le principe du « donnant-donnant » et des contreparties réciproques. C'est à ce moment-là qu'apparaissent, par exemple, les entreprises dites prioritaires : les *R-Betriebe (Rüstungsbetriebe)* qui travaillent pour l'armement du Reich, ou encore les *V-Betriebe (Vorzugsbetriebe)* qui travaillent dans les secteurs vitaux de l'économie allemande, des catégories privilégiées qui reçoivent des contingents importants d'énergie et de matières premières. En fait, c'est toute l'économie française, de manière très inégale et très différenciée suivant les secteurs et les régions, qui redémarre grâce à l'impulsion des commandes de l'industrie allemande, qui devient dès lors le principal débouché économique des produits français.

À partir de 1942, la situation est à nouveau bouleversée. À l'été, la France commence à connaître les conséquences de la « guerre totale », c'est-à-dire l'exploitation de toutes les ressources physiques et humaines, tant de l'Allemagne que des pays occupés, dans le cadre du conflit militaire, une politique dont les prémices remontent à la fin de 1941, dès les premières difficultés sur le front de l'Est[7]. Cela se traduit notamment par une augmentation notable du niveau d'exploitation économique et surtout par de très fortes pressions exercées sur Vichy et sur les entreprises françaises pour obtenir des contingents considérables de main-d'œuvre. Ce sont les fameuses « actions Sauckel », relayées par une série de lois françaises, dont celle de février 1943 sur le STO qui vont faire

7. Sur cette question, cf. Ludolf Herbst, *Der Totale Krieg und die Ordnung der Wirtschaft. Die Kriegswirtschaft im Spannungsfeld von Politik, Ideologie und Propaganda 1939-1945*, Stuttgart, DVA, 1982.

passer le nombre de travailleurs français en Allemagne de 70 000 en juin 1942 à près de 750 000 en juin 1944. Outre son coût politique, psychologique et humain, le STO est un véritable désastre pour certains secteurs industriels et pour une partie du secteur agricole, à peine tempéré par la politique des *S-Betriebe* (*Sperrbetriebe* ou « entreprises protégées »), inaugurée par Albert Speer pour permettre à une partie de la main-d'œuvre réquisitionnée de rester en France, dans des entreprises travaillant presque exclusivement pour l'économie de guerre du Reich.

De surcroît, en novembre, la zone non occupée est envahie à la suite du débarquement allié en Afrique du Nord, et la France est désormais coupée de son Empire, ce qui accroît encore plus les pénuries et les restrictions.

Enfin, en 1944, l'économie française connaît un nouvel effondrement à cause des sabotages, des bombardements alliés de plus en plus intensifs de certaines zones industrielles du Nord et de la région parisienne, et avec la reprise de la guerre sur le territoire métropolitain après le 6 juin 1944. C'est durant les mois qui précèdent et qui suivent la Libération que l'économie française va souffrir le plus, subissant parfois des dommages irréparables qui vont peser lourd dans la phase de reconstruction : on peut en avoir une idée en observant l'évolution de quelques grands indices économiques.

LA PRODUCTION AGRICOLE[8]							
	Blé (millions de q)	**Avoine (millions de q)**	**Pommes de terre (millions de q)**	**Huile (1 000 q)**	**Sucre (1 000 t)**	**Vin (millions d'hl)**	**Viande (1 000 t)**
1939	73	53	144	38	603	69	1 551
1940	51	32	103	28	1047	49	1 076
1941	56	27	69	46	436	48	958
1942	54	30	69	60	662	35	926
1943	64	28	65	162	616	41	823
1944	64	26	76	261	583	44	723
1945	42	26	61	237	293	28	838

À l'exception des huiles (huile d'olive non comprise), dont on accroît la mise en culture à partir de 1942, la baisse de production des produits agricoles est générale et pratiquement continue durant toute l'Occupation.

PRODUCTION INDUSTRIELLE (BASE 100 1938)[9]							
	Indice général	**Houille (millions de t)**	**Acier brut (1 000 t)**	**Aluminium (1 000 t)**	**Alcool (1 000 hl)**	**Acide sulfurique (1 000 t)**	**Ciment (1 000 t)**
1938	100	47	6 221	45	3 781	106	296
1941	65	44	4 310	66	2 221	38	243
1942	59	44	4 488	45	2 619	30	171
1943	54	42	5 127	46	2 507	28	214
1944	41	26	3 092	26	1 162	13	105
1945	–	25	1 661	37	1 575	23	126

Là encore, la baisse est générale et quasi continue, sauf une légère reprise (dans l'acier, l'aluminium et le ciment) en 1942-1943, due aux commandes allemandes.

8. Alfred Sauvy, *La Vie économique des Français de 1939 à 1945*, Paris, Flammarion, 1978, p. 239.
9. *Ibid.*, et INSEE, *op. cit.*, p. 561.

COMMERCE EXTÉRIEUR [10]		
	Importations	**Exportations**
1938	100	100
1939	88	99
1940	64	45
1941	28	35
1942	23	50
1943	12	46
1944	6	27
1945	34	10

Les importations baissent de manière radicale, tandis que les « exportations » se maintiennent grâce aux échanges avec le Reich qui constituent en réalité un appauvrissement en termes de revenu national.

INDICE THÉORIQUE DES PRIX [11]			
	prix de gros	**prix de détail (Seine)**	**valeur du franc (moyenne prix de gros et détail)**
1938	100	100	100
1939	105	107	93
1940	138	126	79
1941	169	148	68
1942	198	178	56
1943	230	221	45
1944	259	270	37
1945	366	401	25

Il s'agit là, bien sûr, d'un indice des prix fondé sur les prix officiels, qui ne tiennent pas compte des prix du marché noir.

10. INSEE, *op. cit.*
11. *Ibid.*

Salaire horaire moyen de la métallurgie parisienne [12]	
1938	100
1939	105
1940	105
1941	115
1942	118
1943	133
1944	168
1945	277

Pour un salaire traditionnel de référence, il est simple de voir la baisse du niveau de vie des catégories les moins protégées de la population par comparaison avec l'indice des prix, de surcroît théorique.

Revenu national [13]	
1938	100
1939	107
1940	88
1941	70
1942	63
1943	59
1944	50
1945	54

12. *Ibid.*
13. INSEE, *op. cit.* Cf. aussi « La France économique de 1939 à 1946 », *Revue d'économie politique*, numéros spéciaux, 2 vol., 1947.

Dépenses alimentaires et revenus [14]					
	Revenu net		Dépenses alimentaires	Rapport de la dépense au revenu	
	La femme travaille	La femme ne travaille pas		La femme travaille	La femme ne travaille pas
Célibataire	–	1 620	840	–	52 %
Ménage sans enfant	2 820	1 645	1 560	55 %	95 %
Ménage un enfant de 10 ans	2 850	1 810	1 800	63 %	100 %
Ménage 2 enfants : 6 et 10 ans	3 020	1 810	1 920	64 %	88 %
10 et 14 ans	3 020	2 190	2 390	91 %	126 %
Ménage de 3 enfants : 6, 10 et 14 ans	3 365	2 585	2 760	82 %	107 %

Cette évaluation en francs courants faite par Alfred Sauvy, à partir des données qu'il a recueillies durant la guerre (dans son fameux « Bulletin rouge brique »), montre le poids des dépenses alimentaires dans les dépenses des ménages, en particulier dans les familles nombreuses où la femme ne travaille pas et dont la situation est tragique, mais aussi chez un célibataire actif qui dépense plus de la moitié de son revenu pour se nourrir.

Un occupant aux multiples visages

Nombre de difficultés que connaît le pays durant l'Occupation sont non seulement la conséquence de la politique d'exploitation menée par les nazis, mais résultent du fait que cette politique a revêtu un aspect souvent anarchique, où plusieurs intérêts entrent en concurrence. L'enchevêtrement des pouvoirs militaires et civils, des intérêts étatiques et privés – une des grandes caractéristiques du système hitlérien – auquel s'ajoutent les luttes d'influence au sein des différentes administrations allemandes en France et les divergences dans le temps et dans l'espace quant aux méthodes

14. Alfred Sauvy, *op. cit.*, p. 241.

d'exploitation à adopter ont aggravé les contraintes qui pesaient sur une économie déjà partiellement désorganisée, sans que les responsables français (ministres, fonctionnaires ou chefs d'entreprise) puissent réellement profiter de ce désordre bureaucratique.

Ce n'est que plusieurs semaines après l'armistice, en août 1940, qu'est formulée la politique que l'Allemagne entend mener à l'égard de la France, une fois tranché par Hitler le débat entre les partisans du pillage pur et simple, notamment Goering, véritable responsable des ministères économiques du Reich, et ceux qui préconisaient la mise en place d'une économie dirigée, dans laquelle les administrations françaises serviraient de relais, et qui s'insérait dans la vision assez fumeuse du « grand espace économique européen » (Ribbentrop et les administrations militaires).

Dans une première phase, jusqu'en 1942, les objectifs poursuivis étaient, d'une part, d'exploiter au maximum les richesses françaises et, de l'autre, entraîner un potentiel industriel de plus en plus important à travailler pour l'économie de guerre allemande. Ces objectifs s'inscrivaient à la fois dans une logique de revanche contre le traité de Versailles et les réparations exigées par la France après la Première Guerre mondiale, et dans la logique du Blitzkrieg, qui avait jusque-là épargné à l'Allemagne une mobilisation économique totale, grâce notamment à l'exploitation des pays occupés ou satellisés. La mobilisation partielle de 1938-1940 et les premières victoires éclair avaient été en effet la meilleure manière de rassurer une population allemande, dans son ensemble peu enthousiaste, du moins au début, à l'idée d'un nouveau conflit militaire d'envergure.

Plusieurs organismes, souvent concurrentiels, eurent ainsi directement en charge l'exploitation économique de la France. La plus importante fut la section économique (*Wirtschaftsabteilung* II ou Wi-II) du *Militärbefehlshaber in Frankreich* (l'administration militaire allemande, installée à Paris, à l'hôtel Majestic) qui dépendait de l'OKH (*Oberkommando des Heeres,* l'état-major de l'armée de terre). Elle fut dirigée par le Dr Elmar Michel durant la presque totalité de l'Occupation et recevait en fait ses ordres directement des ministères économiques du Reich, à Berlin. Michel fut ainsi l'interlocuteur privilégié des ministères économiques de Vichy et, de fait, le véritable « patron » de l'économie française, notamment parce que c'est de lui qu'a dépendu tout le système autoritaire de répartition d'énergie et de matières premières. C'est lui qui imposa nombre de « plans de production » (dans le textile, dans les métaux non ferreux, dans les industries de luxe, très convoitées par les Allemands) qui entraînèrent des concentrations forcées et la disparition de nombre de petites et moyennes entreprises françaises. L'objectif n'était pas une « rationalisation de l'économie française », mais bien une mise en tutelle définitive d'une puissance économique rivale et concurrente de l'Allemagne.

Le deuxième organisme essentiel du dispositif fut la Délégation économique de la Commission allemande d'armistice de Wiesbaden, qui dépendait, elle, de l'OKW *(Oberkommando der Wehrmacht)*. Dirigée par le Dr Hemmen, elle avait pour fonction de régler toutes les questions économiques entrant dans le cadre de la convention d'armistice. De fait, parce que cette délégation était, elle aussi, contrôlée directement par le pouvoir civil de Berlin, Hemmen constitua un autre interlocuteur redoutable pour le gouvernement français. C'est lui notamment qui fut chargé d'appliquer les clauses financières exorbitantes de l'armistice : le paiement des frais d'occupation (en moyenne 400 millions de francs par jour) et l'imposition, sans aucune justification économique, d'un taux de change très défavorable à la France, doublé, le 14 novembre 1940, d'un accord de *clearing* désastreux. La conséquence de ce dispositif financier fut que l'économie allemande bénéficia non seulement du pillage et des prélèvements autoritaires, mais ne déboursa pratiquement rien pour tous ses achats opérés en France qui furent, de fait, réglés par le Trésor français [15].

15. Sur ces questions, cf. Pierre Arnoult, *Les Finances de la France et l'Occupation allemande, 1940-1944*, 1951 et surtout l'ouvrage de

À cela s'ajoutent divers autres organismes militaires telles les « Inspections de l'armement » *(Rüstungsinspektions)* qui dépendaient directement de l'Office de l'économie de guerre et d'armement *(Wehrwirtschafts-und Rüstungsamt,* Wi-Rü) du général Thomas qui contrôlait toutes les fabrications de guerre, ou encore le Bureau central des commandes allemandes (ZAST), qui répartissait et planifiait les commandes de produits manufacturés aux entreprises des pays occupés, en échange de l'énergie et des matières premières nécessaires. Pour être complet, il faut encore ajouter des organismes civils sous tutelle militaire, dont le plus important fut l'organisation Todt, qui bénéficiera, notamment après 1942, d'une grande autonomie en matière de transports, de recrutement de main-d'œuvre et de contrôle des activités entrant dans le cadre de la construction du Mur de l'Atlantique. Sans oublier, enfin, les différents représentants en France des grands groupes industriels allemands (IG Farben, Roechling, Vereinigte Aluminium Werke, etc.) ou encore certaines officines économiques dépendant de l'Office supérieur de sécurité du Reich (le RSHA de Himmler), comme le célèbre « Bureau Otto », spécialisé dans le marché noir, le pillage des œuvres d'art et des biens juifs.

À partir de 1942, cette situation évolua notablement du fait de la « guerre totale ». Sous l'impulsion d'Albert Speer, nommé en février 1942 ministre de l'Armement et de la Production de guerre, se met en place un début de planification centrale de l'économie de guerre allemande. En France, les conséquences s'en font sentir par la centralisation de toutes les commandes allemandes concernant directement ou indirectement des productions à caractère militaire, mais plus encore par un niveau d'exploitation accru dans certains secteurs stratégiques : la métallurgie, les constructions aéro-

---

référence sur la politique économique et financière durant cette période : Michel Margairaz, *L'État, la Direction des finances et de l'économie en France (1932-1952). Histoire d'une conversion*, Paris, Comité d'histoire économique et financière de la France-Imprimerie nationale, 1991, 2 vol.

nautiques, le bâtiment et les travaux publics, etc. (cf. tableau page 472).

Mais c'est surtout sur le plan de la main-d'œuvre que la conception de la guerre totale va avoir des conséquences dramatiques. Dès 1940, les Allemands avaient fait la chasse aux ouvriers français, qu'ils considéraient comme parmi les meilleurs d'Europe. Mais, avant 1942, le nombre total d'hommes (et de femmes) partis travailler plus ou moins volontairement en Allemagne n'a pas dépassé 70 000. Avec la nomination de Fritz Sauckel, le 19 mars 1942, au poste de commissaire général du Reich pour l'emploi et la main-d'œuvre, commence une phase de réquisition autoritaire et brutale. Entre 1942 et 1944, Sauckel va exiger près de 2 000 000 de travailleurs français. Le gouvernement de Laval, soumis à d'énormes pressions, accepte, dans la logique de la collaboration d'État, de couvrir par des lois françaises (dont celle sur le STO) les exigences de Sauckel. Au total, ce seront près de 650 000 travailleurs qui vont partir de force, s'ajoutant aux 70 000 volontaires et surtout au 1,5 million de prisonniers de guerre « transformés », soit plus de 90 % des captifs qui sont utilisés comme agriculteurs, manœuvres, ouvriers, etc[16]. Cette politique ne fut tempérée que par le conflit opposant Sauckel et Speer, ce dernier étant partisan d'exploiter cette main-d'œuvre en France même, dans la logique adoptée dès les débuts de l'Occupation. D'où la création, après des accords avec Jean Bichelonne, ministre de la Production industrielle, en septembre 1943, d'une nouvelle catégorie d'entreprises protégées (les *Sperrbetriebe* ou entreprises « S »).

Au total, non seulement une très grande part de l'activité économique française s'est faite pour le compte de l'Allemagne ou sous la dépendance de ses commandes, mais, de surcroît, la France se situe parmi les tout premiers fournisseurs économiques du Reich.

---

16. Sur ce point, cf. Yves Durand, *La Captivité, histoire des prisonniers de guerre français, 1939-1945*, Paris, FNCPG, 1980.

En termes de contributions financières, la France est de loin en tête. En mars 1944, soit bien avant la fin de l'Occupation, elle a déjà fourni près de 35 milliards de RM, dont 80 % au titre des frais d'occupation et 20 % au titre du *clearing*, soit près de 40 % de la totalité des liquidités en provenance des pays et territoires occupés[17].

En termes d'« échanges » commerciaux, la France arrive en tête des pays ayant une balance commerciale déficitaire en faveur du Reich avec près de 38 % du total des surplus (860 millions de RM, en 1942). Elle a été le premier fournisseur de matières premières, de produits manufacturés et de produits alimentaires, notamment de viande ou de céréales panifiables[18].

En termes de main-d'œuvre employée en Allemagne, prisonniers de guerre compris, la France occupe la deuxième place, après les territoires soviétiques occupés, soit près du quart du total des travailleurs étrangers présents en Allemagne. Les Français sont répartis majoritairement dans l'agriculture et dans la métallurgie[19]. Encore ce chiffre ne tient-il pas compte de la masse des travailleurs qui, en France, sont directement ou indirectement utilisés dans le cadre de l'économie allemande.

---

17. Cf. Christoph Bucheim, « *Die besetzen Länder im Dienste der deutschen Kriegswirtschaft während des zweiten Weltkriegs. Ein Bericht der Forschungsstelle für Wehrwirtschaft* », *Vierteljahrshefte für Zeitgeschichte*, vol. XXXIV, 1, 1986.

18. Cf. Alan S. Milward, *The New Order and the French Economy*, Oxford, Clarendon Press, 1970, p. 257 et 283.

19. Ulrich Herbert, *A History of Foreign Labor in Germany, 1880-1980. Seasonal Workers/Forced Laborers/Guest Workers*, Ann Arbor, The University of Michigan Press, 1990 (1re éd., Bonn, 1986), p. 156. Pour les chiffres concernant les prisonniers de guerre « transformés », l'auteur donne un chiffre très inférieur à celui d'Yves Durand, *op. cit.* Sur ce point précis, j'ai préféré suivre ce dernier, ce qui fait que, contrairement à ce que dit Herbert, la France est en deuxième position, avant la Pologne et non après.

L'ACTIVITÉ INDUSTRIELLE POUR COMPTE ALLEMAND			
Branche ou secteur	**% d'activité pour compte allemand**		
	1942	**1943**	**1944 janv.-mai**
Industries mécaniques et électriques			
Machines agricoles	5	12	18
Machines-outils	20	26	23
Travail des métaux	25	29	29
Optique, instruments de précision	31	47	43
Précision ind. non spécialisée	100	100	100
Automobile	68	60	77
Transport ferroviaire	32	37	51
Fonderie	37	45	56
Grosse forge	100	100	100
Tubes d'acier	37	20	59
Tréfilage, laminage à froid	6	8	11
Construction électrique	52	45	33
Industries textiles et cuir			
Laine	28	27	34
Coton	15	15	15
Lin, chanvre	12	12	12
Jute	2	2	2
Bonneterie	16	16	16
Confection	13	10	–
Cuir	22	19	–
Industries chimiques et parachimiques			
Produits chimiques	35	35	33
Parfumerie	20	35	40
Peintures	50	70	65
Verre	35	35	30
Caoutchouc	55	60	65
Goudrons	50	60	50
Industries de construction			
Chaux et ciments	48	73	76
Céramique	20	22	24
Bâtiments et travaux publics	55	80	80
Carburants			
Combustibles liquides	3	2	2
Carburants de remplacement	15	25	50
Bois	40	55	55
Constructions aéronautiques	57	100	100
Constructions navales	75	82	78

Ces statistiques, qui viennent de l'Office central de répartition des produits industriels et des déclarations faites par les entreprises aux comités d'organisation durant l'Occupation, sont à la fois surévaluées (déclarations surestimées afin d'obtenir des ratios supplémentaires d'énergie ou de matières premières) et sous-évaluées dans la mesure où ces chiffres ne tiennent pas compte des réseaux de sous-traitance, donc d'entreprises travaillant pour des clients français, eux-mêmes travaillant sur commandes allemandes. Elles donnent néanmoins des ordres de grandeur.

La politique économique de Vichy

Comme en d'autres domaines, la politique économique de Vichy se caractérise très tôt, dès les premières semaines du régime, par le désir conjoint de rompre avec l'ordre ancien au plan intérieur et de rechercher les meilleures formes de coopération avec le vainqueur. Plus encore qu'ailleurs, les réformes entreprises dans le cadre de la Révolution nationale ne peuvent être dissociées de la stratégie de la « collaboration d'État », dans la mesure où la marge de manœuvre et l'autorité réelle du gouvernement français en la matière sont plus que réduites. Ce qui signifie que les réformes entreprises, notamment dans le cadre de l'économie dirigée, n'ont pu l'être que parce qu'elles répondaient, consciemment ou non, aux objectifs que s'étaient fixés les occupants.

Dans les discours et la propagande de Vichy, le « corporatisme » a occupé une place importante, glorifiant une organisation sociale et économique fondée sur des solidarités qui seraient tissées non pas au sein de « classes » sociales antagonistes mais au sein d'une même « famille » économique, une entreprise, une branche ou un secteur, un corps de métier, et qui regrouperaient patrons, cadres, ingénieurs et ouvriers. C'est le sens de la présence du mot « travail » dans la fameuse devise pétainiste, inspirée des théories organicistes et anti-égalitaires, la « famille » constituant la cellule de base de l'organisation sociale et la « patrie », le cadre suprême et ultime. C'est le sens surtout de la « charte du travail », sorte de loi organique promulguée en 1941, et qui devait fixer les nouvelles modalités des rapports entre les différentes catégories sociales et professionnelles au sein de l'entreprise, notamment par l'instauration de « comités sociaux ». Ceux-ci préfigurent un peu les futurs « comités d'entreprise », mais dans un système autoritaire et globalement favorable aux chefs d'entreprise dont l'autorité et la responsabilité sont par ailleurs renforcées à la même époque, en particulier par l'instauration de la fonction de président-directeur général, une nouveauté dans le capitalisme français.

Les thuriféraires de la Révolution nationale ont également eu un goût prononcé pour des thèmes au parfum suranné, comme la glorification de la terre et du paysan, de l'atelier et de l'artisan, bref d'une France traditionnelle, qui serait comme l'antithèse de la modernité et de la société de masses. Mais, dans la pratique, ce sont plutôt des conceptions relativement nouvelles qui ont prévalu, inspirées à la fois par les réflexions menées avant la guerre dans de nombreux cercles intellectuels et patronaux, qui dénonçaient les failles du système capitaliste libéral (X-Crise, le groupe des *Nouveaux Cahiers* et autres cercles « planistes ») et par les expériences menées dans les nouvelles dictatures fascistes, à commencer par l'Allemagne nazie qui applique ses méthodes en France occupée.

La guerre, l'Occupation, la pénurie entraînent ainsi le renforcement au sein des administrations économiques de l'État d'une élite technicienne que ne liait aucun engagement de type parlementaire et dont le rôle durant toute l'Occupation va être considérable, d'autant que la source réelle du pouvoir, du côté français, réside moins à l'échelon gouvernemental qu'à celui de la haute administration, ne serait-ce que parce que les principales structures sont restées parisiennes. Parmi les « technocrates » qui ont symbolisé les aspirations modernistes de Vichy, on peut citer Jean Bichelonne, à l'Industrie et à la Répartition, François Lehideux, à l'Équipement, Robert Gibrat, à l'Électricité, Jacques Barnaud, aux Finances, pour ne citer que les plus connus. Ils ont suscité à l'époque nombre de fantasmes sur la prétendue prise de pouvoir par une « synarchie ».

Ce sont eux qui seront les principaux promoteurs de l'économie dirigée de Vichy : refonte à l'été de 1940 de l'ancien ministère du Commerce et de l'Industrie en un grand ministère de la Production industrielle, structuré en fonction des différents secteurs industriels sur lesquels il exerce une étroite tutelle – c'est la première tentative du genre dans l'histoire économique de la France, qui contrebalance pour un temps la suprématie traditionnelle du ministère des Finances ; création en août 1940 des « comités d'organisation », sortes de syndicats professionnels disposant de prérogatives publiques à vocation autoritaire (recensement des entreprises, mise sur pied de plans de restructuration, de répartition, de fabrication, etc.) ; création de l'Office central de répartition des produits industriels (septembre 1940) qui contrôle, sous la tutelle des Allemands, toute la répartition d'énergie, de matières premières et de produits intermédiaires ; renforcement, à l'échelon du gouvernement, des liaisons et de la coordination interministérielle en matière économique. Bref, pour l'essentiel, la « modernité » vichyste se concrétise par un renforcement considérable des prérogatives de l'État, non plus simplement dans le domaine financier, mais aussi en matière économique et industrielle. Dans la logique d'un Bichelonne, le père de cette économie dirigée, la pénurie, phénomène conjoncturel, devait engendrer à terme un nouveau système de régulation économique, fondé sur le contrôle des ressources et sur la répartition équitable et rationnelle des produits, une idée qui, de surcroît, s'inscrivait parfaitement dans les vues de certains technocrates nazis comme Albert Speer.

Dans les faits, l'économie dirigée de Vichy a été une lourde machine bureaucratique qui a servi d'abord et avant tout à gérer la pénurie et à permettre l'insertion de l'économie française dans l'économie de guerre allemande, suivant des modalités et une chronologie qui échappaient complètement au gouvernement français. Car, en ce domaine, la collaboration d'État a fonctionné avec une marge de manœuvre très réduite. Cette politique s'est fondée sur le principe – le plus souvent illusoire – du « donnant-donnant » ou encore des « contreparties », une politique mise au point par les différentes administrations économiques dès 1940, en opposition avec les pratiques de Laval (qui « donne », par exemple, sans contreparties les mines de Bor aux Allemands, à l'automne de 1940) et qui sera formalisée sous le gouvernement de l'amiral Darlan. C'est à cette époque qu'est créée la Délégation générale aux relations économiques franco-allemandes, dirigée par Jacques Barnaud, chargée de centraliser toutes les commandes allemandes et de gérer tous les contacts entre les entreprises françaises et les occupants. C'est encore en 1941 qu'est créée la Délégation générale à l'équipement national, dirigée par François Lehideux et qui constitue l'amorce d'un « aménagement du territoire » dont l'objectif était avant tout d'entamer une reconstruction des villes et des régions détruites par les combats de 1939-1940 et des zones défavorisées par la conjoncture, mais qui produira une série de réflexions et d'enquêtes statistiques d'envergure qui seront partiellement reprises par les planificateurs d'après guerre.

Les fonctionnaires des Finances ou de l'Industrie sont parvenus à limiter la pénétration de capitaux allemands dans les entreprises françaises, car celle-ci constituait à moyen terme une réelle menace pour les intérêts de la France et n'entrait en rien dans le cadre d'une « collaboration constructive ». D'où le fait que ce type d'exploitation soit resté limité à quelques cas particuliers, à cause de la pression de quelques groupes industriels allemands, les administrations économiques militaires et civiles du Reich préférant de loin l'exploitation indirecte des ressources françaises. Francolor, constitué sous la pression de l'IG Farben, et France-Rayonne sont parmi les rares entreprises « mixtes » nouvellement créées, tandis qu'on trouve trace d'une pénétration financière allemande dans des entreprises de presse et de cinéma, ou encore à la faveur d'« aryanisations » importantes, comme dans le cas des Galeries Lafayette[20].

En revanche, Vichy n'a pu ni n'a voulu empêcher les mesures de « rationalisation » ou de « planification », qui se sont d'abord traduites par des concentrations forcées et des fermetures d'entreprises pour cause de pénurie ou pour libé-

---

20. Cf. Michel Margairaz, *op. cit.*, p. 631 ; cf. aussi Henry Rousso, « L'aryanisation économique : Vichy, l'occupant et la spoliation des juifs », *YOD*, 15-16, 1982, et « Vichy face à la mainmise allemande sur les entreprises françaises », *in* Claude Carlier et Stefan Martens (dir.), *La France et l'Allemagne en guerre. Septembre 1939-novembre 1942*, Paris, Institut historique allemand, 1989. Cf. enfin notre article commun, « Vichy, la guerre et les entreprises », in *Histoire, Économie et Société,* numéro spécial, « Stratégies industrielles sous l'Occupation », 3, 1992.

rer de la main-d'œuvre, notamment après 1942. Dans nombre de secteurs (l'aéronautique, l'aluminium, les poudres, les textiles), la collaboration économique d'État a été une politique délibérée qui ne se limitait pas à la gestion des contraintes de l'Occupation, mais tentait de prendre en compte les « avantages économiques » – c'est un terme qui revient souvent sous la plume de Bichelonne ou de Barnaud – qu'offre l'intégration forcée au bloc économique continental. C'est le cas dans les échanges technologiques, qui permettent notamment à des entreprises françaises d'exploiter des brevets allemands comme les textiles synthétiques fabriqués par France-Rayonne, ou encore les produits pharmaceutiques d'une autre société mixte, Théraplix, créée à l'initiative du groupe allemand Bayer – membre de l'IG Farben – et de Rhône-Poulenc, pour exploiter des procédés allemands (les résultats réels ayant été, semble-t-il, assez modestes). C'est le cas dans certaines négociations entre entreprises françaises et allemandes sur la possibilité d'élargir après la guerre le marché de certains secteurs en augmentant les capacités de production par l'installation de nouvelles usines, en France ou en Europe occupée, comme dans l'alumine, les négociations étant menées par Péchiney, ou dans le buna (caoutchouc synthétique), sous l'égide de Rhône-Poulenc, deux produits où la France et son Empire avaient des positions avantageuses, qui ont été menacées par la conjoncture de guerre et sur lesquelles les Allemands avaient des visées pour des raisons stratégiques.

Cependant, il serait faux de croire que les intérêts des entreprises françaises ont toujours convergé avec ceux des entreprises allemandes. Non seulement il s'agit presque toujours d'une collaboration entre la corde et le pendu, mais, de surcroît, toute une part de l'activité économique et commerciale française se faisait avant la guerre non avec l'Allemagne et les pays de l'Europe du centre mais avec le monde anglo-saxon. Et dans nombre de secteurs, notamment certaines grandes banques d'affaires, tout en examinant les possibilités d'une reconversion à terme vers le « bloc continental », on a cherché malgré tout à préserver l'avenir de ces relations que la guerre a en grande partie interrompues.

À partir de l'été de 1942, la politique des contreparties, déjà faiblement rentable, fait place à une collaboration à sens unique qui se caractérise par des abandons successifs en matière de main-d'œuvre. Dans le cadre des demandes de Sauckel, et pour préserver encore et toujours la fiction d'un État souverain, le gouvernement de Pierre Laval accepte de promulguer une série de textes couvrant de son autorité une véritable mise en esclavage des travailleurs français : c'est d'abord la politique dite de la « Relève », annoncée le 22 juin 1942, qui espère la libération de 50 000 prisonniers contre l'envoi de 150 000 travailleurs volontaires ; ensuite, après l'échec de cette politique, la promulgation, le 4 septembre 1942, d'une loi sur l'« orientation de la main-d'œuvre » qui permet de réquisitionner les hommes de dix-huit à cinquante ans et les femmes célibataires de vingt et un à trente-cinq ans ; et enfin, par la loi du 16 février 1943, l'instauration d'un « service de travail obligatoire » réquisitionnant les classes mobilisables de 1940, 1941 et 1942, une politique qui désorganise de manière radicale la production française, comme en témoigne la chute des indices de production (cf. *supra*).

D'une manière générale, cette politique de collaboration a sans doute permis aux grandes entreprises des secteurs stratégiques de bénéficier, au moins dans les premiers temps, d'un cadre politique et juridique dans lequel elles pouvaient formaliser une collaboration économique qui était tout à la fois une contrainte incontournable compte tenu des pressions de l'occupant et une nécessité à moyen terme qui entrait dans la logique même des entreprises et qui n'a pas grand-chose à voir avec les sympathies politiques de tel ou tel patron à l'égard du nazisme : si les patrons ne furent pas plus « collaborateurs » que d'autres couches sociales, en revanche, la plupart de leurs entreprises n'ont pu fonctionner que dans le cadre d'une coopération étroite avec l'occupant.

Considérée sur le moyen et le long terme, la politique de Vichy s'inscrit dans une évolution générale du capitalisme français au XXe siècle qui s'est traduite par une intervention croissante de l'État dans la sphère économique, conséquence d'un affaiblissement global de la puissance impériale française, et d'une défaillance – parfois réelle, parfois imputée – de l'initiative privée, ce qui explique que les gouvernements de la Libération, dans une conjoncture économique et financière tout aussi dramatique que celle de l'Occupation, vont persister dans cette voie, récupérant, dans un autre contexte politique et un autre environnement international, certaines institutions « vichystes ».

De ce survol rapide on peut retenir que le système de contraintes matérielles né de la conjoncture économique constitue un élément déterminant, trop souvent sous-estimé, qui a conditionné la plus grande partie des attitudes politiques ou sociales de l'Occupation. On doit garder cette dimension à l'esprit lorsque l'on évalue en premier lieu la politique de Vichy : si la collaboration économique d'État a été, dans ses modalités, une conséquence des choix fondamentaux du régime, qui s'inscrivait totalement dans la logique de l'armistice et dans la recherche d'une souveraineté et d'une légitimité auprès du vainqueur, la politique générale du régime a été elle-même, pour partie, la conséquence d'une situation de dépendance économique totale. C'est souvent pour desserrer l'étau pesant sur le ravitaillement et les approvisionnements que Vichy a cherché, quel qu'en fût le prix, une négociation avec l'occupant. Que cette attitude ait résulté par ailleurs de choix stratégiques et idéologiques, qu'elle ait reposé sur l'illusion que les Allemands reconnaîtraient en la France vaincue un « partenaire » – illusion entretenue par l'attitude de certaines autorités d'Occupation, sinon par Berlin – ne doit pas faire oublier cette situation objective qui permet de mieux comprendre l'impasse dans laquelle le nouveau régime s'engageait.

On doit tout autant garder à l'esprit cette dimension lorsque l'on tente d'appréhender l'évolution de l'opinion durant les années noires : les difficultés du ravitaillement et les pénuries d'énergie, qui se font sentir dès la fin de 1940, ont sans doute beaucoup compté dans les premiers signes de désaffection des Français à l'égard de Vichy. De même, si les persécutions antisémites à grande échelle de l'été de 1942 font prendre conscience aux Français de la brutalité de l'occupant, c'est sans doute – toute morale mise à part – l'instauration du STO, à la fin de 1942 et au début de 1943, qui va constituer la rupture la plus nette, car la menace pèse cette fois non plus sur des opposants ou sur des minorités, mais très directement sur des centaines de milliers de travailleurs et, par ricochet, sur la vie quotidienne de leurs familles, soit une part considérable de la population. En s'appuyant sur la grille de lecture élaborée par Pierre Laborie, la véritable difficulté consiste en fait à replacer à sa juste valeur la dimension économique et matérielle de l'Occupation dans les systèmes de représentations, donc dans les prises de position, qui prévalent à cette époque[21]. Et il faudrait, dans ce cas, pouvoir tenir compte aussi non seulement de la chronologie mais des inégalités engendrées par cet espace si particulier que constitue la France de cette époque.

Dans une vision qui tente d'embrasser le moyen et le long terme, il est désormais clair que l'héritage institutionnel de Vichy n'a pas été abandonné au sortir de la guerre, même s'il est repris dans un tout autre cadre idéologique et dans un tout autre contexte économique et international – il est nécessaire de le rappeler lorsque l'on insiste sur les continuités. Il n'en reste pas moins que sa politique n'a pas contribué à atténuer l'appauvrissement général de l'économie française, qui est considérable au sortir de la guerre, même si cet appauvrissement est différencié : il est net en ce qui concerne les destructions, l'obsolescence du matériel, la productivité du travail, la monnaie, sans même parler ici du plus important, à savoir le coût humain. Il l'est moins en termes de capital pour certaines entreprises qui ont pu bénéficier de la conjoncture, grâce en partie à la politique de Vichy, pas plus qu'il ne l'est pour certaines fortunes, réalisées de manière aussi rapide que frauduleuse. Ces années-là n'ont pas été noires pour tout le monde.

21. Pierre Laborie, *L'Opinion française sous Vichy*, Paris, Le Seuil, 1990.

Éléments bibliographiques

Dans une bibliographie qui s'est étoffée depuis la rédaction de ce chapitre, on mentionnera quelques titres majeurs sur l'histoire économique des années noires. Sur l'ensemble du problème, on se reportera à l'ouvrage le plus récent sur le sujet : Olivier Dard, Jean-Claude Daumas et François Marcot (dir.), *L'Occupation, l'État français et les entreprises*, Paris, ADME, 2000. Sur l'attitude du patronat français, on retiendra l'enquête documentée et objective de Jean-Claude Hazéra et Renaud de Rochebrune, *Les patrons sous l'Occupation* (Paris, Odile Jacob, 1995). L'ouvrage d'Annie Lacroix-Riz, *Industriels et banquiers français sous l'Occupation* (Paris, Armand Colin, 1999), ne présente en revanche aucun caractère de fiabilité. Sur le problème de la technocratie, il faut mentionner les travaux d'Olivier Dard, *Jean Coutrot, de l'ingénieur au prophète* (Besançon, Annales littéraires de Franche-Comté, 1999) et *La Synarchie, le mythe du complot permanent* (Paris, Perrin, 1998). On y ajoutera, pour la haute fonction publique dans le domaine économique, le témoignage de François Bloch-Lainé et Claude Gruson, *Hauts-Fonctionnaires sous l'Occupation* (Paris, Odile Jacob, 1996). La question de la spoliation des biens juifs, devenue un problème politique d'actualité, a donné lieu à des études récentes, dont l'ouvrage majeur de Philippe Verheyde, *Les mauvais comptes de Vichy. L'aryanisation des entreprises juives*, préface de Michel Margairaz (Paris, Perrin, 1999) et la série publiée à la Documentation française émanant de la « Commission Mattéoli ». La question des pénuries et des restrictions a fait également l'objet d'une étude approfondie : Jean-Marie Flonneau et Dominique Veillon (dir.), *Le temps des restrictions (1939-1949)* (*Les Cahiers de l'IHTP*, 32-33, 1996), de même que celle du STO : Bert Zielinsky, *Staatskollaboration. Vichy und der « Arbeitseinsatz » für das Dritte Reich* (Westfälisches Dampfboot, Münster, 1995), ainsi que la thèse de Jean-Pierre Harbulot, *Le STO dans la région de Nancy. Une administration régionale face aux exigences allemandes en matière de main-d'œuvre* (3 tomes, Université de Nancy, 1997). Parmi les secteurs économiques qui ont fait l'objet d'études spécifiques, on peut notamment citer celui des chemins de fer, avec le travail de Christian Bachelier, *La SNCF sous l'occupation allemande 1940-1944. Rapport documentaire* (5 volumes, Paris, IHTP-CNRS, 1996). On citera encore, sur la Charte du Travail, l'ouvrage de Jean-Pierre Le Crom, *Syndicats, nous voilà ! Vichy et le corporatisme*, préface de Robert Paxton (Les Éditions de l'Atelier/Les Éditions ouvrières, Paris, 1995). Enfin, *last but not least*, sur la politique allemande en France, notamment sur les questions économiques et administratives, voir la biographie de Werner Best, par Ulrich Herbert (Bonn, J. H. W. Dietz, 1996).

Démographie, famille, jeunesse

Claire Andrieu

Un but : le « redressement national »

Englobées dans l'entreprise de « redressement » et de « rénovation nationale » lancée par le gouvernement de Vichy, la famille et la jeunesse en ont subi l'empreinte et suivi le rythme à deux temps : après deux années de réformes multiples, le retour de Pierre Laval au pouvoir, son désintérêt pour la Révolution nationale, et l'occupation totale du territoire, ont défait une partie de l'édifice construit aux beaux jours de la zone dite « libre ». À une phase d'innovation relativement bien accueillie dans l'opinion a succédé, à partir de 1942, un cortège de revers et d'échecs liés à la dégradation concomitante de l'État français.

Ce synchronisme n'a pas empêché la politique de la famille et de la jeunesse de présenter des caractères originaux dus à la prise en charge massive de ces secteurs par le gouvernement et à la spécificité de chacun d'eux. Si la création d'un ministère et la conduite d'une politique constituèrent une initiative presque sans précédent, les responsables de Vichy furent loin de se trouver face à une table rase.

En ce qui concerne la famille, une donnée majeure frappait les esprits : depuis 1935, la baisse de la natalité combinée avec l'arrivée à l'âge de la reproduction des classes creuses de la guerre de 1914 entraînait un excédent des décès sur les naissances. Bien que le fait se fût déjà produit en temps de paix à sept reprises entre 1890 et 1914, les experts s'alarmaient. Créée en 1896, l'Alliance nationale contre la dépopulation reprenait vigueur. Des projections laissaient prévoir une réduction de la population française à 34 ou même 30 millions d'individus en 1985, selon que la fécondité se stabiliserait ou continuerait de décroître. Dans ces hypothèses, la base de la pyramide des âges se rétrécissait jusqu'à donner à l'ensemble l'allure d'un pépin sur la pointe [1].

Sans cette donnée objective qui s'imposait à tous, la politique familiale de Vichy aurait existé, mais elle n'aurait sans doute pas eu la même ampleur, ni reçu le même accueil dans l'opinion. Car à la faveur de la préoccupation démographique, le gouvernement mena une politique de la famille et de la femme qui déborda le strict natalisme. Le mouvement familial, qui partageait la nouvelle morale officielle héritée du catholicisme social, l'encouragea dans cette voie. Ne rencontrant pas d'opposition organisée, le gouvernement bâtit un système conforme à des conceptions qui, pour être dominantes, n'avaient pas fait l'unanimité cependant sous la République défunte.

Du côté de la jeunesse d'avant guerre, aucun fait mesurable ne donnait matière à inquiétude. Mais les circonstances immédiates de l'été 1940 conduisirent le gouvernement à mettre en place des structures d'accueil pour les jeunes démobilisés. En outre, la désorganisation du pays consécutive à la débâcle et au morcellement du territoire en plusieurs zones fit craindre l'apparition de centaines de milliers de jeunes chômeurs à l'automne. Des mesures énergiques parurent nécessaires. Saisissant l'occasion de mettre en œuvre ses conceptions traditionalistes, le gouvernement s'appuya sur les mouvements de jeunesse, qui partageaient à des degrés divers son idéal de paix, d'union sociale et d'unité politique.

Mais, plus que les associations familiales, les organisations de jeunesse s'étaient opposées entre elles, avant la

---

1. Cf. Adolphe Landry, vice-président de l'Alliance nationale contre la dépopulation, *La Démographie française*, Paris, PUF, 1942, p. 59 ; et Alfred Sauvy, *Richesse et Population*, Paris, Payot, 1943, p. 259.

guerre, sur le thème de la laïcité et de l'engagement politique : cet héritage culturel rendit moins faciles leur entente mutuelle et leur collaboration avec l'État français. En outre, l'existence des Éclaireurs israélites de France mit rapidement les mouvements devant leurs responsabilités, tandis qu'en 1943 l'institution du STO leur posa un nouveau cas de conscience. Peu à peu, l'adhésion de la jeunesse organisée au régime du Maréchal devint plus formelle que réelle. Parfois même, l'esprit de résistance succéda au soutien officiel.

Les bonnes relations que le gouvernement entretint avec le mouvement familial et le compromis qu'il passa avec les mouvements de jeunesse témoignent du caractère non fasciste de sa politique initiale. Pendant que les régimes totalitaires vainqueurs cherchaient à « régénérer » leur peuple par l'embrigadement de la jeunesse, et, dans le cas de l'Allemagne, par un eugénisme portant atteinte aux droits de la personne humaine, le régime du Maréchal n'institua pas plus de « jeunesse unique » qu'il ne créa de parti unique. S'il promut un modèle unique de famille, ce fut avec le large consentement d'une opinion qui persista dans son choix après la Libération. En revanche, la politique de la jeunesse échoua, victime des contradictions issues de l'armistice, et aussi parce que sa réussite supposait la perpétuation d'un régime autoritaire.

L'encadrement rapide d'une société consentante, 1940-1942

L'âge d'or de l'esprit communautaire

L'idéologie conservatrice du gouvernement de Vichy a inspiré la politique de la famille et de la jeunesse dans sa phase créatrice, de 1940 à 1942. Les divisions existant entre les ministres et au sein des ministères entre des tendances allant d'un libéralisme résiduel à un fascisme pur, et d'un socialisme autoritaire et national à un catholicisme social contre-révolutionnaire, n'ont pas empêché que la ligne générale suivie jusqu'en 1943 fût celle tracée par le chef de l'État. Illustrant par ses discours la croyance en un retour possible à un âge d'or antirévolutionnaire, médiéval et chrétien, il donna à l'« esprit familial » un sens fort en en faisant la base des institutions politiques.

Développant une conception organiciste de la société vue comme un organe biologique, le chef de l'État déclara « qu'un peuple est une hiérarchie de familles, de professions, de communes », avec « au sommet un chef qui gouverne », et s'apprêta à « recomposer le corps social d'après ces principes »[2]. La Cité idéale devait se constituer sur la base de la « triple communauté familiale, professionnelle et nationale », et à ses « jeunes amis », le Maréchal prêcha l'« esprit d'équipe » appliqué à la Cité : « Le sens de la communauté sur le plan social comme sur le plan national »[3]. L'individualisme hérité des principes de 1789 fut ainsi réprouvé comme « destructeur – destructeur de la famille dont il brise ou relâche les liens, destructeur du travail à l'encontre duquel il proclame le droit à la paresse, destructeur de la patrie dont il ébranle la cohésion quand il n'en dissout pas l'unité ».

L'« honneur » fut « rendu » aux familles françaises, promues « piliers de la Constitution » aux côtés des « métiers, communes, provinces »[4]. L'importance accordée à la famille ressortit d'emblée à la loi constitutionnelle du 10 juillet 1940, qui, en dépit de sa brièveté, prit soin de spécifier que la Constitution future garantirait les droits de la « Famille ». « Cellule essentielle de la société et de la patrie », « première cellule sociale »[5], elle fut conçue selon la norme catholique d'alors, biparentale avec des conjoints de sexe opposé, pourvue d'une progéniture nombreuse, soudée derrière son chef masculin, unie autour d'une mère au foyer, et fondée, enfin, pour la perpétuité.

---

2. Philippe Pétain, *Discours aux Français*, édition établie par Jean-Claude Barbas, préface d'Antoine Prost, Paris, Albin Michel, 1989 : discours du 8 juillet 1941 et message du 14 octobre 1941.

3. *Ibid.*, messages des 4 février 1942 et 29 décembre 1940.

4. *Ibid.*, allocution du 9 octobre 1940 et message du 12 août 1941.

5. *Ibid.*, allocutions des 13 août 1940 et 28 août 1941.

En 1940, ces caractéristiques n'avaient pas besoin d'être détaillées pour être comprises, tant elles passaient pour une évidence aux yeux de la grande majorité de la population. Mais cinquante ans plus tard, leur énoncé montre la distance parcourue. En voulant « fortifier la famille » et « sauvegarder les disciplines familiales »[6], la législation vichyssoise a porté à son point extrême une conception traditionnelle, héritée du code napoléonien, dont l'expression légale ne commença à être révisée que vingt ans plus tard, à partir de 1964.

En ce qui concerne la « jeunesse française », « objet de notre souci », disait le Maréchal, on la voulut « forte, saine de corps et d'esprit, et préparée aux tâches qui élèveront [ses] âmes de Français et de Françaises[7] ». La dose de moralisme qui accompagna les discours à la jeunesse – « Méditez ces maximes, disait le chef de l'État : "Le plaisir abaisse, la joie élève. Le plaisir affaiblit, la joie rend fort[8]" » – ne fut pas sans avantage pour la sauvegarde du respect des personnes. Au moment où les régimes totalitaires dressaient de jeunes fauves, le vieux Maréchal demandait « obéissance et foi » à ses « jeunes amis », tout en les exhortant à la « patience et à la sagesse »[9]. Jamais l'éloge des « muscles » ne fut séparé de l'appel aux « âmes[10] », et si l'idéologie officielle voulut « rendre à la jeunesse le goût de servir[11] », elle ne visa pas l'asservissement : « Je ne vous demande pas d'abdiquer votre indépendance, rien n'est plus légitime que la passion que vous en avez », déclara le Maréchal lors de la fête de la jeunesse organisée en zone sud, le dernier dimanche de décembre 1940.

La traduction concrète de ce paternalisme, de cet autoritarisme nuancé de respect, fut la reconnaissance des mouve-

6. *Ibid.*, messages des 24 décembre 1942 et 11 juillet 1940.
7. *Ibid.*, allocution du 13 août 1940.
8. *Ibid.*, message du 29 décembre 1940.
9. *Ibid.*, allocution du 13 août 1940 et message du 4 avril 1943.
10. *Ibid.*, message du 17 juin 1941.
11. *Ibid.*, message du 13 septembre 1942.

ments préexistants par l'État français. Il est vrai que leur maintien fut favorisé par un certain monolithisme idéologique qui les rapprochait du Maréchal. Laïques ou non, ils communiaient dans l'esprit scout, dont la loi puritaine, l'organisation hiérarchisée et la symbolique militaire s'accordaient au nouveau régime. C'est au nom de cette morale commune que les Éclaireurs israélites de France (ÉIF) furent agréés en juin 1941, puis tolérés jusqu'en janvier 1943. Lors de la fête de Jeanne d'Arc du mois de mai 1942, à Vichy, la garde d'honneur du Maréchal fut dirigée par un Éclaireur israélite en uniforme [12].

C'est ainsi que l'État français, autoritaire dans son principe, fut amené à renforcer des corps intermédiaires susceptibles de constituer un jour des contre-pouvoirs : les familles et les mouvements de jeunesse.

Le consensus sur la politique familiale

Bien que le gouvernement de Vichy ait donné une importance nouvelle à la politique familiale, il n'en a pas été l'inventeur. Sous la IIIe République, les lois protégeant le travail des femmes (1892), interdisant la contraception et l'avortement (1920), généralisant les allocations familiales (1932), et d'autres mesures comme celle de 1928 instituant le congé de maternité à plein traitement dans la fonction publique, ont posé les jalons d'une politique familiale. Mais son « âge d'or », selon l'expression d'Antoine Prost, commence en 1938 pour durer jusqu'en 1958 [13]. La Révolution nationale a donc repris et amplifié une politique adoptée sous la République, dans l'immédiat avant-guerre.

Conseillé par Alfred Sauvy, membre du cabinet de Paul Reynaud, le ministère Daladier donna leur autonomie aux allocations familiales, par décret-loi du 12 novembre 1938, mais surtout, il décréta le 29 juillet 1939 le Code de la

---

12. Cf. Alain Michel, *Les Éclaireurs israélites de France pendant la Seconde Guerre mondiale*, Paris, Éditions des ÉIF, 1984, p. 87.
13. Antoine Prost, « L'évolution de la politique familiale en France de 1938 à 1981 », *Le Mouvement social*, 129, oct.-déc. 1984, p. 7-28.

famille : par un ensemble de mesures, on favorisa les familles de trois enfants et plus dont la mère restait au foyer. L'attention portée à la famille fut encore soulignée par les ultimes ministères de la République : le 5 juin, le sénateur Georges Pernot, père de sept enfants, fut nommé ministre de la Famille française, premier ministre de ce nom. Le 16 juin, le cabinet Pétain reprit le titre en créant un ministère des Anciens Combattants et de la Famille française, confié au député Jean Ybarnegaray, qui se succéda à lui-même au ministère de la Famille et de la Jeunesse, dans le gouvernement formé le 12 juillet suivant : le changement de régime ne mit pas en cause la continuité institutionnelle. Le rattachement ministériel de la Famille varia ensuite, mais à partir de septembre 1941, un Commissariat général à la famille fut constitué, qui perdura jusqu'à la fin de l'Occupation.

Les affaires familiales furent peu conflictuelles dans cette période, si bien que le détail des mesures adoptées résume assez bien leur histoire. Le gouvernement mania l'incitation et la répression. Dans le domaine de la propagande, dès le 20 juin 1940, le Maréchal lança le thème maintes fois repris ensuite : « Trop peu d'enfants, trop peu d'armes, trop peu d'alliés : voilà les causes de notre défaite. » Ce fut la « révélation de juin 1940 », selon les termes d'une brochure éditée en 1942 par le Commissariat général à la famille et destinée aux professeurs de l'enseignement secondaire [14]. Dans cet esprit à la fois nataliste et familialiste, l'institution de la fête des Mères étendit à toutes les familles la journée nationale des mères de famille nombreuse que la République avait instituée en 1920. Le 25 mai 1941, le chef de l'État célébra la « famille », « cellule initiale de la société », le « foyer », « cette communauté spirituelle » dont la « mère » est la « maîtresse ». Quant aux pères de famille nombreuse, ils ne furent pas oubliés. On leur accorda notamment une représentation dans les conseils municipaux des villes de plus de

14. Commissariat général à la Famille, *L'Université devant la famille*, 1942, non paginé.

200 000 habitants, et, devant le Conseil d'État, le Maréchal les qualifia, selon la formule de Péguy, de « grands aventuriers des Temps modernes[15] ».

Les avantages matériels accordés aux familles furent augmentés. Une loi du 15 février 1941 releva le taux des allocations familiales : il passa de 20 % à 30 % du salaire départemental à partir du troisième enfant. Mais, dès la fin de l'année 1942, les Allemands bloquèrent les prestations familiales au niveau atteint, ce qui limita les effets de la mesure. Plus importante fut la généralisation de l'allocation de mère au foyer que le décret-loi du 11 novembre 1938 avait instituée. Transformée en allocation de salaire unique par la loi du 29 mars 1941, son bénéfice fut étendu aux épouses d'artisans et d'agriculteurs. En 1943, l'ASU représentait 50 % des prestations familiales[16].

Un arsenal de dispositions répressives visant à imposer le respect de la morale chrétienne de l'époque préindustrielle accompagna la distribution des honneurs et des avantages : les femmes furent atteintes dans leur liberté de travailleuses, de mères et d'épouses. Une loi du 11 octobre 1940 interdit l'embauche des femmes mariées dans les services de l'État et des collectivités locales ou territoriales. L'article 11 autorisa toutefois le travail « discontinu », à condition qu'il s'effectue « à proximité du domicile » et qu'il ne mette pas les femmes dans « l'impossibilité d'accomplir les travaux du ménage ». La loi annonçait la publication d'un arrêté déterminant les emplois de cette nature.

La répression des interruptions volontaires de grossesse fut aggravée par la loi du 15 février 1942, qui fit de l'avortement un « crime contre la sûreté de l'État ». Le 30 juillet 1943, une mère de famille qui avait pratiqué 26 avortements fut guillotinée pour l'exemple, dans la cour de la Petite

15. Loi du 16 novembre 1940 et message du Maréchal du 19 août 1941.

16. Cf. Pierre Laroque (dir.), *La Politique familiale de la France depuis 1945*, Paris, ministère des Affaires sociales et de la Solidarité nationale, Commissariat général du Plan, 1986, p. 193-194.

Roquette. Enfin, la législation conjugale fut resserrée. La loi du 2 avril 1941, revenant sur la loi républicaine de 1884, rendit le divorce plus difficile. Il fut interdit de divorcer avant un délai de trois années de mariage, les possibilités offertes au juge de surseoir à statuer furent multipliées, et les causes de divorce restreintes[17].

La réaction contre l'individualisme conduisit à renforcer le droit du « foyer » au détriment des libertés individuelles. La loi du 23 juillet 1942 fit de l'« abandon de foyer », jusque-là faute civile, une faute pénale, et celle du 23 décembre de la même année tendit à « protéger la dignité du foyer loin duquel l'époux est retenu par suite des circonstances de guerre ». En 1942 encore, dernière année inventive de la Révolution nationale, le Commissariat général à la famille étudia, en liaison avec les juristes de la Société des études législatives et avec le Centre national de coordination et d'action des mouvements familiaux, le projet d'ériger la famille en personne morale. Avec la normalisation des vies privées, l'institutionnalisation d'un modèle unique de famille aurait complété l'œuvre d'« assainissement » et de « reconstruction[18] ». Quoique le Maréchal s'en fût défendu dans son message du 10 octobre 1940, le but était bien d'établir un ordre moral unique et obligatoire.

Si, dans le domaine des mœurs, il ne semble pas que le gouvernement de Vichy ait obtenu des résultats probants, dans le secteur démographique et institutionnel en revanche, sa politique a porté des fruits et légué un héritage à la République.

Les indicateurs usuels concernant la constitution des familles n'ont pas évolué de façon conforme aux vœux offi-

---

17. Cf. Michèle Bordeaux, « Femmes hors de l'État français, 1940-1944 », *in* Rita Thalmann (dir.), *Femmes et Fascismes*, Paris, Tierce, 1986, p. 135-155.

18. Cf. Aline Coutrot, « La politique familiale », in *Le Gouvernement de Vichy 1940-1942*, Paris, Presses de la Fondation nationale des sciences politiques, 1972, p. 245-263 ; et Hélène Eck, « Les Françaises sous Vichy. Femmes du désastre, citoyennes par le désastre ? », *in* Françoise Thébaud (dir.), *Histoire des femmes, XXe siècle,* Paris, Plon, 1992, p. 185-211.

ciels. La nuptialité n'a pas connu de hausse significative : si son taux a fortement baissé en 1940 à cause de la guerre (9 ‰ contre 12 ‰ en 1939), la remontée des années 1941 et 1942 (11 et 14 ‰) peut être analysée comme un rattrapage, d'autant plus notable cependant que 1 600 000 hommes, prisonniers de guerre, étaient retenus en Allemagne. En revanche, les années 1943 et 1944 accusèrent un recul à 11 ‰, lié aux départs pour le travail en territoire allemand. Pendant ce temps, le nombre des naissances illégitimes ne cessa de croître en valeur absolue comme en pourcentage, et passa de 6 % en 1939 à 9 % en 1944. Quant à la courbe des divorces, après la chute de 1940, elle est remontée de façon continue, dépassant en 1945 le niveau de 1938, et explosant en 1946, avec un total de 64 100 unités, plus de deux fois supérieur au nombre de 1938. Les lois de rigueur n'ont donc pas eu raison des volontés individuelles [19].

La grande surprise fut la reprise de la natalité en 1942. Sa découverte à la fin de la guerre suscita même le scepticisme sur le moment [20]. Descendu de 15 ‰ en 1939 à 13 ‰ en 1941, le taux remonta à 15 ‰ en 1942, puis 16 ‰ en 1943 et 1944. Dans les causes de ce renouveau démographique, il est difficile de faire la part des réactions immédiates et de l'éveil d'une nouvelle mentalité. Il est certain que le choc psychologique créé par la succession du Code de la famille, de la guerre meurtrière et de la propagande vichyssoise a influé sur le comportement de la population. Mais c'est à la naissance d'une conscience démographique que l'on assista : elle se produisit en même temps aux États-Unis, où, de même qu'en Europe de l'Ouest, la renatalité s'est prolongée jusqu'en 1964. L'action du gouvernement du Maréchal n'a donc pas déterminé la reprise, mais elle y a contribué, à moins qu'elle ne l'ait seulement accompagnée.

---

19. Cf. Alfred Sauvy, « La population française pendant la Deuxième Guerre mondiale », *in* Jacques Dupâquier (dir.), *Histoire de la population française*, vol. IV, Paris, PUF, 1988, p. 147-180.
20. Cf. Alain Drouard, « De la fondation Carrel à l'INED », *ibid.*, p. 19-29.

C'est dans le domaine institutionnel que le régime de Vichy a posé les bases les plus nettes et les plus durables. Avec la création, le 17 novembre 1941, de la Fondation française pour l'étude des problèmes humains, le gouvernement donna sa première forme à l'Institut national d'études démographiques. L'INED se substitua à la Fondation par une ordonnance du 24 octobre 1945, après que le ministre de la Santé publique, le communiste François Billoux, en eut accepté le principe au printemps précédent. Si les deux établissements publics partagèrent des préoccupations natalistes, voire populationnistes, la Fondation fit preuve d'un intérêt ambigu pour la « biologie de la lignée » et la « biotypologie ». Le développement de la « science de l'homme », que son directeur, Alexis Carrel, appelait de ses vœux, risquait, dans le contexte, de s'effectuer à l'écart des principes de l'humanisme. Quand, en 1945, la République rétablie décida de maintenir les structures et les hommes – mis à part le directeur qui fut remplacé par Alfred Sauvy –, le retour des libertés permit de dissiper les soupçons d'eugénisme et de racisme.

Dans le secteur familial, le gouvernement de Vichy a, le premier, organisé les relations entre l'État et la société civile en créant un ministère et en associant les mouvements à son action. En 1939, les associations familiales d'envergure nationale, souvent liées entre elles par des structures communes, étaient au nombre d'une dizaine. Les plus anciennes, fondées en 1896 et 1914 – l'Alliance nationale pour l'accroissement de la population qui était devenue l'Alliance nationale contre la dépopulation, et la Ligue pour la vie –, étaient des sociétés d'études et de propagande. La génération suivante, constituée d'associations apparues en 1908, 1916 et 1921, réunissait des groupements de défense des familles nombreuses : la Ligue des familles nombreuses, la Plus Grande Famille et la Fédération nationale des associations de familles nombreuses s'efforçaient de faire pression sur les pouvoirs publics. La troisième génération rassemblait des associations d'entraide et de mutualité : créées respectivement en 1902, 1919, 1935 et 1939, le Moulin vert, la Confédération générale des familles, la Ligue ouvrière chrétienne (LOC) et la Ligue agricole chrétienne (LAC) – organisations d'anciens de la JOC et de la JAC – menaient une action de solidarité des familles entre elles, quelle que fût la taille de ces dernières[21].

Les associations, qui partageaient l'idéologie nataliste et familialiste du Maréchal, ainsi que sa volonté de mettre fin aux luttes politiques et à la lutte des classes, adhérèrent au nouveau régime. La LOC – rebaptisée Mouvement populaire des familles (MPF) en 1941 – fit profession de « loyalisme sincère et complet envers le pouvoir établi », et offrit au gouvernement sa « collaboration loyale et objective ». Au titre de l'apolitisme de principe de l'association, il fut toutefois rappelé que « collaborer ne signifie pas s'inféoder », et que cette « active collaboration » n'était pas particulière à « telle ou telle formule de politique de gouvernement », mais s'adressait au « gouvernement de la France ». La question de la légitimité de Vichy ne fut pas posée.

Le refus présumé de la politique n'empêcha pas le mouvement familial de soutenir une politique. Il parut ignorer le destin des familles israélites, et sa presse, *Monde ouvrier,* par exemple – le journal de la LOC qui avait reçu comme sous-titre « L'hebdomadaire du travail et de la famille » –, put continuer de paraître en zone sud jusqu'à la fin de l'Occupation. Les intérêts des associations étant préservés, celles-ci poursuivirent leur « collaboration » avec le gouvernement, « en dehors », à leurs yeux, « de toute politique partisane[22] ».

C'est dans cette atmosphère consensuelle que différentes associations, en liaison avec le ministère de la Jeunesse et de la Famille, se réunirent au mois d'août 1940 pour constituer un Centre de coordination et d'action des mouvements

---

21. Cf. Robert Talmy, *Histoire du mouvement familial en France (1896-1939)*, Paris, UNCAF, 1962, 2 vol., 313 et 281 p.

22. Cf. Michel Chauvière, Geneviève Dermenjian, Louis Guéry et Éric Simonetti (dir.), « L'Action familiale ouvrière et la politique de Vichy », in *Les Cahiers du Groupement de recherche sur les mouvements familiaux,* n° 3, 1985, p. 31-32, 34, 41.

familiaux. Des associations de familles nombreuses et des mouvements d'entraide comme la Confédération générale des familles, la LOC et la LAC (rebaptisée MFR, Mouvement familial rural en 1941) en firent partie. En zone nord, son secrétaire général, Georges Hourdin, venait du Parti démocrate populaire, tandis qu'en zone sud le responsable était Georges Pernot, l'ancien ministre de la Famille française et de la Santé publique, un modéré, qui était aussi président de la Fédération nationale des associations de familles nombreuses.

La réunion des associations existantes en une structure unique répondait à la volonté du gouvernement de remodeler la société selon un principe unificateur. Le même projet fut à l'origine de l'organisation corporative de l'agriculture et de la charte du travail. Dans le domaine de la famille, il n'y eut pas de « corporation » ni de « syndicat unique », mais une « Fédération nationale des familles », constituée par la loi du 29 décembre 1942. Mais deux ans auparavant, le 26 décembre 1940, le gouvernement avait déjà adressé aux associations familiales un mémorandum qui avait défini le nouveau *modus vivendi*. La loi de 1942 lui donna seulement une forme plus rigoureuse et plus juridique.

Pour « restaurer l'esprit familial », le gouvernement aurait pu « créer un groupement unique », comme le mémorandum le rappela, mais il « préféra respecter la diversité », ou plutôt, il l'accepta, devant les représentations des mouvements. En échange, les associations s'engagèrent à se développer, à étendre leur action sur le terrain, à se coordonner entre elles, et à rester « en étroite liaison avec le secrétariat général à la Famille et à la Santé ». Le directeur de la Famille fut « évidemment membre de droit du Centre national de coordination et d'action ». Un système de cogestion mêlant les responsabilités étatiques et associatives fut donc mis en place[23].

C'est la loi de 1942 relative aux associations familiales,

23. Cf. Pierre Sauvage, *La Politique familiale de l'État français*, Paris, Éditions Spes, 1941, p. 18-19.

dite loi « Gounot » du nom de son principal rédacteur, qui institutionnalisa l'arrangement de 1940. À la base, dans chaque commune ou canton, une « association de familles » devait se constituer, « représentant toutes les familles françaises » du lieu. Au niveau départemental ou régional, une « union familiale » réunirait les associations locales, et au sommet, une Fédération nationale des familles rassemblerait les unions. Mis à part le caractère patriarcal du système – seuls les « chefs de famille », les pères sauf exception, étaient admis à siéger –, un certain pluralisme était sauvegardé : les articles 10 et 11 de la loi spécifiaient que les associations existantes étaient maintenues de même que les centres de coordination, et que d'autres groupements pouvaient se créer, mais ces organisations n'étaient pas représentées en tant que telles dans la Fédération nationale des familles. La collaboration entre l'État, les familles et les associations était institutionnalisée : le Commissariat général à la famille devait être représenté dans les comités directeurs de la Fédération nationale et des unions départementales, ainsi que dans les centres de coordination des mouvements.

La loi Gounot ne reçut qu'un commencement d'application, mais elle eut un rôle déterminant, car l'ordonnance du 3 mars 1945 qui a fondé l'Union nationale des associations familiales (UNAF) s'est inspirée de ses dispositions. La liaison entre l'Occupation et la Libération fut assurée par Robert Prigent : membre avant la guerre du Parti démocrate populaire, puis secrétaire général du Mouvement populaire des familles de 1940 à 1943, il avait été appelé à l'Assemblée consultative d'Alger en novembre 1943 comme représentant d'un mouvement de résistance, l'Organisation civile et militaire. Devenu commissaire général à la Famille à partir de septembre 1944, il avait fait signer par le ministre de la Santé publique, François Billoux, un texte remaniant la loi Gounot. La continuité des hommes n'entama pas cependant la netteté du changement politique : les femmes, nouvelles citoyennes, furent admises à siéger, le pluralisme et la liberté des associations furent érigés en principe – l'UNAF fédérant les associations et non les familles directement –, et l'État se retira de l'édifice associatif.

Si la politique familiale de Vichy s'est poursuivie sans heurt, recueillant jusqu'au bout l'adhésion des associations, on ne peut en dire autant de la politique de la jeunesse. Un même esprit guidait pourtant les deux actions, mais s'il était possible pour des organisations d'entraide sociale d'ignorer la vie politique du pays, et de conserver ainsi les moyens matériels de poursuivre une tâche concrète d'ordre humanitaire, il était plus difficile aux mouvements de jeunes, lieux de formation intellectuelle et morale, d'être indifférents à l'évolution de la politique nationale.

Succès et revers de la politique de la jeunesse, 1940-1944

Une politique d'encadrement généralisé, 1940-1942

L'ampleur des moyens mis en œuvre et la multiplicité des initiatives prises par le gouvernement en direction des jeunes montrèrent sa volonté d'encadrer la jeunesse. Comme le nota Hubert Beuve-Méry en 1945, le mot « cadre », sous l'État français, « connut brusquement une extraordinaire fortune[24] ». Il aurait pu ajouter que le mot « chef » jouit de la même faveur, les deux termes s'employant l'un pour l'autre. L'encadrement s'entendait ainsi dans son sens fort, d'origine militaire, synonyme de l'embrigadement.

Pourtant, en maintenant la diversité de l'organisation de la jeunesse, Vichy témoigna que son projet, pour global et autoritaire qu'il fût, n'était pas, au départ du moins, de nature fasciste. Les mouvements existants en 1940 furent non seulement maintenus mais encouragés, et si le gouvernement créa parallèlement son propre réseau d'organisations, il dut le dissoudre au bout de deux à trois ans – ses œuvres lui causant finalement plus de difficultés que les

24. Hubert Beuve-Méry, « Les écoles de cadres », *Esprit*, décembre 1945, p. 624-629.

mouvements traditionnels. Quant aux jeunesses politiques, collaborationnistes et parisiennes pour la plupart, le très petit nombre de leurs troupes ne constitua pas pour lui une menace. Elles ne seront pas étudiées en détail ici.

Les deux premières années, de 1940 à 1942, les mouvements connurent le bonheur d'être à la fois reconnus, financés et honorés par les pouvoirs publics. Ce fut une « divine surprise », entachée toutefois d'inquiétudes suscitées par les tentatives récurrentes d'embrigadement provenant de certains éléments de la sphère gouvernementale[25].

La création, le 12 juillet 1940, d'un ministère de la Famille et de la Jeunesse, était, pour le deuxième volet de ses attributions, une innovation sans précédent. Naturellement, les pouvoirs publics n'avaient pas attendu l'arrivée à la tête de l'État d'un octogénaire confirmé pour découvrir l'existence de la jeunesse. Mais jusque-là, la prise en compte de cette catégorie de population – d'ailleurs jamais rigoureusement définie – n'avait pas eu le même caractère global. Le Front populaire avait bien créé un sous-secrétariat d'État à l'Organisation des loisirs et des sports, confié à Léo Lagrange, mais cette initiative, axée sur l'éducation populaire et le sport, n'avait pas eu la même ambition universelle. Fondé en juillet 1940 en même temps que le ministère, le secrétariat général à la Jeunesse (SGJ) conservera son unité pendant l'Occupation, par-delà les variations de son rattachement ministériel. Georges Lamirand, qui en assura la direction de septembre 1940 à février 1943, était un ingénieur des Arts et Métiers. Il avait publié en 1925 un livre inspiré de Lyautey et intitulé *Le Rôle social de l'ingénieur*.

C'est dans cet esprit hérité du catholicisme social que le maréchal Pétain concevait les relations de l'État et de la jeunesse : ni embrigadement ni liberté, mais ferme tutelle. Dès

25. Cf. Wilfred D. Halls, *Les Jeunes et la Politique de Vichy*, Paris, Syros, 1988, et Christian Guérin, *L'utopie Scouts de France*, préface de René Rémond, Paris, Fayard, 1997, 583 p. L'expression de « divine surprise » forme le titre d'un article de Maurras paru dans *Le Petit Marseillais* du 7 février 1941.

août 1940, il se prononça pour le maintien des « mouvements de jeunesse existants », dans le respect de leur « originalité ». Plus tard, le 5 mars 1942, devant la commission Jeunesse du Conseil national, il confirma son refus de la « jeunesse d'État » : la jeunesse n'étant la « propriété de personne », il n'y aurait pas de « jeunesse unique », pas plus que de parti unique.

Mais ce principe, qui fut observé tout au long de l'Occupation, laissait le champ libre à des initiatives détournées, d'intérêt apparent plus limité, qui risquaient cependant d'aboutir au renversement de la règle posée. Le Maréchal n'annonça-t-il pas, dans ces mêmes messages, que l'action des mouvements serait non seulement « encouragée » mais « étendue et complétée par des initiatives nouvelles » ? C'est dans cette extension et dans ces créations décidées d'en haut que résidait le risque de mise au pas. En 1942, quand le chef de l'État demanda aux conseillers nationaux d'examiner l'éventualité d'un « service civique de la jeunesse », qui engagerait celle-ci « ou une partie » de celle-ci dans l'« action civique et politique », il entrouvrit la voie à la dérive totalitaire. De fait, c'est à un harcèlement continu que les mouvements soucieux de leur autonomie durent faire face de 1940 à 1944.

Nés sous la IIIe République, ces groupements réunissaient environ 15 % de la jeunesse, selon les évaluations de l'époque[26]. La notion de « mouvement » impliquant à la fois une vocation plus éducative que politique et une autoformation des jeunes par les jeunes, les jeunesses politiques en sont généralement exclues, de même que les organisations de loisirs dirigées par les adultes. Ainsi, les œuvres de vacances de la Ligue de l'enseignement ne sont pas considérées comme des mouvements.

---

26. D'après le tableau présenté ci-après, « Mouvements de jeunesse en France dans les années trente », le taux de 15 % semble surestimé : 10 % paraît plus proche de la réalité. Les 368 000 membres recensés sont à rapporter aux 3 500 000 jeunes ayant de quinze à vingt ans en 1939.

Établi sur ces bases, l'éventail des mouvements de jeunesse existant en 1939 se révèle presque entièrement catholique, dans la proportion de 95 % des effectifs (*voir tableau ci-après*).

Dans sa politique de la jeunesse, l'État rencontra donc comme premier et principal interlocuteur l'Église de France. Annoncer le maintien des mouvements existants comme le

MOUVEMENTS DE JEUNESSE EN FRANCE DANS LES ANNÉES TRENTE[27]

Nom	Date de création	Effectifs	Date
Association catholique de la jeunesse française	1886	140 000	1933
Dont : Groupes indifférenciés		100 000	
Jeunesse ouvrière chrétienne (JOC)	1927	20 000	
Jeunesse agricole chrétienne (JAC)	1929	10 000	
Jeunesse étudiante chrétienne (JÉC)	1929	4 000	
Jeunesse indépendante chrétienne (JIC)	1935	3 000	
Jeunesse maritime chrétienne (JMC)	1930	3 000	
Autres associations catholiques			
Dont : Ligue française des auberges de jeunesse	1929	?	
Scoutisme			
Dont : Scouts de France (SDF) (catholiques)	1920	72 000	1939
Éclaireurs de France (ÉDF) (laïques)	1911	10 500	1933
Éclaireurs israélites de France (ÉIF)	1927	2 500	1939
Éclaireurs unionistes (ÉU) (protestants)	1911	?	
Jeunesses laïques			
Dont : Éclaireurs de France (mentionnés supra) p. m.			
Centre laïque des auberges de jeunesse (CLAJ) 1931	?		
Jeunesses politiques			
Dont : Jeunesses communistes (JC)		100 000	1936
Jeunesses socialistes (JS)		43 000	1939

27. Ces chiffres sont tirés de Gérard Cholvy, *Mouvements de jeunesse, chrétiens et juifs : sociabilité juvénile dans un cadre européen 1799-1968*, Paris, Le Cerf, 1985, p. 29 ; Philippe Laneyrie, *Scouts de France, l'évolution du mouvement des origines aux années 1980*, Paris, Le Cerf, 1985, p. 193 ; Pierre Kergomard et Pierre François, *Les*

fit le chef de l'État en août 1940, c'était bien refuser le fascisme, mais c'était aussi mettre de son côté la puissance conservatrice de l'Église.

Quant aux jeunesses politiques, elles n'étaient plus que l'ombre d'elles-mêmes en 1940. Les Jeunesses patriotes avaient été dissoutes en 1936, les Jeunesses communistes avaient disparu en septembre 1939 avec l'interdiction du Parti, et les Jeunesses socialistes se trouvaient démunies de leurs troupes par la mobilisation. De tendance paul-fauriste, pacifistes, les JS suivirent le secrétaire général de la SFIO en faisant quelques pas avec le nouveau régime. En août 1940, leur représentant Marcel Audegond signa la charte de Randan qui posa les bases des Compagnons de France, l'un des mouvements de jeunes créés par Vichy.

Au moment où se constitua le secrétariat général à la Jeunesse, les principaux mouvements de jeunes qui subsistaient étaient donc ceux de l'Association catholique de la jeunesse française (ACJF) et du scoutisme français [28].

À plusieurs reprises, l'Église eut à les défendre contre l'emprise croissante de l'État sur leurs activités. Un premier incident se produisit en 1941, mais les années suivantes furent tissées de querelles de territoires : 1942 constitua un tournant, sans qu'une progression se dessine vers la rupture. Un équilibre s'institua dans la tension.

En février 1941, l'Église réagit vivement à la publication dans la *Revue universelle*, proche du gouvernement, d'un article intitulé « Pour une jeunesse nationale », dans lequel l'auteur se prononçait pour la création d'une organisation unique de jeunesse. L'Assemblée des cardinaux et arche-

---

Éclaireurs de France de 1911 à 1951, Paris, Éclaireuses et Éclaireurs de France, 1983, p. 143 ; Alain Michel, *Les Éclaireurs israélites de France…, op. cit.*, p. 21 ; Jacques Varin, *Jeunes comme JC, 1920-1939*, Paris, Éditions sociales, 1975, t. I, p. 224 ; Parti socialiste, *XXXVIe Congrès national, 27-30 mai 1939,* Nantes, « Rapport du comité national mixte des Jeunesses socialistes ».

28. Cf. Christian Guérin, *L'Utopie Scouts de France*, *op.cit.* ; et W. D. Halls, *Politics, Society and Christianity in Vichy France*, Oxford/Providence, USA, 1995, 419 p.

vêques de la zone sud répliqua par la formule : « Jeunesse unie au service du pays, oui, jeunesse unique, non. » Au cours de l'été, les premiers agréments de mouvements conclus avec le SGJ leur laissèrent leur autonomie tout en leur apportant de substantielles subventions. Cette politique, qui conservait encore quelques traces d'esprit républicain, permit aux Éclaireurs israélites d'être agréés à leur tour le 26 juin 1941.

Mais avec l'année 1942, les tensions se multiplièrent. Lors de la réunion du Conseil national, le 5 mars 1942, deux tendances se formèrent, opposant les apprentis fascistes et les conservateurs. Pierre Pucheu, ministre de l'Intérieur, et Georges Pelorson, chef de la propagande au SGJ, qui allait en être le directeur adjoint du mois de juin suivant jusqu'en février 1943, prirent parti pour la jeunesse unique. Face à eux, le pasteur Boegner, Mgr Beaussart, le ministre de l'Éducation Jérôme Carcopino et l'ancien ministre de la Famille Georges Pernot, prirent la défense des Églises, de l'enseignement public et des familles[29].

Dans les mois qui suivirent, le retour de Pierre Laval au gouvernement et la promotion de Georges Pelorson durcissent la ligne du SGJ. En juillet, les juifs sont exclus de tous les mouvements. En août, le renouvellement des agréments donne lieu à une vive protestation des associations : le contrôle de l'État s'appesantit. La confiance disparaît le 3 octobre 1942, quand le SGJ leur demande de participer à l'institution d'un service civique obligatoire, et de soumettre leurs membres à sa discipline : les Équipes nationales, constituées de jeunes de quatorze à vingt-cinq ans, fonctionneront toutefois à partir de 1943, occupées à des tâches de défense passive, mais leurs relations avec les mouvements resteront difficiles[30].

La rupture des relations n'eut pas lieu cependant, et les

29. Cf. Wilfred D. Halls, *Les Jeunes et la Politique de Vichy, op. cit.*, p. 157-171.

30. Cf. Alain-René Michel, *La JÉC face au nazisme et à Vichy*, Lille, PUL, 1988, p. 231-232.

scouts, l'ACJF et ses associations spécialisées poursuivirent leurs négociations avec le gouvernement tout au long de l'Occupation, sans qu'aucune des parties ne dénonçât la collaboration instituée. Seuls les Éclaireurs israélites de France furent dissous, en plusieurs étapes dont la dernière fut le décret pris le 5 janvier 1943, non par le SGJ, mais par le Commissariat général aux questions juives. Les autres organisations prospérèrent, bénéficiant de subventions d'un montant plus que décuplé par rapport aux années trente, et accueillant des effectifs en augmentation rapide. Les Scouts de France passèrent ainsi de 72 000 membres en 1939 à 105 000 en 1945, et les Éclaireurs de France, de 10 500 en 1933 à 35 000 en 1944. Parallèlement, les fonds alloués par l'État firent un bond : la subvention accordée aux Éclaireurs de France, par exemple, passa de 175 000 francs en 1939, à 4 millions en 1941, et à près de 8 millions en 1944[31].

Si le régime de Vichy et les organisations de jeunesse chrétiennes ou scoutes laïques se confortèrent mutuellement, leurs relations ne furent pas pour autant harmonieuses. L'adhésion et la participation des mouvements ne furent pas exemptes de gestes de défiance de leur part, voire de manifestations de résistance. En novembre 1942, un Conseil privé des mouvements se constitua en riposte à une tentative d'emprise ministérielle : il réunit l'ACJF, le Scoutisme français, le Conseil protestant de la jeunesse, les Compagnons de France et les Camarades de la Route. En juillet 1943, ce Conseil signa une protestation solennelle, affirmant que l'« obéissance » n'était plus due à un gouvernement « absolument dominé ». Mais le texte ne fut pas diffusé, ses auteurs ne se sentant pas le droit d'appeler les jeunes à la rébellion.

Pour complexes qu'elles aient été, les relations du gouvernement et des mouvements de jeunesse traditionnels n'atteignirent donc pas le point de rupture, à la différence de ce qui se produisit avec les propres créations du régime. Paradoxa-

31. Cf. Pierre Kergomard et Pierre François, *Les Éclaireurs de France de 1911 à 1951*, *op. cit.*, p. 243.

lement, le SGJ eut plus de difficultés avec les mouvements qu'il avait initiés, et qu'il dut finalement dissoudre, qu'avec les associations plus anciennes et nées sous la République.

Comme le montre le tableau suivant, une vingtaine d'organisations de jeunesse furent créées dans les deux premières années du nouveau régime.

Il est difficile de faire la part des initiatives privées et des volontés gouvernementales dans cette floraison de groupements. En juillet 1940, par exemple, ce sont des individualités qui ont imaginé ce qui allait devenir les Chantiers de la jeunesse, les Compagnons de France, l'École de cadres d'Uriage et l'association Jeune France, mais le gouvernement les a aussitôt soutenues dans leur entreprise. Sur le moment, dans le cadre de ces nouvelles structures, la société civile et l'État parurent fusionner.

Les organisations à but éducatif et civique se distinguaient cependant des mouvements politiques : déployant un discours unanimiste masquant leur refus de la démocratie, elles entretenaient l'idéal d'une civilisation commune fondée sur une morale inspirée de la loi scoute, tandis que les jeunesses politiques, fascistes, professaient ouvertement le sectarisme et l'exclusion. Toutes, quelles qu'elles fussent, bénéficièrent de larges subsides de l'État français.

Mais la communauté des fins et des moyens entre les pouvoirs publics et les nouvelles organisations éducatives et civiques n'a pas suffi à assurer leur succès : dès mars 1942 et jusqu'en juin 1944, le gouvernement eut à défaire le réseau qu'il avait monté, à cause des entraves mises par l'occupant à sa politique et faute d'avoir recueilli l'adhésion des jeunes. En août 1944, seules les Maisons de jeunes subsistaient, ainsi que les Équipes nationales, qui se fondirent après la Libération dans l'Union de la jeunesse républicaine de France animée par le parti communiste[32]. Quant aux jeu-

32. Cf. André Basdevant, « Les services de la jeunesse », numéro spécial de la *Revue d'histoire de la Deuxième Guerre mondiale* : « Vichy et la jeunesse », 56, oct. 1964, p. 83.

ORGANISATIONS DE JEUNESSE CRÉÉES SOUS LE RÉGIME DE VICHY[33]			
Nom	**Création**	**Dissolution**	**Effectifs***
Service national obligatoire (zone sud)			
Chantiers de la jeunesse	juil. 1940	juin 1944	100 000 (1940-1942)
Organisations à but éducatif et civique			
Compagnons de France	juil. 1940	janv. 1944	30 000 (1943)
École de cadres d'Uriage	août 1940	déc. 1942	100
Écoles nationales et régionales de cadres de jeunesse	oct. 1940	déc. 1942	(61 écoles en 1941)
Jeune France	nov. 1940	mars 1942	?
Camarades de la Route	avr. 1941	août 1943	10 000 (1942)
Maisons de jeunes	1940	–	(200 à 300 maisons en 1944)
Équipes nationales	août 1942	–	?
Organisations à but politique			
Les Jeunes du Maréchal	nov. 1940	mai 1943	5 000 (1942)
Jeune Légion	déc. 1940	août 1944	?
Jeunesse de France et d'outre-mer (JFOM)	janv. 1941	août 1944	?
Équipes et cadres de la France nouvelle	mars 1941	août 1944	?
Jeunesse nationale populaire	1941	août 1944	3 000 (1943)
Jeunesse populaire française	mai 1942	août 1944	3 000 (1943)
Jeunesses francistes	1942	août 1944	5 000 (1943)
Jeunes de l'Europe nouvelle	1942	août 1944	3 000 (1943)

(*) Les effectifs, annoncés par les organisations elles-mêmes, sont d'une fiabilité relative, surtout en ce qui concerne les groupes politiques. En raison de leur démesure, les chiffres donnés par les JFOM (23 000 en 1942) et ceux fournis par les Équipes et cadres de la France nouvelle (36 000) n'ont pas été insérés dans le tableau. Les données valent pour une session (six, puis huit mois dans les Chantiers et trois semaines pour une session ordinaire à Uriage), ou pour l'année indiquée.

---

33. Les chiffres sont tirés de Raymond Josse, « Les Chantiers de la jeunesse », *Revue d'histoire de la Deuxième Guerre mondiale*, *op. cit.*, p. 5-42 ; Wilfred D. Halls, *Les Jeunes et la Politique de Vichy*, *op. cit.*

nesses proprement politiques, constituées de groupuscules d'obédience fasciste, elles disparurent à la Libération.

L'organisation la plus importante fut celle des Chantiers de la jeunesse, dits couramment Chantiers de jeunesse. L'initiative vint de l'armée qui se trouva brusquement confrontée au problème de la démobilisation de près de 3 millions de soldats. Alors que l'armistice réduisait à 100 000 hommes les effectifs de l'armée française, il n'était pas possible, sans aggraver la désorganisation du pays, de libérer sur-le-champ les appelés, et notamment les 100 000 incorporés du mois de juin. L'armée chargea l'un des siens, le général de La Porte du Theil, de leur commandement. Choisi pour ses compétences en matière de scoutisme – il avait été commissaire des Scouts de France pour l'Ile-de-France –, le général mit sur pied un système d'accueil conçu sur le modèle du camp scout. Par décret du 31 juillet 1940, les recrues furent versées, pour six mois, dans ces groupements. Au terme de l'expérience, en janvier 1941, le général obtint du gouvernement que les Chantiers de la jeunesse fussent érigés en institution définitive. Un Service national obligatoire de huit mois fut ainsi créé, s'adressant à tous les jeunes hommes de vingt ans.

Au total, plus de 400 000 jeunes gens passèrent par les Chantiers. Ils y connurent le mode de vie et le type d'éducation imaginés trente ans plus tôt par l'Anglais Baden-Powell, retour de la guerre des Boers. Stricte hiérarchie, uniforme de couleur verte, salut au drapeau tous les matins à 7 h 30, refus déclaré de la politique – les veillées, prévues de 19 à 21 heures, devaient éviter tout sujet relatif à l'avenir de la Cité –, forte présence des aumôniers – les Chantiers étaient confessionnels en fait sinon en droit –, cet ensemble de principes répondait à l'idéologie maréchaliste, et, derrière un apolitisme déclaré, préparait un modelage politique de la jeunesse.

Fondés également en juillet 1940, les Compagnons de France s'inspiraient partiellement des mêmes convictions. L'initiateur en était un civil, Henri Dhavernas, inspecteur des Finances, qui partageait avec le général de La Porte du Theil la qualité d'ancien commissaire des Scouts de

France. Constatant le désœuvrement des jeunes Parisiens en juin 1940 et s'appuyant sur ses relations dans les milieux scouts et gouvernementaux, il fit enregistrer dès le mois de juillet une association destinée à accueillir les jeunes de seize à vingt ans. Le gouvernement vit là le moyen de résorber provisoirement le chômage des jeunes, qu'il prévoyait important à l'automne.

Bénéficiant de larges subsides et d'un encadrement généralement issu du scoutisme, les Compagnons mirent sur pied des centres d'hébergement et de travail manuel organisés sur le mode scout. Mais l'esprit des Compagnons n'était pas exactement celui des Chantiers. Ce n'était pas tant la couleur bleu sombre de l'uniforme qui faisait la différence que la laïcité affirmée de l'association et l'ambition de son premier chef. Henri Dhavernas développait la théorie des « six septièmes » : puisque avant la guerre les mouvements ne réunissaient qu'un septième de la jeunesse, les six autres parties restaient à encadrer. Une dérive totalitaire pouvait naître de cette alliance de la laïcité, du conservatisme et de la volonté de puissance. Mais, malgré les moyens mis à leur disposition, les Compagnons accueillirent au total moins de 100 000 jeunes, environ 3 % des générations correspondantes. L'ambiguïté de la doctrine eut son rôle dans l'échec du mouvement et dans sa dissolution ultérieure par le gouvernement de Vichy.

Les écoles de cadres et d'animateurs culturels

La mise en place d'un réseau d'« Écoles nationales et régionales de cadres » constitua une autre innovation dans l'été de 1940. Destinées à former les cadres des mouvements de jeunesse, les écoles atteignirent le nombre de soixante en 1941. Trois d'entre elles, à caractère « national », formèrent les cadres supérieurs : deux en zone sud, Uriage et, pour les jeunes filles, Écully-lès-Lyon, et une en zone nord, dans l'Oise, à La Chapelle-en-Serval. Entre Uriage, d'esprit maréchaliste et anti-allemand, et La Chapelle-en-Serval, au discours collaborationniste, tout un éventail d'orientations coexista.

Parce qu'elle a réuni l'élite de la jeunesse maréchaliste et parce qu'une large partie de ses éléments a rallié la Résistance en 1943, l'École nationale des cadres de la jeunesse installée à Uriage a éveillé la curiosité plus que les autres[34]. De même que les Chantiers et les Compagnons, elle a pour origine la rencontre d'un homme et du nouveau régime. Issu de l'armée d'active comme le général de La Porte du Theil, le capitaine Pierre Dunoyer de Segonzac décida dès août 1940 de quitter l'armée pour fonder une « école de chefs ». S'il n'était pas passé par le scoutisme, il en partageait l'idéologie catholique sociale. Lyautey était son modèle et *Le Rôle social de l'officier* l'une de ses lectures de référence. Soutenu par le ministère de la Jeunesse, il monta son école à Gannat, près de Vichy, avant de la déplacer à Uriage, près de Grenoble, afin de l'éloigner des intrigues de la ville siège du gouvernement.

Comme les Chantiers et les Compagnons, l'École d'Uriage avait officiellement un but patriotique et pédagogique, civique en un mot. Comme eux, elle ne craignait pas de professer à la fois l'« apolitisme », et un « loyalisme absolu envers la personne du Maréchal » impliquant une « soumission totale à ses ordres[35] ». Mais la contradiction apparut rapidement, car, à la différence des Chantiers, Uriage pratiqua la libre discussion. Son directeur, le « Vieux Chef », laissa les « jeunes chefs » se former dans la confrontation des points de vue. Un climat d'animation intellectuelle s'instaura, avec la participation de philosophes chrétiens

---

34. Sur l'école d'Uriage : Bernard Comte, *Une utopie combattante : l'École des cadres d'Uriage*, Paris, Fayard, 1991 ; « De la formation des cadres à la résistance armée », in *Les Cahiers de l'animation*, numéro spécial sur *Éducation populaire et jeunesse dans la France de Vichy, 1940-1944*, Marly-le-Roi, INEP, 1985, n° 49-50, p. 147-167 ; « L'esprit d'Uriage : pédagogie civique et humanisme révolutionnaire », in *Politiques et Pratiques culturelles dans la France de Vichy*, Cahier de l'IHTP, n° 8, juin 1988 ; Wilfred D. Halls, *Les Jeunes et la Politique de Vichy, op. cit.* ; Pierre Bitoun, *Les Hommes d'Uriage*, Paris, La Découverte, 1988, 293 p. ; Antoine Delestre, *Uriage, une communauté et une école dans la tourmente, 1940-1945*, Nancy, PUN, 1989, 333 p.

35. Cf. « Règle de la communauté des chefs », décembre 1940.

comme Jean Lacroix et Emmanuel Mounier, de sociologues laïques ou catholiques comme Joffre Dumazedier et Paul-Henri Chombart de Lauwe, d'un journaliste antimunichois, Hubert Beuve-Méry, de syndicalistes cégétistes comme Robert Bothereau et Benigno Cacérès, ou encore d'un prêtre démocrate, l'abbé de Naurois, qui venait de la Jeune République. Le « personnalisme communautaire » qui régnait à Uriage détacha peu à peu l'École du maréchalisme : de « soumise », elle devint non conformiste, avant d'être suspectée par le SGJ d'inciter à l'« objection de conscience » à l'égard de la Révolution nationale.

À côté des Écoles nationales de cadres, réservées à la formation des élites, le gouvernement de Vichy décréta dès 1940 la création de « Maisons des Jeunes » destinées à accueillir les jeunes hommes de quatorze à vingt-et-un ans et à leur offrir des activités orientées sur le sport, les travaux manuels et l'éducation intellectuelle et artistique. Ouvertes d'abord en zone « libre », elles sont ensuite étendues en zone nord, pour atteindre le nombre de 200 à 300[36]. Une association nationale des « Amis des Maisons des Jeunes » est constituée en 1943, qui reprend l'inspiration vichyste initiale : jeunesse unie mais non unique. Contrairement aux autres créations du gouvernement de Vichy dans le domaine de la jeunesse, les Maisons des Jeunes n'ont pas été dissoutes sous l'Occupation. Leur dissolution juridique fut décidée par le gouvernement de la République en janvier 1945, mais en fait, dès l'automne 1944, les maisons avaient été reconduites avec d'autres statuts.

Une autre organisation de jeunesse entièrement nouvelle vit le jour sous le régime de Vichy, l'association Jeune France, qui déposa ses statuts en novembre 1940[37]. Comme

---

36. Jean-Claude Leroyer, *Histoire et sociologie de la FFMJC dans sa phase de gestation. La création ambiguë des maisons de Jeunes et de la Culture*, préface de Gérard Kolpak, Romans, MJC Espace de recherche, 1991, 121 p.

37. Cf. Véronique Chabrol, « L'ambition de Jeune France », in *Politiques et Pratiques culturelles dans la France de Vichy, op. cit.*,

dans les cas précédents, le mouvement naquit de la rencontre d'une individualité dynamique et d'un gouvernement décidé à encadrer la jeunesse. L'inspiration scoute fut manifeste là aussi puisque le fondateur, Pierre Schaeffer, avait animé un groupe de routiers à l'École polytechnique lorsqu'il y était élève. À la Route, il s'était en outre lié d'amitié avec Pierre Goutet, qui était devenu directeur de la Jeunesse en juillet 1940, et avec Georges Lamirand, qui dirigera le secrétariat général depuis sa création en septembre 1940 jusqu'en février 1943. Le but originel de Jeune France était de donner du travail aux jeunes artistes au chômage, de même que les Compagnons avaient reçu mission d'occuper les ouvriers et les employés, mais l'équipe fondatrice eut plus d'ambition. Avec Emmanuel Mounier, Roger Leenhardt, Pierre Seghers et Claude Roy, Pierre Schaeffer transforma le projet en une structure chargée de « rénover la grande tradition de la qualité française en matière artistique et culturelle ».

Jouissant d'une certaine liberté, le mouvement associa à son bureau d'études des créateurs comme Jean Vilar pour le théâtre, Maurice Blanchot pour la littérature, Daniel Lesur et Maurice Martenot pour la musique, Jean Bazaine et Alfred Manessier pour les arts plastiques. Son élitisme ne l'empêcha pas de mener une politique d'éducation populaire. Jeune France mit en place un réseau de « maîtrises », des cours du soir destinés à former des animateurs culturels, qui accueillirent plusieurs milliers d'élèves. Durant les dix-sept mois de son activité, l'association réussit également à patronner, subventionner ou monter directement 770 représentations théâtrales. Toujours dans le dessein de démocratiser la culture, le mouvement chercha à la décentraliser : il ouvrit cinq maisons Jeune France en province, au Mans et à Bordeaux en zone nord, et à Lyon, Toulouse et Aix-Marseille en zone sud. Mais, comme il se refusait à limiter le développement

---

p. 105-115 ; « Le mouvement Jeune France », in *Les Cahiers de l'animation*, INEP, Marly-le-Roi, 53, p. 85-94 ; et Laurence Bertrand-Dorléac, *L'Art de la défaite, 1940-1944*, Paris, Le Seuil, 1993, p. 223-243.

artistique à l'ordonnancement des manifestations officielles, au renouveau des traditions folkloriques et à la promotion d'un art officiel exclusif, le mouvement entra rapidement en conflit avec les autorités.

Au début de l'année 1942, le secrétariat général à la Jeunesse pouvait se flatter d'avoir réalisé l'encadrement généralisé des jeunes. Il aurait pu dresser un organigramme quelque peu hétéroclite mais impressionnant, qui aurait montré comment, avec l'aide des catholiques en général et des scouts en particulier, il avait assuré l'« avenir du pays », quels que fussent le sexe, l'appartenance socioprofessionnelle ou la religion des représentants du futur. Pourtant les efforts déployés et les moyens mis en œuvre ne répondirent pas aux espérances. La politique de la jeunesse se défit, attaquée de l'extérieur et minée de l'intérieur.

Le démantèlement du système, 1942-1944

L'insuccès final de la politique du gouvernement de Vichy a pour origine l'action de l'occupant tout autant que l'attitude des Français. Deux coups de tonnerre, l'invasion de la zone sud et l'institution du STO, ont fait basculer une partie des maréchalistes et des indifférents dans la dissidence, voire dans la Résistance. À un moindre degré, la guerre d'usure menée par les Allemands contre le développement des mouvements de jeunesse en zone nord et la résistance passive opposée par les jeunes Français au moralisme d'État ont également concouru à l'échec de la politique vichyssoise.

Les Allemands suspectèrent immédiatement l'encadrement vichyssois de la jeunesse de nourrir des visées anti-allemandes. Leur armée, qui avait appuyé le développement d'organisations paramilitaires nationalistes sous la République de Weimar, du temps où les effectifs de la Reichswehr étaient restreints en vertu du traité de Versailles, et les nazis, qui appréciaient l'emprise exercée sur la jeunesse par la *Hitlerjugend*, ne pouvaient qu'être réservés à l'égard des initiatives du gouvernement de Vichy.

En zone nord, les autorités d'occupation promulguèrent une interdiction générale, le 28 août 1940, mais en fait elles agirent au cas par cas. Les Chantiers de jeunesse et les Compagnons de France furent totalement interdits à cause de leur analogie avec une organisation paramilitaire et parce que leur date de création, postérieure à l'armistice, les faisait passer pour un mouvement patriotique anti-allemand. D'emblée, les deux tiers du territoire échappèrent donc à ce mode d'encadrement.

À l'égard de la formation des formateurs, en revanche, ou du développement des activités artistiques, les Allemands furent tolérants : les écoles de cadres ne deviendraient pas des organisations de masse, et les arts vivants encouragés par Jeune France fourniraient un dérivatif aux préoccupations du jour.

Au début, la même attitude fut observée à l'égard du mouvement scout : interdit en principe, il poursuivit ses activités discrètement, le port de l'uniforme étant interdit. Paradoxalement, à contre-courant de l'évolution générale, une ordonnance du 11 août 1942 vint tempérer les restrictions qui pesaient sur le scoutisme. Désormais, se trouvaient autorisées les « associations existantes qui ont uniquement pour objet de favoriser l'intérêt des Églises, les œuvres de charité ainsi que les jeux et loisirs[38] ». Les mouvements relevant du scoutisme ou de l'ACJF ne furent pas libérés pour autant, mais ils bénéficièrent d'un régime de relative faveur.

Ces interdictions et ces demi-autorisations entravaient le développement de la politique vichyssoise, mais elles le servaient aussi en donnant du gouvernement une image combative et anti-allemande. En revanche, là où l'État français perdit sans retour la confiance des jeunes, ce fut lorsqu'il institua le travail en Allemagne. En mars 1942, la nomination de Sauckel comme délégué spécial de Hitler dans les territoires occupés, chargé du recrutement et de l'emploi de la main-d'œuvre en excédent, donna le signal de l'aggravation de la pression. Après avoir temporisé en lançant la « Relève », qui reposait sur le volontariat, Pierre Laval dut édicter la loi du 4 septembre 1942 prescrivant le recense-

38. Philippe Laneyrie, *Les Scouts de France*, *op. cit.*, p. 143.

ment des hommes de dix-huit à cinquante ans et celui des femmes de vingt et un à trente-cinq ans. Si l'« intérêt supérieur de la nation » le commandait, ils pourraient être appelés à travailler où l'État le jugerait nécessaire. Sortant de la zone du volontariat, on s'avançait sur la voie de l'obligation. Dans cette situation ambiguë, le SGJ, qui avait mis en place le JOFTA, le service des Jeunes Ouvriers français travaillant en Allemagne, ne réussit à recruter que 1 500 volontaires de dix-huit à vingt ans entre septembre et janvier. Devant les piètres résultats du système, et cédant aux menaces de Sauckel, le gouvernement Laval institua alors le STO, le 16 février 1943, en appelant pour commencer les classes 1940, 1941 et 1942. Beaucoup de jeunes jusque-là relativement indifférents aux événements furent « anéantis par la félonie du gouvernement », avec le sentiment d'être « trahis par les [leurs], par ceux qui prétendaient défendre les intérêts des Français[39] ». Les Chantiers de la jeunesse et l'Église, par l'intermédiaire de l'ACJF, se trouvèrent directement touchés par la mesure.

Les Chantiers pouvaient servir de réservoir à contingents de STO. Leur commissaire général, le général de La Porte du Theil, fut donc soumis à une très forte pression. En mars 1943, il céda sur l'envoi de 15 000 jeunes : en mai, 4 000 partirent directement pour l'Allemagne, sans avoir même bénéficié d'une permission. Au mois d'août suivant, les occupants exigèrent un nouveau départ immédiat de 4 000 jeunes. Cette fois, le général refusa, mais s'abstint également de toute déclaration publique hostile au STO. À partir de l'automne, les Allemands commencèrent à venir eux-mêmes chercher les travailleurs dans les camps. Finalement, devant la résistance passive opposée par le fondateur des Chantiers, ils l'arrêtèrent le 5 janvier 1944, et l'internèrent en Allemagne. Le démembrement des Chantiers commença.

Le STO suscita des réactions très vives au sein de l'Église,

39. Marcel Gilles, *1942, l'année sombre de mes vingt ans*, 1985, multigr., 93 p.

et d'abord au nom de la famille. Au début de février 1943, réagissant à la loi de septembre 1942, l'Assemblée des cardinaux et archevêques publia un communiqué dans lequel elle dénonça les « atteintes au droit naturel familial » entraînées par le travail obligatoire. C'est au nom de la famille également que l'ACA condamna catégoriquement la réquisition des femmes. À deux reprises, en avril 1943 et en février 1944, la hiérarchie catholique s'éleva « de toutes [ses] forces contre une telle menace à la vie de notre pays, à la dignité des femmes et des jeunes filles de France, à leur vocation providentielle ». Le travail obligatoire ouvrait une brèche dans la politique familiale de Vichy. La loi du 11 octobre 1940 restreignant le travail des femmes mariées avait dû être rapportée le 12 septembre 1942.

L'Église n'eut pas la même attitude de refus à l'égard du STO masculin. Elle contribua, au contraire, à son acceptation, tout en soulignant que la « contrainte » ne constituait pas une « obligation de conscience ». Publiée le 9 mai 1943, une lettre signée des trois cardinaux résuma sa doctrine à l'égard du départ des jeunes gens : « Soumis à une contrainte, contrainte que le gouvernement s'efforce de rendre plus humaine, mais qui ne constitue pas pour eux une obligation de conscience, s'ils veulent être forts, ils donneront à leur épreuve toute sa valeur rédemptrice, ils seront les soutiens de leurs frères. » Cette position balancée mais globalement favorable au régime de Vichy ne fut pas sans susciter des débats au sein des mouvements catholiques.

En juin 1943, l'ACJF prit position contre le STO en titrant l'éditorial de son journal, *Les Cahiers de notre jeunesse* : « Résignés ? NON » – article qui entraîna l'interdiction définitive de la publication. La JEC, tout en étant traversée de courants contradictoires, appuya l'ACJF dans sa protestation. En juillet, les théologiens qui animaient la publication clandestine *Les Cahiers du témoignage chrétien* défendirent sans détours le « devoir de résistance ». Quant à la JOC, elle opta dans l'ensemble pour la politique de présence : le jociste devait accompagner ses camarades au STO, « par solidarité ouvrière et par fidélité à sa mission apostolique ».

Ainsi le choix de l'ordre des valeurs divisa les jeunes catholiques, pris entre, d'une part, l'esprit patriotique et la défense des libertés individuelles, et, d'autre part, le devoir de solidarité sociale et d'apostolat[40].

Par la révolte qu'il entraîna chez une partie de la jeunesse laïque et par la crise de conscience qu'il suscita chez les catholiques, le STO coupa le régime de sa jeunesse. Les Chantiers se vidèrent – ils ne réunissaient plus que 30 000 jeunes en 1943 – non seulement à cause des prélèvements allemands, mais en raison du nombre croissant de réfractaires. Dans les organisations d'action catholique, l'attitude de la hiérarchie provoqua des divisions. C'est à ce moment, à la fin de 1943, qu'un jéciste lyonnais, Gilbert Dru, en liaison avec d'autres étudiants à travers la France, fonda un organe de liaison entre chrétiens résistants, les Jeunes Chrétiens combattants.

À mesure que la pression de l'occupant s'est appesantie sur le pays, la contradiction s'est accrue entre le patriotisme et l'acceptation de l'armistice, et entre la fidélité au Maréchal et le refus du national-socialisme. De même que le reste de la population, les jeunes se détachèrent du régime. Autoritaire dans son principe, le gouvernement ne put tolérer les dissidences et ferma les institutions qu'il avait créées.

Une autre solution aurait été de remplacer les équipes dirigeantes par d'autres jeunes plus compréhensifs : il semble que le gouvernement ne le put pas, tant sa politique rencontra, à partir de 1942, un désaveu grandissant. À moins que la disparition de l'édifice de la Révolution nationale n'ait répondu à une volonté délibérée de fasciser le pays : par un simple effet mécanique, les seules organisations de jeunesse subsistantes furent bientôt – mises à part les associations confessionnelles – les groupements fascistes. Si cette politique de fascisation indirecte a existé, elle semble être restée assez marginale. En mai 1943, par exemple, les

---

40. Cf. Pierre Pierrard, Michel Launay, Rolande Trempé, *La JOC, Regards d'historiens*, Paris, Les Éditions ouvrières, 1984, 235 p. ; et Paul Beschet, *Mission en Thuringe au temps du nazisme*, Paris, Les Éditions ouvrières, 1989, 242 p.

Jeunes du Maréchal, un mouvement vichyste qui essayait de s'implanter dans les lycées, furent également dissous, lorsqu'on apprit que certains jeunes avaient dénoncé aux autorités leurs professeurs et parfois même leurs parents : les sympathies fascistes du deuxième Vichy n'allaient pas jusqu'à mettre en cause le respect de la famille.

La première association dissoute fut Jeune France, en mars 1942. Parmi les reproches de nature diverse qui lui furent adressés – gestion manquant de rigueur, tournées théâtrales dispendieuses –, la participation d'Emmanuel Mounier à ses activités joua un rôle important. Le philosophe ne cachait pas ses réserves à l'égard de la politique de collaboration et critiquait ouvertement l'antisémitisme d'État. En avril 1941, il avait été interdit de cours à Uriage, en août de la même année sa revue *Esprit* avait été frappée d'interdiction, et, au moment de la dissolution de Jeune France, il se trouvait en prison depuis le mois de janvier 1942. Il fut relâché à l'automne.

Le second coup de hache porté par Vichy dans son arbre fut l'interdiction de l'École d'Uriage, qui entraîna la fermeture provisoire de nombreuses écoles de cadres à la suite de démissions d'instructeurs solidaires. Convaincu que le Maréchal jouait un double jeu, le capitaine Dunoyer de Segonzac lui avait voué une fidélité « absolue ». Dès 1941, sans penser manquer à son serment, l'École fournit de faux papiers à des juifs, hébergea des évadés ou aida ceux qui cherchaient à passer la ligne de démarcation. En novembre 1941, le renvoi du général Weygand causa un choc au capitaine : il était persuadé que le général, avec l'accord du Maréchal, était en train de monter une armée de libération en Afrique du Nord. L'invasion de la zone sud en novembre 1942 acheva de le convaincre que la France n'était plus libre. En décembre, il prononça une dernière conférence sur le devoir de désobéir dans certains cas. Quand il fut décrété d'arrestation, le 29 décembre 1942, il était déjà décidé à rejoindre le maquis, avec une partie de son état-major.

L'année suivante, ce fut au tour des Auberges de la jeunesse d'être interdites, le 15 août 1943. Sous l'égide du gouvernement de Vichy, le mouvement avait été reconstitué en avril 1941. Deux associations avaient été mises sur pied, les Auberges de la jeunesse française, qui devaient gérer les équipements, et les Camarades de la Route pour encadrer les usagers. Les dirigeants du Centre laïque des auberges de jeunesse d'avant guerre étant devenus collaborationnistes, les laïques avaient accepté de se fondre dans le nouvel édifice, en fait dirigé par l'ancienne Ligue française, d'inspiration catholique, fondée par Marc Sangnier en 1929. De leur côté, les chrétiens avaient accepté la mixité qu'ils refusaient jusque-là. Mais les ajistes avaient, pour la plupart, conservé leurs convictions démocratiques d'avant la guerre, et peu après que certains dirigeants furent arrêtés pour faits de résistance le mouvement fut dissous le 15 août 1943.

La suppression des Compagnons de France fut l'aboutissement d'une évolution comparable, compliquée de questions financières également révélatrices d'une politique de la jeunesse massive et improvisée. Par deux fois, en 1941 et en 1943, l'organisation fut soumise à enquête pour dilapidation de fonds publics. Les sommes considérables que le mouvement percevait – il absorbait à lui seul la moitié des subventions du SGJ aux associations – avaient partiellement disparu. Le défaut de rigueur des gestionnaires n'était pas seul en cause puisqu'une partie de ces sommes avait été remise de la main à la main par un membre du gouvernement au Chef compagnon. Le gouvernement préféra ignorer ses propres entorses aux règles budgétaires, et c'est en s'appuyant sur ce motif qu'il renvoya le premier Chef compagnon, Henri Dhavernas, puis le second, le commandant de Tournemire, qu'il avait nommé au printemps de 1941.

Mais, alors que le Chef fondateur avait été remplacé, le successeur ne le fut pas, et le 21 janvier 1944, les Compagnons furent dissous. Entre-temps, ils avaient suivi l'évolution générale des esprits et pris des distances avec le maréchalisme primaire de leurs débuts. Le profil de Guillaume de Tournemire était proche de celui de Pierre Dunoyer de Segonzac : ancien compagnon de Lyautey au Maroc, commandant de cavalerie, il résumait ses convictions en une formule, « Indépendance et fierté françaises ». Quand, en mars 1942, le gouvernement lui reprocha les critiques que le journal de l'association, *Compagnons*, exprimait à l'égard de sa politique, le commandant n'en tint pas compte. *Compagnons* refusa de participer à la propagande antisémite et antimaçonnique de l'État, et condamna ouvertement les « adorateurs de la Race, de la Puissance et du Sang ». Le mouvement n'en était pas moins divers selon les lieux puisque certains camps furent attaqués par les maquis. Accusés de collaborationnisme par les uns, de gaullisme et de malversations par les autres, les Compagnons furent dissous dans un contexte confus et parcouru de cabales. Quant à leur chef, il rejoignit la résistance giraudiste.

Quinze jours plus tôt, le 5 janvier 1944, le commissaire général des Chantiers avait été arrêté et remplacé par un directoire chargé de préparer la dissolution de l'organisation. Elle sera décrétée par Pierre Laval le 9 juin suivant. Le STO avait fait exploser le système des Chantiers, mais on peut se demander à quel degré de réussite les groupements du général de La Porte du Theil étaient parvenus, derrière la façade des uniformes et des emplois du temps réglementés.

Il est difficile de mesurer le degré d'adhésion des jeunes à l'esprit communautaire qui régnait officiellement dans les organisations vichystes. Les rapports de l'époque, qui n'ont pas fait l'objet d'une étude systématique, sont souvent entachés d'un pétainisme sommaire qui rend leur déchiffrage difficile : toute manifestation d'indifférence ou d'indiscipline y est perçue comme une forme d'opposition politique, gaulliste ou communiste en général. Même en régime de liberté, l'enquête serait délicate. Dans l'état actuel des sources publiées, on peut seulement relever les traces d'un individualisme persistant, sans qu'il soit possible d'en mesurer l'importance.

En mars 1942, dans le rapport qu'il soumit au Conseil national, Georges Lamirand, secrétaire général à la Jeunesse, exprima ses préoccupations quant à l'« état moral » des jeunes. Comme le Maréchal s'en était déjà affligé en juin 1940, l'« esprit de jouissance » l'emportait sur l'« esprit de sacrifice », le marché noir et la prostitution sévissaient. Les Chantiers de la jeunesse furent les plus touchés par cette indifférence à la politique de « redressement national ». Un rapport d'octobre 1940, communiqué au Maréchal par le général de La Porte du Theil, décrivit un groupement dans lequel les jeunes, passifs et indisciplinés à la fois, trouvaient les feux de camp ennuyeux et les cérémonies de lever des couleurs lassantes. La routine quotidienne, les inépuisables échanges de vue sur l'ordinaire – dans le groupement n° 16, au Muy (Var), on avait servi une fois des tomates en salade suivies de tomates à la provençale et en dessert de la confiture de tomates, puis, plusieurs jours de suite, un ragoût de topinambours qui avait déclenché des débâcles intestinales –, ces réalités prosaïques détérioraient peu à peu un moral déjà entamé par une obligation de présence de huit mois. « Triste camp », dira plus tard Yves Montand qui se sentit « enfermé » dans son groupement des Chantiers, près d'Hyères. Face à l'échec menaçant, le Maréchal envisagea même, au début de 1941, de dissoudre les Chantiers.

Mais surtout, c'est par le vide de la pensée que l'unanimisme communautaire conduisait à l'ennui. Après la Libération, Emmanuel Mounier dénoncera le « scouticisme » qui sévissait dans les organisations de jeunesse, chrétiennes et laïques : « Mais demandez-leur [aux victimes du scouticisme] un effort intellectuel, elles vous traitent d'idéologue. Attirez-les sur des problèmes aigus de la Cité, elles crient à la déviation politique. Approchez-les des angoisses de l'homme, elles trouvent que vous n'êtes pas marrant ce soir. » Et le philosophe de critiquer le simplisme des mouvements qui prétendaient « résumer l'univers » et « remplacer la formation par le lyrisme » des activités manuelles et rurales[41].

Pourtant, l'idéologie communautaire connut une heure de gloire sous le régime de Vichy. Ces quatre années dont le scoutisme fut la « vedette », comme l'écrivit Mounier,

---

41. Emmanuel Mounier, « La jeunesse comme mythe et la jeunesse comme réalité. Bilan 1940-1944 », *Esprit*, 1er décembre 1944.

constituèrent un « moment Lyautey » pendant lequel les élites se pénétrèrent de leur « devoir social[42] ». Mais cette philosophie qui reposait sur une conception de la société comme d'une pyramide de « hiérarchies naturelles » séduisit les cadres plus que les encadrés. Dans leur « phobie du politique », les « chefs », « jeunes » ou « vieux », bannirent de leur esprit le système représentatif, vécurent sur le principe du chef, et, au nom d'une spiritualité unanimiste, installèrent dans l'inaction intellectuelle leurs communautés de subordonnés.

D'une contre-révolution réussie à l'échec du fascisme

Dans l'histoire des relations entre la famille, la jeunesse et le gouvernement de Vichy, deux phases se dessinent, l'une d'innovation et l'autre de gestion, disposées de part et d'autre du tournant de 1942. Une constante philosophique s'affirme en outre, l'idéologie communautaire.

Dans sa première période, de 1940 à 1942, le Vichy bâtisseur relia l'État et la société civile, sans imposer la fusion de type fasciste. « Ayez une société solide, et dans laquelle le noyau social primitif, la famille, soit fort [...]. L'association volontaire constitue le bienfait de la société naturelle. Ayez des associations puissantes », écrivait le Maréchal pour le 1er janvier 1941[43]. Tout en appelant au développement d'associations « naturelles », le régime de Vichy laissa cependant la prééminence à l'État, comme son nom d'« État français » le signifia d'emblée. Il en résulta, sur le papier, un relatif équilibre des rapports, dont certains aspects purent être perpétués après la Libération. De ce point de vue, l'ère de Vichy a inauguré l'institutionnalisation des associations familiales et des mouvements de jeunesse.

Dans son deuxième âge, de 1942 à 1944, le Vichy gestionnaire mena une politique diverse et contradictoire.

---

42. Cf. Daniel Lindenberg, *Les Années souterraines, 1937-1947*, Paris, La Découverte, 1990, p. 200-201.

43. Philippe Pétain, « Individualisme et nation », *Revue universelle*, 1er janvier 1941.

L'État prit des attitudes fascistes en cherchant à exercer sur les mouvements une emprise croissante, mais alors qu'à l'égard des associations qu'il avait créées, devenues trop indépendantes à ses yeux, il défit son ouvrage, il défendit au contraire la survie et le développement des associations chrétiennes.

L'idéologie communautaire domina la période 1940-1944 : le cas de la politique de la famille et de la jeunesse illustre la volonté du gouvernement de retourner à un âge d'or imaginaire qui n'aurait pas connu les luttes sociales et politiques. La recherche de l'homme d'autrefois conduisit à une dictature unanimiste : si une certaine pluralité des associations familiales et des mouvements de jeunesse fut maintenue, le pluralisme de la pensée fut banni. Mais le fascisme aussi fut repoussé, au moins jusqu'en 1943, avec le rejet d'une structure obligatoire et unique. Les jeunes Alsaciens qui, dans le même temps, étaient contraints d'entrer dans la *Hitlerjugend*, auraient apprécié la différence. Dans les six premiers mois de 1944 toutefois, avec au gouvernement Marcel Déat, Joseph Darnand, Philippe Henriot et Paul Marion, le régime devint fasciste, mais, dans le domaine de la jeunesse, sa dépendance extérieure et son impuissance intérieure donnèrent à ses volontés plus d'apparence que d'efficacité.

Les résultats obtenus par le gouvernement de Vichy dans sa politique de « redressement intellectuel et moral » furent inégaux. Pour ce qui concerne la famille, dans la mesure où les bases de la législation posées en 1938-1939 et réaffirmées en 1940-1944 n'ont pas été remises en cause avant 1964, la politique du Maréchal s'est inscrite dans une continuité. Seules les mesures qui portaient directement atteinte aux libertés individuelles ont été rapportées à la Libération. Dans le secteur de la jeunesse en revanche, non seulement l'État français échoua à encadrer et à rassembler les jeunes, mais le Comité français de libération nationale (CFLN) les attira progressivement dans sa mouvance. En 1943, le délégué du CFLN constitua auprès du CNR une commission de la jeunesse qui, outre la participation de l'organisation clandestine du Front uni de la jeunesse patriotique, reçut la collaboration des étudiants de l'ACJF, des Éclaireurs de France, des Éclaireurs unionistes et des Camarades de la Route. Ces organisations légales jouèrent donc un double jeu en 1943-1944. Seuls les Chantiers de jeunesse, les Compagnons de France, les Scouts et les Guides catholiques maintinrent jusqu'à la fin leur adhésion exclusive au régime du Maréchal[44].

À la Libération, Emmanuel Mounier eut beau dénoncer l'« indigestion de jeunesse » que Vichy avait donnée aux Français et critiquer le « scouticisme primaire » qui avait régné du temps du Maréchal, il avait lui-même participé à la diffusion de cet esprit en 1940 et en 1941, avant d'être interné sur l'ordre du gouvernement de Vichy. Tel est l'un des paradoxes de cette ère de quatre ans, qui, née sous le signe d'une idéologie communautaire, vit la population rallier peu à peu le camp de la démocratie libérale : chez ceux qui voulaient remplacer la Cité par une communauté hiérarchisée, la cause de l'antinazisme devint peu à peu prioritaire et finit par l'emporter sur le rejet de l'individualisme et de la politique.

---

44. Cf. Pierre Giolitto, *Histoire de la jeunesse sous Vichy*, Paris, Perrin, 1991, p. 543-545.

Les départements du Nord et du Pas-de-Calais

Étienne Dejonghe

Quand les chargés de mission de Vichy purent, vers le milieu de l'année 1941, enfin pénétrer dans le Nord-Pas-de-Calais, ils furent stupéfaits de l'état d'esprit qui y régnait. « Il semble, dès que l'on a franchi la ligne de la Somme, écrit l'un d'eux, que l'on pénètre dans un pays différent du reste de la France, dont l'aspect et la mentalité sont beaucoup plus proches des mentalités belge et hollandaise. L'unanimité de comportement est frappante ; dans le peuple, chez les paysans, dans la bourgeoisie, il y a identité absolue de sentiments et d'opinions. Depuis le début de l'Occupation, aucun événement saillant – l'armistice lui-même – n'a pu changer la conviction que la guerre continue comme ce fut le cas de 1914-1918... Le seul fait qui compte est l'occupation allemande, on n'en attend la fin que d'une victoire anglaise [1]. »

Les circonstances de l'invasion, aussi brutale que la précédente, la menace d'annexion inscrite dans les faits par le rattachement de la région au commandement militaire de Bruxelles, les rigueurs enfin d'un régime d'exception expliquent cette originalité.

---

1. AFE bureau Chauvel papiers 1940, 169/8.

Le poids de l'isolement

« L'invasion s'étant produite dans des conditions analogues à celles de 1914, les populations du Nord attendent un nouveau 1918 », écrivait le 6 décembre 1940 Jean-Pierre Ingrand, envoyé spécial de la délégation ministérielle de Paris, « reprochant au gouvernement d'avoir signé l'armistice, elles n'attendent plus de salut que de l'Angleterre[2] ».

Pour les civils, les armées alliées n'avaient, en effet, pas démérité. Encerclés, le corps expéditionnaire britannique, les troupes coloniales et les divisions (d'active essentiellement) restées à peu près intactes, avaient livré de durs combats de retardement. Après tout, en 1914, la grande retraite avait provoqué le même mélange de désordres et de faits d'armes – les habitants ne voulant retenir que les derniers. Il en alla de même en 1940.

L'invasion avait également ramené un ennemi qui n'avait pas renoncé à ses méthodes de terreur, incendiant les maisons, massacrant civils et prisonniers dès qu'une résistance lui était opposée. Ces crimes étaient en général l'œuvre de la SS, notamment de la division Totenkopf (443 victimes rien que dans le Pas-de-Calais), mais pas toujours. Notons que les plus horribles d'entre eux ne furent pas perpétrés sous le coup de la fureur, mais un jour ou plusieurs heures après l'action, comme s'ils procédaient d'un cynique calcul (Aubigny, Ostricourt, Courrières). Pour les habitants, l'Allemand restait bien « le Boche », ils ne l'appelèrent jamais autrement.

Les souvenirs de la Grande Guerre n'avaient d'ailleurs pas été étrangers au déclenchement de l'exode. On n'avait pas oublié les souffrances de la précédente occupation. Évocations littéraires (Maxence Van der Meersch) et récits des anciens en rappelaient sans cesse les aspects les plus douloureux : rations de famine, amendes, travail forcé, déportations des jeunes des deux sexes, absence de nouvelles des

2. Rapport de Jean-Pierre Ingrand sur sa rencontre avec le général Niehoff et son séjour à Lille du 4 au 6 décembre 1940.

êtres chers qui se battaient au front, sans oublier les blessures morales, les brimades qu'un vainqueur impitoyable s'ingéniait à multiplier. Plutôt tout quitter que revivre cela ! Latente, cette hantise s'était une première fois réveillée au moment de la conférence de Munich ; le décret de mobilisation avait alors provoqué dans les classes bourgeoises un commencement d'exode. Elle resurgit le 10 mai 1940, dès le début de l'offensive allemande, nourrie par les bruits les plus fous. Roger Pannequin a très bien décrit comment des jeunes de dix-huit ans, sans même connaître le télégramme du ministre de l'Intérieur (en date du 20 mai) ordonnant le repli des classes en âge d'être appelées sous les drapeaux, avaient pris la route pour éviter d'être internés, requis ou transférés dans le Reich, comme l'avaient été leurs pères[3].

Cette peur se mua dès le 13 mai en panique. On plia bagages pour faire comme tout le monde ou simplement parce que le pilonnage incessant de la Luftwaffe rendait la vie impossible.

Mais qui, au moment de l'ébranlement, avait donné le signal du départ ?

La réponse est claire : ce furent les notables, petits et grands, et en premier lieu les maires, surtout ceux des grandes villes, mais aussi les industriels, partis sans payer leurs ouvriers, les chefs des grands services administratifs, en un mot tous ceux qui, en 1914, s'étaient, face à l'envahisseur, érigés en protecteurs naturels des populations.

Dans le Nord-Pas-de-Calais, la majorité des maires se composait d'hommes âgés : plus de la moitié d'entre eux avaient soixante ans passés. Ils déguerpirent en masse, en emportant parfois la caisse et les dossiers. Certains, scrupuleux, comme Jean-Baptiste Lebas, maire de Roubaix, cherchèrent à rejoindre les régions d'accueil prévues par les plans d'évacuation. Une soixantaine de services communaux du Nord se trouvèrent ainsi « repliés » en Ille-et-Vilaine. Les autres obéirent à des motifs moins nobles : abri-

3. Roger Pannequin, *Ami, si tu tombes*, Sagittaire, 1976.

ter leur famille (quitte à revenir ensuite) ou éviter de devenir les premiers otages, les premiers fusillés. « Aucune formation politique n'eut le monopole de la lâcheté[4] », écrit Yves Lemaner. Dans le bassin minier, les ouvriers virent avec étonnement des hommes aussi vénérés que les socialistes Maës, maire de Lens, ou Cadot, maire de Liévin, momentanément disparaître et leurs dirigeants syndicaux déserter, alors que les communistes, eux, étaient restés (comme les curés de paroisse). Presque toujours, le départ des édiles entraîna la dislocation de tous les services. Fonctionnaires subalternes et agents municipaux, à leur suite, décampèrent. Au Cateau, par exemple, le percepteur, le receveur des postes, les pompiers, la police, les employés des caisses d'épargne et des banques prirent la clef des champs.

À l'échelon départemental, si les préfets, les sous-préfets (à l'exception de celui de Saint-Omer), et la majorité des chefs de division, restèrent à leur poste, il n'en alla pas de même dans les autres administrations.

Quand l'*Oberfeldkommandantur* (OFK 670) prit en charge les départements du Nord et du Pas-de-Calais, elle fut impressionnée par l'ampleur du chaos et l'étendue des ruines. Comment éviter une révolte de populations sans ressources et affamées ? Comment juguler le risque d'épidémie alors que la plupart des médecins manquaient à l'appel ? (Il en restait 1 à Denain, 2 à Lens, 35 sur 345 dans la circonscription d'Arras.) Comment combattre le pillage avec si peu de gendarmes et de policiers ? Les autorités allemandes parèrent au plus pressé en rapatriant les services administratifs bloqués sur la Somme et en libérant provisoirement médecins, gendarmes, douaniers et ingénieurs, prisonniers dans les camps de transit. Un organisme nazi d'aide sociale entreprit une tournée des cités sinistrées du Nord pour y distribuer une partie des vivres saisis à titre de butin dans les stocks

4. Yves Lemaner, « Les municipalités du Nord-Pas-de-Calais sous l'Occupation : pouvoir local, pouvoir français, pouvoir allemand », *in* « L'Occupation en France et en Belgique », actes du colloque de 1985, t. I, *Revue du Nord*, n° 2, hors série, 1987.

alliés. Une occasion pour elles de souligner l'impéritie des dirigeants locaux, en qui elles s'entêtaient à voir les tuteurs d'une éventuelle résistance.

L'opération séduction échoua. « L'attitude des habitants est négative[5] », lit-on dans le rapport administratif allemand d'août 1940. C'est qu'à la différence de la Belgique le Nord continuait à être traité en pays hostile. En tant que zone d'opérations contre l'Angleterre, il vivait dans un climat de guerre plus que d'occupation, et la présence sur son sol de nombreuses divisions (opération Seelöwe) lui imposait de lourdes charges et des réquisitions de toutes sortes.

Les chefs de garnison avaient en outre tendance à se conduire comme de véritables potentats. Ils abusaient des prises d'otages et des sanctions collectives, n'hésitant pas à recourir parfois à des mesures humiliantes, telles les visites sanitaires des femmes et des jeunes filles. Désireux de mener grand train, ils commandaient des dépenses somptuaires, non remboursées aux communes parce que irrégulières. Les plus hargneux sévissaient sur la bande côtière qui, à cause de son importance stratégique, avait été classée « zone rouge », interdite d'accès et placée sous l'autorité directe du commandement suprême de l'armée de terre (OKH).

Outre les exactions des unités opérationnelles, les décisions de l'administration militaire empoisonnaient la vie des civils. « Le général qui commande à Lille impose aux populations un régime voisin de la terreur », constatait le chargé de mission Ingrand. Et de citer l'exemple des déportations en Allemagne. Elles avaient commencé dès juillet 1940 par l'envoi de 12 000 mineurs polonais dans les bassins de la Ruhr et d'Aix-la-Chapelle. En septembre tomba l'ordre de Goering de recruter plusieurs milliers d'ouvriers mécani-

---

5. Les rapports administratifs ont été systématiquement utilisés : les rapports des préfets, des sous-préfets, des délégués à la propagande (après mars 1942) et ceux de l'OFK 670 et de l'administration militaire de Bruxelles (papiers conservés aux Archives nationales [AJ40] et au Centre de recherches historiques de la Deuxième Guerre mondiale de Bruxelles [séries T501-101 et suivantes]).

ciens pour le Reich. Comme le volontariat ne donnait rien et que les inspecteurs du travail refusaient leur concours pour l'embrigadement des chômeurs, les Allemands résolurent, en septembre, de recourir à la contrainte. Les rafles à la sortie des églises et des cinémas se succédèrent, ainsi que les contrôles d'identité dans la rue. Ceux qui n'étaient pas porteurs d'un certificat d'emploi étaient aussitôt embarqués, puis dirigés vers les gares de départ. En vain, les préfets et le cardinal protestèrent. Aucune violence ne pouvait, plus que celle-ci, attiser la haine de l'ennemi, car elle rappelait les jours les plus sombres de la première occupation.

Enfin et surtout, la population souffrait de se sentir prisonnière. Comme le disait crûment un conseiller militaire, « le Nord et le Pas-de-Calais sont un gage entre les mains du Reich et ses habitants doivent se considérer comme otages ». On ne pouvait résumer plus clairement le sens du rattachement de la région au commandement de Bruxelles[6].

Ce rattachement, pourtant, n'était pas le résultat d'un plan préconçu : le 31 mai, le général von Falkenhausen avait été placé à la tête de toutes les régions occupées de Belgique, de France et, jusqu'au 2 août 1940, du Luxembourg. Sa compétence s'étendait donc alors bien au-delà de l'Artois et de la Flandre française. Elle englobait, du fait de l'avance rapide des armées allemandes, tout le territoire conquis, à l'exception de l'Alsace-Lorraine.

Le 12 juin était instauré en France un commandement militaire, mais Hitler décréta aussitôt que le Nord et le Pas-de-Calais resteraient sous le contrôle de Falkenhausen. Le Führer ne revint jamais sur cette décision, car il craignait que la moindre concession en ce domaine ne fût interprétée par le gouvernement de Vichy comme le signe d'un désintérêt du Reich à l'égard de la région. Ses intentions ne laissent aucun doute : le Nord et le Pas-de-Calais resteraient sous l'emprise allemande après la victoire. Il put hésiter sur la forme que prendrait cette emprise (annexion ? protectorat ? bases sur le détroit ?), mais non sur le fond.

---

6. Confidence du secrétaire de la chambre de commerce de Lille.

Ce rattachement des deux départements à une instance sise à l'étranger, Vichy n'en a pas de suite saisi la portée. Il crut naïvement que l'ennemi, se conformant aux clauses de la convention d'armistice et aux arrêts de la Cour internationale de justice de La Haye, respecterait l'unité administrative et législative du pays. Il ne tarda pas à déchanter. Dès juillet 1940, le commandement de Bruxelles avertissait les préfets de Lille et d'Arras que lui seul et son représentant local avaient compétence pour décider de l'application des lois et des réglementations françaises. Il ajoutait que les circonstances l'obligeraient non seulement à interdire certaines de ces lois, mais aussi à promulguer des ordonnances qui iraient à l'encontre de la législation française et que toute résistance à leur mise en pratique serait tenue pour un acte délibéré d'opposition à l'autorité occupante.

Du point de vue allemand, cette position était logique. À Bruxelles siégeait en effet non un commandant militaire mais un gouverneur-chancelier disposant, comme en 1914, d'un pouvoir sans entraves et qui entendait l'exercer dans sa mouvance française de la même manière qu'en Belgique, sans s'embarrasser d'une quelconque convention. Pendant plus d'un an, Bruxelles ignora jusqu'à l'existence même de l'État français. Ce n'est qu'en septembre 1941 que le général Falkenhausen consentit à recevoir un ministre français (Pucheu).

Sur le plan local, l'OFK usa de ses pouvoirs dans une perspective rigoureusement autarcique, imposant au Nord un isolement « sanitaire », culturel, administratif et économique[7].

L'isolement sanitaire, c'est la création (sur ordre de l'OKH)

---

7. Sur le statut particulier du Nord-Pas-de-Calais, outre les rapports des préfets et le bilan final de l'administration militaire, consulter les analyses des services français de l'armistice AN AJ41, 47, 330 *sq.*, 359 ; les notes du Bureau sarrien des affaires étrangères, Af. E. Europe-Vichy 1940-1945, 149, 169 ; les rapports de la délégation ministérielle en zone occupée AN AGII 517 et le fonds Barnaud F 37-8. Sur le problème particulier des Warenstellen AN AJ41-47 et du séparatisme AN AJ41/341 et suivants, AN F60/408-410. Point de vue allemand C2gB T501-96, AN AJ40/12, ADN W4029.

de la ligne de démarcation de la Somme, que des milliers de réfugiés n'eurent plus le droit de franchir. À l'inverse, on expulse de la zone interdite les éléments jugés indésirables.

L'isolement culturel, c'est la dénationalisation des esprits par la censure des nouvelles, l'orientation de la presse vers « ce qui se passait à l'Est », l'encouragement (mesuré) des menées séparatistes de l'abbé Gantois que l'OFK autorise en mars 1941 à relancer son mouvement (le Vlams Verbond Von Frankrijk) et à refaire paraître sa revue *(Le Lion de Flandre)*. Imagine-t-on les réactions d'un Lillois lisant le *Grand Écho* ou le *Réveil du Nord* ? Il y trouvait un tissu serré de communiqués de la Wehrmacht, d'extraits de la *Brüsseler Zeitung* qui reproduisaient sans nuances le point de vue allemand et ne fournissaient sur Vichy que de très maigres informations. À la TSF, le poste qu'il recevait le mieux était Radio-Bruxelles qui n'arrêtait pas d'exciter les rancœurs des Belges à l'égard de leurs voisins français.

L'isolement administratif signifiait que le blocus s'étendait aux fonctionnaires dont les déplacements furent quasiment interdits. Nulle part ailleurs les ingérences allemandes dans la marche interne des services n'ont atteint une telle ampleur. Les services de l'armistice parlèrent à ce sujet de « régime d'exception ».

L'isolement économique fut le plus grave : sous prétexte que sa mission lui imposait de veiller à la cohésion économique de sa circonscription, le commandement militaire de Bruxelles s'efforça de détourner les courants commerciaux du Nord vers la Belgique et l'Allemagne. En août et septembre 1940, elle frappa d'interdit toutes les lois économiques de Vichy et remplaça les comités d'organisation et les offices de répartition que celles-ci instauraient par ses propres organismes : les offices centraux (primitivement les *Warenstellen*) que le gouvernement français ne put reconnaître : régis par le droit allemand, ils ne recevaient leurs ordres que des référents allemands. La mesure était grave. Non seulement elle donnait à l'OFK une maîtrise totale sur la production régionale, mais elle introduisait dans le Nord une institution étrangère, premier pas, semblait-il, vers une annexion. C'est seulement en mars 1942, après de longues négociations, que les offices centraux furent convertis en « bureaux régionaux » des comités d'organisation sur lesquels Bruxelles garda bien entendu l'intégralité de ses pouvoirs. Cet accord s'insérait d'ailleurs dans un processus de régularisation des relations entre Vichy et Bruxelles que Laval acheva. Dès l'été de 1941, les autorités lilloises d'occupation avaient commencé à desserrer leur étreinte, acceptant l'introduction dans leur zone de la presse et des mouvements collaborateurs, et (en décembre) le retour des réfugiés proscrits. C'était le seul moyen, pensaient-elles, de calmer les appréhensions d'une population « plus gaulliste, plus anglophile, plus communiste qu'ailleurs[8] ».

« Voilà le fait essentiel, écrivait en novembre 1940 le député de droite Jean-Pierre Plichon. Le gouvernement est extrêmement impopulaire… Si une consultation devait ratifier son action, le chiffre des suffrages favorables n'atteindrait pas 1 %. » La remarque, poursuivait-il, valait même pour les partisans du régime qui rejetaient la politique de collaboration[9]. C'était le cas notamment des industriels qui dirigeaient les chambres de commerce de Lille et de Roubaix. Convaincus que la défaite avait une origine morale et que les ouvriers soumis pendant des années à l'influence des « rouges » étaient la cible rêvée des entreprises de désagrégation, ils approuvaient l'œuvre de restauration de la Révolution nationale. Mais ces patrons de combat, issus des vieilles dynasties du textile, catholiques pour la plupart, avaient été aussi éduqués dans le culte de 1914-1918. S'inspirant de l'exemple de leurs pères, ils n'avaient accepté de rouvrir leurs usines, après l'armistice, qu'avec la caution morale du cardinal et l'accord du préfet.

La peur de l'annexion les hantait. Par leurs fonctions, ils étaient bien placés pour jauger la matérialité de la menace. Alors que les préfets étaient quasiment bloqués dans leur

8. MV Bruxelles juin 41 C2gB T501-101.
9. AN AGII 517. Lettre au maréchal.

zone, eux disposaient de laissez-passer leur permettant d'avertir verbalement la délégation ministérielle de Paris, voire Vichy, de ce qui se tramait. Or, à leur grand scandale, l'inertie répondait à leurs alarmes. Durant l'affaire des offices centraux, Laval avait décommandé une entrevue qu'ils avaient demandée, et Brinon à son tour les avait éconduits. Cette indifférence au fond ne les surprenait guère.

Le renvoi de Laval valut à son auteur un regain de la popularité qu'il avait perdue depuis Montoire... que la relance de la politique de collaboration par Darlan ruina définitivement.

C'est que les gens du Nord étaient persuadés que le gouvernement les avait abandonnés (« comme l'Alsace-Lorraine ») et que leurs compatriotes se désintéressaient de leur sort. « [Les Parisiens] s'imaginent que les Allemands traitent de la même manière la zone occupée et la zone interdite..., déclarait en août 1941 un envoyé du Maréchal ; ils ne connaissent pas l'atmosphère spéciale de la zone interdite où l'on craint de ne plus être français. Mais en zone non occupée l'incompréhension est plus complète encore à l'égard de nos concitoyens du Nord, plus scandaleuse [10]... » Nombre de réfugiés étaient revenus en effet de leur exil dans le Sud-Ouest avec des souvenirs « mitigés ». (« Ils nous appellent les Boches du Nord. ») Courante était l'opinion que les Méridionaux vivaient dans leur territoire, protégés comme dans un œuf : c'était pour leur épargner les horreurs de la guerre qu'on avait signé l'armistice, alors qu'on aurait dû continuer la lutte aux côtés des Anglais.

Comme en Belgique, l'anglophilie était, dans les deux départements, générale. À la différence de la Belgique, elle avait été immédiate – les rapports allemands en font foi – et s'exprimait de bien des manières : en hébergeant les soldats rescapés de Dunkerque, par des cérémonies silencieuses les 1er et 11 novembre dans les carrés militaires des cimetières ou sur les tombes isolées des pilotes abattus, en obéissant massivement aux consignes de Londres. « La radio anglaise

10. AN AJ41/342.

donne des mots d'ordre stupides qui sont malheureusement suivis avec un ensemble parfait, déplorait le sous-préfet de Béthune ; c'est ainsi que le 1er janvier les gens ne sont pas sortis de 3 à 4 heures et que le 4 mai les rues étaient noires de monde de 3 à 4 heures. Dans certaines villes, on marchait même sur la chaussée… » Après le succès de la campagne du V et des croix de Lorraine, la célébration de la fête de Jeanne d'Arc constitua un triomphal apogée. À Lille, des milliers de personnes défilèrent devant la statue de la sainte, les femmes bardées de tricolore, les hommes faisant le signe de la victoire. L'occupant riposta par la confiscation des postes[11].

Mais l'anglophilie se nourrissait aussi des rancœurs sociales de l'avant-guerre. En décembre 1940, le délégué Ingrand avait observé que « de nombreux éléments mettaient dans la victoire britannique leurs espoirs de retrouver les heureux temps du Front populaire [et que] l'anglophilie se combinait chez certaines couches sociales avec les tendances communistes en progrès ».

Ainsi des mineurs qui, sans s'émouvoir outre mesure des diatribes antigaullistes et anti-impérialistes de la presse du Parti, désobéissaient à ses mots d'ordre, en écoutant avec ferveur Radio-Londres. Le 11 novembre, 35 % d'entre eux refusèrent spontanément d'aller travailler.

La renaissance communiste

Le Parti communiste se reconstruisit à une vitesse qui surprit les autorités françaises. Reprise qui se manifesta dès juillet 1940 par la parution régulière d'une presse qui progressa et se diversifia à mesure que les conditions de circulation redevenaient normales, tandis qu'éclataient en août

---

11. Sur l'anglophilie, le sentiment d'abandon, l'antipétainisme, outre les rapports administratifs français et allemands, consulter les rapports des envoyés spéciaux aux services français de l'armistice AN AJ41/342, 359 et F60, 408 et suivants ; les rapports au cabinet civil du Maréchal FIA 360 ; les rapports destinés à Londres F60/1699, 1700 ; les dossiers des cabinets des préfets ADN IW 527, 1927, 2849, AD PdC M 5234, 2107, 2551.

puis en octobre dans les mines du Pas-de-Calais les premiers débrayages encore circonscrits à quelques fosses réputées chaudes. En novembre, les Renseignements généraux estimaient que « l'appareil était au point avec tous ses rouages et ses responsables ». Les liaisons avec le « centre » de Bruxelles étaient assurées depuis juin par Martha Desrumaux, avec la direction parisienne depuis juillet par Lecœur promu « inter ». Partout où il était avant la guerre en situation de force, le Parti avait reconstitué des sections et créé des comités d'unité syndicale et d'action. En janvier, il était devenu assez puissant pour multiplier les cortèges de ménagères et les arrêts de travail, lesquels, à la différence des précédents, se révélèrent contagieux, gagnant en longueur et en dureté, préparant en somme la « grande grève des dix jours ».

La rapidité de cette renaissance s'explique. Les communistes étaient les seuls à prendre en charge le combat social et à l'organiser. Les syndicats officiels, à l'exception de la petite CFTC du Pas-de-Calais, s'étaient ralliés au régime. Ils vivotaient, tolérés par l'OFK dans la mesure où ils ne tenaient pas de réunions. Dans les houillères, les délégués trop dociles étaient méprisés et les dirigeants cégétistes (Priem, Legay) haïs parce que, comme Dumoulin, ils s'étaient convertis à la collaboration. Bref, en dehors du Parti, il n'y avait rien. Or la police se révéla incapable de briser son essor.

Comme en Belgique, l'occupant s'abstenait en effet de poursuivre les communistes. Ceux qu'il incarcérait lors d'un débrayage l'étaient, non en raison de leur appartenance, mais en tant que provocateurs de troubles. En général, il les relâchait ou les condamnait à des peines légères. On sait ce que cachait cette trompeuse clémence : les fichiers du SD étaient prêts. Ils servirent pendant la grève des mineurs.

Le 27 mai, la fosse 7 de Dourges cessait le travail pour protester contre la réintroduction des méthodes de rationalisation. Le mouvement s'étendit aux autres concessions d'abord lentement puis avec une rapidité foudroyante dès que l'occupant se mit à réprimer sauvagement. Il s'éteignit le 9 juin après avoir gagné tout le bassin. Pour en venir à bout, les autorités militaires avaient dû déployer un effort qui, de leur propre aveu, « ne pourrait être souvent renouvelé ».

Et l'opinion ne s'y trompa point qui interpréta l'événement comme la première action collective contre l'ennemi. « Jamais une grève ne fut si populaire », déclarèrent des jeunes communistes, émerveillés par la solidarité dont fit preuve la population.

Visiblement, la direction centrale du Parti fut dépassée par l'ampleur du succès dont elle chercha à réduire le sens. Alors que *l'Enchaîné du Nord* prétendait que les mineurs avaient voulu défendre leurs revendications et *rien d'autre* (souligné dans le texte), Lecœur et Hapiot insistaient dans la presse syndicale du Pas-de-Calais sur le caractère patriotique du mouvement.

Contrairement à ce qu'affirmait jusque-là la ligne orthodoxe, les ouvriers avaient en effet constaté que ce n'était pas l'occupant qui était au service des capitalistes en général et des houillères en particulier, mais bel et bien l'inverse. Et cette mutation est d'une importance capitale. Sans les listes fournies par les compagnies, les Allemands n'auraient pu arrêter 400 personnes puis en déporter 230 (le 20 juillet). Et ces listes établies à partir des rapports des ingénieurs de fosses et des gardes étaient tellement longues que les bourreaux choisirent des noms au hasard, pour accroître l'effet de terreur, sans être dupes de ce que les directions avaient profité de l'occasion pour se débarrasser d'employés innocents, mais réputés fortes têtes.

L'agression contre l'Union soviétique précipita les reclassements en cours. « 90 % de la population adhèrent au bloc antifasciste », avouait le sous-préfet de Béthune, tandis que les « cercles éclairés » se demandaient avec effroi « ce que deviendrait le pays sans la présence du vainqueur ». Pour le PCF cependant, commençait la période la plus noire de la guerre.

Après une tentative malheureuse de relance de l'agitation dans les mines, le Parti orienta l'essentiel de son action vers la lutte armée. Il se dota d'une structure militaire, l'« organisation spéciale » de combat, qui recruta ses adhérents parmi les Jeunesses communistes et les Polonais de la MOI, dont les cadres furent choisis parmi les activistes « bolchevisés » des années trente (Debarge).

Dans la nuit du 24 août, deux membres de la Wehrmacht étaient abattus à Marquette par des inconnus, deux autres à Lille par Eusebio Ferrari. Ce type d'attentats ne fut pas renouvelé jusqu'en 1942 à cause, semble-t-il, de l'émotion qu'ils soulevèrent chez les militants et au-dehors. (*L'Enchaîné* les attribua à des soldats allemands.) Les équipes OS, tout en continuant les sabotages, concentrèrent donc leurs coups contre les « renégats » de 1939, les ingénieurs ou porions trop zélés, les syndicalistes collaborateurs.

Mais voici qu'au début de 1942 Paris donne l'ordre de s'en prendre à nouveau directement aux Allemands. Dès lors, attaques de patrouilles et de postes de garde, grenadages des restaurants et cantines se succèdent. À eux seuls, le Nord et le Pas-de-Calais totalisent plus de la moitié des attentats commis en France occupée. Tout se passe comme si leurs auteurs répondaient à la traque croissante par une audace désespérée.

Car les autorités militaires ripostent par des méthodes de terreur et par une répression de plus en plus efficace. C'est en zone interdite que furent inaugurées les exécutions d'otages – elles précèdent d'un mois celles de Châteaubriant. Le décret des otages pris par Falkenhausen devance de vingt jours celui de l'OKW. Le 28 août, trois communistes étaient condamnés à mort par le tribunal militaire ; le 15 septembre, 5 otages étaient fusillés ; 20 autres, onze jours plus tard. Les charrettes continuèrent en 1942 : 85 victimes en mars et avril. À partir de mai, les otages ne furent plus mis à mort, mais déportés (plus de 200 en six mois). En revanche, c'est par fournées que les résistants, communistes ou non, régulièrement condamnés, furent à chaque coup dur passés par les armes (120 dans le Pas-de-Calais, durant le second semestre de 1942).

La lutte anticommuniste serait cependant restée inefficace sans le concours du pouvoir vichyste. Celui-ci installe en août 1941 une section spéciale de la cour d'appel à Douai et obtient en septembre la création d'un camp de concentration à Doullens. Ses forces de répression se révèlent à l'usage redoutables. L'installation en février à Lille d'un intendant de police permet de coordonner l'action dans les deux départements. Les effectifs se renforcent (6 000 policiers au début de 1943) et les services se spécialisent. Les résultats sont à la hauteur de l'effort. À part le réseau de « la Ménagère », toutes les autres structures du Parti ont été détruites par les forces françaises. Les groupes OS sont progressivement laminés en 1942. Ferrari est tué en février, Debarge, dont la tête a été mise à prix, en septembre. En novembre, Dumont que la direction parisienne avait envoyé dans le Nord « pour organiser les FTP » est capturé.

Au seuil de l'automne, le PCF est au plus bas. Son appareil clandestin a presque entièrement disparu, ses cadres les plus expérimentés sont tombés, il dispose dans le bassin d'à peine 500 militants sûrs. Mais il n'est pas isolé. Alors que les notables socialistes s'abîment dans la « gestion du malheur », il a gagné l'estime des couches populaires. Accablées, celles-ci semblent pour l'heure « apathiques », comme d'ailleurs l'ensemble de la population[12].

Le poids du quotidien et les reclassements de l'opinion, 1942-1943

En 1940, l'isolement et la peur de l'annexion avaient mobilisé les cœurs. Mais quand l'espoir se mua en certitude, commença alors l'interminable attente, parsemée de phases d'excitation et d'abattement.

En décembre 1941, l'entrée des États-Unis dans le conflit et la contre-offensive soviétique avaient engendré l'illusion que la guerre se terminerait en 1942. L'opération Torch alluma une deuxième flambée d'espoir que le piétinement

---

12. *Le Parti communiste de 1938 à 1941*, et *Les Communistes français de Munich à Châteaubriant,* Jean-Pierre Rioux, Antoine Prost, Jean-Pierre Azéma (dir.). Pour la période ultérieure, rapports de l'OFK et des préfets et AN AJ41/396 (otages), AN FIA/3751 (rapports à Londres), AN F7/14888 à 14909, F60/1510-1528 (répression).

des Alliés éteignit. Mais voici qu'en septembre 1943 l'Italie capitule et que Churchill promet de grands événements avant la chute des feuilles. La population crut dès lors à l'imminence d'un débarquement que le terrifiant bombardement du Portel transforma en une véritable psychose. Il y eut sur les côtes un début d'exode et les ménagères s'épuisèrent à constituer des stocks. Mais la nervosité décrut rapidement pour laisser place au désenchantement. « En ce début d'hiver 1943 que beaucoup espéraient passer dans la paix, la déception de l'attente trompée incline l'opinion vers un scepticisme désabusé… Ces ajournements successifs assombrissent le présent et l'avenir, chacun se replie sur lui-même » (préfet du Pas-de-Calais).

Cependant la lourdeur du quotidien pesait différemment sur les régions et sur les classes sociales. Incontestablement, les habitants de la zone côtière étaient les plus malheureux : bombardements journaliers, terroirs minés ou piqués de pieux, bas champs inondés, populations (hommes et femmes) requises aux travaux de défense et finalement expulsées (janvier 1944). L'agriculteur, s'il s'enrichissait, subissait directement le joug de l'occupant qui le harcelait pour ses livraisons non faites et lui prenait ses chevaux. Le citadin pouvait vivre sans jamais avoir affaire aux Allemands (du moins jusqu'au STO). En revanche, il souffrait de la faim. Cela était notamment vrai pour les couches populaires.

L'OFK 670, si elle veilla toujours à ce que les rations officielles de blé et de sucre soient supérieures à la moyenne nationale et inférieures à la moyenne belge, apparut, en revanche, incapable de réduire les achats massifs des troupes d'occupation et des contrebandiers. Avantagés par la surévaluation de leur monnaie, les fraudeurs belges mirent le pays en coupe réglée d'autant plus aisément que la frontière était mal gardée.

Particulièrement grave se révéla le déficit en viande, en lait et en corps gras que déjà avant la guerre le Nord-Pas-de-Calais importait.

Entre les prix réels et les salaires bloqués, l'écart ne fit que grandir. Les principales victimes furent les petits employés à traitement fixe qui ne bénéficièrent ni d'augmentations occultes ni de l'appoint des jardins et des cantines d'usines. Chez les ouvriers, la situation était aussi dramatique, encore qu'il existât chez eux des variantes. Les rémunérations des métallos eurent tendance à s'aligner sur les taux parisiens, alors que celles du textile restèrent très basses. Mais à l'exception de ceux qui s'embauchèrent dans les ateliers de la Luftwaffe et sur les chantiers allemands de construction, tous les travailleurs d'usines pâtirent des restrictions.

La guerre fut donc durement sélective, l'écart entre les riches et les pauvres se creusa, l'inégalité devant la mort et la morbidité s'élargit. Dans l'arrondissement de Béthune, le taux de mortalité infantile tripla en 1941-1942 et les cas de tuberculose progressèrent. À Lille, les visites médicales scolaires signalèrent que 20 % des élèves des écoles des quartiers populaires souffraient de rachitisme (3 % dans les campagnes). En 1942, une enquête de l'assistance sociale sur les avortements révéla que, contrairement à ce qu'on pensait, ce n'étaient pas les jeunes filles qui recouraient à cette pratique, mais les mères de famille nombreuse qui ne pouvaient se permettre d'avoir un nouveau rejeton.

Les malheurs du temps inspiraient aux autorités et aux partisans du régime un discours pessimiste. Frappés par la prolifération des délits sociaux que le droit et la jurisprudence avant la guerre ignoraient, ils y voyaient le signe de la désagrégation de la communauté et la confirmation de la déchéance morale du pays. Partout régnaient le système D, l'incivisme et l'égoïsme de classe. Le préfet Carles n'avait pas de mots assez durs pour dénoncer l'âpreté au gain des commerçants et des cultivateurs. De son côté, la *Propaganda* aimait décrire la masse de la population comme étant sans relief et incapable de s'enthousiasmer pour autre chose que les succès des équipes de football locales. En quatre ans, le nombre des joueurs avait triplé, celui des clubs doublé. C'était là, disait-elle, une tendance qu'il fallait encourager « en donnant à la presse sportive toutes facilités ».

Irriguée par les capitaux du marché noir, la métropole lilloise possédait un dense réseau de restaurants de luxe, de bars et de boîtes de nuit.

Le cinéma demeurait le premier loisir populaire. Étudiants et lycéens désertaient les cours pour le fréquenter, à la grande fureur du recteur. Les jeunes ouvriers s'y rendaient en bandes, le dimanche et en semaine. Le reste du temps libre, ils le passaient au café à jouer aux fléchettes et au petit foot. Quand ils ne couraient pas les bals clandestins !

Les censeurs pleuraient sur la perdition de la jeunesse et sur l'abdication des parents. Dans les mines et les zones industrielles, le dévergondage des mœurs devenait effroyable. À Roubaix, l'on avait recensé quinze cafés-bordels. Les enquêtes de la JOC confirmèrent la noirceur du tableau, à cette nuance près qu'elles soulignaient aussi les qualités du milieu ouvrier : une solidarité sans faille, le réveil du patriotisme « bien qu'il ne soit pas pur » (on casse l'outil de production), l'attachement aux valeurs familiales (celles-ci très menacées)[13].

Cependant, à partir de l'hiver de 1942, le ton des discours officiels change : ce n'est plus l'indolence de la jeunesse qui inquiète, mais plutôt sa politisation.

Avec la relève puis l'instauration du STO, les piliers du pouvoir vichyste se désagrégèrent. Les prélèvements de main-d'œuvre pesèrent très lourdement sur le Nord, tant les besoins allemands étaient grands. Aux exigences de Sauckel s'ajoutèrent en effet celles d'une organisation Todt de plus

---

13. Sur le poids du quotidien : rapports sur la zone côtière, cabinet du Maréchal AgII 517, 613 ; René Lesage, « Occupants et occupés dans le Haut Pays d'Artois » *in* Bulletin MEMOR, n° 7, juin 1987.

À propos des conditions sanitaires et de vie : enquête allemande sur la santé des mineurs AN AJ40/66 ; enquêtes préfectorales ADN 1590/38W ; enquêtes de la 1re région économique sur les ouvriers du textile (n. c1), *L'Écho médical du Nord ; Études et conjonctures* ; ministère de l'Information : note sur les conséquences des restrictions alimentaires sur l'état sanitaire de la France, janvier 1945. À propos du marché noir : ADN IW1608, 2039, C2GB T501-95, 108. Loisirs et moralité : enquêtes de « Bourgeoisie chrétienne » et de la JOC, archives diocésaines de Lille 4K112 et 12K123.

en plus vorace qui utilisait dans ses chantiers, outre les requis autochtones, des déportés juifs, des détenus belges, hollandais, soviétiques et italiens. Quand commença, au milieu de l'année 1943, la construction des ouvrages destinés aux armes spéciales (Eperlecques, Wizernes, Mimoyecques, Siracourt), l'OFK n'eut d'autre solution pour satisfaire ses nouvelles demandes que de racler le fond des prisons, puis de taxer les communes à raison de deux têtes par mille habitants. Mais ses ordres se heurtèrent à un mauvais vouloir général. Maires, industriels, médecins, inspecteurs du travail et gendarmes s'ingénièrent à les saboter. Surtout les organisations clandestines étaient devenues assez fortes pour prendre en charge les réfractaires en les dotant de cartes de pain et de papiers d'identité [14].

Paradoxalement, l'on assista en décembre 1943 à un retour d'affection envers la personne du Maréchal. « Il semble, notait le sous-préfet de Béthune, qu'un frisson ait parcouru l'arrondissement quand se propagèrent les rumeurs de son départ, comme si l'on reculait devant un inconnu redoutable. » C'est à cette époque (et non en 1940) que s'établit le mythe Pétain, celui du protecteur maintenu au pouvoir contre son gré, du réconciliateur, souffrant de voir ses enfants s'entretuer. Cette résurgence est évidemment à relier à la peur que les évêques et les couches supérieures menacées éprouvaient devant la montée en puissance des communistes à l'intérieur de la Résistance.

---

14. Sur les prélèvements de main-d'œuvre de 1940 à 1944 : archives de l'*Arbeitseinsatz* : AN AJ40, 98, 109, 118, C2GB : T501-102, 104, 105 ; archives de la *Rüstung-Inspektion*, C2GB T77/1209, 1213-1215 ; négociations franco-allemandes : Imperial War Museum FD/3040-3049 ; réfractaires F7/14880, 14888 ; chantiers Todt : AD PdC 260/484 et Danièle Delmaire, « Les camps de juifs dans le nord de la France », *in* Bulletin MEMOR, n° 8, déc. 1987.

L'essor de la Résistance

Comme en 1914, les premiers résistants furent des passeurs d'hommes, des agents de renseignements et des créateurs de journaux.

En 1940, la tâche la plus urgente consistait à sauver les soldats alliés qui se cachaient un peu partout chez l'habitant et à les amener en zone libre où, faute de contacts, on les confiait souvent aux bons soins des consuls américains.

En 1941, quand les services belgo-britanniques les intégrèrent, ces réseaux locaux (« Action 40 », « Caviar ») se spécialisèrent dans le sauvetage des pilotes abattus. Activité périlleuse. En janvier 1941, l'Abwehr se vanta d'avoir arrêté une quarantaine de passeurs en six mois.

Ces premiers résistants entendaient aussi remonter le moral des populations. Il serait impossible de recenser les tracts et écrits du début que l'on se passait de main en main. Citons parmi les journaux qui durèrent : *La Voix de la nation* distribuée à Roubaix pendant plus de deux ans, *L'Homme libre* créé en octobre 1940 par A. Laurent et J.-B. Lebas, qui plus tard se mua en *IV*[e] *République*, *Les Petites Ailes* d'Yves Mulliez dont les sympathies pétainistes seront combattues par Henri Duprez dans la *Vraie France*. On sait l'importance de *La Voix du Nord*. Lancée en mars 1941 par le démocrate chrétien Natalys Dumez et le socialiste Jules Noutour pour lutter contre les menées séparatistes, elle donna naissance à un mouvement qui se dota en 1944 de groupes de combat. Parce qu'elle était bien informée et se voulait au-dessus des querelles, les résistants des autres formations aimaient la lire et la considéraient comme un instrument de liaison. Ils contribuèrent à élargir sa diffusion (15 000 exemplaires).

En 1942, de nouveaux réseaux s'installent, d'évasion ou de renseignements, sous commandement polonais (« F2 »), français (« CND-Castille », « Bordeaux Loupiac ») ou britannique (« Alliance », « Comète »). Au début de décembre arrive à Lille le capitaine Michel Trotobas, de père français et de mère irlandaise. Il a reçu mission du SOE de construire dans la région un réseau d'action. Après des débuts difficiles (la perte de ses moyens radio), il réussit à constituer des équipes nombreuses et bien entraînées. Il est vrai que le prestige du chef sur ses hommes est immense. Il leur impose une discipline de fer, exige d'eux le serment de mourir plutôt que de trahir. Les coups qu'ils portent à la machine de guerre allemande sont très durs et bien ciblés : trains de munitions et d'essence qui sautent, sabotages aux usines de Fives-Lille, de Ronchin (radars), aux distilleries de Fressin. Le 27 novembre 1943, le capitaine Michel est surpris chez lui et abattu. Un moment en veilleuse, le réseau « Sylvestre-Farmer » renaît sous l'impulsion du commandant Dumont et il participe activement aux combats de la Libération.

Il était une autre formation que l'occupant redoutait : l'OCM dont il disait qu'« elle était sans aucun doute la mieux structurée, la plus fortement armée et qu'elle recrutait parmi toutes les couches de la population ». On y trouvait en effet non seulement des représentants de la « bourgeoisie nationale », mais aussi des socialistes qui lui donnèrent, dans le Pas-de-Calais, une coloration de gauche (Guy Mollet *alias* Laboule, Jacques Piette *alias* Personne qui assuma des charges nationales).

Le mouvement s'était incrusté dans la région en 1942 après la rencontre, le 4 juillet, des « quatre amis d'Arras » (Farjon, D'Hallendre, Delassus, Scaillerez). Les progrès furent rapides. Quand Passy rencontra à La Madeleine, le 6 juillet 1943, ses principaux dirigeants, il fut impressionné par l'ampleur des résultats. À l'exception du bassin et des nébuleuses industrielles que les FTP dominaient et de la Flandre intérieure (une tache blanche), l'OCM était partout implantée. Elle avait créé son propre réseau de renseignements (« Centurie »), ses détachements pratiquaient les sabotages stratégiques, exécutaient les délateurs, aidaient les prisonniers soviétiques à s'échapper des chantiers côtiers (les communistes faisaient de même dans les mines). Non sans raison, l'OFK la considérait comme l'embryon de la future armée secrète. C'est elle en effet qui assurait notamment les liaisons avec Londres par Lysander.

Cependant la répression allemande ne chômait point.

Le second semestre de 1943 fut pour les mouvements et pour les réseaux une période tragique. *La Voix du Nord* subit en quelques mois une série d'arrestations qui enrayèrent la parution du journal (3 numéros après novembre) et décapitèrent ses groupes armés. Pour l'OCM, ce fut pis encore. La découverte d'un dépôt d'armes près de Douai, puis la coordination des enquêtes menées à Paris et à Arras aboutirent en juillet à une cascade d'arrestations. Celle de Farjon, en octobre, entraîna la dislocation du mouvement. Un mois plus tard, le réseau « Alliance » tombait à son tour. L'hécatombe s'explique par le défaut de cloisonnement. Trop de résistants se dépensaient dans des tâches diverses, œuvrant à la fois dans des filières d'évasion et des circuits de propagande, quand ils ne militaient pas en famille. En outre, la croyance en un débarquement proche les incitait à prendre des risques.

Le Parti communiste ne fut pas épargné par les répressions (arrestations de Calais et d'Arras), mais sa structure triangulaire l'aida à limiter les pertes et ses réserves lui permirent de les compenser[15].

Laminé à l'automne de 1942, le PCF avait profité de l'hiver pour se reconstituer sur de nouvelles bases. Encore maigrelette au printemps de 1943, son activité jaillit pendant l'été, débordante et irréductible. Plusieurs facteurs expliquent la vigueur de son redressement.

Attaquée jusque dans ses commissariats (Beuvry), la police française baisse les bras. Constatant qu'ils ne peuvent plus « se fier aux forces indigènes pour traquer les terroristes », les services répressifs allemands agissent seuls. Mais leurs coups ne parviennent pas à détruire l'organisation où les règles de sécurité sont dorénavant strictement observées.

1943, c'est aussi l'époque où les comités du Front national

15. Sur la Résistance, se reporter aux dossiers établis par les correspondants de l'ancien Comité d'histoire de la Deuxième Guerre mondiale (Michel Rousseau pour le Nord, colonel Lhermitte pour le Pas-de-Calais) qui ont été déposés aux Archives nationales. Voir également ADN W 178, 185, 408, 699 ; AD PdC 12407, M 5103 ; AN FIA 3751 (rapports au GPRF).

s'étoffent et où grossissent les rangs des FTP. Ceux qui les encadrent sont en général de jeunes militants qui se sont sentis peu concernés par le pacte d'août 1939. Car le Parti attire, le sang de ses martyrs l'auréole. Il ne vitupère plus les socialistes, mais prône le pardon des injures, la réunification syndicale, la lutte sans merci. Il profite aussi de l'estime grandissante que l'opinion porte à l'Armée rouge dont les succès contrastent avec les piétinements lassants des Alliés en Italie.

Autre contraste avec 1942, le PCF est maintenant capable de mener de front action armée et action de masse, de multiplier les attentats et d'impulser des grèves.

Le 10 octobre, éclata la deuxième grande grève des mineurs. Aussi longue et dure que la précédente, elle en diffère sur trois points. D'abord elle fut nationale, ensuite ingénieurs et maîtrise la soutinrent, enfin les « confédérés » participèrent à sa préparation afin de ne pas laisser aux communistes le bénéfice de l'affaire.

Car la SFIO s'inquiétait du renversement de tendances qui s'était opéré dans le bassin à son détriment. Ce n'est pas un hasard si ses résistants dispersés tentèrent de se regrouper dans Libé-Nord. La libération approchant, les enjeux politiques prenaient de plus en plus d'importance. On en discutait dans les comités de libération. Celui du Nord, installé par Francis Closon le 6 novembre 1943, disposait d'une majorité non communiste, alors que dans le Pas-de-Calais la représentation du Parti et de ses organes multiplicateurs égalait celle des socialistes et démocrates chrétiens. Cependant les querelles qui surgirent à propos des mairies ou du partage des journaux trouvèrent toujours leurs solutions. Elles ne remirent pas en cause l'union et la fraternité d'armes.

La Libération

À partir du printemps de 1944, la population vécut dans une attente névrotique du débarquement dont chacun était persuadé qu'il aurait lieu sur les plages du détroit. Elle l'espérait et le redoutait à la fois. Le 1er avril, en représailles d'un sabotage, la division SS Hitlerjugend massacra à Ascq 86 habitants, un crime que le général Bertram excusa en déclarant que le nombre des victimes était infime comparé à celui des bombardements alliés quotidiens (plus de la moitié du tonnage déversé sur la France).

La nouvelle du débarquement fut accueillie avec joie. Aussitôt la Résistance se lança fébrilement dans la bataille, mais après l'anéantissement, le 11 juin, de trois compagnies FTP à Bourlon, limita son action à une guerre d'escarmouches et à des sabotages logistiques.

En quatre jours, du 1er au 4 septembre, les Anglo-Canadiens et les Américains délivrèrent la région, à l'exception des ports (Dunkerque ne capitula que le 9 mai 1945). La rapidité de leur avance, la discipline avec laquelle les comités de Libération obéirent aux consignes du commissaire de la République et des nouveaux préfets, expliquent que la légalité républicaine fut rétablie dans la région sans troubles graves. L'épuration, en revanche, provoqua par ses équivoques une terrible crise morale dans les classes populaires. Car le réquisitoire ouvrier portait moins sur les forfaits politiques ou les délits économiques que sur les fautes commises à l'intérieur des entreprises. Entendons par là : la dureté croissante des relations de commandement, les amendes et sanctions arbitraires, la réduction des conventions collectives et des conquêtes de 1936, bref les différentes formes de la réaction patronale, dont l'origine remontait à novembre 1938 mais qui s'était poursuivie et durcie pendant l'Occupation, si bien que la main-d'œuvre associa tout naturellement délit social et délit de trahison. Cela fut particulièrement le cas dans les mines où les compagnies avaient combattu la dégradation des conditions d'exploitation en demandant toujours plus au rendement humain. Mais ce type de griefs n'entrait pas dans la définition légale du crime de collaboration. La commission d'épuration des houillères prononça en tout et pour tout 42 sanctions dont 2 licenciements et 18 suspensions. Le monde ancien survécut dans les structures nouvelles. La déception fut immense. Les grèves de 1947-1948 lui durent en partie leur violence.

Ambivalences culturelles (1940-1941)

Jean-Pierre Rioux

A-t-il à tout jamais décidé de se taire
Quand la douceur d'aimer un soir a disparu
Le phono mécanique au coin de notre rue
Qui pour dix sous français chantait un petit air ?

Ces vers modestes d'un cantique d'Aragon à Elsa, fredonnés dans *Poésie 41*, disent assez bien ce que fut ce temps d'interrogations, ponctué de fidélités, de latences et de frissons. En mai de la même année 1941, au milieu des toiles exposées par vingt jeunes peintres « de tradition française » à la galerie Braun, à la barbe des Allemands, *La Messe de l'homme armé* de Bazaine a croisé, elle aussi, les rouges de l'angoisse et les bleus de l'héritage. Néanmoins, le mois suivant, l'exposition « La France européenne », gorgée de publicité nazie, remporte un assez net succès au Grand Palais. Quand vient l'automne, les nouveautés américaines, *Citizen Kane*, *Le Faucon maltais* ou les Marx Brothers, restent toujours bannies des écrans français, mais *Le Juif Süss* a été boudé alors qu'on a beaucoup aimé *L'Assassinat du Père Noël* de Christian-Jaque, ou *Premier Rendez-vous* de Decoin. Les gros bras du PPF de Doriot ont fait interrompre les représentations des *Parents terribles* de Cocteau, des plumitifs et des artistes en mal de collaboration ont pris le train pour Weimar ou Berlin, ces Messieurs en vert-de-gris se réservent la découverte parisienne d'Élisabeth Schwarzkopf. Mais dans la quiétude du quartier de la Pitié, un imprimeur tire déjà, page à page, *Le Silence de la mer* que publieront bientôt les clandestines Éditions de Minuit de Pierre de Lescure et Vercors.

Tout est ainsi jeté pêle-mêle en pâture : les éructations antisémites de Céline dans *Les Beaux Draps*, les premiers « Que sais-je ? », *L'Officier sans nom* de Guy des Cars, *Bonsoir jolie madame* de Charles Trenet et un festival swing à Pleyel, *Le Coq* de Brancusi et les premiers livres de l'éditeur Robert Laffont à Marseille, la mode « zazou » et la relecture des *Châtiments*. Pour ceux qui ont un bon antiparasite sur leur poste de radio, une voix de Londres persuade déjà, sur l'air de la *Cucaracha*, que « Radio-Paris ment ». Des V vengeurs fleurissent dans les pissotières et sur les palissades, les chansonniers font salle comble à Montmartre, tandis qu'on inaugure en grande pompe collaboratrice au palais Berlitz une exposition « scientifique » sur *Les Juifs et la France*. Tout mitonne donc dans un grand clapotis hivernal de consommations culturelles dont les Français raffolent. Mais tout, déjà, est peut-être promesse d'autres hiérarchies et d'engagements autrement réfléchis.

La mise au pas

Une chape de plomb, pourtant, étouffe toujours la vie de l'esprit. Et d'abord parce que les Allemands vainqueurs n'ont eu de cesse que l'« impérialisme culturel » de la France soit bientôt brisé, pour mieux affermir un jour par contraste la gloire européenne d'une nouvelle culture nazifiée dont l'épicentre ne pourrait être qu'à Berlin. Leurs services, il est vrai, s'épuisent à la tâche et parfois se neutralisent dans leur hâte à tout mettre au pas. Dès la fin de l'été 1940, il était clair, par exemple, qu'Otto Abetz, l'ambassadeur du Reich à Paris, bien introduit avant la guerre dans les milieux culturels français, entendait engranger sans rien brusquer les fruits de son entregent et cantonner la *Propaganda Abteilung* (section de propagande pour toute la France occupée) et la *Propagandastaffel* de Paris dans un strict rôle de censure. Cette intervention qui se voulait habile ne fut au goût ni de Goebbels, grand prêtre de la propagande à Berlin, ni du grand commandement de la Wehrmacht, ni de la police politique nazie.

Bien vite, l'imbroglio se noua, avec rivalités entre « experts » et échange de notes aigres-douces, jusqu'à ce qu'un *modus vivendi* soit accepté à l'été de 1942. Malgré cette cacophonie temporaire, l'occupant entend suivre néanmoins une politique aussi raide qu'humiliante, qui exclut les indésirables de la production culturelle, verrouille les grands moyens d'information et piétine la liberté d'expression. Mais sans pour autant imposer systématiquement ses propres modèles culturels. Car l'essentiel, à ses yeux, est moins d'embrigader ce bas peuple « latin », dont l'apport culturel à la Grande Europe sera en toute hypothèse fort mince, que d'éviter les troubles dans la population en assurant un bon maintien de l'ordre. Étouffer la voix de la France et abandonner les Français à leur médiocrité latente : voilà, à défaut de stratégie d'avenir, sa tactique à court terme. Elle mêle autoritarisme, temporisation et dédain.

En matière de presse écrite, tout est simple, sinon efficace, puisque les quotidiens et les hebdomadaires nationaux non repliés en zone sud acceptent sans barguigner les subventions d'Abetz, sont gérés par des hommes de confiance de l'ambassade et obéissent scrupuleusement aux censeurs. *Le Matin* de Bunau-Varilla, *L'Œuvre* de Déat, *Le Cri du peuple*, de Doriot, *Les Temps nouveaux* de Luchaire et, surtout, *Au Pilori* et *Je suis partout* sont ainsi devenus en kiosque les chantres de la collaboration et les supports de l'idéologie des vainqueurs. Une version en français de l'hebdomadaire nazi *Signal* complète la panoplie. Pour la radio, même scénario : Radio-Paris est le micro de l'occupant et des collaborationnistes, mêlant diatribes contre la mollesse de Vichy et couplets gutturaux sur l'Europe nouvelle, avec en fond sonore les grands orchestres symphoniques allemands et les variétés d'un Raymond Legrand ou d'un André Claveau ; à Rennes, Radio-Bretagne est aux mains conjointes de techniciens allemands et d'autonomistes du cru.

Le traitement des livres a été aussi expéditif. Dès le 1er juillet 1940, le bureau de presse allemand surveille les éditeurs et les libraires, la police farfouille dans les dépôts d'archives et met la main sur les livres d'auteurs juifs et francs-maçons. À partir de décembre, le lieutenant Gerhard Heller, assuré de la complaisance du Syndicat français de l'édition – fort soucieux de signer avec l'occupant, selon la formule de Bernard Grasset, un « armistice de l'esprit » – ordonne la mise au pilon des ouvrages d'émigrés allemands hostiles au IIIe Reich et fait appliquer les exclusions de la liste Bernhard, puis de la première liste Otto de septembre 1940 (une seconde suivra en juillet 1942). Plus de 1 200 titres « qui ont systématiquement empoisonné l'opinion publique française » sont ainsi raflés puis interdits de catalogue, de retirage, de vente et de prêt. Parmi les auteurs visés, tous les Juifs repérés, Freud et Karl Marx, Thomas Mann, Vicki Baum et Trotski notamment, les opposants politiques et une kyrielle de Français douteux, de Julien Benda à Edmond Vermeil. En juillet 1941, les livres d'auteurs anglo-saxons postérieurs à 1870 sont interdits à leur tour par la *Propaganda*.

À la scène et à l'écran, l'épuration et la « déjudaïsation » ont été encore plus vigoureuses. Avec l'aide du Comité du spectacle et du Comité d'organisation des industries du cinéma créés par Vichy à l'automne de 1940, l'aryanisation y est achevée à l'été de 1941. Sévère mise à jour du répertoire et des films, surveillance des directeurs de salles, exclusion des acteurs juifs, saisies et destructions de bobines, mises sous scellés des filiales des *majors* de Hollywood, privilèges accordés aux producteurs et aux distributeurs allemands, coupures ou réinterprétations des scènes « douteuses », exhortations réitérées à l'État français d'avoir à procéder au même balayage en zone sud : tout – très au-delà, on le voit, d'une censure banale sur des manuscrits et des scénarios, où censeurs allemands et vichystes peuvent se partager la tâche – fut mis en œuvre pour purifier ces arts spectaculaires.

On pourrait multiplier sans peine les exemples d'interventions de ce type dans d'autres domaines. Tous démontrent à l'envi que l'occupant n'entend tolérer aucun désordre sur le front culturel et qu'il presse Vichy d'avoir, pour sa part, à lui emboîter le pas en hâtant l'avènement de sa propre

Révolution nationale. Son ambition tient dans un mélange de revanche, de propagande et de mépris : priver d'abord la France de tous moyens de rayonnement européen, lui exposer à l'occasion la force de la culture nazie, tout en lui abandonnant la charge de distraire les éléments de la Wehrmacht qui viennent chercher sur son sol le repos du guerrier, avec Montmartre et la tour Eiffel pour premiers havres. Pendant deux ans, de l'été de 1940 à celui de 1942, ces trois constantes sont imposées sans grande peine, mais dans une indifférence grandissante de l'opinion moyenne. Il faudra attendre la fin de l'année 1943 pour qu'un envoyé des services de sécurité de Berlin admette, entre autres camouflets, que l'épuration traîne, que les universitaires sont hostiles à 80 %, que les collaborateurs sont médiocres et mal soutenus, qu'on écoute beaucoup trop la BBC. Bref : que la « rééducation des Français à la pensée allemande » tarde toujours.

On n'oubliera pas également que les contraintes matérielles nées de l'Occupation ont fortement joué, en axphyxiant maintes activités culturelles. Avec l'aide de Vichy et de ses comités d'organisation par branches professionnelles, stocks et matières premières prennent le chemin de l'Allemagne. En 1942, par exemple, les contingents mensuels de papier pour la presse et l'édition représentent 15 % de ceux de 1938. Faute d'électricité, des théâtres jouent à ciel ouvert pour profiter du jour. Le cinéma manque de pellicule et les peintres de couleurs. Débrouillardise et marché noir pallient très difficilement ces privations dont la cascade renforce encore chez les occupés un fort sentiment de frustration.

Les « renaissances » vichystes

Vichy n'a rien fait pour desserrer l'étau. Piégé par les clauses de l'armistice, aiguillonné de la voix et de la plume par les collaborateurs parisiens, le régime du Maréchal a, de fait, bien servi l'occupant en jouant activement son propre rôle culturel, en tentant d'imposer la fiction de sa souveraineté sur la zone nord en bonne collaboration avec lui, en surveillant activement le reste du territoire national démembré. Mieux : en ménageant un espace culturel français spécifique et promis à une régénération, où l'Allemand croit pouvoir vivre en toute quiétude. Il aborde donc abruptement lui aussi le domaine de la culture, en censurant et excluant d'abord, mais sans renoncer à rebâtir sur les décombres. Surveillance stricte et espoir d'un renouveau se mêlent dans le volontarisme de sa révolution culturelle, mais la politique d'ordre moral et d'ordre tout court fait prime.

Sa censure n'est pas un vain mot. Elle s'exerce d'abord sur toute la presse, largement repliée en zone sud. Fermement affiché par Paul Marion, qui dirige l'Information depuis février 1941, l'objectif est clair : donner au pays des journaux « toujours à la disposition de l'État », sur modèle allemand ou italien. Un Office français d'information, né en novembre 1940 de la nationalisation de l'agence Havas, filtre puis distille les nouvelles, y compris en zone occupée. Les censeurs transmettent quotidiennement les consignes d'orientation aux rédactions, ils signent les interdictions et interviennent parfois jusqu'au marbre. Tout l'appareil d'État, préfets en tête, est de surcroît mobilisé au service de la diffusion de la seule vérité officielle. Les attributions de papier sont en outre une forme très efficace de censure ou d'autocensure. Un Service central photographique, installé en juillet 1941, coordonne de son côté la production et la diffusion des seuls documents autorisés dans les journaux et l'édition. À la fin de l'année, l'écran est à son tour définitivement sous contrôle : un directeur des services du cinéma supervise les synopsis et fait délivrer les visas de production et d'exploitation. La radio enfin, pourvue elle aussi d'une direction générale, voit ses informations tout aussi sèchement sélectionnées.

Ce dispositif serré de contrôle est doublé, comme dans la zone occupée, par l'action des comités d'organisation qui gèrent la pénurie des matières premières. Ils se flattent de finasser un peu à l'occasion avec toutes les autorités, mais, de fait, ils surveillent eux aussi de très près les métiers de la communication, de l'art et du spectacle en procédant aux épurations des Juifs, des francs-maçons et des communistes, en refusant de leur attribuer une carte professionnelle.

L'application des Statuts des Juifs du 3 octobre 1940 et du 2 juin 1941, puis de la loi du 22 juillet 1941 qui rivalise en zone nord avec les Allemands sur l'aryanisation des entreprises, multiplie en outre les mises en vente ou en gérance, les confiscations et les séquestres de biens juifs : dans l'édition, par exemple, Gedalge, Ferenczi, Cluny, Nathan et Calmann-Lévy sont démembrés à ces titres. Dans les universités et les établissements scolaires, la même vigilance est à l'œuvre. Tant de brutalité, on l'imagine, n'est au service d'aucun projet culturel : il s'agit d'encadrer la société et de lui imposer l'ordre nouveau. Ce recours sans phrases à la force sera d'ailleurs mis au service d'une politique plus franchement collaboratrice encore après le 17 avril 1942, quand Laval, revenu au pouvoir, marginalisera Marion et s'en tiendra à une gestion tatillonne de la seule arme qui lui reste : la censure.

Néanmoins, la Révolution nationale a tenté pendant au moins deux ans d'exhiber ses mérites culturels. Il s'agit pour le régime d'emporter ainsi au plus vite la conviction de l'opinion, en dépassant la simple fidélité à la personne du Maréchal, en redoublant l'usage autoritaire d'une propagande moderne par une adhésion massive au provincialisme des valeurs vichystes ; de former les cadres aguerris, choisis dans les sources vives de la jeunesse, qui assureront bientôt la régénération morale du pays ; de combler aussi le vide idéologique de cette révolution par un recours aux traditions « françaises » et un encouragement au dolorisme ambiant, cet indispensable prélude au renouveau. Si bien que les constructions culturelles de Vichy ont toujours deux faces complémentaires : enraciner les idéaux de l'ordre nouveau et épouser des initiatives pour mieux les encadrer.

Ces ambitions ne peuvent pourtant se traduire dans les faits que par un volontarisme limité : le pays est trop chancelant pour qu'on puisse songer à lui administrer des médications culturelles trop fortes. Ainsi la création est-elle cantonnée dans les langueurs de l'éternel retour et les arrière-pensées très réactionnaires du pouvoir la tiennent à l'écart des hardiesses. On ne s'étonne pas, dès lors, de voir échouer piteusement les quelques tentatives pour promouvoir dans les arts plastiques un nouvel « art Maréchal » qui rehausserait en couleurs et en modernisme les dessins consciencieusement envoyés au Maréchal par les enfants des écoles. Et pas davantage de n'enregistrer au théâtre qu'une seule pièce ouvertement antisémite, celle du médiocre Alain Laubreaux, le critique dramatique de *Je suis partout*, qui commettra dans l'indifférence générale ses *Pirates de Paris* à l'Ambigu en avril 1942. Même dans l'art de masse majeur, le cinéma, la glorification du chef et de la race ne fait guère florès dans la production française, et les thèmes obligés sur la fécondité des terroirs ou les effets pervers de la démocratie ne sont guère plus visibles qu'au temps du Front populaire.

Dans plusieurs autres domaines, les résultats ne sont pas davantage à la hauteur de l'espérance. Ainsi, Vichy a lancé une grande politique sportive d'aide aux associations et aux fédérations, confiée à Jean Borotra, commissaire général de juillet 1940 à avril 1942, et renforcée par un développement de l'Éducation générale et sportive dans tous les établissements scolaires. Il s'agit de rendre au pays sa forme physique perdue, d'assainir enfin la jeunesse, de développer chez elle le sens de l'action, l'altruisme et le goût de l'effort collectif, de conforter le patriotisme par l'élan des corps. De fait, la pratique sportive est en net progrès (en 1942, le sport universitaire et scolaire a 47 000 adhérents contre 17 000 en 1938 ; la Fédération de football compte 294 000 licenciés contre 188 000, celle d'athlétisme 46 000 adhérents contre 26 000), les activités de pleine nature (canoë, cyclotourisme, vol à voile, alpinisme, ski ou plongée) fleurissent partout. Le sport est désormais devenu affaire d'État et la « gym » est définitivement installée à l'école grâce à cet effort pétainiste. Mais cet essor est bien plus dans le droit-fil de la politique de Léo Lagrange au temps du Front populaire – dont Borotra d'ailleurs ne se privera pas de célébrer la hardiesse – qu'héritier actif des vertus pétainistes. Au reste, les méfaits de la sous-alimentation et de la malnutrition affaiblissent bien vite ces jeunes corps qu'on promettait à la discipline de soi et qu'on dévouait au bien commun. Le régime cherchait à embrigader, mais son idéal n'est pas à la hauteur de son activisme : Vichy contribue à développer le sport de masse sans parvenir autant qu'il le souhaitait à apposer son sceau sur cet essor.

On trouverait les mêmes ambivalences chez plusieurs autres groupements régentés par le secrétariat général à la Jeunesse de Georges Lamirand. La très officielle École des cadres d'Uriage, par exemple, conçue à l'origine pour être le foyer d'une communauté aristocratique de futurs chefs liés par l'honneur de servir et tout dévoués à la patrie et au chef de l'État, se prend peu à peu à développer un humanisme révolutionnaire fortement teinté par le personnalisme de Mounier et prend ses distances avec le régime, avant d'afficher son hostilité à la politique de Laval en 1942. L'association Jeune France, née en novembre 1940 avec les écoles de cadres et animée à l'origine du même esprit, multiplie les études et les expérimentations plastiques, musicales, littéraires ou théâtrales, ouvre des centres dramatiques et installe de jeunes troupes en province. Ses ambitions et ses réussites débordent bientôt elles aussi du cadre vichyste qui les abritait : elle doit cesser ses activités dès mars 1942, après avoir aidé à s'épanouir maints talents qu'on retrouvera au tout premier plan de la scène culturelle après la Libération.

Seul le folklore est constamment sollicité, et sans difficultés majeures, parce que ses attendus agrariens et régionalistes cadrent trop bien avec les thèmes fondateurs de la Révolution nationale pour que Vichy se prive du ressort de ses trésors. La Corporation paysanne se met en branle et convie à lier la gerbe des vertus ancestrales. Des organismes de recherche sont mis à contribution, et d'abord le musée des Arts et Traditions populaires, projeté dès 1935 et dirigé par Georges-Henri Rivière. Dans les provinces, des commissions de propagande s'appuient sur des folkloristes et des érudits locaux vieux ennemis de la République. Des ouvrages, des films, des émissions radiophoniques, des causeries, des expositions, des fêtes agrestes et des pèlerinages, des leçons dans les classes, des thèses érudites et des découpages de carton pour les bambins disent la richesse de l'antique et immuable civilisation française, la vertu du tour de main des métiers « de France » et la sagesse proverbiale des ruraux, tandis qu'on restaure les moulins à papier auvergnats chantés par Henri Pourrat, qu'on fait réapprendre les comptines et les danses indigènes, qu'on flatte parlers et dialectes locaux. Il s'agit bien de retrouver le socle de la France et d'honorer son génie ethnique en chaussant les sabots, loin des miasmes urbains si contagieux et des revendications délétères du monde industriel. En novembre 1941, le premier numéro de *Corrèze*, une revue fille de la commission limousine de propagande, résume la philosophie générale de ces bergeries, qui n'émeuvent qu'en surface : « J'aime mon village plus que ton village ; j'aime ma province plus que ta province ; j'aime la France plus que tout. »

Mais cet amour ne mobilise pas en profondeur parce que le régime de Vichy, à l'évidence, n'a pas le cuir assez totalitaire pour se permettre de lancer l'ambition d'un homme nouveau trempé au feu d'une création et d'une idéologie de fer. Son action culturelle tranche très petitement sur le volontarisme nazi qui, lui, se veut porteur de nouveautés et de ruptures. C'est pourquoi elle joue sur les seuls registres qui conviennent à son autoritarisme et à son souci de collaboration : l'enracinement supposé salvateur dans une vision stéréotypée de la tradition nationale ; une mise en condition des masses qui ne se donne pas les moyens révolutionnaires du viol des foules et se contente de faire piétiner le pré carré des sentiments authentiques ; un populisme niais. C'est insuffisant pour convaincre et entraîner.

Et d'autant moins que la Révolution nationale, si réactionnaire soit-elle, intervient dans un temps de déchirure du tissu social et des idéaux qui eût mérité d'autres hardiesses. Tant et si bien que, privée de projet novateur, la culture-Maréchal s'enferme plus qu'elle ne dit dans des continuités avec l'avant-guerre dont elle croit baptiser et régénérer la force, alors qu'elle se contente de l'épouser. Les historiens du culturel n'ont rétrospectivement pas eu grande peine à repérer combien ses « renaissances » et ses sursauts, ses appels à la tradition et son esthétique patrimoniale, son recours aux mouvements culturels de type associatif, sa volonté d'accompagner une popularisation des pratiques, ses révérences à la jeunesse sont dans le droit-fil de programmes régénérateurs déjà exprimés dans les années trente et tout particulièrement à l'heure du Front populaire. Ces continuités sont même si nettes qu'elles contribuent à émousser les effets de rupture que le ressourcement culturel et l'activisme réglementaire du régime souhaitaient amplifier.

Vagabondages de masse

Ce temps de guerre a donc décuplé les volontés de normalisation et de censure. Les Allemands et Vichy ont tenté d'imposer leur ordre idéologique par tous les moyens d'une politique d'enfermement culturel qui mêle ou fait alterner la contrainte, l'exclusion, la propagande ou le dolorisme. Pourtant, leurs interventions, cacophoniques ou mal fondées, restent le plus souvent sans effets. Et des espaces de semi-liberté ou de liberté subsistent, y compris, comme on l'a vu à propos d'Uriage ou de Jeune France, au sein des dispositifs officiels.

Cette liberté est le plus souvent un vagabondage individuel et social. Chez des millions d'êtres, les chocs successifs de la défaite et de la débâcle, le déchirement d'une séparation puis les aléas de la vie familiale, l'imprévisibilité du cours des événements, l'inquiétude pour la simple survie par temps de pénurie ont mis en cause les valeurs et délabré les formes anciennes de l'encadrement social. Ces traumatismes peuvent engendrer la morosité du face-à-face intime ou le désir d'un retour à l'essentiel, le renoncement égoïste ou l'éveil d'une vocation collective. Mais quels que soient les choix, ils se fondent sur la liberté secrète qui irrigue tout être en difficulté : ils sont formulés à l'écart des oukases culturels du moment, au plein feu de la seule inquiétude morale. C'est dire que toutes les pratiques culturelles deviennent aussi errantes qu'ambivalentes, car elles sont toujours rapportées à la fois au désastre collectif de 1940, au repliement de chacun sur soi et au pari sur des lendemains meilleurs. C'est ce sentiment tragique qu'exprimera Sartre après la Libération par la formule : « Jamais nous n'avons été plus libres que sous l'Occupation. »

La dislocation de l'espace hexagonal a joué sans doute un grand rôle dans la multiplication de cette libre errance. Dans une France morcelée en zones et en territoires de statuts divers, où la circulation devient si difficile (le voyage et le train prennent au passage une charge culturelle toute nouvelle), parcourue d'angoissants va-et-vient entre les familles et les groupes, deux réactions contradictoires et complémentaires s'observent : le repli prudent et désespéré sur le quant-à-soi, pour expier ou oublier ; une fièvre de communication, d'entraide, de distraction, en réaction à tant d'enfermements.

Un écart s'est ainsi creusé entre Strasbourg sous le fer d'une culture nazifiée et Marseille, enrichie par mille initiatives des réfugiés, entre Lille sous la botte, gérée directement depuis Bruxelles par l'armée allemande, et Toulouse en effervescence. Au contact des deux zones, plaque tournante des idées à débattre, demain haut lieu de la Résistance, riche de maintes « confluences », la future région Rhône-Alpes prend à la faveur de la guerre un air de hardiesse culturelle qu'elle saura préserver après 1944. Cet éclatement de l'espace culturel abaisse incontestablement le centre de gravité des appétits et des consommations culturelles vers le sud de la Loire, dans les replis protecteurs de la zone « nono », tandis que la capitale, malgré l'éclat assez frelaté de sa « vie parisienne », perd une part de sa suprématie sur les idées, les créations et les modes. Qu'il s'agisse du cinéma aux tournages repliés sur les rives de la Méditerranée, du théâtre qui laboure les terres des provinces, des causeries anodines ou des lectures à tout va, la géographie des sensibilités bouge et la trace de ces remuements n'est pas près de disparaître.

La sociologie elle aussi se modifie, car les bouleversements de l'espace physique avivent ceux de l'espace social. La guerre semble en effet avoir favorisé une meilleure mobilité sociale dans la consommation et les pratiques de la culture. Elle brasse et homogénéise les formes de l'adhésion collective aux nouveautés : c'est tout à fait clair pour la mode, toujours lancée par les grands couturiers parisiens, mais mieux relayée par le découpage à la veillée des « patrons » publiés dans la presse féminine et par les petites couturières qui rapetassent et créent du neuf avec du vieux un peu partout. Malgré les cloisonnements du chacun pour soi et l'affirmation des corporatismes tant encouragée par Vichy, maints écarts sociaux se réduisent dans les pratiques du cinéma, de la lecture, du sport ou des loisirs, dans une vraie continuité avec les espoirs de 1936.

Un groupe accélère toutes ces évolutions, pas toujours perceptibles encore en 1941 mais qui travaillent en profondeur la pâte culturelle : la jeunesse. La voici qui émerge comme acteur culturel plus autonome et plus présent, capable de modeler à son exemple maints usages. Les mouvements de jeunesse persévèrent dans leur effort d'intégration sociale des jeunes générations, sans être aucunement gênés dans cette tâche par les étiquettes pétainistes qui leur sont accolées. Des jeunes plus francs-tireurs apprennent la fronde en sifflant au théâtre ou au « ciné », en fondant des revues et en envahissant les stades, en se précipitant dans les bals clandestins ou les caves enfumées, en écrivant aux stations de radio pour réclamer du jazz, certains en arborant déjà dans les grandes villes les attributs vestimentaires de l'art de vivre zazou. Autant de signes d'une accélération, à la faveur de la guerre, d'un mouvement né dans les années trente et qui se poursuivra jusqu'aux années soixante : la jeunesse donne droit de cité à de nouveaux comportements culturels et, la reprise de la fécondité aidant à partir de 1943, signale des renouveaux dont tout le corps social va profiter à son exemple.

Ces années auraient-elles aussi enregistré, ou favorisé, l'expression d'un nouveau rapport entre les masses qui consomment et les élites qui impulsent ? Le phénomène le plus frappant est évidemment l'alourdissement numérique des pratiques culturelles, dont la radio et le cinéma apparaissent comme les vecteurs privilégiés. Dans ces deux domaines, les créateurs, profitant de l'appel d'air créé par les exclusions et le renouvellement brutal des générations, ont su ménager un espace où le respect du consommateur est premier, malgré le forcing idéologique et la censure : ainsi, dans toutes les stations de radio, des plages de création et de récréation ont été préservées, avec chansonnettes et jeux, sous les applaudissements des auditeurs. Malgré la pénurie des postes récepteurs qui freine l'équipement des ménages, l'audience de la radio est démultipliée, dans le mélange indistinct du besoin d'information et de la soif de distraction. De même, le cinéma français vit son âge d'or, passant de 220 millions de spectateurs en 1938 à 304 millions en 1943. Il est devenu le premier pourvoyeur de distraction et, malgré mille difficultés, affirmera sa vitalité créatrice en imposant, à l'écart de Hollywood et de Berlin, de nouveaux réalisateurs comme Becker, Bresson, Autant-Lara ou Clouzot, en produisant sur toute la durée de la guerre 225 longs métrages et, parmi eux, quelques chefs-d'œuvre, du *Corbeau* aux *Visiteurs du soir*.

Dans bien d'autres domaines, la courbe des fréquentations est elle aussi à la hausse, qu'il s'agisse des visites de musées, de galeries et d'expositions, des plaisirs du théâtre (dont la faveur deviendra un vrai engouement, avec 800 000 spectateurs par mois dans les salles parisiennes pendant l'hiver 1943-1944) ou, on l'a vu, de ceux du sport. Le goût pour la lecture est un des signes les plus nets de la naissance d'une culture de masse. À en croire la presse spécialisée, en 1941 le nombre des lecteurs aurait déjà triplé depuis 1938 et les bibliothèques municipales au moins doublé partout leurs taux de fréquentation. Le livre est bel et bien traqué, en librairie et chez les bouquinistes, il circule plus vite par le prêt amical ou l'échange, il est consommé avec boulimie dans les latences des transports en commun, les longues soirées de l'isolement froid et tous les moments de vague à l'âme. Tout est bon, du *Larousse gastronomique* aux classiques éculés, des manuels de jardinage aux « polars » ; tous les genres sont élus, de l'histoire à l'essai philosophique, avec une prédilection pour les bons gros romans qui « durent », anglo-saxons de préférence : *Autant en emporte le vent* est l'exemple même du succès au goût du jour.

Ces premières années du temps de guerre ne se limitent pas à ces évasions et à ces méditations massives. Elles se singularisent aussi par l'obsession d'une rencontre plus fervente entre la culture et son public qui travaille alors les élites nouvelles labourant le pays. La « culture pour tous », l'« éducation intégrale », ces slogans déjà formulés dans les années trente, prennent – et souvent dans le cadre originel de la Révolution nationale : Uriage en ce domaine fut un riche laboratoire – une densité jusqu'alors inconnue. Il s'agit d'aller au peuple pour mieux l'encadrer, de favoriser la rencontre entre une communauté et une équipe, de former de nouveaux « chefs » et de forger une élite neuve du mérite et de la compétence. Attirer sur les stades, dans les bibliothèques ou les théâtres un public populaire, maîtriser par l'intelligence du film la popularisation galopante du cinéma, multiplier les animations et les communions : autant d'ambitions qui trouvent aux pires heures leurs promoteurs ambitieux – pour la plupart futurs animateurs culturels de l'après-Libération après un passage par la Résistance – et leurs pratiquants les plus fervents. Et d'autant mieux que les vieux clivages entre le monde laïque et les mouvances confessionnelles s'estompent. Dans un mouvement de bascule entre le pétainisme déclinant et la Résistance qui ramasse ses forces, les années 1943-1944 verront se multiplier les ambitions, souvent chrétiennes, de médiation pour tous et d'encadrement des jeunes, de maîtrise des phénomènes de masse et de recherche d'élites issues du nombre et mises au service d'une culture populaire.

Consommation, évasion, engagement

À quels désirs, à quels projets des Français ces pratiques assidues de la culture donnent-elles un cadre, une forme et un sens ? Y a-t-il déjà chez eux quelque cheminement rectiligne de la consommation à l'évasion, du réarmement moral à la résistance passive et à l'engagement ? Le recours à la culture est-il le signe d'un détournement égoïste de ce réel décidément trop noir ou l'annonce d'un ressourcement collectif assez prometteur ? On soupçonne que le secret des plus grosses consommations culturelles, la lecture, la radio ou le cinéma, le sport ou la mode est la proximité, la commodité de la rencontre : toute distraction qui passe à portée est intensément savourée, avec une résolution assez vengeresse, pour fuir les chagrins de l'heure et se détourner des enjeux belliqueux et idéologiques dont la maîtrise dépasse l'entendement moyen. L'évasion dans et par la culture est l'antidote indispensable pour faire face à la monotonie d'une situation d'exception qui perdure et à la morosité qu'entretient la grisaille du quotidien.

S'évader, en relisant *Guerre et Paix* ou en exhibant un « bibi » aux échafaudages précaires, c'est pourtant vivre aussi la culture comme un premier écart, face à toutes les normes. Cette évasion est donc le premier degré du refus, le plus accessible, le plus simple et le moins coûteux. Elle peut entretenir la déviance, pour peu qu'un brin de non-conformisme assumé lui donne le sel d'un volontarisme un peu plus ostentatoire et en fasse un embarquement pour des ailleurs : il suffit d'arborer un livre anglo-saxon dans le métro, de lancer une mode vestimentaire comme un défi, de colporter méticuleusement, en prenant la queue devant les boutiques vides, les blagues et les mots drôles qui fleurissent, de ricaner au cinéma à l'heure des actualités, de cultiver les exotismes d'une musique importée sous le manteau, en préférant Fred Adison ou Jerry Mengo à l'opérette viennoise et au sirop de Tino Rossi. Quelques-uns ont même franchi le pas : leur distraction se fait frondeuse, leur retour aux sources nourrit un sursaut. Les historiens, aujourd'hui, soupçonnent que cette ostentation culturelle eut fort à voir avec l'évolution de l'opinion et la montée des « vents mauvais ». La profusion des pratiques témoigne ainsi sans aucun doute d'un souci d'autoconservation du social et révèle plus qu'une banale solution d'attente ou qu'un vague espoir de revanche sur le mauvais sort. Elle signale que le corps social s'ébroue, retrouve quelque courage pour s'affronter lui-même ; qu'il émerge des traumatismes de l'été de 1940 et retrouve peu à peu la force d'envisager un avenir.

Comment mesurer, enfin, le rôle de la création ? Il peut sembler paradoxal que s'annoncent tant de chefs-d'œuvre cinématographiques, picturaux ou littéraires dans un pays vaincu, dépecé et promis si autoritairement à être décervelé par les vainqueurs, ceux de Paris comme ceux de Vichy. Pourtant il y a dès 1941 un usage patriotique de l'expression d'un génie français, une belle sollicitation des esprits par les créateurs. Du cinéma à la haute couture, des prémonitions d'art et d'essai à la radio autour d'un Schaeffer au flamboiement des peintres, le talent et le génie sont au rendez-vous, pour lancer l'éclair. Contre les perversions et les délires, pour l'honneur de l'intelligence, des poètes se sont déjà enrôlés, dira Max-Pol Fouchet, dans les « forces françaises de l'intérieur » en redonnant leur sens aux mots de la tribu.

La vie culturelle flotte encore en 1941 au rythme hésitant des ruptures et des continuités. Les points de fracture sont nombreux. Exclusions et épurations, départs pour l'exil ou silence têtu – un Guéhenno, en bel exemple, refuse de publier –, censures et autocensures ponctuent la latence d'un temps de guerre qui s'installe, opaque et oppressant. Pourtant, au cinéma et en peinture, une génération de jeunes créateurs en tire déjà profit : *La Symphonie fantastique,* de Christian-Jaque, est un fier exemple d'appel au romantisme insurrectionnel de toutes les Jeunes Frances, un refus du reniement que Goebbels ne manque pas de faire dénoncer. Propagandes, corporatismes, repliements recomposent aussi un nouvel espace physique et social où la vie de l'esprit apprend à ne pas dépérir.

Dans ce nouveau tissage, la trame des continuités est plus solide qu'il n'y paraît. La tradition française peut abriter des élans de modernité artistique et littéraire, les consommations de masse poursuivent leur envol, des groupes respectent les normes tout en protestant de leurs valeurs, la culture du peuple est un enjeu reconnu, aussi conflictuel et multiforme en 1940-1941 qu'en 1936 ou en 1945. Cette excitation sociale s'élance en trois directions d'avenir : l'ouverture des curiosités et des consommations culturelles chez les Français, la décentralisation des activités d'animation et d'encadrement de leurs loisirs, l'affirmation très militante des bienfaits de la culture pour tous. Au fond du tunnel des « années noires », la culture est plus que jamais vitale. Elle est, tout en un, refuge, éveil et peut-être déjà espoir de revanche.

Les auteurs

Claire ANDRIEU	maître de conférences à l'université de Paris-I, professeur à l'Institut d'études politiques de Paris
Jean-Pierre AZÉMA	professeur d'histoire contemporaine à l'Institut d'études politiques de Paris
Christian BACHELIER	correspondant de l'Institut d'histoire du temps présent
Pierre BARRAL	professeur émérite à l'université Paul Valéry-Montpellier III
François BÉDARIDA	directeur de recherche au CNRS, ancien directeur de l'Institut d'histoire du temps présent
Philippe BURRIN	professeur à l'Institut universitaire de hautes études internationales de Genève
Jean-Louis CRÉMIEUX-BRILHAC	directeur honoraire de la Documentation française, ancien conseiller d'État
Étienne DEJONGHE	agrégé d'histoire, maître de conférences à l'université de Lille-III, en retraite
Yves DURAND	professeur à l'université d'Orléans
Robert FRANK	professeur à l'université de Paris I
Stanley HOFFMANN	professeur de civilisation française et prédident du Centre d'études européennes à l'université d'Harvard
Jacques MARSEILLE	professeur à l'université de Paris-I

Robert O. PAXTON	professeur émérite d'histoire à Columbia University, directeur de l'Institut d'études de l'Europe occidentale, université de Columbia
Denis PESCHANSKI	chargé de recherche au CNRS
Jean-Pierre RIOUX	inspecteur général de l'Éducation nationale
Henry ROUSSO	directeur de l'Institut d'histoire du temps présent (CNRS)
Dominique VEILLON	docteur en histoire, directeur de recherche au CNRS à l'Institut d'histoire du temps présent

Orientation bibliographique

Un très petit nombre d'ouvrages ont été réunis pour permettre au lecteur d'aller à l'essentiel. Une bibliographie complémentaire se trouve en fin du second volume.

Orientation bibliographique

Azéma Jean-Pierre, *De Munich à la Libération*, Paris, Le Seuil, 1998.

Azéma Jean-Pierre et François Bédarida (sous la dir. de), *1938-1948 Les années de tourmente dictionnaire critique*, Paris, Flammarion, 1995.

Azéma Jean-Pierre et François Bédarida (sous la dir. de) *Vichy et les Français*, Paris, Fayard, 1992.

Azéma Jean-Pierre et Wieviorka Olivier, *Vichy 1940-1944*, Paris, Perrin, 2000.

Baruch Marc Olivier, *Le Régime de Vichy*, Paris, La Découverte, 1996.

Burrin Philippe, *La France à l'heure allemande*, Paris, Le Seuil, 1995.

Étienne Dejonghe et Yves Le Manner, *Le Nord Pas-de-Calais dans la main allemande 1940-1944*, Lille, La Voix du Nord, 1998.

Cordier Daniel, *Jean Moulin La République des catacombes*, Paris Gallimard, 1999.

Crémieux-Brilhac Jean-Louis, *Les Français de l'an 40*, 2 volumes, Paris, Gallimard, 1990.

Crémieux-Brilhac Jean-Louis, *La France Libre*, Paris Gallimard, 1996.

Duroselle Jean-Baptiste, *Politique étrangère de la France, La décadence 1932-1939*, Le Seuil 1983.

Laborie Pierre, *L'opinion publique sous Vichy*, Paris, Le Seuil, 1990.

Paxton Robert, *La France de Vichy*, Paris, Le Seuil, 1998.

Rémond René et Bourdin Janine (sous la dir. de), *Édouard Daladier chef de gouvernement, la France et les Français*, 2 volumes, Paris, Presses de la fondation nationale des sciences politiques, 1977-1978.

Rousso Henry, *Le Syndrome de Vichy*, Paris, Le Seuil, 1990.

Index

A

Abbas, Ferhat : 298, 299
Abetz, Otto : 97, 255, 268, 310, 319, 335, 359, 364, 368, 369, 371-373, 387-390, 392, 394, 396, 401, 402, 404, 446, 548, 549
Adison, Fred : 562
Ageron, Charles-Robert : 290, 303, 304
Alain : 19, 43, 394
Alaterre, Robert : 435
Alibert, Raphaël : 132, 133, 166
Allard, Paul : 95
Amouroux, Henri : 141
Annet, Armand : 220, 323
Antier, Paul : 199
Antonesco, Ion : 356
Aragon, Louis : 27, 547
Argenlieu, Thierry d' : 82, 208, 211, 409
Aron, Raymond : 155, 213
Aron, Robert : 313, 333, 381
Arrighi, Victor : 289
Astier de La Vigerie, Emmanuel d' : 240
Auboyneau, Philippe : 222
Audegond, Marcel : 501
Auphan, Gabriel : 344
Autant-Lara, Claude : 560
Azéma, Jean-Pierre : 156, 315

B

Baas, Émile : 257
Baden-Powell, Robert : 506
Badie, Vincent : 135
Badoglio, Pietro : 179
Bailby, Léon : 27
Barlier, Maurice : 421
Barnaud, Jacques : 166, 475, 477
Barrès, Philippe : 174, 212
Barry, major : 426
Barthélemy, Joseph : 96, 167, 188
Baudouin, Paul : 59, 121, 124, 320
Baum, Vicki : 550
Bazaine, Jean : 510, 547
Beaussart, Mgr : 502
Beck, Joseph : 33
Becker, Jacques : 560
Becker, Jean-Jacques : 38
Bédarida, François : 113
Bégué, Georges : 428
Belin, René : 27, 165
Benda, Julien : 550
Benoist, baron de : 230
Benoist-Méchin, Jacques : 141, 167, 289, 370
Béréniskoff : voir Corvisart. 417
Bergeret, Jean-Marie : 58
Bergery, Gaston : 37, 69, 134, 165
Bernanos, Georges : 156, 200

Bernstein, Henri : 212, 230
Bertaux, Pierre : 427
Bertram, général : 545
Bessborough, lord : 218
Béthouart, Marie-Émile : 83
Beuve-Méry, Hubert : 17, 497, 509
Bichelonne, Jean : 166, 470, 471, 475, 477
Bidault, Georges : 152
Biélinky, Jacques : 453
Bienvenüe : 417
Billotte, Gaston : 116, 286
Billotte, Pierre : 82, 84
Billoux, François : 493, 496
Blanchard : 116
Blanchot, Maurice : 510
Bloch, Marc : 48, 51, 62, 77, 78, 110, 111, 142, 143, 145, 149, 150,
Bloch, Pierre : 240
Blum, Léon : 19, 20, 28, 29, 37, 70, 73, 134, 135, 142, 145, 149, 150, 154, 200, 240, 319, 396
Bockel, Pierre : 257
Boegner, Marc : 184, 502
Bois, Élie : 199
Boislambert, Claude Héttier de : 203
Boissel, Jean : 392
Boisson, Pierre : 204
Bollaert, Émile : 38, 42
Bolte, Charles : 232
Bonnafous, Max : 167
Bonnet, Georges : 22, 35, 67, 388
Bonnet, Henri : 212
Bonvin, Louis : 202
Boris, André : 90
Boris, Georges : 200, 214
Borotra, Jean : 174, 554
Bothereau, Robert : 509
Bouhey, Jean : 21
Bourdan, Pierre : 213, 234
Bourdet, Claude : 407, 437
Bousquet, René : 167, 323
Bouthillier, Yves : 121, 124, 321, 354, 367
Brancusi, Constantin : 548
Brasillach, Robert : 27, 28
Bresson, Robert : 560
Briand, Aristide : 318
Bridou, Jacques : 425
Bridoux, Eugène : 96, 99, 355
Bromfield, Louis : 230
Brooks, Tony : 428
Brossolette, Pierre : 44, 240, 413, 414
Brunot, Richard : 203
Bucard, Marcel : 392
Buckmaster, Maurice : 426, 428, 429, 438
Bunau-Varilla, Maurice : 549
Bürckel, Joseph : 247, 250, 251, 254, 259, 360, 366
Buré, Émile : 21
Burrin, Philippe : 188

C

Caceres, Benigno : 509
Cadot : 526
Cambon, Roger : 212
Camors, Jean-Claude : 412
Campinchi, Paul : 414
Camus, Albert : 155
Carcopino, Jérôme : 236, 502
Carles, Fernand : 539
Carré, Mathilde : 438
Carrel, Alexis : 493
Cars, Guy des : 548
Casanova, Danièle : 449
Cassin, René : 200, 201, 208, 211, 214, 218
Cassou, Jean : 137
Catelas, Jean : 446, 450
Cathala, Pierre : 167
Catroux, Georges : 82, 198, 205, 206, 207, 208, 214, 216, 218, 221, 231, 282, 295
Cavaillès, Jean : 413, 434

Céline, Louis-Ferdinand : 95, 96, 548
Cépède, Michel : 458
Chaintron, Jean : 450
Challaye, Félicien : 19
Chamberlain, Neville : 16, 49
Charles-Roux, François : 320
Chasseigne, François : 165
Chateau, René : 393, 394
Chateaubriant, Alphonse de : 391
Chautemps, Camille : 124
Chevalier, Maurice : 64
Chevalier, Jacques : 173
Chobaut : 146
Chombart de Lauwe, Paul-Henri : 509
Christian-Jaque : 547, 563
Churchill, Peter : 428
Churchill, Winston : 85, 121, 122, 129, 130, 194, 195, 196, 201, 203, 205, 207, 209, 215-219, 221, 234, 296, 299, 334, 337, 418, 538
Ciano, Galeazzo : 35
Claveau, André : 549
Clemenceau, Georges : 66, 73, 136
Clément, René : 142
Clémenti, Pierre : 385, 392
Closon, Francis : 545
Clouzot, Henri-Georges : 560
Cocteau, Jean : 547
Collet, Philibert : 206
Colonna d'Ornano, Jean : 85, 203
Comert, Pierre : 213
Conty : 295
Corap, André-Georges : 121
Cordier, Daniel : 427
Corvisart : 417, 419
Costantini, Pierre : 385, 392
Cot, Pierre : 199, 230
Coulet, François : 200
Coulondre, Robert : 36
Coutau-Bégarie, Hervé : 324, 325, 329, 331, 333, 335, 337
Cowburn, Benjamin : 428
Crémieux, Adolphe : 178, 289, 290
Crémieux-Brilhac, Jean-Louis : 42, 60, 61, 110, 142, 144, 146
Crockatt, Norman : 414
Cunningham, Andrew : 131, 204
Curie, Ève : 212

D

Daladier, Édouard : 13, 15, 16, 18, 21-26, 30, 32-37, 42, 46, 47, 50, 59, 60, 62, 64, 66-68, 114, 121, 134, 151, 200, 284, 285, 319, 325, 443, 444, 447, 457, 488
Dansey, Claude : 426
Darlan, François : 89, 93, 94, 96, 99, 125, 130, 131, 133, 161, 167, 181, 184, 185, 227, 234, 274, 307-310, 312, 313, 322-348, 357, 361, 367, 370-374, 378, 382, 383, 398, 461, 475, 532
Darnand, Joseph : 161, 167, 184, 314, 521
Dautry, Raoul : 65, 144
Déat, Marcel : 38, 42, 43, 69, 96, 181, 310, 314, 385, 388-391, 394-397, 399, 400, 520, 549
Debarge, Charles : 538, 537
Decoin, Henri : 547
Decoux, Jean : 290
Deguy, Charles : 419, 438
Deiber, René : 411
Dejean, Maurice : 200, 211, 218, 221
Delanney, Louis : 291
Delannoy, Jean : 64
Delassus : 543
Delaunay, Maurice : 391
Delay, général : 226
Delestraint, Charles : 241
Deloncle, Eugène : 385, 390, 391, 394, 395
Dentz, Henri : 205, 206, 295

Desphelippon, Francis : 393
Desrumaux, Martha : 534
Dewavrin, André : voir Passy. 238, 417
Dhavernas, Henri : 506, 507, 517
Diethelm, André : 211
Dimitrov, Georgi : 444
Dissart, Marie-Louise : 436
Dorgelès, Roland : 46
Doriot, Jacques : 24, 166, 184, 310, 385, 388, 392, 393, 396, 400, 401, 549
Doumenc, Aimé : 33
Doyen, Paul : 235, 336
Dreyfus, Alfred : 18, 89, 114
Drieu La Rochelle, Pierre : 156
Dru, Gilbert : 515
Dubourdin, Georges : 428
Duchesne, Jacques : 234
Duclos, Jacques : 147, 445-447, 450
Duclos, Maurice : voir Saint-Jacques. 417
Dufieux, Julien : 48
Dumazedier, Joffre : 509
Dumez, Natalys : 542
Dumont, commandant : 537, 543
Dumoulin, Georges : 393, 534
Dunoyer de Segonzac, Pierre : 89, 174, 508, 516
Dupuy : 315, 330
Duroselle, Jean-Baptiste : 149, 294, 323, 331

E

Éboué, Félix : 203, 208, 294, 302
Eden, Anthony : 218, 219, 221, 222, 241
Eisenhower, Dwight : 259, 298
El Lyazidi, Si Mohammed : 284
Ernst, Robert : 245, 247, 249, 251, 259
Estienne d'Orves, Honoré d' : 238, 417, 421, 438

F

Fabre-Luce, Alfred : 30
Falkenhausen, général von : 528, 529, 536
Farjon, Roland : 543, 544
Fassin : 427
Faure, Paul : 19, 29, 165
Fenard, Raymond : 338
Ferrari, Eusebio : 536, 537
Ferro, Marc : 312, 313
Flandin, Pierre-Étienne : 70, 93, 134, 167, 183, 331, 33, 334, 361, 369, 388
Fleury, Jean : 423
Foch, Ferdinand : 73, 201
Focillon, Henri : 212, 230
Fouchet, Max-Pol : 563
Foule, Eugène : 251
Fourcade, Marie-Madeleine : 425, 431, 436
Fourcaud, Pierre, alias Lucas : 417, 419, 421
Frachon, Benoît : 445, 447
François-Poncet, André : 184
Frank, Robert : 114, 143, 145
Franklin-Gorce, alias Henri Gorce : 431
Frenay, Henri : 240
Freud, Sigmund : 550
Fried, Eugen : 445
Froideval, Raymond : 27, 29
Frot, Eugène : 388

G

Gambetta, Léon : 73
Gamelin, Maurice : 48, 50, 52-54, 57, 59, 64, 76, 78, 79, 96, 113, 116, 121
Gantois, abbé : 530
Garrow, Ian : 411, 412
Gaulle, Charles de : 77, 79-83, 85-87, 98, 106, 121, 122, 142, 144, 150, 152-154, 157, 179, 191-193, 196-199, 201-224,

226, 229, 230, 232, 233-241, 256, 259, 281, 284, 288, 293-297, 300, 302, 309, 315, 322, 326, 341, 347, 379, 417, 425, 429, 430, 437, 448
Gensoul, Marcel : 131
Georges, général : 116
Géraud, Charles : voir Pertinax. 199
Gibrat, Robert : 474
Gide, André : 60, 146
Gillouin, René : 160, 166, 171, 172, 176
Giono, Jean : 19, 43
Girard, André : 428
Girardet, Raoul : 148, 152, 158
Giraud, Henri : 79
Giraudoux, Jean : 63
Gitton, Marcel : 392, 393, 443
Godfroy René-Émile : 131
Goebbels, Joseph : 548, 563
Goering, Hermann : 95, 338, 359, 364, 467, 527
Gombault, Georges : 213
Gorse, Georges : 200
Gouin, Félix : 240
Gounot : 496
Goutet, Pierre : 510
Gracq, Julien : 39
Grasset, Bernard : 550
Groussard, colonel : 419
Guderian, Heinz : 48, 106
Guéhenno, Jean : 563
Guérisse, Albert : 412, 414
Guyot, Raymond : 443

H

Haakon VII : 311
Hackin, Joseph : 200
Halder, Franz : 447
Hall, Virginia : 429
Hallendre, Edgard d' : 543
Haltrecht, Alexandre : 267
Hansi, alias Jean-Jacques Waltz : 244, 251, 257
Hapiot : 535
Hauck, Henry : 214
Hauet, colonel : 411, 434
Hauteclocque, Philippe de : voir Leclerc. 203
Heller, Gerhard : 550
Hemmen, Franz : 360, 364, 379, 468
Henriot, Philippe : 161, 314, 521
Herbinger, Jean : 435
Herriot, Édouard : 22, 42, 123, 134, 135, 442
Hersant, Robert : 387
Hervé, Gustave : 163
Himmler, Heinrich : 250, 469
Hitler, Adolf : 16, 19-21, 27, 29, 32-38, 48, 51, 55, 56, 70, 100, 106, 107, 124, 126, 128, 132, 137, 147, 185, 245, 246, 252, 254, 275, 276, 307, 311, 313, 317, 318, 320, 321, 323, 331, 334, 342, 343, 350, 353-361, 363-365, 367-370, 372, 375-377, 381, 387, 389, 392, 405, 442, 467, 511, 512, 528
Hoare, Samuel : 318
Hoffmann, Stanley : 28, 164, 165, 349
Horthy, Miklos : 356
Houdry, Eugène : 230
Hourdin, Georges : 495
Huan, Claude : 324, 325, 329, 331, 333, 335, 337
Huguen, Roger : 412
Hull, Cordell : 219, 294
Huntziger, Charles : 88, 95, 116, 126, 331, 362
Husser, Philippe : 252

I

Iché, Maurice : 264
Ingrand, Jean-Pierre : 524, 527, 533

J

Jamet, Claude : 393
Jardin, Jean : 167
Jeanneney, Jules : 39, 66, 123, 134, 136, 181
Jèze, Gaston : 28
Jodl, Alfred : 358
Joly, Paul : 410
Jouhaux, Léon : 37
Juin, Alphonse : 95, 99, 373
Julitte, Pierre : 421

K

Kalb : 257
Keitel, Wilhelm : 126
Kerillis, Henri de : 21, 38, 199, 230
Kléber, Jean-Baptiste : 251
Klein, Félix : 265
Kœnig, Marie-Pierre : 83, 87, 197, 225, 226, 227
Kuisel, Richard : 290
Kupferman, Fred : 320

L

La Bardonnie, Louis de : 420
Labarthe, André : 200, 213-215
Labit : 427
Laborde, Jean de : 348, 378
Laborie, Pierre : 16, 47, 61, 150, 480
La Chambre, Guy : 34
Ladoumègue, Jules : 95, 108, 109
Laffont, Robert : 548
Lagier, Raymond : voir Bienvenüe. 417, 427
Lagrange, Léo : 498, 554
Lamirand, Georges : 166, 498, 510, 518, 555
Lamirault, Claude : 424
Lanvin : 64
Lapie, Pierre-Olivier : 199, 214
La Porte du Theil, Paul-Marie-Joseph : 166, 506, 508, 513, 518, 519
Larminat, Edgar de : 82, 87, 197, 203, 208, 224, 227
La Rocque, François de : 24, 29, 30, 184
Lassaigne, Jacques : 200
Lattre de Tassigny, Jean de : 88, 89, 99, 258, 259, 297
Laubreaux, Alain : 554
Laugier, Henri : 212, 230, 232
Laurent, Augustin : 542
Laurentie, Henri : 303
Laval, Pierre : 37, 70, 92, 96, 97, 99, 132-134, 160-162, 165, 167, 178, 180, 182, 185, 221, 233, 324, 255, 269, 307-310, 312-314, 318-326, 330-334, 336, 338, 339, 341-348, 355, 357, 361, 364-369, 374-379, 381-383, 389, 390, 397, 400, 470, 475, 478, 483, 502, 512, 513, 518, 531, 532, 553, 555
Leahy, William : 322, 339
Léautaud, Paul : 46
Lebas, Jean-Baptiste : 525, 542
Lebrun, Albert : 122, 133, 134, 154
Leclerc, général : 82, 86, 203, 204, 208, 225227, 256, 258, 297, 380
Lecœur, Auguste : 534, 535
Lecoin, Louis : 43
Lecompte-Boinet, Jacques : 435
Leenhardt, Roger : 510
Legay : 534
Legentilhomme, Paul : 198, 211
Léger, Alexis : 121, 212
Legrand, Raymond : 549
Lehideux, François : 166, 373, 474, 476
Leleu, Sylvette : 410, 434
Lemaner, Yves : 526
Lescure, Pierre de : 548
Lesur, Daniel : 510

Lévy, Louis : 213
Lewitsky, Anatole : 434
Lippmann, Walter : 233
Loustaunau-Lacau, Georges : 419, 425
Luchaire, Jean : 549
Lyautey, Louis-Hubert : 288, 498, 508, 517, 520
Lyttelton, Oliver : 217

M

Maës :
Magrin-Verneret : voir Monclar. 197
Maillaud, Pierre : voir Bourdan. 213, 234
Malraux, André : 156, 257
Mandel, Georges : 121, 124, 133, 134, 195, 211, 396
Manessier, Alfred : 510
Mann, Thomas : 550
Mansion, Jack : 418
Manstein, Erich von : 55
Manuel, André : 238, 417
Marin, Jean : 200, 234
Marin, Louis : 18
Marion, Paul : 167, 521, 552, 553
Maritain, Jacques : 212, 230
Marquet, Adrien : 134
Martenot, Maurice : 510
Marty : 438
Marx, Karl : 550
Massigli, René : 212
Massis, Henri : 166, 184, 380
Maulnier, Thierry : 20
Maunier, René : 288
Maurois, André : 199
Maurras, Charles : 31, 57, 147, 160, 165, 170, 177, 310, 317, 318
Mayer, Émile : 81
Meissner, Otto : 246
Mendès France, Pierre : 134, 240
Ménétrel, Bernard : 166
Mengo, Jerry : 562
Messali, Hadj Ahmad : 298
Micaud, Charles : 38
Michel, Elmar : 467
Michel, Henri : 320, 436, 468
Michel, Marc : 286, 308
Miller, Henry : 42
Milza, Pierre : 189
Mineur, Jean : 265
Miribel, Élisabeth de : 232
Mittelhauser, Eugène : 283
Mollet, Guy : 543
Molotov, Viatcheslav : 71
Moncef Bey : 299
Monclar : 197, 217, 224
Monjaret, Hervé : 427
Monnet, Jean : 122, 194, 199, 200, 207
Montand, Yves : 519
Montesquieu : 140
Montigny, Jean : 134
Monzie, Anatole de : 35, 36, 39, 67, 388
Moraillon, capitaine : 285
Morandat, Yvon : 239
Morel, Georges : 428
Mornet, André : 188
Morton, Desmond : 218
Morvan, Yves : voir Jean Marin. 200, 234
Moulin, Jean : 119, 237, 239, 241, 427, 493
Mounier, Emmanuel : 26, 509, 510, 516, 519, 521, 555
Mourer, Jean-Pierre : 259
Mowrer, Edgar : 233
Mulleman : 438
Murphy, Robert : 333, 338
Muselier, Émile : 82, 83, 198, 201, 208, 209, 211, 213-215, 218, 219, 227
Mussert, Anton : 356
Mussolini, Benito : 20, 32, 35, 70, 128, 299, 318

N

Napoléon Ier : 316
Napoléon III : 160, 243
Naurois, abbé de : 509
Ney, Michel : 251
Nizan, Paul : 61
Noguès, Charles : 98, 128, 193, 282, 283, 285-288, 299, 340, 344
Noutour, Jules : 542
Nouveau, Louis : 411

O

Oberg, Karl : 323, 400
Oreel, Georges : 423

P

Pagnol, Marcel : 142
Paillat, Claude : 141
Pannequin, Roger : 525
Passy : 238, 417-421, 424, 426, 431, 543
Pavelić, Ante : 311
Paxton, Robert : 307, 313, 329, 482
Peake, Charles : 219
Péguy, Charles : 490
Pelorson, Georges : 502
Peretti, Achille : 436
Péri, Gabriel : 29, 450
Pernot, Georges : 489, 495, 502
Perrin, Francis : 230
Perrin, Jean : 212, 130
Pertinax : 66, 199
Pétain, Philippe : 48, 52, 66, 73, 79, 80, 82, 88, 93-97, 99, 100, 108, 114, 115, 117, 120-125, 127, 128, 131-133, 135-137, 158-162, 163, 164, 167, 168, 170, 172-174, 176, 179-181, 184-187, 191, 193-195, 199, 223, 234, 235, 249, 263, 264, 267-269, 272-276, 283, 286, 288, 290, 293, 305, 307-318, 320, 321, 322, 324-326, 328-330, 335, 336, 338, 340, 342-348, 351, 353, 354, 357, 358, 360, 363-365, 368, 372, 377, 380, 388, 389, 397, 398, 400, 401, 489, 498, 541
Philip, André : 212, 240
Piette, Jacques : 543
Pigeonneau, Jacques : 419
Pineau, Christian : 239, 240, 413, 434
Piquet-Wicks, Éric : 427
Platon, Charles : 292
Pleven, René : 200, 203, 211, 218, 232, 302
Plichon, Jean-Pierre : 531
Poincaré, Raymond : 136
Pomaret, Charles : 132
Portes, Hélène de : 124
Pourrat, Henri : 556
Prélot, Marcel : 180
Priem : 534
Prigent, Robert : 496
Prost, Antoine : 488
Proudhon, Pierre-Joseph : 394
Puaux, Gabriel : 283
Pucheu, Pierre : 166, 184, 374, 502, 529

Q

Queuille, Henri : 136
Quisling, Vidkun : 311, 351, 352, 356

R

Rabbath, Edmond : 296
Raeder, Erich : 359
Rapp, Jean : 251
Rauschning, Hermann : 48, 244
Rebatet, Lucien : 156
Reinecke, Hermann : 269-271
Rémond, René : 21
Rémy, alias Gilbert Renault :

408, 417, 419-421, 431
Renan, Ernest : 139
Reynaud, Paul : 24, 59, 60, 65, 68, 78, 79, 121-125, 134, 162, 194, 195, 200, 281, 285, 319, 325, 396, 447, 488
Ribbentrop, Joachim von : 36, 319, 359, 364, 379, 387, 467
Rioux, Jean-Pierre : 145
Rist, Charles : 46, 51, 73
Rives, Paul : 393
Rivière, Georges-Henri : 555
Robert, Jacques : 433
Röchling, Hermann : 248
Rommel, Erwin : 87, 95, 106, 107, 225, 227, 370, 371, 373, 374
Roos, Karl : 248
Roosevelt, Franklin : 124, 212, 219, 220, 232, 241, 288, 299, 322, 337
Rossé, Joseph : 252, 259
Rossi, Tino : 562
Rossi-Landi, Guy : 62
Rougier, Louis : 315
Roulier, Renaud : voir Rémy. 419
Rousso, Henry : 142
Roy, Claude : 510
Roy, Marcel : 393

S

Saint-Denis, Michel : voir Jacques Duchesne. 234
Saint-Exupéry, Antoine de : 63, 80
Saint-Jacques : 417, 419, 421, 438
Saint-Pol Roux, alias Paul Pierre Roux : 118
Salazar, alias Antonio de Oliveira : 28, 70, 317
Sangnier, Marc : 517
Sartre, Jean-Paul : 47, 77, 142, 144, 155, 557
Sauckel, Fritz : 265, 266, 269, 461, 470, 478, 512, 513, 540
Sautot, Henri : 208
Sauvy, Alfred : 488, 493
Scaillerez : 543
Scapini, Georges : 70, 134, 268-274
Schaeffer, Pierre : 510, 563
Schlieffen, Alfred : 55
Schmidt, Jean : 248
Schumann, Maurice : 200, 201, 214, 234, 235
Schwarzkopf, Élisabeth : 547
Seghers, Pierre : 510
Sérol, Albert : 72
Sicé, Adolphe : 208
Siegfried, André : 160, 184
Smuts, Jan Christiaan : 303
Somerville, James : 131
Soustelle, Jacques : 200, 231
Spears, Edward : 194, 205, 206, 216, 217, 219, 221
Speer, Albert : 462, 469, 470, 475
Spinasse, Charles : 393, 394, 399
Staline, Joseph : 18, 27, 28, 33, 70, 73, 147, 441, 448
Stark, amiral : 232
Stauning, Thorvald : 350
Stavisky, Alexandre : 22
Stendhal : 142
Sternhell, Zeev : 170
Stroheim, Éric von : 64
Stuckart : 248
Stülpnagel, Otto von : 358, 359, 362
Suttil, Alfred : 429

T

Tabouis, Geneviève : 199, 230
Taillandier, Marcel : 437
Tasca, Angelo : 165, 444
Thibaudet, Alfred : 22
Thiers, Adolphe : 136

Thomas, Georg : 466
Thomas, Yeo : 427
Thompson, Dorothy : 233
Thorez, Maurice : 28, 37, 71, 72, 122, 147, 441, 442, 445, 447
Tillion, Germaine : 411
Tiso, Mgr : 311
Tixier, Adrien : 230
Tixier-Vignancourt, Jean-Louis : 70, 134
Tocqueville, Alexis de : 156
Tolstoï, Léon : 142
Touchard : 447
Tournemire, Guillaume de : 517
Tréand, Maurice : 445, 446
Trenet, Charles : 548
Triolet, Elsa : 547
Trotobas, Michel : 542
Trotski, Léon : 550
Truchet, André : 282

V

Vaillant de Guélis, major : 428
Valin, Martial : 211
Vallat, Xavier : 373
Vallin, Charles : 240
Van der Meersch, Maxence : 524
Vassard, Auguste : 443
Ventura, Ray : 64
Vercors, alias Jean Bruller : 548
Vermeil, Edmond : 550
Vidalenc, Jean : 119
Viénot, Pierre : 134
Vigne, Pierre : 393
Vilar, Jean : 510
Vildé, Boris : 434
Villelume, Paul de : 124, 285
Villon, Pierre : 447
Voeglin : 450
Vomécourt : 428
Vorochilov, Klement : 33

W

Wagner, Robert : 247, 250, 251, 253, 254, 259
Warlimont, Walter : 359
Weil, Simone : 156
Wendel, François de : 67
Werth, Léon : 63, 163
Weygand, Maxime : 56, 57, 79, 80, 88, 93, 98-100, 108, 110, 114-116, 121, 122, 125, 128, 132, 133, 162, 185, 194, 205, 281, 287, 316, 318, 319, 333, 335, 336, 343, 371, 516
Wilson, Edwin : 295
Wiltzer, Alexis : 134
Winock, Michel : 47, 178
Wodli, Georges : 253

Y

Ybarnegaray, Jean : 134, 489
Youssef, Mohamed : 299

Z

Zay, Jean : 134
Zyromski, Jean : 29, 37

Table

Introduction, par Jean-Pierre Azéma et François Bédarida 9

1939 De la drôle de paix à la drôle de guerre 13

La France de Daladier, par Jean-Pierre Azéma 15

Huit mois d'attente et d'illusion : la « drôle de guerre », par François Bédarida 41

L'armée française entre la victoire et la défaite, par Christian Bachelier 75

1940 Le cataclysme 103

Le choc armé et les débandades, par Jean-Pierre Azéma 105

Le trauma de 1940, par Stanley Hoffmann 139

Le régime de Vichy, par Jean-Pierre Azéma 159

La France libre, par Jean-Louis Crémieux-Brilhac 190

L'Alsace-Lorraine : Trois départements sous la botte, par Pierre Barral 243

Les prisonniers, par Yves Durand 261

L'Empire, par Jacques Marseille 281

1941 Les accélérations 305

Pétain, Laval, Darlan, par Robert Frank 307

La collaboration d'État, par Robert O. Paxton 349

Le collaborationnisme, par Philippe Burrin 385

Les réseaux de Résistance, par Dominique Veillon .. 407

Les avatars du communisme français de 1939 à 1941, par Denis Peschanski 441

L'économie : pénurie et modernisation, par Henry Rousso 453

Démographie, famille, jeunesse, par Claire Andrieu .. 483

Les départements du Nord et du Pas-de-Calais, par Étienne Dejonghe 523

Ambivalences culturelles (1940-1941), par Jean-Pierre Rioux 547

Conclusion & Chronologie sommaire, voir t. II

Les auteurs 565

Orientation bibliographique 567

Index 569

RÉALISATION : CURSIVES À PARIS
IMPRESSION : NORMANDIE ROTO IMPRESSION À LONRAI
DÉPÔT LÉGAL : NOVEMBRE 2000. N° 18306 (002696)

Collection Points

SÉRIE HISTOIRE

DERNIERS TITRES PARUS

H70. L'Argent caché, *par Jean-Noël Jeanneney*
H71. Histoire économique de la France du XVIIIe siècle à nos jours
1. De l'Ancien Régime à la Première Guerre mondiale
par Jean-Charles Asselain
H72. Histoire économique de la France du XVIIIe siècle à nos jours
2. De 1919 à la fin des années 1970
par Jean-Charles Asselain
H73. La Vie politique sous la IIIe République
par Jean-Marie Mayeur
H74. La Grèce archaïque d'Homère à Eschyle
par Claude Mossé
H75. Histoire de la « détente », 1962-1981
par André Fontaine
H76. Études sur la France de 1939 à nos jours
par la revue « L'Histoire »
H77. L'Afrique au XXe siècle, *par Elikia M'Bokolo*
H78. Les Intellectuels au Moyen Age, *par Jacques Le Goff*
H79. Fernand Pelloutier, *par Jacques Julliard*
H80. L'Église des premiers temps, *par Jean Daniélou*
H81. L'Église de l'Antiquité tardive, *par Henri-Irénée Marrou*
H82. L'Homme devant la mort
1. Le temps des gisants, *par Philippe Ariès*
H83. L'Homme devant la mort
2. La mort ensauvagée, *par Philippe Ariès*
H84. Le Tribunal de l'impuissance, *par Pierre Darmon*
H85. Histoire générale du XXe siècle
1. Jusqu'en 1949. Déclins européens
par Bernard Droz et Anthony Rowley
H86. Histoire générale du XXe siècle
2. Jusqu'en 1949. La naissance du monde contemporain
par Bernard Droz et Anthony Rowley
H87. La Grèce ancienne, *par la revue « L'Histoire »*
H88. Les Ouvriers dans la société française
par Gérard Noiriel
H89. Les Américains de 1607 à nos jours
1. Naissance et essor des États-Unis, 1607 à 1945
par André Kaspi
H90. Les Américains de 1607 à nos jours
2. Les États-Unis de 1945 à nos jours, *par André Kaspi*

H91. Le Sexe et l'Occident, *par Jean-Louis Flandrin*
H92. Le Propre et le Sale, *par Georges Vigarello*
H93. La Guerre d'Indochine, 1945-1954
par Jacques Dalloz
H94. L'Édit de Nantes et sa révocation
par Janine Garrisson
H95. Les Chambres à gaz, secret d'État
par Eugen Kogon, Hermann Langbein
et Adalbert Rückerl
H96. Histoire générale du XXe siècle
3. Depuis 1950. Expansion et indépendance (1950-1973)
par Bernard Droz et Anthony Rowley
H97. La Fièvre hexagonale, 1871-1968, *par Michel Winock*
H98. La Révolution en questions, *par Jacques Solé*
H99. Les Byzantins, *par Alain Ducellier*
H100. Les Croisades, *par la revue « L'Histoire »*

H101. La Chute de la monarchie (1787-1792)
par Michel Vovelle
H102. La République jacobine (10 août 1792 - 9 Thermidor an II)
par Marc Bouloiseau
H103. La République bourgeoise
(de Thermidor à Brumaire, 1794-1799)
par Denis Woronoff
H104. L'Épisode napoléonien
Aspects intérieurs (1799-1815), *par Louis Bergeron*
H105. La France napoléonienne
Aspects extérieurs (1799-1815)
par Roger Dufraisse et Michel Kerautret
H106. La France des notables (1815-1848)
1. L'évolution générale
par André Jardin et André-Jean Tudesq
H107. La France des notables (1815-1848)
2. La vie de la nation
par André Jardin et André-Jean Tudesq
H108. 1848 ou l'Apprentissage de la République (1848-1852)
par Maurice Agulhon
H109. De la fête impériale au mur des fédérés (1852-1871)
par Alain Plessis
H110. Les Débuts de la Troisième République (1871-1898)
par Jean-Marie Mayeur
H111. La République radicale ? (1898-1914)
par Madeleine Rebérioux
H112. Victoire et Frustrations (1914-1929)
par Jean-Jacques Becker et Serge Berstein
H113. La Crise des années 30 (1929-1938)
par Dominique Borne et Henri Dubief

H114. De Munich à la Libération (1938-1944)
par Jean-Pierre Azéma
H115. La France de la Quatrième République (1944-1958)
1. L'ardeur et la nécessité (1944-1952)
par Jean-Pierre Rioux
H116. La France de la Quatrième République (1944-1958)
2. L'expansion et l'impuissance (1952-1958)
par Jean-Pierre Rioux
H117. La France de l'expansion (1958-1974)
1. La République gaullienne (1958-1969)
par Serge Berstein
H118. La France de l'expansion (1958-1974)
2. L'apogée Pompidou (1969-1974)
par Serge Berstein et Jean-Pierre Rioux
H119. Crises et Alternances (1974-1995)
par Jean-Jacques Becker
avec la collaboration de Pascal Ory
H120. La France du XXe siècle (Documents d'histoire)
présentés par Olivier Wieviorka et Christophe Prochasson
H121. Les Paysans dans la société française
par Annie Moulin
H122. Portrait historique de Christophe Colomb
par Marianne Mahn-Lot
H123. Vie et Mort de l'ordre du Temple, *par Alain Demurger*
H124. La Guerre d'Espagne, *par Guy Hermet*
H125. Histoire de France, *sous la direction de Jean Carpentier et François Lebrun*
H126. Empire colonial et Capitalisme français
par Jacques Marseille
H127. Genèse culturelle de l'Europe (Ve-VIIIe siècle)
par Michel Banniard
H128. Les Années trente, *par la revue « L'Histoire »*
H129. Mythes et Mythologies politiques, *par Raoul Girardet*
H130. La France de l'an Mil, *collectif*
H131. Nationalisme, Antisémitisme et Fascisme en France
par Michel Winock
H132. De Gaulle 1. Le rebelle (1890-1944)
par Jean Lacouture
H133. De Gaulle 2. Le politique (1944-1959)
par Jean Lacouture
H134. De Gaulle 3. Le souverain (1959-1970)
par Jean Lacouture
H135. Le Syndrome de Vichy, *par Henry Rousso*
H136. Chronique des années soixante, *par Michel Winock*
H137. La Société anglaise, *par François Bédarida*
H138. L'Abîme 1939-1944. La politique étrangère de la France
par Jean-Baptiste Duroselle

H139. La Culture des apparences, *par Daniel Roche*
H140. Amour et Sexualité en Occident
par la revue « L'Histoire »
H141. Le Corps féminin, *par Philippe Perrot*
H142. Les Galériens, *par André Zysberg*
H143. Histoire de l'antisémitisme 1. L'âge de la foi
par Léon Poliakov
H144. Histoire de l'antisémitisme 2. L'âge de la science
par Léon Poliakov
H145. L'Épuration française (1944-1949), *par Peter Novick*
H146. L'Amérique latine au XXe siècle (1889-1929)
par Leslie Manigat
H147. Les Fascismes, *par Pierre Milza*
H148. Histoire sociale de la France au XIXe siècle
par Christophe Charle
H149. L'Allemagne de Hitler, *par la revue « L'Histoire »*
H150. Les Révolutions d'Amérique latine
par Pierre Vayssière
H151. Le Capitalisme « sauvage » aux États-Unis (1860-1900)
par Marianne Debouzy
H152. Concordances des temps, *par Jean-Noël Jeanneney*
H153. Diplomatie et Outil militaire
par Jean Doise et Maurice Vaïsse
H154. Histoire des démocraties populaires
1. L'ère de Staline, *par François Fejtö*
H155. Histoire des démocraties populaires
2. Après Staline, *par François Fejtö*
H156. La Vie fragile, *par Arlette Farge*
H157. Histoire de l'Europe, *sous la direction de Jean Carpentier et François Lebrun*
H158. L'État SS, *par Eugen Kogon*
H159. L'Aventure de l'Encyclopédie, *par Robert Darnton*
H160. Histoire générale du XXe siècle
4. Crises et mutations de 1973 à nos jours
par Bernard Droz et Anthony Rowley
H161. Le Creuset français, *par Gérard Noiriel*
H162. Le Socialisme en France et en Europe, XIXe-XXe siècle
par Michel Winock
H163. 14-18 : Mourir pour la patrie
par la revue « L'Histoire »
H164. La Guerre de Cent Ans vue par ceux qui l'ont vécue
par Michel Mollat du Jourdin
H165. L'École, l'Église et la République, *par Mona Ozouf*
H166. Histoire de la France rurale
1. La formation des campagnes françaises
(des origines à 1340)
sous la direction de Georges Duby et Armand Wallon

H167. Histoire de la France rurale
2. L'âge classique des paysans (de 1340 à 1789)
sous la direction de Georges Duby et Armand Wallon
H168. Histoire de la France rurale
3. Apogée et crise de la civilisation paysanne (de 1789 à 1914)
sous la direction de Georges Duby et Armand Wallon
H169. Histoire de la France rurale
4. La fin de la France paysanne (depuis 1914)
sous la direction de Georges Duby et Armand Wallon
H170. Initiation à l'Orient ancien, *par la revue « L'Histoire »*
H171. La Vie élégante, *par Anne Martin-Fugier*
H172. L'État en France de 1789 à nos jours
par Pierre Rosanvallon
H173. Requiem pour un empire défunt, *par François Fejtö*
H174. Les animaux ont une histoire, *par Robert Delort*
H175. Histoire des peuples arabes, *par Albert Hourani*
H176. Paris, histoire d'une ville, *par Bernard Marchand*
H177. Le Japon au XXe siècle, *par Jacques Gravereau*
H178. L'Algérie des Français, *par la revue « L'Histoire »*
H179. L'URSS de la Révolution à la mort de Staline, 1917-1953
par Hélène Carrère d'Encausse
H180. Histoire médiévale de la Péninsule ibérique
par Adeline Rucquoi
H181. Les Fous de la République, *par Pierre Birnbaum*
H182. Introduction à la préhistoire, *par Gabriel Camps*
H183. L'Homme médiéval
collectif sous la direction de Jacques Le Goff
H184. La Spiritualité du Moyen Age occidental (VIIIe-XIIIe siècle)
par André Vauchez
H185. Moines et Religieux au Moyen Age
par la revue « L'Histoire »
H186. Histoire de l'extrême droite en France
ouvrage collectif
H187. Le Temps de la guerre froide, *par la revue « L'Histoire »*
H188. La Chine, tome 1 (1949-1971)
par Jean-Luc Domenach et Philippe Richer
H189. La Chine, tome 2 (1971-1994)
par Jean-Luc Domenach et Philippe Richer
H190. Hitler et les Juifs, *par Philippe Burrin*
H192. La Mésopotamie, *par Georges Roux*
H193. Se soigner autrefois, *par François Lebrun*
H194. Familles, *par Jean-Louis Flandrin*
H195. Éducation et Culture dans l'Occident barbare (VIe-VIIIe siècle)
par Pierre Riché
H196. Le Pain et le Cirque, *par Paul Veyne*
H197. La Droite depuis 1789, *par la revue « L'Histoire »*

H198. Histoire des nations et du nationalisme en Europe
par Guy Hermet
H199. Pour une histoire politique, *collectif*
sous la direction de René Rémond
H200. « Esprit ». Des intellectuels dans la cité (1930-1950)
par Michel Winock

H201. Les Origines franques (V^e^-IXe siècle), *par Stéphane Lebecq*
H202. L'Héritage des Charles (de la mort de Charlemagne
aux environs de l'an mil), *par Laurent Theis*
H203. L'Ordre seigneurial (XIe-XIIe siècle)
par Dominique Barthélemy
H204. Temps d'équilibres, Temps de ruptures
par Monique Bourin-Derruau
H205. Temps de crises, Temps d'espoirs, *par Alain Demurger*
H206. La France et l'Occident médiéval
de Charlemagne à Charles VIII
par Robert Delort (à paraître)
H207. Royauté, Renaissance et Réforme (1483-1559)
par Janine Garrisson
H208. Guerre civile et Compromis (1559-1598)
par Janine Garrisson
H209. La Naissance dramatique de l'absolutisme (1598-1661)
par Yves-Marie Bercé
H210. La Puissance et la Guerre (1661-1715)
par François Lebrun
H211. L'État et les Lumières (1715-1783)
par André Zysberg (à paraître)

H212. La Grèce préclassique, *par Jean-Claude Poursat*
H213. La Grèce au Ve siècle, *par Edmond Lévy*
H214. Le IVe Siècle grec, *par Pierre Carlier*
H215. Le Monde hellénistique (323-188), *par Pierre Cabanes*
H216. Les Grecs (188-31), *par Claude Vial*
H218. La République romaine, *par Jean-Michel David*
H219. Le Haut-Empire romain en Occident
d'Auguste aux Sévères, *par Patrick Le Roux*
H220. Le Haut-Empire romain.
Les provinces de Méditerranée orientale,
d'Auguste aux Sévères, *par Maurice Sartre*
H221. L'Empire romain en mutation, des Sévères à Constantin
(192-337), *par Jean-Michel Carrié et Aline Rousselle*
H225. Douze Leçons sur l'histoire, *par Antoine Prost*
H226. Comment on écrit l'histoire, *par Paul Veyne*
H227. Les Crises du catholicisme en France, *par René Rémond*
H228. Les Arméniens, *par Yves Ternon*
H229. Histoire des colonisations, *par Marc Ferro*

H230. Les Catholiques français sous l'Occupation
par Jacques Duquesne
H231. L'Égypte ancienne, *présentation par Pierre Grandet*
H232. Histoire des Juifs de France, *par Esther Benbassa*
H233. Le Goût de l'archive, *par Arlette Farge*
H234. Économie et Société en Grèce ancienne
par Moses I.Finley
H235. La France de la monarchie absolue 1610-1675
par la revue « L'Histoire »
H236. Ravensbrück, *par Germaine Tillion*
H237. La Fin des démocraties populaires, *par François Fejtö et Ewa Kulesza-Mietkowski*
H238. Les Juifs pendant l'Occupation, *par André Kaspi*
H239. La France à l'heure allemande (1940-1944)
par Philippe Burrin
H240. La Société industrielle en France (1814-1914)
par Jean-Pierre Daviet
H241. La France industrielle, *par la revue « L'Histoire »*
H242. Éducation, société et politiques. Une histoire de l'enseignement en France de 1945 à nos jours
par Antoine Prost
H243. Art et Société au Moyen Age, *par Georges Duby*
H244. L'Expédition d'Égypte 1798-1801
par Henry Laurens
H245. L'Affaire Dreyfus, *collectif Histoire*
H246. La Société allemande sous le IIIe Reich, *par Pierre Ayçoberry*
H247. La Ville en France au Moyen Age
par André Chédeville, Jacques Le Goff et Jacques Rossiaud
H248. Histoire de l'industrie en France du XVIe siècle à nos jours, *par Denis Woronoff*
H249. La Ville des temps modernes
sous la direction d'Emmanuel Le Roy Ladurie
H250. Contre-Révolution, Révolution et Nation
par Jean-Clément Martin
H251. Israël. De Moïse aux accords d'Oslo, *par la revue « L'Histoire »*
H252. Une histoire des médias des origines à nos jours
par Jean-Noël Jeanneney
H253. Les Prêtres de l'ancienne Égypte, *par Serge Sauneron*
H254. Histoire de l'Allemagne, des origines à nos jours
par Joseph Rovan
H255. La Ville de l'âge industriel
sous la direction de Maurice Agulhon
H256. La France politique, XIXe-XXe siècle
par Michel Winock
H257. La Tragédie soviétique, *par Martin Malia*
H258. Histoire des pratiques de santé, *par Georges Vigarello*
H259. Les Historiens et le Temps, *par Jean Leduc*

H260. Histoire de la vie privée
1.De l'Empire romain à l'an mil
par Philippe Ariès et Georges Duby
H261. Histoire de la vie privée
2.De l'Europe féodale à la Renaissance
par Philippe Ariès et Georges Duby
H262. Histoire de la vie privée
3.De la Renaissance aux Lumières
par Philippe Ariès et Georges Duby
H263. Histoire de la vie privée
4.De la Révolution à la Grande Guerre
par Philippe Ariès et Georges Duby
H264. Histoire de la vie privée
5.De la Première Guerre mondiale à nos jours
par Philippe Ariès et Georges Duby
H265. Problèmes de la guerre en Grèce ancienne
sous la direction de Jean-Pierre Vernant
H266. Un siècle d'école républicaine, *par Jean-Michel Gaillard*
H267. L'Homme grec
collectif sous la direction de Jean-Pierre Vernant
H268. Les Origines culturelles de la Révolution française
par Roger Chartier
H269. Les Palestiniens, *par Xavier Baron*
H270. Histoire du viol, *par Georges Vigarello*
H272. Histoire de la France
L'Espace français, *sous la direction*
de André Burguière et Jacques Revel
H273. Histoire de la France
Héritages, *sous la direction*
de André Burguière et Jacques Revel
H274. Histoire de la France
Choix culturels et Mémoire, *sous la direction*
de André Burguière et Jacques Revel
H275. Histoire de la France
La Longue Durée de l'État, *sous la direction*
de André Burguière et Jacques Revel
H276. Histoire de la France
Les Conflits, *sous la direction*
de André Burguière et Jacques Revel
H277. Le Roman du quotidien, *par Anne-Marie Thiesse*
H278. La France du XIXe siècle, *par Francs Démier*
H279. Le Pays cathare, *sous la direction de Jacques Berlioz*
H280. Fascisme, Nazisme, Autoritarisme, *par Philippe Burrin*
H281. La France des années noires, tome 1
sous la direction de Jean-Pierre Azéma et François Bédarida
H282. La France des années noires, tome 2
sous la direction de Jean-Pierre Azéma et François Bédarida